초대교회사

로고스와 성령의 시대

로고스와 성령의 시대
초 대 교 회 사
ⓒ한국기독교사연구소 2023

1994년 03월 10일 1판 1쇄 발행
2009년 04월 20일   8쇄 발행
2016년 10월 15일 2판 1쇄 발행
2023년 04월 01일   4쇄 발행

지은이: 박용규
펴낸이: 박용규
펴낸곳: 한국기독교사연구소
등 록: 2005. 10. 5. 등록 25100-2005-212호
주 소: 서울시 마포구 합정동 376-32(122-884)
전 화: 02)3141-1964
이메일: kich-seoul@hanmail.net

기획편집: 한국기독교사연구소
디 자 인: 김은경
인   쇄: 아람 P&H

ISBN 979-11-87274-01-8 (93230)

저작권자의 허락 없이 이 책의 일부 또는 전체를
무단 복제, 전재, 발췌하면 저작권법에 의해 처벌을
받습니다.

이 도서의 국립중앙도서관 출판예정도서목록(CIP)은 서지정보유통지원시스템 홈페이지(http://seoji.nl.go.kr)와
국가자료공동목록시스템(http://www.nl.go.kr/kolisnet)에서 이용하실 수 있습니다. (CIP제어번호 : CIP2016023672)

초대교회사

로고스와 성령의 시대

| 박용규 지음 |

한국기독교사연구소
The Korea Institute of Church History

A History of the Early Church

The Church in an Age of the Logos and the Holy Spirit

by

Yong Kyu Park, Th.M., Ph.D.

Published by
Korea Institute of Church History
Seoul, Korea
2023

나의 은사이신 John D. Woodbridge 박사님과
Kenneth S. Kantzer 박사님에게
이 책을 바칩니다.

2판을 출판하면서

필자는 1991년 총신대 신학대학원 교회사 교수로 부임한 후부터 16년이 넘게 세계초대교회사 필수 과목을 전담하며 이 분야를 연구할 수 있는 기회를 가졌다. 필자는 이를 영광으로 생각하고 늘 하나님께 감사하고 있다. 본서는 그 연구의 산물이었다.

본서 초대교회사가 처음 출판된 것은 1994년이다. 당시만 해도 한국의 교회사 학계에 한국 학자들이 저술한 초대교회사 통사는 거의 전무했다. 대부분이 번역서였다. 그 이후 외국에서 유학하고 돌아온 학자들에 의해 몇 권의 관련 저술들이 출간되어 초대교회사 분야가 많이 발전하고 성숙해진 것은 고무적이고 감사한 일이다. 하지만 아직도 더 많은 연구가 필요한 분야이다.

본서는 여러 가지 부족에도 불구하고 분에 넘치는 사랑을 받았다. 1994년 필자는 본서 출간으로 '제 1회 한국복음주의신학회 올해의 신학자 대상'을 수상했다. 2판은 초판의 체제를 가능한 그대로 유지하되 그동안의 연구 발전을 반영하려고 하였다. 교정과 편집을 맡아준 한국기독교사연구소 박양수 목사의 수고에 감사하며 본서가 교회사 분야의 성숙과 발전에 작은 기여를 할 수 있기를 소망한다.

2016년 8월 15일

총신대 신학대학원 박 용 규

저자 서문

한편의 학위 논문을 쓰듯이 온 정열을 기울였지만 막상 완성되고 보니 부끄러운 생각이 앞선다. 초대교회에 관한 여러 권의 책이 번역 소개되었지만 정작 우리의 실존을 반영하는 초대교회사가 없어 교재를 선정할 때마다 마음 아팠다. 본 **초대교회사**는 이런 작은 동기에서 출발하였다. 본서는 다음과 같은 몇 가지 원칙을 가지고 집필하였다.

첫째, 초대교회를 역사적인 맥락을 충분히 고려하면서 사상적인 흐름을 따라 서술하였다. 역사 서술에서 이 둘은 불가분리의 관계를 지니고 있다고 보기 때문이다. 이런 필자의 관점은 졸저 **한국장로교사상사**에서 밝힌 바 있다. 역사 해석은 객관적인 히스토리에(Historie)와 실존적이고 주관적인 게쉬히테(Geschichte)가, 외면적인 역사적 사건과 내면적인 역사 이해가 조화와 균형을 이룰 때만이 가능하다.

둘째, 단순한 역사서술이 아니라 초대교회사 전체를 하나의 논제(thesis) 하에 총체적으로 재구성하려고 하였다. 그것은 초대교회사 사상의 중심을 형성한 로고스 사상이다. 물론 로고스 사상만을 가지고 전체를 다룬 것은 아니며 다른 부차적인 논제들도 재구성의 요소들로 소중히 다루었다.

셋째, 가능한 객관적으로 역사를 서술하려고 노력하였다. 때로는 문장의 흐름이 깨질 정도로 초대교회의 원문 자료들을 인용한 것도 객관적으로 서술하려는 동기에서 발로된 것임을 밝혀둔다. 모든 역사가 그렇듯이 그 시대 사람들의 사고와 삶을 바로 이해하기 위해서는 그들의 원작품을 그대로 살펴볼 필요가 있다. 특별히 교부들의 작품, 중요한 칙령, 각종 초대교회 회의의 신조들을 원문 그대로 실었다. 또 기독교가 어떤 배경 속에서 태동되었는가를 살펴보기 위해 기독교가 태동되기 이전과 이후의 수 세기 역사를 당시의 시대적 상황을 충분히 고려하면서 서술하려고 노력하였다. 군데군데 변증적인 역사해석이 나타나지만 가능한 그 시대 속에서 있는 그대로 역사를 조명하였다.

  본서가 나오기까지 필자는 많은 사람들에게 도움을 받았다. 무엇보다도 지난 수년 동안 연구실에서 파묻혀 있으면서 **초대교회사**를 완성할 수 있도록 이해해준 아내, 교회사 연구를 위해 노력해온 수많은 선배교수들, 역사적인 안목을 넓혀준 존경하는 은사들, 소중한 시간을 내 교정을 보아준 몇몇 총신대학 신학대학원 학생들, 본서에 실린 초대교회사와 관련된 소중한 사진을 제공해준 조용성 선교사, 이 졸저는 이 모든 이들의 도움 속에서 만들어진 것임을 밝혀둔다. 본서가 초대교회사 연구에 작은 도움이 되기를 바라며 하나님께 감사드린다.

1993년 8월 27일

총신대학교 신학대학원 박용규

목차

저자 서문 · 7

서 론 · 13
    1. 초대교회사 범위와 시대구분 · 13
    2. 초대교회사 해석 문제 · 17

제 1부: 초대교회 배경

제 1장 초대교회의 역사적 배경 ·· 27
    1. Greco-Roman 배경 · 29
    2. 유대주의 배경 · 56
    3. 제국의 종교 · 61
    4. 요약 · 63

제 2장 나사렛 예수의 생애, 그 시대적·지리적 배경 ················ 65
    1. 나사렛 예수의 탄생 · 66
    2. 나사렛 예수 당대의 시대적·지리적 배경 · 68

제 3장 초대 기독교 박해 ·· 74
    1. 제 1차 박해기간(A.D. 64-96) · 75
    2. 제 2차 박해기간(A.D. 98-249) · 85
    3. 제 3차 박해기간(A.D. 249-313) · 100
    4. 콘스탄틴 황제와 기독교 공인 · 109
    5. 요약: 교회 생활의 변화 · 117

제 2부: 2세기와 초대교회 사상의 정초

제 4장 속사도 ·· 121
1. 로마의 클레멘트(-c.99) · 123
2. 안디옥 감독 이그나티우스(c.35-c.108) · 129
3. 폴리갑(A.D. 69-155) · 140
4. 기타 속사도 문헌들 · 143
5. 요약 · 147

제 5장 기독교 변증가 ··· 150
1. 아테네의 콰드라투스 · 152
2. 아리스티데스 · 153
3. 신앙의 변호자, 저스틴 마터(A.D. c.100-c.165) · 154
4. 타티안(A.D. c.120-c.180) · 165
5. 기타 헬라 변증가들 · 168
6. 요약 · 176

제 6장 이단의 발흥과 발전 ·· 178
1. 이단의 역사적 배경 · 180
2. 영지주의 · 183
3. 영지주의 대표적 실례 · 201
4. 몬타니즘 · 208
5. 요약 · 213

제 7장 교회의 응전 ·· 215
1. 신경의 발달 · 216
2. 정경의 형성 · 225
3. 감독제도의 발달 · 227

제 3부: 3세기와 기독교 사상의 확립

제 8장 이레니우스와 소아시아 신학 ······························ 233
1. 이레니우스의 생애 · 234
2. 이레니우스의 작품 · 236

3. 이레니우스의 총괄갱신 · 238
   4. 이레니우스와 전통 · 245
   5. 요약 및 평가 · 249

  제 9장 라틴(서방) 신학 ·· 251
   1. 터툴리안과 서방신학 · 252
   2. 키프리안과 북아프리카 교회 · 273
   3. 요약 · 287

  제 10장 알렉산드리아 신학 ······································ 289
   1. 클레멘트 · 291
   2. 오리겐 · 305
   3. 오리겐 이후 알렉산드리아 신학 · 326

제 4부: 4-5세기와 정통의 확립

  제 11장 삼위일체 논쟁 ··· 333
   1. 삼위일체 논쟁의 역사적 배경 · 334
   2. 단일신론 · 340
   3. 아다나시우스 대(對) 아리우스 논쟁 · 344
   4. 니케아 회의와 신조 · 354
   5. 니케아 회의 이후의 아리우스 논쟁 · 358
   6. 콘스탄티노플 회의 · 370

  제 12장 기독론 논쟁 ··· 374
   1. 아폴리나리우스주의(Apollinarianism) · 375
   2. 네스토리우스주의(Nestorianism) · 380
   3. 유티키스주의(Eutychianism)와 단성론(Monophysite) 논쟁 · 398
   4. 칼케돈 이후 기독론 논쟁 · 406
   5. 기독론 논쟁 요약 · 409

제 5부: 초대교회 위대한 인물들

  제 13장 위대한 지도자들 ·· 413

1. 탁월한 행정가 암브로스 · 414
　　2. 성경번역의 선구자 제롬 · 420
　　3. 황금의 입 요한 크리소스톰 · 426

　제 14장　어거스틴의 신학과 사상 ··· 432
　　1. 어거스틴의 성장 배경 · 433
　　2. 어거스틴의 사상적 배경 · 434
　　3. 어거스틴의 사상 · 445
　　4. 어거스틴의 역사 이해 · 475
　　5. 요약 및 평가 · 486

제 6부: 중세로의 준비

　제 15장　수도원 제도의 발달 ·· 491
　　1. 최초의 수도승들 · 492
　　2. 파코미우스 수도원 · 493
　　3. 대바실과 동방 수도원 · 496
　　4. 서방 수도원의 발흥 · 502
　　5. 요약 · 505

　제 16장　교황제도의 발달 ·· 507
　　1. 로마교회의 부상 · 508
　　2. 세르디카 서방회의 · 510
　　3. 교황제도의 확립 · 513

　제 17장　세계선교의 초석들 ··· 520
　　1. 아일랜드 선교사 패트릭 · 521
　　2. 스코틀랜드 선교사 콜룸바 · 525

결 론 · 531

초대교회사 주요사건 연표 · 537

참고문헌 · 603

색 인 · 613

서 론

오직 성령이 너희에게 임하시면 너희가 권능을 받고 예루살렘과 온 유다
와 사마리아와 땅 끝까지 이르러 내 증인이 되리라 하시니라.

사도행전 1장 8절

1. 초대교회사 범위와 시대구분

외형적인 기간을 중심으로 할 때 초대교회사는 예수 그리스도가 탄생하던 주전 6-4년부터 로물루스 아우구스투스(Romulus Augustus) 황제가 폐위되어 로마제국이 멸망하던 476년까지로 잡는다. 내면적인 교회 역사를 중심으로 할 때는 예수 그리스도가 탄생할 때부터 그레고리 1세가 즉위하기 전까지의 기간을 말한다.[1] 사도시대가 요한을 끝으로 종결되면서 2세기가 시작된다.

제 1세기를 사도시대라고 할 수 있다면, 제 2세기 전반은 속사도시대, 제 2세기 중엽은 변증가시대라고 할 수 있다. 기독교 사상 형성의 정초기인 2세기에 사도들의 신앙을 잇는 속사도시대, 변증가시대, 그리고 이레

---

[1] 신학사적인 측면에서는 니케아 회의를 중심으로 그 이전을 Ante-Nicene Age, 그 후를 Post-Nicene Age라고 구별하여 부르기도 한다. 혹은 콘스탄틴 대제를 중심으로 그 이후를 후 콘스탄틴시대(Post Constantine Age)라고 칭하기도 한다.

서론 13

니우스를 기점으로 교부시대가 시작된다. 속사도들은 사도들의 신앙을 계승하였고, 변증가들은 기독교 철학자들로서 지성 세계에 복음을 변호했으며, 2세기 후반부터 등장한 이레니우스를 비롯한 교부들은 속사도들의 신앙을 이은 인물들이었다.

그러나 2세기에 등장한 속사도, 변증가, 그리고 교부들의 시대는 선을 긋듯이 획일화 할 수 없으며 시기적으로 어느 정도 상호 중복되기도 한다. 2세기 동안에 기독교는 내외적으로 수많은 도전들을 받았다. 외적으로는, 주후 64년 네로 황제 치하에 시작된 기독교의 박해가 2세기에도 계속되었고 수많은 그리스도인들이 자신들의 신앙 때문에 순교하였다. 이 박해는 콘스탄틴이 4세기 초엽에 기독교를 공인할 때까지 계속되었다.

다른 한편, 내적으로는 2세기에 접어들면서 말시온니즘, 발렌티누스, 몬타니즘, 영지주의 등 수많은 이단들이 등장하여 기독교 신앙과 교회를 위협하기 시작하였다. 이런 역사적인 상황 속에서 속사도들과 변증가들, 그리고 교부들은 두 가지 사명, 즉 한편으로는 물리적인 위협에 대해서 순교와 박해를 무릅쓰고 담대하게 기독교를 변호하여야 했고, 다른 한편으로 내적인 신앙의 도전 앞에서 이단들을 대적하면서 기독교의 순수성을 보존해야만 했다.

교회는 외형적인 단결된 의지를 통하여 효과적으로 대처할 필요성이 생겼고 이것은 자연히 감독제도의 발달을 촉진시켰다. 또한 교회는 사도적 신앙을 집약하여 신학적인 통일성을 통하여 이단들에 대항할 필요를 느끼기 시작하였다. 이런 이유 때문에 신경이 발달하였고 정경 형성이 촉진되었으며 감독제도가 발전하였다. 기독교의 변호에 대한 필요성 때문에 자연히 신학이 체계적으로 발달하기 시작하였다.

제 3세기는 기독교 사상의 확립기라고 할 수 있다. 3세기에 들어서면서 정통신학이 교회에 서서히 뿌리를 내리기 시작하였다. 이 정통신학의 형성에 크게 기여한 인물들은 이레니우스, 터툴리안, 키프리안, 클레멘트, 그리고 오리겐 등의 교부들이다. 변증가 이후 리용의 감독 이레니우스가 주후 180년부터 소아시아에서 작품 활동을 하면서 교부시대는 막이 오르게 되었다. 소아시아 중심으로 소아시아 신학이, 칼타고를 중심으로 라틴 신학이, 알렉산드리아를 중심으로 알렉산드리아 신학이 형성되기 시작하였다.

최초의 교부 이레니우스는 로마와 헬라의 영향을 극소화하면서 역사와 총괄갱신으로 한 소아시아 신학을 형성하였다. 라틴 신학의 개척자 터툴리안은 라틴어를 사용하여 신학을 정립한 최초의 인물이며, 그가 신학의 발전에 이룩한 업적은 가히 경이적이라 할 수 있다. 특별히 그가 도입한 신학 용어들은 후에 삼위일체론의 정립에 상당한 기여를 했다. 터툴리안 외에 라틴 신학의 형성에 공헌한 3세기의 인물은 키프리안이다. 터툴리안이 삼위일체 정립에 기여했던 인물이라면 키프리안은 교회론의 정립에 중요한 공헌을 하였다. 라틴 신학이 로마의 영향과 스콜라 철학의 영향을 반영한다면 클레멘트와 오리겐을 중심으로 한 알렉산드리아 신학은 헬라 철학 특별히 플라톤 사상을 깊이 반영하고 있다.

제 4-5세기는 기독교 역사의 분기점이다. 신학적으로는 기독교 정통 사상의 형성기라고 할 수 있다. 그러나 외형적으로는 교회가 세속화로 달려가는 전환점이기도 하다. 일련의 종교회의가 열려 교회 분열의 요인이 되어왔던 신학적인 논쟁들을 종결 지으려는 시도가 있었다. 원래 최초의 종교회의는 로마제국의 정치적인 통일을 지원하기 위한 신학적인 통일을 목적으로 출발하였지만 하나님께서는 종교회의를 정치적인 목적으로 보다는 그의 거룩한 목적 즉 성서적 정통 확립을 위한 도구로 사용하셨던 것이다.

주후 325년의 니케아 종교회의를 시작으로 콘스탄티노플 회의(381), 에베소 회의(431), 그리고 칼케돈 회의(451)가 열려 정통 신학의 초석을 놓았다. 일련의 회의를 통하여 삼위일체 논쟁과 기독론 논쟁이 종결되었다. 종교회의 이후 교회는 누가 이단인지 아닌지를 판단하기 위하여 종교회의에서 결정된 신조들을 기준으로 삼기 시작하였다. 성경과 사도들의 전통과 함께 이들 신조들은 기독교 신앙생활의 중요한 자원이 되었다.

이런 일련의 회의와 신조가 형성되기까지 하나님께서는 수많은 사람들을 도구로 사용하셨다. 그중에서 콘스탄틴 대제, 아다나시우스, 세 명의 갑바도기안들, 레오 대제, 제롬, 암브로스, 크리소스톰, 그리고 어거스틴과 같은 인물은 하나님 나라의 확장을 위하여 도구로 쓰임 받은 당대 지도자들이다. 일련의 종교회의는 정통신학을 확립하는 데 중요한 기여를 하였지만 로마의 감독에게 상당한 교회정치의 권력을 제공하게 되어 교황권 제도의 확립을 위한 기회가 되기도 하였다.

　4-5세기는 정통 신학이 확립되는 시기였지만 다른 한편으로 교회가 정교의 밀착으로 세속화되는 시기이기도 하다. 핍박을 받던 기독교가 밀란의 칙령(A.D. 313) 이후 군림하는 종교로 바뀌면서 정권에 편승하는 어용신학이 등장하는 등 기독교는 영적인 생명을 상실하게 되었고, 여기에 대한 반동으로 수도원 제도가 발달하기 시작하였다. 후대 역사가들은 기독교 공인이 기독교에 선교의 자유를 제공했지만 교회가 얼마 후 영적인 생명을 잃고 세속화로 달려가는 출발점이 되었다고 보고 있다. 그런 세속화의 과정 속에서도 하나님께서는 신실한 신학자와 지도자들을 세우셔서 신학을 체계화시키셨다. 어거스틴은 이런 사명을 위하여 하나님께서 부르신 종이었다. 그를 통하여 삼위일체론, 기독론, 은총론, 기독교 역사철학, 특히 이성과 계시, 자연과 은총과의 관계는 신학적, 철학적으로 상당한 진보를 이루게 되었다. 스티브 오즈멘트(Steve Ozment)가 지적한 것처럼 어거스틴은 초대교회와 중세교회, 더 나아가 종교개혁을 이어주는 하나의 지성사적 가교였다고 할 수 있다.

　초대교회사는 사도-속사도-변증가-소아시아 신학-라틴 신학-알렉산드리아 신학-삼위일체 논쟁-기독론 논쟁-어거스틴으로 이어지는 사상적인 맥을 이해하면서 역사적인 흐름과 초대교회 역사를 이어온 사상가들을 함께 연구할 필요가 있다. 때문에 박해와 이단들의 연구, 수도원 운동의 발흥, 감독제도의 발달, 그리고 초대교회 선교운동은 초대교회사에서 필수적으로 다루어져야 할 주제들이다.[2]

2. 초대교회사 해석 문제

모든 시대의 역사 서술이 그렇듯이 역사가는 총체적인 역사구성을 위해 하나의 논제(thesis)하에 그 시대의 다양하고 수많은 사건들을 일관성 있게 재구성할 수밖에 없고, 또 필연적으로 그렇게 해야 할 사명을 요구받는다. 그렇다면 초대교회사를 총체적으로 재구성하기 위해 역사구성의 논제로 삼을 수 있는 것은 무엇인가? 그것은 두말할 것 없이 초대교회 최대의 주제였던 로고스다. 다시 말해 로고스는 초대교회를 이해하는 중심 열쇠다. 교회가 태동되기 전·후 수 세기 동안 초대교회사의 중심주제는 로고스였다. 1세기부터 진행된 기독교 박해, 2세기의 속사도, 변증가, 이단, 3세기의 소아시아, 알렉산드리아, 서방신학을 형성한 교부들, 4세기부터 진행된 삼위일체 논쟁, 기독론 논쟁, 이 문제들을 다룬 주후 325년 니케아 회의부터 680년 콘스탄티노플 회의에 이르기까지 로고스는 역사의 중심에 있었다.

기독교가 잉태하기 전 수백 년 아니 수천 년 동안의 세계사는 하나님이 로고스를 보내실 그때를 위해 준비하신 것이며 "때가 차매" 로고스를 보내신 것이다. 본서 2장 기독교 배경에서 지적하듯이, 헬라 배경과 라틴 배경이 기독교와 전혀 다른 환경 속에서 잉태되었음에도 불구하고 인간이 예상할 수 없는 차원과 방향에서 그들은 로고스가 오실 준비를 위해 거룩한 도구로 쓰임 받았다. 하나님께서는 로고스를 보내시기 위해 헬라, 로마, 유대 이스라엘 모두를 성숙시키셨으며, 드디어 양적으로나 질적으

---

[2] 사상적인 맥락을 위해서는 켈리(Kelly)의 **초대기독교 교리**, 한철하 박사의 **고대 기독교 사상**이 추천할만한 서적이며 역사적인 흐름을 위해서는 곤잘레스의 **초대교회사**, 생명의말씀사에서 번역한 데이빗 라이트(David Wright)의 **교회사 핸드북**, 이단들의 연구를 위해서는 헤롤드 브라운(O. J. Herold Brown) 박사의 *Heresies*가, 인물을 통한 역사적 맥락에서의 사상연구를 위해서는 존 우드브릿지(John D. Woodbridge)의 **인물로 본 기독교회사**(*Great Leaders of the Christian Church*)가 추천할 만한 도서들이다.

로나 완벽하게 준비되었을 때 로고스를 보내셨다. 당시 정치적으로는 로마가 지중해를 지배하고 있었지만, 언어, 철학, 사상, 문화적으로는 헬레니즘이 인간의 전 삶을 지배하고 있었다.

당시 로마의 최대 종교 스토아주의는 점점 더 인격적인 종교로 탈바꿈했고 그 핵심에는 로고스 사상이 자리 잡기 시작했다. 스토아 철학과 기독교는 근본적으로 달랐고, 로고스에 대한 사상도 서로 차이가 있었지만, 스토아 철학과 기독교는 모두 로고스 사상을 공유하고 있었다. 후대 기독교 지도자들이 스토아 철학을 기독교 진리를 밝히는 도구로 사용할 수 있었던 것도, 스토아 철학에서 깊이 자리 잡고 있는 도덕적이고 법적인 개념들이 거룩한 도구로 쓰임 받을 수 있었던 것도 사실 따지고 보면 스토아의 로고스 사상이 기독교에로의 준비 역할을 하였기 때문이었다. 서방신학의 선구자 터툴리안의 정신 속에서는 스토아적인 도덕적이고 법적인 틀이 기독교 진리를 밝히는 힘 있는 도구로 사용된 흔적을 쉽게 발견할 수 있다.

스토아 철학에서 로고스 사상이 차지하는 그 이상으로 당대 헬라 철학 특별히 플라톤주의에는 로고스 사상이 더욱 깊이 자리 잡고 있었다. 이런 로고스 사상은 기독교가 잉태되었던 그 시대에 영향력을 떨치고 있던 중기 플라톤사상과 그 후에 나타난 신플라톤주의에서 더욱 두드러지게 나타난다. 때문에 플라톤주의는 기독교로 이어주는 가교 역할을 했다. 저스틴이 플라톤 사상에서 기독교로 도약할 수 있었고, 어거스틴이 신플라톤주의에서 진정한 진리와 형이상학적 가치를 발견한 후 더 나은 기독교로 회심할 수 있었던 것도 로고스 사상 때문이다. 플라톤과 소크라테스를 비롯한 헬라 철학자들이 진리를 얻은 것은 모세로부터이며, 그 기원을 거슬러 올라가면 로고스라고 저스틴이 믿었던 것도, 따라서 소크라테스와 헤라클리테스 같은 이들이 기독교 이전의 기독교인이라고 외쳤던 것도 사실 따지고 보면 로고스를 그들이 소유하고 있다는 확신에서였다. 어거스틴이 플라톤의 상기설에서 기독교 조명론을 발전시킨 것도 플라톤의 로고스 사상과 플라톤의 사상의 유사성에서 출발한 것이다. 이런 면에서 플라톤주의는 기독교와는 전혀 다른 이교 철학이지만 기독교 진리를 밝히는 간접적인 도구, 기독교 진리로 이어주는 간접적인 가교 역할을 했던 것이다.

로고스의 성육신의 준비는 비단 그레코-로만 배경에만 국한된 현상은 아니다. 유대주의도 예외는 아니다. 수많은 구약의 선지자들의 예언들은 로고스의 오심을 예표하고 있는 것으로 믿었고, 그 때문에 당시 메시아 고대사상은 절정을 이루고 있었다. 이런 성숙한 시대 속에서 로고스가 오셨던 것이다. 이처럼 초대 기독교 배경의 핵심 주제는 로고스이다.

또 이 로고스 사상은 예수님 당시는 물론 기독교가 태동되던 제 1세기의 최대 주제였다. 제자들은 물론 성경의 모든 저자들은 말씀이 육신이 되어 우리 안에 거하신 그분이 인간의 구주이시며 인류의 구원자라고 믿었다. 때문에 어떤 박해 속에서도 그 로고스에 대한 충성을 잃지 않으려고 했다. 인간을 구원하시려고 말씀이 인간이 되셔서 십자가에서 고난당하시고 죽은 자 가운데 부활하셔서 부활의 첫 열매가 되셨다는 사실은 고난당하는 백성들에게 최대의 소망이었다. 때문에 그리스도를 위해 순교하는 것이 최고의 영예라고 믿고 순교를 주저하지 않았다.

말씀이 육신이 되어 우리 안에 거하시는 그 로고스에 대한 충성에서 스데반, 베드로, 바울, 이그나티우스, 폴리갑, 저스틴, 키프리안 같은 사도들, 속사도들, 변증가들, 교부들은 물론 역사에 가리어진 수많은 무명의 성도들이 순교했던 것이다. 터툴리안이 말한 것처럼 이들의 순교는 교회의 씨가 되어 고난 속에서도 교회성장을 촉진시켰다. 박해 속에서 교회가 더욱 성장한다는 이 역설은 초대교회사에서 사실로 나타났고, 한국의 초기 복음 전파에서도, 1949년 중국의 공산화 이후에도 또다시 역사적 진실로 검증되었다. 초대교회 역사 속에서 얻을 수 있는 최대의 교훈 가운데 하나는, 말씀이 육신이 되어 우리 안에 거하시는 교회의 머리이신 로고스 그분이 친히 교회를 성장시키신다는 사실이다. 이처럼 로고스는 수 세기의 기독교 박해를 이해하는 열쇠다.

또한 로고스는 속사도들과 변증가들에게도 최대의 주제였다. 로마의 클레멘트의 서신에서, 이그나티우스의 일곱 서신에서, 폴리갑의 작품에서, 그리고 그 외 수많은 속사도들의 작품과 사상에서도 로고스가 핵심에 있었다. 이들의 사상 전개는 바로 이 로고스라는 주제에서 출발했으며, 여기에 대한 구체적인 표현들이 작품의 형태로 나타난 것이다. 속사도 작품에 나타난 신앙고백과 삼위일체적인 표현, 기독론적 표현 등은 모두 로고스가 얼마나 그들의 삶과 사상의 핵심 주제였는가를 말해준다.

 속사도들의 로고스 사상이 점점 더 발전되어 하나의 틀을 갖기 시작한 것은 변증가들에 와서이다. 변증가들에게 가장 중요한 주제는 두말할 것도 없이 로고스였다. 이 로고스 사상을 통해 그들은 기독교와 헬라 철학을 연계시켰고 모세와 플라톤을 꿰뚫었으며 예루살렘과 아테네를 연결하였던 것이다. 저스틴과 타티안은 물론 아테나고라스, 아리스티데스, 데오필루스 등 거의 모든 변증가들은 헬라 철학과 유대주의를 대립적인 관계로 보지 않고, 오히려 로고스를 통해 둘을 조화시킬 수 있는 것으로 보았다. 그것은 로고스가 헬라사람들에게는 철학을 유대인들에게는 율법을 주셨다고 확신했기 때문이다. 이 둘은 한 근원 즉 로고스에게서 나왔기 때문에 연속성이 있다는 것이다. 결국 율법이 몽학선생으로 로고스의 오심을 준비하듯이 헬라 철학도 로고스를 준비하는 몽학선생 역할을 했다는 확신이다.

 변증가들은 헬라 철학과 율법, 철학과 신앙, 이성과 신앙이 대립적인 존재가 아니라 얼마든지 조화를 이룰 수 있다고 이해했다. 우리는 저스틴과 알렉산드리아 학파의 오리겐과 클레멘트에게서 보듯이 기독교 진리를 철학화하려는 시도를 얼마든지 발견할 수 있는데, 그들이 그렇게 둘의 관계를 조화시키려고 하는 저변에는 로고스 사상이 깊이 자리 잡고 있었다. 기독교가 무식한 종교가 아니라는 사실을 보여주기 위해 이들은 철학과 기독교 진리와의 조화가 얼마든지 가능하다고 역설하였고, 이것은 이 방전도에 상당히 설득력이 있었다. 이와 같이 속사도들과 변증가들에게도 로고스는 핵심 주제였다.

 또한 로고스 사상은 2세기 이단들을 이해하는 열쇠이다. 2세기 역사

무대에 등장한 일련의 이단들, 즉 영지주의, 발렌티누스, 말시온이 갖고 있던 중심주제 역시 로고스였다. 기독교를 헬라 철학의 틀 속에서 뜯어 고친 나머지 기독교를 아예 헬라화 시켜버린 영지주의자들의 한결 같은 특징, 곧 영육의 이원론 사상은 플라톤 사상에 뿌리내려져 있다. 이들은 일부 플라톤 사상을 기독교화 시켰던 변증가들이나 알렉산드리아 학파와 달리 아예 전 헬라 철학을 기독교화 하려고 하였다.

때문에 그들이 기독교와 똑같은 용어들을 차용하고 있었고 기독교에서 말하는 구원이라는 개념도 갖고 있었지만, 그것들은 기독교에서 말하는 것과는 완전히 달랐다. 영지주의자들과는 다른 방향에서 로고스를 이해하기는 했지만, 몬타니스트 역시 핵심 주제는 로고스였다. 영지주의자들이 하나님이 악한 물질 즉 육체를 가질 수 없다는 확신 속에서 실제적인 그리스도의 성육신을 부인하고 가현화 시켜버렸다면, 몬타니즘은 마지막 선지자로 자처함으로써 그리스도의 성육신을 지상화(地上化)시켜 버렸던 것이다.

이런 일련의 도전을 맞은 교회는 전통적인 사도들의 신앙을 확인할 필요가 있었고, 그것들을 통해 잘못된 신앙을 판단할 수밖에 없었다. 자연히 그리스도의 성육신과 십자가 고난과 부활과 재림을 담은 로마신경이 태동되었고, 이것이 오늘날의 사도신경 형태로 발전되었다. 정경 형성이 촉진되고 감독제도가 발달하고 신경이 발달되면서 2세기 말엽에 들어서 초대교회는 하나의 틀을 형성하기 시작하였다. 감독의 발달로 지역마다 감독을 중심한 교구가 구체적으로 형성되었고 지역의 특성을 반영하는 신학자들이 역사에 등장하게 되었다. 후대인들은 이들을 교부라 불렀다.

최초의 교부는 이레니우스였다. 이레니우스는 주후 180년경에 등장하여 소아시아를 중심으로 활동하였으며 그의 최대의 관심은 사도 요한이 요한복음 1장에 집약한 말씀이 육신이 되셨다는 로고스 사상이었다. 구약에 선재하신 로고스는 하나님이시며 그 하나님이 인류를 구원하시기 위해 총괄갱신하신 것이다. 이것을 구체화시키기 위해 이레니우스는 구속사적 역사개념을 발전시켰고, 더 나아가 성서적인 선봉을 확립시켰다.

이레니우스의 사상을 한마디로 집약한다면, 구속사와 성서적인 전통 및 언약 사상에 근거한 로고스 총괄갱신 사상이다. 인류의 구속사는 창조와 더불어 시작되었고 종말까지 계속된다는 것이며, 로고스의 총괄갱신은 그 역사의 정점을 형성한다는 것이다. 이런 이레니우스의 역사관은 어거스틴의 역사관, 종교개혁 특히 칼빈의 역사해석의 원형이 되었으며, 종교개혁 이후의 콕세이우스를 비롯한 많은 언약신학자들의 언약신학도 이레니우스에게 상당한 빚을 지고 있다. 사실 따지고 보면 이레니우스의 목회적 관심도, 성례를 접붙임으로 생각한 것도, 예수 그리스도의 십자가의 사역을 승리의 사건으로 생각한 것도 로고스 중심 사상에서 비롯된 것이다. 이레니우스는 그리스도의 성육신, 시험, 부활의 사건이 사탄에 대한 승리의 선언이라고 믿었다. 이레니우스의 사상 속에는 로고스 총괄갱신 사상이 깊이 자리 잡고 있었고, 이것이 소아시아 신학의 원형을 형성하였다. 이레니우스의 로고스 사상은 요한복음에 뿌리를 두고 있으며 헬라 철학의 로고스 사상과는 본질적으로 차이가 있었다.

또한 로고스는 알렉산드리아 학파를 이해하는 핵심 열쇠이다. 역으로 말해 로고스 사상의 이해 없이는 알렉산드리아 신학을 바로 이해할 수 없다. 알렉산드리아 신학의 원형은 저스틴에게서 찾을 수 있지만 필로에게까지 거슬러 올라간다. 필로에게서 찾아볼 수 있는 로고스 사상이 저스틴에 와서 좀 더 성경적인 개념으로 발전되었고, 이 저스틴의 로고스 사상이 알렉산드리아 신학의 원형이 되었다. 클레멘트와 오리겐은 주저하지 않고 로고스를 통해 헬라 철학과 기독교 진리를 연계시켰다. 헬라 철학의 원천도 유대인의 율법의 원천도 역시 로고스이기 때문에 둘의 조화는 자연스러운 것이다. 저스틴이 갖고 있던 진리라는 측면에서의 기독교와 헬라 철학의 연속성이 클레멘트와 오리겐의 사상 속에서도 그대로 나타나 있다. 터툴리안이 헬라 철학이야말로 이단의 원천이라고 개탄한 것에 반해 알렉산드리아 신학자들은 헬라 철학이 하나님의 선물이라고 확신했다. 클레멘트와 오리겐에 와서 신플라톤주의 사상, 특히 신플라톤주의의 유출설이 짙게 드리워져 있다.

이처럼 알렉산드리아 신학자들이 로고스 사상에 근거해 철학에 대해 긍정적인 사고를 갖고 있는 것에 반해 터툴리안과 키프리안 같은 서방신학자들은 철학에 대해 부정적인 시각을 갖고 있었는데, 그 원인은 앞서 언급한 것처럼 철학이야말로 이단의 원친으로 빈기독교적 요소라고 보았기 때문이다. 그가 철학에 대해 부정적인 시각을 갖고 있었던 것은 어느 정도 사실인 것으로 보이지만 그것이 곧 로고스 사상에 대한 부정적인 시각을 의미하지는 않는다.

터툴리안 역시 당대의 흐름을 주도했던 로고스 사상을 피할 수 없었다. 그 결과 라틴의 법적 용어를 동원하여 로고스론을 발전시켰다. 터툴리안은 로고스의 성육신을 약화시키는 수많은 이단들 특별히 양태론자들에 맞서 참으로 인간이시고 참으로 하나님이신 로고스를 변증하는 데 온 정열을 다했다. 이 점에서 이레니우스도 예외는 아니다. 알렉산드리아 학파의 오리겐과 클레멘트는 말할 것도 없고, 터툴리안의 **프락시아스 반박**이나 이레니우스의 **이단반박**은 최초의 교부 이레니우스와 서방신학의 아버지 터툴리안과 같은 3세기 교부들의 사상에 로고스 사상이 얼마나 깊이 뿌리내려져 있는가를 단적으로 말해준다. 1세기의 박해, 2세기 속사도, 변증가, 이단들, 교회의 응전, 3세기 이레니우스의 소아시아 신학, 오리겐과 클레멘트의 알렉산드리아 신학, 터툴리안의 서방신학 이 모두의 핵심 주제는 로고스였다.

이것은 또한 4세기부터 6세기까지 초대교회사의 핵심 주제였다. 예수 그리스도가 과연 하나님이신가라는 주제와 만일 예수 그리스도가 참으로 인간이시고 참으로 하나님이시라면 인성과 신성이 예수의 한 인격 안에 어떻게 연합되었는가라는 주제는 주후 325년의 니케아 회의, 381년의 콘스탄티노플 회의, 431년 에베소 회의, 451년 칼케돈 회의, 553년 콘스탄티노플 회의, 680년과 681년에 있었던 콘스탄티노플 회의의 중심 주제였다.

451년 칼케돈 회의에서 삼위일체 논쟁과 기독론 논쟁이 하나의 완전한 신학적 틀로 성리뇌기까지 서방과 동방을 막론하고 거의 모든 지역의 교부들은 자신들의 견해가 승리를 거두기 위해 온 정열을 기울였고, 그것이 그들의 삶과 사상, 그리고 교회생활을 지배할 수밖에 없었다. 아리우스가 알렉산더 감독에 대항하여 로고스의 나심은 시작이 있다고 주창했던 것도, 아다나시우스가 수없는 추방을 받으면서도 일편단심 아리우스에 대항하여 니케아 신앙을 변호하려고 했던 것도, 그리고 교회가 이 둘의 세력 다툼 속에서 어느 한편에 정통신학을 정착시키려고 고군분투했던 것도 로고스 사상의 이론 때문이었다. 이처럼 로고스가 초대교회 첫 3세기에 핵심 주제였듯이 4-5세기에도 여전히 중심주제였다.

어쩌면 논쟁의 와중에서 고투해야 했던 4, 5, 6세기 교회들에게 로고스는 생사문제였는지도 모른다. 논쟁이 진행되는 동안 경쟁자들 간에 이해관계가 얽히고설켜 인간의 원색적인 모습이 드러날 때가 한두 번이 아니었지만, 그때마다 하나님께서는 오류 많은 인간들의 이기적인 결정들을 거룩한 하나님의 방향으로 진행시켜 주셨다. 정치적인 목적을 달성하기 위해 출발했던 니케아 회의가 기독교 정통의 영원한 토대를 닦는 기회가, 시릴과 그 일행의 야심적이고 이기적인 결정이 에베소 정통으로 정착되는 계기가 된 것은 우연이 아니었다.

분명, 역사의 주체라고 자처하면서 모든 것을 좌지우지할 수 있을 것만 같은 인간들이었지만, 역사는 인간의 계산대로만 진행되어 오지 않았다. 교회의 머리이신 살아계신 로고스께서 그 살아계심을 교회의 역사 속에서 선포하신 것이다. 역사에 초월하여 계시면서도 역사에 개입하신 그 로고스는 이 시간도 여전히 인류의 역사와 나 자신의 역사에도 개입하고 계신다. 그리고 그 역사하심은 지금 이 시간에도 계속되는 것이다.

제1부
초대교회 배경

1장
초대교회의 역사적 배경

2장
나사렛 예수의 생애, 그 시대적·지리적 배경

3장
초대 기독교 박해

성 소피아교회 내 예수님 상

제 1장
초대교회의 역사적 배경

때가 차매 하나님이 그 아들을 보내사 여자에게서 나게 하시고 율법 아래에 나게 하신 것은 율법 아래에 있는 자들을 속량하시고 우리로 아들의 명분을 얻게 하려 하심이라.

바울

바울은 그리스도의 오심을 설명하면서 "때가 차매"[1]라는 말로 당시의 역사적 성숙을 표현하고 있다. 과연 이 말이 무엇을 의미하는가? 수많은 역사가들은 이 말의 진의에 상당한 관심을 갖고 연구를 해왔다. 초대교회의 저명한 역사가 유세비우스는 이 말을 율법의 영향과 관련시켜, 하나님의 율법이 확산되어 다른 사람에게 많은 영향을 미치면서 인간의 심령이 부드러워졌다(the softening of the heart)고 설명한다. 사실, 율법은 수 세기 동안 "유대인의 민족정신의 상징이며 보루"였다.[2] 유세비우스가 이스라엘의 율법과 관련하여 인간의 내면적인 준비에 초점을 맞춘 반면

---

[1] 갈 4:4. "때가 차매(τό πλήρωμα του χρόνου: the fullness of the time) 하나님이 그 아들을 보내사 여자에게서 나게 하시고 율법 아래에 나게 하신 것은 율법 아래에 있는 자들을 속량하시고 우리로 아들의 명분을 얻게 하려 하심이라."

[2] Justo Gonzalez, *A History of Christian Thought* I (Nashville: Abingdon Press, 1970-1975), 29.

초대교회사가 헨리 채드윅(Henry Chadwick)은 지리적인 환경, 즉 당시의 로마제국과 관련하여 설명하려고 하였다. 당시 로마는 하나님의 복음을 전파하기 위해 준비된 것 같다고 보았다.

초대교회사가 에버릿 퍼거슨(Everett Ferguson)도 갈라디아서의 "때가 차매"라는 말을 당시의 시대적인 배경 속에서 이해해야 된다고 보았으나 외형적인 환경에서만 그 요인을 찾으려고는 하지 않았다.3 그는 두 가지를 지적한다.

첫째, 당시의 로마를 통한 정치적인 평화를 말한다. 로마제국의 아우구스투스 황제는 마케도니아의 알렉산더 대제 이후 지중해를 완전히 장악하였고, 따라서 정치적인 안정으로 평화의 시대가 도래하고 있었다. 하나의 안정된 정부는 기독교 확산에 지대한 영향을 미쳤던 것이다. 로마의 평화는 상업과 무역을 촉진시켰고 상업과 무역은 자연히 교통의 발달로 이어졌다. 교통의 발달은 여행객과 상인, 선교사들과 정부 관리들에게 상당한 이익을 가져다 주었다.

둘째, 언어적인 준비를 지적하고 있다. 당시 정치적으로는 로마가 세계를 지배했지만 언어적으로는 헬라어가 세계를 지배했다. 헬라어는 로마제국에서 통용되었고 어디를 가나 헬라어는 의사소통의 수단이었다. 당시 헬라어는 직접적인 언어매체 이상이었다. 헬라어는 사상, 사고방식, 교육수준, 이해 방식의 통일을 촉진시켰으며 또한 헬라 철학, 문학, 그리고 종교의 확산을 가져다 주었다.

따라서 "때가 차매"라는 바울의 말은 현대의 폴 틸리히가 지적하듯이 내적인 시간과 외적인 시간 모두를 포함하는 의미로 이해해야 할 것이다. 우리는 어떤 역사적인 사건을 고찰할 때 두 가지 측면을 동시에 고찰하여야 한다. 히스토리에(Historie)와 게쉬히테(Geschichte), 사건(event)과 행위(action), 그리고 외면적인 차원(the outer dimension)과 내면적인 차원(the inner dimension)이 바로 그것이다. 바울이 말한바 '때가 찼다'는 말은 우리가 흔

---

3 Everett Ferguson, *Backgrounds of Early Christianity* (Grand Rapids, MI: Eerdmans Publishing Co., 1987), 493–494.

히 물리적, 양적 시간 개념에서 말하는 크로노스(chronos)라는 외적인 면에서 뿐만 아니라 정시(the right time)를 의미하는 질적인 시간 카이로스(kairos)라는 내적인 면에서도 그리스도의 오심은 완벽하게 준비되었음을 의미한다. 그리스도께서는 이 두 가지 측면이 완벽하게 준비되었을 때 오셨다.

우리는 내적인 준비와 외적인 준비 두 가지를 좀 더 잘 이해하기 위해서 그레코-로만(Greco-Roman) 문화와 유대주의를 살펴볼 필요가 있다. 헬라적 배경, 로마적 배경, 그리고 유대적 배경 등 교회가 발전했던 세계의 특징들을 살펴보는 것은 초대교회의 역사적 배경을 이해하는 중요한 밑거름이 된다.4

1. Greco-Roman 배경

초대 기독교의 헬라-로마배경(the Hellenistic-Roman backgrounds)에 대한 연구는 대체로 주전 330년에서 주후 330년 즉 알렉산더 대제부터

---

4 기독교와 다른 종교나 환경과의 유사성과 차이점은 상당히 중요한 연구대상이다. 주변 환경과 기독교와의 관계를 어떻게 보느냐에 따라 기독교에 대한 본질은 달라질 수 있다. 기독교와 타문화와의 관련에서 유사성이 지배적인가? 차이점이 지배적인가? 이 견해는 크게 셋으로 대별할 수 있다. 첫째는 유사성을 강조하는 자들이다. 당시의 기독교는 혼합적인 타종교와 유사하다는 사실, 또는 기독교는 당대의 환경의 산물이라는 사실을 강조하기 위하여 유사성을 강조하기도 한다. 둘째는 기독교와 타 배경(종교)과의 차이점을 강조하는 경향이다. 이것은 기독교의 유일성을 변호하거나 기독교의 탁월성을 강조하기 위하여 기독교가 갖고 있는 두드러진 특성을 강조하는 경향을 반영한다. Everett Ferguson은 Backgrounds of Early christianity에서 "나의 연구 결과는 차이점이 훨씬 지배적이다"라고 결론을 내린다(Xiv). "신비종교, stoicism, gnosticism, pharisees, the Dead Sea Scrolls 등 기독교와 주변 환경과의 접촉점을 논할 때마다 나는 차이점에 더 많은 관심을 기울인다"고 말한다. 비록 기독교가 스토이시즘, 신비종교, 쿰란 공동체 등과 접촉점을 갖지만 전체 세계관은 종종 차이가 있었고, 각각 위치했던 상황이 달랐다(Xiv). 헬라, 로마, 그리고 유대주의 배경 중에서 기독교는 구약과 유대주의 배경에 상당히 의존하고 있다고 보았다(Xiii). 기독교가 유대주의에 의존한 정도는 헬라배경에 의존한 정도보다 훨씬 크다고 보았다. 그러나 그것이 기독교의 핵심적인 특성에는 영향을 미치지 않았다는 사실을 의미한다고 할 수 있다. 이처럼 Ferguson은 기독교와 주변 환경과의 관계에서 차이점을 강조했지만 그 반대라고 해도 믿는 사람들을 방해하지는 않을 것이라고 보았다. 왜냐하면 기독교 신앙은 독특성에 의존하지 않기 때문이다. 관련성에 관한 질문은 역사적인 질문이지 신앙의 질문은 아니다.

콘스탄틴 대제까지의 660년간을 대상으로 한다. 특별히 헬라가 정치 문화적으로 영향을 미친 것은 주전 330년 알렉산더 대제부터 주전 30년 아우구스투스 황제까지의 기간이다. 이 기간은 헬라 시대(the Hellenistic Age)로 알려졌으며 이 헬라 시대는 다시 2기로 나눌 수 있다. 제 1기는 알렉산더 대제부터 주전 약 200년까지로 헬라문화가 형성되고 팽창하여 지중해에 절대적인 영향력을 미쳤던 시대이다. 이 기간에 알렉산더 대제(356-323 B.C.)가 지중해에 헬라문화를 뿌리내리는 데 지대한 역할을 하였다. 그의 영향은 해외진출, 헬라문화의 확장, 하나의 통화정책, 헬라어의 확산, 헬라 사상체계 수용, 고등교육, 헬라 신(神) 확산, 철학과 삶의 융합, 개인주의 발흥 등에 이르기까지 광범위하다. 제 2기인 주전 200년 후부터는 이집트, 팔레스타인, 시리아, 그리고 아시아에 토착문화가 발흥하면서 헬라적인 요소들이 움츠러들기 시작하였다.

그리고 주전 30년 아우구스투스 황제부터 주후 330년 콘스탄틴 대제까지는 로마가 지중해를 완전 지배하면서 영향을 미쳤던 시대로 이 시대를 로마 시대(the Roman Age)라고 부른다. 헬라 시대와 마찬가지로 로마 시대도 영향의 정도에 따라 2기로 나눌 수 있다. 제 1기는 주후 2세기까지고, 제 2기는 2세기부터 콘스탄틴 대제가 기독교를 공인할 때까지다. 로마의 영향은 2세기에 최고 정점에 달하다 2세기 이후 바바리안 족이 침입하면서 쇠퇴하기 시작하였다.

1) 로마제국: 지리적 및 정치적 환경

정치적으로 기독교는 영국에서 페르시아, 사하라 사막에서 북서부 독일에 이르기까지 길게 뻗어있는 거대한 국가, 로마제국에서 태동하였다. 로마제국의 지리적 배경인 지중해는 페르시아, 헬라, 마케도니아를 거쳐 이제는 로마가 그 주인이 되었다. 당시 지중해는 오늘날과 같이 지중해 연안을 많은 국가들이 공유하는 공유물이 아니라 오히려 로마제국의 사방을 잇는 거대한 내륙 수로였다.

로마제국은 긴 역사를 자랑하였으니 예수 그리스도가 태어났을 때 이미 로마는 약 750년의 역사를 지니고 있었다. 처음 서부 이탈리아에 있는 티베르강(Tiber River)의 제방에 위치한 한 작은 마을로부터 출발한 로마는 읍, 도시, 그리고 작은 국가로 점차 성장했다. 주변 국가와의 전쟁과 조약에 의해 로마는 계속 영토를 확장해 나가 주전 256년, 즉 로마국가가 설립된 지 500년 후에, 이탈리아 반도의 지배자가 되었다. 그 후 로마는 바다를 건너 서쪽으로 뻗어나가 100년이 채 지나지 않아 시실리(Sicily), 코르시카(Corsica), 사르디니아(Sardinia), 칼타고(Carthage)와 스페인의 대부분을 정복했다.

로마가 영토 확장 과정에서 가장 힘들었던 전투는 천적 칼타고와의 싸움이었다. 주전 3세기에 서지중해에 위치한 도시 칼타고는 로마의 가장 큰 라이벌이었다. 칼타고의 군사력은 일정한 월급을 주고 고용된 일종의 직업군인인 자원군으로 구성되었고 로마군은 징집된 시민군이었다. 칼타고를 정복하기 위해 로마는 역사에 퓨닉전쟁(Punic War)으로 알려진 칼타고와의 세 차례에 걸친 대전쟁을 치러야만 했다. 퓨닉(Punic)이라는 말은 칼타고의 정착자 포에니시안(Phoenician)에서 유래되었다. 제1차 퓨닉전쟁(262-241 B.C.)에서 로마는 사르디니아(Sardinia), 코르시카(Corsica), 시실리(Sicily)를, 2차 전쟁(218-201 B.C.)에서 북이탈리아, 남고울, 그리고 스페인을, 3차 전쟁(149-146 B.C.)에서 칼타고를 완전히 정복하고 서지중해를 손아귀에 넣었다.

주전 27년까지 모든 로마 영토는 공화국이라 알려진 통치형태에 의해 다스려졌으며 매우 강력했던 로마시 의회는 어떤 한 개인이 통치권을 장악하지 않았다. 주전 27년에, 즉 약 100년 동안의 지속된 비참한 내란(civil war)[5] 후에 로마의 전권은 쥴리어스 시저(Julius Caesar)의 조카인 가이우스 옥타비아누스(Gaius Octavianus)의 수중에 들어갔다. 옥타비아누스는 로마제국의 역대 황제들 중에서 첫째며 가장 위대한 아

---

[5] 내란(Civil Wars)은 90 B.C.에 이탈리아 민족동맹의 반란으로 본격적으로 시작되었다.

우구스투스 시저(Caesar Augustus, 27 B.C.-A.D. 14)로 알려졌다. 이 아우구스투스 시저가 바로 누가복음 2장 1절에 기록된 시저이다. 그와 함께 공화국도 끝이 나고 제국이 시작되었다. 퍼거슨에 따르면 아우구스투스의 위대한 치적(治績)은 경제적 번영, 교통의 발달, 정치적인 평화이다. 아우구스투스는 황제가 되면서 로마를 공화국에서 제국으로 바꾸었고 이것은 로마에 정치적인 안정을 가속화시켰다. 제국의 국경에서 있었던 약간의 싸움을 제외하고는 아우구스투스 시저에 의해 정착된 로마의 평화가 200년 이상 지속되었다.6

이 거대한 제국의 평화(Pax Romana)는 무역과 여행 모두를 쉽고 안전하게 만들어 내륙, 바다, 그리고 강을 통해 한 지역에서 제국의 다른 지역으로 여행하는 것이 어렵지 않았다. 이런 지속적인 로마의 평화는 또한 모든 방면에서 문화의 발전을 촉진시켜 문학, 건축, 그리고 조각 등에서 위대한 업적을 낳았고 법률연구가 대단히 발달했으며 경제가 번영했다. 모든 곳에서 로마군대는 로마제국의, 그리고 법과 평화의 상징이었다.

2) 헬라주의 배경

로마라는 하나의 거대한 세계 속에는 헬라 사상이 깊숙이 자리를 잡고 있었다. 정치적으로는 로마가 지중해를 지배했지만 문화적으로는 헬라가 지중해를 지배하고 있었다. 이런 이유 때문에 헬레니즘과 기독교와의 관계는 지난 2세기 동안 논쟁의 쟁점이 되어왔다. 헬레니즘과 기독교는 과연 연속성이 있는가? 연속성이 있다고 보는 긍정론자들은 초대 변증가들과 현대 폴 틸리히를 비롯한 신정통주의 노선과 비교 종교사학파 노선에 있는 자들이며, 부정론자들은 대부분 정통주의적 노선에 있는 성경신학

---

6 아우구스투스 황제 이후의 계승자들은 다음과 같다: Tiberius(A.D. 14-37), Caius Caligula(37-41), Claudius(41-54), Nero(54-68), Vespasian(69-79), Titus(79-81), Domitian(81-96), Nerva(96-98), Trajan(98-117), Hadrian(117-138), Antoninus Pius(138-161), Marcus Aurelius(161-180).

자들이고, 다른 한편 퍼거슨(Ferguson)과 내쉬(Nash)같은 역사가들은 조심스럽게 중립적인 입장을 주장한다.

긍정론 입장에 선 많은 학자들, 특별히 독일의 아돌프 하르낙은 기독교가 헬레니즘에 뿌리를 두고 있다고 말하면서, 기독교의 본질적인 신앙과 관습들이 당대의 이방종교와 철학체계로부터 빌려온 것이라고 주장하였다. 때문에 성경에서 헬레니즘을 제거하는 비신화작업을 계속해야 한다고 말한다. 반면 전통적인 학자들은 이런 주장이 타당성이 없다고 본다. 이 두 주장과는 달리 최근의 일부 복음주의 역사가들은 복음의 본질이라는 측면에서 기독교와 헬레니즘은 연속성이 없지만, 기독교가 적어도 방법론에 있어서는 헬라 철학에 의존했다고 생각한다.[7] 알렉산드리아 학파에 속한 학자들, 어거스틴, 칼빈 등 위대한 인물들은 플라톤주의를 기독교 진리를 밝히는 수단으로 주저하지 않고 사용해왔다. 20세기의 위대한 학자 중의 한 사람인 크리스토퍼 도슨(Christopher Dawson, 1889-1970)이 기독교 역사가 히브라이즘에 뿌리를 두고 있다면, 기독교 철학은 헬레니즘에 뿌리를 두고 있다고 지적한 것은 바로 이 때문인지도 모른다. 기독교와 헬레니즘과의 관계를 바로 이해하기 위해 기독교가 발흥했던 당대의 역사적, 문화적 상황을 연구하는 것은 이런 의미에서 상당히 중요하다.

일반적으로 헬라 사상은 전기와 후기로 구분되는데, 전기는 다시 세 부분으로 나눌 수 있다: (1) 탈레스부터 파르메니데스 (2) 소크라테스(399 B.C.) (3) 플라톤(d.347 B.C.)과 아리스토텔레스. 제1기의 관심은 세계의 본질이었고 제2기의 관심은 인간, 그리고 제3기의 관심은 우주의 본질과 인간의 본질을 한 문제로 다루는 것이었다. 그리고 후기는 스토아주의(Stoicism), 에피큐리안주의(Epicurianism), 신피타고리안주의(Neo-Pythagoreanism), 회의주의(Skepticism), 그리고 중기 플라톤주의(Middle-Platonism)를 포함한다. 기독교 사상에 영향을 미

---

[7] Ronald Nash, *Christianity and Hellenistic World* (Grand Rapids: Zondervan, 1984).

친 것은 바로 후기이다.[8]

(1) 초기의 헬라 철학(Pre-Socratic Philosophy)

탈레스부터 파르메니데스까지의 헬라 철학자들은 세계의 본질이 무엇인가라는 문제로 고민했다. 세계의 본질을 이해하려는 일련의 고대 헬라 철학을 회의주의(Skepticism)와 구별하기도 한다.[9] 소아시아 서남해안에 위치한 밀레투스 시(the City of Miletus)에서 살았던 최초의 철학자 탈레스는 존재하는 모든 것이 물에서 발생했다고 믿었다. 탈레스의 제자 아낙시맨더(Anaximander)는 물이 아니라 무한한 대기(the boundless atmosphere)가 만물의 근원이라 가르쳤다.

주전 500년경에 소아시아의 에베소에서 살았던 헤라클리투스(Heraclitus)의 철학은 좀 더 복잡하다. 그에 의하면 우주의 근본요소는 불이며 불에서 만물이 발생했다. 불에서 공기가, 공기에서 물이, 물에서 땅이 나왔다. 그 후 땅은 물로, 물은 공기로 공기는 불로, 그래서 끝없는 변화의 회전(the endless cycle of change)이 계속된다. 이들의 변화에 의해서 만들어지는 결합이 이 세상에서 발견할 수 있는 다양한 변화를 야기 시킨다. 그러나 이들 중에 어느 것도 영원히 지속되지 않는다. 어떤 생명도 영속적이 아니며 영원한 것은 아무 것도 없다. 생명은 흐르는 물과 같다. 한번 흘러간 생명이 결코 같은 강으로 두 번 다시 흐르지 않는다. 사실 헤라클리투스는 강으로 그의 철학을 축소시켜 "만물은 흐른다(all things flow)"는 말로 자신의 사상을 압축시켰다. 그럼에도 불구하고 끊임없이 변화하는 세상은 마음, 즉 그가 말하는 이성(Logos)에 의해 지배된다고 보았다. 이 말은 주의 깊게 관찰되어져야 한다. 왜냐하면 그것은 초대교회의 신학 사고에 매우 중요한 역할을 했기 때문이다. 탈레스, 아낙시맨더, 그리고 헤라클리투스 모두는 헬라의 식민지였던 소아시

---

[8] Paul Tillich, *A History of Christian Thought* (New York: Simon & Schuster, 1978), 3.

[9] Tillich, *A History of Christian Thought*, 3.

아에 살았다.

이탈리아 남부에 있는 비슷한 헬라 식민지 역시 철학자들을 배출했는데 이들 중의 하나가 헤라클리투스와 동시대에 살았던 파르메니데스(Parmenides)였다. 그는 헤라클리투스와 성반대로 이 세상에는 전혀 변화가 없다고 믿었다. 그에게 존재하는 것 한 가지는 존재 그 자체(Being itself)이며, 우리가 경험하고 관찰하는 모든 변화는 단지 그렇게 나타나는 것일 뿐이다.

(2) 소크라테스(Socratic Philosophy, 469-399 B.C.)

주전 450년 전 아테네(Athens)에 살았던 소크라테스로 말미암아 헬라 사고에 일대 변화가 일어났다. 소크라테스 이전의 철학자들은 주로 자연과 세상의 본질에 관심이 있었으나 소크라테스에 와서는 세상의 본질보다도 인간의 자질(quality)에 더 많은 관심을 기울였다. 고대 철학자 키케로(Cicero)가 "철학을 하늘에서 지상으로 끌어내렸다"[10]고 평한 소크라테스로 대변되는 소크라테스주의(Sophism)는, 폴 틸리히가 말한 것처럼, 구 전통에 대항하는 하나의 인간 사고 혁명이었다.[11] 소크라테스에 의하면, 우리가 확실히 알 수 있는 한 가지는 인간 자신이며, 인간은 어떻게 존재해야 하며 삶의 목적이 무엇인지 알 수 있다. 이것을 아는 것이 곧 참 지식을 소유하는 것이며 이 지식은 적당한 교육에 의해 획득되어질 수 있다. 사람은 교육을 통해 자신을 도덕적으로 선하게 만들 수 있는 능력을 갖고 있다.

그레코-로만 시대, 특별히 소크라테스 시대에 와서 교육받은 많은 사람들에게 철학은 하나의 종교였다. 철학은 오늘날과 같이 일종의 이론적 연구나 형이상학적 연구가 아니라 삶의 방식(a way of life)으로 그 목적은 어떻게 살 것인가를 사람들에게 가르치는 데 있다. 만약 옳은 것이

---

[10] Cicero, *Academic*, I. iv, 15. Ferguson, *Backgrounds of Early Christianity*, 257에서 재인용.
[11] Tillich, *A History of Christian Thought*, 3.

무엇인가를 안다면 인간은 그것을 행할 것이며, 따라서 잘못된 행동은 잘못된 사고와 정보의 결과라는 것이다.12 자연히 철학은 전통종교의 비판 및 재해석을 제공하고 도덕 및 영적 방향을 제시할 뿐만 아니라 심지어 회심과 정화의 수단까지도 제공하였다.13 따라서 소크라테스에게 철학은 단순한 이론체계가 아니라 하나의 삶의 태도이며 삶의 방식이었다.

(3) 플라톤과 아리스토텔레스(Post-Socratic Philosophy)14

고대 그리스에 모든 시대를 초월하여 가장 탁월한 두 철학자가 나타났으니 그들이 바로 소크라테스의 제자 플라톤(Plato, 429-347 B.C.)과 플라톤의 제자 아리스토텔레스(Aristotle, 384-322 B.C.)이다. 소크라테스의 인간사고 혁명이 영향력 있는 일련의 다듬어진 철학체계로 열매를 맺은 것은 플라톤과15 아리스토텔레스에 와서이다. 이 시대에 철학적 사고의 중심이 식민지에서 본토 특별히 세계에서 가장 빛나는 문화 중심지 아테네(Athens)로 옮겨졌다. 로마가 이탈리아를 완전히 지배하지 않고, 팔레스타인이 아직 페르시아의 통치 하에 있을 때 소크라테스가 역사에 등장했다.

늘 소크라테스를 접하며 살았던 플라톤은 30살 되던 해, 하나의 결정적인 사건을 만난다. 그것은 자기의 스승 소크라테스의 죽음이었다. 소크라테스가 비참한 최후를 맞는 것을 목격한 플라톤은 스승을 죽음으로까지 몰고 간 민주주의를 옹호하지도 않았고, 아테네를 위해서 살고 싶은 마음도 전혀 없었다. 바로 이 시기에 기독교에서 말하는 종교적인 각성과는 다르지만 하나의 전환점이 그에게 발생하였다. 그 후 플라톤은 아테네를 떠나 12년 동안 타향을 돌아다니다 387년에 다시 아테네로 돌아와서

---

12 Ferguson, *Backgrounds of Early Christianity*, 258.

13 Ferguson, *Backgrounds of Early Christianity*, 255.

14 Ronald Nash, "Philosophy From Plato to Middle Platonism," in *Christianity and Hellenistic World*, 27-56,을 참고하라.

15 소크라테스와 플라톤의 관련성에 대해서는 Hugh Tredennick, tr., *Plato: The Last Days of Socrates* (England: Penguin Book Ltd., 1979)를 참고하라.

남부 (Didmma) 터키 디딤마 지역에 있는 헬라 아폴로 신전

그 곳에서 가르치기 시작하였다. 플라톤이 가르쳤던 학파는 아카데미로 역사에 알려졌다.

   플라톤과 아리스토텔레스는 세계를 전체로 이해하려는 이전 철학자들의 관심과 소크라테스의 인간 이해를 하나로 연합시켰다. 플라톤은 두 개의 세계, 즉 이데아의 세계와 현상의 세계가 존재한다고 보았다. 이데아의 세계(the world of the ideas)는 보이지 않는 세계를 말한다. 플라톤에 있어서 "이데아"는 우리가 "아이디어"라고 칭하는 바 사상, 의견을 의미하지 않는다. 플라톤에게 이데아는 본질적인 실체(ousia)로서 사물의 참된 본질이다. 이데아의 개념은 초월적인 개념으로 형이상학적인 의미를 지니며 인간 경험의 영역을 넘어서 존재하는 것이다. 플라톤은 보이지 않는 세계에 존재하는 영적 실체들을 이데아로 이해한다. 용기, 사랑, 진실과 같은 영적인 이데아가 있어 이들은 보이지 않는 세계에 서로를 섬기는 질서의 형태(the order of their serve to one another)로 존재한다. 피라미드의 정상에는 성서적 신 개념과 근접한 선의 이데아가 있다. 플라톤적 기독교 철학자들에게 플라톤이 말하는 이 "선의 이데아"는 절대자(absolute), 불변(unchanging), 참된 존재(true being)이다. 이런 개념은 제국의 종교사상을 형성하는 데 중요한 밑거름이 되었다. 하지만 기독교에서 말하는 창조주 하나님의 개념과는 근본적으로 다른데 그것은 플라톤이 말한 바 그 선의 이데아가 비인격적 일자(a First Principle)이기 때문이다.

보이지 않는 이데아의 세계와 대조되는 현상의 세계는 볼 수 있고 느낄 수 있는 산들, 나무, 하늘, 강, 들, 사람 같은 물질로 된 가시적 세계이다. 이데아의 세계는 본질적 세계인 반면 현상의 세계는 이데아의 세계가 반영된 세계이다. 따라서 플라톤에 의하면 이데아의 세계는 완벽한 세계인 것에 비해 현상의 세계는 불완전한 세계이다. 이데아의 세계는 영적인 세계이고 현상의 세계는 물질의 세계이며 이데아의 세계는 선하고 물질의 세계는 악하다. 물질의 세계는 무질서, 비조화, 무형, 혼돈(a chaos)의 세계이며 물질은 모든 악-고통, 실망, 불완전, 슬픔, 그리고 죽음의 근원이다.

이 세상에 존재하는 모든 것은 영원, 진실, 불멸의 이데아의 불완전한 복사물로 물질과의 연합을 통해 표현된다. 아름다움, 도덕, 적응 등은 이데아에서 나오고, 무엇이나 악하고 고통스럽고 파괴적인 것은 물질에서 나온다. 두 세계는 똑같이 영원하며 아무 것도 이제껏 서로에 대해 승리를 쟁취할 수 없었다. 인간은 영과 물질의 연합이다. 죽음이 오면 영은 죽음을 환영한다. 왜냐하면 영혼은 물질에 의해 속박 받지 않는 순수한 상태로 되돌아갈 수 있기 때문이다.16 초대교회사를 연구함에 있어서 이데아와 물질, 선과 악, 영혼과 육체와의 관계에 대한 헬라인의 관점을 이해할 필요가 있다. 만일 그것을 잘 이해하지 못하면 첫 4세기를 이해하는 것은 불가능하다.

플라톤의 이원론적 사고를 합일과 연합의 개념으로 발전시킨 인물은

---

16 이런 이유에서 아테네의 철학자들은 바울이 부활에 관해 이야기할 때까지는 열심히 그 말에 귀를 기울였다(행 17:32).

플라톤의 제자 아리스토텔레스였다. 칼시딕(Chalcidic)의 스테기루스 (Stagirus)에서 출생한 아리스토텔레스는 의사였던 아버지의 영향을 받아 생물학에 관심이 많았다. 그가 17세 때 플라톤에 의해 설립된 아카데미에 입교할 즈음에 플라톤은 논리학과 이데아 개념을 최고로 발전시켰다. 그러나 플라톤이 죽자 실망한 아리스토텔레스는 아테네를 떠나 아소 (Asso)와 미틸렌(Mytilene)에서 얼마동안 지낸 후 마게도니아 (Macedonia)의 필립으로부터 알렉산더의 가정교사를 맡아달라는 초빙 받았다. 그 후 A.D. 334년에 아리스토텔레스는 아테네로 돌아와 짐나지움을 빌려 소요학파(Peripatetic)를 설립하였다.

인간의 이성에 상당한 의를 부여하였던 아리스토텔레스에 따르면 인간은 이성적 능력에 의해 다른 생명체와 구별되므로 인간의 지고의 선은 이성적인 삶이다. 사람은 순수 이성과 실천 이성 모두를 지니고 있다. 순수 이성이란 생각하고 이해하며 명상할 수 있는 능력을 말하며, 실천 이성이란 행동에 적용된 이성을 말한다. 그러므로 인간에게 행복이란 지적 미덕과 도덕적 미덕을 포함한다. 순수 이성의 실현은 지식 즉 진리를 배우는 것이며 실천 이성의 실현은 도덕적 미덕이다.[17] 이 때문에 아리스토텔레스의 후계자들은 철학자들을 순수 철학자와 실천 철학자로 분류하고, 순수한(명상적인) 삶과 실제적인(활동적인) 삶 모두를 철학의 대상으로 삼았다.

관념적이었던 플라톤과는 달리 아리스토텔레스는 이 세상과 개별적인 것에 관심을 가졌다. 플라톤이 모형에서 출발하여 개체로 진행해나간 반면 아리스토텔레스는 개체에서 출발하여 보편으로 진행하여 나갔다. 아리스토텔레스에 따르면 개체는 전체를 구성하는 하나의 요소이기 때문에 그 개체는 보편적인 실체를 담고 있다. 따라서 개체는 보편을 반영한다. 개체와 보편의 불가분의 관계는 아리스토텔레스의 영혼과 육체의 관계에 대한 이해에도 그대로 반영되었다. 영육을 이원론적으로 구분한 플라톤

---

[17] Ferguson, *Backgrounds of Early Christianity*, 270-271.

과 달리 아리스토텔레스는 육체와 영혼이 상호 연계성을 가지며, 영혼과 육체가 단지 개념상 구분될 뿐 실제로 구분될 수 없다고 보았다.

피타고리안 사상을 따르는 플라톤에게 육체는 영혼의 도구 혹은 굴레였다. "나는 영혼이다. 그리고 나는 육체를 소유하고 있다"(I am a soul, I have a body.)라는 논리를 갖고 있던[18] 플라톤의 논리를 따르면 육체 없는 영혼이 가능하나 아리스토텔레스에게 영혼 없는 육체, 육체 없는 영혼은 존재할 수 없다. 어떤 의미에서 아리스토텔레스의 영혼 이해가 플라톤의 영혼 이해보다 한 단계 발전하였다고 보는 것은 이 때문이다.[19] 아리스토텔레스의 지대한 공헌 가운데 하나는 플라톤의 이원론적 인간존재를 종합하여 하나로 연합시켰다는 사실이다. 중세 토마스 아퀴나스는 아리스토텔레스의 사상을 집대성하여 신학적으로 체계화시켰는데 개체와 보편, 자연과 은총, 이성과 계시의 통합이 바로 그것이다.

플라톤의 인식론에 따르면 지식은 감각적 경험(sense experience)에 의존하지 않으나 아리스토텔레스에 따르면 사람은 감각에 의해 개체를 이해한다. 인간은 지성에 의해 보편을 배우며, 이 지성은 감각을 통해 얻어진다. 때문에 감각은 지식의 출발이나 기초를 제공하게 된다. 보편은 개체 속에 존재하기 때문에 지성은 감각적 경험을 넘어서 물질에서 형상을, 개체로부터 보편을 추출한다. 따라서 아리스토텔레스에 따르면 지성은 모든 개체로부터 공통적인 요소들을 취함으로써 보편을 발견한다. 이러한 분석은 헬라의 철학적 사고에 영향을 미쳤으며 이를 통해 수 세기 동안 기독교에도 영향을 미쳤다.[20]

---

[18] Ferguson, *Backgrounds of Early Christianity*, 269.

[19] Ferguson, *Backgrounds of Early Christianity*, 269. 그는 영혼을 다음과 같이 구분하였다: (1) Nutritive souls, (2) Sensitive or Animal souls, 그리고 (3) thinking or rational souls. 첫 번째 영혼은 영양과 재생산과 같은 기본적인 삶의 원리만을 소유한 가장 낮은 차원의 영혼으로 살아있는 모든 식물이 소유한 영혼을 지칭한다. 두 번째 영혼은 식물학적 기본적인 삶의 원리 위에 감각, 충동, 본능과 같은 감각을 소유한 영혼으로 동물의 영혼을 일컫는 영혼이다. 감각, 충동, 본능은 식물의 영혼과 동물의 영혼을 구분하여 주는 요소들이다. 마지막 영혼은 최고의 발전된 영혼으로서 저급한 앞의 두 단계 영혼들이 갖고 있는 것에다가 이성 혹은 지성을 포함하는 영혼을 말한다. 이것은 인간에게서 발견된다.

[20] Ferguson, *Backgrounds of Early Christianity*, 270-271.

아리스토텔레스가 인간 사고에 미친 영향은 너무도 컸으며, 그 영향이 고대에만 국한된 것이 아니었다. 그의 사상은 소요학파라는 철학 학파를 통해 후대에 계승되어 왔으나 그의 제자 알렉산더 대왕이 철학자들의 관심을 실천적 도덕으로 돌리면서 플라톤과 아리스토텔레스의 형이상학적 세계관은 뒷전으로 물러서게 되었다.21 그러나 아리스토텔레스의 사상은 중세에 복고되어 기독교 사상에 지대한 영향을 미치면서 플라톤 사상과 함께 수천 년 동안 기독교 사상을 지배하여 왔다.

(4) 중기 플라톤주의(Middle Platonism)

플라톤주의는 주전 1세기경에 다시 발흥하였다. 이 주전 1세기부터 주후 2세기까지의 플라톤주의를 중기 플라톤주의라고 부른다. 주전 1세기에 플라톤의 연구가 복고되어 육체와 영혼의 구분과 같은 이원론적 사상이 다시 등장하면서 교부신학에 적지 않은 영향을 미쳤으며 이것은 중세 신학의 기초가 되었다. 중기 플라톤주의에 속하는 사상가들은 플루타크, 아풀레이우스(Apuleius), 막시무스(Maximus of Tyre), 그리고 알비누스(Albinus)이며, 이 중기 플라톤주의는 기독교 사상에 지대한 영향을 미친 신플라톤주의에로의 교량적 역할을 했다. 뿐만 아니라 중기 플라톤주의는 2세기 기독교 변증가들 즉 저스틴 마터, 타티안, 아테나고라스, 알렉산드리아의 클레멘트의 저술 활동에 지적 배경을 제공하였다.22 퍼거슨은 신약의 히브리서에서조차 플라톤주의가 반영된 것으로 보인다고 말한다.23

초기 플라톤주의와는 달리 "중기 플라톤주의는 플라톤 사상이 스토아의 윤리, 아리스토텔레스적 논리, 그리고 신피타고라스적 형이상학과 종교의 영향을 받은 것"으로, 중기 플라톤주의자들은 "우주와 신의 문제에 대한 플라톤과 아리스토텔레스의 견해를 조화시키는 것이 가능하다"고

---

21 Ferguson, *Backgrounds of Early Christianity*, 270-271.
22 Ferguson, *Backgrounds of Early Christianity*, 308-309.
23 Ferguson, *Backgrounds of Early Christianity*, 308-309.

보았다.24 예컨대 알비누스는 아리스토텔레스의 지존자(Supreme Mind : 원동자)와 플라톤의 선(이것이 형상들의 세계의 첫째 원리가 됨)을 동일시했으며 플라톤의 이데아나 형상은 신의 마음속에 있는 생각으로 인식되었다.25 중기 플라톤주의자들은 지존자(Supreme Mind)의 절대적인 초월성을 강조했다. 이 존재의 정상은 오직 중간 세력들을 통해서만 도착할 수 있다. 우주는 세계영혼에 의해 생기를 받는다. 초월적 존재에 대한 직접적 지식은 불가능하나 '부정적인 신학'이 신에 대한 간접적인 지식을 제공한다. 신피타고라스주의에 영향을 받은 일부 철학자들은 물질은 악한 것이라고 부정적인 판단을 내렸다. 또, 플라톤에 가까운 사람들은 악을 개념들의 구체화의 결과로 본다.26

중기 플라톤주의에 속한 작가 중 가장 광범위한 저술을 남긴 우수한 가문 출신인 플루타크(A.D. c.50-120)는 중부 그리스의 캐로니아인이었다. 그는 신약 시대에 가장 근접한 인물이기 때문에 기독교 배경의 연구에 빼놓을 수 없는 연구대상이다. 그의 작품은 기독교 독자들에게도 인기가 있었던 것처럼 보인다. 그는 전통과 현재를 통합시키려는 온건한 입장을 갖고 있었으며 "그리스 문화와 로마의 정치"를 통합시켜 새로운 질서를 사상적으로 구축하려는, 그 시대가 낳은 인물이었다. 그의 신관은 무신론과 미신의 중도적인 입장을 반영하였으며 귀신론의 기원을 밝히는 데 남다른 관심을 가졌다. 따라서 자연히 선과 악의 개념을 형상화시키려고 노력하였다. 그는 "선이 악보다 강하다는 조용한 낙천주의 견해를 갖고 있었다."27

그러다 중기 플라톤주의가 새로운 형태로 집대성된 것은 신플라톤주

---

24 Ferguson, *Backgrounds of Early Christianity*, 308-309.
25 Ferguson, *Backgrounds of Early Christianity*, 308-309. "알렉산드리아의 필로는 이를 뚜렷이 공식화한 최초의 작가이다. 이데아는 유대교 하나님의 마음에 있는 생각이다. 필로에게 전반적으로 철학적 독창성이 결여되어 있으며 이미 존재하는 철학적 공통점들을 통합한 것으로 보아 플라톤과 아리스토텔레스를 조합한 것은 안티오쿠스로 볼 수도 있다고 추측된다."
26 Ferguson, *Backgrounds of Early Christianity*, 308-309.
27 Ferguson, *Backgrounds of Early Christianity*, 310.

의의 창시자 플로티누스(A.D. 205-270)에 와서이다. 그는 알렉산드리아에서 암모니우스 삭카스(Ammonius Saccas) 문하(門下)에서 공부했다. 일설에 의하면 오리겐도 그 문하에서 연구했었다고 한다. 플로티누스는 아리스토텔레스에서 스피노자 사이의 가장 위대한 사상가로 불리운다. 그의 체계는 아리스토텔레스, 스토아, 신피타고라스주의의 요소가 포함된 플라톤주의로 구성되어 있다. 플로티누스의 사상 중에서 가장 중요한 것은 신관이다. 그에게 신은 절대적으로 초월적인 존재인 일자(the One)이다. 이것은 비물질적이며 비인격적인 힘이다. 이것은 주체도 객체도 아니며 자아도 세상도 아니다. 그는 완전히 초월적인 존재이기 때문에 그가 이 세상을 직접 창조한다는 것은 불가능하다. 신플라톤주의에서 물질과 초월적인 지존자를 연결하여 주는 것은 창조가 아니라 유출(emanations)이다. 그것은 다음과 같이 요약할 수 있을 것이다.

일자로부터 마음(Mind: Nous)이 유출하였다. 이것은 아리스토텔레스의 원동자(Unmoved Mover)와 유사하다. 그러나 플로티누스에게 이 절대적인 지성적 원리가 지고의 실체는 아니다. 세계 마음(World Mind)은 창조되는 것이 아니라 일자로부터 나오는 것이다. 누스는 이상적인 마음(Mind), 즉 신의 지성 원리이다. 마음은 영원히 스스로를 생각할 수 있기 위하여 나온 것이다. 일자는 자신에게서 지성이 나온다고 해도 전혀 변하지 않는다. 실제로 알 수 있는 지고의 실재(entity)는 마음이다. 체계의 이런 요소는 이원성이라는 특징을 지니고 있는데, 그 이유는 인식은 이미 인식자와 알려진 것을 포함하기 때문이다.

다음에 유출된 것은 세계 혼(the World Soul)인데 이것은 행성, 동물, 식물, 그리고 인간에 역사하는 원리이다. 그것은 우주 전체의 배후에 있는 동력이다. 세계 혼은 마음과 육체적인 실체 사이에 존재한다. 그것은 개개의 혼들 안에 활동한다. 인간의 혼 안에는 세계 혼의 세 단계가 존재하는데, 지성적 및 직관적 혼, 이성적 혼, 그리고 비이성적 동물의 혼이 그것이다. 인간의 혼은 신적 요소이지만 지고선 또는 악을 향할 수 있나. 영혼은 세계 혼에서 내려오며, 열망은 일자에게로 올라간다. 다양성은 연합되기를 갈망한다. 그러나 역동적인 힘으로서의 혼은 비존재뿐만 아니라 존재를 향한다.

이런 유출은 끊임없이 계속된다. 가장 저급한 수준에 있는 것은 순수한 물질이다. 그리고 인간은 개인적인 마음과 누스를, 개인적인 영혼들과 세계영혼을, 육체와 자연의 법칙을 연결하는 연결점으로 이 모든 원리들을 포함하는 일종의 소우주(microcosm)이다. 신플라톤주의에서 가장 중요한 것은 일련의 유출과 회귀인데 영혼이 모든 존재의 근원으로 돌아가기를 숙원하는 것은 자연적이다. 자신이 기원된 근본으로 돌아가려는 욕구는 일자와의 연합에서 정점을 이루며 이런 일자와의 일치야말로 신플라톤주의의 구원관이다. 일자에게로 돌아가기 위해 행동과 욕망의 절제, 유한세계에서의 정결과 같은 일종의 금욕적인 삶이 요구된다. 그러나 "일자와의 일치의 경험은 은혜의 문제가 아니라 의지와 이해에 의한 지속적인 노력의 결과이다."28 바로 여기에 기독교와 신플라톤주의의 근본적인 차이가 놓여 있다. 이런 근본적인 차이점에도 불구하고 신플라톤주의의 영향을 받은 기독교 사상가들은 신플라톤주의의 유출설 및 회귀설과 기독교의 구원관을 융합시키는 것이 가능하다고 보았다.

결론적으로 플라톤과 아리스토텔레스의 사상은 다음과 같은 몇 가지 이유 때문에 기독교 철학과 기독교 인식론을 정립하는 중요한 도구로 사용되어 왔다. 첫째는 영적인 영역과 물질적인 영역의 구분이다. 하나님은 영적인 영역에 속하고 세상은 물질적인 영역에 속하며 인간은 양 영역을 연결한다. 둘째는 섭리론으로 인간과 절대자와의 관계를 설명하는 데 도움을 준다. 셋째는 영혼 불사개념으로 기독교의 가르침과 유사하다. "육체와 구별되는 죽음 없는 영혼"(a deadless soul distinct from the body) 개념은 기독교의 영혼불사 개념을 설명하는 도구로 사용되어 왔다. 마지막으로 신 개념의 정립을 들 수 있다. 이것은 특별히 아리스토텔레스에서 두드러지는데 신은 물질이 없는 하나의 형상으로 그 자체가 완

---

28 Ferguson, *Backgrounds of Early Christianity*, 312.

전한 존재이다. 비물질적인 실체(non-material reality)에 대한 플라톤주의의 강조는 성서적 신 개념을 설명하는 데 도움을 주었다. 칼빈이 신 개념을 정립할 때 플라톤의 신 개념을 도입하여 기독교의 신관으로 진행한 후 성경적 신 개념을 정립한 것은 좋은 실례다. 플라톤의 영향을 반영하는 후대 일부 기독교 철학자들은 플라톤이 말한바 이데아의 개념과 성경의 로고스 개념을 연결하여 플라톤주의가 제시하는 우주적인 종교사상(the idea of a cosmic religion)을 통해 인간의 종교성을 설명하려고 한다.

이런 기독교와 헬라 철학과의 유사성이 있음에도 불구하고 상호 간에는 본질적인 차이가 있는데 그것은 플라톤이 말하는 궁극적인 존재는 비인격적인 존재인 것에 비하여 기독교에서 말하는 하나님은 인격적인 존재라는 점이다. 두 개의 중요한 이단인 영지주의와 아리안주의(Arianism)는 3세기 전후에 복음의 자리를 심각하게 위협했는데 이 두 개의 이단은 소크라테스와 플라톤의 사상을 따라 인간과 세계를 잘못 이해한 데서 비롯되었다.

3) 스토아주의

스토아 철학은 플라톤주의와 함께 그리스도와 초대교회 시대에 로마에서 가장 성행하던 철학체계로, 폴 틸리히에 의하면 플라톤 사상보다도 기독교에 더 지대한 영향을 미쳤다. 기독교의 근본적인 사상과 스토아 철학의 가르침과는 비슷한 면이 많이 있는데 그 중에 대표적인 것이 로고스 교리다. 이것은 초대 기독교의 삼위일체론과 기독론의 역사를 연구하면 쉽게 발견할 수 있다. 기독교의 교리적인 발달은 로고스의 이해 없이는 거의 불가능하다.

로고스는 "말씀"을 의미하지만, 또한 말씀의 의미, 즉 사고적인 구조를 언급하기도 한다. 그러므로 로고스는 실체에 대한 보편적인 법칙을 의미하기도 한다. 바로 이것이 로고스라는 말을 철학적으로 처음 사용하였던 헤라클리투스(Heraclitus)가 로고스에 붙인 의미다. 그에게 로고스는 모든 실체의 운동을 결정하는 법칙이나 스토아 철학에서 로고스는 모든 곳에 존재하는 신적 능력(the divine power)을 말한다.

스토아주의에서는 이 말이 세 가지 면을 내포한다. 첫째 로고스는 자연법(the law of nature)으로 모든 자연이 운행하는 원리이다. 따라서 로고스는 신적인 존재이며, 창조적인 신적 능력이다. 둘째 로고스는 도덕법(the moral law)을 의미하며, 이것은 칸트가 "실천이성"이라 부르는 것으로 인간에게 선험적으로 존재하는 것이라고 보았다. 흔히 우리가 고전적인 작품에서 "자연법"(natural law)이라는 용어를 발견하는데 이것은 물리적인 법칙을 말하는 것이 아니라 도덕법을 가리키는 것이다.

셋째 로고스는 실체를 인식하는 인간의 능력을 말하며, 폴 틸리히는 이것을 "순수이성"(theoretical reason)이라고 불렀다. 이것은 사유할 수 있는 인간의 능력을 말한다. 인간은 그 안에 로고스를 갖고 있기 때문에 자연과 역사 속에서 그것을 발견할 수 있다. 그러나 단지 소수의 사람들만이 이 사상에 이를 수 있다. 따라서 인간 존재에 대한 스토아 철학자들은 낙천주의자들이라기보다는 염세주의자들이다. 스토아주의는 인간의 평등권에 상당한 영향을 미쳤다. 여자나 종이나 자녀들이나 어른들이나 인간은 보편적인 로고스에 동참할 수 있기 때문에 평등하다고 보았다.

(1) 스토이즘의 역사 개관

스토이즘의 역사는 대체로 초기 스토아(the Early Stoa), 중기 스토아(the Middle Stoa), 그리고 후기 스토아(the Later Stoa)등 셋으로 대별할 수 있다. 초기는 대체로 300-200 B.C.까지의 기간으로 대표적인 인물은 스토아학파의 창시자인 제노(Zeno of Citium, 335-263 B.C.), 크린테스(Cleanthes, 331-232 B.C.), 그리고 크리시푸스(Chrysippus of Soliccilicia, 280-204 B.C.) 등이다.

페니키아인(Phoenicians)이면서 아테네에 이주한 제노는 완전한 세 종류의 철학체계를 집대성하였는데 그것은 인식론(logic or theory of knowledge), 물리학(physics)과 신학, 그리고 윤리학 등이다. 공포와 불안으로부터 인간을 보호하는 것이 중요 관심사였던 제노에게 궁극적인 인간의 목표는 덕성(virtue)이며, 그 밖의 모든 것에는 관심이 없었다. 참된 덕을 소유한 사람이 행복한 사람이다. 제노의 사상이 초기 스토아 지도자 가운데 유일한 헬라인이었던 아소스(Assos)의 크린테스에 의하여 계승되었지만 스토아 철학이 집대성된 것은 크리시푸스에 와서이다. 심리학과 논리학에 대단한 관심을 갖고 있었던 크리시푸스는 고대에 가장 탁월한 스토아 철학자로 알려졌다. 그가 제노와 크린테스의 사상을 종합하여 체계화시켜 새로운 기초를 놓음으로써 스토아 철학은 더욱 학구적이고 전문적인 특성을 보유하게 되었다.

중기는 주전 150년부터 기독교가 시작되던 시기까지를 말하며 대표적인 인물로는 파나에티우스(Panaetius of Rhodes, 185-109 B.C.)와 포시도니우스(Posidonius, 130-146 B.C.)를 들 수 있다. 파나에티우스는 로마의 세력과 새로운 역할을 인정한 최초의 그리스인들 중 하나이며 처음으로 그리스 문화에 관심을 가진 로마인의 집단에 속하게 되었다.29 파나에티우스는 세 종류의 신, 즉 철학자들의 신, 시인들의 신, 국가의 신들이 있다고 제안했다. 철학자들의 신들(자연적인 신들)은 참되며, 시인들의 신들(신비적인 신들)은 거짓되고, 국가의 신들(정치적인 신들)은 중간적인 존재이다.30 "자연계의 과학적인 관찰과 인과 관계에 관심"을 가졌던 그의 사상은 첫째, 이 세상에서 삶과 성장, 그리고 차이점들의 근원이 태양이고, 둘째, 세상의 모든 부분들 사이에는 공감의 관계가 있으며, 셋째, 우주는 등급별 존재로 이루어진 질서의 세계라는 것으로 집약할 수 있다.31

그리고 후기는 잘 알려진 네로 시대에 활동하던 **관용론**의 저자 루시우스 세네카(Lucius Annaeus Seneca, A.D. 1-65), 로마의 노예 에픽

---

29 Ferguson, *Backgrounds of Early Christianity*, 287.
30 Ferguson, *Backgrounds of Early Christianity*, 288.
31 Ferguson, *Backgrounds of Early Christianity*, 288-289.

테투스(Epictetus, A.D. 55-135), 그리고 **명상록**의 저자로 널리 알려진 로마 황제 마르쿠스 아우렐리우스(Marcus Aurelius, A.D. 121-180)를 들 수 있다. 세네카는 사도행전 18장 12절에 나오는 아가야 총독 갈리오의 형제로 젊은 네로의 가정교사가 되면서 로마에서의 그의 장래가 활짝 열렸다. A.D. 54년 네로가 황제가 된 후 세네카는 집정관 브루스와 함께 8년 동안 네로 정부에 좋은 지침을 주었다. 그러다 A.D. 62년 브루스가 죽은 후 네로는 완전히 악한 조언자들의 영향권 하에 들어가게 되었고 세네카는 공직 생활로부터 은퇴하지 않을 수 없었다. 세네카는 막대한 재산을 네로에게 양도하겠다고 제의했지만 생명을 구할 수 없었고 황제 모반에 참여한 혐의로, A.D. 65년 강요에 의해 자살로 생을 마감했다.32 세네카의 심리학과 형이상학에서 스토아의 일원론은 플라톤적인 이원론으로 수정되었고, 그의 윤리는 절충주의와 인간의 경험, 그리고 상식에 의해 조절되었다. 또한 에피큐로스를 주저하지 않고 인용할 뿐만 아니라 전통적인 스토아주의의 어조가 수정되기 시작했다.33

세네카의 윤리적인 스토아주의가 여자 노예의 아들이었던 에픽테투스에 와서는 좀 더 인격적인 방향으로 발전하여 종교적인 섭리사상이 뿌리 내리기 시작했다. 그는 프리기아의 히에라폴리스에서 태어나 로마에 노예로 팔려와 유력한 자유민이며 네로 황제의 사무관이었던 에바브로디도의 집에 들어가 자랐다. 이 절름발이 노예 에픽테투스가 철학에 남다른 관심을 가지고 있는 사실을 눈치 챈 주인은 그가 무소니우스 루프스의 강의에 참석하는 것을 허용했고, 드디어는 자유인으로 만들어주었다. 그 후 길모퉁이와 시장에서 철학을 가르치면서 철학자로서의 인생이 시작되었다. 89년 다른 철학자들과 함께 로마에서 추방된 에픽테투스가 그리스의 니코볼리로 가서 자신의 학교를 설립하자 그의 강의를 듣기 위해 로마와 아테네에서까지 학생들이 몰려들었다.34

---

32 Ferguson, *Backgrounds of Early Christianity*, 290.
33 Ferguson, *Backgrounds of Early Christianity*, 290.
34 Ferguson, *Backgrounds of Early Christianity*, 291.

에픽테투스는 우주가 신의 섭리의 산물이며 그것은 세상의 질서와 조화 속에 계속적으로 나타난다고 가르쳤다. 그는 철학자를 사람들에게 삶의 방법을 가르치는 사명을 가진 신의 대사로, 영혼의 의사로, 하나님의 증인으로, 정찰병으로 보았다. 그는 내적 사유를 얻는 방법으로 자신의 자아와 의지 안에 있지 않은 모든 것들에 대한 무관심을 강조했다.35 섭리 속에 한 존재인 인간의 내적 자유가 무관심을 통해 얻어질 수 있다는 에픽테투스의 스토아 사상은 **명상록**의 저자 마르쿠스 아우렐리우스에 와서 도덕적이고 종교적인 감정으로 대치되었다. "황제 자신의 개인적 지침을 위한 생각들을 적어 놓은 메모를 옮겨 적은 것"이 곧 **명상록**으로, "강렬한 종교적 도덕적 감정이 **명상록**"의 형태로 집대성된 것이다. 도덕적 삶을 그렇게 강조했던 마르쿠스 아우렐리우스의 통치 기간에 기독교인이 심한 박해를 받았다는 사실은 하나의 아이러니이다.36

(2) 스토아 철학의 가르침

초기 스토아는 첫째로 유물론이다. 스토아주의에 따르면 비물질적인 것은 아무 것도 없으며 하나님, 세계, 그리고 심지어 언어도 물질적이다. 따라서 하나님과 영혼을 포함하여 존재하는 모든 만물은 물질로 구성되었다. 단지 물질만이 존재하며 순수한 영은 없다. 인간은 두 종류의 물질, 즉 무거운 물질인 육체와 좀 더 가벼운 물질인 마음으로 구성되었다.37 그들에게 인간의 마음과 육체 모두는 물질이며, 심지어 하나님조차 물질이다.

둘째로 스토아주의는 범신론이다. 퍼거슨이 지적한 것처럼 "스토아 철학은 만물에서 신적 실체를 발견하는 범신론"(Stoic is Pantheistic in that it finds the divine reality in everything)에 기초한다. 영혼과 육체처럼 하나님과 세계는 상호 관련을 맺고 있다. 인간은 마치 물방울이

---

35 Ferguson, *Backgrounds of Early Christianity*, 291.
36 Ferguson, *Backgrounds of Early Christianity*, 293.
37 Ferguson, *Backgrounds of Early Christianity*, 283.

대양과 그리고 불꽃이 그것을 분출하는 불과 관련이 있는 것처럼 하나님과 관계가 있다. 세계는 그의 몸이며 하나님은 세계의 영혼이다. 스토아주의는 모든 것이 하나님이라 가르치는(the teaching that all is God) 일종의 범신론에 불과하다. 영원하며, 전능하며, 전지하며, 사랑과 영적인 인격체인 유대-기독교의 하나님과는 달리 스토아의 하나님은 비인격적이어서 인식, 사랑 또는 섭리적인 행위를 할 수 없다.

셋째로 그들은 또한 모든 실체가 하나의 궁극적인 존재 형태로 구성되었다고 보는 일원론자(monist)이다. 일원론적 사고는 만물의 근원은 불이라고 보았던 헤라클리투스에 의하여 영향을 받았다.

중기와 후기의 스토아는 좀 더 윤리적이고 실천적인 방향으로 진행되었을 뿐만 아니라 플라톤 철학에서 여러 가지 요소들을 빌려왔다. 또 하나의 특징은 우주의 근원을 불이라고 보는 헤라클리투스의 개념이 포기되었다는 사실이다. 포시도니우스(Posidonius)는 신지식이 인간의 지성을 초월한다는 개념을 제시한 최초의 인물이다. 그는 초기 스토아 철학자들과 마찬가지로 물질주의자이자 범신론자이다. 그는 인간의 영혼이 신 존재의 일부라고 간주한다. 또 한 가지 주목할 만한 사실은 세네카의 작품에서 찾아볼 수 있듯이 스토아 철학의 후기에는 도덕적인 생활에 대한 강조가 두드러진다는 사실이다.

로마의 노예 에픽테투스에 와서는 로고스가 초기의 비인격적인 존재와는 달리 인격적이고 초월적인 신으로 묘사되는 경향이 있다. 후기 스토아 철학자들에 의하면 세계의 영으로서 하나님(God as the world-soul)은 만물을 다스리며 인간들을 사랑하고 인간에게 선을 베풀기를 열망한다. 하나님과 관계가 있기 때문에 인간은 로고스라 불리는 신적 이성(the divine reason)이 인도하는 것을 따라야 한다. 참 지혜와 도덕은 인간을 위한 하나님의 길(path)이 놓여 있는 곳을 발견하는 데 있다. 참된 인간은 하나님의 인도하심을 거부하지 않는다. 오히려 아무리 고통스럽다 해도 하나님의 인도하심에 스스로를 복종시킨다. 왜냐하면 하나님은 그를 사랑하시기 때문이다. 두덕은 하나이며 분리되지 않는다. 4개의 위대한 특성은 지혜, 용기, 중용, 그리고 정의이다. 만약 인간이 이들 특성 중에 단지 하나만이라도 결핍된다면 모두를 결핍한 것이며 만일 그가 참으로 어느 한 가지를 소유했다면 참으로 모든 것을 소유한 것이다. 자유로워지며 행복헤지는 것은 자신을 아는 것, 자신을 향한 하나님의 뜻을 알고 그 지식에 따라 사는 것을 의미한다.

이런 의미에서 볼 때 스토아주의는 하나의 종교이며 철학이다. 스토아주의가 특성상 철학이기 때문에 단지 교육받은 지식층에만 수용되었다. 대다수의 사람들은 스토아주의가 요구하는 것을 완전히 이해할 수 없었다. 제국에서 우수한 지식층들이 주로 스토아 철학을 따랐다.

(3) 스토아주의와 기독교

앞서 언급한 것처럼, 일부 학자들은 기독교와 스토아주의를 상당히 밀접히 연계시키고 있다.38 퍼거슨에 따르면, 스토아주의에서 널리 사용된 용어들인 영, 양심, 로고스, 미덕이 성경에 사용되었으며, 사회 구성단위와 관련된 성경적인 권면들(엡 5:21-6:9; 골 3:18-4:1; 벧전 2:13-3:7 등)은 사회 내의 지위와 관련된 형식과 내용에 있어서 스토아주의적 영향을 보여준다. 뿐만 아니라 인류의 지속적인 악, 자기반성의 필요, 인류와 신과의 유사성, 세상적인 가치의 부인, 외적 환경으로부터의 내적 자유에 대한 강조, 스토아 자연신학은 헬라적 유대주의를 경유하여 전해져서 로마서 1-2장과 사도행전 17장에 영향을 미쳤다.39

그러나 이런 용어상의 유사성에도 불구하고 스토아 철학과 기독교는 근본적으로 다른 세계관에서 출발하고 있다. 스토아주의에서 가장 중요한 것이 신관이다. 스토아주의는 완전히 인격적인 하나님을 갖지 않았으며 그들이 말하는 신은 단지 내재적인 신일뿐이다. 이것은 성경이 말하는 하나님과는 근본적으로 다르다. 성경의 하나님은 세상의 창조자이시기

---

38 스토아주의와 기독교의 관련성에 대해서는 Ronald Nash, "Stoicism and the New Testament," in *Christianity and Hellenistic World*, 67-79를 참고하라.

39 Ferguson, *Backgrounds of Early Christianity*, 293.

때문에 스토아 철학의 범신론이 말하는 신과 결코 동일시될 수 없다.

기독교적 관점에서 우주는 시작과 목적과 끝을 가지나 스토아 철학에서는 창조와 종말로 이어지는 역사관과 세계관을 공유하지 못하고 있다. 더구나 기독교에서 말하는 로고스의 성육신의 개념은 찾아보기 힘들며 단지 그들이 말하는 성육신이란 우리 각자가 자기 안에 로고스의 일부를 가졌다는 개념일 뿐이다.40 스토아 철학과 기독교와의 관계를 고찰했던 로날드 내쉬(Ronald Nash)는 성경의 로고스와 스토아에서 말하는 로고스는 본질적으로 차이가 있다고 결론을 내리고 있다.41

또한 스토아 철학은 기독교에서 말하는 인격적인 죄의식이나 죄 사함이 없으며 개인적인 불멸 개념도 없다. 사람이 죽으면 그의 신적 부분은 전체로 돌아간다. 창조와 종말이라는 섭리적 역사 전개가 아니라 범신론이라는 굴레 속에서 일원론적 세계관을 갖고 있는 것이 특징이다. 스토아 철학에서 말하는 이웃을 향한 도덕적 의무도 "그리스도 안에서의 자기희생과 능동적 사랑"에 근거하는 것이 아니라 "자기 존중"을 도덕적 원천의 본질로 보는 데서 출발하기 때문에 스토아주의는 성경이 말하는 자비로운 하나님의 대속의 사랑과는 너무나 거리가 멀다.42

4) 알렉산드리아 필로(Philo, 20 B.C.-A.D. 50)

스토아 철학과 중기 플라톤주의를 이상적으로 융합시킨 디아스포라 유대인 알렉산드리아의 필로는 초대 기독교 배경과 관련하여 빼놓을 수 없는 인물이다. 헨리 채드윅의 말대로 기독교 철학 사고는 기독교인이

---

40 Ferguson, *Backgrounds of Early Christianity*, 293.
41 Nash, *Christianity and Hellenistic World*, 73-79. 기독교와 스토아의 차이점: (1) 스토아의 개념은 기독교에서 말하는 인간은 평등하다는 개념과는 본질적으로 다른데 그것은 기독교에서 인간의 동등권은 모든 인간은 하나님의 피조물이라는 개념에서 비롯되기 때문이다. (2) 스토아 철학에서 로고스는 비인격적인 로고스인 것에 비하여 기독교의 로고스는 인격적인 로고스이다. (3) 그들의 구원관은 지혜를 통한 구원인 것에 비하여 기독교의 구원관은 하나님의 은혜를 통한 구원이다.
42 Ferguson, *Backgrounds of Early Christianity*, 294.

아니라 한 유대인, 알렉산드리아 필로에게서 시작되었다. 필로는 주전 20년에 태어나 주후 50년에 세상을 떠났다. "언어학적 지식이 풍부하고 사상이 광범위하여 성경에 대해 탁월하고 고결한 견해를 지니고 있었던 필로는 거룩한 책들에 대한 주석을 저술하였다."43 유대인들에게는 생소한 형태의 철학에 관심을 기울였던 필로는 인생의 대부분을 디아스포라(diaspora, 분산된 유대인)의 중심지인 알렉산드리아에서 보냈다.

몇 가지 면에서 필로는 전형적인 헬라화 된 유대인이면서 강한 민족주의적 색채를 띠고 있었다. 히브리어보다는 헬라어를 더 잘 말하고 썼으나, 최고의 신적 권위를 철학에서 찾지 않고 구약, 특별히 모세오경에서 찾았다. 또 헬라 철학에서 무엇이든지 진실한 것은 유대성경에서 이미 일찍이 언급된 것이라고 믿었다. 필로에 대한 굿이너프(Edwin R. Goodenough)의 다음과 같은 평은 실로 적절하다고 할 수 있다:

> 필로는 이방세계에서의 모든 지식은 따지고 보면 유대주의가 그 뿌리라고 주장하였다. 왕국의 이론도 유대주의적이라고 생각하며, 플라톤의 형이상학, 피타고라스의 수, 헬라과학의 우주론, 헬라화 세계의 신비주의, 윤리, 심리학 등 모든 것들은 자신이 유대인으로서 이방세계에서 배웠으나 이것들은 헬라인들이 모세에게서 배운 것들에 불과하다.44

이처럼, 헬라인들이 구약에서 그들의 중심사상을 얻었다고 확신한 필로는 구약과 헬라 철학을 연합된 가르침으로 결합시키려고 노력했다. 둘을 조화시키는 과정에서 그가 직면한 문제점이 바로 성경의 창조교리와 헬라의 창조관의 부조화였다. 성경은 하나님이 천지를 창조하셨다고 말하나 헬라 철학은 이것을 받아들일 수 없었다. 헬라 철학자들과 같이 하나님께서 모든 악의 근원이 되는 물질과 접할 수 없다고 믿었던 필로는 하나님과

---

[43] Eusebius, *E H*, II. 18. 필로의 방대한 저술에 관해서는 *H.E.* II. 18을 참고하라.
[44] Erwin R. Goodenough, *An Introduction to Philo Judaeus*, 2nd. ed. (New York: Barnes & Noble, 1963), 75.

Philo of Alexandria
(20 B.C.-A.D. 50)

세계와의 사이에 중재자(mediator)를 생각해 냈다. 이 중재자가 로고스였다.

요약한다면 첫째, 필로는 고대 헬라 사상과 유대주의 사상이 동일한 원천에서 나왔다고 보고 이 둘을 종합하였다. 알렉산드리아에서 성장한 필로는 일찍부터 헬라의 영향을 받아 헬라 사상을 유대주의화, 유대 사상을 헬라화하려는 독특한 시도를 하였다. 그것은 헬라 사상이 독립적으로 발전 되었다기보다는 모세에게서 빌려온 것에 불과하다고 믿었기 때문이다.

둘째, 필로는 헬라 사상과 유대주의 사상의 연속성을 확신하였기 때문에 구약의 상당부분을 우화적으로 해석하였다. 대표적인 것이 "하나님의 율법의 우화"(Allegories of the Divine Laws)이다. 필로는 우화적 해석을 일반적인 현상으로 이해했으며 기독교인들도 우화적인 해석을 추구하는 집단으로 이해했다.45 필로의 우화적 해석방법(Allegorical Method)

---

45 Eusebius, H.E. II. 17. "그들(그리스도인들)은 아침부터 저녁때까지 끊임없이 수행했다. 그들은 성경에 몰두해 있었기 때문에 성경을 논하고 주석했으며, 우화적인 방법으로 자기 조국

은 오리겐과 클레멘트 같은 알렉산드리아 학파의 신학자들에게 결정적인 영향을 미쳤다. 일찍이 알렉산드리아 학파의 신학자들이 우화적 해석을 옹호한 것은 우연이 아니다.

셋째, 필로는 헬라의 신관, 특별히 플라톤의 선의 이데아와 구약의 하나님을 동일 선상에서 이해하였다. 선의 이데아와 구약의 하나님은 초월적인 존재로서 자신과 이 세상과는 어떠한 직접적인 연관성이 없기 때문에 중간적인 존재가 필요하다. 중간적 존재는 로고스, 즉 말씀 혹은 이성(reason)으로 하나님 다음의 권세자이며, 신적 권능을 가진 자이다. 플라토니즘의 사상과 스토아주의의 로고스 사상이 필로에게 와서 통합되고 구약을 로고스의 말씀으로 해석함으로서 기독교 로고스에로의 길을 닦아 놓은 셈이다. 특히 하나님이 로고스를 통하여 만물을 지으셨다는 필로의 사상은 후에 그리스도와 하나님과의 관계를 설명하려는 기독교 사상가나 신학자에게 큰 영향을 미쳤다.

필로는 로고스를 이데아 중의 이데아(the idea of ideas), 하나님으로부터 첫 번째 하나님(the first begotten God of God), 창조의 패턴이자 중재자(pattern and mediate of creation), 그리고 제 2의 하나님(the second God)으로 이해했다. 플라톤주의 사상과 스토아주의의 로고스가 필로에게서 하나로 통합되었고, 구약을 로고스 말씀으로 해석함으로써 기독교 로고스에로의 길을 닦아 놓은 셈이다. 필로의 이 로고스 사상은 저스틴 마터에게 지대한 영향을 미쳤고, 저스틴 마터는 알렉산드리아 클레멘트에게, 그리고 다시 알렉산드리아 클레멘트는 오리겐에게 지대한 영향을 미쳤다. 그런 면에서 채드윅이 "기독교 철학사는 기독교인이 아니라 한 유대인 알렉산드리아 필로에게서 시작되었다"고 말한 것은 과장이 아니다.

마지막으로 필로의 기독교 이해는 초대교회사가들에게 오랫동안 관심

의 철학을 설명했다. 왜냐하면 그들은 언어표현이 은밀한 상징으로서 모호하게 암시로 의미를 나타낸다고 여겼기 때문이다. 그들은 또 우화적 설명으로 교리의 기록을 남겨놓은 그 분파 창시자들의 주석도 가지고 있었는데 이 주석들을 표본으로 삼고 최초의 제도를 모방하였다."

의 대상이었다. 때문에 필로가 예수를 따르는 공동체를 어떻게 이해하였는가는 매우 중요하다. 다음은 유세비우스가 전하는 필로가 본 초대 기독교인들의 생활 모습이다: "그들은 철학적 생활을 시작하면서부터 자신의 재산을 친척들에게 넘겨주고, 모든 생활의 염려를 버렸으며, 도시를 떠나 한적한 들판에 거처를 마련했다. 그들은 다른 특성을 지닌 사람들과 교제하는 것이 무익하고 해롭다는 것을 잘 알고 있었다."46 "그들은 모두 포도주를 금하고 고기를 입에 대지 않았다. 오직 물과 빵, 그리고 소금과 우슬초만 먹었다."47 필로는 초기 기독교인들의 예배방식과 삶의 모습을 소개하면서 기독교인들은 "각 가정마다 셈내움 또는 모내스테리움이라고 부르는 신성한 방"이 있었으며 그곳에서 "은밀하고 경건한 생활을 수행"하였다고 전하고 있다.48

2. 유대주의 배경

구속사적인 관점에서 고찰한다면 그레코-로만 배경보다도 유대주의는 기독교의 탄생과 결정적인 연관을 맺고 있다. 그리스도에게서 시작된 신약의 기독교회는 이스라엘의 역사와 종교에 깊이 뿌리내려져 있다. 예수님은 "구원이 유대인에게서"(요 4:22)라고 말씀하셨으며 또한 율법이나 선지자를 폐하러 오신 것이 아니라 완전하게 하려 왔다고 말씀하셨다(마 5:17). 나아가 그리스도에게 속한 자들은 아브라함의 후손이며 약속에 따른 상속자이다(갈 3:29)라고 말씀하셨다. 기원상 기독교는 이스라엘 역사와 매우 깊은 관련을 맺고 있었다. 초기교회는 완전한 유대인들로 이루어졌고 구세주 역시 유대인이었다. 대부분의 신약성경은 아마도 유대인에 의해 쓰여졌던 것 같다. 그러므로 간략하게나마 유대의 역사를 살펴보는 것

---

46 Eusebius, H.E. II. 17.
47 Eusebius, H.E. II. 18.
48 Eusebius, H.E. II. 17.

은 매우 필요하다.

1) 다윗에서 알렉산더까지

이스라엘 왕국은 주전 약 1,000년 전에 이새의 아들 다윗에 의해 설립되었다. 그는 주전 960년까지 이스라엘을 통치했다. 그의 아들 솔로몬이 주전 930년경 죽은 후에 다윗은 메시아 희망의 상징이 될 만큼 이스라엘에 위대한 공헌을 했다. 솔로몬 왕 이후 다윗의 왕국은 두 개로 분열되었다. 이스라엘이라 불리는 북부는 주전 721년 앗수르에 의해 포로가 되었다. 그 후 이것은 결코 회복되지 못했다. 다윗의 왕가에 충실히 남아있던 남쪽 왕국 유다는 좀 더 오래 살아남았으나 주전 586년 바벨론의 포로가 되었다. 539년에 페르시아의 왕 고레스(Cyrus)가 바벨론을 정복한 후 조국 이스라엘로 돌아가기를 원하는 포로들을 돌려보냈다. 다음 해 이들 중 상당히 많은 수가 조국 이스라엘로 귀환했고, 이들 귀환자들은 바벨론 왕 느부갓네살 왕이 파괴한 성전을 재건했다. 첫 귀환 후 또 다른 그룹이 팔레스타인으로 돌아왔다. 그들의 지도자 중에 하나가 에스라였다. 에스라는 모세 율법에 조예가 깊은 제사장(a priest)이었다. 에스라는 이스라엘의 율법인 토라(Torah)의 준수를 열망했다. 복음서와 사도행전에 등장하는 바리새인들은 에스라가 시작한 율법을 회복하려는 운동에서 발생했다.

주전 334년과 323년 사이에 젊은 마케도니아 왕 알렉산더가 그리스에서 인도에 이르는 모든 동부 땅, 그리고 남쪽으로는 이집트에 이르는 광활한 영토를 정복했다. 주전 323년 알렉산더 대왕이 죽자 그의 부하 장군들이 그가 이룩한 제국을 분할해 가졌다. 프톨레미(Ptolelmy)는 이집트의 통치자가 되었다. 팔레스타인은 주전 198년까지 프톨레미의 통치권에 있었으나, 198년부터 다른 왕가인 셀류시드(Seleucids) 가문이 팔레스타인을 통치하게 되었다. 셀류시드(Seleucids)는 시리아, 소아시아 대부분, 그리고 페르시아 지역을 지배했다. 팔레스타인에서의 통치변화는 유대 백성들에게 엄청난 결과를 초래했다.

2) 마카비(the Maccabees)

프톨레미 왕들은 유대인들이 자유로이 그들의 신을 섬길 수 있도록 허락했다. 유대인들이 바벨론 포로에서 귀환한 후 주전 250년까지 유대인들은 에스라가 그들에게 가르쳤던 모세 율법을 준수했다. 그러나 새 통치자는 유대인들에게 그들의 종교를 포기하고 헬라 방식을 따르도록 강요했다. 이 정책을 주도한 대표적인 지도자는 시리아의 셀류시드왕(the Seleucid King of Syria) 안디옥 4세였다. 그는 주전 175년에 왕위를 계승했다. 유대인이 그의 정책을 거부하자 폭동과 대량학살이 뒤따랐다. 유대 종교는 금지되었으며 헬라종교가 강요되었고 심지어 매춘부를 성전에 데리고 왔으며 유대의 예식, 특별히 할례가 금지되었다. 가장 강력한 반유대주의는 공공연히 모세의 율법책을 불태운 것이었다. 셀류시드 통치에 반대하는 폭동이 나이 많은 제사장 마타티아스(Mattathias)와 그의 네 아들들의 주도 하에 일어났다. 이들 중에서 유다(Judas)가 지도자였다. 그들 모두는 마카비, 즉 맹렬히 싸운 사람들로 알려졌다. 주전 141년에 유대인은 셀류시드를 몰아내고 완전한 승리를 쟁취해 (주전 586년 이래 처음으로) 이스라엘은 다시 독립국가가 되었다. 그러나 이스라엘은 단지 80년 동안만 그들의 자유를 존속시킬 수 있었다.

주전 63년 팔레스타인에 일어난 내란은 로마 정부가 팔레스타인에 확고한 권력을 장악하게 만드는 계기를 제공했다. 다음 60년 동안에 이스라엘은 반(半)독립국가로 어느 정도 자유가 주어졌으며 이스라엘의 통치자는 로마 정부에 의해 임명되었다. 주전 37년에 헤롯대왕이라 알려진 (그의 통치 기간 중 예수가 탄생하심) 헤롯이 로마 정부 하에 분봉왕이 되었다. 그가 죽은 후 왕국은 그의 세 아들들에 의해 나뉘어 아켈라우스(Archelaus)가 유대, 사마리아, 그리고 이두메아를, 헤롯 안티파스(Herod Antipas)가 갈릴리와 페리아를, 그리고 필립(Philip)이 갈릴리 동북부지방을 분배받았다. 주후 6년에 아켈라우스가 실수(misconduct)

하자 그는 해직되고 추방되었다. 그가 다스리던 지역이 로마의 영이 되었고 로마의 총독이 지배했다. 주후 26년부터 36년까지의 총독은 5대 총독인 본디오 빌라도(Pontius Pilate)라 알려진 로마인이었다.[49]

3) 회당과 산헤드린

주전 586년 유대인이 바벨론에 포로로 끌려가기 전 그들의 예배의 중심지는 예루살렘 성전이었다. 그러나 포로 후에 유대인들은 그들이 거주하던 지역 공동체에서 발견할 수 있는 회당에서 예배를 드렸다. 회당은 바벨론에 포로로 끌려가기 전에 팔레스타인에도 존재했다. 바벨론에서 유대인들은 성전을 빼앗긴 후 기도, 성경낭독, 가르침의 목적으로 그들이 본토에서 행하던 것보다 회당을 강조했으며, 에스라와 그의 후계자들에 이르러서는 회당이 율법을 가르치는 수단으로 더욱 발전되고 강화되었다. 사도행전은 로마제국에 유대인이 있는 곳에 또한 회당이 있음을 나타내준다. 바울은 그가 방문하는 어떤 도시에서든지 회당에서부터 그리스도를 증거 하였다. 유대 공동체의 지도자나 관할장은 회당의 통치자라 불렸다. 성경낭독자, 회중기도자, 다른 관료가 유대 공동체의 지도자인 회당(Synagogue)의 통치자를 도왔고 그의 부재 시에는 그를 대신했다.

팔레스타인에서 유대인의 통치기구는 산헤드린이었다. 산헤드린은 대제사장 지도 아래 주로 사두개인과 바리새인으로 구성되었다. 산헤드린이라는 말은 문자적으로 "함께 앉는다"(Sit together)라는 의미이다. 비록 로마의 통치 하에 있었지만, 민족 및 종교적인 문제 모두에서 유대인은 스스로 자신들의 공동체를 다스렸다. 순전히 종교적인 문제에 있어서는 팔레스타인 밖의 유대인들도 산헤드린의 권위를 인정했다.

---

[49] Ferguson, *Backgrounds of Early Christianity*, 330. 1대 Coponius(A.D. 6-A.D. 9), 2대 Mrcus Ambibulus(A.D. 9-A.D. 12), 3대 Annius Rufus(A.D. 12-A.D. 15), 4대 Valerius Gratus(A.D. 15-A.D. 26).

4) 바리새인과 사두개인

바리새인과 사두개인은 마카비 시대 이후부터 유대지도자가 되었다. 사두개인들은 제사장 가운데서 나왔고 율법사였다. 그들은 구습을 선호했고 변화를 싫어하면서도 마카비 왕가가 헬라 사상을 유대생활에 도입하려고 할 때는 그들을 지지하기도 했다. 종교적으로 사두개인들은 주로 부활과 영생, 천사와 영혼의 불멸을 부정하고 영혼이 육체와 함께 사멸된다고 믿었다. 따라서 그들에게는 내세가 없다. 한편 바리새인들은 거의 모든 면에서 사두개인들과는 정반대였다.50 제사장 계급이 아닌 평범한 유대인이거나 율법사였던 이들은 율법이 새롭게 해석되어야 한다고 믿었다.

바리새인들은 지독한 민족주의자로 헬라나 로마 등 어떠한 외세의 영향도 반대했다. 그들은 부활, 내세의 삶과 상벌사상도 믿었다. 그들이 집착한 것은 주로 율법의 외적 준수였으며, 따라서 율법 준수 이면의 영적 태도는 둔감했다. 이런 그들의 사상은 그리스도의 가르침과는 대립되었다. 사두개인들은 잘못된 교리를 가졌고, 바리새인들은 올바른 교리를 가졌지만 그들의 삶은 그들의 가르침과 모순되었다. 이 때문에 예수 그리스도께서 "그러므로 무엇이든지 그들이 말하는 바는 행하고 지키되 그들이 하는 행위는 본받지 말라 그들은 말만 하고 행하지 아니하며"(마 23:3)라고 말씀하셨던 것이다.

사두개인들은 그들의 영향력을 상실하다 주후 70년 예루살렘 몰락 후 역사에서 자취를 감췄다. 바리새인들은 다소 오래 존속했지만 그들 또한 유대 정부의 몰락과 함께 역사에서 사라졌다.

---

50 Ferguson, *Backgrounds of Early Christianity*, 408. Ferguson은 "바리새인 중에는 위선자들이 있었다. 그러나 에피쿠루스(Epicurus)가 에피큐리안이 아니었듯이 바리새인들(Pharisees)이 "위선적인"(Pharisaical) 것이 아니었다"고 지적한다. 이러한 지적은 현대 신약학자들 대부분이 인정하고 있는 견해다.

5) 분산된 유대인(the Dispersion)

지금까지 우리의 관심은 팔레스타인에 국한되있다. 그러나 팔레스타인 밖에 더 많은 유대인들이 살고 있었다는 사실을 주목하는 것은 중요하다. 전쟁포로의 분산, 그리고 특별히 상업적 성격으로 유대인은 팔레스타인에서 사방으로 흩어졌다. 초기 로마제국 시대에 팔레스타인에는 약 200만 이상이 있었다. 약 100만 명의 유대인이 이집트, 소아시아와 메소포타미아에, 그리고 약 10만 명의 유대인이 이탈리아와 북아프리카에 거주하고 있었다. 흩어진 유대인들에 대한 신약의 언급(요 7:35, 행 2:5-11, 약 1:1, 벧전 1:1)은 인상적이다. 분산된 유대인과 회당은 불가분의 관계를 맺고 있다. 그들 모두는 선교사들의 복음전파를 위한 자연적 요새를 팔레스타인 밖에 건설한 셈이다.

분산된 유대인의 가장 중요한 중심지는 알렉산드리아와 이집트였다. 거기서 유대인들은 도시의 대부분을 차지했다. 주전 250년에 거기서 구약이 헬라어로 번역되어 헬라어 사용 세계에서 구약성경을 접할 수 있게 되었다. 이것은 70인역(the Septuagint)으로 알려졌다. 알렉산드리아에서는 유대인의 최대의 철학자 필로가 배출되었다.

3. 제국의 종교

초대 기독교의 역사적 배경 중에서 마지막으로 빼놓을 수 없는 배경이 로마제국의 종교였다. 다양한 철학은 의심할 바 없이 많은 지식층을 만족시켰으나 대부분의 사람들은 교육을 제대로 받지 못했다. 심지어 지식층에서조차 철학이 최종적인 대답을 제공할 수 없다고 느꼈다. 이런 필요성을 충족시키려는 많은 종교들이 로마제국에 있었다. 그들은 크게 자연종교, 신비종교, 국가종교 등 세 종류로 나뉜다.

자연종교는 산, 호수, 강, 나무, 태양, 그리고 달에서 또는 어떤 동물과 사람에게서 초자연적 능력을 찾으려고 하였다. 자연종교는 자연의 힘을 강조하고 부적(amulets)과 주문(charm)의 능력을 믿는다. 자연종교는 인간의 운명을 지배하는 조상, 선과 악령, 그리고 잡신들을 믿는다. 모든 자연종교는 그 자체의 신화, 예식, 종교적인 예식을 수행하거나 신비적인 주문을 되뇌는 제사장이라 불리는 특별계급이 있다. 자연종교는 항상 집합종교이다. 개인적인 요소는 거의 배제된다. 단순한 농업, 어업, 목축 사회에서는 그러한 종교가 알맞은 것처럼 보인다. 개발 및 급속한 발전의 세계에 살고 있는 사람들에게 자연종교는 적합하지 않다. 그들은 좀 더 인격적이고, 고통당하는 현실의 삶에서 초자연을 경험할 수 있는 종교를 필요로 한다. 이런 필요를 신비적인 종교가 충족시켜 주었다.

신비종교의 가장 큰 매력은 신과 직접적으로 교제할 수 있는 기회가 주어진다는 데 있다고 본다.51 이 교제는 어떤 축제적인 행위에 의해 획득된다. 이것들 중의 하나가 세례이다. 이 세례는 대개 물이나 동물의 피로 수행된다. 이 세례는 부정을 씻어내고 신과의 교제를 가능하게 만든다. 세례는 성찬식(a sacred meal) 후에 행해지며 이 예식에서 신과의 교제가 경험되고, 참여자들은 황홀경에 이른다. 여기서 새 신자들은 신지식을 얻고 세례를 받는다. 이 단계에서 신께 자신을 드린다. 이 지식을 갖게 되면 신자는 평안한 삶을 살고 신과의 화해와 위로 속에 죽는다. 신비종교를 다스리는 자들은 세례, 식사의 교제, 그리고 황홀경의 성스러운 비밀을 누설하는 것이 금지된다. 이런 신비종교는 인도, 페르시아, 바벨론 그리고 이집트와 같은 동양에서 오랜 역사를 지녔다. 이 신비종교는 기독교가 확산될 때 제국에서 강하게 발흥했던 종교였다. 잠시 동안 밀교의 한 형태인 미트라이즘(Mithraism)이 기독교의 강력한 경쟁자였다. 이것은 특별히 로마군대에 인기가 있었다.

국가종교는 강력한 정치적인 특징을 지녔다. 주된 요소는 황제를 위해

---

51 신비주의의 일반적인 특징과 기독교와의 관련성에 대해서는 Nash, *Christianity and Hellenistic World*, 115-199을 참고하라.

희생제물을 드리는 것이다. 오로지 희생은 국가의 신에게 드려졌다. 제국 초기에 죽은 황제에게 희생이 드려졌던 것이 나중에는 살아있는 황제가 예배의 대상이 되었다. 황제는 국가의 질서와 번영을 가져다주는 신으로 간주되었다. 그러므로 국가종교는 제국의 수많은 국민과 부족에 하나의 충성된 공동체를 결합시키는 종교로 간주되었다. 국가종교는 신과의 교제, 연합, 특별히 구원이 없는 종교이다.

4. 요약

지금까지 우리는 기독교의 배경이 되는 그레코-로만(Greco-Roman) 배경, 유대주의 배경을 정치, 문화, 종교, 철학적으로 살펴보았다. 당시의 시대적 배경은 내적으로나 외적으로 갈라디아서 4장 4절에서 말한바 "때가 찼다"는 것으로 결론을 내릴 수 있을 것이다. 하나님께서는 그리스도의 때를 위해 수천 년 동안 준비하여 오시면서 역사에 개입하여 오셨다. 그리고 환경을 조성하여 약속의 메시아, 그리스도를 보내실 팔레스타인을 중심으로 정치적인 환경과 지리적인 환경을 조성하여 주셨다. 새로운 종교의 발흥을 위해 아우구스투스 황제를 통해 로마의 평화를 조성하여 주셨다.

퍼거슨이 지적한 것처럼, 로마세계, 헬라세계, 그리고 유대세계는 초대 기독교 배경의 원동력이 되었다. 로마세계는 외형적 토양(the outer circle)으로 정치적, 사회적 배경을 제공하였으며, 복음전도가 가능하도록 교통망을 발달시켰고, 언어를 통일해 주었다. 로마세계의 정치적인 통일, 교통의 발달, 언어의 통일, 도덕적인 요인, 종교 및 사회적인 요인이 당시의 기독교를 널리 확산시키는 데 지대한 공헌을 한 요인들이다. 반면 헬라세계는 문화적, 교육적 및 철학적 배경을 제공하였고, 유대세계는 긴박한 종교적 배경을 형성한 초대 기독교의 매트릭스(matrix)를 제공하여 주었다. 또 당시의 도덕적인 문란과 종교적인 공백으로 당대인들은

새로운 종교의 필요성을 절실하게 느꼈던 것이다. 이처럼 그리스도의 오심은 완벽하게 준비되었던 것이다.52

---

52 완벽하게 준비되었다는 의미는 다음 몇 가지 요소들로 포괄한다고 할 수 있을 것이다: (1) 정치적 요소, (2) 교통의 요소, (3) 언어적인 요소, (4) 종교적인 요소, 그리고 (5) 사회 및 도덕적인 요소. 정치적으로는 아우구스투스 황제(27 B.C.-A.D. 14)의 통치 기간에 로마의 평화가 형성되어 새로운 종교가 발흥하기에 적합한 환경이 조성되었다. 지리적으로는 교통망이 발달되어 종교의 확산을 촉진시켰다. 무역업의 발달은 도로 건설을 촉진하고 수륙으로 훌륭한 교통망이 건설되어 여행, 상업, 무역이 성행하였고 이와 함께 기독교가 자연스럽게 확산되기 시작하였다. 또한 언어의 통일로 복음이 헬라어를 통하여 쉽게 수용되고 전달되었다. 도덕적으로 로마는 상당히 부패하여 있었다. 당시의 로마 종교는 도덕적인 타락을 부채질하였다. 그들은 도덕성이 따르는 새로운 종교를 요청하기 시작하였다. 당시의 어느 종교도 보편적인 종교로 발전할 만한 구원관, 세계관, 창조관을 제공하여 주지 않았다. 헬라 철학도 종교적인 색채를 띠었지만 종교적인 본질을 제공하여 주지 못했다. 이런 종교적인 공백기에 하나님께서는 그리스도를 보내주신 것이다.

제 2장
나사렛 예수의 생애, 그 시대적·지리적 배경

> 요셉이 일어나 아기와 그의 어머니를 데리고 이스라엘 땅으로 들어 가니라. 그러나 아켈라오가 그의 아버지 헤롯을 이어 유대의 임금 됨을 듣고 거기로 가기를 무서워하더니 꿈에 지시하심을 받아 갈릴리 지방으로 떠나가 나사렛이란 동네에 가서 사니 이는 선지자로 하신 말씀에 나사렛 사람이라 칭하리라 하심을 이루려 함이러라.
>
> 마태복음 2장 21-23절

복음서는 예수 그리스도의 탄생에 대해서 선명하게 기록하고 있다. 예수 그리스도의 탄생이 유대 땅 베들레헴에서 시간과 공간의 역사 속에 일어난 실제적인 사건임을 강조하였다. 그렇다면 과연 예수 그리스도는 마리아에게서 정확히 언제 나셨는가? 필자도 그랬었지만 적지 않은 이들이 어린 시절 예수의 탄생을 중심으로 인류 역사가 주전과 주후로 나뉘어졌으니 당연히 예수 그리스도는 주전 1년과 주후 1년 사이에 태어난 것으로 이해하고 있다. 그러나 실상은 그렇지 않다.

1. 나사렛 예수의 탄생

　일반적으로 교회사가들은 나사렛 예수가 헤롯 대왕이 죽던 주전 4년 그 이전에 탄생했다는 사실에는 어느 정도 일치한다. 그러나 정확히 그보다 몇 년 전인지에 대해서는 의견의 차이가 있다. 예수의 탄생이 헤롯 대왕이 죽기 약 2년 전으로 거슬러 올라간다고 할 때 예수의 탄생은 주전 6년부터 주전 4년 사이에 일어난 일이다.
　한국에서 출판된 어느 관주 성경 부록 연표에는 예수의 탄생을 주전 5년으로, 동방 박사들이 아기 예수에게 경배한 것을 주전 4년으로 표기하였다. 한때 주전 4년에 그리스도가 태어났다고 하는 계산이 일반적으로 받아들여져 왔으나 요즘 학계에서는 주전 4년보다는 그 이전으로 예수님의 탄생 연도를 잡는 것이 보편화되었다. 그것은 예수 그리스도의 탄생과 맞물려 있는 아우구스투스 황제의 인구조사에 근거한다.
　예수의 탄생을 헤롯 왕이 죽던 주전 4년으로 잡는 것은 시간상으로 문제가 있다. 그것은 헤롯대왕이 주전 4년에 죽었는데, 동방 박사들이 그를 방문한 것은 그 이전에 일어난 사건이었기 때문이다. 얼마 이전인지에 대해서는 복음서가 밝히고 있지 않지만 동방 박사들이 약속한 대로 그에게 오지 않자 화가 난 헤롯이 2세 이하 남자아이들을 다 죽이라고 포고령을 내린 것으로 볼 때 그리스도의 탄생은 적어도 헤롯이 죽기 1년 전으로 거슬러 올라간다고 볼 수 있다. 헤롯이 그 명령을 내리고 바로 죽은 것이 아니기 때문에 헤롯이 죽던 그해 주전 4년에 예수가 탄생했다고 보기는 힘들다. 뿐만 아니라 예수 그리스도의 탄생의 역사적 근거가 되는 아우구스투스 황제의 첫 인구조사가 주전 4년보다는 주전 6년에 일어난 사건으로 이해되고 있다.
　주후 4세기의 교회사가 유세비우스는 예수 그리스도의 탄생 시기에 대해 이렇게 기록하고 있다:

아우구스투스(Augustus) 황제의 재위 42년, 톨레미왕조의 종식을 가져온 애굽의 정복 및 안토니와 클레오파트라가 죽은 지 28년 되던 해에 우리의 구주 예수 그리스도는 예언된 대로 유대 땅 베들레헴에 탄생하셨다. 그해에 최초의 인구 조사가 실시되었고, 퀴리니우스가 시리아 총독으로 있었다.

유세비우스는 예수 그리스도가 탄생하던 그해 인구조사가 있었다고 말한다. 이것은 복음서의 기록과 정확히 일치한다. 누가는 예수 그리스도의 탄생 이야기를 인구조사로 시작한다. "그 때에 가이사 아구스도가 영을 내려 천하로 다 호적하라 하였으니 이 호적은 구레뇨가 수리아 총독이 되었을 때에 처음 한 것이라"(눅 2:1-2) 여기서 말하는 가이사 아구스도는 로마의 첫 황제 아우구스투스(27 B.C.-A.D. 14)를 말한다. 그렇다면 아우구스투스 황제의 최초의 인구조사가 언제 실시되었는가. 영국 글라스고 대학의 권위 있는 초대교회사가 프렌드(W. H. C. Frend)는 그의 **기독교의 발흥**에서 아우구스투스 황제의 최초의 인구조사가 주전 6년에 대대적으로 실시되어 요셉이 약혼자 마리아를 동행하고 갈릴리에서 베들레헴으로 여행을 떠났다고 말한다.

예일대학의 교회사가 케넷 라토렛 교수도 예수의 탄생이 로마의 첫 황제 아우구스투스 치하에 있었다고 동의했으며, 프렌드 역시 헤롯이 제2성전을 시작한 것이 주전 20년, 아그리바가 태어난 것이 주전 10년, 예수가 탄생한 것이 주전 6년, 그리고 헤롯대왕이 세상을 떠난 것과 헤롯 안티파스(4 B.C.-A.D. 34)가 갈릴리의 분봉 왕에 오른 것이 주전 4년으로 계산한다. 그의 계산은 상당히 근거가 있다.

본디오 빌라도가 유대 총독으로 임명된 것이 주후 26년, 세례 요한이 사역을 시작한 것이 같은 해이고, 그리스도가 공생애를 사신 것이 27년부터 30년까지, 그리고 예수 그리스도가 십자가에 달리신 것이 30년으로 추정 계산하고 있다. 십자가의 사건이 30년에 있었다는 것에는 가스거(W. Ward Gasque)와 세계적인 신약학자 브루스(F. F. Bruce)도 동의한다. 반면 교회사가 윌리스톤 워커(Williston Walker)는 본디오 빌라도(A.D. 26-36) 치하, 좀 더 정확히 말해 주후 29년에 예수 그리스도가 십자가에 달려 돌아가셨다고 말한다. 그렇다면 나사렛 예수는 아우구스투스 황제 하인 주전 4년에서 주전 6년 사이에 태어나 디베리우스 황제 하에 본디오 빌라도에게 주후 30년에 십자가에 달려 돌아가신 것으로 보인다.

2. 나사렛 예수 당대의 시대적·지리적 배경

예수 그리스도의 생애는 갈릴리와 분리하여 생각할 수 없다. 갈릴리는 본질적으로 유대 정착지였다.1 이곳은 아리스토불루스(Aristobulus)에 의해 정복당한 후 그가 약 1년여 간(104-103 B.C.)을 통치한 이후 1세기동안 유대인들이 유입되었다. 한때 소수였던 유대인들이 이곳에 대거 몰려오면서 이곳은 유대인들 정착촌이 되었다. 그러나 이 지역에는 기존의 이방인들이 살고 있었기 때문에 갈릴리에서는 끊임없이 긴장관계가 계속되었다. 복음서에는 언급되어 있지 않지만 세포리스(Sepphoris)에는 엄청난 비유대인들이 거주하고 있었고, 갈릴리 바다를 가로질러 동부에는 마태복음 4장 15절의 "이방의 갈릴리"라 알려진 이방인들의 거주지가 위치하고 있었다.

갈릴리의 유대인들은 유대지방의 유대인들과 사이가 안 좋았으며, 사마리안 인들과는 적대관계에 있었다. 누가복음 9장 54절에 보면 예수께서 한 사마리아 촌에 들어가시자 그 사람들이 예수를 받아들이지 않자 야고보와 요한이 예수께 "우리가 불을 명하여 하늘로부터 내려 저들을 멸하라" 하기를 원하냐고 간청 반 질문 반 묻는 이야기가 나온다. 요세푸스가 지적했듯이, 갈릴리의 유대인들은 늘 어떤 침략이나 침입에 대해서

---

1 W. H. C. Frend, *The Rise of Christianity* (Philadelphia: Fortress Press, 1984) 74-75.

도 생명을 내어 놓고 저항했다. A.D. 66년에 폭동이 발생했을 때에도 갈릴리인들이 앞장섰다.

이런 갈릴리의 지리적 환경 속에서 예수가 성장했다. 그는 그 주변에서 일어나는 사건들에 대해서 잘 알고 있었던 것으로 보인다. 예수는 그의 전 생애를 헤롯 안티파스(Herod Antipas)의 백성으로 보냈다. 헤롯 안티파스가 아우구스투스 황제에 의해 분봉왕으로 임명된 주전 4년부터 주후 39년까지 그의 통치는 계속되었다. 헤롯의 맏아들 아켈라오(Archelaus)가 무자격 통치가로 판명되어 유대인의 압력이 강화되자 아우구스투스 황제는 그 지역을 아예 로마에 편제시키고 가이사랴를 수도로 세웠다. 당시 유대인들은 헤롯의 아들 아켈라오를 좋아하지 않았던 것으로 보인다. 이집트로 아기 예수를 데리고 피난 갔던 요셉에게 천사가 다시 나타나 예수와 마리아를 데리고 이스라엘로 돌아가라고 명했을 때 요셉이 취한 행동에 대해 마태복음 2장 21-23절은 이렇게 기록하고 있다:

> 요셉이 일어나 아기와 그 모친을 데리고 이스라엘 땅으로 들어가니라. 그러나 아켈라오가 그의 아버지 헤롯을 이어 유대의 임금 됨을 듣고 거기로 가기를 무서워하더니 꿈에 지시하심을 받아 갈릴리 지방으로 떠나가 나사렛이란 동네에 가서 사니 이는 선지자로 하신 말씀에 나사렛 사람이라 칭하리라 하심을 이루려 함이러라.

총독이 임명되고 인구세가 부과되며 인구조사가 실시되었다. 거의 모든 유대인들은 오직 여호와 하나님께만 충성해야 한다는 민족주의자들이었기 때문에 로마제국에 대해 적대적이었다. 로마에 대항하는 폭동이 일어나곤 했지만 무자비하게 진압되고 말았다. 13살이나 14살쯤 되었을 때 예수는 갈릴리 영웅들의 행적이나 비참한 결과를 분명히 들었을 것이다. 로마에 대한 무장 저항(armed resistance)은 늘 실패로 돌아가 무력에 의한 유대독립은 희망이 없어보였다. 프렌드는 예수가 "검을 쓰는 자는 검으로 망할 것"이라는 말씀한 것을 그런 배경에서 이해했다.

하지만 갈릴리 인들은 갈릴리의 해방과 자유라는 민족적인 소망을 포기할 수 없었다. 역설적인지 모르지만 이런 당시의 지리적, 시대적 환경이 메시아 소망을 가속화시켰을 것으로 추론할 수 있다. 갈릴리에서 유대인들의 민족적인 해방을 추구하는 열심당의 일원이었던 베드로가 메시아를 따랐다는 것도, 제자들이 "주께서 이스라엘을 회복하심이 이때니이까?"라고 줄기차게 예수님께 물어보았던 것도 이런 이유에서였다고 보아진다. 그러나 공생애 이전의 예수의 활동에 대해서는 성경이 침묵을 지키고 있었다.

이 오랜 침묵이 깨어진 것은 예수의 사촌 요한이 광야에 외치는 자의 소리로 갑자기 등장한 사건이었다. "그 때에 요한이 이르러 유대 광야에서 전파하여 말하되 회개하라 천국이 가까이 왔느니라"(마태복음 3:1-2) 여기서 그때는 어떤 특정한 사건이 아니라 총체적인 시대를 지칭하는 의미로 사용된 듯하다. 마태는 요한을 구약 이사야 선지자가 예언한 광야의 외치는 자의 소리로, 그 목적은 주의 길을 예비하고 그의 첩경을 평탄케하는 일이라고 해석한다. 예수가 요한에게 세례를 받으면서 일어난 성령이 비둘기 같이 임하는 것을 보고 요한은 그가 이사야 선지자가 예언한 바로 그분이라는 확신이 들었을 것이다. "내가 붙드는 나의 종, 내 마음에 기뻐하는 자 곧 내가 택한 사람을 보라 내가 나의 영을 그에게 주었은즉 그가 이방에 정의를 베풀리라"(이사야 42:1)

예수의 사역은 주후 28년경에 갈릴리에서 시작되었다. 마태복음과 누가복음은 시험을 받으신 후 공생애 사역을 시작한 것으로, 마가복음은 요한이 잡힌 후 갈릴리에서 와서 복음전도를 시작한 것으로, 요한복음은 가나 혼인잔치를 복음의 출발로 이야기하고 있다. 그러나 사복음서 모두 공통되는 것은 세례 요한의 광야의 소리를 하나님 나라의 도래를 준비하는 사건으로, 예수는 하나님 나라의 임박한 도래를 선포하는 것으로 묘사하고 있다. 예수 그리스도의 갈릴리에서의 사역의 첫 출발은 치유와 설교로 시작되었다. 엘리야의 시대에 병자와 문둥병자가 치유함을 받은 것처럼 메시아로 오신 예수는 자신의 사역을 시작하면서 "권세"있음을 보여

주었던 것이다.

마가복음은 "갈릴리에 다니시며 저희 여러 회당에서 전도하시고 또 귀신들을 내어 쫓으시더라"고 말한다. 전도와 귀신 추방이 예수의 첫 갈릴리 사역의 주제들이었음을 말해주는 것이다. 예수는 유대의 종교적인 권위와 마찰을 빚지 않으려고 하셨던 것으로 보인다. 문둥병을 치료하신 후 예수는 "곧 보내시며 엄히 경고하사 이르시되 삼가 아무에게 아무 말도 하지 말고 가서 네 몸을 제사장에게 보이고 네 깨끗하게 되었으니 모세가 명한 것을 드려 그들에게 입증하라"(막 1:43-44)고 말한다. 마가는 예수의 명령으로 귀신이 나가자 이를 본 사람들이 예수의 가르침을 "권세 있는 새 복음"으로 받아들였다고 기록하고 있다.

예수가 행하는 엄청난 기적은 구약의 예언자들을 연상했을 것이고 심지어 민족의 지도자 모세를 연상했을 것이다. 더구나 규례대로 들어가신 가버나움 회당에서 이사야서 61장 1절에서 2절을 펴서 읽으면서 "주의 성령이 내게 임하셨으니 이는 가난한 자에게 복음을 전하게 하시려고 내게 기름을 부으시고 나를 보내사 포로 된 자에게 자유를, 눈 먼 자에게 다시 보게 함을 전파하며 눌린 자를 자유롭게 하고 주의 은혜의 해를 전파하게 하려 하심이라"(눅 4:18-19)고 말하면서 이 글이 자신을 통해 응했음을 선포하자 듣는 자가 놀랍게 여겼다고 말한다.

확실히 예수의 가르침은 권위가 있었다. 이 권위 있는 가르침과 사역에 대한 반응은 세 가지로 나타났다. 첫째는 예수를 참람하다고 생각하는 무리들이었다. 가버나움에서 가르침과 사역을 통해 증거하심에도 회당에 있는 자들이 이것을 듣고 다 분이 가득하여 일어나 동네 밖으로 쫓아내어 낭떠러지에 밀어내리려고 했다는 누가복음의 증거로 미루어 볼 때 더욱 그렇다. 예수가 나는 아브라함이 있기 전에 있었다고 말했을 때도 모인 무리들은 분개하고 있었다. 정치적인 지도자들과 전통적인 유대 종교지도자들의 입장에서 볼 때는 더욱 그렇게 보였던 것이다. 이들은 예수의 가르침이 바알세불의 힘을 빌려서 하는 것으로 이해했다. "예루살렘에서 내려온 서기관들은 그가 바알세불이 지폈다 하며 또 귀신의 왕을 힘입어 귀신을 쫓아낸다 하니"라고 마가는 마가복음 3장 22절에서 증언하고 있다. 예수가 갈보리 언덕에서 십자가에 처형되었을 때 "대제사장들도 서기관들과 장로들과 함께 예수를 희롱하여 이르되 그가 남은 구원하였으되 자기는 구원할 수 없도다 그가 이스라엘의 왕이로다. 지금 십자가에서 내려올지어다. 그러면 우리가 믿겠노라"(마 27:41-42)고 외쳤다.

둘째는 그의 가르침을 선지자 가운데 하나 정도의 권위로 받아들이는 자들이다. 마가복음 2장 5절에서 보여주듯이 중풍병자에게 "작은 자야 네 죄 사함을 받았느니라"라며 죄 용서와 질병의 치료를 연계시키고 치료하자 무리들이 하나님께 영광을 돌리며 이런 일을 도무지 본 일이 없다고 감탄하고 있었다. 이들은 구약의 엘리야와 같은 선지자 중의 한 사람으로 예수를 이해하고 있었다. 빌립보 가이사랴 지방에서 예수가 제자들에게 "사람들이 인자를 누구라 하느냐"고 물어 보자 "더러는 세례요한, 더러는 엘리야라, 어떤 이는 예레미야나 선지자 중의 하나라 하나이다"(마 16:13-14)고 제자들이 답했다.

셋째는 예수를 구약에 예언된 메시아로 받아들인 이들이었다. 하지만 예수를 따랐던 열두 제자들을 포함하여 상당수의 사람들이 예수를 영적인 하나님 나라의 메시아가 아닌 정치적인 메시아로 이해하고 있었다. 제자들은 이 부류에 속하는 이들이었다. 제자들이 예수가 구약의 선지자와 같은 권위의 사람 그 이상이라는 확신이 들었던 것은 아마도 가아사라 빌립보 이후의 일로 보아진다. 특히 변화산에서 예수가 모세와 엘리야와 함께 그의 죽음을 논하실 때에 함께 올라갔던 제자들은 엄청난 변화를 체험했을 것이다. 정치적인 메시아로 예수를 생각했던 대부분의 사람들은 십자가의 사건으로 실망을 할 수밖에 없었다. 그러나 여전히 그를 하나님의 아들로 받아들인 이들이 있음을 성경은 증거하고 있다. 가이사랴 지방에서 베드로는 "주는 그리스도시요 살아계신 하나님의 아들"이라고 증거하였고, 십자가의 사건 뒤에 성소의 휘장이 위로부터 아래까지 찢어지고 땅이 진동하고 바위가 터지고 죽은 자가 무덤에서 일어나고 지진이 일어나자 "백부장과 및 함께 예수를 지키던 자들이 지진과 그 일어난 일들을 보고 심히 두려워하여 이르되 이는 진실로 하나님의 아들이었도 다"(마 27:54)라고 고백하고 있다. "진실로"라는 말은 그 이전에도 그렇게 믿기는 했지만 이제 와서 더욱더 확실히 확인할 수 있었다는 의미이다.

더구나 그리스도의 부활하심을 목도한 제자들은 예수의 가르침이 생각나기 시작했고, 그분이 구약에 예언된 바로 그 메시아임을 확신할 수 있었다. 주후 30년에 일어난 오순절 성령강림의 사건을 통해 제자들은 약속하신 성령의 충만을 받고 비로소 제자의 위치를 충실히 감당할 수 있게 되었다. 주님은 제자들이 보는 가운데 감람산에서 하늘로 승천하시며 다시 오실 것을 약속하셨다.

주님이 승천하시기 전 제자들에게 하신 약속대로 오순절 성령강림 이후 성령충만을 받은 이들을 통해 복음은 요원의 불길처럼 예루살렘과 온 유대와 사마리아와 땅 끝까지 확산되었다. 그 후 처음 30년 동안은 기독교가 당시 합법적인 종교였던 유대교의 한 분파로 이해되었기 때문에 적어도 네로 황제가 등장하기까지 기독교는 어느 정도 로마제국의 보호를 받을 수 있었다. 아이러니하게도 기독교에 대한 박해가 처음 시작된 것은 유대교로부터였다.

제 3장
초대 기독교 박해

> 나는 86년 동안 그분을 섬겨왔는데 그동안 그분은 한 번도 나를 부당하게 대우하신 적이 없다. 그런데 내가 어찌 이제까지 섬겨온 나의 왕 그리스도를 모독할 수 있겠는가?
>
> 폴리갑

고대 아테나고라스(Athenagoras)에 따르면 기독교인이 박해를 받은 원인은 "무신론과 식인풍습, 근친상간"이었다.[1] 당시 로마제국은 공인된 종교 외에는 종교로 인정을 하지 않았기 때문에 우상을 멀리하고 보이지 않는 하나님을 숭배하는 기독교인들을 무신론자로 낙인찍었다. 그러나 무엇보다도 기독교인이 핍박을 받은 가장 큰 이유는 황제숭배를 거부했기 때문이다. 원래 세상을 떠난 전임 황제를 숭배하던 것이 티베리우스 황제 때부터 살아있는 황제에게도 제사를 드리라는 명령이 하달되었다. 구태여 일제하의 신사참배 반대운동을 예로 들지 않더라도, 유일신 신앙을 가진 기독교인들이 하나님 외에 다른 신들을 섬기는 것을 죄로 여겨온 것은

---

[1] 아테나고라스(Athenagoras)는 기독교인들이 박해를 받은 원인은 세 가지였다고 말한다: "세 가지가 우리들을 향해 증거 없이 말해지는데 그것들은 무신론과 식인 풍습(인육요리의 향연들)과 근친상간 등이다." (Plea 3) 인용, Everett Ferguson, *Backgrounds of Early Christianity* (Grand Rapids, MI: Eerdmans Publishing Co., 1987), 589-590.

기독교 역사 속에서 흔히 찾아볼 수 있는 것이다. 이 점에 있어서 초대교회도 예외는 아니었다.

로마제국의 수호신이라고 믿고 있던 황제에 대한 숭배를 거부하는 것은 곧 로마제국의 안녕을 위협하는 반국가적인 행위외 미찬가지였으므로 자연히 로마의 재난이 발생할 때마다 기독교인들에게 비난의 화살이 쏟아졌다. 터툴리안은 그의 **변증서**에서 이렇게 호소한다: "만일 티베르 강이 성벽에 이르거나 나일 강이 들판에까지 도달하지 못거나 하늘이 움직이지 않거나 혹은 땅이 움직이거나 기근이 있거나 역병이 있으면 곧 외치는 소리가 있다. '그리스도인들을 사자에게 던져라!'"2

주후 64년 네로 황제부터 시작된 기독교인에 대한 박해는 주후 313년 콘스탄틴과 리키니우스 두 황제에 의하여 기독교가 공인되기까지 계속되었다. 초대교회 박해는 크게 황제의 고의에 의하여 시작된 1차 박해기간(약 A.D. 64-96), 지엽적, 국부적으로 진행된 2차 박해기간(약 A.D. 98-249), 그리고 전국적으로 박해가 진행된 3차 박해기간(A.D. 250-313)으로 대별할 수 있다.

1. 제 1차 박해기간(A.D. 64-96)

1) 네로 황제 이전

네로 황제 이전에는 기독교 박해가 눈에 띄게 진행되지 않았다. 알렉

---

2 이 점에서 기독교인들은 많은 오해를 받았다. 윌켄(Wilken)이 그의 저서 **로마인이 본 그리스도인들**(*Christian As Rome Saw Them*)에서 지적하듯이, 초대교회 그리스도인들이 황제 숭배를 거부했지만 로마제국과 황제에게 불충성한 것은 아니다. 초대 기독교인들은 무엇보다도 "황제의 안녕을 위해 영원한 하나님, 진리의 하나님, 살아계신 하나님께 기도"(Tertullian, *Apology* xxx.1)했는데 그것은 "성경이 '당신의 평화를 가져다주는 왕들, 군주들, 그리고 권세자들을 위해 기도하라'"고 말씀하기 때문이었다. 또 그들이 황제를 위해 기도해야한다고 생각한 것은 "제국 전체의 안녕과 로마의 이익"("the whole estate of the empire and the interests of Rome")이 자신들의 안녕과 유익과 직결된다고 믿었기 때문이다(Tertullian, *Apology*, xxix-xxxii).

산더 대왕과 마찬가지로 역사의 전환점을 기록한 아우구스투스 황제 이후 박해에 대한 진행은 간헐적이고 부분적이었다. 아우구스투스의 둘째 아내인 리비아가 아우구스투스와 결혼하기 전에 낳은 아들이자 후에 그의 사위가 된 티베리우스(Tiberius, A.D. 14-37)가 아우구스투스의 전권을 계승하였다. 55세에 왕위를 계승한 티베리우스는 명석한 군 지휘관이었으나 황제가 된 후 성격이 바뀌어 침울한 사람으로 변했다. 그는 제국의 통치에 대한 분명한 철학이 없었으며 부하들을 임명할 때 이성적인 능력과 판단에 근거하여 임명하기보다는 즉흥적이고 감정적인 인사가 많았다. 게다가 일단 임명한 자들에게 상당한 권한을 부여하였다. 그의 친위대장 세자누스(Sejanus)는 자신에게 부여된 권력을 도를 넘어 임의적으로 행사하였다. 예수 그리스도가 십자가에 처형되었을 때 유대 총독이었던 본디오 빌라도 역시 반유대주의자였던 세자누스가 임명한 사람이었다. 예수 그리스도가 십자가에 처형된 이듬해인 주후 31년 권력을 남용하던 세자누스가 티베리우스 황제에 의해 처형되었다. 예수 그리스도 처형의 배후자인 세자누스가 자신을 임명한 황제에 의하여 처형되었다는 사실은 흥미로운 일이다.

빌라도가 총독으로 있던 시기에 유대인들은 로마에서 추방되었고 심지어 4,000명의 유대 청년들이 도적들과 싸우기 위해 사르디아로 보내졌다.[3] 티베리우스 황제는 비록 탁월한 지도자에 속하는 인물은 아니었지만 그렇다고 무능한 인물도 아니었다. 원로원과의 관계 때문에 그가 국내 문제에 있어서는 그리 인기를 누리지 못했으나 해외 문제에서만은 성공적이었으며 그가 통치하는 동안 로마제국은 대외적으로는 상당히 안정되었다.

티베리우스의 형제 드루수스(Drusus)의 손자인 가이우스 칼리굴라(Gaius Caligula, A.D. 37-41)가 티베리우스를 계승하여 황제가 되었다. 칼리굴라는 정상적인 사람이 아니었다. 정신적인 불안정은 결국 그를 파멸로 몰아넣었고, 원로원과 사이가 벌어지면서 점점 더 지지 기반을 상실하

---

[3] Tacitus, *Annals*, 2.85.

였다. 또한 경제 상태의 악화와 국사의 실정으로 국고가 바닥이 났다. 뿐만 아니라 가이우스는 자신이 신이라고 확신하고 신에 합당한 예우를 자신에게 돌릴 것을 요구하면서 자기의 신상을 예루살렘 성전에 세울 것을 명령했다. 주후 41년에 결국 그는 살해되어 비참한 최후를 맞고 말았다.

칼리굴라의 황위를 승계한 것은 그의 삼촌 글라우디오(Claudius, A.D. 41-54)였다. 그가 황제가 되면서 유대인에게 불리한 방향으로 정책이 결정되었는데 그 가운데 하나가 사도행전 18장 2절에 언급된 로마인 추방사건이다. 글라우디오 황제는 모든 유대인이 로마를 떠날 것을 명령했다. 그가 왜 유대인을 추방했는지 정확한 원인은 알려져 있지 않지만, 수에토니우스의 저서 글라우디오에 의하면 "그리스도(Chrestus)라는 자의 선동으로" 유대인들에 의해 끊임없이 소요가 발생하자 글라우디오는 로마에 거주하는 유대인들을 추방하였다.4 이즈음 고관 아우루스 플라우티우스(Aulus Plautius)의 아내인 폼포니아 그래시나(Pomponia Graecina)라는 한 여인이 '외래 미신'(foreign superstition)이라는 죄목으로 피소되어 재판을 받기위해 플라우티우스에게 넘겨졌다는 기록이 나오는데5 3세기의 문헌에 의하면 이 외래 미신은 기독교를 가리킨다.6

2) 네로 황제 박해

글라우디오 황제가 이룩한 가장 큰 업적은 영국을 로마제국에 합병한 것이다. 그러나 치적을 떠나 그의 가정생활은 그리 모범적이지 않았는데, 단적인 예가 당시로서는 금지된 풍습이었던 그의 조카 아그리피나와의

---

4 Suetonius, *Vita Claudii*, xxv. 4(사도행전 18장 2절과 비교)

5 Tacitus, *Annals*, xiii, 32.

6 Henry Bettenson, *Documents of the Christian Church* (New York: Oxford University Press, 1967), 2. 기독교를 미신이라고 표현한 곳은 다른 곳에서도 나타난다. 타키투스의 연대기와 소플루니가 트라얀 황제에게 보낸 편지에도 나타난다. 타키투스는 기독교를 "매우 위험한 미신,"(Tacitus, *Annals*, 15.44) 소플루니는 "완악하고 터무니없는 미신"(Epp. 10.96)이라고 말한다.

결혼이다. 여러 아내를 거느린 문란한 결혼 생활은 배다른 자식들 사이에 황제의 자리를 차지하기 위한 보이지 않는 정치적 암투의 발단이 되었다. 글라우디오의 조카이자 네 번째 아내인 아그리파나는 자기 아들 네로를 황제로 만들기 위해 글라우디오 황제를 독살할 계획을 세웠고, 그것은 성공적으로 수행되었다. 다행히 친위대는 네로를 황제로 선포했고 원로원은 네로의 황위 승계를 승인하였다.

사도행전 18장 12절에 나오는 그리스의 총독 갈리오의 형제인 세네카와 친위대장 브루스가 고문으로 있던 처음 5년 동안 네로는 16살의 어린 나이에 황제가 되었음에도 불구하고 황위직을 성공적으로 수행하였다. 그러나 자신의 제한된 권력에 불만을 느낀 네로가 62년에 자신의 고문 브루스를, 65년에 세네카를 각각 권좌에서 제거하면서 국가는 쇠퇴의 가도를 달리기 시작하였다. 특별히 유대인과 그리스도인들과의 관계가 점점 악화되어 가기 시작하였다. 그는 62년에 자신의 아내 옥타비아를 "하나님을 섬기는 자"라는 이유 때문에 살해하고 유대교로 개종한 포파이아와 결혼하였다.

유세비우스는 "극단적인 광기"라는 함축적인 표현을 통해 네로 황제의 성격을 단적으로 설명하고 있다. 네로는 "이 광기 때문에 수천 명이나 되는 사람들을 죽였고 심지어는 절친한 친구들"과 "자신의 생모와 아내, 그리고 많은 친척들"까지도 마치 이방인이나 원수들을 죽이듯이 여러 가지 방법으로 살해하였다.[7]

네로 황제가 재임하던 주후 64년에 발생한 로마의 대화재 사건은 기독교 역사에 잊을 수 없는 분기점이 되었다. 그가 통치하던 주후 64년 네로는 로마에 발생한 대화재 사건의 원인을 기독교인들에게 돌린 후 기독교를 극심하게 박해하기 시작했다. 이것은 공식적인 대박해였으며 역사에 1차 박해기간의 시작으로 알려졌다. 고대 교회사가 유세비우스에 따르면 주후 64년 7월 "자신의 통치권을 확고히 다진 네로 황제는 사악

---

[7] Eusebius, *H.E.* II. 25.

한 계획을 세우고 유일하고 높으신 하나님을 인정하는 신앙을 대적하여 포문을 열기 시작했다."8

네로는 로마의 대화재 사건이 자신이 저지른 것이라는 소문을 무마시키기 위해 기독교인들에게 화재의 원인을 돌려버렸다. 로마의 역사가 나키투스는 그의 연대기(Annals)에서 네로 황제 치하에서의 박해에 대하여 다음과 같이 생경하게 진술하고 있다:

> 그러나 모든 인간의 노력과, 황제의 모든 풍성한 선물들과, 그리고 신들의 속죄는 그 대화재가 네로 황제의 명령의 결과라는 불길한 생각을 없애지 못했다. 그 결과, 네로는 소문을 제거하기 위하여 일반적으로 '그리스도인'으로 알려진 사람들을 그들의 악한 행동을 이유로 죄를 씌우고 가장 격렬한 고문을 가하였다. 그리스도인이란 명사가 파생된 근원이 되는 인물 크리스투스는 티베리우스의 통치 때 우리의 총독 중 한 명인 본디오 빌라도에 의해 극형의 고통을 받았고, 그래서 잠시 머뭇거린 그 매우 위험한 미신은 악의 근원인 유대인뿐만 아니라 세상의 모든 곳으로부터 온 극악스럽고 부끄러운 모든 것들이 만나 대중적이 되어 버린 로마에서 다시금 일어났다. 따라서 신앙을 고백하는 자들이 먼저 체포되었다. 그 후 그들의 증언을 통해 엄청난 사람들이 문초를 받았는데, 방화죄로 인한 것보다는 그 민족에 대한 혐오감에 기인한 것이었다. 그들의 죽음에 온갖 종류의 모욕이 더해졌다. 그들은 짐승의 가죽으로 싸여서 개들에 의해 찢기우기도 하고 십자가에 못 박혔다. 혹은 화형되는 이들은 해진 후 밤을 밝히는 일에 이용되기도 하였다. 네로는 그 광경을 위해 자신의 정원들을 개방하고, 자신은 기수의 복장을 하고 사람들과 어울리거나 아니면 마차를 몰고 다녔고 그동안, 서커스에서는 쇼가 공연되었다. 그러므로 가혹하고 본보기적인 형벌을 받기에 마땅한 범죄자들이라 할지라도, 사람들 간에 동정심이 생긴 것은 사실상 그 일이 공중의 선을

---

8 Eusebius, *H.E.* II. 25.

위해서 행해지는 것이 아니라 한 인간의 광적인 잔학성을 충족시키기 위해 그들이 죽어가고 있는 것으로 보였기 때문이다.9

이 로마의 역사가 타키투스는 네로 황제 하에 기독교인이 핍박을 받은 것이 기독교인들이 로마 대화재의 장본인이기 때문이 아니라 네로 황제의 개인적인 횡포로 말미암아 발생한 것임을 말해주고 있다. 네로 황제가 기독교를 박해하기 위해 로마시에 불을 질렀는지는 불확실하지만 적어도 박해의 발단에 대한 타키투스의 평가는 어느 정도 객관성을 띠고 있는 듯하다. 타키투스가 기독교를 가리켜 "매우 위험한 미신" 혹은 "사악하고 부끄러운 것"이라고 표현한 사실에 비추어 볼 때 당시 사람들은 기독교를 옳게 이해하고 있지 않은 것 같다. 이런 사실은 동시대인 수에토니우스(Suetonius)가 기독교인들이 형벌을 받은 원인을 기술하면서 "새롭고 사악한 미신에 사로잡힌 사람들의 단체인 그리스도인들"이라는 표현 속에서도 찾아볼 수 있다.10 일반인들이 기독교에 대해 부정적인 견해를 갖고 있었기 때문에 네로는 자연스럽게 로마의 대화재 사건을 기독교인에게 돌려 버릴 수 있었던 것이다. 이 네로시대에 바울과 베드로가 로마에서 순교했다:

> 네로의 박해를 받아 바울이 로마에서 참수되었고 베드로도 십자가에 달려 죽었다고 전해지고 있다. 이 기사는 오늘날까지 베드로와 바울의 이름이 로마시의 공동묘지에 남아있다는 사실에 의해 확증된다. … 고린도의 감독 디오니시우스는 로마인들에게 행한 설교 속에서 이들 두 사람이 거의 같은 시기에 순교했다는 것을 다음과 같이 증명하였다. '당신은 이처럼 이 권면에 의해 베드로와 바울이 로마와 고린도에 심어놓은 번영의 씨앗을 섞어 놓았다. 이들 두 사도들은 고린도에서 우리에게 교리를 가르치고 교훈을 주었으며 이탈리아에서도 거의 같은 방법으로 가르쳤다. 그리고 거의 같은 시기에 순교했다.'11

---

9 Tacitus, *Annals*, 15, 44.
10 Suetonius, *Vita Neronis*, xvi, 2.

갑바도기아의 공동체 생활 은신처

하나님께서 네로의 박해를 그냥 방관만 하실 수 없었다는 사실, 뿐만 아니라 기독교를 극심하게 박해했던 박해자들이 거의 다 비참한 최후를 맞았다는 사실도 언급되어야 할 것이다. 계속되는 네로 황제의 폭정으로, 서부의 군단들과 로마의 친위대가 반란을 일으키자 로마에서 도주하던 네로는 명을 다하지 못하고 30세의 나이에 스스로 자신의 생명을 끊고 말았다. 결국 그의 죽음으로 줄리어스 시저에게서 시작된 줄리우스-클라우디우스 왕조는 주후 68년에 막을 내리고 1년 동안 과도기의 내란이 제국을 휩쓸었다.

---

11 Eusebius, *H.E.* II. 25. 이런 네로의 박해에 대해 로마의 클레멘트도 고린도에 보내는 서신에서 다음과 같이 언급하고 있다: "그러나 우리는 고대의 선열들을 떠나서 우리 시대에 가장 가까운 영웅들을 돌아봅시다. 우리는 훌륭한 사도들을 면밀히 살펴봅시다. 베드로는 한두 번이 아닌 여러 번의 노력을 통하여 불의를 극복하였으며 따라서 그의 증거는 영광의 자리에 도달했던 것입니다. 열정과 노력으로 바울은 인내의 상을 받았습니다. … 바울은 동서에 복음을 전했을 때 그는 자신의 믿음에 합당한 고귀한 명성을 얻었습니다. 전 세계에 의를 가르쳐 심지어 서방의 경계에 도달하였으며 통치자들 앞에서 복음을 증거하면서 바울은 그 세계를 떠나 거룩한 장소로 가서 가장 위대한 인내의 본이 되었습니다."(로마의 클레멘트, 고린도에 보낸 서신 5장)

1년간의 내란이 있은 후 베스파시안(A.D. 69-79)이 로마의 황제가 되었다. 그의 관심은 "경제적 안정, 중앙정부에 대한 자신감, 지방 정돈을 통한 질서 회복"이었다. 격변의 시대에 잠시 휴식을 제공했던 베스파시안 황제는 축복된 죽음을 맞았다. 그 후 유대 반란을 성공적으로 제압한 티투스(A.D. 79-81)가 베스파시안의 뒤를 이어 황제가 되었지만 2년 만에 열병으로 죽고 그의 동생 도미티안이 황제가 되었다. 네로의 박해 못지않은 황제의 횡포에 의한 박해가 주후 95년경 도미티안(A.D. 81-96) 황제 시대에 발생하였다.

3) 도미티안 황제 박해

도미티안은 집정하자마자 많은 원로원 귀족들을 처형했는가 하면, 죽은 로마 황제들에게 헌사되었던 "주와 신"(dominus et deus)이라는 칭호를 살아있을 때 고집하였다. 초대교회 기록에 의하면 도미티안에 의한 대박해가 그의 통치 15년에 있었다.[12] 유세비우스는 네로와 베스파시안과 도미티안의 박해를 정교하게 비교하며 다음과 같이 설명한다:

> 도미티안은 많은 사람들을 잔인하게 취급하였다. 그는 로마에서 상당히 많은 귀족들과 저명인사들을 부당하게 살해했고, 아무 이유도 없이 많은 귀족들의 재산을 압수하고 그들을 추방하였다. 마침내 그는 하나님을 미워하고 적대하는 일에 있어 네로의 후계자가 되었다. 그의 부친 베스파시안은 전혀 신자들에게 불리한 시도를 하지 않았으나 도미티안은 박해를 시도한 두 번째 황제가 되었다.[13]

도미티안이 모든 면에서 네로의 전철을 밟았다는 유세비우스의 증언은 터툴리안에 의하여 확인되고 있다. 터툴리안은 도미티안이 네로와

---
[12] Eusebius, H.E. III. 19.
[13] Eusebius, H.E. III. 18.

"동일한 일"을 행하려 했으며 "잔인성에 있어서 실질적인 네로의 후계자였다"고 말한다.14 도미티안 황제는 자신의 아내였던 도미틸라(Domitilla)를 유배시키는 한편, 집정관이었던 자신의 조카, 플라비우스 클레멘스(Flavius Clemens)와 그의 두 아들들을 살해했다.15 살해한 죄명은 '무신론'이었고 '유대인의 관습들'이라고 설명이 되어 있다.16

전승에 의하면 도미티안 박해 때에 사도 요한이 말씀을 증거하였다는 이유로 밧모섬에 유배되었다. 이레니우스 역시 **이단을 반박함** 제 5권에서 요한계시록이 도미티안의 통치 말기에 기록된 것이라고 밝히고 있다.17 그러나 도미티안 황제는 어떤 이유에서인지 그의 말년 "교회에 대한 핍박을 그만 두라는 포고를" 내리고 추방하였던 사람들을 다시 불러들였다.18 유세비우스가 전하는 바에 의하면 도미티안이 사망하자 사도 요한은 유배지에서 귀환한 뒤 아시아의 교회들을 돌보았다.19 사도 요한이 도미티안의 사후까지 살아있었다는 사실은 이레니우스에 의해서 증언되고 있다. 이레니우스는 **이단을 반박함** 제 2권에서 "주님의 제자 요한과 함께 협의하였던 아시아의 모든 장로들은 요한이 트라얀의 시대에 이르기까지 그들과 함께 머물렀었다"고 증언한다.20 사도 바울이 세웠고 요한이 트라얀의 시대에 이르기까지 머물렀던 에베소 교회는 사도들의 전승에 대한 신실한 증인이다.21

이런 사실은 알렉산드리아의 클레멘트에 의하여 더욱 확인되고 있다. 클레멘트는 자신의 설교집 "만일 부자가 구원을 얻는다면"(*What Rich*

---

14 Eusebius, *H.E.* III. 18.
15 Dio Cassius, *Epitome* LXVII. 14. Cf. Suetonius, *Domitian*.
16 Ferguson, *Backgrounds of Early Christianity*, 597.
17 Eusebius, *H.E.* III. 18
18 Eusebius, *H.E.* III. 20.
19 Eusebius, *H.E.* III. 23. 유세비우스는 다음과 같이 기록하였다: "이 무렵 예수님의 사랑 받는 제자였던 사도이며 복음서 기자인 요한이 아직 살아있었다. 그는 도미티안의 사망을 계기로 유배지에서 귀환한 뒤 아시아의 교회들을 다스렸다."
20 Eusebius, *H.E.* III. 23.
21 Eusebius, *H.E.* III. 23.

Man is Saved?)에서 사도 요한에 관한 기사를 언급하고 있다. "사도 요한에 관한 이야기를 들어보라. 그것은 꾸며낸 이야기가 아니라 예부터 보존되어 전해 내려오는 사실이다. 독재자가 죽은 뒤 밧모섬을 떠나 에베소로 돌아온 그는 청함을 받으면 인근에 있는 이방인들의 지역도 방문했다. 그는 어떤 곳에서는 감독을 임명하였고 어떤 곳에서는 완전히 새로운 교회들을 세웠고, 또 어떤 지역에서는 성령이 지적하는 사람 중 한 사람을 사역자로 임명하였다."22

도미티안 황제 역시 15년 동안 잔악하게 통치한 뒤 네로 황제처럼 비참하게 살해되었다. 그 후에 황위를 승계한 다섯 명의 황제들은 역사에 선한 황제들로 알려졌다. 도미티안의 황위를 계승한 네르바(Nerva, A. D. 96-98)는 과도적인 인물이었다. 60세가 되도록 자식이 없었던 네르바는 당시 독일 상반부 주둔 부대의 지휘관인 트라얀을 양자로 삼았다. 이후로 양자를 후계자로 삼는 풍습이 하나의 관례가 되고 말았다. 이것은 제국의 통치에 긍정적인 영향을 제공하였다. 후계자를 양자로 삼는 이 방법 덕분에 로마제국에는 연속적으로 좋은 황제가 등장하여 그들 통치 하에 로마제국은 최상의 발전을 이루었다. "지방들은 번영했고 대체로 잘 통치되었으며 로마제국 내에도 평화가 유지되고 문화적 발달이 계속되어 지중해 국가들 전역에 당당한 기념할 만한 유적을 남겼다."23

네르바가 약 1년간 제국을 통치한 후 트라얀이 그 뒤를 이어 제국의 황제가 되었다. 그의 통치 기간 중에 제국의 영토는 계속 확장되어 "북쪽으로는 다뉴브 강, 동쪽으로는 유프라테스 강"에 이르렀다. 적어도 네로 황제와 도미티안 황제 치하에서 황제의 임의에 의한 박해가 진행된 뒤, 250년 데시우스 황제가 칙령을 발표할 때까지는 제국 전역에 그와 같은 박해가 다시는 발생하지 않았다. 이 기간 동안 박해는 지엽적, 국부적으로 진행되었다.

---

22 Eusebius, *H.E.* III. 23.
23 Ferguson, *Backgrounds of Early Christianity*, 45.

2. 제 2차 박해기간(A.D. 98-249)

1) 트라얀 황제 치하의 박해

트라얀(Trajan, A.D. 98-117) 황제부터 안토니우스 피우스 (Antoninus Pius, A.D. 138-161) 황제의 통치 말엽까지 기독교는 위협 아래 있었지만, 플리니 2세(Pliny the Younger, A.D. 61-c.113)와 트라얀 황제 사이에 오갔던 서신에서 나타나듯이 기독교인들에 대한 의도적인 색출은 금지되었다. 소위 2차 박해기간이라 알려진 이 기간 동안은 박해가 지역에 따라 국부적으로 진행되었으며, 어떤 사람이 그리스도인이라는 것이 드러나더라도 그에게는 신앙을 부인할 기회가 주어졌다.

기독교인을 벌하는 것을 한 번도 목격하지 못한 플리니 2세는 전례적인 벌칙과 조사가 어디까지 진행되어야 할지를 몰라, 비트니아에 있는 그리스도인들을 다루는 문제를 트라얀 황제와 상의하기 위하여 A.D. 112년경에 다음과 같은 서신을 황제에게 띄웠다:

> 황제시여, 본인이 의심쩍어 하는 모든 질문들을 당신께 아뢰는 것이 저의 상례입니다. 제가 오도 가도 못할 때 누가 저를 더 잘 인도할 수 있으며 만일 제가 무지하면 누가 저를 깨닫게 하겠습니까? 그리스도인에 대한 조사에서 본인은 전혀 분석하지 못했습니다. 그래서 저로서는 보통 형벌을 받고 조사가 필요한 범죄가 무엇인지 또는 어떤 허가들을 해주어야 하는지 않는지를 모르겠습니다. 연령에 따른 차이가 있는지 또는 가장 약한 범법자들을 더 강한 자들과 동등하게 다루어야 하는지, 회개하는 자는 용서해야 하는 것인지, 또는 어떤 자가 전에 그리스도인이었지만 이제는 아니므로 처벌을 하지 말아야 하는지, 은근한 범죄와는 동떨어진 단지 그 이름 때문에 처벌해야 하는지, 또는 그 이름과

관련된 은근한 범죄들을 처벌하는 것인지 알지 못합니다. 그동안에는 다음과 같이 그리스도인들로서 고소된 자들을 다루었습니다. 본인은 그들에게 그리스도인들인지 여부를 묻고, 그렇다고 하면 벌할 것을 위협하면서 두세 차례 다시 물었습니다. 만일 그들이 계속 그렇다고 하면 저는 그들을 처벌하라고 명령했습니다. 왜냐하면 제가 확신하는 것은 무엇이건 간에 그들의 완고하고 굽힐 줄 모르는 고집은 벌을 받아 마땅하다는 것입니다. 실성한 것처럼 보이는 자들도 있었는데, 이들은 로마의 시민들이었으므로 로마로 돌려보냈습니다.

… 서명이 안 된 채로 많은 사람들의 이름이 적힌 서류가 제출되었습니다. 그들 중 자신들은 그리스도인들이 절대 아니었고 또 지금도 아니라고 말하는 자들은 법정에 그들을 한데 집어넣도록 명령을 내리고는 그들이 신들을 향한 기도를 저의 지시에 따라 암송했고, 당신의 신상에 향과 포도주로 간구를 올렸으며, 또한 그들로 하여금 그리스도를 저주하라고 시켰는데 이 일은 진정한 그리스도인이라면 절대로 그렇게 하지 못하는 일이었기 때문입니다. 우리의 앞잡이에 의해 이름이 올라온 다른 자들은 과거 그리스도인이었지만 현재는 그 사실을 부인했는데, 설명하길 예전에는 그리스도인이었지만 어떤 자들은 3년 전에 어떤 자들은 여러 해 전에 또 어떤 자들은 20년 전에 그리스도인이기를 그만두었다고 했습니다. 이런 자들 역시 모두 다가 당신의 신상과 신들의 형상을 숭배하고는 그리스도를 저주했던 적이 있습니다. 그러나 그들이 주장하길, 그들의 잘못 또는 실수하는 것은 정해진 날에 그들이 동이 트기 전에 모여서 번갈아가며 습관적으로 그리스도를 주로 고백하며, 그리고 서로 맹세하기를 어떤 범법 행위도 저지르지 않았고, 도적질, 강도질, 간음 등을 저지르지 않았으며, 그들이 한 말을 파기하지 않고, 요구가 있을 때에는 공탁금 내기도 거부하지도 않았다는 것입니다. 이런 일들을 행한 후, 헤어졌다가 식사를 위해 다시 모였지만, 그 음식은 그냥 평범하고 해롭지 않은 것이었습니다. 심지어 이 일 조차도(그들이 말하길) 당

신의 명령들에 맞추어 제가 그 단체들의 존재를 금지시킨 명령 이후로는 그렇게 하기를 그만두었다는 것입니다. 이것에 관해 본인은 진술의 진의를 더욱 알아보기 위해 여집사라고 불리는 두 여자 하속들을 고문했습니다. 하지만, 더 알게 된 것은 이것이 완악하고 터무니없는 미신이라는 사실입니다. 그러므로 본인은 그 경우[취조]를 연기하고 당신께 조언을 구하기를 서두른 것입니다. 제가 보기에 그 문제는 특히 심사숙고할 가치가 있다고 여겨집니다. 왜냐하면 모든 연령층과 온갖 지위에 있는 많은 남녀들이 위험에 처해 있거나 장래에 처해질 것이기 때문입니다. 그 미신은 도시 뿐만 아니라 소읍과 시골까지도 전염시켰습니다. 그러나 아직은 그것을 중단시킬 수 있고 바로 고칠 수 있는 것처럼 보입니다. 하여간, 거의 황폐해진 성전들에 자주 가기 시작하고, 오랫동안 폐지된 종교의식들이 회복되며, 지금까지 구매자는 극히 드물었지만, 도처에서 희생제물(sacrificial animals)이 오고 있습니다. 이런 것으로부터 쉽사리 느끼는 것은 만일 회개할 장소가 있다면, 다수의 군중들이 재생할 수 있다는 것입니다.24

이 편지에 나타난 것처럼, 플리니 2세는 기독교인들을 세 부류로 분류하여 처벌의 기준을 정했다. 첫째는 그리스도인들이라고 고백하고 그 고백을 계속 지키는 자들, 둘째는 그리스도인이라는 혐의를 받았지만 그리스도인이 아니라고 주장하는 자들, 셋째는 과거에는 기독교인들이었으나 지금은 배교했다고 주장하는 자들이다. 두 번째와 세 번째 부류의 경우, 플리니 2세는 과연 진정한 기독교인들인지 아닌지를 구분하기 위해 이들에게 황제 숭배를 명령했고 만약 황제 숭배를 했다면 주저하지 않고 석방했다. 그 이유는 진정한 그리스도인들은 황제숭배를 하지 않을 것이라고 보았기 때문이다. 우리가 주목할 사실은 플리니의 경우 네로나 도미티안의 박해와는 달리, 위의 편지에서 밝히고 있는 대로 무조건 일방적으로 박해를 가하지 않고 기독교인인지 아닌지 본인의 의사를 물어 확인하고,

---

24 Pliny the Younger, *Epp.* x. 96.

또 기독교인임이 밝혀지더라도 다시 한 번 그들에게 자신들의 신앙을 변개할 수 있는 기회를 제공한 후에야 박해의 가부를 결정했다는 점이다. 만일 그들이 자신들의 신앙을 철회한다면 박해를 가하지 않았고, "만일 그들이 계속하여 그리스도인임을 주장"하거나 계속 황제 숭배를 거부할 경우에는 가차 없이 처형하였다. 플리니가 이렇게 관대한 결정을 내리게 된 이면에는 "희생제사를 드리려하지 않는 혐의 외에는 기독교인들에게서 죄를 발견할 수 없다"는 사실을 확인했기 때문이다.25 트라얀 황제는 플리니 세쿤두스에게 다음과 같은 회답을 보냈다:

> 친애하는 세쿤두스여, 당신은 기독교인이라는 죄목으로 고발당한 자들에 관한 소송에서 적절한 방식을 택했다. 사실 그런 류의 절차에 관한 형식에 대해서는 아무것도 일반적인 규칙으로 내려질 수 없기 때문이다. 의도적으로 그들을 계속 색출해낼 필요는 없지만, 만일 그들이 고소되고 유죄가 확정되면, 처벌을 받아야 한다. 물론 그리스도인임을 부인하고, 우리의 신들을 숭배함으로 자신들의 진술을 확증하는 자는 회개한 것으로 간주하여 비록 그의 과거 행적이 의심스럽더라도 사면한다는 조건으로서 말이다. 그러나 익명으로 발행된 서류들은 그것으로 말미암아 아무런 고소도 인정되어서는 안 된다. 그 이유는 그것들은 좋지 못한 예들이고 이 시대에 무가치하기 때문이다.26

우리는 트라얀 황제의 칙령에서 적어도 분명한 세 가지 사실을 발견할 수 있다. 첫째는 의도적인 색출은 금한다는 것과, 둘째는 익명의 고소는 정부가 받아들이지 말라는 것, 그리고 셋째는 과거에는 기독교인이었지만 현재 아니라면 처벌해서는 안 된다는 것이다. 황제의 회답이 담고 있는 박해정책이 이전의 경우와 비교할 때 판이하게 달라졌음을 쉽게 발견할 수 있다. 터툴리안이 지적한 것처럼 이 칙령의 요지는 "더 이상 기독교인

---

25 Tertullian, *Apology*, Eusebius, *H.E.* III. 34.에서 인용.
26 Pliny the Younger, *Epp.* X. 98.

들을 수색하지 말고 다만 그들이 자진해서 출두했을 때만 처형하라"[27]는 것이다. 이 칙령으로 인해 혹독한 박해는 어느 정도 완화되었으며[28] 그리스도인들을 "잡아들이기 위한 수색은 금지되었다."[29]

2) 하드리안 통치 하의 박해

앞서 언급한 것처럼, 네로 황제와 달리 트라얀 황제는 기독교인을 임의적으로 박해하지 않았지만, 그렇다고 박해가 완전히 사라진 것은 아니었다. 눈에 띄게 박해가 줄었으나, 아직 몇몇 지방에서는 부분적인 박해가 진행되어 많은 신자들이 여러 가지 방법으로 순교를 당했다.[30] 대표적인 속사도 중의 한 사람인 안디옥의 감독 이그나티우스가 트라얀 황제 치하에 로마에서 순교했다. 트라얀이 약 20여 년간 통치한 후 일리우스 하드리안 황제가 트라얀을 이어 황위를 계승하였다. 국경선과 본토의 안정을 추구했던 하드리안(Hadrian, A.D. 117-138) 황제는 헬라의 유산을 보존하는 데 남다른 관심과 정열을 기울였다. 그는 A.D. 125년경 아시아의 총독 미누시우스 푼다누스(Caius Minnucius Fundanus)에게 보낸 서신에서, 정당한 재판을 거치지 않고서는 기독교인을 처형하지 말라고 명령했다:

---

[27] Tertullian, *Apology*. Eusebius, *H.E.* III. 34.에서 인용. "실제로 우리를 잡아들이기 위한 수색은 금지되었다. 이 지방의 총독으로서 과거 몇몇 기독교인들을 정죄하고 그들의 직위를 박탈했던 플리니 세쿤두스는 그들의 수효가 상당히 많다는 사실에 당황했다. 그는 자신이 어떤 방침을 추구해야 하는지 의심을 품게 되었다. 그리하여 그는 기독교인들에게서는 희생제사를 드리려 하지 않는 것 외에는 죄를 발견할 수 없다는 사실을 트라얀 황제에게 보고했다. 또 기독교인들은 아침 해가 뜰 때 일어나 신께 하듯이 그리스도를 찬양하는 노래를 하며 자신들의 계율을 지키기 위해서 간음, 살인, 속임수, 사기 및 그와 유사한 모든 죄를 금지한다고도 했다. 트라얀은 이 서신에 대한 답신에서 더 이상 기독교인들을 수색하지 말되 그들이 자진해서 출두했을 때에는 처형하라고 기록했다."
[28] Eusebius, *H.E.* III. 33.
[29] Tertullian, *Apology*. Eusebius, *H.E.* III. 34.에서 인용.
[30] Eusebius, *H.E.* III. 33.

나는 당신의 선임자였던 훌륭한 세레니우스 그라니아누스(Serenius Granianus)로부터 한 통의 편지를 받은 일이 있도다. 따라서 나는 그 일이 아무런 심문과정이 없이 진행되지 않기를 바라며, 그리하여 이 사람들이 괴롭힘을 당하지 않고 밀고자들에게 악의적인 조처를 취할 기회를 주지 않기를 바란다. 만일 당신이 다스리는 지역의 주민들이 기독교인들을 고발할 때에는 고발 사유를 분명히 증명하여 재판관들 앞에서 답변하게 할 것이며, 단순한 청원이나 기독교인을 비방하는 항의는 받아들이지 마시오. 그리고 고발된 사건을 당신이 심리하여 법에 저촉되지 않는 절차를 밟아 고발했음이 증명되면 그 사건을 죄의 경중에 따라 결정하시오. 그러나 만일 남을 중상하려는 목적에서 고발했다면 고발자를 조사하고 그에 대한 처벌을 하도록 하시오.[31]

이 하드리안의 칙령은 여러 가지 면으로 해석이 가능하다. 저스틴에 따르면 이 칙령의 핵심은 기독교인들이 특별한 죄를 범했을 경우에만 벌을 받아야 한다는 것이다.[32] 이 칙령은 기독교인들이 비기독교인들로부터 근거 없는 모함을 받는 것을 보호하는 데 초점이 맞추어졌다. 기독교인들은 합당한 법적 절차가 있는 법정에서 재판을 받아야 하며 그 재판도 분명한 증인과 증거들이 확보되어야 했다.

하드리안 황제 때에 변증가 콰드라투스(Quadratus)가 황제에게 신앙을 옹호하는 변증서를 썼다. 하드리안 황제가 21년간 통치하고 세상을 떠난 후 안토니우스 피우스(Antonius Pius, A.D. 138-161)라고 불리는 안토닌(Antonine)이 로마를 통치하였다.

3) 마르쿠스 아우렐리우스 치하의 박해

곧이어 황위를 계승한 "명상록의 저자"이며 스토아 철학의 마지막 대

---

[31] Eusebius, *H.E.* IV. 9, Justin, *Apology* I. lxix.
[32] Justin, *Apology* I, 2-4.

빌립보 지방의 원형 경기장

변자인 마르쿠스 아우렐리우스(Marcus Aurelius, A.D. 161-180) 황제는 매우 특이한 인물이다. 유세비우스가 상당히 긍정적인 인물로 묘사한 아우렐리우스 황제는 처음 기독교에 대해 "우호적인 경향을" 나타내 보였으나 점차 "다른 생각을 품게 되었고 아첨자들의 영향을 받아" 기독교인들을 박해하기에 이르렀다.33 아우렐리우스의 박해는 참혹했다. 기독교인들이 채찍에 맞아 온몸이 찢어져 유혈이 낭자했으며 속살이 드러나고 창자까지 밖으로 터져 나왔다. "그 후 그들은 바다 조개껍질이나 땅 위에 놓인 창끝에 눕혀졌으며, 온갖 종류의 고문을 받은 뒤에 사나운 짐승의 밥으로 던져졌다."34 박해의 강도가 점점 심해지자 "프리기아에서 온지 오래지 않은 브리기아 사람 퀸투스는 사나운 짐승들과 앞으로 가해질 고문에 대한 두려움으로 겁에 질려" 자신의 신앙을 포기했다.35 그러나 대부분의 그리스도인들은 갖은 고문과 박해 속에서 자신들의 신

---
33 Eusebius, *H.E.* IV. 15.
34 Eusebius, *H.E.* IV. 15.
35 Eusebius, *H.E.* IV. 15.

앙을 지켰다. 이 박해로 인해 게르마니쿠스라는 독실한 청년이 순교했다. 지방 총독의 간곡한 설득에도 불구하고 그는 하나님의 은혜로 힘을 얻어 인간의 마음속에 있는 죽음에 대한 본성적인 두려움을 극복하였다.36 게르마니쿠스는 조금도 주저하지 않고 사나운 짐승의 밥이 되어 "마침내 이 불의하고 무법한 세대로부터 자유를 얻었다. 이 사람의 영광스러운 죽음을 본 군중들은 이 경건한 순교자의 용기, 그리고 모든 기독교인들의 강건한 믿음에 놀라 '악인들을 제거하라. 폴리갑을 데려오라'라고 소리쳤다. 이 외침으로 인해 큰 소동이 일어났다."37

박해는 시간이 흐르면서 더욱 강화되었고 마르쿠스 아우렐리우스 황제 시대에 폴리갑이 서머나에서 순교하였다. "서머나에 있는 하나님의 교회는 필로멜리우스 및 각처에 있는 거룩한 보편교회의 지체들에게 하나님 아버지와 우리 주 예수 그리스도의 자비와 평화와 사랑이 더하시기를 기원합니다"로 시작된 폰투스의 교회에 보내는 서머나 교회의 서신에는 폴리갑에 대한 순교의 기사가 다음과 같이 비교적 상세하게 기록되어 있다:

> 이 일에 대한 소식을 처음 듣고서도 폴리갑은 조금도 동요되지 않고 그 도시에 머물기를 원했다. 그러나 주위의 대다수 사람들이 그에게 은밀하게 그 도시를 떠나라고 간청했으므로 그곳에서 그다지 멀지 않은 농장으로 피신했다. 그는 몇 명의 친구들과 함께 그곳에 머물면서 밤낮으로 끊임없이 주님께 전 세계의 모든 교회에 평화를 주시기를 간구했다. 이것은 그가 항상 해온 습관이었다. 이런 상황에 있으면서 그는 체포되기 사흘 전날 밤 기도 중에 자기가 베고 자는 베개에 갑자기 불이 붙어 타버리는 환상을 보았다. 꿈에서 깨어난 그는 즉시 그곳에 있는 사람들에게 그 꿈을 해석해 주었다. 그는 자기 주위의 사람들에게 바야흐로 발생할 사건을 예고하면서 자기는 그리스도를 위하여 불길 속에서 목숨을 바치게 될 것이라고 밝혔다.

---

36 Eusebius, *H.E.* IV. 15.
37 Eusebius, *H.E.* IV. 15.

그러나 그를 수색하는 사람들은 그를 찾아내려고 온갖 노력을 다하고 있었으므로 그는 또다시 형제들에 대한 사랑과 애정에 매여 다른 곳으로 피신했다. 곧 그를 쫓는 사람들은 그곳까지 쫓아왔다. 그들은 두 명의 소년을 붙잡아서 그 중 한 아이에게 매질을 하여 폴리갑이 숨어있는 곳을 말하게 만들었다. 해질 무렵 그가 있는 곳으로 들이닥쳤을 때 그는 다락방에서 기도하고 있었다. 그는 그곳에서 쉽게 다른 집으로 도망칠 수 있었지만 그렇게 하지 않았고 다만 "주님의 뜻이 이루어지이다"라고 말했다. 그들이 온 것을 안 그는 아래층으로 내려와 쾌활하고 온유한 얼굴로 그들에게 말을 건네었으므로 전에 그를 본 적이 없는 그 사람들은 자신이 기적을 보고 있다고 생각했다. 왜냐하면 그들의 눈앞에 선 사람은 굳건하고 장엄한 얼굴을 한 연로한 노인이었으며 이처럼 훌륭한 노인을 체포하기 위해 자신들이 그처럼 열성적으로 일했다는 사실로 인해 놀랐기 때문이다.

폴리갑은 조금도 주저하지 않고 그 사람들을 위해 식사를 준비하라고 하고 그들에게 마음껏 음식을 먹으라고 청했다. 그리고는 그들에게 한 시간 동안 방해를 받지 않고 기도하게 해달라고 요청했다. 그들이 그것을 허락해 주었으므로 그는 위층으로 올라가서 기도했다. 기도하는 그는 하나님의 은혜가 충만하였으므로 그의 기도 소리를 듣는 사람들은 놀라움을 금치 못했으며 많은 사람들이 그처럼 훌륭하고 경건한 사람을 사형에 처해야 한다는 사실을 유감으로 생각하였다.

그는 기도가 끝날 무렵 자신과 관련 있는 모든 사람들, 즉 위대한 사람이나 대수롭지 않은 사람, 귀족이나 미천한 사람, 그리고 전 세계의 모든 보편교회를 위해 기도했다. 드디어 떠날 시간이 되었으므로 그들은 폴리갑을 나귀에 태워 서머나시로 데려갔으니, 그날은 큰 안식일이었다. 폴리갑을 맞은 평화의 왕 헤롯과 그의 부친 니세테스는 폴리갑을 자기의 마차에 태운 뒤 자리에 앉으라고 권면하면서 "가이사를 신이라고 말하고 그에게 제사를 지내어 당신의 목숨을 구하는 것이 무엇이 그리 해로운 일이냐"고 말했다. 폴리갑은 처음에는 대답하지 않았다. 그를 설득하는 데 실패한 그들은 무서운 말을 하며 그를 마차에서 밀어버렸으므로 그는 허벅다리를 삐었다. 그러나 그는 조금도 뜻을 바꾸지 않았으며 아무 일도 없었던 것처럼 열심히 걸어 경기장으로 끌려갔다. 당시 그곳은 너무나 소란스러웠기 때문에 그가 경기장으로 들어갈 때 하늘로부터 폴리갑에게 "폴리갑, 강건하며 대장부답게 싸워라"하는 소리가 들렸으나 그 소리를 들은 사람은 많지 않았다. 그 말을 한 사람이 누구인지는 아무도 보지 못했지만 우리 형제들 중 많은 사람이 그 음성을 들었다. 폴리갑이 앞으로 끌려 나갈 때에 그가 잡혔다는 소문을 들은 사람들은 큰 소란을 일으켰다. 마침내 그가 앞으로 나아가자 지방 총독은 그가 폴리갑이냐고 물었고 그는 그렇다고 대답했다. 총독은 그에게 그리스도를 부인하라고 권면하며 "당신의 나이를 생각해 보시오"라고 말했다. 그밖에도 그들이 항상 사용하는 표현을 사용하여, "신이신 황제의 이름으로 맹세하시오. 회개하고 신들을 부인하는 자들은 물러가라고 말하시오"라고 권했다. 폴리갑은 엄숙하고 진지한 얼굴로 경기장에 모인 모든 무리를 바라보았다. 그는 군중들을 향해 손짓을 하였으며 한숨을 쉬면서 하늘을 바라보고 '불경(不敬)한 자들은 물러가라'고 말했다. 그런데도 총독은 계속 그에게 '맹세하시오. 그러면 당신을 풀어주겠소. 그리스도를 비난하시오'라고 재촉했다. 폴리갑은 이렇게 대답했다. "나는 86년 동안 그분을 섬겨왔는데 그동안 그분은 한 번도 나를 부당하게 대우하신 적이 없습니다. 그런데 내가 어찌 이제까지 섬겨온 나의 왕 그리스도를 모독할 수 있겠습니까?" 총독은 그래도 계속 그에게 "신이신 가이사의 이름으로 맹세하시오"라고 재촉했다. 그러자 폴리갑은 대답했다. "당신은 내가 어떤 사람인지 모르는 체, 내가 가이사의 이름으로 맹세하리라는 헛된 생각을 하고 있습니다. 그렇다면 내 순수한 신앙고백을 들어 보시오. 나는 기독교인입니다. 만일 당신이 기독교의 교리를 알기를 원한다면 나에게 하루의 여유를 주고, 그런 다음 내 말을 들어보십시오." 그러자 총독은 "그렇다면 저 백성들을 설득시켜라"라고 말했다. 폴리갑은 이렇게 대답했다. "나는 당신에게 한 가지 이유를 제시하는 것이 좋겠다고 생각하고 있었습니다. 우리는 해가 되지 않는 한 하나님께서 임명하신 행정장관들과 권세자들을 존경하라는 가르침을 받아왔습니다. 그러나 나는 저 사람들 앞에서는 나를 변호할 필요가 없다고 생각합니다. 왜냐하면 그들은 그럴만한 대상이 되지 못하기 때문입니다."

총독은 "나는 사나운 짐승들을 준비해 두고 있소. 만일 당신이 마음을 바꾸지 않으면 당신을 그 짐승들에게 던져 주겠소"라고 말했다. 폴리갑은 "그 짐승들을 부르십시오. 우리는 선을 버리고 악으로 돌이켜서는 안 됩니다. 오히려 악에서 돌이켜 덕을 택하는 것이 선한 일입니다"라고 말했다. 총독은 다시 "만일 당신이 짐승들을 멸시하며 마음을 바꾸지 않는다면 당신을 화형에 처하겠소"라고 말했다. 폴리갑은 대답했다. "당신은 잠시 붙었다가 곧 꺼져버리는 불로 나를 위협하고 있습니다. 왜냐하면 당신은 장차 임할 심판과 악인을 위해 예비된 영원한 형벌의 불을 알지 못하고 있기 때문입니다. 자, 왜 지체하고 있습니까? 당신이 원하는 대로 하십시오." 이렇게 말하는 그는 확신과 기쁨으로 가득차 있었고 그의 얼굴은 은혜로 충만했다. 그는 자신에게 어떤 위협의 말이 가해져도 전혀 용기를 잃지 않았다. 그와는 반대로, 놀란 총독은 전령을 경기장 한복판으로 보내어 "폴리갑은 자신이 기독교인이라고 고백했다"고 선포하게 하였다. 전령의 선포를 들은 모든 군중들, 서머나에 거하는 이방인들과 유대인들은 소리쳤다. "그는 아시아의 교사이며 기독교인들의 교부이며 또 우리의 신들을 파괴하는 자다. 그는 사람들에게 제사를 드리지 말고 예배하지 말라고 가르쳤다." 그들은 이렇게 말하면서 아시아 의회원 빌립에게 사자를 풀어놓아 폴리갑을 죽이라고 요청했다. 그러나 빌립은 이미 원형경기장에서의 사냥경기를 마쳤으므로 자기에게는 그럴 권리가 없다고 말했다. 그러자 사람들은 폴리갑을 산채로 태워죽이라고 소리쳤다. 폴리갑이 기도 중에 자기의 베개가 타는 환상을 보고 친구들에게 "나는 산 채로 다죽게 될 것이다"라고 예언했던 그 환상대로 이루어지는 것 같았다. 그들은 서둘러서 이 일을 실천에 옮겼다. 군중들은 상점이나 목욕탕으로 가서 장작과 밀짚을 모아 왔다. 특히 유대인들은 이 목적을 위해 마음껏 봉사했다. 장작단이 마련된 뒤 폴리갑은 옷을 벗고 거들을 풀었다. 그리고 신을 벗으려 했다. 과거 그의 곁에는 열심히 봉사하는 형제들이 있었으므로 이런 일을 하지 않았었다. 그는 늙기 전에도 모범적인 생활로 인해 큰 존경을 받았었기 때문이다. 이윽고 화형을 위해 마련된 도구들이 그에게 장착되었다. 그들은 그를 큰 못으로 말뚝에 고정시키려 했다. 그러나 그는 '나를 이대로 두시오. 나에게 화형을 견뎌낼 힘을 주실 분께서는 당신들이 못을 박지 않아도 장작더미 위에서 움직이지 않고 견딜 능력도 주실 것입니다'라고 말했다. 그리하여 그들은 못을 박지 않고 그냥 말뚝에 묶었다. 폴리갑은 마치 많은 양떼들 가운데 선택된 고귀한 희생물, 전능하신 하나님께 바쳐진 희생제물인 듯, 두 손을 말뚝 뒤로 묶인 채 이렇게 말했다. "사랑하는 복된 아들 예수 그리스도를 통해 우리에게 당신에 관한 지식을 주신 아버지시여! 당신 앞에 살고 있는 모든 천사들과 천군들과 피조물, 그리고 모든 의인들의 하나님이시여! 당신께서 오늘 이 시간 나로 하여금 순교자의 반열, 그리고 그리스도의 잔에 참여하게 하시어 내 몸과 영혼이 성령의 썩지 않는 축복 속에서 영생의 부활을 얻기에 합당하다고 여기어 주심에 감사드립니다. 오늘 나는 신실하고 참되신 하나님이신 당신께서 예비하시고 계시하시고 이루신 풍성하고 가납될 만한 제물로서 당신이 보시는 앞에서 받아들여지기를 바랍니다. 나는 이 모든 일을 인하여 당신의 사랑하는 독생자 영원한 대제사장을 통하여 당신을 찬양하고 감사드리며 영광을 돌리나이다. 성부와 성자와 성령께 이제부터 영원히 영광이 있을지어다. 아멘."

그가 아멘으로 기도를 마친 뒤 집행인들은 불을 붙였다. 불길이 크게 솟아올랐을 때 우리는 기적을 보았다. 우리 중에 그것을 보는 특권을 누렸던 사람들은 그 사실을 사람들에게 전파하였다.

불꽃은 마치 바람을 맞은 돛처럼 아치의 형태를 이루어 순교자의 육체를 담처럼 에워쌌다. 그 한가운데 선 폴리갑의 몸은 전혀 불타는 육체 같지 않았다. 그는 마치 용광로에서 정련되는 금이나 은 같았다. 우리는 또 귀한 방향제에서 풍기는 듯한 향기를 느꼈다. 마침내 그의 육신이 불로 타지 않는 것을 본 악한 박해자들은 집행인에게 그를 칼로 찌르라고 명령했다. 그리하여 칼로 그의 몸을 찌르자 피가 솟구쳐 불이 꺼져버렸다. 군중들은 택함 받은 자와 불신자의 이러한 차이점을 보고 놀랐다. 서머나 교회의 감독 폴리갑은 택함 받은 자의 한 사람으로서 우리 시대에 가장 훌륭하고 사도적이며 예언적 교사였다. 그가 말한 것들은 모두 이루어졌거나 장차 이루어질 것이다.

그러나 시기심 많고 악의에 찬 대적, 모든 의인들의 원수는 그의 순교의 영광, 한결 같은 태도와 담화, 불멸의 면류관을 쓰게 된 것, 그리고 분명한 상을 쟁취한 것을 보고서는 우리가 그의 거룩한 육체와 교제하기 위해 그의 시신을 달라고 간절히 요구했지만 내어 주지 않았다. 어떤 사람들은 헤롯의 아버지이며 달세의 형인 니세타스를 은밀히 총독에게 보내어 시신을 주지 말라고 했다. 그들은 말하기를 만일 그렇게 하지 않으면 그들은 십자가에 못 박혔던 사람을 버리고 이 사람을 예배하기 시작할 것이라고 했다. 그들은 우리가 그를 불에서 구출할 준비를 하고 있는 동안 우리를 경계하며 지켜보고 있었던 유대인들의 제안과 강권을 받아 이렇게 말했다. 그러나 그들은 우리가 온 세상으로부터 구원 받을 사람들의 구원을 위해 고난받으신 그리스도를 결코 버릴 수 없으며 다른 신을 예배할 수 없다는 것을 알지 못했다. 우리는 그 분을 하나님의 아들로 섬기고 있다. 그리고 순교자들은 자신의 임금이시며 주이신 분께 지극한 사랑을 바친 사람이므로 우리는 그들을 우리 주님의 제자이며 모방자라고 여겨 그에 합당한 사랑을 발휘한다. 우리는 다만 그분의 참된 청지기이며 동역자가 될 수 있을 뿐이다. 유대인들의 뜻이 완고한 것을 깨달은 백부장은 그를 불 가운데 세우고 이방인들의 관습에 따라 대웠다. 그리하여 우리는 보석보다 귀하고 금보다 더 정련된 그의 뼈들을 모아 마땅한 장소에 안치했다. 주님께서는 그곳에서 폴리갑이 기쁘고 즐겁게 순교하여 하늘의 생명을 얻은 날을 축하하며 이미 경주를 마친 사람들을 기념하고 앞으로 있을 싸움을 준비하게 하실 것이다.[38]

폴리갑에 이어 A.D. 165년 대표적인 변증가 저스틴도 순교의 대열에 합류했다. 아우렐리우스 황제의 통치 기간인 A.D. 177년 심한 박해가 고울 지방에서 일어났으며,[39] 이후 A.D. 250년까지 박해가 간헐적으로 계속되었다. 특별히 A.D. 202년과 203년에 셉티미우스 세베루스(Septimius Severus) 황제 아래 심한 박해가 주로 이집트와 칼타고(Carthage)에서 발생했다. 세베루스 황제가 교회를 박해했을 때 도처에 있는 모든 교회 내에서 믿음의 용장들이 자신들의 신앙을 끝까지 지켰다. 특히 알렉산드리아에서 많은 순교자들이 나타났다. "이집트와 테바이스 출신의 영웅적인 용사들은 위대한 하나님의 경기장인 알렉산드리아까지 호송되어와 갖은 고문과 여러 형태의 죽음을 큰 인내로서 감당하여 하늘의 면류관을 받았다."[40] 오리겐의 아버지 에레오니데스가 어린 오리겐을 남겨두고 순교자의 반열에 합류한 것도 이때였다.[41] 세베루스 황제는 이교도가 기독교로 개종하는 것을 금지시켰다.

세베루스 이후 기독교를 심하게 박해한 황제는 알렉산더 황제를 승계한 막시미누스 황제이다.[42] 13년간 제국을 다스린 알렉산더 황제 후임으로 황위에 오른 막시미누스는 황제가 된 후 "많은 신자들로 구성되었던 알렉산더 가문에 대한 증오심"에 불타 "복음의 진리를 교사하는 인물이며 행위자들"이라고 인식하고 있던 "교회의 지도자들을 죽이라는 명령을

---

[38] Eusebius, H.E. IV. 15. Cf. *The Martyrdom of Polycarp-A Letter from the Church of Smyrna*-I-XII.
[39] Eusebius, H.E. V. 1.
[40] Eusebius, H.E. V. 1.
[41] Eusebius, H.E. V. 1.
[42] 황제들의 계보는 다음과 같다: 안토닌-마크리누스-안토닌 2세-알렉산더-막시미누스-고르디아누스-필립-데시우스.

내렸다."43 바로 이 시기에 오리겐은 순교에 관한 책을 저술하여 박해를 받으면서도 자신의 신앙을 굽히지 않은 암브로스와 가이사랴 교회의 장로 프로톡테투스(Protoctetus)에게 헌정했던 것이다.44

막시미누스는 두 번째 박해를 일으킨 지 3년째 되는 해에 "어느 곳에서나 모든 사람들은 공개적으로 희생 제사를 드릴 것이며, 각 도시의 통치자들은 주의 깊고 부지런히 이 일을 실시하도록 하라"45는 칙령을 공포했다. "그리하여 전령들은 총독의 명령에 따라 가이사랴 전역을 다니며 남녀노소를 막론하고 모두 우상의 신전으로 나오라고 선포하였다. 군대의 지휘관들은 명단을 보고서 사람들을 한 사람씩 호명하여 불러내었고, 이교도들이 사방에서 떼를 지어 밀려들어 왔다."46

그러나 다행히도 막시미누스의 통치는 3년을 넘기지 못했다. 간헐적으로 진행된 박해 이후의 평화는 복음전파의 호기가 되었다. 3세기 첫 50년 동안 수천 명의 사람들이 교회로 몰려들었다. 기독교 공동체가 계속 성장하면서 불확실한 시대를 맞고 있는 사람들은 기독교라는 공동체 속에서 종교적인 안정을 찾기를 희망해왔다. 박해가 진행되는 기간은 신앙의 순수성을 훈련하는 기간으로, 박해가 중단된 그 기간들은 복음전파를 위한 절호의 기회로 하나님께서 사용하신 것이다. 단순한 수학적 논리를 넘어서는 이런 역사적 현상은 초대교회에만 국한된 현상은 아니었다. 중국이 공산화되고 난 후 중국의 기독교에서와 그리고 일제하의 한국의 기독교에서도 찾아볼 수 있다.

지금까지 살펴본 것처럼 제 1기의 박해와는 달리 제 2기의 기독교인의 박해는 처음부터 일관성 있게 진행된 것이 아니고 고발되는 경우에만 행해졌으며, 지엽적이고 간헐적이며 산발적으로 진행되었음을 말해준다. 박해의 위협은 항상 존재하였지만 기독교인들이 항상 박해를 받은 것은

---

[43] Eusebius, *H.E.* VI. 28.
[44] Eusebius, *H.E.* V. 28.
[45] Eusebius, *H.E.* V. 1., VII. 5.
[46] Eusebius, *H.E.* V. 1., VII. 5.

아니다. 기독교인들은 어느 정도 법적 지위가 주어진 상태에서 생활했다. 그러다가 주후 250년에 데시우스 황제가 들어서서 "제국의 모든 거주민들은 신들에게 제물을 바쳐야 한다"는 내용이 담긴 칙령을 발표하면서 박해는 새로운 국면으로 접어들었다. 또 다른 박해, 즉 소위 제 3차 박해가 시작된 것이다. 모든 사람들은 그 칙령에 근거하여 황제를 숭배해야 했고 숭배한 사람들에게는 증명서가 주어졌다. 법에 순종하지 않는 사람들은 투옥을 당하거나 고문을 당했고 심지어 목숨을 잃었다.

3. 제 3차 박해기간(A.D. 249-313)

제 3차 박해기간 동안 박해는 부분적으로 일어난 2차 박해와는 달리 제국 전역에서 진행되었다. 전국적인 박해가 발생한 것은 여러 가지 원인에서 비롯되었지만 그 중에서 주요한 원인 5가지를 든다면, (1) 기독교의 급속한 성장, (2) 제국의 경제 및 도덕의 쇠퇴, (3) 로마제국 창립 1,000주년의 임박, (4) 교회는 국가 내의에 국가(a state within the state)이며, 따라서 로마제국의 위협적 존재라는 로마 지도자들의 견해, (5) 로마의 쇠퇴가 로마 신들이 기독교의 성장을 싫어했기 때문에 내린 벌이라는 견해를 들 수 있다.

1) 데시우스 칙령과 전국적인 박해(A.D. 250)

기독교인에 대해 관용적이었던 필립 황제가 7년 동안 제국을 다스린 후 트레이스 서북부 파노니아 출신 데시우스가 그의 뒤를 이어 황제가 되었다. A.D. 250년부터 251년 사이 데시우스(Decius) 황제 아래서 기독교가 그때까지 직면했던 박해 가운데 가장 혹독한 박해가 일어났다. 왜 그가 그렇게 갑자기 선대와는 달리 기독교인들을 핍박했는가는 단편적으로만 알려졌다. 유세비우스는 "데시우스가 필립을 증오했기 때문에

갑바도기아의 은신처

그 증오심을 교회의 박해로 돌렸다"47고 말한다. 막시미누스가 선대 알렉산더의 정책에 반발하여 기독교인들을 박해한 사실을 기억한다면, 데시우스의 박해 정책은 어느 정도 수긍이 갈 것이다.

데시우스 황제 때에 파비아누스, 로마교회 감독 코르넬리우스, 예루살렘의 감독 알렉산더, 안디옥의 감독 바빌라스가 순교했다.48 주후 250년 데시우스 황제는 지방 관료와 행정관들에게 정해진 날에 필요한 장소에서 제사를 총괄하도록 명령을 내렸고, 제사를 드린 사람들에게 제사 증명서인 리벨루스(a libellus)를 발급하였다. 1893년 이집트의 페이윰에서 리벨루스 한 장이 발견되었는데 리벨루스의 앞부분에는 다음과 같은 글이 기록되어 있었다:

---

47 Eusebius, *H.E.* VI. 39.
48 Eusebius, *H.E.* VI. 39.

오른쪽 눈썹 위에 흉터가 있는, 알렉산더 마을의 사타부스 아들, 72세의 아우렐리우스 데오게네스는 알렉산더의 섬 마을에서 행해지는 희생제사의 책임을 위임받은 자들에게(다음과 같은 서약을 합니다).

"나는 항상 신들에게 제사를 드려왔으며 그리고 지금도 당신이 지켜보는 가운데 칙령에 따라 제사를 드렸고 관주(libations)를 부었으며 그 제물을 맛보았으므로 이 사실을 증명하여 주시기를 청원하나이다. 평안하소서"

　　　　　　　　　　　나 아우렐리우스 데오게네스가 제출함.

"나는 아우렐리우스 [데오게네스]의 제사를 목도했음을 증거하노라." 데시우스 황제 원년 (26 June 250).[49]

데시우스 명령 앞에 교인들은 순응, 타협, 거부, 도피 중 하나를 택해야 했다. 어떤 이들은 탐관오리들에게 돈을 주고 증명서(libelli)를 사기도 했다.[50] 다행히 조직적이고 극심했던 데시우스의 박해는 오래가지 못했다. 데시우스는 제국을 통치한지 2년이 못 되어 아들들과 함께 살해되었고 갈로스(Antoninianus Trebonianus Gallus)가 그의 뒤를 이어 황제가 되었다.[51] 데시우스가 고트족과의 전투에서 전사한 후에 잠시 박해가 중단되었다가 갈로스가 들어서면서 박해는 여전히 계속되었다. 디오니시우스가 헤르마몬에게 보낸 서신에서 지적했듯이 "갈로스는 데시우스의 사악함을 깨닫지 못했으며 또 그를 멸망케 했던 것이 무엇인지 예견하지 못했으므로, 그도 역시 자기 눈앞에 놓인 동일한 걸림돌에 걸리고 말았다. 그는 자신의 통치가 성공적으로 진척되고 모든 일이 자신이 원하

---

[49] Milligan, *Greek Papyri*, 48. 정확한 연도는 다음과 같이 배서되어 있었다. Dated this first year of the Emperor Caesar Gaius Messius Quintus Trayanus Decius, Pius, Felix, Augustus, the 2nd of Epiph.

[50] Kenneth S. Latourette, *A History of Christianity Vol. I : Beginnings to 1500* (New York: Harper & Row, 1975), 88.

[51] Eusebius, *H.E.* VII. 3.

는 대로 이어져 나가게 되자 거룩한 사람들을 박해했다."52 성도들은 하나님께 평화와 안전을 빌었으나 그들에 대한 박해는 여전히 계속되었다.

박해자들의 최후가 그렇듯이 갈로스도 비참하게 최후를 맞았다. 갈로스는 황제의 자리에 오른 지 2년이 채 못 되어 세거되고, 발레리아누스가 아들 갈리에누스와 함께 황제가 되었다. 기독교인들에 대한 발레리아누스의 태도는 이례적일 만큼 우호적이었다. "그 이전의 황제들 중에는 신자들에게 호감을 갖는 자애로운 황제가 없었으며 통치 초기부터 지나칠 정도로 공손하게 그들을 받아들인 황제도 없었다. 그의 집은 경건한 사람들로 가득했고 실제로 주님의 회중이었다."53

이렇듯 처음에 기독교인들에 대해 우호적이었던 발레리아누스 황제 (A.D. 253-260)가 태도를 바꾸어 그의 통치 말엽인 A.D. 257년부터 기독교인들을 박해하기 시작하였다.54 전승에 의하면 황제의 심경이 변한 것은 이집트의 마술사 마크리아누스 때문이었다. 이집트 마술사들의 우두머리이며 지도자인 마크리아누스(Macrianus)가 발레리아누스 황제에게 기독교인들에 대한 박해와 살해를 권면하면서 발레리아누스 황제는 기독교인들에 대한 박해를 시작했고 그 박해는 지극히 격렬하게 번져나갔다.

발레리아누스 황제가 로마 원로원에 보낸 박해에 대한 내규에 따르면 먼저 그리스도인들의 재산을 몰수하고 그래도 계속 그리스도인으로 남아 있을 경우에는 목숨을 빼앗았다. 아녀자들은 재산을 몰수당하고 추방을 당했으며, 이전에 그리스도인이거나 현재 그리스도인들인 황제의 친족들일 경우는 재산을 몰수당한 후 결박되어 황제의 농장에 보내져 강제노동을 하였다.55 발레리아누스의 박해 때에 팔레스타인의 가이사랴에서는 신실한 그리스도인 프리스쿠스, 말쿠스, 그리고 알렉산더 세 사람이 사나운 짐승들의 먹이가 되어 순교의 영광을 차지했다.56 발레리아누스 황제

---

52 Eusebius, *H.E.* VII. 3. 이것은 디오니시우스가 헤르마몬에게 보낸 서신의 일부이다.
53 Eusebius, *H.E.* VII. 10.
54 Cyprian, *Epp.* Lxxx. I.
55 Eusebius, *H.E.* VII. 10.
56 Eusebius, *H.E.* VII. 13.

통치 때 키프리안(Cyprian)도 칼타고에서 순교했다. 발레리아누스(Valerianus)가 페르시안(Persian)과의 전쟁에서 사로잡혀 노예가 되면서 그렇게 극심했던 박해는 일단 중단되고 기독교인들에게 관용이 베풀어졌다.

발레리아누스가 죽은 후 그의 아들 갈리에누스(Gallienus)가 황위를 승계하였다. "홀로 제국을 지배하게 된 그의 아들 갈리에누스는 권력을 행사하는 데 있어서 관용을 베풀고자 했다. 그리하여 칙령을 내려 기독교에 대한 박해를 억제하였다."57 그가 말씀의 사역자들이 자유로이 직무를 수행해도 좋다는 칙령을 발표한 후 43년간 평화가 따랐다. 유세비우스가 그의 교회사에서 부분적으로 전하고 있는 A.D. 260년에 상실된 한 칙령에 의하면 기독교인들에게 제약을 가하던 것들이 사라지고 예배의 자유가 허용되어 얼마 동안 기독교가 합법적인 종교(a religio licita)로 인정받았다.58

갈리에누스 황제 통치 기간 동안 기독교는 황금기를 맞이하였다. 이 기간 동안 전에 찾아볼 수 없을 만큼 기독교는 성장했으며, 아름다운 교회들이 건축되었다. 뿐만 아니라 영향력 있고 교육받은 많은 사람들이 기독교인이 되었으며 동시에 경제, 군대, 사회적 조건이 놀랍게 발전했다.

2) 디오클레티안 황제 박해(A.D. 284-305)

그러다 303년 데시우스와 발레리아누스의 시대가 지난 뒤 이미 권력을 획득하고 있었던 디오클레티안(Diocletian)이 황제가 되면서 박해가

---

57 Eusebius, *H.E.* VII. 13.
58 Eusebius, *H.E.* VII. 13. "갈리에누스 황제는 디오니시우스와 핀나와 데메트리우스와 여러 감독들에게 명령한다. 나에게 주어진 특권에 따라 나는 온 세상에 다음과 같이 선포하도록 명한다. 즉 모든 신자들은 자기들의 종교적 은신처를 떠나도 좋다. 그리고 당신들도 나의 칙령 사본을 이용하여 아무도 당신들을 괴롭히지 못하게 하라. 지금 당신들에게 허용된 이 자유는 이미 오래 전에 내가 허락한 것이다. 그러므로 국사의 최고 경영을 맡고 있는 아우렐리우스 시레나우스는 내가 보낸 칙령을 준수할 것이다."

또다시 시작되었다.59 디오클레티안이 처음에는 기독교에 대해 우호적이었으므로, 그의 통치 초기 교회는 매우 급속히 성장하였다. 사실 그의 부인 프리스카(Prisca)와 그의 딸 발레리아(Valeria)가 학습교인이었으며 왕궁의 많은 부하들도 기독교인이었다. 20년 동안 교회를 박해하지 않던 디오클레티안 황제가 기독교에 대한 태도를 바꾸어 "마치 깊은 잠에서 깨어나듯이 은밀하고 눈에 띄지 않게 교회를 공격할 음모를 꾸미고 있었다."60 황제는 공개적으로 기독교인들을 박해하지는 않았지만, 많은 사람들이 볼 때 "군대에 속해 있는 사람들"에 대한 황제의 시련은 기독교에 대한 핍박을 예고하는 사건이었다.61

그가 왜 기독교에 대한 태도를 바꾸었을까는 역사가들에게 관심거리가 아닐 수 없다. 락탄티우스(Lactantius)의 **순교전**(*De mortibus persecutorum*, XI)에 따르면 디오클레티안이 태도를 바꾼 것은 갈레리우스 칙령의 영향 때문이다.62 교회사가 라토렛은 디오클레티안이 박해를 시작한 것이 디오클레티안 황제의 사위 갈레리우스가 황제를 선동했기 때문으로 추측한다.63 그러나 그가 태도를 선회한 결정적인 원인은 시벨레(Cybele)를 섬기는 이교도이자 기독교를 미워한 그의 모친 때문이라고 봐야 할 것이다. 어머니의 영향을 결정적으로 받은 디오클레티안은 어머니가 아들에게 교회의 핍박을 강권하자 박해를 시작하였다.

그 결과 박해가 A.D. 303년 2월 23일에 아무런 경고 없이 갑자기 시작되어 경찰들이 디오클레티안(Diocletian)의 수도 니코메디아(Nicomedia)에 들어가 성경을 불태워버리고 건물을 완전히 파괴하였다. 3월에 칙령이 전국에 내려졌고, 또 라비아누스가 팔레스타인의 총독으로 있

---

59 아우렐리안 황제에서 디오클레티안 황제까지의 계보는 다음과 같다. "아우렐리안이 6년 동안 통치한 뒤 프로부스가 황제가 되어 역시 6년 동안 제국을 다스렸다. 그의 뒤를 이어 카루스가 카리아누스(Carianus)와 누메리아누스와 함께 제국을 다스렸다. 그러나 3년이 못 되어 통치권은 디오클레티안과 그와 연합한 자들에게 넘어갔다.

60 Eusebius, *H.E.* VIII. 5.
61 Eusebius, *H.E.* VIII. 5.
62 Bettenson, *Documents of the Christian Church*, 14.
63 Latourette, *A History of Christianity Vol. I : Beginnings to 1500*, 90.

던 디오클레티안 통치 8년 4월에 "갑자기 도처에 있는 교회들을 부수고 성경을 불태우며 신자들이 지니고 있는 직책을 박탈하고 기독교 신앙을 고수하려는 자유민들의 자유를 박탈하라는 칙령이," 얼마 후 "교회의 성직자들을 감옥에 가두고, 어떻게 해서든 제물을 드리게 하라"는 칙령이 계속 발표되었다.64 디오클레티안이 발표한 칙령은 내용별로 다음 네 부류로 요약할 수 있다: 1. 모든 상류층 기독교인들의 공직을 박탈시키고, 기독교를 부인하지 않는 왕궁의 사람들은 노예로 만들며, 기독교인의 시민권을 박탈하고, 모든 교회를 파괴하고 성경은 불태워 버린다. 2. 모든 교역자나 교회 지도자들을 투옥하고, 3. 투옥된 모든 사람들을 이방신에게 제물로 드리거나 끊임없는 고문을 통해 불구로 만들며, 4. 모든 그리스도인들은 신들에게 제사를 드려야 한다.

디오클레티안의 박해는 제 3차 박해기간 동안 가장 길고 무시무시한 박해였다. 디오클레티안 박해 동안에도 상당히 많은 순결한 그리스도인들이 순교했다. 황제의 칙령이 최초로 발표된 직후, 훌륭한 가문 출신이며 세상에서의 직위도 높아 크게 존경을 받던 사람이 니코메디아에 교회를 박해하는 칙령이 발표되자 "거룩한 열정과 뜨거운 믿음으로 인해 분기하여" 나붙은 칙령을 떼어내어 조각 내 버렸다. 이 일은 두 명의 가이사가 그 도시에 있을 때에 발생했다. 그들 중 한 가이사는 가이사들 중에서 가장 서열이 높은 사람이었고, 또 한 명의 가이사는 제국에서 네 번째 지위를 갖고 있었다. 그 일은 모든 사람들에게 알려졌으며 "대담한 행동"을 한 그 사람은 "응분의 처벌을 받으면서도 자신의 영혼이 떠나는 순간까지 마음의 평정을 잃지 않았다."65

---

64 Eusebius, *H.E.* VIII. 17. 비슷한 내용이 다른 곳에도 나타난다. "디오클레티안의 통치 19년, 디스트투스월, 로마력으로는 3월, 주님의 수난절이 임박했을 때에 황제의 칙령이 발표되었다. 그 내용은 교회들을 기초까지 부수고 성경을 불에 태우며 높은 관직에 있는 사람들의 지위를 박탈할 것이며, 자유민일지라도 만일 기독교 신앙을 고수한다면 그의 자유를 박탈하라는 것이었다. 이것이 우리를 대적하여 발표된 첫째 칙령이었다. 그러나 곧 이어 다른 칙령들이 발표되었는데, 그 내용인즉 온 나라의 모든 성직자들을 감옥에 투옥하고, 어떤 술책을 써서든지 이방인들에게 제사를 지내게 하라는 것이었다."(Eusebius, *H.E.* VIII. 3)

65 Eusebius, *H.E.* VIII. 5.

A.D. 303년 기독교인에 대한 박해를 선포하면서 디오클레티안은 자신의 아내와 딸들까지 기독교인이라는 이유 때문에 무참하게 살해하고, 박해를 점점 더 강화시켰다. 디오클레티안이 A.D. 305년 황제직을 사임한 후 박해는 잠시 중단되었지만 곧 박해가 재개되어 콘스탄틴 황제가 기독교를 공인할 때까지인 A.D. 313년까지 계속되었다. 만일 밀란의 칙령을 통해 기독교인에 대한 종교의 자유가 보장되지 않았다면 기독교는 심각한 위협을 받았을 지도 모른다.

3) 갈레리우스 황제 박해

그즈음에 디오클레티안의 사위 갈레리우스가 통치하는 지역에서도 박해가 발생하였다. 사정없이 교회를 핍박하던 갈레리우스가 갑자기 태도를 바꾸어 박해를 시작한 지 8년이 되던 해부터 박해를 완화해 10년이 되는 해에는 완전히 박해를 종식했다.[66] 그가 갑자기 태도를 바꾼 것은 그의 중병 때문이었다:

> 그의 몸에는 갑자기 종양이 생겼고, 다음에는 그 부분에 잔구멍이 많은 누관이 생겼는데, 그것은 점점 안으로 곪아 들어가 창자 속까지 곪게 되었다. 그리하여 그곳에는 수많은 구더기들이 생겨났다. 또 병들기 전에 과식을 했던 음식들이 지방 덩어리로 변했는데, 그것이 부패하는 지독한 악취가 났으므로 가까이 있는 사람들은 차마 그 끔찍하고 견딜 수 없는 모습을 볼 수 없었다. 어떤 의사는 지독한 냄새를 견디지 못했다고 해서 죽임을 당했고, 또 어떤 의사들은 그의 온몸이 부어올랐는데도 조금도 완화시키지 못했으므로 무자비하게 처형되었다.[67]

---

[66] Eusebius, *H.E.* VIII. 16.
[67] Eusebius, *H.E.* VIII. 16.

투병이 계속되면서 갈레리우스 황제는 자신이 경건한 사람들을 대적하여 범한 죄에 대한 가책을 느끼기 시작했다. 황제는 먼저 자신을 돌이켜 반성하면서 무엇보다 먼저 하나님께 대한 자신의 죄를 자백했다. 드디어 갈레리우스는 자신의 병이 기독교를 핍박했기 때문에 왔다는 기독교인들의 충고를 받아들이고 즉시 기독교인들에 대한 박해를 중지하라는 관용의 칙령(the Edict of Toleration)을 발표하였다. 관용의 칙령 가운데는 기독교인들은 서둘러 교회를 재건하여 예배를 드리며 제국의 안전을 위해 기도하라는 내용도 포함되었다.68 다음은 유세비우스가 전하는 관용의 칙령이다:

> 우리는 백성들의 공익을 위해 여러 가지 조처를 강구하였다. 먼저 우리는 모든 일들을 로마인들의 옛 법률과 공적인 제도에 따라 복구하기로 결정했다. 이것을 준비하기 위해서는 자기 선조들의 종교를 떠나야 했던 기독교인들이 다시 선한 뜻과 결심을 회복해야 할 것이다. 어찌 된 일인지 그들은 지극한 오만과 어리석음의 공격을 받아 예부터 조상들이 세워 그들에게 명해 온 원리들을 좇지 않으려 했다. 그들은 각기 자신의 뜻과 의지에 따라 법률을 만들어 좇기 시작했으며, 그리하여 다른 의견들을 가진 다른 분파들의 무리가 모이게 되었다. 그런 까닭에 우리가 그들에게 옛 조상들이 세워 놓은 관습으로 되돌아가라는 칙령을 발표했을 때 수많은 사람들이 위험에 직면했으며, 또 많은 사람들은 위협을 받고 여러 가지 형태의 죽음을 당했다. 그러나 비록 우리는 아직도 상당히 많은 사람들이 어리석은 생각을 가지고 있으며 불멸의 신들에게 합당한 영광을 돌리지 않고, 또 기독교인들의 하나님에게도 주의를 기울이지 않으며, 여전히 우리가 만백성에게 용서를 베풀어온 자비함과 변함없는 관습에 관심을 가지고 있음을 알고 있으나, 우리는 이 일에 있어서도 모든 죄를 묻지 않고 용서하기로 결정했다. 그러므로 기독교인들은 다시 자신들의 모

---

68 Eusebius, *H.E.* VIII. 17.

이는 장소를 재건하고 자신의 신앙에 어긋나는 일은 하지 않아도 좋다. 우리는 판사들에게 서신을 보내어 그들이 지켜야 할 사실들을 알리려 한다. 우리가 이처럼 양보하였으므로 기독교인들은 자기의 하나님께 백성들과 자신의 안전은 물론 우리의 안전을 위해 간구해야 한다. 그리고 세상에서 공공의 복지가 보존되며, 그들이 각기 자기 집에서 무사하게 살게 되기를 기원해야 한다.69

이 칙령은 첫째 "그리스도인들이 다시 생존할 수 있는 생존권을 공식적으로 허용"하여 주었고, 둘째 그리스도인들이 "예배의 처소를 마련할 권리"를 정부적인 차원에서 제공하여 주었다는 점에서 상당한 의의가 있다. 이 칙령에는 정부의 관용에 대한 대가로 그리스도인들은 공공의 안녕을 위해서 하나님께 기도할 의무가 있다고 밝히고 있다.70 전승에 의하면 관용의 칙령을 발표한 갈레리우스 황제는 칙령을 발표하고 5일 후 "고통으로부터 해방되어 일생을 마쳤다."71

데시우스 황제에 의하여 시작된 전국적이고 조직적인 박해는 갈레리우스 황제를 기점으로 약간 완화되었으나 기독교인들에 대한 박해가 완전히 종식된 것은 콘스탄틴 황제에 와서이다.

4. 콘스탄틴 황제와 기독교 공인

콘스탄틴(Constantine)은 A.D. 272년에 태어났다. 그의 아버지는 서방의 아우구스투스라 불린, 로마제국 장군 콘스탄티누스 클로루스(Constantinus Chlorus)였다. 브리튼, 고울, 그리고 스페인을 통치하고 있었던 콘스탄티누스는 박해에 대해 별로 관심이 없었다.72 A.D. 306년

---

69 Eusebius, *H.E.* VIII. 17.
70 Lactantius, *De mort. pers.* XXXIV.
71 Eusebius, *H.E.* VIII. 17.
72 Latourette, *A History of Christianity Vol. I: Beginnings to 1500*, 91.

고울의 서북부에 위치한 불롱(Boulogne) 마을에서 아버지 콘스탄티누스가 심한 병이 들었다는 소식을 들은 아들 콘스탄틴은 아버지를 방문하기 위해 허락 없이 갈레리우스(Galerius) 궁을 떠났다. 몇 개월 후 콘스탄티누스(Constantinus)가 죽고 그의 부하들이 콘스탄틴을 후계자로 천명하면서 제국에는 권력투쟁이 시작되었다.

콘스탄틴은 막시미안(Maximian)의 딸 파우스타(Fausta)와 결혼하여 정치적인 입지를 강화시켰다. 한편 동방의 로마제국 지배를 꿈꾸던 막시미안의 아들 막센티우스(Maxentius)는 A.D. 306년 그의 아버지의 후광을 업고 스스로 서방제국의 아우구스투스임을 천명했다. 얼마 후 왕국과 고울에 있는 모든 로마 군대가 콘스탄틴을 지지하게 되었고, 군부의 세력을 등에 업은 콘스탄틴은 이제 이탈리아에서 막센티우스를 대적할 만큼의 충분한 세력을 확보하게 되었다.

A.D. 312년 콘스탄틴은 "이교적 마술을 의지"[73]하고 있던 막센티우스를 로마의 권좌에서 축출하기 위해 이탈리아로 행진했다. 콘스탄틴 군대와 막센티우스 군대가 로마에서 몇 마일 떨어지지 않은 밀비안 다리에서 서로 마주쳐 역사적 전투가 벌어졌다. 전투 하루 전 대낮에 콘스탄틴은 붉은 태양이 이글거리는 하늘에서 승리의 십자가 표시를 보았고 그 위에는 "이 표지로 정복하라"(In hoc signo vinces)[74]라는 말이 쓰여 있었다. 이 승리의 표시가 태양신이 보내신 것이라고 확신한 콘스탄틴은 만약 전투에서 이긴다면 태양신의 전사가 되겠다고 서약했다. 다음날 10월 26일 콘스탄틴의 군대는 완전한 승리를 거두었고, 막센티우스는 테베르 강을 건너 도망치다 물에 빠져 죽었다. 약관 24세의 콘스탄틴은 명실상부한 서방의 최고 통치자가 되었다.

정치적인 변화는 서방에만 국한된 것이 아니었다. 동방에서도 유사한 변화가 있었다. A.D. 305년 디오클레티안이 막시미안과 함께 퇴위한 후 갈레리우스가 아우구스투스의 자리를 차지했다. 그는 그의 조카 막시민

---

[73] Latourette, *A History of Christianity Vol. I : Beginnings to 1500*, 92.
[74] By this sign conquer.

콘스탄틴
Flavius Valerius Aurelius
Constantinus
(A.D. 272-337)

다이아(Maximin Daia)를 시저로 임명했다. 갈레리우스는 A.D. 307년에 그의 친구이자 동료 군인인 리키니우스를 일리리아(Illyria)와 마케도니아(Macedonia)를 통치할 아우구스투스로 임명했다. 갈레리우스가 A.D. 311년 병사한 후 리키니우스와 막시민이 함께 일리리아에서 아라비아에 이르는 영토를 통치했다. 정치적 야심이 대단했던 리키니우스는 콘스탄틴과 동맹을 맺고 콘스탄틴의 누이를 아내로 맞았다. A.D. 313년 콘스탄틴과 리키니우스는 밀란의 칙령(the Edict of Milan)이라 알려진 칙령을 공포했다. 이 밀란의 칙령은 공식적으로 교회에 종교의 자유를 선포한 최초의 선언이었다. 유세비우스가 전해주는 밀란의 칙령은 이렇다:

> 우리는 이미 오래전부터 종교의 자유를 부인해서는 안 되며, 각 사람에게 자신의 결정에 따라 거룩한 의무를 수행할 권리를 부여

해야 한다는 것을 깨닫고 있었다. 따라서 모든 백성들과 기독교인들이 자신이 선택한 종교와 독특한 예배방법을 준수해도 좋다는 명령을 내렸다. 그 칙령은 수많은 분파들에게 이러한 특권을 부여하였으나 그 중 어떤 분파들은 얼마 후 이런 종류의 배려와 의식을 시행하지 않고 움츠러 들었다. 그러므로 나 콘스탄틴 아우구스투스와 리키니우스 아우구스투스는 좋은 전조 아래 밀란으로 와서 공익 및 복지와 관련된 모든 일들을 고려하면서, 다른 것보다 이 일들이 모든 백성들에게 유익하고 도움이 되리라고 여겼다. 우리는 무엇보다도 하나님을 공경하고 예배하는 일에 관한 것을 먼저 제정하기로 결정했다. 따라서 우리는 기독교인과 자유 통치 아래 살고 있는 모든 백성들이 섬기는 어떤 신이나 거룩한 존재들에게 호의를 나타낼 것이다. 그러므로 우리는 건전하고 올바른 의도를 갖고서 기독교인들이 자신들의 관습을 지키고 예배를 드리는 자유를 박탈하지 않는다는 우리의 뜻을 천령하는 바이다. 우리는 각 사람이 자신에게 적합하다고 생각되는 신앙에 자신의 마음을 바칠 권리를 허락한다. 그러면 그 신은 모든 일에 있어서 우리에게 자신의 은총과 자비를 나타내실 것이다. 우리는 이것이 당연히 우리가 기뻐하는 사실임을 기록한다.

과거에 우리가 충성스러운 당신들에게 보냈던 서신에 기록되었던 기독교인에 관한 모든 반대 조항, 그리고 우리의 온유함에 반대되는 모든 조처들은 완전히 제거되고 이제 완전히 무효화되었다. 이제 모든 기독교인들은 아무런 괴롭힘을 받지 않고 자유로이 자신이 선택한 예배와 진로를 추구하고 좇을 수 있다. 우리가 기독교인들에게 자기들의 예배 양식을 따르는 자유를 허락했음을 당신이 깨닫도록 하기 위해 이 사실을 당신에게 전하여 완전히 당신의 보호와 배려 하에 맡기기로 결심했다. 우리가 기독교인들에게 허락한 자유는 다른 사람들에게도 적용되므로 그들도 각기 자신이 원하는 예배와 신앙을 택할 수 있다. 각 사람이 자신의 마음에 드는 신을 선택하여 예배하는 특권을 누리게 되는 것은 우리 시대의 평화와 안정과도 일치하는 것이다. 우리가 어떤 종교나 예배 양식을 훼손할 의도로 이러한 조처를 내린 것이 아니다. 또한 우리는 기독교인과 관련하여 다음과 같이 명령한다. 즉 이미 당신에게 서신을 보낸 바와 같이 만일 어떤 사람이 과거에 기독교인들이 모이던 장소들을 다른 사람이나 국가로부터 사들였다면, 아무런 대가나 돈을 받지 말고 조금도 지체하지 말고 되돌려 주어야 한다. 또 혹시 이런 처소를 선물로 받은 사람이 있다면, 그도 즉시 그것들을 기독교인들에게 반환해야 할 것이다. 그리고 만일 그 처소를 구입하였거나 선물로 받았던 사람들이 정부에 요구할 것이 있다면 지방 총독에게 재판을 청구하라. 그러면 우리는 관대하게 그들에게 필요한 것을 제공할 것이다. 당신은 책임지고 이 모든 것들을 조금도 지체하지 말고 기독교인들에게 넘겨주어야 한다. 기독교인들은 이러한 집회처 외에도 개인의 것이 아니라 기독교인 전체의 소유인 다른 처소들을 소유했었다고 알려져 있다. 당신은 앞서 언급된 법에 따라 지체하지 말고 이 기독교인들 집단과 각 비밀 집회소의 소유였던 것들을 모두 그 주인에게 돌려주라고 명령하라. 앞서 명한 바와 같이 아무런 대가를 받지 않고 기독교인들에게 재산을 돌려준 사람들에 대해서는 국가가 보상하도록 하라. 당신은 기독교인들에게 우리의 명령을 신속하게 실시하고, 또 이렇게 하는 데 있어서 보편적이고 공적인 안정의 유지를 위해 필요한 것들을 국고에서 공급하는 책임을 지도록 하라. 이렇게 함으로써 이미 우리가 많은 일 속에서 경험했던 하나님의 은총이 항상 영원히 지속될 것이다. 이 같은 우리의 관용과 명령을 문서로 기록하고 공고하여 모든 사람에게 알리며, 그리하여 이 같은 우리의 관용과 자비를 알지 못하는 사람이 한 사람도 없게 하라."[75]

물론 "관용의 칙령"으로 특징되는 밀란의 칙령이 종교의 자유를 기독교에만 국한시킨 것은 아니지만, 이것은 기독교인들에게 합법적인 종교의 자유를 보장하는 공식적인 선언이었다. 핍박받으며 음성적으로 활동

---

[75] Lact. *De mort. pers.* XLVIII. Eusebius, *H.E.* VIII. 13에서 인용.

하던 기독교가 밀란의 칙령으로 공식적인 종교의 자유를 허용 받은 셈이다. 콘스탄틴 대제가 밀란의 칙령을 발표한 결정적인 이유는 전년도에 있었던 밀비안 다리 전투에서의 승리 때문이었다. 태양신이 막센티우스와의 전투에서 승리를 가져다주었다고 확신한 콘스탄틴은 밀란의 칙령을 발표하기에 이르렀고, 밀란의 칙령을 발표한 다음 해 "정복할 수 없는 태양"(Sol Invictus), "전쟁의 신"(Mars Conservator)이라고 새겨진 주화를 발행하기도 했다.[76]

콘스탄틴은 기독교의 공인에서 멈추지 않고 기독교인들에게 재산권에 대한 구체적인 자유를 보장하였다. 콘스탄틴이 A.D. 313년에 아프리카의 총독 아눌리누스(Anulinus)에게 보낸 공문은 구체적인 교회의 재산권 보호를 명시하고 있다. 국가는 "다른 사람들의 소유인 것들은 훼손하지 말아야 하며" 필요하다면 그것들을 돌려주어야 하고, "도시나 여러 지방에 있는 기독교인들의 보편교회의 재산으로서 현재 원로원 의원들이나 다른 사람들이 소유하고 있는 것들이 있다면," 즉시 이것들을 교회에 반환하도록 조치를 취할 것이며, 정원이나 집이나 그 밖의 과거 교회에 속한 모든 재산을 모두 돌려주어야 한다고 명문화시켰다.[77]

콘스탄틴의 기독교에 대한 호의는 재산권 보호에서 끝나지 않았다. 같은 해 황제는 "아프리카와 누미디아와 모리타니아의 모든 지방에 있는 합법적이고 거룩한 교회 사역자들의 경비"를 보조하기 위해 아프리카의 부총독 우르수스를 통해 칼타고 감독 카이실리안(Caecilian)에게 3,000폴리(약 10,000달러)를 하사했다. 이 서신은 만일 이 액수가 모든 사역자들

---

[76] Latourette, *A History of Christianity Vol. I : Beginnings to 1500*, 92.

[77] Eusebius, *H.E.* X. 5. 전문은 다음과 같다. "지극히 존경하는 아눌리누스에게 문안합니다. 우리는 다른 사람들의 소유인 것들은 훼손하지 말아야 하며 필요하다면 그것들을 돌려주기를 원합니다. 그러므로 당신이 이 서신을 받았을 때, 만일 당신이 다스리는 도시나 여러 지방에 있는 기독교인들의 보편교회의 재산으로서 현재 원로원 의원들이나 다른 사람들이 소유하고 있는 것들이 있다면, 당신은 즉시 이것들을 그들의 교회에 반환하도록 조치를 취하십시오. 우리는 이미 과거 교회가 소유하였던 것을 모두 돌려주기로 결정했습니다. 그러므로 당신이 이러한 우리의 명령이 지극히 분명한 것임을 깨닫고 교회에 속한 모든 것, 즉 정원이나 집이나 그 밖의 것들을 서둘러 가능한 한 신속히 반환하며, 당신이 우리의 명령을 주의 깊게 준행하였음을 알게 해주시기 바랍니다. 지극히 사랑하고 존경하는 아눌리누스여, 안녕히 계십시오."

에게 분배하기에 부족하다면 재무담당 헤라크리데스에게 필요한 액수를 요청하라는 세심한 배려도 담고 있다.78

콘스탄틴은 "심령이 안정되지 못한 몇 사람들이 위험하게도 교리를 변조하여 백성들을 거룩한 보편교회로부터 빗나가게" 하는 것이 "간과되어서는 안 된다"는 사실도 밝히고 있다. 그리고 "만일 누구라도 계속 이 미친 짓을 고집하는 사람이 있으면" 총독은 "주저하지 말고 판사들에게 나가 보고하고" "판사들은 내가 명령한 대로 그들을 출석시켜 책망할 것"을 명령하고 있다.79 이것은 콘스탄틴의 기독교에 대한 관심이 재정적인 문제를 넘어 교리적인 문제로까지 확대되었음을 말해주는 것이다.

뿐만 아니라 A.D. 313년 아눌리누스에게 보낸 서신에서 콘스탄틴은 "거룩한 하나님을 경외하는 종교가 멸시를 받을 때 국사가 대단한 위험에 처했고, 반대로 이 종교를 합법적으로 인정하고 지켜갈 때는" 로마인들에게 "지극한 번영이," 그리고 만백성에게 "탁월한 축복이" 임했음을 말한다. 예배를 드리고 율법을 지켜 하나님을 섬기는 성직자들이 "하나님을 섬기는 일을 수행하지 못하고 공무에 종사하게 되면, 하나님을 섬기는 일에 오류를 범하거나 탈선할 우려가 있으므로 그들에게서 이러한 의무를 면제해 주어 아무런 방해를 받지 않고 율법에 헌신하게 하려는 것이 나의 뜻"이라고 밝히고 있다. 하나님을 진정으로 섬기고 예배하며 경배하는 것이 곧 로마의 안녕과 직결된다는 것이었다.80 이처럼 콘스탄틴의

---

78 Eusebius, *H.E.* X. 6.
79 Eusebius, *H.E.* X. 6.
80 Eusebius, *H.E.* X. 8. "존경하는 아눌리누스의 건강을 기원합니다. 여러 가지 상황으로 판단하건대 거룩한 하나님을 경외하는 종교가 멸시를 받을 때에는 우리의 국사가 대단한 위험에 처했고, 반대로 이 종교를 합법적으로 인정하고 지켜갈 때에는 마치 하나님께서 은혜를 허락하신 듯 로마인들에게 지극한 번영이 임했으며, 만백성에게 탁월한 축복이 임했습니다. 따라서 우리는 거룩함으로 예배를 드리고 율법을 지켜 신을 섬기는 사람들의 노고에 대해 보상을 해야 한다고 했습니다. 그러므로 당신이 맡고 있는 지역의 보편교회 안에 있는 이 사람들이-이들은 이 거룩한 종교의 의식을 수행하는 사람으로서 일반적으로 성직자라고 불리며, 그들을 다스리는 사람은 캐실리아누스입니다-하나님을 섬기는 일을 수행하지 못하고 공무에 종사하게 되면, 하나님을 섬기는 일에 오류를 범하거나 탈선할 우려가 있으므로 그들에게서 이러한 의무를 면제해 주어 아무런 방해를 받지 않고 율법에 헌신하게 하려는 것이 나의 뜻입니다. 그들이 하나님께 최고의 경배를 나타내게 되면 이 나라에 큰 행복이 임할 것입니다. 사랑하고 존경하는 아눌리누스, 안녕히 계십시오."

기독교에 대한 배려는 단순히 기독교 공인에서 끝나지 않고 로마의 기독교화라는 인상까지 느낄 정도로 광범위했다.

A.D. 313년 밀란의 칙령 이후 한 차례의 고비를 만나기는 했지만 기독교의 박해는 공식적으로 종식된 셈이다. 밀란의 칙령 이후 콘스탄틴은 동맹을 맺었던 리키니우스와 로마제국의 전권을 놓고 일대 접전을 벌였다. 리키니우스는 막시민을 만나 그와의 두 번에 걸친 싸움에서 그를 패퇴시켰다. 그의 천적 막시민이 314년에 죽고 리키니우스는 동방 로마제국의 일인자가 되었다. 이제 리키니우스는 콘스탄틴의 라이벌로 등장했다. 밀란의 칙령을 발표한 이듬해 서방의 콘스탄틴과 동방의 리키니우스가 싸운 적이 있었으나 그때는 승부가 나지 않았다.

그 후 10년간 평화가 지속되는 동안 동방의 리키니우스는 지금까지 기독교를 관용하던 태도를 바꿔 기독교를 반대했다. 그가 갑자기 태도를 바꾼 것은 콘스탄틴과의 투쟁에서 자신의 반기독교 정책이 이교도들의 지지를 유도할 것으로 생각했기 때문이다. 그러나 그것은 오산이었다. 결과는 그에게 유리한 방향으로 진행되지 않았다. 오히려 유리한 입장을 차지한 것은 콘스탄틴 대제였다. 콘스탄틴 대 리키니우스 전은 마치 기독교 대 이교도라는 인상을 풍겨 성전으로 비화되면서 기독교인들은 콘스탄틴을 지지하였다. 기독교인들의 전폭적인 지원을 받은 콘스탄틴은 A.D. 323년 리키니우스와의 전투를 성공적으로 치렀다. 리키니우스는 전쟁의 포로로 잡혔다가 1년 후에 처형되었다.

시간이 흐르면서 콘스탄틴은 점점 더 뚜렷이 기독교에 유리한 방향으로 정책을 결정하고 추진하기 시작했다. 이교 제사장들에게만 허락했던 면세를 기독교 성직자들에게도 확대해 주었고, 기독교의 주일을 공휴일로 제정했으며, 교회의 절기를 존중하라는 지시를 내리기도 했다. 감독의 권한을 확대시켜 소송을 감독의 법정에서 다룰 수 있도록 했으며 일반 관헌들은 감독의 판결에 순종하여야 했다. 유대인들이 기독교로 개종했을 때 돌로 쳐 죽이는 풍습을 금지했고 교회의 건축을 장려했다. 이보다 도 기독교에 대한 관심이 잘 나타난 것은 콘스탄틴이 정부를 보스포루스의 비잔티움으로 옮긴 다음 그 도시를 확대해 콘스탄티노플로 개명하고 그곳에 수많은 교회들을 건축한 사실이다. 파손된 이교사원을 수리하거나 다시 건립하는 것을 금지했고 기독교인들이 이교 행사에 참여하는 것을 노골적으로 막았다. 비록 그가 세례는 받지 않았지만 일련의 기독교에 대한 정책으로 미루어 볼 때 그는 분명 기독교인 이었다. 왜 그가 세례를 받지 않고 있었는지는 그 이유가 불확실하다. 당시 일반적으로 세례 후에 단 한 번만의 죄를 허용했을 뿐 세례 후의 죄에 대해 상당히 엄중했으므로 죽음에 임박해 세례를 받는 것이 가장 바람직하다는 인간적인 생각 때문에 세례를 미루어왔는지도 모른다.

콘스탄틴을 계승한 세 아들들은 아버지보다 훨씬 더 적극적으로 기독교 신앙을 전파하였다. 둘째 아들은 A.D. 341년에 이탈리아에서 이교 희생제를 드리는 것을 폐지시켰고, 셋째 콘스탄티우스 역시 미신 숭배를 금하고 어리석은 이교적 희생 제사를 폐지하고 심지어 이교 사원을 폐쇄하라고 명령했다. 콘스탄틴 대제에 의해 고무되었던 기독교 붐은 아들들에 와서도 계속되어 기독교인이 기하급수적으로 증가했다.

"배교자라는 낙인이 찍힌"[81] 줄리안은 황제가 되자 "그리스도인인 척 하던 가식을 모조리 떨어버리고 공공연하게 이교주의를 표명"[82]했다. 그에 의해 잠깐 동안 기독교가 제재를 받기는 했지만 콘스탄틴 대제 이후 기독교는 로마에서 가장 우대받으며 군림하는 종교가 되었다.

5. 요약: 교회 생활의 변화

터툴리안이 말한 것처럼 "순교자의 피는 교회의 씨"가 되어 박해에도 불구하고 교회는 꾸준하게 성장하였다. 핍박이라는 기독교 장애물이 오히려 기독교를 성장시키는 수단이 되었다는 것은 역사의 아이러니이다.[83]

---

[81] Latourette, *A History of Christianity Vol. I : Beginnings to 1500*, 170.
[82] Latourette, *A History of Christianity Vol. I : Beginnings to 1500*, 171.

에버리트 퍼거슨이 지적한 것처럼, "순교는 종종 기독교로 관심을 이끌고 선전도 하는 공개적인 광경이었다. 2세기의 기독교 변증가들은 그리스도인들이 죽음을 맞이한 방식은 그들에게 기독교의 진실성을 확신시켰다고 증언했다. 터툴리안의 대담한 선언-'순교자들의 피는 교회의 씨앗이다'-은 격언이 되어 버렸다."[84]

그러다 A.D. 313년 콘스탄틴 황제에 의하여 기독교가 공인된 후 기독교는 새로운 시대를 맞았다. 그것은 세 가지 방향에서 진행되었다. 긍정적인 면에서는 기독교 공인으로 말미암아 기독교는 박해받는 지하 종교에서 공인된 종교로 바뀌었고, 그 결과 외형적으로 상당히 확산되었다. 새로운 교회 건물들이 들어섰고 교회는 국가의 중요한 부분으로 자리를 잡기 시작하였다. 자연히 정교의 밀착이 이루어졌고 교회의 영적인 생명력이 상실되는 부정적인 결과를 초래하였다.

교회가 영적인 생명을 상실하면서 교회에는 세속화 현상이 발생하였다. 예배의 형식이 영적인 성도의 교통에서 외형적인 형식 위주의 예전으로 탈바꿈하게 되었던 것이다. 콘스탄틴의 등장은 교회사를 완전히 바꾸어 놓을 만큼 교회 역사에 중요한 영향을 미쳤던 것이다. 때문에 혹자는 콘스탄틴을 전후하여 교회의 역사를 콘스탄틴 전 시대와 콘스탄틴 후 시대로 양분하기도 한다. 그리고 세속화의 대명사로 후자를 언급하기도 한다. 콘스탄틴의 등장이 부정적인 면만 있는 것은 아니다.

그의 등장으로 일련의 회의, 특별히 니케아 회의를 통하여 정통신학이 집대성되었다. 정치적인 통일을 위해 개최한 종교회의를 하나님께서 정통신학의 확립을 위한 절호의 기회로 사용하셨던 것이다. 그러나 일련의 종교회의가 동서방교회의 분리를 촉진시킨 또 하나의 결정적인 요인이 되었다. 누구보다도 교회의 통일을 원하였던 콘스탄틴 황제가, 오히려 수도를 이전함으로 말미암아 본의 아니게 동서방교회의 분리를 촉진시켰다는 것 또한 역사의 아이러니다.

---

[83] Latourette, *A History of Christianity Vol. I : Beginnings to 1500*, 151.
[84] Ferguson, *Backgrounds of Early Christianity*, 603.

제 2 부
2세기와 초대교회 사상의 정초

4장
속사도

5장
기독교 변증가

6장
이단의 발흥과 발전

7장
교회의 응전

히에라폴리스의 원형 경기장

제 4장
속사도

> 나는 순교가 얼마나 큰 유익을 주는지 알고 있노라. 이제야 나는 제자로서의 첫 걸음을 시작하게 되었다. 그리스도를 얻을 수만 있다면 눈에 보이는 것이나 보이지 않는 것이나 그 어느 것도 나의 야망을 자극하지 못한다. 내가 오직 예수 그리스도를 얻게만 된다면 화형이나 십자가나 사나운 짐승의 공격이나 또는 내 뼈를 찢고 사지를 부러뜨리며 온몸에 멍이 들도록 맞는 등 그 어떤 마귀의 괴롭힘도 참고 견디겠노라.
>
> Ignatius

1세기 말엽부터 속사도들(the Apostolic Fathers)이라 알려진 이들이 수많은 종교적 저술을 남겼다. 속사도들은 초기 기독교 저자들로서 사도시대 이후 이어진 속사도 시대라고 불리는 1세기 말부터 2세기까지 활동했던 사람들이다. 이들은 신약성경과 2세기 후반 저작활동을 했던 변증가들 사이에 교량 역할을 함으로써 사도들의 사상을 후대에 계승하는 일에 중추적인 역할을 담당하였다. 속사도들은 교회사적으로 중요한 위치를 차지하는데 그것은 속사도들의 작품을 통하여 "신생 교회들의 삶과 사상"에 대한 지식을 얻을 수 있을 뿐만 아니라 또한 "교회의 내적인 분열, 박해, 유대교와 이교도 사상에서 겪는 갈등 등에 의해서 야기된 문제점들"에 대한 정보도 얻을 수 있기 때문이나.1 속사도들 중에는 폴리갑과 같이 사도들의 제자이거나 사도들을 직접 알고 지냈던 사람들이 많다.

대표적인 속사도들로는 로마의 클레멘트(A.D. 95), 안디옥의 이그나티우스(110-117), 서머나의 폴리갑(117-118), 알렉산드리아의 바나바(130), 로마의 헐마스(100), 그리고 프리기아 히에라폴리스(Phrygia Hierapolis)의 파피아스(140)등이며 이외에 디다케와 디오그네투스에게 보내는 서신 등의 저자들이다. 주후 약 100년에 기록된 디다케(*didache*-가르침)로 알려진 **12사도의 가르침**(*The Teaching of the Twelve Apostles*)은 유명하다.

교회사적으로 속사도가 정립된 것은 종교개혁 이후 17세기에 이르러서이다. 17세기의 프랑스 학자 장 꼬뗄리에르(Jean B. Cotelier)가 1672년에 사도들과 동시대에 산 교부들의 작품들(SS. *Patrum qui temporibus apostolicis floruerunt*)이라는 두 권의 저술을 통해 처음 소개하면서 속사도들은 학문적으로 정립되기 시작하였다. 꼬뗄리에르는 바나바의 편지, 헐마스의 목자, 클레멘트의 두 편지, 이그나티우스의 일곱 편지, 폴리갑의 편지 그리고 폴리갑의 순교 이야기 등 일곱 편의 글을 포함시켰다. 그 후 1765년에 안드리아스 갈란디(Andreas Gallandi)의 **고대교부집**(*Bibliotheca Veterum Patrum*)이 출판되고 1873년에 바이레니오스(Philotheos Bryennios)가 **12사도의 교훈집**(*The Didache*)을 발견하면서 학문적으로 체계화되었다.

본장에서는 대표적인 속사도들인 로마의 클레멘트, 안디옥의 이그나티우스, 서머나의 폴리갑을 중심으로 속사도들의 사상과 문제점, 그리고 교회사적 의의를 고찰할 것이다.

---

1 Justo Gonzalez, *A History of Christian Thought* (Nashiville: Abingdon Press, 1988), 60.

1. 로마의 클레멘트(-c.99)

클레멘트가 고린도교회에 쓴 고린도교회에 보내는 서신(*The Letter of the Church of Rome to the Church of Corinth*)은 제 1세기 말엽 로마의 3대 감독이었던[2] 클레멘트가 기록한 것이다. "당시 로마교회에는 바울과 베드로 이후의 초대감독 리누스(Linus), 2대 감독 아넨클레투스(Anencletus)의 뒤를 이어 클레멘트가 제 3대 감독으로 있었다."[3] 유세비우스가 전하는 바에 따르면 "클레멘트는 복된 사도들을 친히 목격했으며 그들과 관계를 맺었던 사람이었으므로 사도들의 교리가 항상 그의 귓속을 울리고 있었으며 사도들이 전해준 것들이 그의 눈에 선했다."[4] 클레멘트가 감독으로 재직하고 있을 때 고린도교회가 바울파, 게바파, 그리스도파 등으로 나뉘어 형제들 사이에 큰 분쟁이 일자 로마교회는 고린도교회에 서신을 보내 그들이 화평하게 지내고 사도들로부터 받은 믿음과 교리를 되살리기를 원했다.[5] 그러나 로마교회가 직면한 "갑작스럽고도 계속적인 불행한 사건들 때문에" 고린도교회의 "싸움에 주의를 돌릴 여유"가 없다가 주후 96년에 가서야 편지를 쓰게 되었다.[6]

그 후 클레멘트 서신은 교회에서 권위 있는 서신으로 받아들여져 보편화되었다. 주후 170년에 고린도의 디오니시우스는 이 서신의 저자가 클

---

[2] Irenaeus, *Adv. haer.* 3.3.3. 이레니우스와 헤게시푸스 등의 초대 문헌에 의하면 클레멘트는 로마교회의 3대 감독이다. 유세비우스와 제롬은 이레니우스의 의견을 따른다. 터툴리안은 로마의 클레멘트가 베드로를 승계한 감독이라고 보았다. 어떤 이는 그가 빌립보서 4장 3절에 언급된 사람이라고도 추정한다. 로마의 클레멘트를 "친척인 도미티안에게 정죄를 받고 사형당한 티투스 플라비우스 클레멘스(Titus Flavius Clemens)와 동일 인물"로 보는 경향도 있다. 그러나 클레멘트가 순교했다는 직접적인 기록은 없다. 만일 그가 순교했다면 그의 위치와 영향력으로 미루어 보아 순교에 대한 언급이 있었으리라고 생각된다.

[3] Eusebius, *H.E.* III. 22.
[4] Eusebius, *H.E.* V. 6.
[5] Eusebius, *H.E.* V. 6.
[6] Clement's *First Letter*, 1.

레멘트라고 언급하면서 주일에 고린도에서 널리 읽혔다고 증거하고 있다.7 클레멘트는 70인경을 비롯하여 성경에 상당히 조예가 깊었던 것으로 보이며, 또한 바울서신 특별히 고린도전서에 익숙한 것으로 여겨진다. 그 이유는 클레멘트 서신이 고린도서와 사랑,8 분열,9 부활10 등에 대한 서술에 있어서 문체가 비슷하기 때문이다.

권위 있는 초대교회사가 리차드슨(C. C. Richardson)에 따르면 로마 교회에서 보낸 클레멘트의 서신은 신약정경 외에 가장 오래된 기독교 문헌이다. 이 저술에는 A.D. 64년의 네로의 박해가 이미 지나간 과거의 사건으로 묘사되었고,11 고린도 교인들을 가리키면서 "고대 교회"라고 칭하고 있다.12 서신에 언급된 "갑작스럽고도 계속적인 불행한 사건들"이란13 아마도 도미티안 황제 때의 박해를 의미할 것이다. 이처럼 클레멘트 서신은 당대의 신앙을 이해하는 데 필요한 역사적 배경과 사료를 제공해준다는 점에서 큰 의의가 있다.

클레멘트 서신에 나타난 특징들은 다음과 같다. 첫째, 장로와 감독을 구별하지 않고 상호 동의어로 사용하고 있다는 점이다.14 이것은 클레멘트 시대에는 장로와 감독직이 뚜렷이 구별된 직분이 아니었음을 말해준다. 클레멘트에 따르면 그리스도와 사도들의 권위를 존중해야 하는데 그것은 그들의 권위가 하나님께로부터 기원되었기 때문이다. "사도들은 주

---

7 Eusebius, *H.E.* IV. 23.
8 Clement's *First Letter*, 49; 50.
9 Clement's *First Letter*, 47.
10 Clement's *First Letter*, 24.
11 Clement's *First Letter*, 5; 6.
12 Clement's *First Letter*, 47:6.
13 Clement's *First Letter*, 1. 네로의 박해가 아닌 다른 박해를 언급하는 것을 보면 이것은 도미티안 박해를 일컫는 것으로 볼 수 있다. 이것에 근거하여 연대를 추정한다.
14 Clement's *First Letter*, 42:4; 44:4, 5; 47:6; 57:1. Cf. Yamauchi, Edwin M. "Ignatius" in *Great Leaders of Christian Church* John D. Woodbridge (Chicago: Moody, 1988), 38. "신약 성경 시대에 에피스코포스(문자적 의미는 "감독하는 자") 즉 감독은 프레스뷔테로스(장로)를 지칭하는 또 하나의 이름에 불과하였다. 후에 제롬도 이를 인정한 바 있다. 1세기 말까지도 애굽과 로마, 헬라 등지의 교회들은 여전히 여러 명으로 구성된 일단의 감독, 즉 장로 그룹이 다스리고 있었다.

예수 그리스도로부터 복음을 받았고, 예수 그리스도는 하나님으로부터 보내심을 받았으며, 따라서 그리스도는 하나님으로부터 그리고 사도들은 그리스도로부터 난 것이다."15 이처럼 클레멘트는 권위의 궁극적인 원천을 하나님에게서 찾았다.

클레멘트의 작품에서 찾아볼 수 있는 두 번째 두드러진 특징은 헬라적인 요소와 스토아적인 요소이다. 클레멘트는 하나님을 만물의 절대적인 지배자라고 보면서도 창조와 관련하여서는 플라톤주의에서와 같이 하나님을 데미우르게(Demiurge)로 묘사하고 있다.16 하나님과 이 세상과의 관계를 설명하기 위해서 중기 플라톤주의자들은 하나님께서 이 세상의 직접적인 창조자가 아니라 창조를 대신할 자 데미우르게를 하나님이 만드셔서 그를 통해서 세상이 지어졌다고 말한다. 이 데미우르게가 "위대한 예술가로서 선재적인 물질을 취해서 자신보다 위에 있는 이데아를 모방해 형체를 부여한 것이다." 바로 여기서 우리는 플라톤적인 사고를 클레멘트 서신에서 발견할 수 있는 것이다.

그의 작품에는 또한 스토아주의적 경향이 나타나는데 대표적인 것이 하나님을 만물의 지배자로 묘사하는 것이다. 하나님이 만물의 지배자라는 표현은 스토아 철학에서 흔히 사용하는 명칭이다. 섭리론을 대단히 중요하게 여기는 스토아 철학에서는 절대자를 만물의 지배자로 본다.17 이런 클레멘트의 사상 특히 "그의 도덕적 가르침은 스토아 철학에서 말하는 조화 혹은 일치라는 주제를 근거로 하였다."18

그러나 클레멘트를 무분별하게 헬라 사상과 기독교를 융합시키려 한 인물로 매도하는 것은 바람직하지 않다. 비록 클레멘트의 사상에 헬라주의적 요소들이 강하게 나타나지만 클레멘트의 신관은 분명히 삼위일체적이라고 할 수 있다. 그의 서신에는 여러 곳에서 훌륭한 삼위일체적인 표

---

15 Clement's *First Letter*, 42.1-2.
16 Clement's *First Letter*, 20.11.
17 Gonzalez, *A History of Christian Thought* I, 64.
18 Gonzalez, *A History of Christian Thought* I, 83.

현이 발견된다.19 예를 들면 "한 하나님, 한 성령님, 한 예수님이 우리들에게 풍성한 은혜를 부어주시기를 기원한다"20는 내용은 상당히 구체적인 삼위 개념이다.

현대 복음주의 신학자들은 클레멘트가 성경의 권위를 존중하는 상당히 고등성경관을 지니고 있다고 본다. 일찍이 클레멘트는 "당신은 기록된 성경에는 잘못된 것이나, 사람을 잘못 인도하는 것이 전혀 없다는 사실을 알고 있을 것이다"라는 표현을 통해 성경이 오류가 없는 하나님의 말씀이라는 분명한 입장을 밝히고 있다.21 벵크 헤그룬트가 지적한 것처럼 속사도의 글에는 "성경이 성령에 의해서 축자적으로 영감되었다는 확신이" 자리 잡고 있었다.22 이들은 비록 신약성경이 아직 최종적인 형태를 갖추지 못했으나 사복음서와 사도들의 글들을 구약성경과 동일한 권위를 지닌 정경으로 이해하고 있었다. 클레멘트에 나타나는 성경에 대한 태도는 현대 보수적인 입장과 전혀 다를 것이 없다.

클레멘트에게 있어서 칭의론은 또 하나의 중요한 사상이다. 32장 4절에서 믿음으로 의롭다함을 얻는다는 사실을 지적하면서 예수 그리스도가 구원의 길임을 강조하고 있다:

> 그러므로 그의 뜻대로 예수 그리스도 안에서 부르심을 받은 우리가 의롭게 되는 것은 우리 스스로나 또는 우리의 지혜로나, 우리의 통찰로나, 우리의 종교적인 헌신으로나, 또는 중심으로 행하였다고 보여지는 거룩한 행위로 말미암는 것이 아니라 전능하신 하나님께서 태초부터 모든 사람을 의롭게 하시는 그 믿음으로 말미암는 것이다. 그에게 영광이 세세 무궁토록 있을지어다. 아멘23

---

[19] Gonzalez, *A History of Christian Thought* I, 84.

[20] *Clement's First Letter*, 46.6, 58.2.(May one God, one Christ and one Holy Spirit pour over us) 클레멘트와 삼위일체의 관계를 다룬 서적으로는 Jules Lebreton, *Historie du dogme de la Trinite des origines au Concile de Nicee, Vol. II, De Saint Clement a Saint Irenee* (Paris: Beauchesne, 1928), 249-281이 있다.

[21] "You realized that there is nothing wrong or misleading written in it."

[22] Bengt Hägglund, 신학사, 박희석 역 (서울: 성광문화사, 1989), 23.

클레멘트에게 믿음은 순종과 불가분의 관계를 갖고 있다. 심지어 때때로 순종을 믿음보다 강조하는 것처럼 보이기도 한다: "에녹의 예를 들어 보자. 그는 그의 순종으로 의롭다고 인정되어서 하늘로 들림을 받고 죽음을 보지 않았다. 그 맡은 일에 충성됨을 인정받은 노아는 이 세상이 새롭게 되어야 한다고 선포했으며, 주께서는 그를 통해서 방주 안으로 평안히 들어간 모든 살아 있는 피조물들(the living creatures)을 구원하셨다. 아브라함은 하나님의 친구라고까지 지칭되었는데, 하나님의 말씀을 순종하는 데 있어서 신실하다고 인정받았다. 왜냐하면 그는 순종하는 마음으로 본토, 친척, 아비집을 떠났는데, 자신의 고국과 친척과 가족을 떠남으로써 하나님의 약속의 상속자가 되었기 때문이다."24

클레멘트의 작품에는 그리스도에 대한 분명한 신앙고백이 담겨 있다. "그리스도는 하나님의 영광의 광채시요 그는 모든 천사들보다 탁월하실 뿐만 아니라 그의 이름도 모든 천사들의 이름보다 더욱 우월하시다."25 속사도들의 작품에는 그리스도 선재에 대한 분명한 신앙도 나타나는데 이런 경향은 클레멘트의 작품에서도 찾아볼 수 있다. 클레멘트가 볼 때, 교회의 머리이신 그리스도가 선재하셨다면 당연히 교회도 선재하셨다. 교회는 현재에 속한 것이 아니고 시작부터 존재했으며, 또 우리는 "해와 달이 창조되기 이전부터 있었던" 바로 이 "영적인 최초의 교회"에 일원이 될 것이다. 교회가 태초부터 선재하였다는 사실은 구약의 선지자들과 사도들의 증언을 통해서도 알 수 있으며, 따지고 보면 교회의 머리이신 그리스도의 성육신 사건도 교회가 선재했음을 말해주는 중요한 사건이다.

영적인 교회의 머리이신 그리스도가 인간이 되셨다는 것은 인간의 육체가 더럽지 않다는 것, 인간의 삶에 있어서 육체가 영 못지않게 중요하다는 사실을 말해주는 사건이기도 하다. 그러므로 "만일 우리 가운데 누구라도 교회를 육체 안에서 잘 지키고 육체를 더럽히지 않으면 교회는

---

23 Clement's *First Letter*, 32:4.
24 Clement's *First Letter*, 9.3–10.2, 11.1, 12.1.
25 Clement's *First Letter*, 36.

성령 안에서 우리를 받아 주실 것이다."26 특이한 사실은 클레멘트가 교회와 그리스도를 육체와 영, 원본과 복사판이라는 이원론적 용어를 통해 상호관계를 설명하고 있다는 점이다. 육체는 영의 복사판이기 때문에 이 복사판을 더럽히는 자는 원본을 원래대로 받을 수 없다는 것이다. 형제들이여, 이것은 육체를 경계하여 잘 지킴으로 영을 상속받을 수 있다는 참 뜻이다. 만일 육체가 교회이고 영이 그리스도라고 말할 수 있다면 교회를 범하는 자는 그리스도를 범하는 자가 된다. 그와 같은 사람은 그리스도이신 영에 참여하지 못한다. 보라. 이 육체는 성령이 내재하시는 전이기 때문에 위대한 생명과 불멸을 받을 수 있다."27 그러나 우리가 간과해서는 안 될 것은 클레멘트의 작품에는 이처럼 영과 육이라는 이원론적인 구조가 나타나지만 그가 당대의 플라톤주의자들처럼 이 둘을 별개의 것으로 보지 않고 상호 연합적이고 조화적이며 불가분의 관계로 이해했다는 사실이다. 클레멘트는 내세론에서도 육체와 영을 합일적인 관계로 이해했다:

어느 누구도 육체는 심판을 받지 않으며, 부활하지도 않는다고 말해서는 안 된다. 이 육체를 입고서가 아니라면 여러분들이 다시 빛을 획득하게 될 것인지 생각해 보라. 그러므로 육체를 하나님의 성전으로 경계해야 할 필요가 있다. 왜냐하면 여러분들이 육체로 있을 때에 부르심을 받았으며, 육체로 여러분들이 나아올 것이기 때문이다. 우리를 구원한 그리스도께서 먼저는 영으로 계셨다가 육체가 되셨고, 그러한 상태에서 우리를 부르셨다면 우리도 이 육체 가운데서 우리의 보상을 받게 될 것이다.28

클레멘트는 플라톤처럼 현상의 세계와 이데아의 세계를 완전히 구분하여 이원론적인 구조 속에서 영육을 독립적인 것으로 이해하지 않았다. 그가 "육체는 영의 복사판"이라고 할 때, "복사판," "사본"이라는 플라톤적

---

26 Clement's *First Letter*, 15.1, 5.
27 Clement's *First Letter*, 15.1, 5.
28 Clement's *First Letter*, 9.1-15.

인 용어들을 차용하고 있으나 클레멘트와 플라톤주의 사상 사이에는 어느 정도 거리가 있다. 그럼에도 불구하고 당대에 가장 영향력 있는 중기 플라톤주의 사상이나 스토아 철학의 영향을 완전히 벗어날 수는 없었다. 당시 로마에도 헬라주의적 유대주의 사상이 널리 확산되었음을 말해준다.

앞에서도 잠깐 그의 교회론을 언급했지만 클레멘트는 교회를 유기체적인 관계로 이해했다. 강한 자와 약한 자, 부자와 가난한 자가 교회 안에 존재할 수밖에 없지만 교회는 그리스도 안에서 공유해야 할 사랑의 윤리적인 차원이 있다. 때문에 클레멘트가 볼 때, 강한 자는 약한 자를 돌봐야 하고 약한 자는 강한 자를 존경해야 한다. 부자는 가난한 자에게 쓸 것을 공급하고 가난한 자는 부자가 자신들의 쓸 것을 공급하여 주는 것으로 인하여 하나님께 감사해야 한다. 클레멘트의 편지는 바울의 신앙이 율법과 질서에 대한 윤리적인 관심을 지닌 기독교 형태로 바뀌어 갔음을 반영하고 있다.

2. 안디옥 감독 이그나티우스(c.35-c.108)

클레멘트와 동시대인인 이그나티우스는 시리아 안디옥의 제 3대 감독이라고 전해진다.29 전승에 의하면 마태복음 18장 2절의 한 아이, 즉 예수께서 한 어린 아이를 불러 그들 가운데 세우시고 "그러므로 누구든지 이 어린 아이와 같이 자기를 낮추는 사람이 천국에서 큰 자니라"고 말씀하셨던 그 이가 바로 이그나티우스였다고 한다.30

이그나티우스가 활동하던 당시 시리아의 안디옥은 당시 로마제국에서 세 번째로 큰 도시였다. 안디옥은 베드로와 바울, 그리고 여러 성도들이

---

29 Eusebius, *H.E.*, 36.2. 유세비우스는 이그나티우스가 안디옥 교회의 2대 감독이었다고 증언하고 있다. "안디옥의 초대 감독이었던 에보디우스(Evodius)가 사망하자 이그나티우스가 제 2대 감독으로 임명되었다." 교회사, 158, 178.

30 Sydney Houghton, 기독교 교회사, 정중은 역 (서울: 나침반사, 1990), 28.

이곳의 유대인들과 이방인들에게 복음을 전하였던 곳이다.31 우리가 잘 아는 대로 예수를 메시아로 믿는 신자들이 최초로 크리스티아노이 즉 "그리스도인들"이라 불린 것은 이 세계적인 도시 안디옥에서였다.32 또한 크리스티아니스모스 즉 "기독교"라는 말을 최초로 사용한 사람 역시 안디옥 출신 이그나티우스였다.33

이그나티우스는 트라얀 황제(A.D. 98-117)의 재위 기간에 체포당하였다. 이 황제에게 보낸 플리니 2세(Pliny the Younger)의 서한에 의하면 이때는 기독교가 모든 사회 계급으로 급속하게 확산되던 시기였다. 이그나티우스가 체포된 이유에 대해서는 정확히 알 길이 없지만 당시의 정황과 그가 순교한 것으로 미루어 볼 때 신앙 때문이라고 추론된다. 이그나티우스는 열 명의 군인들("표범들")에게 체포, 구금당해 로마로 호송되었다.34 이그나티우스는 로마로 이송되어 가는 도중에 에베소인들에게, 마그네시아인들에게, 트로이인들에게, 로마인들에게, 빌라델비아인들에게, 서머나인들에게, 폴리갑에게 등 일곱 개의 서신을 기록하였는데 이것은 당시의 박해와 역사적 상황을 이해할 수 있는 귀중한 자료를 제공하여 준다. 이 편지 중에서 마그네시아, 트랄레스, 에베소, 로마에 보내는 서신은 서머나에서, 서머나 교회, 폴리갑, 빌라델비아에 보내는 편지는 트로아에서 기술하였다. 이 일곱 개의 편지는 이른바 사도 교부들의 문헌 즉 1세기 말엽에서 2세기 초엽까지의 초대교회 문서 가운데서 지극히 중요한 위치를 차지한다. 때문에 이 서신들은 "2세기 교회가 전해 준 가장 아름다운 보물들 가운데 하나"라고 일컬어져 왔다. 이그나티우스가 바울이 편지를 보낸 두 도시 즉 에베소와 로마, 그리고 요한계시록의 일곱 도시 가운데 세 도시 즉 에베소, 빌라델비아, 서머나에 서신을 보냈다는 것은 의미심장한 일이라 하겠다.

31 행 11:19-20; 15:22-26; 갈 2:11 이하.
32 행 11:26.
33 *Rome*, 3:3; *Mag.* 10:3; *Smyrn.* 8:2.
34 *Rome*. 5:1.

그는 열 명의 로마 군인들에게 붙들려서 압송되어 가는 도중 소아시아를 가로질러 서머나에 이르렀을 때 그곳의 폴리갑 감독의 영집을 받고 에베소, 마그네시아, 트랄레스(Tralles) 등지에서 온 그리스도인들로부터 문안을 받는다. 이어서 이그나티우스는 북으로 드로아를 거쳐 선편으로 네압볼리에 이른다. 그리고 빌립보를 지난 다음 에그나티안 도로(Egnatian Way)를 이용해 마게도냐를 가로질러 배를 타고 로마로 향한다. 그리스도를 위해 맹수의 이빨에 "밀"처럼 갈아지기 원하였던 이그나티우스의 열렬한 소원은 마침내 로마에서 실현된다.

이그나티우스는 신약성경과 부흥 도상에 있던 "보편교회"(Catholic Church)를 연결하는 중요한 고리였

이그나티우스(Ignatius of Antioch)

다. 그는 바울의 글에 깊은 감명을 받았으며 그의 글을 인용하기도 하였다. 또한 바울처럼, 하나님의 아들이 실제로 성육신하지 않고 외견상 그렇게 보였을 뿐이라는 가현설자들의 그리스도관에 맞서 싸웠다. 교회를 하나 되게 하는 데 있어 감독의 역할이 매우 중요하며, 그 하나 됨의 구체적인 실현을 위해 모든 그리스도인들은 감독에게 절대 순종해야 한다고 보았다.

이그나티우스는 잠언 3:34과[35] 잠언 18:17을[36] 인용하고, 기타 열 개 정도의 구약성경 구절들을 무게 없이 간단히 언급했을 뿐, 구약성경은

---

[35] Ignatius, *Eph.* 5:3.
[36] Ignatius, *Mag.* 12.

별로 인용하지 않았다. 반면 신약에 대해서는 상당히 해박했던 것으로 보이며, 마태복음과 요한복음과 흡사한 구절이 그의 서신에서 자주 발견된다. 그러나 그에게 깊은 영감을 준 것은 무엇보다도 바울서신이었다. 그 중에서도 특별히 고린도전서를 좋아했다. 이그나티우스는 그의 에베소서 18장 1절에서 고린도전서 1장 20절을, 로마서 5장 1절에서 고린도전서 4장 4절을, 에베소서 16장 1절에서 고린도전서 6장 9절-10절을 각각 인용하고 있다. 또한 그의 에베소서는 바울의 에베소서와 유사한 구절들이 많다.

이그나티우스는 바울을 상당히 존경한 것으로 보인다. 그는 바울에게 매우 높은 칭찬의 말을 쏟아붓고 있다: "바울은 거룩하심을 입고 좋은 평판을 얻었으며 크게 은총을 받은 인물이었다. 내가 하나님께 이를 때에 그의 발자취 가운데서 발견되기를 원하노라"[37] 이그나티우스는 결코 자신을 사도들과 같은 반열에 올려놓지 않았다: "베드로와 바울이 한 것처럼 내가 여러분에게 명하는 것은 아니다. 그들은 사도였으나 나는 한 죄수에 불과하다."[38] 나아가 그는 시리아의 그리스도인들에 대해 이야기하면서 바울이 사용한 바와 똑같은 겸손의 말로써 자신을 다음과 같이 평하였다: "나는 그들 중 가장 작은 자요 만삭되지 못해 태어난 자이다."[39]

이그나티우스의 편지들에서 가장 두드러진 것은 순교에 대한 예찬이다. 이그나티우스는 순교를 통해 하나님과 그리스도께 이르기를 열렬히 갈망하였다. 바울과 달리(빌 1:23) 이그나티우스는 '자신이 살아있는 것이 더 나은가 아니면 죽는 것이 더 나은가?'라는 문제에 대해 전혀 망설임이 없었다. 그는 로마인들에게 자신의 순교를 막지 말라고 간청하였다.[40] "나는 그대들의 친절이 나를 오히려 해치리라고 생각한다. 아마도 당신들은 그 계획을 성공시킬지도 모른다. 그러나 부디 나의 부탁을 들어

---

[37] Ignatius, *Eph.* 12:2.
[38] Ignatius, *Rome.* 4:3; 또한 *Eph.* 3:1; *Tral.* 3:3을 보라.
[39] Ignatius, *Rome.* 9:2; 또한 *Eph.* 21:2; *Mag.* 14; *Tral.* 13:1을 보라; 참조: 고린도전서 15:8-9.
[40] Ignatius, *Rome* 1:2, 2:1.

나로 하여금 하나님 앞에 큰 은혜를 얻게 하라."41 이어서 그는 선언한다: "나로 하여금 맹수들의 밥이 되도록 상관 말고 놓아두라. 맹수들을 통해 내가 하나님께 나아갈 수 있으리라. 나는 하나님의 밀이다. 내가 야수들의 이빨에 갈려 그리스도의 순결한 떡으로 나타나리라."42 이그나티우스에게 순교는 "진정한 제자"(real disciple), "진정한 그리스도인"(a genuine Christian)이 되는 유일한 길이다. 서머나에 보내는 그의 편지에서 이그나티우스는 이렇게 기록하고 있다:

> 나는 순교가 얼마나 큰 유익을 주는지 알고 있노라. 이제야 나는 제자로서의 첫걸음을 시작하게 되었다. 그리스도를 얻을 수만 있다면 눈에 보이는 것이나 보이지 않는 것이나 그 어느 것도 나의 야망을 자극하지 못한다. 내가 오직 예수 그리스도를 얻게만 된다면 화형이나 십자가나 사나운 짐승의 공격이나 또는 내 뼈를 찢고 사지를 부러뜨리며 온몸에 멍이 들도록 매를 맞는 등 그 어떤 마귀의 괴롭힘도 참고 견디겠노라.43

이그나티우스의 순교와 관련하여 다음과 같은 이야기가 전해 내려온다. 기독교를 경멸하던 트라얀 황제(A.D. 98-117)가 동방의 중요한 도시인 안디옥을 방문하였을 때 황제는 안디옥의 감독 이그나티우스에 대해 소문을 듣고 그를 만났다. 감정에 격해 있던 황제는 감독에게 "여기 사악한 마귀, 사람들을 속이는 자가 있구나!"라고 소리쳤다. 그 말을 듣고 있던 감독은 "나는 마귀가 아니라 마음에 그리스도를 모신 자입니다"라고 정중하게 대답하였다. 이 말이 떨어지기가 무섭게 트라얀은 "네 속에 예수 그리스도가 있다고? 본디오 빌라도가 십자가에 못 박아 죽인 그가 너에게 그렇게 중요한 존재인가?"라고 되물었다. 감독은 조용히 두 손을 모으고 "그렇습니다. 그 분은 나의 죄를 대신하여 십자가에 못 박혀

---

41 Gonzalez, *A History of Christian Thought* 73.
42 Ignatius, *Rome* 4:1.
43 Eusebius, *H.E.* III. 36.

죽으셨기 때문입니다"라고 답했다. 결국 그는 로마로 이송되어 45,000명의 관중이 가득찬 로마의 원형 경기장에서 순교를 당했다. 당시의 로마 황제 트라얀이 이그나티우스에게 사형언도를 내리자 이그나티우스는 "오 주여 나는 주님께 감사를 드립니다. 주님께서는 나를 이와 같이 영화롭게 하는 것을 허락해 주셨나이다"라는 마지막 감사의 기도를 드리고 순교했다. 이러한 순교의 열정이 있었기 때문에 로마교회 교인들에게 순교를 막지 말라고 부탁하였는지도 모른다. 이그나티우스가 A.D. 108년경 트라얀 황제의 치세에 로마에서 순교했다는 사실은 폴리갑, 이레니우스, 유세비우스, 그리고 제롬이 증언하고 있다. 4세기와 5세기에 유래된 후대 전설집의 기사(*Martyrium Colbertinum*, 그리고 *Antiochenum*)에 의하면 그의 뼈가 수거되어 안디옥으로 이송되었다고 한다. 이 유골은 나중 6, 7세기경에 다시 로마로 이관되었다.

이그나티우스 서신에 나타난 또 하나의 두드러진 관심은 교회의 일치에 대한 관심이었다. 그는 어떤 일이 있어도 "악의 시작인 분열을 피하라"고 경고한다. 자신을 "하나 됨 위에 자리 잡은"44 자로 묘사하는 것이나, 빌라델비아인들에게 "하나 됨을 사랑하고 분열을 피하라"45라고 촉구하는 것이나, 또 폴리갑에게 "하나 됨에 마음을 쓰라, 그보다 더 좋은 것이 없다"고 말하는 이 모든 내용은 이그나티우스가 교회의 일치에 얼마나 관심을 가지고 있는가를 반영해준다. 이그나티우스는 카돌리코스 ("보편적인")라는 단어를 교회에 최초로 적용시킨 인물답게 교회의 일치를 강조했다.46 감독직에 대한 강조, 이단에 대한 경고, 성만찬 강조 이 모두는 교회의 일치에 대한 관심에서 비롯되었다. 이그나티우스는 교회 일치와 관련시켜 분열을 피하기 위해 모든 사람이 교회 권위에 순종할 것을 강조하였다.

이그나티우스는 지역 교회에서 감독의 중요성을 역설했으며 실제로 단

---

44 Ignatius, *Phil.* 8:1.
45 Ignatius, *Phil.* 7.2.
46 Ignatius, *Smyrn.* 8:2.

일 감독제를 맨 처음 주창한 속사도이다. 단일 감독제는 어느 일정한 도시에서 단 한 사람의 감독이 삼중적 사역을 총 관장한다는 이론이었다. 삼중 사역이란 (1) 감독직, (2) 장로직, (3) 집사직을 말하며 교회에는 한 명의 감독과 장로들과 집사들이 있어야 한다는 내용이다. 이것은 최초로 지교회가 장로회(a council of presbytery)와 집사들의 지지를 받는 단일 감독제(monarchical monoepiscopacy)에 의하여 통제를 받았다는 사실을 말해준다.47 그의 견해에 의하면 감독에 대한 순종은 헤노시스("하나 됨")를 달성하는 데 필수적이다.48 마그네시아 교회의 경우처럼 감독이 젊거나49 에베소교회의 경우처럼50 혹은 빌라델비아 교회의 경우처럼 감독이 침묵을 지킨다 하더라도 교인들은 그를 경멸해서는 안 된다.51 침묵은 하나님 자신의 특성이기 때문이다. 이그나티우스가 제창한 감독의 중추적 역할은, 베드로를 잇는다는 "사도적 계승"의 토대 위에 세운 것이 아니라 감독이 하나님의 위치에서 모든 것을 관장한다고 생각하는 신비적 신학에 입각한 이론이었다.52 그는 하늘나라의 지상 모형이라는 사실에서 교회 직분의 기원을 찾으려고 하였다. 예를 들면 감독은 하나님을, 장로들은 사도들을, 그리고 집사들은 그리스도를 대표한다고 보았는데,53 이것이 플라톤의 영향을 반영하는 것이라고 보기도 한다.

이그나티우스는 감독 없이는 교회에서는 아무 것도 할 수 없고,54 감독에게 속하지 않는 자는 하나님께 속하지 못했으며,55 감독의 동의가 없이는 세례와 성찬도 집행할 수 없다고 보았다.56 "예수 그리스도께서

---

47 Yamauchi, "Ignatius" in *Great Leaders of the Christian Church*, 38.
48 Igantius, *Eph.* 5:1.
49 Ignatius, *Mag.* 3:1.
50 Ignatius, *Eph.* 6:1.
51 Ignatius, *Phil.* 1:1.
52 Ignatius, *Mag.* 6:1; *Tral.* 3:1.
53 Ignatius, *Mag.* 6:1.
54 Ignatius, *Mag.* 7.1, *Tral.* 2.2, *Pol.* 4.1.
55 Ignatius, *Eph.* 5.3, *Tral* 2.2, *Pol.* 4.1
56 Ignatius, *Smyr.* 8.1.

성부께 순종하듯이 감독에게 순종하라. 그리고 사도들과 같은 장로들에게 순종하고 집사를 존경하고 하나님의 율법을 중시하라. 아무도 감독의 허락 없이는 교회에 관한 어떤 일도 하지 말라. 합법적인 성찬식은 감독이나 그가 위임한 사람의 집례 하에 행해질 때뿐이다. 예수께서 어디에 계시든지 거기에 보편의 교회가 있는 것같이 감독이 있는 곳에 성도들이 있게 하라."57 심지어 결혼까지도 감독의 동의를 얻어야 한다고 말한다.58

교회의 하나 됨에 대한 그의 관심은 성만찬 해석에도 나타난다. 이그나티우스는 교회의 하나 됨이 진실된 성만찬에 있다고 보았다. 이 성찬은 기독교적 일치의 상징이며 성찬을 통해서 그리스도와 연합되며 그의 고난에 참여하는 것이다. 성만찬을 유카리스트라고 최초로 부른 이도 이그나티우스이다. 그의 말에 의하면 성만찬은, 이를 금하는 가현론자들에 맞서 그리스도의 성육신을 강조하는 의식이다.59 이그나티우스는 성만찬이 효력을 발휘하기 위해서는 감독이나 그의 권위를 부여받은 대리자가 참석해야 한다고 주장한다.60 그는 그리스도인들의 성만찬을 파르마콘 아다나시아스 즉, "그리스도의 살,"61 "불멸의 약이며, 죽지 않고 예수 그리스도 안에서 영원히 살 수 있는 해독제"라 불렀다.62 성만찬을 희생 제단, 두시아스테리온의 개념과 결부시키기 시작한 사람도 이그나티우스였다.63

이그나티우스의 작품에 두드러진 또 하나의 관심은 분열을 야기하는 이단적인 운동을 폭로하는 데 있다. 그는 이단에 대해서는 한 치의 양보도 없었다. "그러므로 내가 권면 하노니-내가 아니고 그리스도의 사랑으로-오로지 기독교적인 음식만 먹고 모든 이상한 식물, 즉 이단은 절제하기 바란다. 이들은 예수 그리스도를 뒤섞어서 신앙을 속이고, 꿀 섞은 포

---

57 Ignatius, *Pol.* 8.
58 Ignatius, *Pol* 5.2.
59 Ignatius, *Smyr.* 7:1.
60 Ignatius, *Smyr.* 8:1.
61 Ignatius, *Smyr.* 7:1.
62 Ignatius, *Eph.* 20:2.
63 Ignatius, *Mag.* 17:2; *Phil.* 4:1.

도주에 독약을 타서 마시우게 하는데, 어리석은 자들은 여기에 흥미를 느끼다가 결국 사망에 이르고 만다."64 이단에 대한 그의 단호함 때문에 이그나티우스는 이단의 가르침을 전하는 거짓선생에 대해 심지어 야수(wild beasts) 또는 미친 개(mad dog), 혹은 '허울 좋은 이리들'이라고 혹평하였다. 이그나티우스가 볼 때 이단적인 요소는 첫째는 기독교의 유대주의화이고 둘째는 가현설이다. 전자의 경우 회심한 이방인에게 할례를 요구하고, 유대주의 전통을 지키며 안식일을 준수하는 문제 등을 들 수 있다. 기독교의 유대주의화를 꿈꾸는 이들은 유대교의 틀 안에서 보는 것과 같이 그리스도를 단순한 선생으로 전환시키려는 유대주의 경향을 가진 무리들이다.65 이그나티우스는 마그네시아인들을 향해서는 "우리가 지금까지 유대교에 따라 살고 있다면 은혜를 받지 못한 것"이라고 경고하는 한편, 그리스도를 마지막 예언자로 보려는 유대인들을 향해서는 그리스도가 "우리의 하나님," "주 하나님"이라고 강조하였다.

한편 더욱 위험한 이단은 가현설(Docetism)이었다. 이 낱말은 "… 처럼 보이다"를 의미하는 헬라어 도케이온(δοκειν)에서 유래하였다. 그들은 예수 그리스도의 성육신을 부인하고 하나님의 아들이 단지 인간 "처럼 보였을" 뿐이라고 이야기한다. 케린투스(Cerinthus)나 바실리데스(Basilides)와 같은 대부분의 영지주의자들은 이원론적인 틀을 갖고 있었기 때문에 그리스도의 역사성을 부인하였다. 예수 그리스도의 고난을 가리켜 단지 고난당하는 것 "처럼 보였을 뿐이다"라고 주장하는 자들도 있었다.66 이러한 견해는 인간의 육체를 포함한 물질계가 본질적으로 악하다는 헬라 철학자들의 사상에서 비롯되었다.

가현설은 기독교를 헬라의 사상과 혼합하려는 위험한 가르침이다. 예수 그리스도의 육신적 삶을 부인하면서 성찬을 받으려고 하지 않는 무리들이다. 이 사람들은 예수를 천상적 존재로 인간적 삶과는 구체적인 접촉

---

64 Ignatius, *Tral.* 6.
65 Ignatius, *Mag.* 9-10; *Phil.* 6.1.
66 요일 4:1-3; 요이 7.

을 전혀 갖지 않는 대부분 혼합주의적인 사유의 대상으로만 여겼던 무리들이었다. 이그나티우스는 가현설에 반대해 그리스도의 육체적 성육신, 육체적 부활을 강조하는 동시에 그리스도가 우리와 똑같은 몸과 영혼을 갖고 있음을 역설하였다.67 이그나티우스는 트랄레스인들에게 다음과 같이 엄숙히 경고하고 있다:

> 그러므로 누구든지 예수 그리스도에 관하여 다음과 같은 사실에 어긋나는 이야기를 하거든 귀머거리가 되라: 예수는 다윗의 가문을 통해 마리아에게서 나셨고, 실제 인간으로 탄생하여 먹고 마셨으며, 본디오 빌라도 치하에서 실제로 핍박을 당하였고, 하늘과 땅과 땅 아래 있는 자들의 목전에서 십자가에 못 박혀 죽었으며, 죽음으로부터 실제로 부활하셨다.68

나아가 이그나티우스는 다음과 같이 격렬히 외치고 있다: "그러나 만일 … 그의 고난이 단지 겉보기에 불과하였다면 … 내가 왜 죄수의 몸이 되었겠으며 내가 왜 맹수들과 싸우기를 열망하고 있겠는가? 사실이 그렇다면 나는 헛되이 죽는 것이다"69 이그나티우스가 빌라도와 분봉왕을 언급한 사실은70 그리스도가 받은 고난의 역사성을 강조한 것이다. 이러한 강조점은 후에 그 유명한 사도신경으로 흡수되었다. 이그나티우스에 따르면 가현론자들은 그리스도의 인성을 사실로 받아들이기를 거부함으로써 결과적으로 타인에 대해서도 비인간적인 자들이 되어, "사랑에 관심이 없으며 과부에게도 고아에게도 환난 당하는 자들에게도 고통받는 자들에게도 감옥에 갇힌 자에게도 감옥에서 풀려난 자에게도 굶주리거나 목마른 자에게도 관심이 없었다."71

---

[67] Ignatius, *Eph.* 10:3, *Mag* 13:2.
[68] Ignatius, *Tral.* 9:11–12. Cf. *Tral.* 10:1; 그리고 *Smyr.* 1–3도 보라.
[69] Ignatius, *Tral.* 10:1; 그리고 *Smyr.* 1–3을 보라.
[70] Ignatius, *Smyr.* 1:2, *Mag.* 11.
[71] Ignatius, *Smyr* 6:2; 요일 3:17을 참조.

결국 이그나티우스가 이 두 이단을 강하게 반대한 것은 이들이 성육신을 비롯한 기독교의 핵심 교리를 무로 돌리려고 하기 때문이었다. 이그나티우스에게 로고스의 성육신은 기독교의 설정 근거였다. 로고스가 사람이 되셨다. 때문에 "그분은 육체와 영을 다 가지시며 낳으심 받은 자이시면서도 또한 낳으심 받지 않은 자시며(begotten and unbegotten) 인간 안에 하나님이 계시며 죽음 안에서도 참 생명을 가지시고 마리아와 하나님으로부터 동시에 나오신" 우리의 구주 예수 그리스도이시다.72 하나님께서 역사적 인간인 나사렛 예수의 몸으로 오신 것이 아니라 나사렛 예수가 되신 것이다. 그는 하나님을 인간에게 계시하셨으며 인간을 구원하시려 인간이 되어 오신 것이다. 비록 그의 서신에는 죄라는 말이 한 번도 언급되지 않지만 그의 구원이 본질적으로 죄로부터의 구원이라는 개념을 간과할 수 없을 것이다. 신학적인 문제보다도 목회적인 문제에 더 관심이 많았던 이그나티우스가 구원이 단순히 해방이라고 보았을 리는 없기 때문이다. 이그나티우스에게 기독교의 구원은 총체적인 구원이며 그리스도의 십자가 사건은 마귀의 정복이었다. "그렇게 해서 모든 마력은 와해되고 모든 사악한 속박은 사라졌다."73 이그나티우스는 그리스도인들이 그리스도처럼 마땅히 남을 사랑해야(이 단어가 64회 등장한다) 될 것을 강조한다. 폴리갑에게는 과부들을 돌보고 종들에 대해 오만한 자세를 보이지 말라고 충고하면서도,74 종들 편에서는 교회를 빌미삼아 무례하거나 해방을 추구해서는 안 된다고 타이르고 있다.

---

72 Ignatius, *Eph* 7.2.
73 Ignatius, *Eph* 7.2.
74 Ignatius, *Pol*, 4.

3. 폴리갑(A.D. 69-155)

 젊었을 때 사도 요한의 가르침을 직접 받았던 직설적이고 정열적인 사람, 서머나 감독 폴리갑은 마르쿠스 아우렐리우스 황제 때에 순교하였다. 폴리갑의 제자 이레니우스의 증언에 의하면 폴리갑은 사도 요한을 잘 알고 있었다. 다른 속사도들도 마찬가지지만 특별히 폴리갑은 교회에서 중요한 위치를 차지하고 있다. 이레니우스는 그의 **이단반박** 3권에서 다음과 같은 이야기를 전해주고 있다. "폴리갑은 사도들의 가르침을 받았으며 그리스도를 친히 목격한 사람들과 친밀히 교제를 나누었고, 사도들에 의해 아시아의 서머나교회의 감독으로 임명되었다. 우리도 젊었을 때에 그를 본 일이 있다. 그는 대단히 장수하였고 노년에 이르러 영광스럽고 훌륭한 순교를 하였다. 그는 항상 자신이 사도들로부터 배운 것, 교회가 전해준 것, 그리고 참되고 유일한 교리를 가르쳤다. 모든 교회가 이것을 증명하고 있으며 오늘날에 이르기까지 폴리갑의 후계자들, 그리고 발렌타인이나 말시온 또는 그 밖의 왜곡된 교사들보다 훨씬 믿음직한 확실한 증인들도 이것들을 증명해준다."[75]

 폴리갑은 A.D. 69년에 태어나 A.D. 155년경에 순교할 때까지 86년 동안 충성스럽게 주님을 섬겨온 인물이다. 그는 사도들과 후 사도시대를 연결하는 교량 역할을 하였다. 폴리갑은 사도 요한의 가르침을 후대에 전달했을 뿐만 아니라 이그나티우스의 서신들을 모으고 보존하였다. 이그나티우스가 로마로 형 집행을 위해 호송되어 갈 때 폴리갑은 약관 20대에 불과했지만 그는 이미 서머나교회의 감독으로 재직하고 있었다. 이그나티우스의 순교는 폴리갑에게 상당한 도전과 용기를 가져다주었다. 죽음 앞에서, 형장의 이슬로 사라질 그날이 멀지 않았음에도 불구하고 초연하

---

[75] Irenaeus, *Adv. haer.*, III.

폴리갑 (Polycarp, A.D. 69-155)

고 담담한 이그나티우스의 신앙에 도전을 받은 폴리갑은 자신도 언젠가는 순교할지도 모른다는 생각을 하여왔을 것이다. 이그나티우스가 로마로 압송 도중 서머나에 들렀을 때 폴리갑은 그의 수갑에 키스하며 경의를 표하기도 하였다.

폴리갑은 아우렐리우스 황제 때인 A.D. 155년경에 아시아에 큰 박해가 발생했을 때 순교하였다.76 **폴리갑의 순교에 대한 서머나인들의 편지** (*The Letter of the Smyrneans on the Martyrdom of Polycarp*)에 따르면 폴리갑은 "내가 86년 동안 그 분의 종으로 살아왔지만 그분은 결코 나에게 해를 끼치지 않았다. 그런데 내가 어떻게 나를 구원하신 나의 왕을 모독할 수 있겠는가?"라면서 마지막 회유를 단호히 거절하고, 순교 당했다. 폴리갑의 이런 순교의 정신은 초대교회에 널리 보존되어 왔다.

폴리갑은 교회사적으로 몇 가지 면에서 중요하다. 첫째, 폴리갑은 로마에서 말시온과 영지주의자들인 발렌티누스 추종자들을 정통주의로 회심시키는 도구로 쓰임 받았다. 유세비우스가 전하는 바에 의하면 "인세투스가 감독으로 있는 로마에 도착한 폴리갑은 앞서 말한 이단자들 중 많은 사람들을 하나님께로 돌아오게 했으며, 자신이 사도들로부터 받은 것, 즉 교회가 전해준 유일하고 참된 신앙을 전파했다."77 폴리갑은 또한 이단과 관련하여 다음과 같은 일화를 전해준다. 사도 요한이 에베소에서 한 목욕탕에 들어갔다가 그 안에 케린투스가 있는 것을 보고는 "저 목욕탕 안에 진리의 원수 케린투스가 있다. 그러니 목욕탕이 무너지기 전에 어서 도망치자"라고 말했는데, 이 말을 들은 사람들이 지금껏 살아있다는 것이다.78

다른 속사도들과 마찬가지로 폴리갑은 대단히 직선적이었으며 이단들에 대해서는 한 치의 양보도 없었던 것 같다. 그는 정통신앙을 변호하기 위하여 상당히 노력하였던 것을 볼 수 있다. 이레니우스의 **이단반박** 제 3권에는 다음과 같은 기록이 있다. 폴리갑이 한 번은 말시온을 만나러 갔다. 말시온이 '우리를 인정하십시오'라고 폴리갑에게 말했을 때, 폴리갑은 '그래 인정한다. 사탄의 맏아들인 것을'이라고 대답하였다. 사탄의 맏아들이라는 것은 사탄에 대한 공손한 표현이고 문맥상 좀 더 원색적인 사탄의 첫 새끼가 더 어울릴 것이다. 사도들 및 그들의 제자들은 이러한 경고를 사용함으로써 진리를 손상시키는 사람들과는 말로도 교제하지 않으려 했다. 이것은

---

76 Eusebius, *H.E.* VI. 15.
77 Eusebius, *H.E.* VI. 15.
78 Eusebius, *H.E.* VI. 15.

"이단에 속한 사람을 한두 번 훈계한 후에 멀리하라 이러한 사람은 네가 아는 바와 같이 부패하여 스스로 정죄한 자로서 죄를 짓느니라"(딛 3:10-11)[79]는 사도 바울의 말에 따른 것이리라.

둘째, 클레멘트나 이그나티우스보다 폴리갑은 공관복음과 사도행전을 잘 알고 있었다.[80] 그가 바울서신에 대하여 해박한 지식을 갖고 있었을 뿐만 아니라 히브리서와 목회서신에도 깊은 관심을 갖고 있었음을 발견할 수 있다. 게다가 베드로전서, 야고보서, 요한 1서와 2서에 대한 언급도 많다. 그러나 폴리갑이 계시록을 인용하고 있지 않은데 그것은 계시록의 천년왕국적인 견해가 자신의 견해와 일치하지 않았기 때문인 듯하다. 셋째는 믿음으로 의롭다함을 받는다는 성서적 칭의론을 들 수 있다.[81] 그러나 이 모든 것들보다도 우리가 잊어서는 안 될 사실은 무엇보다도 폴리갑이 실천적인 인물이라는 사실이다.

4. 기타 속사도 문헌들

앞서 언급한 로마의 클레멘트, 안디옥의 이그나티우스, 서머나의 폴리갑 외에 속사도시대에 속한 무게 있는 문헌들로는 바나바 서신과 디다케를 들 수 있다. 하르낙은 바나바 서신의 순수성을 부정한 반면 알렉산드리아의 클레멘트와 오리겐은 이 서신이 바울의 동역자 바나바의 글이라고 보았다.[82] 그러나 신학사상이 사도들의 가르침과는 거리가 멀고 지나치게 우화적인 요소를 담고 있어 이 글이 바울의 동역자 바나바의 글이라고 보기에는 문제점이 있다. 바나바 서신은 오히려 속사도시대에 속한 작품으로 보는 것이 바람직할 것이다. 바나바 서신은 교리적 부분(1-17)과

---

[79] Eusebius, *H.E.* VI. 15.
[80] Polycarp, *The Letter to the Philippians*, 2.,10.
[81] "You are saved by grace not because of works."
[82] Clement, *Paid*, 2.10, *Storm*. 2.6.7, 2.15, 2.18, 2.20, 5.8, 5.10, 그리고 Origen, *Comm, in Rome*. 1.18.

실천적인 부분(18-21)의 두 부분으로 구성되며, 교리적 부분은 우화적 해석이 특징이고 실천적인 부분은 두 길 문서가 핵심부분이다. 우화적 해석과 두 길 문서의 실천적 측면이라는 이 양면 때문에 알렉산드리아의 클레멘트와 오리겐은 바나바 서신을 높이 평가했으며 심지어 신약성경의 정경에 포함시키기까지 했다. 이런 관련성 때문에 현대학자들은 **바나바 서신**이 알렉산드리아에서 저술되지 않았나 추측하기도 한다.[83]

저자는 구약의 이해와 관련하여 구약 전체를 비유적으로 해석한다. 대표적인 것이 정결한 짐승과 정결치 못한 짐승의 우화적 비교이다. **바나바 서신**은 되새김하거나 굽이 갈라진 짐승은 왜 정결한가에 대해 끊임없이 하나님의 말씀을 되새김(생각)하고 이 세상에 살지만 내세(갈라진 굽의 다른 한쪽)를 바라보고 하나님을 기쁘시게 하는 자들이기 때문이라고 설명한다. 또 돼지고기를 금했으며 스승을 배반하는 사람을 돼지 같은 사람이라고 힐난했다.[84] 그러나 **바나바 서신**이 근거 없는 우화만을 주장한 것은 아니며 신구약을 연속적으로 해석하려는 흔적이 나타난다. 그 흔적이 현대에 모형론적 해석(typological interpretation)이라 알려진 성경해석을 통해 나타난다. 예를 들면 바나바는 구약성경이 예수 그리스도를 지칭하고 있다고 보았다. 이삭을 희생으로 드린 것,[85] 양을 광야로 보낸 것,[86] 모세가 그의 팔을 십자가 모양으로 펼쳐 든 것,[87] 그리고 광야에서 뱀을 높이 든 것[88] 등은 예수 그리스도와 그의 구원사역에 관한 상징 혹은 "유형"이라고 보았다.[89] 이런 사건들은 본질적으로 그리스도를 선포하는 말씀이라고 이해했다. 아마도 **바나바 서신**에는 모형론적 해석과 풍유적 해석으로 알려진 양자 사이에 구분을 두지 않았던 것 같다.[90] 또한

---

[83] Gonzalez, *A History of Christian Thought*, 84.
[84] *Barn.* 10.3.
[85] *Barn.* 7.3.
[86] *Barn.* 7.6-11.
[87] *Barn.* 12.2-3.
[88] *Barn.* 12.5-7.
[89] Gonzalez, *A History of Christian Thought*, 85.
[90] Hägglund, 신학사, 23.

비록 완숙한 것과는 거리가 멀지만 **바나바 서신**에는 상당히 기독론적인 측면이 나타난다. 그리스도는 선재하셨으며 그는 창조에 관여하셨고, 유대인을 정죄하시기 위해 오셨다. 그리스도는 구약에서 조상들에게 맺은 약속을 성취하시기 위해 성육신 하신 것이며 사망의 정복, 부활, 그리고 장래의 심판은 그리스도의 주된 성육신의 목적이다. 그리고 심판은 멀지 않은 장래에 역사 속에서 실현될 것이라고 확신했다.

교부들의 종말론에는 시대의 종말론이 임박했다는 사상을 내포하고 있으며, 그들 중 몇 사람(파피아스와 바나바)은 이와 더불어 지상 천년 왕국설을 주장했다. 바나바는 이미 6일간의 천지창조에서 예시된 대로, 이 세상이 6천 년 동안 지속되리라는 유대인들의 사상을 수용했다. 그리고 이어지는 결과는 일곱 번째 천년이 도래했을 때 그리스도께서는 그의 신실한 제사장들의 도움을 받아 천 년 동안 이 땅 위에서 가시적인 통치를 하실 것이라고 믿었다(계 20장). 그 후에는 제 8일, 즉 영원한 시간으로 이어지게 되는데, 이는 주일날에 그 예비적 모형을 두고 있는 것이다. 파피아스도 역시 이 설을 지지하면서 천 년 동안 맛보게 될 축복스런 상태를 묘사하기도 하였다. 이 천년왕국설은 콘스탄틴 대제에 오면서 그 영향력을 상실했다. 그 이유는 유세비우스가 계시록의 정경성을 의심할 뿐만 아니라 파피아스의 글을 이같이 비판적인 방향으로 평가했기 때문이다.[91]

속사도 문헌 가운데 빼 놓을 수 없는 또 하나의 중요한 문헌은 **헐마스의 목자**이다. **헐마스의 목자**는 당시 그리스도인의 죄의 문제를 해결하기 위해 5개의 환상과 12개의 명령과 10개의 비유를 수집했다. 5개의 환상은 회심을 촉구하는 권면과 박해 시 신앙을 굳건히 지킬 것을 권하는 내용이다. 12계명은 기독교인의 의무를 요약한 것으로 헐마스는 이것들을 순종함으로써 영생을 얻는다고 확신했다. 이 부분은 가장 문제되는 것으로 평가되고 있다. 예를 들면 제 4계명에서 세례 받은 후에 죄를 지으면

---

91 Hägglund, 신학사, 28-29.

한번 회개할 수 있으나 두 번 회개한 후에 또 다시 죄를 지으면 용서받기 힘들다고 보았다. "저 거룩하고 위대한 부르심 이후에 마귀의 유혹에 빠져서 또 다시 죄를 지으면 한 번의 회개가 있을 뿐이다. 그러나 만일 계속해서 죄를 짓고 회개한다면 그런 사람은 아무런 쓸모가 없고 살았다고 할 수 없다."92

10개의 비유는 환상의 가르침과 12개의 명령의 가르침을 한데 묶어서 실천적이고 도덕적인 주제로서 다루고 있다. 죄와 용서에 관한 헐마스의 실천적인 관심은 율법의 준수를 극대화한 나머지 은혜 구원을 약화시켰고 후에 발전된 로마 가톨릭의 고해성사의 원형이 되었다. "만일 당신이 하나님이 요구하시지도 않은 더 큰 선행을 한다면 스스로 더 큰 영광을 얻게 될 것이며, 지금보다도 더 크게 하나님 앞에서 영광을 받게 될 것이다."93 헐마스의 이런 사상은 유일신 하나님에 대한 뚜렷한 신앙에서 출발한 듯하다. 헐마스는 "무엇보다도 하나님은 한 분이신 것과 모든 것을 창조하셨고, 또한 그들에게 질서를 주셨으며, 존재하는 모든 것을 무에서 이루셨음을 믿으라"고 말한다.94

1873년 필로데오스 바이레니오스(Philotheos Byrennios)가 발견한 디다케(*The Didache*)는 3가지 중요한 주제를 다룬다. 첫째는 생명의 길과 사망의 길의 차이이다. 그리스도인들이 살아야 될 방식을 설정하여 생명의 길을 설명한다. 그는 생명의 길을 주는 것으로 특징 지웠다. 주는 것은 또한 거짓목자와 참목자를 구별해주는 표준이기도 하다. "누구든지 영으로 말하면서 '돈을 내게 주시오 아니면 그밖에 어떤 것을 주시오' 하는 그에게 귀를 기울이지 말라. 그러나 만일 그가 네게 '필요한 자에게 나누어 주시오'라고 한다면 누구도 그를 판단하지 말라." 반면 사망의 길은 하나님을 저주하는 것, 살인, 간음, 음욕, 도적질, 요술, 마술, 우상숭배, 강도질, 거짓증거, 위선, 사기, 교만, 옹고집, 야심, 허풍 등으로 특징

---

92 *Mand.* 4.3.6.
93 *Parab.* 5.3.3.
94 Hägglund, 신학사, 24.

된다. 둘째는 세례 예식에 관한 당대의 동향을 제시하여 주고 있다. 당시 세례는 "흐르는 물에서 성부와 성자와 성령의 이름으로" 침례 형태로 베풀어졌고, "만일 흐르는 물이 없으면 다른 물을" 사용했으며, "찬물을 사용할 수 없으년 더운물을" 사용하고, 만일 이것도 서것도 없다면 "깨끗한 물을 성부와 성자와 성령의 이름으로 세 번 머리에" 뿌렸다.95 이것은 침례 외에 세례를 통해 베풀 수 있다고 말한 최초의 언급이다. 세례 받기를 원하는 자는 세례식 이전에 2-3일간 금식해야 하였다. 마지막 셋째 부분은 훈련지침이다.

5. 요약

지금까지 살펴본 것처럼, 역사신학적으로 속사도들은 몇 가지 중요한 의의가 있다. 그것은 소아시아 신학이 역사에 등장하기 시작하였다는 점이다. 또한 폴리갑, 요한, 이그나티우스, 파피아스 등이 소아시아 출신이라는 사실이다. 이것은 후에 나타난 이레니우스의 신학 형성에 중요한 역할을 한다. 로마의 신비종교, 영지주의, 유대주의가 속사도 신학에 반영되기 시작하였다. 그러면서도 실천적, 목회적 관심이 이들 작품 속에 강하게 반영되었다. 행위가 강조되면서 그리스도를 새로운 율법선생으로 이해하였다.

속사도 작품의 또 하나의 중요한 의의는 인물과 기록장소, 그리고 문장스타일의 다양성에도 불구하고 그들 작품들에서 몇 가지 공통적인 것을 찾을 수 있다는 사실이다. 가장 공통적인 것은 첫째, 순교에 대한 지나친 열정이다. 속사도들은 순교의 길이 가장 좋은 제자도의 길이라고 생각하였다. 둘째, 신앙의 표준으로 성경이 사용되고 있었다는 사실이다. 사실 말시온 등 영지주의자들과 몬타니즘에 의하여 신약의 정경이 촉진되

---

95 *Didache*. Chap. 7.

었다고 보고 있지만 제베르그(Seeberg)가 지적한 것처럼 2세기 말이 2세기 초보다 정경이 고정되어 있지는 않았다.[96] 처음부터 교회는 사도들에 의하여 기록된 성경이 신앙의 표준으로 사용되고 있었음을 보여준다. 셋째, 정통의 형성이다. 속사도에 오면서 정통주의는 조금씩 형성되기 시작하였다. 정통성의 표준은 사도들로부터 내려온 전통과 성경이다. 로마의 클레멘트보다 이그나티우스의 글이, 이그나티우스의 편지보다 폴리갑의 편지가 더 정통신앙에 서 있다. 이것은 결국 신약성경의 의존도에 달려 있다고 볼 수 있다. 클레멘트보다는 이그나티우스가 신약성경을 많이 인용하고 이그나티우스보다는 폴리갑이 훨씬 더 많이 인용하였다.[97] 속사도들의 일차적인 관심이 목회적이지만 그들의 작품에 나타난 그리스도의 선재사상이나 삼위일체적인 흔적은 후대 신학의 발전에 중요한 밑거름이 되었으며, 특별히 클레멘트와 이그나티우스의 작품은 후대에 중요한 영향을 미쳤다.

그러나 몇 가지 면에서 속사도들의 작품들은 비평을 요한다. 아무래도 가장 두드러진 비판은 속사도들의 작품들 속에 성경에서 떠난 전통들이 형성되기 시작하였다는 점이다. 대표적인 것이 선행에 대한 지나친 강조와 세례에 대한 잘못된 사상을 지적하지 않을 수 없다. 일부 속사도들은 율법 준수와 선행을 지극히 강조했다. **헐마스의 목자**의 경우 실천적이고 윤리적인 방향으로 발전하여서 도덕주의나 율법주의로까지 진전되었다. "그리스도를 본받는 것은 물론 율법에 대한 복종이 바로 구원의 길이며, 그리스도인의 삶의 중심적 내용"으로 강조하는 경향이 속사도들의 작품에 강하게 나타난다.[98]

속사도들은 의(righteousness)가 하나의 총체적인 규범으로 믿는 자들에게 값없이 주어지는 하나님의 은사라기보다는 그리스도인의 합당한

---

[96] Seeberg, Reinhold, *Text-Book of the History of Doctrines*, tr. by Charles E. Hay, Vol. 1., 135.
[97] 한철하, 고대 기독교사상 (서울: 대한기독교서회, 1991), 17th ed., 29-30.
[98] Hägglund, 신학사, 19.

행위에 의해서 주어지는 것으로 이해했다. 따라서 "클레멘트의 제1서신을 제외한 교부들의 저술 내용 중 믿음에 의한 칭의를 강조하는 바울과 견해를 같이하는 경우는 거의 없다."[99] 심지어 로마의 클레멘트의 작품에도 바울에게서 찾아볼 수 있는 분명한 칭의론이 나타나지만 다른 한편으로 헬라주의적 유대주의 경향, 스토아주의적 도덕 교훈이 많이 내포되어 있다. 안디옥의 이그나티우스의 작품에는 사도적 신앙에서 이탈한 흔적을 많이 찾아볼 수 있다. 이처럼, 속사도들의 작품들을 신약성경과 비교해 볼 때 두드러지게 구별되는 것이 바로 성경에서 떠난 전통들이 나타난다는 점이다.

속사도들의 작품에 나타나는 또 하나의 비판적인 요소는 세례 후에 짓는 죄 용서 문제이다. 헐마스의 가르침에 비추어보면 구원의 사역은 두 부분으로 대별된다. 그리스도께서 세례 전에 행한 죄를 제거하기 위해서 이루신 것과 세례 후에 우리가 해야 할 것 등이다. "헐마스는 세례 후에 짓는 범죄에 대한 참회를 관심 있게 다루었으며, 서방 기독교는 이것을 발전시켜서 복잡한 참회제도로 만들었다."[100] 이런 견해들은 신약성경이 지지하지 않을 뿐만 아니라 바울의 가르침과도 거리가 멀다. 마지막으로 알레고리칼한 성경해석은 성경의 원래 가르침을 왜곡하기도 하였다. 속사도들은 어떤 의미에서 신학자들이 아니었다. 한 교회 역사가가 지적한 것처럼 "사도들의 공통적인 특징은 그들이 신앙을 해석하기보다는 신앙을 증거했다는 점이다."[101]

---

[99] Hägglund, 신학사, 20.

[100] Paul Galtier, *Aux origines du sacrament de pénitence* (Rome: Universitas Gregoriana, 1951), 107–187.

[101] "Common character of apostolic fathers's writings is that they did witness faith rather than interpret it." 이 말은 Trinity Evangelical Divinity School의 교회사가 John D. Woodbridge 교수가 교회사 강의시간에 한 말이다.

제 5장
기독교 변증가

> 이 로고스를 따라 산 사람들은 비록 저들이 하나님 없는 자들이라고 불리었을 지라도 그들은 그리스도인들이다. 헬라인들 중에 소크라테스, 헤라클리투스 등이 그러하였고, 야만인들 사이에 아브라함이나 아나니아, 아지리아나 미사엘, 엘리야 및 이제 그 이름을 다 열거할 자리가 없을 정도의 많은 사람들이 그러하였다.
>
> Justin Martyr

2세기에 들어서서 당대의 이단들과 정부 지도자들 및 지식인들에게 기독교는 이 세상의 어떤 종교보다도 윤리적이며 어떤 철학체계보다도 가장 훌륭하고 진정한 철학임을 변호하면서 기독교를 수호하려는 저술가들이 나타났다. 이들을 가리켜 변증가들이라고 한다. 이들의 활동 시기는 대체로 A.D. 130년부터라고 보는 것이 바람직할 것이다.[1] 변증가들은 기독교 역사에 중요한 위치를 차지하고 있는데, 그것은 속사도 이후 기독교 발전에 공헌한 이들이기 때문이다. 변증가들은 속사도들과 당대의 정통주의 조

---

[1] W. H. C. Frend, *The Rise of Christianity* (Philadelphia: Fortress Press, 1984), 233. 권위 있는 초대교회사가인 스코틀랜드 글라스고 대학의 프렌드(W. H. C. Frend)에 따르면 130년경부터 정통과 비정통이 형성되었으며 정통을 대표하는 이들은 폴리갑, 저스틴, 헤게시푸스(Hegesippus), 그리고 마르셀루스(Avircius Marcelus) 등이고 비정통을 대표하는 이들은 세르도(Cerdo), 말시온(Marcion), 그리고 발렌티누스(Valentinus) 같은 사람이었다.

류를 대표하는 이들로서 어떤 의미에서 최초의 신학자들이라 할 수 있다.

이들은 유대인과 이교도들을 동시에 공격하였다. 변증가들이 유대인을 공격한 것은 이들이 그리스도를 구주로 믿지 않기 때문이며, 이교도들을 공격한 것은 이들이 기독교의 복음을 이질화시켰기 때문이다. 변증가들이 기독교를 변호하는 방법은 소위 "공개적인 편지"들을 통해서이다. 이들 편지들의 수신자는 황제들 또는 비기독교 행정가들이었다. 당시에 기독교인들이 박해를 받는 상황인데 어떻게 이런 편지가 가능할 수 있었겠는가라는 의문이 제기될 수도 있을 것이다. 몇 가지 가능한 답변은 첫째, 이들이 우상숭배를 거부하기는 했지만 황제와 제국에 충성스러운 일등 시민들이었다는 점이다. 이것은 저스틴의 **제1변증서**에 잘 나타나 있다. 변증가들은 결코 비밀 집단이나 사이비 단체로 인식되기를 원치 않았던 것이다.[2] 둘째, 변증가들이 활동하던 시기는 기독교인들에 대한 의도적인 색출이 금지된 시기, 다시 말해 어느 정도 박해가 완화된 시기였다는 사실이다.

이들의 기독교 변증의 내용은 다양하였다. 변증가들은 공개적으로 자신들이 믿는 신이야말로 이 세상을 지으신 전능하신 분이며 인류를 구원하시기 위하여 로고스를 보내셨다고 주장했다. 또 영지주의자들이 신구약을 예리하게 구분하는 것에 반대하여 변증가들은 신·구약의 연속성을 강조하였다. 신약의 하나님과 구약의 하나님을 구분하는 것을 철저히 반대하고 신약이 구약의 완성 혹은 성취라고 보았다. 대부분의 변증가들은 헬라 철학과 기독교를 연결하려고 의도적으로 노력하였다.

지금까지 다섯 명의 헬라 기독교 변증가들의 작품과 저자가 밝혀지지 않은 **디오그네투스 서신**(*Letter to Diognetus*) 등이 남아 있다. 이들 다섯 명은 아리스티데스(Aristides, A.D. c.145), 저스틴(Justin Martyr, A.D. d.165), 타티안(Tatian, A.D. d.180), 아테나고라스(Athenagoras, A.D. c.170-180), 그리고 안디옥의 데오필루스(Theophilus of Antioch, A.D. c.180-185) 등이다. 이들 외 변증가들로는 유세비우스의 글에 단편

---

[2] Frend, *The Rise of Christianity*, 233.

적으로 전해 내려오는 콰드라투스(Quadratus), 멜리토(Melito of Sardis) 아폴리나리스(Apollinaris of Hierapolis, A.D. c.170-180)가 있다. 그러나 후자의 경우에 정통적인 기독교 사상과 상치되는 면도 많다.

본장에서는 아테네의 콰드라투스, 아리스티데스, 저스틴, 그리고 타티안을 비롯 초대교회의 대표적인 변증가들의 사상과 그들의 교회사적 위치를 고찰하려고 한다.

1. 아테네의 콰드라투스

아테네의 콰드라투스(Quadratus of Athens)는 변증가의 아버지라고 일컬어지는 최초의 변증가로서 약 A.D. 125년경에 로마의 하드리안 황제에게 공개적인 변증서를 썼던 인물이다. 유세비우스의 글에 따르면 콰드라투스는 예수께 병 고침을 받은 자들 중 지금까지 살아있는 자들이 있다는 사실을 들어 기독교를 힘 있게 변증하였다. 즉 그리스도의 이적이 그가 구세주이심을 입증한다는 것이다. "우리 주님의 행위는 항상 여러분 앞에 있었다. 왜냐하면 그것들은 참된 기적이기 때문이다. 사람들은 병 고침을 받은 사람들과 죽은 자들 가운데서 살아난 사람들을 보았으며 이들은 현존하여 있었다. 그들은 주님이 세상에 계실 동안은 물론 그가 세상을 떠난 후에도 오랫동안 살아 있었다. 그들 중 어떤 이는 우리 시대에까지 살아남아 있다."[3]

고대 디오니시우스가 아테네 교회에 보낸 서신에 의하면 콰드라투스는 박해로 인해 순교한 푸블리우스 감독 후임으로 아테네 감독이 되었다. 아테네교회 교인들은 "박해로 푸블리우스 감독이 순교한 이래 바른 진리에서 벗어나 거의 타락했으나 "콰드라투스의 노력으로 교회가 평정을 되찾고 신자들의 믿음이 부흥"하게 되었다."[4] 오리겐의 증언에 따르면 콰드

---
[3] Eusebius, *H.E.* IV. 4.
[4] Eusebius, *H.E.* IV, 23.

라투스는 변증가들만이 하나님을 믿으며 이교도들은 골로새서 2장 18절의 말씀처럼 천사들을 경배하고 달을 경배하며 이교도들은 신들이 아닌 시체들에게 희생제를 드리고 있다고 믿었다.5

2. 아리스티데스

변증가 아리스티데스(Aristides)는 로마의 황제 피우스(A.D. 138-161)에게 변증서를 썼던 인물이다. 뿐만 아니라 유세비우스 증언에 의하면, "신앙에 신실하게 헌신한 아리스티데스는 하드리안에게도 신앙의 변론을 써서 후손에게 남겼다. 이 작품은 오늘날에 이르기까지 많은 사람들에 의해 보존되어 오고 있다."6 변증서에서 그는 참된 신의 속성을 설명하고 이교도들의 신화를 공격하고 기독교 신자의 성품을 들어 기독교를 변증하고 있다. 영지주의자들과는 달리 기독교인들만이 진정한 지식을 소유하고 있다고 보았다. 그는 기독교인들만이 하나님을 바로 섬기며 이 섬김은 그들의 도덕성에 의하여 확증되고 있다고 주장하였다. 그가 인용하는 기독교의 가르침은 과부와 고아와 죽은 자들을 장사 지내는 것을 돌보는 것이다. 그의 작품에 따르면 금식이 단순히 형식이 아니라 "필요한 음식을 제공하기 위한 것"이었다.

아리스티데스는 아리스토텔레스의 노선을 따라 하나님을 동자(the Mover)로 보았으며, 그가 인간을 위해 만물을 만드셨다고 이해했다. 그는 하나님에 대한 경외와 이웃에 대한 존중이 불가분의 관계가 있는 것으로 설명한다. 하나님은 이름이 없으시며 시작도 없으시며 끝도 없으시고 누구와도 비교할 수 없는 분이시다. 인간을 야만인, 헬라인, 유대인, 기독교인의 네 부류로 분류한 아리스티데스는 야만인, 헬라인, 유대인들 모두가 이성과 대립되는 종교를 추종하고 있다는 사실을 보여주려고 하였다.

---

5 Origen, *Comm. on John*, 13:17.
6 Eusebius, *H.E.* IV. 4.

야만인들은 자신들의 신을 도적질의 보호인으로 만들어 버렸고,7 헬라인들은 신들을 간음과 음행을 일삼는 인간들과 같은 존재로 만들어 버렸으며,8 유대인들은 유일신 신앙을 갖고 있기는 하지만 하나님을 섬기는 것이 아니라 실제로는 천사들을 숭배하며 율법을 숭배하는 자들이라고 비판하였다.9 이들의 문제점들을 차례로 지적한 아리스티데스는 결국 기독교인이야말로 가장 고차원적이며 참 진리를 발견하는 자들이라고 결론지었다.10 기독교인들은 가장 탁월한 관습을 가졌으며 서로 서로 사랑한다. 종국에 가서 그리스도를 통하여 모든 인류가 심판을 받을 때가 올 것이라고 보았다.11 아리스티데스가 결론적으로 지적하려고 하는 것은, 기독교인들의 우월성과 건전성이 하나님에 대한 신앙, 윤리적인 삶, 그리고 신행(信行)의 일치에 의하여 입증된다는 사실이다.

3. 신앙의 변호자, 저스틴 마터(A.D. c.100-c.165)

저스틴 마터(Justin Martyr)는 2, 3세기의 기독교 대변자들로서 변증서를 내어 놓은 변증가들 가운데 최초의 한 사람으로 아마 가장 중요한 인물일 것이다.12 유세비우스가 지적하듯이 스스로를 철학자로 인식했던 저스틴은 "이 시대에 활약한 사람들 중에 가장 뛰어난 인물"로 "하나님의 진리를 전파하고 자신의 저술을 통하여 신앙을 위해 싸웠다."13 저스틴은 네아폴리스(오늘날의 나브루스)에서 이교도 부모 밑에서 출생하였다. 그의 조부의 이름은 바키우스였고 아버지의 이름은 프리스쿠스였다. 그

---

7 Aristides, *Apol.* 3.2.
8 Aristides, *Apol.* 8.1-13.
9 Aristides, *Apol.* 3.2.
10 Aristides, *Apol.*, 16.4.
11 Aristides, *Apol.*, 17.7.
12 참조: 행 22:1; 벧전 3:15.
13 Eusebius, *H.E.* IV. 13.

저스틴 마터 (Justin Martyr, A.D. 69-155)

러나 저스틴은 할례를 받지 않은 이방인이었다. 이방인 양친으로부터 태어난 저스틴은 그리스도 안에서 참 진리를 발견하기까지 진리를 찾아 여러 철학 사상을 편력하였다.

저스틴의 사상은 당대의 철학과의 만남, 기독교와의 만남을 통하여 형성되었다. 그는 진리를 얻기 위하여 스토아 철학, 소요학파, 피타고리안 철학 등 다양한 철학들을 찾아 나섰지만 어느 헬라 철학도 그의 지성적 욕구를 만족시켜주지 못했다. 그가 최초로 접한 철학은 당대에 유행하던 스토아 철학이었다. 스토아 철학자들은 하나님이 인간들을 돌보시느냐의 문제에 대해서는 무관심하였다. 그 후 그는 아리스토텔레스의 사상을 따르는 페리파테틱(소요학파) 선생을 만났지만 그가 진리보다는 돈에 눈이 어두운 인물임을 발견하고 실망한다. 다시 그가 만난 철학 선생은 피타고리안 철학을 따르는 피타고리안 선생이었다. 그러나 그는 저스틴이 철학을 배우기 전에 음악, 수학, 기하학을 먼저 배우라고 요구한다. 그러다 저스틴은 플라톤 사상에서 상당한 매력을 느끼게 된다. 플라톤의 사상은 저스틴에게 보이지 않는 실체를 생각하는 전기를 마련해 준다. 그는 플라톤 철학과의 만남을 통하여 사상을 정립하여 갔다.

이즈음에 그는 기독교에 관심을 기울이기 시작했다. "나 자신이 또한 플라톤의 이론에 희열을 느끼는 가운데서도 그리스도인들이 비방당하는 소리를 듣고 죽음에 대해 두려워하지 않는 것을 보았을 때 … 그네들이 악과 쾌락 속에서 산다는 것은 불가능하다는 사실을 깨닫게 되었다."[14] 그러나 그가 기독교 사상을 정립한 것은 주후 133년 플라톤의 사상을 과소평가하고 그 이상의 사상을 이야기해 준 한 노인을 만나면서였다. 그는 저스틴에게 구약과 신약의 메시아를 연결하여 그리스도가 구약에 예언된 메시아임을 가르쳐 주면서 기독교가 참 종교임을 확신시켜주었다. "나의 영혼은 그 즉시로 불타오르기 시작했으며, 나는 선지자들과 그리스도의 친구들에 대한 사랑을 갈망하여 마지않았다. 내가 그들의 교훈을 상고했을 때, 그 속에는 참으로 의지할만하고 유용한 철학이 있음을 발견했다. 모든 일은 이렇게 일어났으며, 이로 인하여 나는 비로소 진정한 철학자가 되었다."[15] 기독교만이 진정한 철학으로 모든 철학적 문제들에 대하여 올바른 답을 제공할 수 있다고 깨달은 저스틴은 드디어 그리스도인이 되었다. "하나님 다음으로 비출생적인 불가형언의 하나님으로부

---

14 Justin, *The Second Apology*, 12.
15 Bengt Hägglund, 신학사, 박희석 역 (서울: 성광문화사, 1989), 33에서 재인용.

터 오신 그 로고스를 경배하고 사랑"16한 저스틴은 "그리스도인이 된 것을 자랑으로 여기며, 또한 그와 같이 되기 위하여 전심을 다하였다."17

저스틴은 기독교를 변증하는 일에 심지어 황제 앞에서 자신의 학식을 기독교를 변증하는 데 사용한 학식 있는 최초의 이방인이었다. 그의 저술은 기독교에 대한 변호를 강화시킬 목적으로 유리피데스, 크세노폰, 그리고 특히 플라톤의 글을 인용하고 있다. 그의 저술에는 플라톤의 **변증**(*Apologia*), **공화국**(*Republic*), **티마유스**(*Timaeus*)의 내용을 암시하는 구절이 무수하다. 저스틴은 이른바 중기 플라톤주의(Middle Platonism) 사상과 매우 흡사한 일면을 보여주고 있다고 사료된다.

무수한 저스틴의 저술 가운데 현존하는 저술로는 **제1변증서**, **트리포**(Trypho)**와의 대화** 등이 있다. 변증가들 중에서 대표적인 인물인 저스틴의 **제1변증서**는 A.D. 150-155년 사이에 황제 안토니우스 피우스(138-161)와 그의 양자인 마르쿠스 아우렐리우스, 루시우스 베리우스(Lucius verius)에게 헌정된 책이다.

장문의 **제1변증서**(*First Apology*)에서 저스틴은 최초로 이교도의 여러 가지 비난과 몰이해에 대해 기독교를 변증하였다. 여기에서 그는 기독교가 어떤 새로운 창작품이 아니라 헬라 철학들보다 시대적으로 앞서는 구약성경의 구체적 실현이라고 주장한다. 저스틴의 로고스 교리에 따르면 완전한 로고스이신 그리스도의 강림 이전에도 소크라테스 같은 사상가들에게서 부분적인 진리의 계시가 있었다고 한다. 그러나 기독교와 유사한 이교도 신화 및 신비종교들은 귀신의 위조품에 불과하였다. 기독교에 관용을 베풀어 달라는 자신의 탄원을 뒷받침하기 위해 저스틴은 선제 하드리안으로부터 받은 한 통의 편지도 첨부하였다.

이 **제1변증서**는 68장으로 구성되었다. 머리말이 있은 다음 4-13장은 기독교에 대한 일부 비난을 논박하고 있다. 그 뒤에서는 그리스도의 가르침이 지닌 도덕적 힘과18 이교의 비이성적인 우화들을19 대조시킨다. 그

---

[16] Justin, *The Second Apology*, 13.
[17] Justin, *The Second Apology*, 13.

의 논설은 계속 이어진다: "그리스도는 하나님의 독생자요 신적 로고스의 충만인 바, 이는 구약성경 예언의 성취를 통해 입증되었다."20 그리스도의 강림 이전에도 로고스는 소크라테스, 헤라클리투스 같은 헬라 철학자들의 사상과 아브라함, 아나니아스, 아자리아스, 미사엘(다니엘의 세 친구), 그리고 엘리야 같은 히브리인들에게서 국부적으로 나타났다.21

그리스도의 생애의 몇몇 측면을 예시한 신화들은 귀신들의 영감에서 나온 것이며,22 플라톤의 진리는 모세에 기반을 두고 있다.23 제1변증서에는 세례와 성만찬을 비롯해 기독교의 의식들에 대한 매우 값진 내용을 담고 있다.24 이러한 글들은 2세기로부터 지금까지 전해 내려온, 실로 지극히 완벽한 내용들이다. 저스틴이 감독이나 장로들을 언급하지 않았다는 것은 주목할 만하다.

A.D. 160년경에 기록된 **트리포와의 대화**는 마르투스 폼페이우스라는 어떤 인물에게 헌사된 책이다. 일부 학자들은 이 글이 기독교의 우월성을 보여 줄 목적으로 유대교에 동정적인 이방인들을 위해 기록되었다고 생각한다. 이 글의 서론에 의하면 트리포는 고린도에서 철학을 공부한 유대인으로서, 어느 날 친구들과 함께 에베소의 건물 주랑에서 철학자의 외투를 걸치고 있던 저스틴을 만나 기독교에 대해 문의한다. 트리포가 팔레스타인의 바 코흐바 전쟁(Bar Kochba War, A.D. 132-135)을 도피해 온지 얼마 안 되어서였다.

저스틴은 구약성경의 예언들을 설명함은 물론 자연물들을 통해 수많은 십자가의 그림자들을 제시하는 가운데 트리포를 회심시키려고 애썼다. 트리포는 진지하게 경청하였으나 한편으로는 많은 반론을 제기하였

---

18 Justin, *The First Apology*, 14-22.
19 Justin, *The First Apology*, 21-22.
20 Justin, *The First Apology*, 30-53.
21 Justin, *The First Apology*, 46.
22 Justin, *The First Apology*, 54-58.
23 Justin, *The First Apology*, 59-60.
24 Justin, *The First Apology*, 61-67.

다. 토론은 격렬하였으나 동시에 놀랍도록 우호적인 분위기에서 진행된다. 트리포가 사실상 반기독교적 랍비 타르폰이었다는 가설은 오늘날 받아들여지지 않고 있다.

트리포는 유대 지도자들로부터 그리스도인들과 접촉하지 말라는 경고를 받은 바 있었으나 복음에 대해 익히 알고 있었다.25 사실 당시 유대인들은 회당의 예배에서 그리스도인들을 저주하고 있었다.26 저스틴은 그러한 지도자들이 그리스도인들에 대해 거짓 정보를 퍼뜨려 왔다며 불평을 토로했다. 예컨대 탈무드에서 발견되는, 예수가 마술사였다는 비난 등이 그 실례였다.27 그러한 적대 행위에도 불구하고 그리스도인들은 유대인들을 미워하지 않고 오히려 그들을 위해 기도한다고 저스틴은 말한다.28 저스틴은 율법,29 금식,30 할례,31 음식물 금지 규정,32 안식일,33 제사 의식34 등이 유대인들의 반역적 성질 때문에 주어진 것이라고 주장하였다.

저스틴은 구약성경의 헬라어역인 70인 역본으로부터 수많은 예언들을 인용하여 예수가 약속된 메시아, 그리스도라는 것과 기독교가 이제 유대교를 대신하게 되었다는 사실을 증명한다. 70인 역본이 기독교의 전유물이 되자 유대인들은 이에 자극을 받아 구약성경의 헬라어역에 있어, 보다 문자적인 번역에 권위를 부여하였다. 70인역은 의역을 많이 택하였다. 저스틴은 시편 22편을 26회 인용하여 예수님의 십자가 처형이 어떻게 예언되었는가를 보여주고 있으며, 시편 45편을 5회 인용해 그리스도가 인간들보다 공평한 왕이심을 설명하였고, 시편 72편을 9회 인용하여 예

---

25 Justin, *Dai*, 38.
26 Justin, *Dai*, 16.4; 47.4.
27 Justin, *Dai*, 69.7.
28 Justin, *Dai*, 108.3.
29 Justin, *Dai*, 11-12.
30 Justin, *Dai*, 15.
31 Justin, *Dai*, 16.
32 Justin, *Dai*, 20.
33 Justin, *Dai*, 21.
34 Justin, *Dai*, 22.

수가 자기 백성을 의로 심판하시는 메시아임을 입증해 보인다. 그는 유대인들이 시편 96편 10절을 번역하면서 "나무로부터"라는 문구를 삭제하였다며 그들을 비난하기도 하였다. 그러나 오늘날 이 문구는 기독교의 삽입구였음이 판명되었다. 저스틴이 특히 좋아했던 대목은 이사야 52장 13절-53장 12절이었다. 그는 예수가 "고난받는 종"임을 증명하기 위해 이 부분을 약 29회 인용한다. 또 이사야 53장 2절에 입각하여 예수의 외모가 아름답지 못했다고까지 주장하기도 하였다.

저스틴은 모형론의 개념을 이용하여 기타 다수의 구약성경 구절들에서, 미리 예시된 그리스도를 발견하고 있다. 그에 의하면 노아 방주의 나무는 십자가의 나무를 예표하고, 레아는 회당을, 라헬은 교회를 상징한다. 여호수아는 예수의 모형이다. 그의 이름이 예수님의 그것과 동일하기 때문이다. 십자가는 위로 쳐든 모세의 두 손뿐만 아니라 선박의 돛대, 군대의 깃발, 심지어 외뿔 들소의 뿔에서도 예시되고 있다. 저스틴이 구약성경으로부터 자유롭게, 때로는 잘못 인용한 구절들은 쿰란에서 발견되는 바와 같은, 테스티모니아(testimonia)라 불리는, 구약성경 명문선에서 나온 것인지도 모른다.

트리포는 엘리야가 아직 오지 않았다는 이유로 예수가 메시아 즉 그리스도라는 것을 믿지 않았으며,[35] 그리스도의 선재성,[36] 그의 성육신,[37] 동정녀 탄생 등에[38] 대해서도 회의를 표명한다. 트리포는 그리스도의 동정녀 탄생을 증명하기 위한 70인 역본의 이사야 7장 14절 인용에 대해 이의를 제기한다.[39] 그에 의하면 메시아는 인간이어야 한다.[40] 그가 볼 때 "제 2의 하나님"이라는 저스틴의 개념은 신성 모독이었다.[41] "고난받

---

[35] Justin, *Dai*, 49.
[36] Justin, *Dai*, 38.1; 87.1.
[37] Justin, *Dai*, 68.1.
[38] Justin, *Dai*, 43.7; 63.1.
[39] Justin, *Dai*, 67.1-2.
[40] Justin, *Dai*, 49.1.
[41] Justin, *Dai*, 55.1; 65.1.

는 메시야"라는 개념은 트리포도 받아들일 수 있었다. 그러나 신명기 21장 23절에 의거해 볼 때 "십자가에 못 박히는" 메시아는 도저히 생각할 수 없다는 것이 그의 지론이었다. 트리포는 유대인들이 아브라함의 씨에서 나왔다고 주장하면서42 저스틴에게 할례를 받고 토라를 지켜 하나님의 사비를 얻으라고 촉구한다. 트리포가 단순한 "풋내기"가 아니라 박식한 유대인으로서 저스틴의 논증을 끝까지 반박하였다는 사실은 주목할 만하다.

저스틴의 **제2변증서**는 15장으로 이루어진 짧은 작품이다. 일부 학자들은 이를 **제1변증서**의 부록으로 간주하였으나 이것은 A.D. 160년경에 기록된 독립 작품으로 보아야 마땅하다. 제2변증서(*Second Apology*)에서는 로마의 그리스도인들에 대한 한 건의 부당한 소송 사건에 항의의 뜻을 전달하고 있다. 저스틴은 로마의 장관 우르비쿠스에 의한 프톨레미의 부당한 처형에 대해 격렬히 항변한다. 이 사건은 한 기독교인 여자의 이교도 남편이 아내의 스승 프톨레미를 당국에 고발한 데서 비롯된 비극이었다.

저스틴의 작품에 나타난 저스틴의 신학사상은 전반적으로 성경에 근간을 두었으나 그의 철학적 배경에서 영향을 받은 면도 없지 않았다. 저스틴은 하나님의 로고스의 씨앗(λογος σπερματιχος)이 모든 인간의 마음속에 뿌려짐으로써 인간은 진리에 대한 반응력을 소유하게 되었다고 주장하였다. 이에 근거해 저스틴은 "모든 인간들이 바르게 한 말은 무엇이나 우리 그리스도인들의 자산이다"43라고 선포하였으며 나아가 소크라테스와 헤라클리투스 같은 이들은 그리스도 이전의 기독교인들이었다고 주장하였다.44 이러한 그의 사상에 대해 바나드(L. W. Barnard)는 다음과 같이 논평하였다: "우리가 오늘날의 시각에서 볼 때 저스틴이 자신의 철학적 전제들을 지나치게 허용한 나머지 자기 기독교 신앙의 성경적 토대를 수정한 것은 사실이지만 그의 로고스 개념의 대담성과 범주 및 활달

---

42 Justin, *Dai*, 44.1.
43 Justin, *Second Apology*, 13.4.
44 Justin, *First Apology*, 46.3.

함은 감탄을 자아내게 한다."45

성부 하나님의 초월성에 대한 그의 중기 플라톤주의적 개념은 그로 하여금 구약성경의 모든 신 현현을 성자 하나님의 출현으로 보도록 만들었다. "불가 형언적 만유의 주, 아버지는 어느 장소에도 오시지 않고 … 자신의 자리에 머물러 계신다.…"46 저스틴은 아담의 죄 안에서 인류가 연대성을 지닌다는 바울의 강조점을 발전시키지 못하였으며 그리스도 안에서의 신자들의 생명에 대해서도 논하지 못하였다. 그러나 기독교인들이 무신론자들이며 부도덕하고 인육을 먹는다는 비난만큼은 성공적으로 논박하였으며 이교에 대한 기독교의 우월성도 훌륭하게 보여주었다. 말시온 및 영지주의자들과는 대조적으로 저스틴은 구약과 신약의 연속성을 강조하였다. 그의 견해에 의하면 헬라인들은 부분적인 진리를 가지고 있고 유대인들은 한시적으로 유효한 계시를 가지고 있었지만 완전한 진리는 오직 성육신한 로고스 예수 그리스도를 통해서 왔다.

저스틴의 말년에 대한 기록은 확실하지 않은 것 같다. 저스틴은 에베소에서 얼마 동안 지내면서 트리포를 만났으며 그 후 로마로 와서 마르티누스의 집(아마 Via Tiburtina에 위치하고 있었을 것으로 추정)에서 제자들을 가르쳤던 것 같다. 그의 유명한 생도 가운데 한 사람은 앗시리아 출신의 타티안(Tatian)이었는데, 이 사람은 뒤에 **디아테사론(*Diatessaron*)** 즉 **사복음서의 대조**를 저술한 인물로서, 결국은 이단자가 되고 말았다. 저스틴이 로마에서 활동하던 당시 저스틴과 라이벌 관계였던 교사가 말시온이었다.

말시온은 신약성경이 구약과 모순된다고 가르친 반면 저스틴은 신약이 구약의 성취라고 주장하였다. 저스틴은 영지주의의 대부 말시온을 상당히 비평했던 것 같다.47 저스틴은 **반박서**에서 자신이 그 책을 저술할

---

45 Yamauchi, Edwin M. "Justin Martyr : Defender of the Faith," in *Great Leader of the Christian Church*, John D. Woodbridge (Chicago: Moody, 1988), 42에서 재인용.
46 Justin, *Dai.* 127:2.
47 Eusebius, *H.E.* IV. 12.

당시까지도 말시온이 살아있었다고 기록하였다. 그는 폰투스에서 온 말시온이라는 사람이 자신의 추종자들에게 창조주 하나님보다 더 위대한 하나님이 있다고 말한다. 말시온은 악마들과 결합하여 전세계의 많은 사람들로 하여금 하나님을 모독하는 말을 히고 만물의 창조주가 그리스도의 아버지이심을 부인하라고 권면했다. 말시온은 하나님보다 더 위대한 분이 창조주이시라고 주장하기도 했다. 그러나 앞에서 말했던 것과 같이 이들의 추종자들은 모두 기독교인이라고 불리었다. 마치 전혀 공통적인 의견을 갖고 있지 않은 철학자들에게 철학이라는 명사가 적용되는 것과 마찬가지이다.

저스틴은 자신의 변증을 순교로 확증했다. 유세비우스는 다음과 같이 저스틴의 순교를 언급하고 있다: "이 무렵 저스틴은 앞서 언급된 통치자들에게 우리 신앙을 두 번째로 변론한 뒤 견유학파 철학자인 크레센스의 교활한 선동으로 말미암아 거룩한 순교의 면류관을 얻었다."[48] 3세기에 편집된 한 정확한 기록에 의하면 저스틴은 A.D. 165년경 다른 6명의 성도들과 함께 재판을 받았다고 한다. 저스틴은 심문자에게 간단히 답변하고 담대히 죽음을 향해 나아갔다. 하지만 그가 일찍이 황제에게 선언했던 대로, 황제가 저스틴을 "죽일 수는 있어도 해칠 수는 없었다."[49]

저스틴은 후대에 지대한 영향을 미쳤던 변증가였다. 그러나 저스틴에 대한 현대인의 평가가 항상 통일성이 있는 것은 아니다. 저스틴을 보는 시각은 두 가지가 있다. 프렌드는 저스틴을 상당히 부정적인 시각으로 보고 있다. 그에 따르면 저스틴은 연속성이 없는 인물로 플라톤주의와 기독교와의 본질적인 조화가 가능하다고 보았고 그리스도의 양성과 삼위일체와의 관계를 분명히 인식하지 못한 가운데 로고스 신학을 발전시킨 인물이라고 평하고 있다.[50] 그는 단적으로 저스틴이 어떤 신약의 저자들에게 영향을 받았다는 증거가 없다고 결론을 내렸다. 그러나 바나드에 따르면 저스틴은 "기독교 안의 보편주의적 요소를 파악하고 전문명사를

---

[48] Eusebius, *H.E.* IV. 16.
[49] Justin, *The First Apology*, 2.4.
[50] Frend, *The Rise of Christianity*, 237.

그리스도 안에서 종합, 완성한, 사도 바울 이후 최초의 사상가였다."51

성경에 대한 총체적인 이해는 어느 변증가보다도 우수하다. 그는 공관복음에 대해서도 해박한 지식을 갖고 있었던 것 같다. 저스틴은 공관복음서의 내용을 인용하고 있는데, 아마도 공관 복음서 단일 조화판에서 인용한 듯하다. 그는 트리포와의 대화에서 구약성경의 예언 성취에 대한 마태복음의 강조점들을 매우 유용하게 활용하고 있다. 세례를 논한 제1변증서에서는 요한복음 3장 3, 5절을 암시하는 구절이 등장한다. 목회서신을 제외하고 신약성경으로부터의 확실한 인용구는 없으나 신약의 말씀과 유사한 귀절이 무수히 많다. 저스틴은 두 개의 아그라파 즉 정경 밖의 예수님 말씀을 인용한다: "내가 너희를 그 어떤 상태 속에서 발견하든 이것으로 너희를 또한 판단하리라." 그리고 "분파들과 이단들이 있을 것이다." 저스틴의 글에는 예수님이 베들레헴의 한 동굴에서 탄생하였고 동방 박사들이 아라비아에서 왔다는 전승도 기록되어 있다.

유실된 쉰타그마(Syntagma, 이단들에 대한 논박임)를 비롯한 저스틴의 문헌들은 특히 이레니우스와 터툴리안에게 깊은 영향을 주었다. 현대의 학자들도 저스틴의 겸손, 정직, 용기에 감명을 받아 왔다. 그는 실로 교회사에서 상당한 위치를 점하고 있다. 그것은 저스틴이 기독교를 철학, 그레코-로마 세계, 유대주의와 구약과 관련하여 기술하고 있을 뿐만 아니라 영지주의와 말시온주의 등의 비정통주의에 대항하여 기독교를 변호하고 있기 때문이다.

저스틴은 기독교가 무식한 종교라는 당대의 기독교 비판에 맞서 기독교야말로 진정으로 지성적인 종교라고 변호하고 있다. 헬라 철학자들이 갖고 있던 훌륭한 지혜는 구약의 선지자들, 특별히 모세에게서 나온 것이며, 헬라 철학자들이 이야기한 모든 선한 지혜들은 이미 구약의 선지자들이 말한 것들이라고 보았다. 헬라 철학자들이 그런 지혜를 말할 수 있는 것은 그들이 로고스를 갖고 있기 때문이라고 생각하였다. 때문에 저스틴

---

51 Yamauchi, "Justin Martyr" in *Great Leaders of the Christian Church*, 42.

은 플라톤과 아리스토텔레스 같은 헬라 철학자들이 그리스도 이전의 기독교인들(Christians before Christ)이라고 말한다. 그러나 저스틴의 헬라 사상과 기독교 사상과의 연속성 추구는 영지주의자들이 갖고 있는 기독교 사상의 헬라화와 본질적으로 달랐다. 이것은 저스틴이 영지주의를 부정적인 시각으로 바라보는 데서도 어느 정도 입증된다.

4. 타티안(A.D. c.120-c.180)

저스틴의 제자 타티안(Tatian)은 아시리아 출신으로 저스틴이 순교한 후 A.D. 165년경에 로마에 자신의 교육기관을 설립하였다. 수년 후 로마를 떠나 시리아에 도착하여 그곳에서 이단적인 색채가 강한 학파를 설립하였다. 고대 철학자들은 그가 세운 분파가 엔크라티테스(Encratites)라는 이단이라고 보고 있다.52

타티안의 **헬라인들에게 고함**은 타티안의 사상을 가장 잘 살펴볼 수 있는 작품이다. 냉소적인 타티안은 헬라인들의 종교적인 자긍에 일침을 가하면서 헬라인들이 가지고 있는 종교가 기원을 거슬러 올라간다면 결국 야만족들에게서 유래한 것이라고 주장한다. 때문에 헬라의 종교가 야만인들의 종교보다 우월할 것이 결코 없다는 것이다. 종교적 우월감과 문화적 우월감에 사로잡힌 헬라인들의 사고를 경계하는 또 하나의 이유는 그들이 섬기는 신들이 정상적인 경건한 신들이라기보다는 방종하고 음란한 신들이기 때문이다.

타티안의 이런 공격의 저변에는 헬라인들의 사상이 결국은 유대인들에게서 빌려온 것이며 이런 의미에서 헬라인들의 영웅 호머보다는 모세가 시대적으로 앞선 인물이었기 때문에 결국 호머의 사상마저도 독창적인 것이 아니라 모세에게서 기원되었다는 것이다. 헬라인들이 갖고 있는

---

52 Irenaeus, *Adv. haer* 1:28, Tertullian, *On Fasting* 15, Hippolytus, *Philos*, 2.8.10, 2.10.18, Alexandria, *Strom.* 3.12-13, Origen, *De orat..* 24; Euseb, *H.E.* IV. 18.

모든 선한 요소들도 기원을 거슬러 올라가면 구약에서 빌려온 것에 지나지 않는다. 타티안이 헬라의 문화와 유대주의의 문화를 연속적으로 이해하는 저변에는 헬라인들의 지혜나 기독교인들의 지혜나 모든 지혜는 로고스에서 기원되었다고 보기 때문이다. 따라서 로고스는 타티안에게 있어서 매우 중요하며 그의 신학의 중심이었다.

우리가 이미 살펴보았듯이 이런 로고스 중심사상은 그의 스승 저스틴에게서 찾아볼 수 있다. 저스틴이 로고스를 중심으로 자신의 신학을 전개하였듯이 타티안의 로고스 사상 역시 그의 신학의 핵심을 형성하고 있다. 하나님으로부터 나온 이 로고스는 마치 불과 같아서 불을 붙여주어도, 붙여준 그 불이 꺼지지 않는 것과 마찬가지이다. 이 로고스는 이 세상을 지으신 조물주이지만 무로부터 세상을 창조한 것은 아니라(not out of a pre-existent matter)고 보았다. 오직 지존자만이 시작과 끝이 없으신 분이라고 이해했다. 타티안의 로고스 사상을 저스틴의 사상과 비교할 때 덜 성경적이라는 사실도 발견할 수 있지만 타티안의 로고스 사상은 근본적으로 저스틴의 것과 비슷하다:

처음에 하나님이 계셨다. 그러나 시작은 로고스의 능력이라고 우리는 배웠다. 왜냐하면 우주의 주님은 스스로가 모든 존재의 필연적 근거로서 어떠한 피조물도 주님 없이 존재할 수 없기 때문에 홀로 계셨다. 그러나 주님은 스스로 모든 능력이시며, 스스로 모든 가시적인 것과 불가시적인 것들의 필연적 근거이기 때문에 그와 더불어 만물이 있었다. 그와 함께, 로고스의 능력을 통해서, 로고스 자신과 또한 동시에 그와 함께 있는 것들도 존재했다. 그리고 그의 단순한 의지에 따라서 로고스가 솟아났다. 그리고 로고스는 공허한 상태에서 산출된 것이 아니고 아버지가 맨 먼저 낳으신 자가 되었다. 로고스가 이 세상의 처음 시작이라고 우리는 알고 있다. 그러나 그는 분리가 아니고 참여에 의해서 존재하게 되었다. 왜냐하면 잘리운 것은 본래적 본질로부터 분리가 되지만 참여에 의해서 생겨난 것은 기능의 선택을 통해서 분리되어 나온 것이므로 본래적 본질이 결여되지 않는다. 마치 하나의 횃불에서 다른 많은 불을 붙이면서도 최초의 횃불이 소멸되지 않는 것처럼 로고스가 아버지의 로고스-능력에서 나왔다고 해도 자신을 낳게 해 준 로고스-능력을 잃지 않았다. 예를 들면 나 자신이 말하고 여러분은 듣는다. 그렇다고 말하는 내가 말씀을 여러분에게 전달시킨다고 해서 나에게서 말씀이 핍절되지 않으며, 반면에 내 목소리를 발함으로써 여러분의 마음속에서 산만하게 널린 것들을 질서 있게 해 준다. 그리고 말씀이 처음 낳으셨고 이번에는 세상을 낳으셨고 자신을 위해서 필요한 물건들을 먼저 창조하셨다. 이와 마찬가지로 나도 로고스를 모방해서 또 다시 태어나서 진리를 소유하게 되었으며 나 자신에게 꽉 붙어 있는 혼돈스런 일들을 질서 있게 바로 잡으려고 노력한다. 사물들은 시작이 없으신 하나님과 같지도 않으며, 시작도 없으신 하나님과 동등한 권능을 가지지도 않는다. 로고스는 다른 존재에 의해서 생산된 것이 아니라 낳음을 받으신 것이고 만물을 홀로 조성하시는 분에 의해서 존재케 된 것이다.53

타티안의 로고스론은 저스틴의 로고스론에서 상당 부분 빌려온 느낌을 받는다. **헬라인들에게 고함** 외에도 타티안의 **사복음대조**는 널리 알려진 작품이다. 타티안은 사복음서를 대조하여 한 권으로 간추린 **대조복음서**(*Diatessaron*)를 저술했는데 전체 구문의 구성을 바로잡기 위해 사도들의 표현들을 바꾸기도 했다. 타티안이 저스틴의 뒤를 이어 많은 업적을 남겼지만 그의 영향력은 그리 크지 않았다. 더구나 초대교회 교부들의 눈에 비친 타티안은 상당히 부정적이다. 특히 로마를 떠나 이단 엔크라티테스를 세우면서 그의 사상은 본질적으로 기독교에서 이탈하고 말았다. 이레니우스는 그의 **이단반박** 제 1권에서 타티안과 엔트라티테스와의 관계를 다음과 같이 자세히 기술하고 있다:

---

53 *Address* 5.

사투르니누스와 말시온에게서 파생되어 나온 엔크라티테스라 불리는 이단자들은 결혼을 금할 것을 선언하였다. 그들은 하나님의 본래의 의도를 무시하며, 암암리에 인류의 번식을 위해 남자와 여자를 만드신 분을 비난하였다. 그들은 또한 생물들을 멀리하라고 가르쳤으며 만물을 지으신 하나님께 배은망덕함을 나타냈다. 또 그들은 우리의 첫 조상의 구원을 부인했다. 최근에 그들이 발견해 낸 바에 의하면 타티안이라는 사람이 처음으로 이 무서운 교리를 가르쳤다고 한다. 타티안은 저스틴을 따르던 사람으로서 저스틴과 교제하는 동안에는 이러한 경향을 나타내지 않았다. 그러나 저스틴이 순교한 뒤 그는 배교하였으며, 오만하게도 스스로 교사라고 자처했으며, 마치 자신이 다른 모든 사람들보다 탁월한 듯이 자만심을 품었다. 그는 발렌티누스와 유사하게 보이지 않는 애온(aeon)을 창안해내어 나름대로 특이한 교리를 세웠다. 그는 말시온과 사투르니누스와 마찬가지로 결혼은 타락이며 간음에 불과하다고 주장했다. 또한 그는 아담의 구원을 반대하는 자기 나름대로의 이론을 만들어 냈다.54

5. 기타 헬라 변증가들

앞에서 언급한 이들 헬라 변증가들 외에 타티안과 동시대 인물 아테나고라스, 안디옥의 감독 데오필루스, 2세기 헬라 변증가 헤르미아스, 사르디스의 멜리토, 그리고 밝혀지지 않은 디오그네투스에게 보내는 서신의 저자는 대체로 널리 알려진 헬라 변증가들이다.

아테나고라스는 기독교인을 위한 청원, 죽은 자의 부활에 대하여의 저자이며 이것들은 후대까지 전해 내려오고 있다. A.D. 177년경에 저술된 것으로 추론되고 있는 기독교인을 위한 청원은 기독교인들에 대한 근거 없는 혐의에 대하여 반박하는 내용이다. 특별히 당대의 기독교인에 대한

---

54 Eusebius, *H.E.* IV. 29.

혐의, 무신론, 티에스티안 잔치, 근친상간에 대해 전혀 근거 없는 혐의임을 피력하였다. 기독교인들이 어린 아이를 잡아먹거나 근친상간을 한다는 것은 있을 수 없으며, 이것은 기독교인들을 모함하기 위하여 이방인들이 만들어 낸 헛소문일 뿐이라며, 기독교인들의 도덕적 수준이 얼마나 높고 엄격한가를 분명히 제시하고 있다.

아테나고라스는 삼위 하나님에 대한 신앙을 변호한 훌륭한 변증가로 잘 알려진 인물이다. 그는 저스틴과 마찬가지로 태초에 하나님의 마음 안에 로고스가 존재했으며 이 로고스가 하나님에게서 나와 그를 통해서 만물이 창조되었음을 강조했다. 이 로고스가 성부와 일체인데 그것은 아들이 아버지 안에, 아버지가 아들 안에 있기 때문이다. 성부와 성자의 관계를 주종의 관계에서 보지 않고 동격이나 일체의 관점에서 조명하려고 한 흔적을 찾을 수 있다. 이 점에서 아테나고라스의 삼위일체 이해는 속사도들과 비교할 때 상당히 체계화되고 발전되었음을 발견할 수 있다. 심지어 성령을 하나님에게서 흘러나오는 신적 존재로 이해하고 있다는 점에서 아테나고라스는 삼위일체 발전에 적지 않은 기여를 하였다. 우리는 **기독교인을 위한 청원**에 나타난 아테나고라스의 신앙고백에서 이 점을 분명히 발견한다. 청원 10장에서 기독교인들이 결코 무신론자가 아니며 하나님, 우주의 창조자이신 로고스를 믿고 있는 신앙인들임을 강조하고 있다:

> 우리가 무신론자가 아니란 것을 나는 이미 충분히 설명하였다. 대개 우리는 한 분 하나님을 인정하고 있으니, 그는 피조자가 아니며, 영원하며, 보이지 않으며, 고통을 당치 않으며, 불가침적이며, 무한한 분이다. 그는 다만 마음과 예지에 있어서 알리어지며, 빛과 아름다움과 영과 형언할 수 없는 능력으로 둘러싸여 있다. 그로 말미암아 우주는 그의 말씀을 통하여 창조되었고, 질서를 가지게 되었으며, 함께 모인다. 내가 여기서 '그의 말씀'이라고 말함은 하나님께서 한 아들을 가지신다고 우리가 생각하기 때문이다. 우리가 하나님께서 한 아들을 가지신다고 말하므로 우리를 어리석다

생각하여서는 안 된다. 우리는 성부 하나님과 아들에 관하여 시인들이 사람들과 별로 다름이 없이 신들에 관하여 말하는 것 같이 생각하고 있는 것은 아니다. 하나님의 아들은 관념, 실체에 있어서 그의 말씀이신 것이다. 그로 말미암아 그를 통하여 만물이 만들어진 것이며 아버지와 아들은 하나이다. 그리고 성령의 일체성과 능력으로 말미암아 아들은 아버지 안에 있으며 아버지는 아들 안에 있으므로 하나님의 아들은 아버지의 마음이며 말씀이시다.

그러나 만일 당신의 탁월한 지성으로 아들이 무엇을 의미하느냐고 물으신다면, 나는 간략하게 그는 존재하게 된 것이 아니라 아버지의 첫 번째 산물이라고 말하겠다. 왜냐하면 하나님께서는 영원한 마음이시므로 태초로부터 자신 안에 그의 말씀을 가지고 계셨으며, 영원히 지혜로우시기 때문이다. 그러나 이 아들은 모든 물질적 사물들에게 형상과 활동성을 부여하기 위하여 하나님께로부터 나오신 것이다. 왜냐하면 모든 물질적 사물들은 본질상 무형상적인 것이고 또한 아무 활동성이 없어, 무거운 분자들은 가벼운 분자들과 혼합되어 있는 것이기 때문이다. 이와 같은 견해는 예언자의 영도 입증하고 있다. 그 영은 말하기를 '여호와께서 그 조화의 시작 곧 태초에 일하시기 전에 나를 가지셨으며'(잠 8:22)라고 한다. 진실로 예언을 말한 저 예언자들을 감동시키신 성령도 하나님으로부터 나오신 광채시며 이것은 마치 햇빛이 해로부터 나오며 돌아가듯이 그로부터 흘러나오시며 그에게로 돌아가신다. 그렇다면 성부 하나님과 성자 하나님과 성령을 인정하며, 또한 능력에 있어서의 저들의 통일성을 가르치며, 직무에 있어서의 자기들의 구별을 가르치는 사람들을 무신론자들이라고 부르는 것을 듣고도 놀라지 않을 수 있겠는가? 또한 우리의 신학은 이 점들에 그치는 것이 아니고, 우리는 또한 한 무리의 천사들과 사자들도 인정한다. 하나님께서는 세상의 조성자이시며 창조자로서 그의 말씀을 통하여서 저들에게 각각 임무를 맡기신 것이다. 그는 저들에게 명하사 우주의 좋은 질서와 원소들과 하늘들과 세상과 세상에 있는 모든 것을 돌보게 하신 것이다.[55]

위에 나타난 아테나고라스의 로고스 사상, 특히 성부와의 관계는 전형적인 플라톤 사상과는 차이가 있다. 로고스는 성부로부터 처음 나신 존재라는 사상은 플라톤주의와 유사하지만 삼위의 뚜렷한 구분은 플라톤에서 찾아볼 수 없으며, 더구나 로고스가 아버지 안에 아버지가 로고스 안에 존재한다는 표현은 근본적으로 플라톤 사상과 다르다. 플라톤의 영향을 받은 신플라톤주의는 로고스와 아버지를 본질상 구분하고 있으나 "아버지와 아들은 하나"라는 표현에서 보여주듯이 로고스가 성부와 일체라는 사실을 제시하는 것은 플라톤 사상에서는 찾아볼 수 없다.

아테나고라스보다도 더 구체적인 삼위일체 개념을 제시한 변증가는 안디옥 감독 데오필루스이다. 그는 자신의 친구 아우툴리쿠스에게 헌정한 3권의 책에서 삼위일체라는 용어를 처음으로 사용했으며 상당히 발전된 신관을 제시하고 있다. 데오필루스는 제 1권에서 하나님을, 제 2권에서는 구약성경의 해석과 시인들의 오류를, 제 3권에서는 기독교의 도덕적 탁월성을 다루고 있다. 그의 발전된 삼위일체 개념은 제 1권에 주로 나타난다. 데오필루스 역시 로고스를 "모든 피조물 가운데 첫 번째 나신 분"으로 표현하고 있다. 그렇다고 이것을 들어 성부 하나님에 대한 성자의 종속을 가르쳤다고 성급히 결론을 내리는 것은 바람직하지 않다.56 우리는 "당대에 삼위일체의 세 위격들 간 차이점을 설명할 수 있는 용어들이 채 마련되지 못한 상태였음"을 기억해야 할 것이다.

변증가들에게 로고스는 무엇보다도 진리의 안내자 혹은 진리의 교사였다. 변증가들에 따르면 만일 그리스도가 신적 하나님 이성인 로고스로 소개되었다면, 그의 사역은 무엇보다도 교육적 차원에서 표현되는 것이 당연하다. 따라서 변증가들은 그리스도께서 우리에게 하나님에 관한 진정한 지식을 제공해 주시고, 새로운 율법을 가르쳐 주심으로써, 우리를 생명에 이르는 길로 인도하신다고 믿었다. 구원은 이지적이며 도덕적 범주 안에서 해석되어야 하며 이런 관점에서 볼 때 죄는 무지와 동격이다.

---

55 Athenagoras, *Plea*, 10.
56 Kelly, *Early Christian Doctrines*, 100.

인간은 선한 일을 자유로이 행할 수 있지만, 그리스도만이 의와 생명으로 가는 길을 보여줄 수 있다. 율법에 따른 삶의 필요성을 강조하고, 그리스도인의 삶을 로고스와 관련시켰다는 점에서 기독교인의 생활에 대한 변증가들의 견해는 교부들과 본질적으로 다르지 않다.57

변증가들의 작품 가운데 가장 까다로운 것으로 평가되고 있는 소위 디오그네투스에게 보내는 서신은 저자와 연대도 미상이다. 문장의 스타일이 다른 변증가들과 맥을 같이 하지만 그 내용은 다른 변증가들과 상당한 차이가 있다. 예를 들면 유대적 예언과 헬라 철학을 모두 경시하는 점이다. 이 서한의 대부분은58 사회 내의 기독교인이 감당한 특이한 역할에 기초하여 기독교를 변명하는 내용으로 구성된다. 디오그네투스에 나타난 사상은 신적인 출발이 역사에 결정적이라는 "역사신학"이라는 관점에서 기술되어 있다. 초자연적 종교인 기독교는 이방종교나 유대교와 본질적으로 다르다는 사실에서 출발한 이 저술에는 그리스도인의 삶의 초월적 성격에 대한 생생한 상징적 표현이 하나의 신학의 주제로 흐르고 있다.

디오그네투스는 그리스도인들이 경외하는 하나님은 소위 신들이라 불리는 모든 것들을 무시하며, 만물 위에 뛰어난 주이시며, 그의 자녀 안에서 인간이 상상하는 신성을 무너뜨리고 그 자신을 사람들에게 계시하셨다. 그리스도인의 삶의 특징은 그 자체가 본질적으로 초월적인 기독교를 바탕으로 한다. 디오그네투스 작품의 두드러진 면은 하나님에 대한 신앙과 그리스도인의 삶의 묘사가 불가분의 관계로 표출되어 작품의 주제를 형성한다는 사실이다. 하나님에 대한 바른 신앙과 교리는 삶의 방향을 설정하는 근거가 된다. 이것은 또 기독교가 탁월한 기원을 가진다는 증거이기도 하다. 새로운 인종이라는 초대교회에 널리 사용된 그리스도인들의 묘사는 "새 세대, 언약, 창조"와 관련된 초월적인 성경적 표현을 반영한 것이다. 다시 말해 이 서한은 성경 자체가 가진 특징적이고 강한 역사 감각을 보여주고, 기독교의 초월적 신비 안에서 창조된 자연에 나타난

---

57 Hägglund, 신학사, 37.
58 Ad. Diog. chaps. 1-10장.

신적 목적의 충만함을 직시하여, 결국 역사적 상황에서 있음직한 문제들에 답변한다. 역사 안에서의 신적인 오이코노미아(oikonomia) 설명에 있어서 신적 지혜가 역사적 카이로스(kairos)에 따라서 행해진다는 진리에 대한 저자의 이해는, 이레니우스가 신의 섭리에 대해 훌륭하게 묘사하기 이전에 존재했던 표현들이다. "나는 당신이 기독교 진리에 관해 배우는 것에 진정 흥미가 있으며, 그 문제에 관해 정확하고도 주의 깊은 고찰을 해야 한다고 생각한다"로 시작된 **디오그네투스 서한**에는 절제된 문체와 그 문체의 이면에 존재하는 뿌리 깊은 신학이 내포되어 있다. 이 서신에서 저자는 헬라인들이나 이교도들의 종교는 "맹목적 우상숭배의 우매함" 그 자체이며, 유대주의는 참된 종교의 이념과는 거리가 먼 "미신적" 행위일 뿐이라는 사실을 지적하면서 기독교인들의 신이야말로 참 진리를 제시한 참 신이라고 변증한다. 자연히 그는 기독교인들이 믿는 신이 무엇이며 그들이 신을 어떻게 경배하고 있으며 유대인의 미신이나 헬라의 신들과는 어떤 면에서 본질적으로 다른가를 설명하고 있다. 기독교인들은 국적, 언어, 습관에 있어서 다른 사람들과 구별되지 않는다. 기독교인들은 특이한 언어를 사용하는 것도, 전혀 찾아볼 수 없는 새로운 삶의 방식을 취하는 것도 아니다. 기독교인들은 "옷 입는 것과 음식과 여타의 일상생활 행위에서 본국인들과 하등의 다를 바가 없으며" 오히려 "훌륭하면서도 솔직한 생활방법"을 보여주는 자들이다.59

"그들은 자신이 속한 국가에 살지만 단순히 나그네처럼 지낸다. 시민으로서 다른 사람들처럼 모든 면에 참여하면서도 마치 외국인처럼 모든 것을 참고 견딘다. 모든 외국 땅도 그들에게는 본국이 될 수 있으며 자신이 출생한 모든 땅에서도 이방인처럼 지낸다."60 뿐만 아니라 기독교인들은 다른 사람들과 결코 다르지 않은 평범한 생활을 영위하고 있는 자들이다:

---

59 *Ad. Diog.* 5.
60 *Ad. Diog.* 5.

그들도 모든 사람들처럼 결혼한다. 그들도 어린 아이를 낳는다. 그렇지만 그들은 후손을 멸절시키지 않는다. 그들은 식사를 공동으로 하지만 잠자리를 함께 하지는 않는다. 그들은 육체를 가지고 있으나 육체의 정욕을 따라 살지는 않는다. 그들은 이 땅에서 삶을 영위하지만 하늘의 시민들이다. 그들은 법률의 금지 사항을 준수하지만 동시에 삶을 통하여 이 율법들을 능가한다. 그들은 모든 사람을 사랑하면서도 모든 사람들로부터 박해를 받는다. 그들은 알려지지도 않은 채 정죄를 받아서 죽음을 당하지만 생명을 다시 얻는다. 그들은 가난하지만 많은 사람을 부요케 한다. 그들은 모든 것이 부족하지만 모든 것이 넘친다. 그들은 항상 험담을 들으면서도 옳다고 인정받는다. 그들은 책망을 받으면서도 축복한다. 그들은 모욕을 받으면서도 그 모욕을 영광으로 생각한다. 그들은 선행을 행하면서도 악행자라고 처벌을 받는다. 처벌을 당하면서도 생명을 곧 얻을 것처럼 즐거워한다. 그들은 유대인들로부터 이방인이라고 공격을 당하고, 헬라인들로부터 핍박을 받지만, 그들을 미워하는 자들도 무슨 이유로 그렇게 증오하게 되었는지 그 까닭을 밝히지 못한다.61

디오그네투스의 작품에서 두드러지는 것은 기독교인들은 유대인이나 헬라인들과 본질적으로 구분되며 그 구분되는 분명한 증거는 그들의 삶이라고 단정한다. 그의 신론은 다른 변증가들과 비교할 때 상당히 발전되었다. 하나님께서는 이 세상을 창조하셨고 이 세상을 창조하신 그 분께서 직접 이 세상에 성육신하신 것이다.62 하나님이 직접 성육신하신 것이라는 사고는 헬라 철학자들의 신 개념과는 본질적으로 다르다.

헬라 철학자들은 불을 신이라고 했고, 혹은 어떤 철학자들은 물 등이 세상의 피조물을 신으로 이해했는데 이것은 피조물을 숭배하는 어리석은 행위이다. 만일 이런 논리를 따른다면 모든 피조물들은 신이 될 수 있다

---

61 *Ad. Diog.* 5.
62 *Ad. Diog.* 6.

는 어리석은 범신론에 빠지고 만다. 그러나 기독교의 신은 이 세상을 만드신 바로 그 분이며 그는 믿음을 통해서 스스로를 계시하시고 그것으로 인간은 신을 보는 것이 가능하다. 하나님은 형언할 수 없는 신비의 비밀을 간직하고 계셨으며 그것을 아들에게만 알리셨던 것이나. 이런 아들에게 계시하신 하나님의 비밀의 계시를 그리스도인들에게 알려주셨다.63

하나님께서는 인간에게 이성과 지성을 주셨고 자신의 형상으로 인간을 지으시고, 인간을 사랑하셔서 자기의 아들을 보내주셨으며 그를 사랑하는 자들에게 하나님 나라를 약속하셨다. "순종 없이는 진정한 지식이 있을 수 없는 것처럼 지식 없이는 생명이 없다."64 **디오그네투스** 작품에서는 다른 변증가들에게서 찾아볼 수 있는 이원론적인 사고가 지배하지도 단순히 종말론적인 삶의 태도만을 강조하지도 않는다. 현재와 종말을 단순한 이원론적인 구조 속에서 틀에 맞추지도 않으면서 현재와 종말적인 신앙을 연결시키고 있다.

우리가 마지막으로 언급하려고 하는 변증가는 사르디스의 멜리토이다. **디오그네투스에게 보내는 서신**의 저자는 유대인을 기독교인과 본질적으로 다른 미신숭배자들이라고 보면서 그들에 대한 부정적인 시각을 갖고 있는 것에 반해 사르디스의 멜리토는 유대주의와 기독교의 연속성을 대단히 강조하며 이 둘을 기독론적인 관점에서 연결시키고 있다. 이스라엘의 역사 속에 나타난 상당히 많은 사건들은 그리스도를 예표하는 사건들이라고 본다. 그 중에 대표적인 것이 출애굽과 유월절 제도이다. 그는 구약에 역사하신 하나님이 바로 예수 그리스도 자신이라고 해석하였다:

> 이분은 우리를 노예에서 자유로, 어두움에서 빛으로, 사망에서 생명으로, 압박에서 영원한 왕국으로 구출하신 분이며, 우리를 새로운 제사장으로 삼으시고 영원히 선택하셨다. 그 분은 우리의 구원을 위한 유월절이시고 여러 사람에게서 많은 고통을 당하셨

---

63 *Ad. Diog.* 6.
64 *Ad. Diog.*, 믿음의 신비에 관한 설교.

다. 그 분은 아벨 안에서 죽음을 당하시고, 이삭 안에서 묶이셨으며, 야곱 안에서 이국땅에 거하셨으며, 요셉 안에서 팔리셨으며, 모세 안에서 쫓겨났으며, 어린 양으로 희생되셨으며, 다윗 안에서 쫓김을 당하셨으며, 선지자 안에서 창피를 당하셨다.65

우리가 멜리토의 글에서 발견할 수 있는 사실은 구약의 하나님과 그리스도 자신을 동일시하여 전혀 둘 사이에 구별이 없다는 점이다. 이런 그의 사상이 양태론을 반영하는 것인지는 아직 불확실하지만 적어도 성부와 성자의 위격의 구분이라는 점에서는 문제가 없는 것이 아니다. 그러나 이런 사실은 크게 문제 삼을 것이 못된다. 왜냐하면 칼케돈에서 정립된 삼위일체 개념에서 고찰할 때 정도의 차이가 있겠지만 변증가들의 삼위일체 신앙은 문제가 될 수 있기 때문이다.

6. 요약

속사도들의 글에서 찾아볼 수 있는 신학의 통일성을 헬라 변증가들의 작품에서는 찾아보기 힘들다. 변증가들이 헬라의 영향을 받았기 때문이다. 대부분의 변증가들은 기독교와 이교문화와의 관계에 대해서도 상당히 긍정적으로 평가했다. 물론 **디오그네투스에게 보내는 서신**처럼 기독교를 이교도들의 철학이나 종교와 본질적으로 다른 체계로 이해한 변증가도 없지 않다. 그러나 대부분의 변증가들은 헬라의 사상과 기독교의 사상 사이에는 모종의 연속성이 있다고 믿었다. 이들은 헬라 사상과 기독교를 로고스를 통하여 연결시켰다. 당대의 변증가들의 궁극적인 관심은 진리의 문제였고, 진리의 궁극적인 저자는 로고스이며 이 로고스는 기독교만의 전유물은 아니라고 이해했다. 변증가들의 최대의 이슈는 로고스

---

65 *Paschal Home.*, 68-69. Cf. Campbell Bonner, *The Homily on the Passion by Bishop Melito of Sadis* (London: Christophers, 1940).

었다. 그들은 로고스를 성자와 동일시하면서도 그 로고스가 하나님에게서 나온 불 혹은 빛, 또는 하나님의 첫 아들, 첫 피조물이라고 이해했다.

변증가들은 기독교와 플라톤주의가 모순되지 않는다고 믿었다. 중기 플라톤 시대에 살았던 이들 변증가들은 헬라인이거나 헬라문화 속에서 교육받은 이들이 대부분이었다. 따라서 헬라 사상을 잘 알고 있었으며 헬라 사상을 기독교의 사상과 접목시키려고 했다. 헬라 사상과 기독교 사상과의 연계 노력은 기독교를 변호하고 지성세계에 기독교를 확산시키는 결과를 낳았다. 하지만 후대에 기독교의 유일성과 독특성을 약화시키는 결과를 초래했다. 예를 들면 저스틴은 기독교를 종교로 이해하기보다 적어도 하나의 철학체계로 간주했고, 그리스도를 하나의 스승으로, 이 세상의 기원을 플라톤적인 시각으로 이해했다. 이 로고스가 피조물이냐 아니냐하는 문제는 아리우스와 아다나시우스 논쟁의 논제가 되었다. 이런 약점에도 불구하고 변증가들은 성육신과 부활신앙으로 기독교의 본질을 조직적으로 제시하여 후대 교부들이 이것을 기독교의 핵심진리로 체계화시킬 수 있도록 토대를 제공했다. 그런 의미에서 변증가들은 최초의 기독교 조직신학자로 평가받는다.

제 6장
이단의 발흥과 발전

> 나 이후에는 예언이 없을 것이요 다만 종말이 있을 뿐이다.
>
> Maximila

　근래 한국에는 이단으로 인한 혼란이 끊이지 않고 일고 있다. 2014년 온 통 한국을 뒤흔든 세월호 사건이 발생하여 한국의 정치, 사회, 경제, 문화에까지 심대하게 영향을 미쳤고, 아직도 상처가 채 아물지 않았다. 세월호의 운영 배후에 구원파가 있었고, 교주 유병언은 사건 발생 몇 개월 후 시체로 발견되었다. 상식적으로 이해할 수 없는 일들이 한두 가지가 아니었다. 이단의 실체를 너무도 적나라하게 보여주었다. 그것은 다시는 일어나서는 안 될 한국교회의 일그러진 모습이자 충격적인 사건이었다.

　1992년에 소위 10월 28일 종말론으로 한국교계가 완전히 혼란에 빠질 뻔했던 사건이 있었다. 10월 28일 종말론이 이단이냐 아니냐 하는 문제는 차치하고라도 분명한 사실은 그것이 극단적인 방향으로 진행되었고 한국 교계는 물론 한국사회를 충격의 도가니로 몰아넣었다는 점이다. 10월 28일 재림설 역시 그렇듯이, 역사적으로 볼 때 이단들의 공통적인 특징은 자신들만의 비밀적인 지식이나 계시를 갖고 있다고 주장해왔고 그것 때문에 수많은 그리스도인들이 빠져들었던 것이다. 한 예언자가 등장하여 그리스도가 어느 시 어느 곳에 재림할 것이라고 외치면 곧 동조자들이 규합되고 그 세력들은 한 단체를 형성하여 자신들의 공동체를 형성하여 왔다. 이런 현상은 10월 28일 재림을 주장하는 자들도 예외는 아니었다.

더욱 극단적인 집단도 얼마든지 있었다. 1993년 5월 3일자 타임지에는 한 때 미국 전역을 숨 죄이게 했던 자칭 예수라고 하는 데이빗 코레쉬(David Koresh)와 그를 추종하는 미국 텍사스 와코의 데이빗주의자 공동체에 대한 특집이 실려 있었고 표지에는 불타는 배경 속에 최후를 맞는 코레쉬의 모습이 실려 있었다. 코레쉬는 자신이 예수라고 선언하였고 또한 그것을 확신하였던 것 같다. 타임지사가 입수한 두 편의 편지에는 다음과 같은 내용이 실려 있다:

4월 10일: 나의 지혜를 너희에게 전하노라. 나는 나의 인봉된 비밀들을 너희에게 전하노라. 어떻게 감히 너희가 나의 자비의 초청을 거절하겠느냐 … 너희가 거스려 싸우는 대상은 누구이냐? 법은 나의 것이며, 진리는 나의 것이니라 … 나는 너희의 하나님이다. 그리고 너희는 나의 발 앞에 경배할 것이다. … 나는 너희의 생명이며 너희의 죽음이노라. 나는 예언자들의 영이며 예언자들의 증언의 저자이니라. 너희가 얼마나 어리석은 가를 보고 알라. 너희는 [나를 떠나] 더 이상 멀리 나갈 수 없을 것이다. 너희가 나의 뜻을 정지시킬 힘을 가지고 있다고 생각하느냐? … 나의 나팔이 드러나야 할 것이다. … 너희는 내가 너희의 임박한 고통을 비웃기를 원하는가? 너희는 내가 하늘을 밀쳐내고 나의 진노를 너희에게 보여주기를 원하는가?! 나를 두려워하라. 왜냐하면 너희는 나의 진노 속에 있기 때문이다. … 나는 너희에게 경고하노니, 올드 마운트 카멜(Old Mount Carmel)의 레이크 와코 지역이 무섭게 흔들릴 것이니라. 댐이 붕괴되어 호수의 물이 바닥날 것이라.

4월 11일: 나의 손이 하늘과 땅을 만들었고, 나의 손이 또한 세상의 종말을 가져올 것이다. … 그날에 너희의 숨은 모든 죄악들이 드러날 것이라. 자비와 친절을 베풀라 그리하면 너희는 자비와 친절을 받을 것이라. … 너희는 나의 구원을 배울 기회를 가지라. 나를 대적하지 말라. … 나의 말에 귀를 기울이고 자비를 베풀며 어린 양의 혼인잔치를 배우라. 너희는 왜 낙오자가 되려느냐? שָׂרוּךְ. הוהי Yahewh Koresh[1]

본장에서는 이단발흥의 역사적 배경을 살펴본 후, 헬라주의 사고를 가지고 전통교회를 위협했던 영지주의, 영지주의의 한 부류인 발렌티누스와 말시온주의, 그리고 영지주의와는 다른 방향에서 교회를 위협했던 몬타니즘을 살펴볼 것이다.

1. 이단의 역사적 배경

우리는 이단의 홍수 속에 살고 있다. 수많은 이단들이 역사에 등장했다가 사라지기도 하고 현재까지 하나의 집단을 형성하여 계속 번성하기도 한다. 그리고 이단을 판단하는 기준도 시대마다 달리하여 왔다. 사도 요한은 당시에 다른 복음을 전하는 자들을 염두에 두면서 누구든지 그리스도가 육체로 오심을 부인하는 자마다 적그리스도라고 정죄하였다. 이레니우스는 이단을 표준교리에서 벗어나는 자, 어거스틴은 신앙 자체를 해치는 하나님에 관한 잘못된 신앙, 그리고 저스틴은 "사탄의 교리"라고 정의하였다. 철학에 대하여 부정적인 견해를 갖고 있던 터툴리안은 "이단들이 철학에 의하여 고취되고 있다"(Heresies are instigated by philosophy)고 봄으로써 철학과 이단을 상호 연계시켰다.[2]

---

[1] *Times* (May 3, 1993), 26.

[2] 이처럼 이단을 정의하는 방향은 약간씩 상이하지만 근본적인 이단의 평가기준은 공통적인 통일성이 있었다. 복음의 세계는 하나님, 은혜의 그리스도를 통한 구원에 절대적인 초점이 맞추어진다. 때문에 구속하기 위하여 이 땅에 오신 성육신, 그리스도의 신성에서 출발한 삼위일체, 그리스도

이단의 역사는 사도시대부터 시작된다. "교회들이 마치 빛나는 발광체처럼 전 세계에 빛을 비추고 주 예수 그리스도를 믿는 신앙이 모든 인류에게 퍼져가고"3 있던 2세기 중엽, 교회는 외부로부터 오는 박해와 내부로부터 오는 이단이라는 두 가지 도전에 직면하였다. 이즈음에 소위 초대교회의 대표적인 이단인 영지주의, 발렌티누스, 몬타니즘이 역사에 등장하여 전통적인 기독교를 위협하기 시작하였다. 외부에서 오는 반기독교 운동이나 핍박은 교회가 쉽게 식별할 수 있었지만 쉽게 인식할 수 없는 내부로부터 오는 이단 사설들이 2세기부터 교회의 복음을 왜곡하기 시작하였다.

2세기 정통신학의 대변자 가운데 한 사람이라고 평가받는 헤게시푸스에 따르면 당시 유대 백성들 가운데 여러 이단들이 존재했다. 이들은 시므온에게서 시작된 시몬파, 클레오비우스에게서 시작된 클레오비우스파, 도시테우스가 창시한 도시테우스파, 다시 여기서 파생되어 나온 고르테우스가 세운 고르테우스파, 마스보테우스가 세운 마스보테우스파, 그리고 역시 시므온에서 생겨난 메난드리안파, 바실리디안파, 말시온파, 카르포크라티아파, 발렌티아파, 사투르실리아파가 그것이다.

모두 나름대로 특이한 견해를 도입하여 사람들을 미혹했다. 이들로부터 거짓 그리스도들과 거짓 선지자들, 거짓 사도들이 나타나 하나님과 그리스도를 거역하는 타락한 교리들을 소개하여 교회의 일치를 깨뜨렸다.4 또한 헤게시푸스는 자신의 역사서에서 유대인들 사회에 퍼져있던 고대 이

의 유일성과 은총론에서 출발한 칭의론은 다른 복음을 평가하는 중요한 기준이 되었다. 사도시대에는 그리스도의 육체적인 성육신이 절대적인 평가기준 이었다. 이것은 적어도 1세기 동안 계속되었다. 2세기 이후부터 삼위일체론이 이단의 평가기준이 되어왔고 어거스틴에 와서는 칭의론이 이단의 평가기준으로 정착되기 시작하였다. 따라서 이단의 평가기준은 성육신, 삼위일체, 그리고 칭의론이었다. 이것은 적어도 17세기까지는 계속되었다. 그러나 현대에 와서는 자유주의와 이단을 구분할 수 없을 정도로 자유주의가 기독교 신앙에서 이탈하면서 이단과 현대주의는 그 기준이 모호해지고 말았다. 이것은 20세기 초엽 현대주의와 근본주의 논쟁에서도 찾아볼 수 있는 두드러진 현상이라고 볼 수 있다. 이런 현상은 메이첸이 그의 **기독교와 자유주의**에서 로마 가톨릭은 기독교의 변형인지 몰라도 자유주의는 기독교가 아니다. 왜냐하면 자유주의는 다른 전제에서 출발하기 때문이라고 말한 것과 맥락을 같이한다. J. Gresham Machen, *Christianity and Liberalism* (Grand Rapids: Eerdmans, 1990), 79.

3 Eusebius, *H.E.* IV. 7.
4 Eusebius, *H.E.* VI. 22.

단들을 언급하면서 이스라엘 자손들 사이에 존재했던 유다와 메시아파, 즉 에센파, 갈릴리인, 헤메로밥티스트, 마스보테안, 사마리아인, 사두개인, 바리새인들을 대적하여 할례에 대해 다른 견해들이 있었다고 말한다.5

이처럼 교회가 태동되기 시작한 초기부터 벌써 이단은 역사에 등장하여 정통신앙을 침해하고 있었다. 그리고 이런 이단세력은 궁극적으로 사탄의 조종을 받는 집단들이라고 이해하였다. 때문에 초대교회 지도자들은 박해를 통해 교회를 음해하려고 한 악한 영들이 이 이제는 "기독교인"이라는 허울 좋은 탈을 쓰고 신앙인들을 진리에서 돌아서게 하기 위해 온갖 음모를 꾸미고 있는 것으로 믿었다. 그것은 이단에 대한 유세비우스의 견해에서도 잘 나타나 있다:

> 한편, 진리의 원수이며 인류 구원의 강포한 원수인 악하고 불의 한 영은 과거에 박해를 통해 신앙을 대적했듯이 이번에도 교회를 박해하기 위해 온갖 음모를 도모하였다. ⋯ 그들은 우연히 유혹을 받아 멸망의 구렁텅이에 빠진 신자들을 자기에게로 이끌기 위해 우리와 마찬가지로 "기독교인"이라는 명칭을 취했다. 또, 뻔뻔스럽게도 신앙을 모르는 무지한 사람들을 하나님의 구원의 진리로 인도하는 길로부터 돌아서게 하였다.6

초대교회를 심각하게 위협했던 대표적인 이단들은 영지주의와 말시온, 그리고 몬타니즘(Montanism)이다. 영지주의는 처음에 완전히 이교적이었으나 시간이 흐르면서 기독교의 가르침을 혼합했다. 말시온은 신구약을 예리하게 구분하고, 영지주의 이원론을 기독교의 가르침 속에 융합시켰으며 몬타니즘은 임박한 새 예루살렘의 도래를 예언했다. 어떤 의미에서 본다면 말시온(Marcion)과 몬타누스(Montanus)는 교회의 자식들(sons of church)이라 할 수 있다. 그들의 가르침이 기독교와 유사한

---

5 Eusebius, *H.E.* VI. 22.
6 Eusebius, *H.E.* VI. 7.

데다 기독교라는 이름으로 교회 내에서 확산되었기 때문이다.

자연히 앞에 언급된 세 개의 이단들은 그리스도의 이름을 중요하게 다룬다. 그럼에도 불구하고 이들 이단들과 소위 정통파 기독교와 그들 사이에는 넘을 수 없는 간격이 가로 놓여있었다. 영지주의와 밀시온은 전통적인 복음을 곡해하였고 몬타니즘(Montanism)은 복음의 한 면만을 강조함으로써 복음의 본질을 왜곡시켰다.

2. 영지주의

2세기 중엽은 영지주의의 시대이다. A.D. 135년 예루살렘의 2차 함락과 A.D. 193년 세베르 왕조의 즉위로 구별되는 두 세대 동안에 교회는 점진적인 헬라화의 과정을 겪게 되었다. 이 과정에서 나타났던 중요한 이단 가운데 하나가 영지주의 운동이다. A.D. 130년에서 180년 사이에 주로 알렉산드리아에서 활동하고 있던 교사들이 기독교의 지적 생활을 지배하면서 그들의 영향력은 이탈리아, 로마, 소아시아, 심지어 론 밸리(Rhone Valley)에 있는 기독교인들에게까지 확장되었다. 실재에 대한 이원론적 해석과 금욕주의적 윤리, 그리스도에 대한 색다른 이해, 죽음의 망각으로부터 구원해주는 능력으로서 지식의 강조 등을 그 특징으로 하는 영지주의는 초대교회에 지대한 영향을 미쳤다. 심지어 하르낙(Harnack)은 성경이 영지주의 영향을 받아 "예수의 참된 가르침"과 헬라주의화된 영지주의 사상으로 만들어졌기 때문에 성경에서 예수의 가르침을 찾기 위해 신학의 비신화화가 있어야 된다고 주장한다. 우리가 그의 견해를 받아들일 수는 없지만 적어도 영지주의가 기독교에 적지 않은 영향을 미쳤다는 사실은 부인할 수 없을 것이다.

영지주의가 2세기 동안 만만찮은 세력을 형성하였던 것은 기독교가 그 영향력을 증대시켜 나가면서 영지주의에 대한 헬라 지식인들의 관심이 점증했기 때문이다. 구원에 관한 문제, 그리스도-구세주에 관한 문제,

우주의 기원과 발달에 관한 문제 등은 그들이 해명하고자 하였던 중요한 주제였다. 신약성경에는 영지주의적 특징을 반영하는 성경구절들이 여러 곳 나타나는데, 예를 들면 골로새서 2장 22-23절, "사람의 명령과 가르침을 따르느냐 이런 것들은 자의적 숭배와 겸손과 몸을 괴롭게 하는 데는 지혜 있는 모양이나 오직 육체 따르는 것을 금하는 데는 조금도 유익이 없느니라"가 바로 그것이다. 비록 영지주의 사상이 교회 안에 강하게 일면서 건전한 기독교를 위협하기 시작한 것은 2세기 초지만 이미 1세기 초부터 영지주의 경향들은 교회 내에 존재하고 있음을 말해주는 것이다.[7]

초대교회 지도자들은 마술사 시몬을 모든 이단의 원천으로 보았다. 1세기 말경 시리아의 안디옥에서 가르쳤던 메난더는 시몬의 추종자였다. 이외에도 영지주의자 중에는 새투르니누스(Saturninus), 케린투스(Cerinthus), 바실리데스(Basilides), 발렌티누스(Valentinus) 등이 있다.

1) 영지주의의 성격과 특징

켈리(J. N. D. Kelly)가 자신의 **초대기독교리**(*Early Christian Doctrine*)에서 지적한 것처럼, 영지주의는 유대교, 헬라 철학 및 동양철학의 혼합이다.[8] 영지주의는 기독교, 헬라의 철학, 그리고 동양 특별히 바벨론의 우주적인 신화론, 페르시아의 이원론을 결합한 혼합 종교사상이라고 볼 수 있다. 영지주의 사상 가운데 가장 두드러진 것은 헬라의 이원론적 사상과 기독교와의 혼합이다. 이 때문에 기독교 영지주의를 "헬라풍 기독교"(Hellenized Christianity)라고 부르기도 한다.

하나님은 누구인가, 악은 무엇인가, 어떻게 인간이 하나님을 알 수 있는가, 그리고 인간이 어떻게 악에서부터 구원을 얻을 수 있는가는 영지주의자들이 갖고 있던 중요한 관심사였다. 하나님, 인간, 죄인, 그리고 구속에 관한 문제를 해결하는 과정에서 영지주의자들은 한 가지 사실을 그들

---

[7] Cf. Schoeps, *Theologie und Geschichte des Judenchchristentums*, 1949.
[8] J. N. D. Kelly, *Early Christian Doctrine* (London: HarperCollins, 1968), 23.

의 신념으로 수용한다. 그것이 영지(gnosis; knowledge)인데 이 영지는 영계로부터 온 계시이다. 바로 영지(gnosis)에서 영지주의(Gnosticism)라는 말이 유래했다.

영지주의자들은 하나님께서 여러 단계의 지식과 믿음을 창조하셨으며, 성경 외에 예수의 제자들에게 주신 비밀 구전(a secret oral tradition)이 있다고 주장했다. 이 비밀 구전은 전승되어 내려왔고, 이 비밀의 구전을 소유한 이들이 곧 자신들이라는 것이다. 영지주의의 또 하나 공통적인 특징은 영육의 분리에 근거한 철저한 이원론적인 사고다. 영은 선하고 물질은 악하며, 때문에 구원은 영적인 영역에만 국한된다는 것이다. 이런 이원론적인 사고 때문에 영지주의자들의 삶은 금욕주의 아니면 자유방임주의라는 두 가지 극단으로 흘렀다. 만일 구원이 물질로부터의 영혼 해방이라면, 윤리적 이상은 금욕주의를 통해 달성될 수밖에 없다는 것이다. 대표적인 예가 엄격한 금욕주의 삶을 강조했던 엔크라티테스(Encratites)로,9 이들은 인간이 본래 단성이며 여자를 창조한 것이 악의 원천이라고 믿은 나머지 성과 결혼에 대해 극단적인 금욕주의적 태도를 취했다. 이와는 달리 카포크라테스(Carpocrates)나 그의 아들 에피파네스(Epiphanes) 같은 이들은 자유방임주의로 흐른 대표적인 예인데, 이들은 난잡한 성관계가 신의 율법이라고까지 가르쳤다. 이들은 어차피 육체는 악하기 때문에 육체의 소욕을 다스릴 수 없고, 육체의 구원을 가져올 수 없다는 생각에서 자유방임주의로 흘렀던 것이다.10

심지어 가인파 같은 영지주의자들은 가인과 구약의 악한 자들을 숭배하기까지 하였다. 또한 영지주의는 물질계가 악하다는 개념에 근거하여 창조주와 구세주를 구분한다. 절대자는 악한 물질계를 창조할 수 없다는 개념 때문에 하나님과 물질계 사이에 중간자를 개입시켜 그가 세상을 창조하였다고 믿는다. 영지주의자들은 하나님이 물질계와 아무런 관련이 없다고 말한다. 악은 물질에서 나왔고, 하나님은 선하시므로 물질세계와

---

9 Eusebius, *H.E.* IV., 28–29.
10 Bengt Hägglund, 신학사, 박희석 역 (서울: 성광문화사, 1989), 50.

는 거리가 먼 존재라는 것이다. 말시온이 구약의 하나님과 신약의 하나님을 구분하고, 구약의 하나님을 창조주와 공의의 하나님으로 신약의 하나님을 사랑의 하나님으로 본 이유도 그 때문이다.

2) 영지주의 자료

영지주의 연구에 매우 중요한 자료들로는 피스티스 소피아, 교부들의 작품들, 그리고 나그 하마디 문서들이 있다. 피스티스 소피아(Pistis Sophia)에는 발렌티누스에 대한 문헌이 담겨져 있으며, 이레니우스(Irenaeus), 히폴리투스(Hippolytus), 오리겐(Origen), 터툴리안(Tertullian), 에피파니우스(Epiphanius) 같은 교부들의 작품에는 영지주의에 관한 상당한 문헌들이 담겨져 있다. 금세기 중엽 영지주의 문서인 나그 하마디(Nag Hammadi)가 발견되기까지 노스틱파에 대한 우리의 지식은 이레니우스, 히폴리투스, 오리겐, 터툴리안, 그리고 에피파니우스 같은 초대 교부들의 저작에 전적으로 의존하여 왔다.

이집트 상부에서 농부에 의해 1946년에 발견된 나그 하마디 본문(Nag Hammadi texts)은 주후 400년경에 매장된 것으로 보이며 이 사본들은 약 50개의 작품들을 포함하고 있다. 이것은 영지주의를 새롭게 조명해 준다. **진리의 복음**(*The Gospel of Truth*)은 무지가 인간의 상실된 상태임을, **레기노스 서(書)**(*The Letter of Rheginos*)는 부활이 육체적 사건이 아님을, **도마복음**(*The Gospel according to Thomas*)은 예수의 말씀이라고 주장하는 114개의 어록을 수집한 것, **빌립복음**(*The Gospel according to Philip*)은 성례에 대하여, **요한묵시**(*The Apocrypha of John*)는 우주의 기원에 관하여, **아담계시록**(*The Revelation of Adam*)은 아담이 노아가 홍수에서 어떻게 구원받았는가를 셋에게 알려준다. 나그 하마디의 문서는 기독교에 대한 간접적인 언급은 있지만 직접적인 언급은 없기 때문에 어떤 학자들은 이것이 기독교 이전의 영지주의를 보여주는 것이라고 주장하기도 한다.[11]

The Nag Hammadi Codices
나그 하마디(Nag Hammadi) 문서

3) 영지주의의 기원

영지주의의 기원은 영지주의를 연구하는 이들에게 중요한 주제이다.12 과연 최초의 영지주의자는 누구이며, 영지주의는 기독교 이전(Pre-Christianity) 현상인가 아니면 기독교 이후(Post-Christianity) 현상인가? 20세기 후반에 들어 이런 영지주의의 기원에 관한 문제는 상당히 중요한 주제로 등장하고 있다. 야마우치 또는 내쉬 같은 복음주의 학자들은 영지주의가 기독교 후 시대 현상이라고 본다. 그러나 기독교 이전부터 영지주의가 기원되었다고 보는 학자들도 적지 않다. 따라서 영지주의적 원형은 기독교 이전부터 있어 왔지만 영지주의의 형태를 갖춘 하나의 사상 체계는 기독교 이후에 형성된 신학의 조류라고 보는 것이 타당할 것이다. 이레니우스, 터툴리안, 히폴리투스 같은 교부들은 영지주의가 플라톤

---
11 Edwin M. Yamauchi, "Gnosticism," in *Eerdmans' Handbook to the History of Christianity* (Grand Rapids: WM. B. Eerdmans Publishing Co, 1977), 98-99.
12 Ronald Nash, *Christianity and the Hellenistic World* (Grand Rapids: Zondervan, 1984), 251-161. 내쉬는 이 책에서 영지주의의 기원 문제를 "Pre-Christian Gnosticism?"이라는 부제목에서 심도 있게 다루고 있다.

주의나 아리스토텔레스주의 등의 헬라 철학과 상당히 관련이 깊다고 보았다.13 저스틴과 이레니우스를 비롯한 초대교회 지도자들 대부분이 마술사 시몬(Simon Magus)을 모든 이단의 원천으로 보았다. 이레니우스는 '모든 종류의 이단들이 그로부터 생겨났다'고 주장했다. 사도행전에 나오는 그에 대한 간략한 설명은 암시적이다. "그 성에 시몬이라 하는 사람이 전부터 있어 마술을 행하며 사마리아 백성을 놀라게 하며 자칭 큰 자라 하니 낮은 사람부터 높은 사람까지 다 청종하여 가로되 이 사람은 크다 일컫는 하나님의 능력이라 하더라. 오랫동안 그 마술에 놀랐으므로 저희가 청종하더니."14

시몬의 사상은 그의 제자 메난더에게 계승되었다. 1세기 말경 시리아의 안디옥에서 영지주의를 가르쳤던 메난더는 시몬의 추종자로서 시몬과 같이 사마리아 출신이었다. 메난더는 자신을 믿는 자는 영생을 얻을 것이라고 주장하였지만 그가 죽음으로 "시몬 못지않게 사악한 도구임"15이 드러났다. 그는 "자기 스승 못지않게 마술에 능숙하게 된 뒤 한층 오만하게 기적을 행하는 체"16하여 사람들을 유혹했다. 이레니우스, 저스틴, 유세비우스는 메난더에 대한 기록을 우리에게 남겨주고 있다. 특별히 유세비우스의 기록은 생경하다:

> 사마리아의 카파라태아 마을 출신으로서 시몬의 제자가 되어 역시 마귀의 선동을 받고 있었던 메난더가 안디옥으로 와서 마술로 많은 사람들을 미혹케 했다는 것을 우리는 알고 있다. 그는 자신을 따르는 사람들에게 그들이 결코 죽지 않을 것이라고 가르쳤다. 지금도 몇몇 그의 추종자들은 같은 것을 믿고 있다. 이러한 사기꾼들은 기독교인이라는 이름으로 악한 술책을 사용하여 위대한 경건의 비밀을 마술에 의해 손상시키려 했고, 영혼의 불멸

---

13 Hägglund, 신학사, 43.
14 사도행전 8:9-11.
15 Eusebius, *H.E.* III. 26.
16 Eusebius, *H.E.* III. 26.

과 죽은 자의 부활에 관한 교회의 교리를 갈기갈기 찢어 버렸다.
그러나 이들을 구세주라고 믿은 사람들은 견고한 소망을 잃게 되
었다.17

결국 메난더는 거짓 선지자임이 입증된 셈이다. 이들 외에도 2세기 초에 영지주의자 새투르니누스(Saturninus)가 안디옥에서 그리스도는 구속자이지만 육체를 입으신 분이 아니라고 가르쳤다. 사도 요한 당시 영지주의자 케린투스(Cerinthus)가 소아시아에서 영지주의 사상을 가르쳤다.

4) 영지주의의 종류

(1) 이집트계

일반적으로 영지주의는 크게 이집트계, 시리아계, 폰틱계, 그리고 유대주의계로 대별할 수 있다. 이집트계의 대표적인 사람은 A.D. 120년에서 130년경에 로마에서 활약을 하였던 바실리데스(Basilides)이다. 유세비우스의 표현을 빌린다면 두 가지 상이한 이단 지도자들, 즉 안디옥 사람 새투르니누스와 알렉산드리아의 바실리데스는 "시몬의 후계자 메난더에게서 나온 머리가 둘이고 혀가 둘인 뱀 같은 세력"이다.18 새투르니누스는 시리아에, 그리고 바실리데스는 이집트에 불경한 이단학파를 세웠다:

> 영지주의 사상은 바실리데스 시대(A.D. c.130)에 알렉산드리아에 널리 퍼져 있었다. 알렉산드리아에서 그의 선임자들이 누구였는지 알려지지 않고 있으며, 1세기에 그의 사상과 필로 학파의 사상과의 연관성도 알려지지 않고 있다. 바실리데스의 작품은 하드리안과 안토니우스 파이우스 황제의 통치 시기(A.D. c.125-

---

17 Eusebius, *H.E.* III. 26.
18 Eusebius, *H.E.* VI. 7.

155)에 쓰였다. 바실리데스는 유대주의를 혐오했으며 그의 추종자들은 그들이 새로운 이스라엘이라고 주장하지도 않았다. … 이레니우스와 히폴리투스는 바실리데스가 인간의 지성으로는 그 기원에 대하여 도저히 헤아릴 수 없는 절대적으로 초월적인 하나님을 믿었다는 것을 지적한다. 이레니우스의 역본에 따르면 하나님으로부터 누스(Nous)가 나오고 다음엔 말씀 혹은 로고스가 나오고 거기에서부터 신적 섭리, 지혜, 권능이 나온다고 가르쳤다. 특별한 사실은 바실리데스가 형이상학적 관심뿐만 아니라 도덕적 관심을 갖고 있었다는 점이다.[19]

바실리데스는 시몬의 사상을 그대로 전수하기보다는 일대 수정을 가하여 새로운 영지주의 체계를 만들었다. 이것은 왜 그의 사상이 많은 사람들에게 설득력이 있었는가를 설명해 준다. 이 사실은 이레니우스의 증언과 일치된다. 이레니우스에 따르면 "새투르니누스는 여러 면에서 메난더와 동일한 거짓교리들을 주장했으나 바실리데스는 그것은 드러내기에는 너무나 심오한 교리라는 핑계 하에 자신의 창작능력을 무한히 발휘하여 놀랍도록 불경한 이론을 꾸며냈다."[20]
이레니우스가 불경한 이론이라고 말한 바실리데스의 이론은 다음과 같다. 나지 않으신 아버지가 마음을 처음 낳고, 마음은 이성을, 이성은 중용(프루덴스)을, 중용은 지혜와 권세를, 지혜와 권세는 미덕, 프린스, 그리고 천사들을 낳았다. 그들에 의하여 첫 하늘이 만들어졌고, 그 후에 다른 하늘들이 만들어졌고 이들 하늘들에서 똑같은 방식으로 또 다른 하늘들이 만들어졌다. 그래서 모두 365개의 하늘이 만들어졌다. 이처럼 바실리데스의 가르침은 심연(아비스)과 알려지지 않은 아버지 사이에서 낳은 33개의 애온을 통하여 설명하는 발렌티누스의 가르침과 상당히 흡사하다. 바실리데스는 인간의 육체는 본성적으로 부패했기 때문에 구원을 단지 인간의 영혼에 국한시켰다.[21]

---

[19] Eusebius, *H.E.* VI. 7.
[20] Eusebius, *H.E.* VI. 7.
[21] Irenaeus, *Adv. haer.* I. xxiv. 3-5.

이레니우스는 바실리데스의 다음과 같은 기록을 전해주고 있다:

> 우리가 식별할 수 있는 나중의 하늘을 지배하는 천사들은 세상에 존재하는 만물들을 지었으며, 그것들 가운데 지상과 민족을 구분하였다. 그리고 그들의 주관자는 유대인의 하나님이라고 보았다. 그는 모든 다른 민족들을 자신의 백성, 즉 유대민족 아래 복종시키기를 소원했기 때문에 모든 다른 주관자들이 그에게 저항하고 그를 대적할 수단을 취하였다. … 그런 후 나지 않고 알려지지 않은 아버지가 … 자신이 낳은 첫 마음(First-begotten Mind-이는 그들이 그리스도라 부르는 자다)을 보내셨으니 이는 그를 믿는 사람들을 세상을 만든 이들로부터 해방시키기 위함이다. 그리고 그는 그들의 민족들에게 이 지상에서 한 사람으로 나타나셔서 도덕적인 행동들을 수행하였다. 그가 고난을 받지 않으셨는데 그것은 구레네인이라는 어떤 시몬이 그를 대신하여 십자가를 졌기 때문이다. 시몬이 예수의 형상으로 변화되어 무지와 잘못으로 십자가에 못 박혔으나 사람들은 시몬이 예수의 모습을 띠고 있었기 때문에 구레네 시몬을 예수로 잘못 생각한 것이다. … 그러므로 만일 어떤 사람이 그리스도가 십자가에 달렸다고 인정한다면 그는 아직 종이며, 우리의 육체를 만든 그들(천사들)의 권세에 복종하는 것이다. 그러나 그들을 부인하는 사람은 그들로부터 자유로우며, 나지 않은 아버지의 창조를 인정하는 것이다.
>
> 바실리데스는 구원이 단지 영혼에만 관여하는데 그것은 육체가 본성상 부패하였기 때문이며, 예언들 자체가 이 세상을 만든 권세자(Princes)들로부터 나왔고 특별히 율법은 그 백성들을 이집트에서 출애굽시킨 그들의 권세자에게서 나왔다고 하였다. 그는 사람들에게 신상에 드린 제물을 경시하고 상관하지 말며, 그것들을 두려워하지 말고 사용하고, 다른 풍습과 온갖 종류의 방종의 도락을 상관해서는 안 될 문제로 다루었다.[22]

---

[22] Irenaeus, *Adv. haer.* I. xxiv. 3-5.

그는 자신의 세력을 확장하기 위해 새로운 선지자들을 포섭하여 사람들을 미혹시켰다. 때문에 "바실리데스가 복음서에 관한 책을 24권 저술하였으며 또 바르카바스(Barcabbas)와 바르코프(Barcoph) 및 존재한 적이 없는 사람들을 선지자라고 주장하였다."23 바실리데스는 박해 때에 어쩔 수 없이 우상의 제물을 먹고 변절하여 신앙을 버리는 것은 그다지 중요치 않다고 가르침24으로 말미암아 기독교의 가르침을 임의대로 수정했을 뿐만 아니라 기독교인을 쉽게 변절하게 만들어 버렸다. 이레니우스의 증언에 의하면 바실리데스의 기본적인 사상은 발렌티누스에 의하여 좀 더 시(詩)적이고 대중적인 형태로 체계화되었다.25

이집트계에 속하는 영지주의자들로는 바실리데스 외에 카르포크라테스(carpocrates) 같은 "영지주의라고 불리는 또 다른 이단의 창시자"가 있기는 했지만26 이집트계를 대표하는 영지주의자는 A.D. 135-160년까지 활동을 하였던 발렌티누스(Valentinus)이다. 유세비우스의 교회사 기록에 의하면 "히기누스가 감독으로 있을 때 로마에 온 발렌티누스는 피우스 황제 시대에 장년기에 들어서 있었고 아니세투스(Anicetus) 시대까지 살았다."27

바실리데스와 동시대 인물인 발렌티누스(A.D. 104-165)는 그의 적대자들에 의해 보다 더 심하게 오해되어진 영지주의자이다. 발렌티누스는 알렉산드리아 태생으로서 그의 생애의 대부분을 로마에서 보냈으며 전승에 따르면 아주 뛰어난 인물이었다. 그는 로마에서 A.D. 143년에 주교로 선출되어 교황 안티세투스(Pope Anicetus, A.D. 154-168) 아래서 일했다. 그의 제자들인 프톨레미, 헤라클레온, 마르무스는 1세기 말에 각각 이탈리아, 알렉산드리아와 고을에서 영지주의를 퍼뜨리고 그 가르침을 그곳에 확산시키는 데 공헌하였다. 발렌티누스는 바실리데스처

---

23 Eusebius, *H.E.* VI. 7.
24 Eusebius, *H.E.* VI. 7.
25 Henry Bettenson, *Documents of the Christian Church* (London: Oxford University Press, 1967), 36.
26 Eusebius, *H.E.* VI. 7.
27 Eusebius, *H.E.* VI. 11.

럼 하나님을 단일한 초월자로 그리고 전적으로 알려지지 않은 존재로 무에서 기원한 존재가 아니라 일자에서 기원한 존재로 보았다.

(2) 시리안계

두 번째 영지주의 형태는 시리안계이다. A.D. 120년경에 활동하던 안디옥 출신 새투르니누스(Saturninus)가 시리안 형태를 대표하는 영지주의자이다. 이레니우스는 새투르니누스에 대하여 다음과 같이 전해주고 있다:

> 메난더와 같이 새투르니누스는 천사들과 천사장들과 덕을 만든 알려지지 않은 하나의 아버지가 존재하며 세계와 모든 만물들이 어떤 천사, 즉 7명의 천사들에 의하여 지음 받았다고 가르쳤다. 새투르니누스가 선포한 구주는 모양과 육체가 없으며 단지 인간처럼 보일뿐이다. 그는 유대인의 하나님이 그 천사 중의 하나일 뿐이라고 확신하였다. 모든 프린스들이 그의 아버지를 파괴하기를 원했기 때문에 그리스도가 유대인의 하나님을 파멸시키고 그를 믿는 자들을 구원하기 위하여 오셨다. 그를 믿는 이들은 생명의 불꽃(a spark)을 가진 자들이다. 그는 두 종류의 인간들, 즉 선인과 악인이 천사들에 의하여 지음을 받았다고 말한 최초의 인물이다. 마귀들이 악을 행하기 때문에 구주가 악인들과 마귀들을 파멸하고 선인들을 구하기 위해 오셨다. 그리고 그들은 결혼하고 자식을 낳는 것이 마귀에게서 비롯된 것이라고 말한다.[28]

시리안 형태의 영지주의는 다음 세 가지 두드러진 특징을 갖고 있다. 첫째, 결혼을 반대하고, 둘째, 이들은 구세주와 유대인의 하나님을 예리하게 구분하여 구주는 성육신하지 않았으며 육체를 갖지 않고 형태도 없으며, 셋째, 유대인의 하나님을 천사 중 하나로 이해했다.

---

[28] Irenaeus, *Adv. baer.* I. xxiv. 1,2.

(3) 폰틱계

세 번째 영지주의 형태는 폰틱계(Pontic Type)이다. 대표적인 인물은 말시온이다. 세르돈의 지위를 계승한 폰투스의 말시온은 세르돈의 가르침을 확대하여 율법과 예언자들이 선포한 하나님에 대하여 신성모독까지 행하였다. 말시온은 구약의 하나님을 심지어 전쟁을 즐기는 악마의 협잡꾼(a worker of evils)이며, 일관성 없이 심판을 일삼는 자기 모순적 존재라고 힐난하였다. 반면에 세상을 만든 하나님보다 우월한 아버지로부터 오신 예수 그리스도를 예찬하였다. 이레니우스는 말시온에 대하여 다음과 같은 기록을 남겨주고 있다:

> 폰투스의 말시온은, 세르돈의 위치를 차지하고 그의 가르침을 확대하여 율법과 선지자들이 하나님이라고 선언한 그를 전쟁을 즐기고, 일관성 없는 심판을 일삼으며 자기모순적인 악마의 협잡꾼이라고 무참하게 욕하였다. 말시온은 예수가 세상을 만드신 하나님보다 높은 아버지로부터 왔으며, 예수가 티베리우스 가이사의 총독이었던 본디오 빌라도의 시대에 유대인에게 오시고 유대에 있는 모든 사람들에게 인간의 모습으로 나타나셔서 선지서와 율법, 그리고 말시온이 우주의 통치자라고 부른 세상을 만드신 하나님의 모든 사역들을 파괴하였다고 주장하였다. 더구나 말시온은 누가복음에서 구주의 탄생에 대한 모든 서술들을 제거하고, 또한 주님의 교훈의 가르침 가운데 상당 부분을 제거하였는데, 이것은 이 세상의 창조자가 자신의 아버지임을 자인한다고 분명히 묘사하는 것들이다. 따라서 비록 그가 자기 제자들에게 복음이 아니라 복음의 단편을 주었으면서도, 말시온은 자신이 복음을 전해준 사도들보다 더 신뢰할 수 있는 인물임을 자기 제자들에게 확신시켰다. 똑같은 방식으로 말시온은 사도 바울이 세상을 만드신 하나님에 관하여 분명하게 말하는 부분들은 어디나, 그리고 사도 바울이 그 하나님이 우리 주 예수 그리스도라고 말하는 곳

은 모두 제거하고 구주의 강림을 예언하는 예언자적 작품들로부터 내려온 사도의 모든 가르침을 제쳐둠으로써 바울서신 [중에서 상당 부분을] 절단하였다. 그런 후 그는 자신의 가르침을 받은 영혼들만이 구원을 받게 될 것이라고 말한다. 우리의 육체는 이 땅에서 취했음으로 구원에 참여할 수 없기 때문이다.29

여기에 나타난 말시온의 가르침은 다음 몇 가지로 요약할 수 있을 듯하다. 첫째, 말시온은 그리스도의 탄생이 생략된 누가복음과 바울서신만을 인정하고 받아들였다. 둘째, 반유대주의, 신구약의 구분, 신구약의 불연속성을 특징으로 한다. 셋째, 이 땅에서 취한 육체는 구원에 참여할 수 없기 때문에 구원을 영혼구원으로만 제한시켰다.30

(4) 유대주의계

마지막 영지주의 형태는 유대주의계(Judaizing Type)이다. 1세기 후반에 활동했던 유대주의 형태의 영지주의 가운데 대표적인 분파로는 에비온파(Ebionites)와 케린투스파(Cerinthians)가 있다. 유대주의 영지주의 형태 가운데 에비온파는 우리가 간과할 수 없는 초대교회의 주요 이단 가운데 하나이다. 에비온주의는 구약성경의 "가난한 자"라는 뜻의 에비오님(evionim)에서 유래했으며 본래 예루살렘의 신자들에 대한 경칭이었다.

에비온주의의 가장 두드러진 특징은 "유대주의와 기독교 요소들을 자신들의 사상 속에 혼합"시킨 점이다.31 "그리스도에 대해 낮고 천박한 견해를 품은 사람들"32이라고 유세비우스가 일축했던 에비온파는 앞서 언급한 것처럼, 단지 마태복음만 사용하였다. 폰틱 형태가 반유대주의인 것에 비하여 유대주의 형태의 영지주의는 친유대주의를 특색으로 하기 때

---

29 Irenaeus, *Adv. haer.* I. xxvii. 2–3.
30 Irenaeus, *Adv. haer.* I.xxvii. 2–3.
31 Hägglund, 신학사, 39.
32 Eusebius, *H.E.* III. 27.

문에 자연히 4복음서 중에서 유대주의 색채가 강한 마태복음만을 인정하고 바울서신은 부정한다. 왜냐하면 바울을 배도자로 보기 때문이다.

이들이 갖고 있는 가장 두드러진 특징은 양자설이다. 예수는 동정녀에게서 탄생한 것이 아니라 요셉과 마리아와의 사이에서 탄생한 우리와 같은 평범한 인간이지만 공의, 신중성, 그리고 지혜 등 다른 모든 면에 있어서 보통 인간들보다 탁월하다. 그들은 예수를 참 선지자로 이해하고 예수와 모세를 동일선상에서 취급한다.[33] 또한 세례 시에 그리스도가 비둘기 형태로 예수에게 임하여 알려지지 않은 아버지를 계시하다가 예수 생애의 말년, 십자가상에서 예수에게서 떠나갔다고 하였다.[34]

에비온파가 교리에 있어서 통일성이 있었던 것은 아니다. 에비온파의 어떤 부류는 "그리스도는 평범한 보통 인간으로서 자신의 덕의 진보에 의해 의롭다함을 얻었으며 자연 생식에 의해 마리아에게서 태어났다고 생각했다."[35] 다른 에비온파들은 그리스도의 동정녀 탄생이나 그리스도가 하나님이며 말씀이라는 사실을 인정하기는 했지만 그리스도의 선재성을 부인하였다.

인간의 구원은 그리스도 사상과 부활과는 상관이 없었고, 오히려 그들의 기대한 바에 따르면, 지상의 천년왕국이 이 땅에서 실현되며, 예수의 재림 시에 최초로 이 땅에서 구원이 가시적인 실재로 나타난다는 생각이었다. 이와 같은 사상들에 기초해서 에비온파는 그리스도를 순수한 인간적 차원에서 인식하고, 예수가 그의 세례 시 혹은 부활한 때와 같은 시기에 양자로 되기까지는 하나님의 아들이 아니었다고 주장하는 기독론의 원형이 되었다.[36] 에비온파에서는 자연히 그리스도의 신성이 부인되었다.

유대주의 전통을 철저히 따르는 이들은 "율법의 준수는 절대적으로 필요한 일"이라고 믿었으며 "율법에 따른 의식적인 예배를 열심히 준수하

---

[33] Hägglund, 신학사, 4.
[34] Irenaeus, *Adv. haer*. I. xxvi. 1,2.
[35] Eusebius, *H.E.* III. 27.
[36] Hägglund, 신학사, 41.

였다."37 사도들의 모든 서신을 부인하고 심지어 "주님을 율법에 대한 배교자"38로 이해하였다. 뿐만 아니라 "유대인들과 마찬가지로 안식일 및 유대인들의 계율을 지키면서 또 한편으로는 우리 기독교인들처럼 주님의 부활을 기념하여 주의 날들을 축하했다."39 "모세 율법의 유효성을 신봉하는"40 에비온파는 율법적인 삶을 그대로 계승해야 된다고 생각했기 때문에 할례를 강조했고 율법에 따르는 관습을 지켰으며, 심지어 유대인의 생활양식에서 중요한 위치를 차지하고 있던 예루살렘을 숭배하기까지 하였다.41 이들은 심지어 예루살렘을 중심으로 메시아 왕국이 세워질 것이라고 고대했다.42 이레니우스는 에비온파에 대하여 다음과 같이 증언하고 있다:

> 에비온파라 불리는 이들은 … 단지 마태복음만을 사용한다. 그들은 사도 바울을 율법의 배도자라고 부르면서 거부한다. 그들이 특별한 관심을 갖고 정확히 주해하려고 노력하는 것들은 선지서들이다. 그들은 할례를 받았으며 율법에 의한 풍습들을 보존하였고, 유대주의 삶의 풍습을 지켰고, 심지어 마치 그것이 하나님의 약속(abode)인 것처럼 예루살렘을 경배하였다.43

유대주의계 영지주의 이단 가운데 더 위험했던 것은 케린투스였다. 에비온파와 비교한다면 케린투스(Cerinthus)는 좀 더 원색적인 이단 지도자였다. 사실 에비온파가 영지주의로 분류된 것도 에비온파가 케린투스와 연관되었기 때문이다. 카이우스는 자신의 **논쟁**(*The Disputation*)에서 케린투스는 "사도가 기록한 것처럼 꾸민 계시록을 사용"하고 "거짓으

---

37 Eusebius, *H.E.* III. 27.
38 Eusebius, *H.E.* III. 27.
39 Eusebius, *H.E.* III. 27.
40 Hägglund, 신학사, 40.
41 Irenaeus, *Adv. haer.* I. xxvi. 1,2.
42 Hägglund, 신학사, 40.
43 Irenaeus, *Adv. haer.* I. xxvi. 1,2.

로 이적을 행하는 체하였다"고 기술하고 있다. 알렉산드리아의 감독 디오니시우스도 **약속에 대하여**(*On Promises*) 제 2권에서 케린투스에 대하여 다음과 같이 언급하고 있다:

> 자신의 이름을 표방한 이단을 창시한 케린투스는 고의적으로 자신이 날조한 문서에 요한의 이름을 써넣었을 가능성이 많다. 그가 가르친 교리 중에는 그리스도께서 세상 나라를 소유할 것이라는 교리도 있다. 그는 주색에 빠져 있었고 지극히 호색적인 사람이었으므로 먹고 마시고 결혼하며 또는 그가 생각하기에 이러한 관능적 쾌락들을 보다 우아하게 표현하는 것, 즉 축제와 희생제사, 그리고 희생물을 살해함으로써 식욕과 정욕을 만족시켰다.44

현대적인 이단에서도 찾아볼 수 있는 육욕적인 방탕함을 종교적인 예식으로 승화시키려는 것은 일찍이 초대교회에서부터 찾아볼 수 있는 현상이다. 이레니우스는 자신의 **이단반박**(*Against Heresies*)이라는 저서에서 폴리갑에게서 받은 전승을 전해주고 있다. "사도 요한이 한번은 목욕하려고 목욕탕에 들어갔다가 그 안에 케린투스가 있는 것을 알고서 그곳을 뛰쳐나와 도망쳤다고 한다. 그는 그와 같은 지붕 아래 있는 것조차 참지 못했으며 자기와 함께 있는 사람들에게도 자기처럼 행하기를 권면하며 '자 도망칩시다. 진리의 원수인 케린투스가 목욕탕 안에 있는한 그 목욕탕은 무너질 것입니다'라고 말했다."45 이 전승은 당대 케린투스의 위치를 말해준다. 케린투스의 가르침은 발렌티누스와 유사한 면이 많았다. 이레니우스는 다음과 같이 증언하고 있다:

> 또한 아시아에는 케린투스라는 사람이 세상은 첫째 하나님에 의하여 지어진 것이 아니며 모든 만물보다 위이신 주권자(the

---

44 Eusebius, *H.E.* III. 29.
45 Eusebius, *H.E.* III. 29.

Principality)와는 동떨어지고 거리가 먼 어떤 덕(a certain Virtue)에 의하여 지어졌다고 가르쳤다. 그는 더하기를 예수 그리스도는 동정녀에게서 나신 것이 아니라, 다른 사람들과 마찬가지로 요셉에게서 나온 아들이지만 정의(justice), 중용(prudence), 그리고 지혜(wisdom)에 있어서 모든 다른 사람들보다 월등하다. 그리고 세례 후 만물보다 위이신 주권자에게로부터 그리스도가 비둘기 모양으로 그에게 강림하였다. 따라서 그는 알려지지 않은 아버지를 계시하시고 도덕적 행동을 행하셨으나 말년에 그리스도가 달아나셔서 그에게 인간 예수만 남게 되었다. 그리고 예수가 고난을 받고 다시 부활하였으나 본성상 영적인 존재인 그리스도는 단지 무감각하게 남아있을 뿐이다.46

지금까지의 영지주의 유형의 특징을 요약한다면, 현대 이단과 마찬가지로 초대교회 이단들도 역사에 현존하지 않는 새로운 교리를 도출하거나 역사적인 가르침을 일대 수정하여 자신들의 교리를 산출하려고 했다는 것이다. 새로운 교리의 창출은 기성교회의 특징은 아니다. 역사적 기독교와 정통주의 신학은 신학 자체가 완성된 것이 아니라 완성되어 가는 것임을 확신하기 때문에 기성의 교리를 발전 개혁하기는 하지만 성경의 교리를 새롭게 창조하려고 하지 않는다. 이와는 달리 기독교 역사 속에서 이단들은 항상 새로운 교리를 고안한다. 이런 교리적인 혁신 때문에 이단은 다른 복음을 전하는 자들이라는 낙인이 찍힌 것이다.

5) 영지주의 평가

영지주의자들이 잘못된 교리들을 가지고 있으면서도 2세기 초엽에 들어서면서 기독교인들에게 호소력이 있었던 이유는 대체로 다음 몇 가지로 대별하여 볼 수 있을 듯하다. 무엇보다도 영지주의자들은 그들만이

---

46 Irenaeus, *Adv. haer.* I. xxvi. I,2.

그리스도와 구원에 관한 특별한 지식을 갖고 있다고 강조하였다는 점이고 이것이 일부 불안정한 기독교인들에게 호소력이 있었다. 게다가 영지주의자들은 자신들만이 악의 기원 문제를 해결하여 주는 것처럼 과장했다는 사실이다.47

그러나 기독교인들이 영지주의에 매력을 느낀 근본 이유는 영지주의자들이 사용하는 교리나 가르침이 기독교에서 말하는 교리와 유사한 점이 많았다는 점이다. 영지주의는 기독교로부터 특정한 요소들을 빌어가지고 이를 자신들의 일반적 구원론으로 변형시켰다.48 그들이 사용한 용어 가운데 기독교 용어와 비슷한 것들이 많았다. 예를 들면 하나님, 예수, 성육신, 구원 등이 그렇다. 때문에 교리에 훈련되지 않은 자들은 넘어가기가 쉬웠다. 오늘날 여호와의 증인에 잘 넘어가는 이유도 마찬가지다.

이런 일련의 유사성에도 불구하고 영지주의와 기독교는 본질적으로 달랐다. 본질적인 차이는 계시관, 그리고 신론과 구원론이다. 영지주의자들은 성경 외에 특별계시가 있다고 믿었다. 성육신을 부인했다. 기독교의 구원이 죄에서의 구원, 영육의 구원인데 반하여 이들은 영혼만의 구원을 말하며 구원의 개념도 영혼의 복귀 또는 영혼의 육체에서의 해방을 말한다. 하나님에 대한 이해 역시 본질적으로 차이가 있다. 영지주의자들의 실체를 좀 더 이해하기 위해 대표적인 영지주의 집단이었던 발렌티누스와 말시온주의를 구체적으로 살펴볼 필요가 있다.

---

47 악의 기원 문제는 초대교회부터 상당히 중요한 신학 주제였다. 어거스틴도 물론 이 문제를 중요하게 다루었고 후 어거스틴 시대에서도 악의 기원 문제는 여전히 조직신학과 종교철학의 주제 가운데 하나였다. Cf. John Fienberg, *Problem of Evil.*

48 Hägglund, 신학사, 49.

3. 영지주의 대표적 실례

1) 발렌티누스

알렉산드리아 출신 발렌티누스는 로마에서 가르치다 주후 160년에 세상을 떠났다. 그는 교회의 일원이었고 스스로 그리스도인이라 생각했으며 기독교 가르침을 헬라 사상 및 동양사상과 결합시켰다. 다음은 모든 영지주의자들 중에서 가장 영향력이 있었던 발렌티누스의 가르침이다.

발렌티누스는 원래 존재하신 하나님에 대한 신앙으로 출발한다. 이 하나님을 알려지지 않은 아버지(the Unknown Father), 또는 심연(the Abyss), 또는 나시지 않은 분(the Unbegotten)이라 부르기도 한다. 때때로 이 알려지지 않은 아버지에게는 침묵(Silence)이라 불리는 여자 동반자가 있다. 그는 홀로 있기를 원치 않아 마음(mind)과 진리(truth)라는 두 애온(Aeons, divine beings)을 낳았다. 그들은 네 개의 애온인 세계-생명(world-life)과 인간-교회(man-church)를 낳았다. 그들로부터 생산의 과정은 계속되었다. 세계-생명은 열 개의 다른 애온들을 낳아서, 애온들은 모두 18이 되었고, 다시 인간-교회는 12개의 애온들을 낳아 총 30이 되었다.49 인간-교회 사이에서 태어난 마지막 애온은 지혜라는 여자 애온이다. 그녀는 알려지지 않은 아버지(the Unknown Father)를 알기를 원했다. 도저히 그를 알 길이 없자 그녀는 절망에 빠진다. 그녀의 슬픔은 결국 남자 상대 없이 "불확실함"을 의미하는 아카모스(Achamoth)라는 자녀를 낳았다. 이런 비자연적인 출산 때문에 아카모스는 플레로마 대열에서 떨어져 나갔다. 지혜는 더욱 슬픔과 불안에 빠졌다. 다른 모든 애온들이 그녀와 함께 슬퍼했고 애온 마음과

---

49 영지주의자들은 신약에서 30에 대한 가르침을 찾는다. 포도원 농부의 비유에서 몇은 1시에 다른 이는 3시에 또 다른 이들은 6시, 9시, 그리고 11시에 포도원에 갔다. 이들 수를 합하면 30이다. 더 나아가서 예수님은 30세에 그의 공생애를 시작하셨다.

진리에게 그녀를 도와줄 것을 요청했다. 마음과 진리는 지혜를 슬픔에서 건져내기 위해 그리스도와 성령이라는 두 개의 다른 애온들을 낳았다. 그들의 행위가 플레로마 사이에 조화를 회복시켰고 그 사실에 감사해서 30개 애온들 모두는 또 다른 애온을 낳아(put forth) 예수라 이름했다.

아카모스가 데미우르게(Demiurge: 세상의 창조자를 뜻하는 헬라어에서 유래함)를 낳았다. 아카모스는 모든 물질의 어머니이다. 그녀의 불완전한 기원과 성격 때문에 물질은 악하다. 데미우르게는 물질에 형태와 모양을 주었기 때문에 세상의 창조자이다. 인간의 영혼 또한 그에게서 나왔다. 데미우르게는 아카모스를 통해 지혜와 연관을 맺는다. 지혜의 영향으로 데미우르게는 영적인 선한 요소가 있는 인간을 창조한 것이다. 지혜가 동정녀로 하여금 애온 예수를 낳게 한다. 예수는 일생 동안 그가 선택한 자들에게 이 지식을 계시했고, 이 지식을 받은 자들은 다시 그것을 후대인들에게 전했다. 십자가상에서 하늘 애온이 예수의 몸에서 떠났기 때문에 사실은 예수가 애온과 함께 십자가에 못 박힌 것은 아니다. 이런 일련의 지식을 얻는 자들은 선택받은 자들이며 죽을 때에 몸을 감싸고 있는 물질에서 해방을 받고 플레로마로 돌아간다. 그리고 모든 물질은 종국에 무질서한 상태가 되거나 파괴된다.50

---

50 그의 가르침을 요약하면 다음과 같다: a. 알려지지 않은 아버지(the eternal Unknown Father)는 모든 영적 실체의 기원이다. b. 그는 물질과 관련을 맺을 수 없다. c. 그럼에도 불구하고 인간은 영적인 면을 갖고 있기 때문에 인간과 모든 영적인 근원이신 보이지 않는 아버지 사이에는 어떤 관련이 있다. d. 이 관련을 애온(Aeons)이 맺어 준다. 나중 출생한 애온이 먼저 출생한 애온보다 약하다. 30개 애온 중에 마지막 애온이 지혜라는 애온인데 가장 약한 애온이다. e. 지혜는 세상 창조의 수단이 되었다. 세상 창조는 신적 계획의 결과가 아니라 우연의 결과이다. f. 이 우연은 지혜가 the Unknown Father를 알려고 하는 데서 야기되었다. 이것은 아담을 유혹해서 에덴동산에서 선악을 알게 하는 나무의 열매를 따 먹게 한 하와의 범죄 행위와 비슷하다. 발렌티누스 (Valentinus)의 설명에 의하면 죄인은 인간 존재가 아니라 애온이다. g. 세상의 물질은 비자연적으로 출생한 지혜의 딸 아카모스(Achamoth)에게서 나왔다. 때문에 모든 물질은 악하다. h. 아카모스(Achamoth)의 아들 데미우르게(Demiurge)가 세상의 형태와 질서를 세웠다. 그에게서 또한 인간의 영혼이 나왔다. i. 데미우르게(Demiurge)가 어느 정도 지혜에 의해 지배를 받기 때문에 데미우르게(Demiurge)가 창조한 인간의 영혼은 영성을 소유했다. 따라서 그들 중에 얼마는 구원을 받을 수 있다. j. 지혜 애온은 영적인 플레르마(Pleroma: the Unknown Father에게서 나온)와 아카모스(Achamoth)와 데미우르게(Demiurge)에서 나온 물질계를 연결해 주는 역할을 한다. k. 보이지 않는 아버지와 악한 물질계 사이의 연결은 매우 약하지만 존재한다. 발렌티누스

이런 일련의 가르침을 통해 발견할 수 있는 것처럼, 발렌티누스의 체계는 어떻게 세상과 사람이 존재하게 되었는가? 왜 선이 악과 함께 공존하는가? 어디서 선과 악이 나왔는가? 왜 어떤 사람이 다른 사람보다 더 영적이며 어떻게 구원이 완성되는가를 설명해주는데 초점을 맞춘다. 발렌티누스는 기독교의 중요한 가르침과 헬라의 세계관을 연합시켰다.

발렌티누스(Valentinus)는 이교도가 그리스도인이 되는 길을 쉽게 만들었다. 또한 기독교인이 다시 이교도가 되는 것도 쉽게 만들어 버렸다. 바로 그 점이 왜 그의 가르침이 위험한가를 말해준다. 이런 이유 때문에 기독교인들은 발렌티누스의 가르침을 거부하였다. 역사적으로 기독교 교회는 다음과 같은 가르침 때문에 영지주의를 거부했다:

a. 지고의 하나님(the Supreme God)에 대한 지식과 그와의 교제가 불가능하다.
b. 세상의 창조가 절대자 하나님의 작품이 아니라 열등한 신(an inferior deity)의 작품이다.
c. 물질계는 악하다.
d. 구주는 하나님도 사람도 아니다. 그는 십자가에서 죽지도 죽음에서 부활하지도 않았다. 그는 사람처럼 보일 뿐이지 실제로 인간이 아니다(이 점은 Docetism의 가르침과 비슷).
e. 단지 몇 사람, 즉 태어날 때부터 영적인 사람들만 구원받을 수 있다.
f. 부활이 없다.

2) 말시온주의

발렌티누스 외에 또 다른 대표적 영지주의 실례는 말시온주의이다. 영지주의와 말시온주의는 빈번하게 동일한 것으로 이해되어왔다. 그러나

(Valentinus)는 선한 하나님을 악의 기원으로부터 완전히 분리시켜 주지 못했다. 가장 큰 문제점이 여기 있다.

아돌프 하르낙(Adolf Harnack)이 그의 교리사에서 지적한 것처럼 둘 사이에는 하나의 분명한 차이점이 있다. 영지주의가 기독교와 헬라 철학을 혼합시킨 종교적 잡록집(Potpourri)인 데 반해 말시온은 사도 바울에게서 나온 특정의 사상들에 기초하여 기독교의 급진적 재편과, 아울러 모든 유대주의 요소들의 제거를 시도했다. 현대의 많은 학자들은 하르낙의 전통을 따라 말시온주의를 영지주의와 구분시키고 왜곡된 반기독교적 영지주의에 대항하여 오직 믿음에 의한 구원을 선포한 바울 사상을 재발견한 2세기의 한 사람의 개혁자로 간주하려는 경향이 있다.51

말시온이란 그리스도인이 소아시아 북부 해안 도시 시노페에서 감독의 아들로 태어나 주후 140년경에 로마로 이주해 왔다. 그는 부유한 선주로서 신앙심이 깊고 신학적 소양을 지닌 인물이었다. 로마에서 그는 세르돈(Cerdon)이라는 영지주의자의 영향을 받았다. 유세비우스에 따르면 "세르돈은 제 9대 로마 감독 히기누스(Higinus) 밑에서 활동하였다. 그는 교회로 들어와 자신의 잘못을 인정하고서도 그 길로 계속 행했다. 비밀리에 자신의 교리를 가르쳤다가는 다시 그 교리들을 부인하였고 어떤 때에는 왜곡된 교리로 인해 정죄를 받아 형제들의 모임에서 격리되기도 했다."52 이 세르돈은 영지주의의 원조라고 불리는 시몬과 영지주의의 대부라고 할 수 있는 말시온을 연결하는 교량 역할을 한 인물이다. 유세비우스는 둘의 관계를 이렇게 설명했다:

세르돈이라는 인물이 있었다. 그는 시몬의 추종자들로 부터 선동을 받은 사람으로서 히기누스가 로마교회의 제 9대 감독으로 있을 때, 얼마 동안 로마에 머물렀다. 그는 율법과 선지자들이 선포한 하나님은 우리 주 예수 그리스도의 아버지가 아니라고 가르쳤다. 왜냐하면 후자는 계시되어졌으나 전자는 우리에게 알려지지 않았으며 전자는 의로웠으나 후자는 선하기 때문이라는 것이었

---

51 다음을 참고하라. Hägglund, 신학사, 52.
52 Eusebius, *H.E.* VI. 11.

다. 세르돈의 뒤를 계승한 폰투스 출신의 말시온은 아무 거리낌 없이 하나님을 모독하는 말을 하여 자신의 무리를 증가시켰다.53

세르돈의 영향을 받아 말시온도 율법과 선지자들이 선포한 하나님은 우리 주 예수 그리스도의 아버지가 아니라고 보았다. 왜냐하면 전자는 알려진 분이고 후자는 알려지지 않은 분이기 때문이다. 전자는 의로운 분이고 후자는 은혜를 주시는 분이다. 말시온은 이런 가르침에 비추어 구약과 신약을 이해했다. 여기서 우리는 말시온이 영지주의와 연계되었다는 사실을 쉽게 발견할 수 있다. 말시온은 반유대적인 기독교 사상을 가르치기 시작하였다.

(1) 신약과 구약의 대립

말시온 신학의 기본적인 출발점은 그가 율법과 복음을 구별하고, 또한 옛 언약과 새 언약을 명확히 구분한다는 점에서 찾아볼 수 있다. 사도 바울이 그리스도인의 율법으로부터의 자유를 말한 반면에, 말시온은 그 율법에 관한한 그것은 이미 폐지되었으며, 복음은 일체 율법에 대한 언급 없이 선포되어야 한다는 해석을 내렸다. 터툴리안이 "율법과 복음을 분리시키는 일이 말시온이 행한 특징적이고 주된 작업이다"고 말했던 것은 우연이 아니다.54

말시온은 구약의 하나님과 신약의 하나님을 예리하게 구분했다. 구약의 율법과 예언서들에 기록된 하나님은 세르돈이 말하는 열등한 하나님(the inferior God)이다. 반면 신약의 예수 그리스도는 알려지지 않은 선한 아버지(the good Unknown Father)를 계시하신 분이다. 때문에 말시온은 구약보다는 신약을 선호했지만 신약 모두가 그리스도에 관한 순수한 가르침을 제시하는 것은 아니라고 보았다. 신약에는 많은 유대주의 영향과 사상이 들어있다. 이런 이유로 말시온은 자신의 신약 정경을 만들었다. 그것은 누가복음과 바울서신으로 구성된다(디모데서와 디도

---

53 Eusebius, *H.E.* VI. 11.
54 *Against Marcion* I. 19.

서는 제외된다).

왜 말시온이 바울서신을 중심으로 몇 권의 성경을 모아 그의 정경을 형성하였는가? 그것은 분명하다. 바울이 율법을 지킴으로 얻어지는 행위 구원을 거부하고 오직 은혜로 말미암아 구원받을 수 있다는 사실을 강조했기 때문이다. 말시온은 바울을 유일한 사도로 간주했다. 구원의 수단으로 율법의 사용을 거부한 바울은 말시온의 가르침과 잘 어울렸다. 말시온은 신구약의 구분을 정당화하고 자신의 신학을 뒷받침하기 위해 말시온 신약 정경을 만들었다.

말시온은 이 세상을 창조하시고 율법을 주신 열등한 하나님(the inferior God)과 예수 그리스도의 아버지를 예리하게 구분하였다. 전자는 '손은 손으로 이는 이로 갚으라'고 가르치신 불완전한 하나님으로 실수도 하시는 분이다. 이와는 달리 예수 그리스도의 아버지는 자비와 용서와 사랑을 가르치고 실행하셨다. 두 하나님의 구별이 말시온의 가르침의 핵심이다. 자연히 그에게 구약과 신약, 율법과 복음은 절대적으로 구분되며 상호 간에는 연속성이 없다. 구약과 율법과 이스라엘은 창조주 하나님에게서 나왔다. 반면 신약과 복음과 교회는 예수 그리스도의 아버지인 하나님에게서 나왔다.

(2) 말시온의 기독론과 구원론

말시온의 기독론은 전형적인 영지주의를 반영한다. 그리스도의 몸은 물질이 아니라 그렇게 보일 뿐이다. 예수 그리스도는 인간 마리아에게서 태어나지 않고 하늘에서 직접 오셨기 때문에 인간 역사와 혈통이 없으시다고 말한다. 그의 선하고 의로운 삶에도 불구하고 창조주 하나님이 그를 십자가에 못 박으셨다. 그의 몸은 물질이 아니었기 때문에 고난을 받지 않았다. 창조주 하나님은 의로운 예수 그리스도를 십자가에 못 박음으로 구속받을 수 없는 영혼들을 그리스도에게 주신 것이다. 따라서 어떤 의미에서 예수께서 그들의 구원을 값 주고 사신 것이다.

창조가 신약의 선한 하나님의 사역이 아니기 때문에 그리스도인은 세상을 거절하지 않으면 안 된다. 영혼만이 구속을 받으므로 육체는 부인되고 포기되어야 한다는 것이다. 결과적으로 말시온은 육체 부활의 사상을 거부하였다. 철저한 금욕주의 사상 때문에 그는 성찬식에서 포도주를 사용하는 것을 금하였으며, 영지주의자들과 마찬가지로 결혼을 악한 것으로 인식했다.55

(3) 말시온의 영향

말시온의 사상은 기독교에 적지 않은 영향을 미쳤다. 한편으로는 기독교를 헬라 철학 사상과 혼합시켰고, 다른 한편으로는 교회 내에 영육의 분리 사상 즉 이원론을 뿌리내려 타세적인 신앙을 더욱 촉진시켰다. 그러나 하나님께서는 말시온의 이단을 그의 섭리 역사를 위하여 선한 도구로 사용하셨다. 그 첫째가 정경의 형성이다. 말시온의 정경사용은 정경의 발달을 촉진시켜 정경 형성을 앞당겼다. 둘째는 사도신경의 발달이다. 또한 말시온은 창조주 하나님과 구세주와의 관계를 연구할 필요성을 남겼다. 과연 구약의 하나님과 신약의 하나님은 다른가? 교부들은 창조주와 구세주는 같은 하나님이심을 철저히 강조하게 되었고 이것은 기독론뿐만 아니라 삼위일체론의 발달을 촉진시켰다. 구약과 신약의 연결을 하나님의 속성에서 찾았다. 이 하나님은 사랑과 정의의 하나님이시다. 그리고 그는 또한 창조주-구속주 하나님(the Creator-Redeemer God)이시다.

말시온의 영향력은 2세기경에 절정에 달했다. 초대 변증가 저스틴에 따르면 그가 활동하던 2세기 중엽에 말시온의 영향이 인류 전체(the whole of mankind)에 퍼졌다. 말시온파의 영향력은 멀리 아라비아와 아르메니아, 그리고 이집트까지 전파되었다. 많은 말시온파 마을들이 다메섹 근처에 존재하였다. 이처럼 영지주의가 2세기 동안에 힘 있는 운동으로 발전한 것은 오리겐이 일찍이 지적한 것처럼, 증대하는 기독교의 영향력에 대한 헬라 지식인들의 점증하는 관심 때문이었다.

---

55 Hägglund, 신학사, 54.

그러나 3세기에 접어들면서 말시온주의는 그 영향력을 상당히 상실했다. 여기에는 이레니우스와 터툴리안의 공헌이 컸다. 이들은 영지주의자들을 공격했던 똑같은 방식으로 말시온의 하나님의 천지창조부인, 창조주와 그리스도의 아버지 구분, 가현설적 기독론, 성육신과 그리스도의 육체적 부활부인, 영혼만의 구원, 물질계와 영계의 구분 등 이원론적 사고를 혹독하게 비판했다.56 또한 서방에서의 말시온의 영향은 그들이 마니교와 연계되면서 급격히 세력을 상실하고 말았다.57 이레니우스와 터툴리안의 글이 영지주의를 격퇴하는 데 지대한 공헌을 했다. 이 집단은 그 후 세력이 줄어들었지만 7세기경까지 계속 역사 속에 존재하였다.

4. 몬타니즘

영지주의 외에, 초대교회 또 다른 영향력 있는 이단은 몬타니즘이다. 몬타니즘은 본질적인 성격상 기독교라고 말할 수 있다. 그들은 교회의 신앙을 따라 창조주 하나님과 구속주 예수 그리스도를 믿었다. 이 점에서 몬타니즘은 영지주의와 말시온주의와는 차이가 있었다. 데이빗 라이트(David Wright)는 몬타누스파를 "광신자였으며 이단자가 아니었다"고 말한 것도 이런 이유 때문이다. 그럼에도 불구하고 몬타니즘은 초대교회에서 기성교회로부터 거부당했던 종교운동이었다.

1) 배경

몬타니즘은 몬타누스에게서 출발한 운동이며 서부 소아시아 지역인 브리기아(Phyrigia)에서 A.D. 172년부터 일어났다. 몬타니즘의 발흥에

---

56 Hägglund, 신학사, 55.

57 H. Dermont McDonald, "Marcion" in *Eerdmans' Handbook to the Christianity*, 102-103.

관하여 유세비우스는 다음과 같이 기록하고 있다: "모든 선을 대적하는 큰 적수이며, 악을 조장하는 자이며, 또 인간들을 대적하여 온갖 음모를 아끼지 않는 하나님의 교회의 원수는 다시 적극적으로 활동하여 교회를 대적하는 새로운 이단들을 출현케 했다. 이들 중 어떤 이단들은 독사저럼 아시아와 브리기아 지방에 기어들어 왔다. 남편을 버린 두 여인, 막시밀라(Maximilla)와 프리스킬라(Priscilla)가 몬타누스를 돕기 위해 그와 합세했다." 그리하여 그들은 몬타누스가 보혜사(Paraclete)이며 그를 따르던 두 여인, 즉 프리스킬라(Priscilla)와 막시밀라(Maximilla)는 몬타누스의 여선지자였다고 주장했다. 이 두 여인들은 몬타니즘의 운동에 상당히 중요한 위치를 차지하고 있다. 히폴리투스도 **이단반박**(*Refutatio omnium haeresium*)에서 몬타누스에 관하여 이렇게 말하고 있다:

> 몬타누스는 영적으로 선두에 서고 싶은 과도한 욕망에 사로잡혔던 인물이다. 그는 영적인 황홀경에 들어갔고 점차 광적이며 불규칙한 엑스타시에 들어가 헛소리를 하고 이상한 일들을 이야기하며, 초대 시대부터 보존되어 전해진 바 교회 내에서 유통되고 있는 관례와 반대되는 것들을 전파하였다. … 그는 두 명의 여인들을 선동하여 그들에게 미혹의 영을 가득 채웠으므로 이 두 여인도 몬타누스와 마찬가지로 이성을 벗어나 광적인 황홀경에 빠져 신기한 방법으로 이야기했다.58

원래 이교 제사장(a pagan Phrygian Priest)이었던 몬타누스는 그리스도인으로 회심한 후 이교주의를 포기했지만 여전히 새 종교를 구 종교 관습 속에서 이해하고 표현하려고 노력했다. 몬타누스는 "결혼을 취소하라고 가르치며 금식하는 법률을 부과하였고 온 세상의 사람들을 끌어들이기 위해 브리기아의 작은 마을 페푸자와 티미움을 예루살렘이라고 불

---

58 Eusebius, *H.E.* V. 16.

렀다. 그는 돈을 징수하는 사람을 임명하였으며 헌물이라는 미명하에 재물을 확보하기 위한 술책을 강구했다. 그는 자기의 교리를 전파하는 사람들에게 급료를 지불하여 그 교리를 더욱 튼튼하게 성장시켰다."59

이들에 대한 기성교회의 시각은 매우 부정적이었다. 교회는 그들이 자만한 것이 기성교회의 문제점에서 비롯된 것이 아니라 악령 때문이라고 보았다. 몬타누스와 두 명의 여인들은 의기양양하여 "하늘 아래 있는 모든 교회를 비방하라"고 가르쳤다. 그러나 미혹된 브리기아 사람들은 극소수에 지나지 않았다. "왜냐하면 교회는 이 거짓 예언의 영을 존경하지 않았고 그 접근을 허락하지도 않았기 때문이다. 신실한 사람들은 이 목적을 위해 아시아 지역 여러 곳에서 자주 대화를 가졌으며 그들의 기이한 교리를 조사하여 헛된 것이라고 선언하고 이단으로 여겨 배격하였다. 그리하여 그들은 교회와의 교제가 금지되고 교회로부터 축출되었다."60

2) 가르침

몬타누스는 그를 통해 성령(Paraclete)시대가 왔다고 가르쳤다. 유세비우스의 증언에 의하면 몬타니스트들은 "자신들이 성령과 예언의 은사"를 소유하였다고 생각하였다. 심지어 몬타누스와 두 여인은 죄를 용서할 수 있다고 공언하기까지 했다. 이들의 일관된 주장은 성령(Paraclete)께서 예언자 몬타누스와 그를 돕는 두 여인을 통해 새 예언을 말씀하신다는 것이다. 그들은 구약의 선지자들처럼 일인칭의 표현으로 소위 하나님의 말씀을 전했다. "인간은 수금이다. 나는 새처럼 그 위에 움직인다." 막시밀라는 "나 이후에는 예언이 없을 것이요 다만 종말이 있을 뿐이다"라고 예언했다. 새 예언은 이제 현실로 실현될 것이다. 곧 새 예루살렘이 하늘로부터 내려와 가까이에 있는 페푸자(Pepuza)라는 도시에 형성될 것이다. 그리스도인들은 금식해야 하고 생업을 떠나 페푸자에 가서 종말

---

59 Eusebius, *H.E.* V. 18.
60 Eusebius, *H.E.* V. 16, Hippolytus, *Refutatio omnium haeresium*, Viii. 19를 참고하라.

을 기다리며 살아야 한다는 것이다.

몬타니즘이 세력이 커지면서 다른 관습들이 추가되었다. 대표적인 것이 독신과 순교에 대한 강조다. 사람은 단지 한 번만 결혼해야 한다. 영적인 이유로 결혼을 포기하는 것이 허락되었다. 순교가 권장되었고 순교를 피하는 것은 죄이다. 또한 여인이 교회에서 공직을 가질 수 있도록 허락되었다.

3) 몬타니즘과 교회

교회지도자들이 몬타니즘을 반대한 것은 이해할 만하다. 예언과 은사에 대한 강조는 이런 것들을 소유하지 않은 이들이 진정으로 그리스도인인가 하는 문제로 고민하게 만들었다. 이런 현상은 복음의 역사가 깊지 않은 경험 위주의 신앙을 강조하는 교회들에서 쉽게 찾아볼 수 있는 현상이다. 한국에서도 예외는 아니다.61 세 예언자와 뚜렷하게 성령을 받은 다른 사람들이 죄를 용서할 수 있다는 가르침은 감독들을 불쾌하게 만들었다. 몬타누스주의자들은 세상과 완전한 분리를 강조하고 가르쳤다. 공식적인 박해에도 불구하고 몬타니즘은 급속하게 퍼져나갔다. 몬타니즘은 종말에 대한 강조 때문에 핍박받는 많은 사람들에게 환영을 받았다.

4) 영향 및 쇠퇴

몬타누스가 그의 가르침을 시작한 지 50년 이후부터 몬타니즘은 많은 변화를 겪었다. 새 예루살렘이 페푸자 마을에 임하지 않았으며 몬타누스주의 지도자들이 성취되리라고 예언했던 다른 많은 예언들이 성취되지 않았다. 유세비우스는 당대의 전승을 전하면서 몬타누스와 막시밀라가

---

61 무속신앙적 기독교 이해, 은사지향적 기도원 운동, 과거 한국 기독교를 위협했던 1992년 10월 28일 재림설, 최근에 부상하는 방언, 치유, 신비주의 부흥집회 등은 몬타니즘운동에서 그 원형을 찾을 수 있는 현상들이다.

"악한 영의 선동을 받아 스스로 목을 매어 죽었다"고 서술한다.62 비록 이런 전승이 확인된 역사적 사실은 아니지만, 이것은 당대인들이 그만큼 몬타니즘에 대하여 부정적인 견해를 갖고 있음을 반영한다. 새 예언의 실패 후에 몬타니즘은 엄격한 기독교 생활, 금식, 세상과의 분리, 매일의 삶에서의 그리스도의 고백, 그리고 기꺼이 신앙 때문에 고난을 받을 것을 강조했다. 몬타누스, 막시밀라(Maximilla)와 프리스킬라(Priscilla)가 죽은 후 몬타니즘 교회가 조직을 갖고 역사적인 기독교와 병존하게 되었지만 몬타니즘은 초창기처럼 그렇게 설득력이 강하지 않았고 영향력도 없었다. 몬타누스파는 아프리카에서 5세기까지 존속하였고 브리기아에서는 더 오래 지속되었다.

영지주의, 말시온주의와 같이 몬타니즘은 교회에 많은 영향을 미쳤다. 그들은 성령께서 사도시대와 같이 교회 안에서도 역사하신다는 사실을 일깨워주었다. 또한 성령의 역사에 교회가 민감해야 한다는 교훈을 남겨주었다. 또한 몬타니즘의 등장으로 교회의 권위의 형태에 변화가 오기 시작하였다. 조직적인 권위에서 영적인 권위로 권위의 형태가 바뀌었고, 막시밀라와 프리스킬라의 출현으로 교회 안에 영적 엘리트 의식이 태동되는 부작용을 나았었으나, 부차적으로는 교회에 평신도 운동을 촉진하는 전기를 마련해 주었다. 그러나 몬타니즘의 극단적인 성령운동은 교회에 무질서를 가져다주었다. 몬타니즘의 출현으로 교회는 새로운 운동이 일어날 때, 그것을 평가할 수 있는 기준을 필요로 하게 되었다. 몬타니즘은 교리적인 기준이 없는 신앙이 교회에 얼마나 유해한 것인가를 보여준 역사적 사건이다.

---

62 Eusebius, *H.E.*, 279.

5. 요약

영지주의는 정통주의 형성에 간접적인 촉진제가 되었음을 부인할 수 없다. 이단들의 도전을 통하여 기독교 신앙은 구체적인 형태를 갖추게 되었고 이단 사상이 등장하면서 정통 기독교 교리가 체계화되기 시작하였다. 이 점에서 이단 사상이 기독교 사상사에서 긍정적인 면도 있었음을 말해준다. 이단의 등장은 무엇이 이단이고 무엇이 이단이 아닌지를 구분할 수 있는 판단기준을 요구하게 되었고, 이 때문에 사도신경과 일련의 신조들이 역사에 등장하였으며, 정경의 발전 역시 이단의 등장과 무관하지 않다는 사실이다. 교회사적으로 볼 때, 이단이 무엇인지를 판별할 수 있는 이단의 판단기준들이 기독론과 관련하여 구체적으로 정립되기 시작한 것은 니케아 회의 이후이다. "325년의 니케아 공의회 이전에는 신약성경 이외에 정통신앙의 보편적 표준은 존재하지 않았다." 니케아 회의 이후 니케아 신조가 이단 판단의 기준이 되었으나 니케아 회의 이전에는 성경과 신앙률, 사도들의 가르침들이 이단의 판단기준이 되었다.

우리가 이 장을 마무리하면서 지적해야 할 사실은 초대 기독교 지도자들이 이단을 비판하고 그들이 갖고 있는 문제점을 지적하였음에도 불구하고 이단들이 갖고 있는 근본적인 요소들이 이단들뿐만 아니라 정통주의라고 분류되는 초대교회 지도자들에게 상당히 나타나고 있다는 사실이다. 당대에 사상계를 지배했던 중기 플라톤주의, 스토아 철학, 아리스토텔레스 사상이 기독교와 융합되어 나타난 현상들을 목격할 수 있다. 영지주의를 비판했던 저스틴의 사상에 영지주의의 핵심 사상인 플라톤사상이, 터툴리안에게는 스토아의 직선적인 사고가, 그리고 알렉산드리아 학파의 사상에는 신플라톤주의의 색채가 농후하게 나타나는 것을 목격할 수 있다. 알렉산드리아의 클레멘트(A.D. 150-c.215)는 바실리데스와 발렌티누스를 말시온과 연결시키고, 오리겐의 **요한복음 주석**은 반세기 전에 쓰여진 헬라클레온의 **요한복음 주석**의 도움을 받아 쓰였으며, 알렉산드리아의 영지주의자들은 다음 2세기 후에 알렉산드리아 신학파를 형성하는 기초를 놓았다. 기독교 플라톤주의도 영지주의에 상당히 빛을 지고 있다."[63] 그러나 결론적으로 우리가 지적하지 않을 수 없는 것은 영지주의가 많은 기독교적인 용어들을 차용하고 있었지만, 그럼에도 불구하고, 전통적인 성육신, 구원, 삼위일체, 성령과 같은 성경적인 가르침과는 거리가 멀다는 점이다.

---

[63] Everett Ferguson, *Backgrounds of Early Christianity* (Grand Rapids, MI: Eerdmans Publishing Co., 1987).

제 7장
교회의 응전

그러므로 저들은 그리스도인들이 아니므로 그리스도인의 성경을 소유할 권한이 없다. … 진실로 말시온이여, 무슨 권한으로 너는 나의 나무를 찍는가? 발렌티누스여, 너는 누구의 허락을 받아서 나의 시냇물을 다른 곳으로 돌리는가? 아펠레스여, 너는 무슨 권세로 나의 경계표를 옮기는가? 이 남은 자들, 너희들은 도대체 누구냐? 너희 마음대로 갈고 뿌리고 하느냐? 이것은 나의 소유다. 나는 이것을 오랫동안 소유하고 있었다. 나는 너희보다 먼저 그것을 소유하였다. 나는 이 재산의 본래의 소유자들로부터 받은 바 틀림없는 양도증을 가지고 있다. 나는 사도들의 상속자다.

Tertullian

2세기 교회는 내외적으로 유례없는 변화를 겪었다. 사도들의 죽음, 거짓 가르침의 출현, 박해 등 교회의 일치와 신앙을 위협하는 일련의 중대한 사건들이 교회에 일어나 사도들의 권위 계승, 교회의 일치, 복음 진리의 보존 등이 중요한 문제들로 대두되었다. 2세기에 출현한 영지주의, 말시온주의, 몬타니즘 등 거짓 가르침에 맞서 누가 교회를 대표하여 정통 교리를 제시할 것이며, 교회가 박해를 어떻게 극복하고 대처할 것인가는 당대에 매우 중요한 관심사가 되었다. 사도들이 죽고 거짓 가르침과 박해가 교회를 위협하자 교회는 지금까지 존재하지 않던 어떤 권위를 요청하게 되었고 여기에 대한 응전으로 자연히 사도신경을 비롯한 일련의 신경의 발달, 정경의 형성, 그리고 감독제도의 발흥이 촉진되었다.

1. 신경의 발달

신경(creed)은 "나는 믿습니다"를 뜻하는 라틴어 크레도(credo)에서 유래했다. 신경의 역사는 교회 역사만큼이나 오래되었다. 사도들이 그리스도에 대한 신앙고백을 남겨주었고 이 신앙고백은 하나의 틀을 형성하기 시작하였다. 이단들이 발호하면서 교회는 신앙을 구체적인 고백 형태로 표현하기를 원했다. 초기의 전형적인 신앙고백 내용은 예수 그리스도가 동정녀 마리아에게서 나셨고 십자가에 달려 죽으셨으며 장사 지낸 지 삼일 만에 다시 부활하셨다는 것이다. 바울서신에 나타난 바울의 신앙고백은 전형적인 사도들의 신앙고백이며 그것은 다음과 같이 요약할 수 있다:

> 예언들이 성취되었고, 새로운 시대가 그리스도의 오심으로 말미암아 시작되었다. 그는 다윗의 씨에서 나셨으며, 우리를 현재의 악한 시대에서 구원하시기 위해 성경대로 죽으셨고, 장사 지낸바 되셨다가, 성경대로 삼일 만에 부활하셨다. 하나님의 아들이시며 산자와 죽은 자의 주이신 그는 하나님 우편 보좌에 앉아계시다, 사람들의 심판주와 구주로서 다시 오실 것이다.[1]

이것은 성경에 나타난 바울의 고백이면서도 당대의 기독교인들이 갖고 있던 신앙고백이기도 하다.

성경에 나타난 신앙고백 외에 클레멘트와 이그나티우스 같은 속사도

---

[1] C. H. Dodd, *The Apostolic Preaching and Its Developments* (Grand Repids: Baker House, 1980), 17. Cf. John H. Leith, Creeds of *of the Churches: A Reader in Christian Doctrine, from the Bible to the Present* (Atlanta: John Knox Press, 1982), 16.

들의 신앙고백에서는 당대의 신앙고백의 일반적인 형식들을 찾아볼 수 있다. 이 시대의 신앙고백의 대상은 예수 그리스도였다. 당대의 영향력 있는 이단들인 가현설(Docetism)을 염두에 둔 듯 속사도들의 신앙고백은 예수 그리스도의 육체적이고 역사적인 삶이 실제적이라는 사실을 강조한다:

> 다윗의 자손으로 마리아에게서 참으로 성육신하셔서 먹고 마셨으며 본디오 빌라도에게 고난을 당하시고, 십자가에 못 박히시고, 하늘에 있는 자들, 땅에 있는 자들, 그리고 땅 아래 있는 자들이 보는 데서 죽었다가, 참으로 부활하신 예수 그리스도에게서 멀어지라고 어떤 사람이 당신에게 말할 때는 언제든지 귀머거리가 되라.[2]

이것은 트라얀 황제(A.D. 98-117)시대인 주후 107년경에 기술된 이그나티우스의 신앙고백이었다. 이그나티우스의 이 신앙고백은 당대 속사도들의 신앙고백의 일반적인 형태이다.

또한 속사도시대인 약 A.D. 150년경에 소아시아나 이집트에서 기술된 것으로 알려진 *Epistula Apostolorum*은 두드러진 2세기의 신앙고백이다. "우주의 통치자 성부 하나님, 그리고 우리의 구세주 예수 그리스도, 보혜사 성령, 거룩한 공회[를 믿사오며], 그리고 죄의 용서[를 믿사옵나이다]."[3] 이 신앙고백은 터툴리안과 이레니우스의 신앙고백의 원조가 된 듯하다. 그러나 후대에 형성된 신앙고백과 비교할 때 이 신앙고백은 상당히 초보적인 신앙고백 형식을 지니고 있음이 발견된다.

좀 더 모양을 갖춘 신앙고백이 변증가의 대변자라고 알려진 저스틴 마터의 작품에 나타난다. 약 A.D. 165년경에 기록된 것으로 보이는 이 신

---

[2] Ignatius, *The Trallians* 9:1-2, Cf. Virginia Corwin, *St. Ignatius and Christianity in Antioch* (New Haven: Yale University Press, 1960).

[3] Leith, *Creeds of the Churches: A Reader in Christian Doctrine, from the Bible to the Present*, 17.

앙고백은 개인적인 형태의 훌륭한 신앙고백을 담고 있다. "우리는 태초부터 보이는 것이나 보이지 않는 모든 만물의 창조자이며 조물주이신 한 분 그리스도인의 하나님을 예배한다. 그리고 우리는 또한 예언자들에 의해 성육신하셔서 구원을 알리시고 선한 스승이라고 앞서 선포되신 하나님의 종 구주 예수 그리스도를 예배한다."4 그러나 저스틴의 신앙고백에는 성령에 대한 고백이 나타나지 않는다.

저스틴의 것보다도 좀 더 발전된 고백 형태가 서머나의 장로들의 것이라 알려진 신앙고백에서 찾을 수 있다. 약 A.D. 180년경 서머나의 노에투스(Noetus)를 정죄한 서머나의 장로들은 다음과 같은 신앙을 고백하였다:

> 우리는 또한 진실로 한 분 하나님을 알며, 그가 고통을 받으시고 죽으셨으며 삼일 만에 부활하셔서 하나님 우편에 앉아 계시다 산 자와 죽은 자를 심판하러 오실 예수 그리스도를 안다. 그리고 우리는 이것이 우리에게 전해진 것임을 공언한다.5

이 신앙고백은 히폴리투스에 의해 보존되어 온 형식인데 사도신경과 거의 틀을 같이하고 있다. 약 A.D. 200년경 혹은 그 이후에 기록된 것으로 보이는, 1907년에 발견된 발리젤 파피루스(Der Balyzeth Papyrus)라는 한 파피루스에는 매우 흥미있는 신앙고백이 담겨져 있었다. 여기에는 다음과 같은 신앙고백이 나타난다. "나는 전능하신 성부 하나님을 믿사오며, 그의 아들 독생자 우리 주 예수 그리스도를 믿사오며, 그리고 성령을 믿사오며, 육체의 부활을 믿사오며, 거룩한 공회(the Holy Catholic Church)를 믿사옵나이다."6

---

4 Leith, *Creeds of the Churches: A Reader in Christian Doctrine, from the Bible to the Present*, 18; *ANT* Vol. I, 305-306.

5 Leith, *Creeds of the Churches: A Reader in Christian Doctrine, from the Bible to the Present* 18, Cf. Hans Lietmann, *The Founding of the Church Universal*, 142; *ANT* 223FF.

6 Leith, *Creeds of the Churches: A Reader in Christian Doctrine, from the Bible*

속사도들과 변증가들의 신앙고백은 내용과 형식에 있어서 바울의 신앙고백의 틀을 크게 벗어나지 않는다. 다만 성부, 성자, 성령 삼위 하나님과 그리스도의 죽음, 부활, 승천, 재림 외에 그리스도인의 육체적 부활과 거룩한 공회가 포함되기 시작했다는 면에서 이들의 신앙고백이 바울의 신앙고백보다는 한 단계 발전한 것으로 사료된다. 속사도들과 변증가들의 신앙고백이 교부들에 와서 더욱 체계를 갖추게 되었다.

지금까지의 단순하고 단편적인 신앙고백과 내용이 같지만 좀 더 체계적이고 해석적인 신앙률(Rules of Faith)이 약 주후 150년부터 200년 사이에 널리 사용되었다. 이 신앙률은 세 가지 중요한 의미로 사용되었다. 신앙률은 먼저 교리적인 표준(a Standard of Faith)으로 사용되었고, 세례입문 교육의 기초를 제공했으며 성경해석의 안내서 역할을 했다. 그리고 이단에 대항하여 정통신앙을 변호하는 신학적 내용을 제공해주었다. 신앙률의 원형을 찾을 수 있는 대표적인 두 인물은 이레니우스(Irenaeus, A.D. c.190)와 터툴리안(Tertullian, A.D. c.200)이다. 이레니우스는 이단반박에서 다음과 같은 신앙률의 모범을 제공해준다:

> 전 세계에 세상 끝 날까지 흩어져있을 교회는 사도들과 그들의 제자들로부터 이 신앙을 전수받았다: [교회는] 천지와 바다, 그리고 그 안에 있는 모든 만물을 만드신 전능하신 성부 한 하나님을 [믿사오며], 우리를 구원하시기 위해 성육신하신 하나님의 아들 그리스도 예수를 [믿사오며], 예언자들을 통해 하나님의 경륜을 선포하신 성령을 [믿사오며], 우리 주 그리스도 예수가 강림하사 동정녀에게 나시고 [십자가에] 고난을 당하시고 죽음에서 부활하사 육체적으로 승천하시고 [장차]성부의 영광가운데 하늘로부터 나타나셔서 "그에게 속한 모든 것들을 모으시고," 보이지 않는 성부의 뜻에 따라 모든 인간의 육체를 일으키시고 새롭게

---

to the Present, 19; C. H. Roberts and Dom B. Campelle, *An Early Euchologium, the Der Balyzeh Papyrus* (Louvain: 1949); Th. Schermann, *Der Liturgische Papyrus von Der Dalyzeth* (Leipzig: 1910), 36.

하사, 우리의 주, 하나님, 구주, 그리고 왕이신 그리스도 예수께 하늘에 있는 것이나 땅에 있는 것이나 땅 아래 있는 모든 것들이 그에게 무릎을 꿇게 하시고, 모든 혀로 그를 고백케 하시며, 그가 만물을 공의로 심판하시며, 그가 "영적인 사악한 자"들과 타락하여 배도자가 된 천사들, 경건치 않은 자들과 불의한 자들, 사악한 자들 및 불경한 자들을 영원한 불로 보내시리라. 그러나 의로운 자들과 거룩한 자들과 그의 계명을 지키며 기독교인이 된 후 그의 사랑을 지켜온 자들 가운데 얼마와 자신들의 죄를 회개한 다른 이들은 그의 은혜로 그리스도 예수가 영원한 영광을 그들 가운데 충만하게 하실 것이라.[7]

이 신앙률의 후반의 내용은 빌립보서 2장 5절 이하에 나타난 바울의 기독론과 상당히 유사하다. 이레니우스의 신앙고백은 사도신경과 전체적으로 내용, 윤곽, 체계를 같이하고 있는 훌륭한 신앙고백서로 성부 하나님이 천지의 창조주임을 분명히 밝히고 있다. 당시의 영지주의자들과 헬라 사상의 영향을 받은 이들이 절대자 하나님은 이 세상의 창조에 관여할 수 없다고 믿은 데 반해 이레니우스는 그들의 가르침을 한 마디로 일축한다. 예수 그리스도가 육체로 오셨으며 실제로 십자가에 달리시고 부활하셨고 승천하셨으며 장차 심판의 주로 오실 것이라는 고백은 당시의 만연된 가현설을 일침하는 것이다. 성령을 성부와 성자와 나란히 신앙고백의 대상으로 삼고 있는 것은 꽤 훌륭한 삼위일체 신앙을 반영하는 것이라고 사료된다. 이 같은 이레니우스의 신앙고백의 내용은 터툴리안(Tertullian, A.D. c.200)이 제시한 신앙률 속에서도 그대로 반영되어있다:

항상 그랬듯이, 모든 진리의 인도자이신 성령을 통해서 좀 더 잘 무장되었으므로 우리는 이 경륜(우리말 "economy"와 같은)에 근거하여 유일하신 하나님을 믿사오며, 그 유일하신 하나님은 자

---
[7] Irenaeus, *Adv. haer.* I. x. 1.

신으로부터 나오신 한 아들 즉 그의 말씀을 가지시며, 만물이 그로 말미암아 지은 바 되었으며, 그가 없이는 아무것도 지은 것이 없음을 믿사오며: 이 아들은 아버지로부터 보냄을 받아 동정녀에게서 사람과 하나님, 곧 인자와 하나님의 아들로 탄생하신 예수 그리스도라는 자이며: 그는 십자가에 고난받으시고, 죽으셨으며, 성경대로 장사지냈다가 아버지에 의해 죽음에서 부활하여 하늘에 오르사 하나님 아버지 우편에 앉아 계시다 산 자와 죽은 자를 심판하러 오실 것을 믿사오며: 그러므로 그의 약속에 따라 성부 하나님으로부터 성부, 성자, 성령을 믿는 이들의 신앙을 거룩케 하시는 보혜사 성령이 나오심을 믿습니다.8

터툴리안의 신앙률은 이레니우스의 것과 비교할 때 한층 간결하고 함축적이며 후대에 발전된 사도신경과 흡사하다. 이레니우스의 신앙률이 빌립보서 2장의 내용과 유사한 반면 터툴리안의 신앙률의 처음 부분은 요한복음 1장과 유사하다. 이레니우스와 터툴리안의 신앙률은 초대교부들의 신앙률의 전형적인 형태를 이루고 있다.

초대교회의 가장 집약된 신앙고백은 역시 사도신경이다. 사도신경은 하루아침에 형성된 것이 아니고 오랜 역사를 거치면서 체계화되기 시작되었다. 사도신경이 예수 그리스도가 하늘로 승천하신 후 열흘째 되던 날에 성령의 영감 아래 사도들에 의하여 작성된 것이라는 전승이 사도신경의 명성과 권위를 더해주는 것은 의심의 여지가 없으나 로렌소 발라(Lorenzo Valla)와 다른 학자들에 의해 그것은 하나의 전설(legendary)이지 역사적인 사실이 아님이 밝혀졌다.9

사도신경의 전 내용은 약 주후 100년경에 기록된 신학적인 표현 형태에서 상당히 발견된다. 그러나 사도신경의 원조는 2세기 말엽 로마에서

---

8 Tertullian, *Adv. praxeas*, 2. 이 신앙률이 어제의 프락시아스는 말할 것 없이 심지어 이전의 모든 이단들 앞서 복음의 시작부터 전해 내려온 것이라는 사실은 어제의 프락시아스의 바로 그 허구성에 의해서와 마찬가지로 모든 이단들의 the comparative lateness에 의해 입증될 것이다.

9 Leith, *Creeds of the Churches: A Reader in Christian Doctrine, from the Bible to the Present*, 22.

발전된 신경으로 거슬러 올라가야 할 것이다. 기원은 확실하지 않지만 이 로마신경의 초기 형식이 히폴리투스 신경(*the Interrogatory Creed of Hippolytus' Apostolic Tradition*, A.D. c.215), 마르셀루스(Marcellus)가 쥴리우스 1세(A.D. 340)에게 제출한 신조, 그리고 사도신경에 대한 루피누스(Rufinus)의 주석에서도 마찬가지로 보존되어 있다. 전형적인 로마신경은 로마교회가 주후 200년경 세례 문답 시 행한 신경이다:

> 당신은 전능하신 성부하나님을 믿습니까? / 나는 믿습니다. 당신은 성령으로 잉태하사 동정녀 마리아에게 나시고 본디오 빌라도에게 고난을 받으사 죽으시고 죽은 자 가운데서 삼일 만에 부활하셔서 하늘에 오르사 아버지 우편에 앉아계시며 (저리로서) 산자와 죽은 자를 심판하러 오실 하나님의 아들 예수그리스도를 믿습니까? / 나는 믿습니다. 당신은 성령과 거룩한 교회와 몸이 다시 사는 것을 믿습니까? / 나는 믿습니다.

로마에서 시행된 이런 문답형식의 신경은 세례 입문교육의 일환으로 세례를 받는 지원자들의 신앙을 확인하는 신앙고백으로 사용되었다. 거의 동시대 것으로 보이는 히폴리투스 신경(A.D. c.215) 역시 문답 식의 형태를 띠고 있으며 로마신경과 내용과 형식이 매우 유사하다.[10]

역시 로마의 감독 히폴리투스의 신경도 성부, 성자, 성령, 공회, 그리고 죽은 자의 부활 등의 신앙고백을 따라 문답의 틀을 형성하고 있으며 이것은 사도신경의 순서와 상당히 맥을 같이하고 있다. 히폴리투스의 신앙고백 역시 독창적인 것이 아니라 전에 있었던 로마교회의 신경이나 이

---

[10] 그 신앙고백은 이렇다. "당신은 전능하신[pantokratora] 하나님 아버지를 믿습니까? 당신은 성령으로 잉태하사 동정녀 마리아에게 나시고 본디오 빌라도에게 십자가에 달리사 (장사지냈다) 삼일 만에 죽은 자 가운데서 일어나시고 하늘에 오르사 하나님 아버지 우편에 앉아계시고 산자와 죽은 자를 심판하러 오실 예수 그리스도를 믿습니까? 당신은 성령과 거룩한 공회와 (육체[sarkos]의 부활)을 믿습니까?" Leith, *Creeds of the Churches: A Reader in Christian Doctrine, from the Bible to the Present*, 23.

레니우스나 터툴리안의 신앙률과 내용을 같이 하고 있으나 다만 더욱 집약적이라는 점이 다르다. 이런 신앙고백의 형태는 3세기 초엽에 일반적으로 교회의 신앙고백과 세례문답으로 널리 통용되었다. 그러다 4세기 중엽에 문납식의 형식을 떠나 오늘날과 같은 사도신경이 나타나기 시작했다. 현재 우리가 갖고 있는 사도신경과 매우 근접한 가장 대표적인 것이 주후 340년에 마르셀루스(Marcellus)가 줄리우스 1세에게 보낸 신경이다:

> 나는 전능하신 하나님 아버지를 믿사오며, 그의 아들 우리 주 예수 그리스도를 믿사오니, 이는 성령으로 잉태하사 동정녀 마리아에게 나시고 본디오 빌라도에게 고난을 받으사 장사지냈다가 삼일 만에 죽은 자 가운데서 부활하시고 하늘에 오르사 하나님 아버지 우편에 앉아 계시고 저리로서(whence) 산자와 죽은 자를 심판하러 오실 것을 믿습니다; 그리고 성령과 거룩한 공회와 죄의 용서와 육체의 부활과 영생을 [나는 믿습니다].11

이 신조가 이전의 신조와 두드러지게 다른 점은 마지막에 죄의 용서와 영생이 추가되었고 좀 더 함축적으로 다듬어졌다는 사실이다. 이 신조는 사도신경에서 다루고 있는 신앙고백의 내용을 거의 담고 있다. 404년경으로 추산되는 루피누스(Rufinus)의 신앙고백은 마르셀루스(Marcellus)의 고백과 거의 맥을 같이한다. "나는 불가시적이며 불감적인(impassible) 전능하신 하나님 아버지를 믿사오며, 성령으로 동정녀 마리아에게 나시고 본디오 빌라도에게 고난을 받으시고 장사지내신 그의 독생자 우리 주 그리스도 예수를 믿사옵니다. 그는 음부에 내려 가사 삼일 만에 죽은 자 가운데서 부활하사 하늘에 오르시고 하나님 우편에 앉아계시다 저리로서 산자와 죽은 자를 심판하러 오시리라; 그리고 성령과 거룩한 공회와 죄의

---

11 Leith, *Creeds of the Churches: A Reader in Christian Doctrine, from the Bible to the Present*, 23.

용서와 육체의 부활을 [나는 믿습니다]."12 이 신경 역시 로마신경의 틀을 크게 벗어나지 않는다. 앞서 언급한 몇 개의 신앙고백은 3세기 경 널리 교회에 사용되고 있는 전형적인 신앙고백이었으며 내용과 틀에 있어서 로마신경과 상당히 유사하다. 이처럼 로마교회 신경을 닮은 신앙고백이 널리 유포된 것은 로마교회의 영향력 때문이다. 오늘날 우리가 사용하는 것과 같은 사도신경은 약 5세기경에 등장했다. 사도신경의 텍스트 리셉투스 (the Textus Receptus) 즉 원형은 프리미니우스(Priminius)의 *De singulis libris canonicis scarapsus*에서 최초로 발견된다:

> 전능하사 천지를 만드신 하나님 아버지를 [내가]믿사오며; 그의 아들 우리 주 예수 그리스도를 믿사오니, 이는 성령으로 잉태하사 동정녀 마리아에게 나시고 본디오 빌라도에게 고난을 받으사 십자가에 달려 죽으시고 장사지냈다. 그는 음부에 내려갔다 3일 만에 죽은 자 가운데서 부활하사 하늘에 오르시고 전능하신 하나님 우편에 앉아계시다 저리로서(thence) 산 자와 죽은 자를 심판하러 오시리라; 성령과 거룩한 공회와 성도의 교통, 죄의 용서, 몸(carnis)이 다시 사는 것과 영생을 믿습니다. 아멘.13

약 710년과 724년 사이에 등장한 사도신경은 로마교회 신조에 상당한 빚을 지고 있으며 드디어 로마교회에 의해 처음으로 채택되어 서방교회의 신조가 되었다. 흥미 있는 것은 동방교회의 프로렌스 공의회는 이 사도신경을 전혀 알지 못한다고 선언했다는 사실이다. 지금까지의 사도신경의 발전의 역사를 더듬으면서 공통적으로 발견할 수 있는 것은 신경의 골격에 있어서는 거의 유사하나 다만 형식이 좀 더 함축적이고 집약적으로 발전되어 나갔다는 점이다. 이 신경은 사도들의 신앙고백, 이레니우

---

12 Leith, *Creeds of the Churches: A Reader in Christian Doctrine, from the Bible to the Present*, 24.

13 Leith, *Creeds of the Churches: A Reader in Christian Doctrine, from the Bible to the Present*, 24-25.

스나 터툴리안과 같은 신앙률, 그리고 로마신경으로 발전의 단계를 대별할 수 있을 듯하며 오늘날 우리가 가지고 있는 사도신경은 로마신경에서 그 원형을 찾을 수 있다. 이단의 발흥에 대한 교회의 응전으로 생성된 신조는 이단을 판단하는 중요한 기준으로 정착되었다.

2. 정경의 형성

신경 외에 이단의 발흥으로 촉진된 것이 정경의 형성이다. 2세기에 일련의 성경들을 모은 모음집이 등장하였다. 그 순서는 복음서, 사도행전, 바울서신, 일반서신, 그리고 계시록으로 되어 있다. 시간이 흐르면서 현재와 같은 신약 정경이 만들어졌다.

우리에게 알려진 최초의 신약성경의 목차는 **무라토리안 단편**(*the Muratorian fragment*)으로 알려진 고대 문헌 가운데서 찾아볼 수 있다. 이것은 루도비코 무라토리(Ludovico Muratori)라는 이탈리아 학자에 의해 1740년에 8세기의 기독교 사료 중에서 발견되었다. 약 A.D. 170년에 기록된 이 단편은 4복음서, 사도행전, 바울서신, 요한 1, 2서, 유다서, 그리고 요한계시록 순서로 나열되었다. 히브리서, 야고보서, 베드로 전후서, 그리고 요한 3서 등은 포함되지 않았고, 후에 정경에서 제외된 베드로묵시록이 포함되어 있다.

어떤 다른 모음집은 우리가 갖고 있는 성경 외에 **헐마스의 목자**(*The Shepherd of Hermas*), **바나바 서신**(*The Epistle of Barnabas*)과 **디다케**(*The Didache*), **히브리복음**(*The Gospel of the Hebrews*), **솔로몬의 지혜**(*The Wisdom of Solomon*), 그리고 **바울의 행전**(*The Acts of Paul*)을 포함하는 것도 있다. 주후 200년까지 우리가 갖고 있는 신약의 대부분은 초대교회에 의해 정경으로 인정받았다.

정경을 결정하는 중요한 기준은 각 권이 사도들 또는 사도들과 가까운 자들에 의해 기록되었는가 하는 것이었다. 이런 이유 때문에 마가복음

(베드로와 협력함)과 누가복음(바울과 협력함)이 포함되었다. 똑같은 이유에서 히브리서, 야고보서, 베드로후서, 요한 2, 3서, 유다서가 사도적 저작권(Apostolic Authorship)에 대한 불확실성 때문에 정경의 결정이 연기되었다. 또 헐마스의 목자, 솔로몬의 지혜, 그리고 다른 것들이 사도와의 연관성이 희미하기 때문에 정경에서 제외되었다. 서방교회에서는 요한계시록이 문제없이 수용되었으나 동방교회에서는 요한계시록이 천년왕국의 견해를 지지하기 때문에 인기가 없었다.[14]

현재 존재하는 신약대로 완전한 정경이 설정된 것은 367년 아다나시우스에 의해서다. 두 번의 히포 공의회(Councils of Hippo)가 히포 레기우스(Hippo Regius, A.D. 393)에서 그리고 칼타고 공의회가 어거스틴(Augustine)의 지도 아래 북아프리카의 칼타고(Carthage, A.D. 397)에서 열려 현재와 같은 정경을 공식적으로 확정지었다. 동방과 서방교회는 그들의 선례를 따랐다.

정경이 완성되기까지는 거의 300년이 필요했다. 우리가 주목해야 할 사실은 정경의 출현이 아다나시우스(Athanasius)나 종교회의(Synods)의 공식적 선언의 결과는 아니라는 점이다. 이들 공식선언은 이미 교회가 하나님의 말씀으로 오랫동안 받아들인 것을 단지 확인했을 뿐이다.

신약성경의 기록과 그것들이 교회에 의해 정경으로 받아들여진 것 모두가 성령의 인도하심으로 이루어진 것이다. 교회는 신앙과 가르침의 확실한 기초를 정경에서 찾았다. 이단의 세력들이 교회를 엄습할 때도 교회가 박해 속에서 그 기준을 찾지 못해 망설일 때에도 정경은 교회의 기준이 되었다. 그것은 성경이 사도적 권위를 지닌 자들에 의해 기록되었기 때문만 아니라 성령에 의해 기록된 정확무오(the only infallible and inerrant word of God)한 하나님의 말씀이기 때문이다. 앞서 언급한 것처럼 이단의 발흥으로 촉진된 정경의 형성은 이단과 이설을 평가할 수 있는 구체적인 평가기준을 교회에 제공해 준 셈이다.

---

[14] Tim Dowley, *Eerdmans' Handbook to the History of Christianity* (Grand Rapids: WM. B. Eerdmans Publishing Co, 1977), 105.

3. 감독제도의 발달

　기독교가 시작되고 처음 5세기 동안 가장 두드러진 현상 가운데 하나가 감독제도의 발흥이다. 교회가 내외적으로 도전을 받으면서 교회는 그들의 결집된 힘을 통해 이런 외부의 도전들을 효과적으로 대처해야만 했다. 초대교회 신앙의 공동체는 공동의 교리체계를 가지고 있었고 공동체의 응집력은 같은 교리와 신앙고백에 근거하였으며 감독은 진정한 교리의 대표자이기 때문에 공동의 응집력인 교리를 파괴하려는 이단에 대항하는 보호막이었다.

　장로와 감독이 동일한 권위를 지녔으나 시간이 흐르면서 감독들이 장로보다 우월한 지위를 차지하게 되었다. 이런 감독제도의 발달은 시간이 지나면서 지역적인 영향력의 정도와 특정지역의 감독의 역할에 따라 다른 지역보다 우월한 지역으로 부상하여 그 특정 지역의 감독 권한을 강화시키는 계기가 되었던 것이다. 감독의 권위에 대한 이해를 위해서는 권위에 대한 신구교의 견해가 먼저 정립되어져야 한다. 권위에 대한 현대 신구교의 이해는 약간 차이가 있다. 권위를 말할 때 신교는 사도적 권위(apostolic Authority)를 말하며 이 권위는 베드로 한 사람에 의해 계승된 것이 아니라 주님의 모든 제자들에 의해 계승된 것으로 이해한다. 구교에서도 사도적 권위를 말하나 신교와는 달리 구교는 마태복음 16장과 다른 전통에 의해 그 권위가 사도들 중에 수제자인 베드로를 통하여 계승되었다고 말한다. 따라서 로마 가톨릭이 볼 때 이 권위는 감독, 주교, 교황 등을 통하여 계승되었다.

　로마의 클레멘트는 주후 96년 **고린도교회에 보낸 편지**에서 감독(episcopacy)과 장로(presbyter)를 구분하지 않고 동의어로 사용했다. 이것은 적어도 클레멘트가 글을 쓰던 1세기 말엽까지는 장로와 감독이 그 직분상 구분되지 않았음을 암시해준다. 클레멘트의 작품에는 후에 이그나티우스의 작품에서 나타나는 단일 감독제도는 찾아볼 수 없다. 뿐만 아니라 우리가 주목해야 할 것은 클레멘트가 감독들의 권위를 언급하면서 그 기원을 하나님에게서 찾았다는 사실이다. 이그나티우스에 의하면 감독은 기독교 공동체의 상징인 동시에 사도적 전통(apostolic tradition)의 전달자였다.15 클레멘트가 사도들과 예수 그리스도의 권위를 대단히 존중해야 된다고 말하는 것도 사실은 이들의 권위가 하나님께로부터 기원되었기 때문이라는 것이다. 그는 사도들은 주 예수로부터 복음을 받았고, 그리스도는 하나님께로부터 보내심을 받았기 때문에 하나님이 궁극적인 권위의 원천이 되신다고 설명하였다.

안디옥의 이그나티우스에게 와서 감독의 권한은 한층 강화된다. 서머나에 보내는 편지에서 최초로 장로와 감독을 분리하고 단일감독제(Mono-episcopacy)를 주장한다. 이그나티우스(Ignatius)는 교회의 성직은 감독, 장로, 집사 셋으로 대별하여 한 명의 감독, 몇 사람의 장로, 그리고 여러 명의 집사를 두되 감독이 이들을 총괄한다는 단일 감독의 삼중직을 제시했다. 마치 그의 논리 속에는 감독 > 장로 > 집사라는 등식이 존재하는 듯한 인상을 주고 있다. "감독을 하나님의 자리에, 그리고 장로들을 사도회의 자리에 위치시키고, 그리고 (나의 총애하는) 집사들에게는 영원 전부터 하나님과 함께 계셨고 (세상) 끝 날에 나타나실 그리스도의 사역을 위탁하라"16

이러한 권위에 대한 계급적 구조는 트랄리아인들에게 보내는 서신에도 나타난다. "따라서 모든 사람은 집사들을 존경해야 한다. 마치 감독이 성부의 역할을 하고 장로들이 하나님의 회와 사도들과 같은 역할을 하듯이 집사들은 예수 그리스도를 대표한다. 너희는 이들 없이는 교회를 가질 수 없다. 여기에 있어서는 너희들도 나와 일치하리라고 확신한다."17 일정한 도시에서 단 한 사람의 감독이 삼중적 사역을 총괄한다는 단일감독

---

15 Bengt Hägglund, 신학사, 박희석 역 (서울: 성광문화사, 1989), 27.
16 Ignatius, *Mag.* 6.1.
17 Ignatius, *Tral.* 3.1.

사상은 감독직 발흥에 적지 않은 영향을 미치게 되었다.

우리에게 제기되는 근본적인 질문은 왜 이그나티우스가 이런 주장을 하게 되었는가 하는 것이다. 이 질문은 당대의 배경 속에서 이해되어야 하리라고 본다. 이단의 도전에 직면하여 교회는 교회의 하나 됨이 위협을 받고 있었다. 따라서 이그나티우스가 교회 감독의 권한을 강조한 것은 감독에 대한 순종이 교회의 하나 됨을 달성하는데 필수적이라고 보았기 때문이다.[18] 리차드슨(C. C. Richardson)에 따르면 이그나티우스는 하늘나라에는 플라톤이 말한 것과 같은 피라미드식의 권력구조가 존재한다고 믿었으며 이런 구조가 성부, 성자, 성령과의 관계 속에도 존재하며 마찬가지로 감독, 장로, 그리고 집사 사이에도 존재한다고 보았다. 혹자는 이런 이그나티우스의 단일 감독제가 플라톤적 기원을 가진다고 보았지만 이것을 입증하기에는 좀 더 깊은 연구가 필요할 것이다.

이레니우스는 로마교회의 권위를 강조한 또 하나의 중요한 인물이다. 두 가지 사상 즉 이그나티우스의 단일 감독제와 클레멘트의 사도직의 계승이 70년 후에 이레니우스에 의해 하나로 연합되어 감독의 권위를 한층 체계화시켰다. 고울 지방 리용(Lyons)의 감독이었던 그를 통해서 감독직이 크게 강화되었다. 이레니우스는 다음과 같이 지적한다. 우리 시대에 나타난 사도들의 계승은 자연스러운데 그것은 "만약 사도들이 감추어진 신비들을 알고 있었다면"[19] "그들은 분명히 전달해 주었을 것이며 특별히 자신들이 교회를 위탁한 사람들에게 더욱 전달했을 것"[20]이기 때문이다. 이레니우스는 모든 감독들이 똑같은 권한을 지니고 있다고 이해하지 않았다. 특별히 로마교구의 감독은 우월한 권위를 지니는데 그것은 그 교회가 베드로와 바울에 의해 설립된 교회이며 그들의 권위를 계승한 교회이기 때문이라는 것이다:

---

[18] Ignatius, *Eph.* 5.1; *Phil.* 7.2., 8.1.
[19] Irenaeus, *Adv. haer.* III, 3.1.
[20] Irenaeus, *Adv. haer.* III, 3.1.

가장 위대하고 오래된, 널리 알려진 교회는 가장 영광스러운 사도인 베드로와 바울이 로마에서 세우고 조직한 교회이다. … 사도들에게 전파된 그들의 신앙은 감독 계승의 방법으로 오늘 우리의 시대까지 전수되었다. 이 교회는 탁월한 권위를 지녔기 때문에 모든 교회는 이 교회에 순종할 필요가 있다.[21]

이레니우스의 경우 로마교회는 사도들의 권위를 계승한 교회이며 그 중에서도 베드로와 바울의 사도직을 승계한 정통성 있는 교구이기 때문에 로마교회 감독은 다른 교구보다 더 권위를 지닌다는 논리를 가지고 있었다. 자연히 여러 감독들 중에서 베드로와 바울을 계승했다고 알려진 로마의 감독이 첫 번째 서열에 있었다. 그러므로 이레니우스는 당대까지 로마교회를 섬겨오던 모든 감독들을 언급한 후 사도들을 대신하여 12번째로 엘류데리우스(Eleutherius)가 감독직을 계승하게 되었으며 이런 절차와 계승에 의해 사도들로부터 온 교회의 전통이 우리에게 전해졌다고 말한다.[22] 감독의 권위가 2세기 동안에 대단히 성장했지만 권위에 대한 이해에는 견해차가 있었다. 이레니우스가 로마교회의 우월성을 인정한 반면 터툴리안은 사도적 권위를 어떠한 교회에서 찾지 않고 정통교리를 고수하는 사도적 기원을 가진 교회들, 예를 들면 고린도, 빌립보, 에베소, 로마교회에서 찾았다.

---

[21] Irenaeus, *Adv. haer.* III, 3.2.
[22] Irenaeus, *Adv. haer.* III, 3.3.

제 3 부
3세기와 기독교 사상의 확립

8장
이레니우스와 소아시아 신학

9장
라틴(서방) 신학

10장
알렉산드리아 신학

현재 터키 갑바도기아 지방에 있는 동굴 교회

제 8장
이레니우스와 소아시아 신학

> 그가 성육신 하셔서 사람이 되셨을 때 그는 스스로 인간의 오랜 족보 안에 총괄갱신하신 것(recapitulate)이며, 따라서 우리에게 구원을 제공하신 것이다. 그러므로 우리는 아담 안에서 잃었던 하나님의 형상과 모양 안에 존재하는 것을 예수 그리스도 안에서 다시 얻은 것이다.
>
> Irenius

교회 역사에서 신학은 지역적인 특성을 반영하면서 발달하였다. 대표적인 지역은 칼타고, 알렉산드리아, 소아시아와 안디옥이었다. 이들 지역에 설립된 교회는 각기 고유한 특성을 지니고 있었으며 교회사에 독특한 공헌을 하였다. 칼타고는 아프리카의 로마 식민지 가운데 중심 도시로서 인구와 부에 있어서 로마 다음이었고, 알렉산드리아는 헬라어를 사용했으며 제국의 지적 중심지였다. 소아시아는 비교적 헬라의 영향과 로마의 영향을 균형 있게 받은 지역이었다.

이들 지역에서는 지역적인 특성을 반영하는 걸출한 교부들이 배출되었다. 칼타고에서는 터툴리안(A.D. 212)과 키프리안(A.D. 258)이, 알렉산드리아에서는 클레멘트(A.D. 215)와 오리겐(A.D. 254)이, 그리고 소아시아에서는 이레니우스(A.D. 202)와 히폴리투스가 배출되었다.

특별히 터툴리안이 서방신학의 초석을 형성하였고, 오리겐이 알렉산드리아 신학의 기초를 제공하였다면 이레니우스는 소아시아 신학의 초석이 되었다. 이들 소아시아 신학, 알렉산드리아 신학, 라틴 신학은 초대교회 신학의 사상적 원형들이다. 앞으로 8장부터 10장까지는 이 세 학파를 중점적으로 고찰할 것이다.

1. 이레니우스의 생애

가톨릭 교의학의 아버지 또는 "교회의 최초의 위대한 조직신학자"[1]라 불리는 이레니우스는 교회의 전통, 구속사, 신구약의 권위 등 여러 분야에서 그 업적을 찾아볼 수 있지만, 무엇보다도 2세기 영지주의자들과 논쟁에서의 중요성 때문에 기독교회사에서 의미심장한 위치를 차지한다.

로마교회와 밀접한 관계를 유지하였던 이레니우스는 소아시아의 전통과 로마의 전통을 연합시킨 인물로 평가되고 있다. 이레니우스는 영지주의를 논박함으로써 2세기의 기독교의 교리를 종합시켰다. 이레니우스는 일생 동안 영지주의를 논박하고, 하나님의 구원 역사 계획을 역사신학 내에서 진지하게 설정하였으며, 신약을 구약과 같은 권위로 보면서 성경을 총체적으로 사용한 최초의 그리스도인이었다. 이레니우스는 기독교를 진정한 철학으로 보려는 변증가들이 견해에 반대하였으며, 헬라적 사색의 도움을 동원하지 않았고, 계시의 내용이 단순히 새로우면서도 보다 나은 철학에 불과하다는 자들과도 견해를 달리하였다. 그에게는 성경적 전통만이 신앙의 유일한 근원이었다.

이레니우스의 생애에 대해서는 거의 알려져 있지 않다. 그는 주후 약 130년에서 140년 사이 로마의 령이던 소아시아, 특히 서머나에서 출생한 것 같다. 젊은 시절 이레니우스는 요한의 제자 폴리갑에게서 배웠다.

---

[1] Edward Rochine Hardy, "Introduction to Irenaeus' *Against Heresies*" in *L.C.C.* Vol.1., 344.

이레니우스(Irenaeus)
(c.130-202)

이레니우스는 자신의 젊은 시절, 폴리갑이 순교 당한 것을 알고 있었던 것으로 보인다. 얼마 후 이레니우스는 현재의 프랑스에 해당하는 고울로 가서 거기서 리용에 있는 교회의 장로가 되었다. 당시 그곳에는 이미 기독교 공동체가 형성되어 신앙생활을 하고 있었던 것으로 보이며, 마르쿠스 아우렐리우스 치하의 박해로 A.D. 177년에 포티누스 감독과 다른 약 50명의 기독교인이 그곳 리용과 비엔나에서 순교 당한 후 이레니우스는 포티누스를 계승하여 리용의 감독이 되었다. 목회적인 소질을 타고난 이레니우스는 고울에서 복음을 전파하며 이단으로부터 양들을 변호하는데 상당한 관심을 쏟았다.

다른 한편으로 이레니우스는 변방에 있는 켈트족의 복음화와 리용의 교회 평화를 위해 노력했다. 후기 자료에 의하면 이레니우스는 리용에 있는 많은 기독교인들이 죽임을 당하던 A.D. 202년에 순교하였다.

2. 이레니우스의 작품

이레니우스는 수많은 저술을 기록한 것으로 보이지만 지금까지 보존되어 오는 것은 소위 영지주의의 고발과 논박과 사도적 설교의 논증이다. 전자는 영지주의자들에 대항하여 기술된 작품으로 이단논박(Adversus haereses)으로 알려졌다. 5권으로 되어있는 이 책은 비록 헬라어로 기록되었고 부분적으로는 몇 개의 언어로 번역되었지만 단지 초장기의 라틴역본만이 남아있다. 다섯 권으로 되어있는 이 이단논박은 주제에 따라 다음과 같이 요약할 수 있다: 1-영지주의의 해설; 2-이성에 의하여 논박함; 3-5-선지서, 주님의 말씀과 사도들에 기초한 성경으로부터의 논박.

이 책에서 이레니우스는 영지주의의 대표적인 유형인 발렌티누스의 제자인 프톨레매우스(Ptolemaeus)의 제자들의 가르침을 집중적으로 파헤치고 있다. 그가 영지주의자 가운데 하나의 모델을 들어 영지주의를 반박한 것은 "바닷물이 짜다는 것을 알기 위해서 저 대양의 물을 다 마실 필요가 없다"는 논리 때문이다.[2] 이레니우스가 볼 때, 발렌티누스주의를 비롯한 모든 영지주의가 자신들만의 비밀지식을 가지고 있다고 주장하지만 그런 주장은 사실 설정 근거가 없다.

이런 그의 비평은 제 2권에서 더욱 강화되는데 발렌티누스와 그의 제자 프톨레매우스의 애온 이론은 위험하다는 것이다. 그 이유는 애온 이론이 두 가지 중요한 성경적 가르침, 즉 창조의 본질과 성경의 통일성을 무시하기 때문이다. 대부분의 영지주의자들은 창조와 구속을 연계시키지 않기 때문에 구약성경부터 진행되어오는 하나님의 구속의 섭리를 무시한다. 구약의 많은 사건들은 신약의 메시아를 언급하는 것이라는 사실을 이레니우스는 예언과 유형을 사용하여 설명한다. 창조의 본질이 거룩한

---

[2] Irenaeus, *Adv. haer.*, II.19.8.

데 사탄으로 말미암아 인간이 타락하게 되었으며 때문에 예수 그리스도의 구속의 사건은 사탄의 정복이다. 그리스도의 왕국과 사탄의 왕국의 대립은 그리스도의 성육신과 십자가의 사건으로 끝이 났고 이제 사탄의 세력은 그리스도의 주권적인 통치하에 존재하게 되었다.

이레니우스는 신구약을 통시적으로 볼 때만 가능한 이런 총체적인 구속사적 개념을 제시한다. 이레니우스는 구약의 하나님과 신약의 하나님을 구분하려는 영지주의자들이 복음의 본질을 왜곡시켰다고 말한다. 또 인격적인 성육신을 거부하는 영지주의에 대해 이레니우스는 "만일 그가 참으로 사람이 되지 아니하였다면 그의 피로서 우리를 참으로 구원하지 아니하셨을 것"이라면서 성육신의 역사성을 강조한다.3

역사적 성육신에 기초한 이런 통시적인 구속사와 신구약의 연속성의 개념은 에피데이키스(Epideixis)라고 불리는 단편작품 사도 설교의 증명에 더욱 구체적으로 나타나 있다. 새 신자들의 신앙지도를 담당하는 일종의 안내서인 이 작품은 헬라어 역본은 소실되고 단지 알미니안 역본이 남아 있다. 이 작품에서 이레니우스는 창조에서 최후의 완성에 이르기까지 구원의 역사를 제시한다.

하나님께서는 태초에 천지를 창조하셨으며 그 창조는 영지주의자들이 주장하는 것과 달리 무에서의 창조이다. 영지주의자들이 창조주와 하나님을 구분하는 것은 잘못이며 둘은 동일하다고 이레니우스는 주장한다. 이레니우스는 저스틴과 같이 아들이 로고스라는 사실을 강조하지만 저스틴보다는 하나님과 로고스 사이의 통일성을 강조했다는 면에서 차이가 있다. 삼위 하나님이 천지를 창조하셨으며 그것은 아들만의 사역은 아니었다.

---

3 Irenaeus, *Adv. haer.*, V.2.1.

3. 이레니우스의 총괄갱신

이레니우스는 하나님의 형상을 독특하게 해석한다. 하나님의 형상을 따라 하나님이 인간을 만드셨다. 이 형상은 하나님의 아들이며 바로 그의 형상을 따라서 인간이 지음 받았다.[4] 때문에 하나님의 형상은 아들 속에서 완전히 찾을 수 있으며, 또 이 아들이 인간이 되셨다는 사실은 불완전한 인간이 하나님의 완전한 형상에 이르기까지 성장할 수 있음을 보여주는 것이다. 이레니우스가 볼 때 이것은 "우리가 다 하나님의 아들을 믿는 것과 아는 일에 하나가 되어 온전한 사람을 이루어 그리스도의 장성한 분량이 충만한 데까지 이르리니"(엡 4:13)라는 성경말씀과도 일치하는 것이다.

창조는 시작이지 결코 끝이 아니다. 하나님의 모든 피조물이 그렇듯이 인간 역시 끝없이 성장해야 한다. 아담 역시 성장해야 할 사명을 부여받았으나 타락으로 말미암아 성장이 정지되었다. 이레니우스에 따르면 마귀는 하나님의 창조계획을 반대하고 하나님의 계획을 전도시키려고 하였다. 타락으로 말미암아 인간은 마귀의 종으로 예속되었고 아담의 후예인 모든 인간은 아담에게 예속된 것이다. 따라서 결국 인간은 마귀의 종이 된 셈이다. 마귀의 종이 되었다는 것은 끝없이 성장해야 할 성장이 저지당했다는 사실이고 사탄의 두 가지 권력, 즉 죄와 사망에 붙잡힌 것이다. 윈그렌(Wingren)이 **인간과 성육신**이라는 책에서 지적한 것처럼, 이레니우스에게 타락이란 인간 본래의 완성을 잃어버린 것이 아니라 본래 가졌던 자신의 성장이 저해되었다는 것을 의미한다.[5] 이것은 이레니우스가 갖고 있는 독특한 창조와 구속개념인데 여기에서 그의 총괄갱신 사상이

---

[4] Irenaeus, *Adv. haer.* 22.

[5] Gustaf Wingren, *Man and the Incarnation: A Study in the Biblical Theology of Irenaeus*, 1947. 50-63.

시작되었다.

에덴에서의 인간의 타락에도 불구하고 하나님은 여전히 인간을 사랑하시며, 그 사랑은 하나님의 본연의 계획을 수행하심으로 실현된다. 이런 사랑은 섭리라고 하는 하나님의 원대하신 계획을 통해 이루어지며 이 섭리는 4단계의 언약으로 구성된다. 첫 번째 언약은 아담의 언약으로 아담에서 노아홍수까지이고, 두 번째 언약은 노아의 언약으로 노아홍수 이후부터 출애굽까지이며, 세 번째 언약은 모세의 언약으로 모세부터 그리스도의 초림까지이고, 그리고 네 번째 언약은 그리스도의 언약으로 그리스도의 초림 때부터 종말까지이다.6 인류의 역사를 이렇게 4단계로 구분하는 것은 구분의 정도 차이는 있지만 오늘날의 세대주의와 유사하다.

이레니우스는 두 번째 언약과 세 번째 언약을 무게 있게 다루고 있다. 모세의 율법은 창조의 목적을 달성하기 위한 하나님의 원대한 계획의 일부분이며 그 역할을 충실히 감당하였다. 그는 모세의 율법을 도덕법과 예식법으로 구분하고 그리스도의 오심으로 예식법은 폐기되었지만 도덕법은 아직도 의미가 있다고 말한다. 예식법의 목적은 그리스도의 구주의 오심을 선포하는 것이며 그리스도의 초림과 함께 폐지되었다. 이레니우스는 신약과 구약의 통일성, 즉 계속성과 완성을 동시에 주장하며, 여기에 의존해서 신구약성경의 극단적인 대립을 주장하는 이론들을 배격하였다.7 바로 이것이 이레니우스의 사상이 오늘날의 세대주의와는 다른 점이다. 세대주의자들은 모세 율법의 신약적 의의는 그리스도가 재해석한 범위 내에서 의가 있다고 주장한다. 이레니우스가 신구약의 연속성과 통일성을 주장하는 것은 당시의 영지주의자들이 신구약을 예리하게 구분하고 심지어 둘을 대립적인 개념으로 이해했기 때문이다.

이레니우스에게 신구약은 결코 대립적일 수 없으며 하나님의 총체적인 구속사에서 독특한 의미가 있다. 때문에 창조와 구속은 연속선상에

---

6 Irenaeus, *Adv. haer.* 3.11.8.

7 Justo Gonzalez, *A History of Christian Thought* I (Nashville: Abingdon Press, 1970-1975), 168.

있으며 그것을 이원론적으로 이해할 수 없었다. 창조와 구속, 그리고 구약과 신약을 연결할 수 있는 구심점은 바로 하나님의 완전한 형상인 예수 그리스도이시다. 인간의 궁극적인 목적과 원형이신 그리스도가 인간이 되어 인간들 가운데 거하게 되셨다. 그리스도의 성육신은 새로운 인간상을 회복하시기 위한 하나님의 원대하신 계획의 일환이며 바로 이것이 이레니우스가 말하는 총괄갱신(recapitulatio; ἀνακεφαλαίωσις)이다:8

> 그는 육신을 입으시고 인간이 되심으로 인간들의 오랜 출현을 자기 자신 안에서 총괄하시었다. 이것은 그가 우리를 위하여 집약적으로 구원을 확보하시었으며 하나님의 모양을 따라 하나님의 형상으로 지음 받은 아담에게서 상실되었던 것을 그리스도에서 다시 찾기 위함이다.9

그리스도께서 인류를 자신 안에 총괄하신다는 것은 곧 인류를 회복하는 것이며 인류를 갱생하는 것을 의미한다. 따라서 모든 인류의 대표이신 예수 그리스도는 새로운 인간상의 총화이며 완전한 하나님의 형상이자 구속의 정점이다. 이런 이레니우스의 총괄갱신 사상은 "한 사람의 순종하지 아니함으로 많은 사람이 죄인 된 것 같이 한 사람이 순종하심으로 많은 사람이 의인이 되리라"는 바울의 사상으로 집약할 수 있을 것이다.10 때문에 "성육신은 이 세상 역사의 새로운 시작이지만 창조에 역행되지 않으며, 창조의 계속이며 완성이라고 보아야 한다. 그리스도는 새로운 아담으로서 비록 방향은 다르지만 그 안에서 옛 아담의 역사는 반복된

---

8 총괄갱신은 recapitulatio에서 유래했으며 헬라어에 해당하는 ἀνακεφαλαίωσις는 에베소서 1장 10절에 나타난다. 이 말은 '총괄하다,' '새롭게 하다'는 의미가 내포되어 있다. Cf. 한철하, **고대 기독교사상** (서울: 대한기독교서회, 1991), 17th ed. 53.

9 Irenaeus, *Adv. haer.* III.18.1. "Quando incarnatus et homo factus, lougam hominum expositionem in se ipso recapitulavit. In compendio nobis salutem praestans, ut qnod perdideramus in Adam, id est secundum et similitudinem esse Dei, hoc in christo reciperemus."

10 로마서 5:19.

다. 아담 안에서 인간은 아들을 닮도록 창조"되었다.11 총괄갱신이 새로운 출발이지만, 또한 그것은 동시에 "과거에 일어난 것의 요약이며 정점"이기도 한 이유가 바로 여기 있다.12

총괄갱신의 또 하나의 근본적인 측면은 사탄에 대한 그리스도의 승리이다. 하나님의 왕국과 사탄의 왕국의 투쟁이라는 대립적인 구조 속에서 세계사를 이해한 이레니우스는 그리스도가 오심으로 사탄과 하나님과의 투쟁은 종식되었다고 보았다. 이런 사탄에 대한 투쟁은 3단계로 이루어졌다고 볼 수 있는데, 첫 단계로 성육신을 통하여 하나님의 형상이 완전히 현현되어 총괄갱신이 시작되었고, 그리스도의 시험을 통하여 사탄에 대한 결정적 승리를 가져왔으며, 그리스도의 부활을 통해 사탄의 비장의 무기였던 사망을 정복하셨다. 그리고 마지막에 사탄에 대한 최종적인 승리는 그리스도의 재림으로 도래하며, 그때가 오면 만물은 그에게 귀속될 것이다. 초림과 재림 사이에 살고 있는 우리들은 투쟁의 역사 속에서 잠시 휴전상태에 살고 있는 것이 아니라 그리스도의 승리를 누리며 그리스도의 장성한 분량에 이르도록 최후의 완성을 향해 전진하며 살아가는 것이다. 이레니우스에게 구원이란 피조물 자신이 본래상태를 회복함으로써 마침내 하나님께서 부여해주신 자신의 운명을 실현시키는 것이었다. 다시 말해 이것은 인간의 영혼이 본질적 속박에서 풀려나는 것이 아니라, 육체와 영혼이 함께하는 전인간이 마귀의 지배로부터 해방되어 자신의 본래적 순결을 회복한 연후에 하나님과 같이 되는 것을 의미하였다. 인간이 하나님의 형상대로 창조되었다는 말은 인간이 하나님의 형상이라는 뜻이기보다는 오히려 인간은 하나님과 같이 되어 지도록 창조되었다는 말이었다. 그리스도는 하나님 자신이었으며, 인간은 그의 형상을 따라 지음을 받았다. 그러므로 인간의 운명은 그리스도와 같이 되는 것이다. 이것이 구원의 목표요 또 성령사역의 목표이기도 하다.13

---

11 Gonzalez, *A History of Christian Thought*, 169.
12 Gonzalez, *A History of Christian Thought*, 169.
13 Bengt Hägglund, 신학사, 박희석 역 (서울: 성광문화사, 1989), 62.

이레니우스는 "구원을 타락 이전 낙원의 상태를 예수 그리스도를 통해 다시 회복하는 것이라 생각했으므로, 이 땅 위에 천년왕국을 꿈꾸던 저스틴의 소망을 받아들이기는 쉬운 일"14이었다. 이레니우스는 또한 타락을 통해 인류가 하나님으로부터 받은 도덕적 모양만을 잃었을 뿐, 기본적인 형상은 계속 유지하고 있었다고 믿었으므로, 영지주의자들의 뿌리 깊은 비관론과는 매우 달랐다.15 영지주의자들에게 인간의 참된 본질은 영적이며 구원받은 인간 안에 있는 본질적인 원리는 그 안에 심겨진 본성 또는 영적인 씨이다. 그러나 이레니우스에게 참으로 인간은 육과 영의 혼합체로서 하나님이 만드신 존재이다. 이레니우스에게 상황은 영혼이 육체의 도움으로 죄를 짓는 것이 아니라 육체가 영혼의 도움으로 죄를 짓는 것이다. 구속받은 사람은 제 삼의 요소인 성령을 받으며 성령은 육체가 하나님과의 교제할 수 있도록 적응시키며 준비시킴으로써 육체의 구원에 영향을 미치는 역할을 한다. 미숙한 아담이 실수를 저지르는 것은 어쩌면 당연하다고 할 수 있다. 하나님께서는 아담의 실수를 허용하셨는데 그것은 인간의 자만심을 꺾어버리고 교육을 통하여 성장시키기 위함이다. 때문에 이레니우스에게 "구속사는 점진적인 교육의 과정이며, 이 역사 속에서 하나님은 오랜 과정을 통해 한 걸음 한 걸음씩 인간을 점차 발전시키셔서 하나님의 말씀이 성육신하심으로 극치를 이루고, 보편적 복음이 교회를 통해 전 세계에 전파되도록 하신다는 것이었다."16

자연히 이레니우스에게 성육신은 구속사의 중심 개념이다. 성육신의 개념은 원래의 창조와 관련되는 사건이다. 아담은 하나님의 형상과 모양으로 지음 받았으나 아담의 타락 이후 형상은 남아있지만 하나님의 모양은 상실되었다. 그리스도는 구원을 이룩하시기 위하여 하나님의 형상과 모양을 가지신 완전한 인간이 되셨다. 그리스도가 인간이 되심으로 피조된 모든 인간은 구원의 대상이며, 부활하신 그리스도는 신자들 속에 하나

---

14 Henry Chadwick, *The Early Church* (Harmondsworth: Peguin, 1967), 95.
15 Chadwick, *The Early Church*, 95.
16 Chadwick, *The Early Church*, 95.

님의 모양을 회복하신다. 인간의 구원의 이상과 목표는 그리스도의 영광스러운 육체이다. 아담 안에서 상실된 것이 그리스도 안에서 회복된다.

이레니우스는 구원 자체를 하나님과의 교통으로, 우리 안에 있는 구원 즉 하나님의 비전을 성령의 소유로, 구원의 효과를 불멸, 양자, 하나님의 형상과 모양의 실현으로 기술하였다. 육체는 부활 때에 살아 일어난다. 불순종한 자는 영원한 형벌을 의인은 영생을 소유한다. 때문에 계시록은 이레니우스에게 중요하다. 이레니우스는 계시록으로부터 천년왕국 종말론을 채택하였다. 그러나 그는 구체적으로 '천년'이라는 기간의 사용은 회피하였다. 그는 이보다도 이 땅 위에서 그리스도 통치가 가시적으로 나타나게 될 '아들의 왕국'(Kingdom of Son)에 관하여 언급했다. 적그리스도가 정복될 것이고 자연은 새로워지며, 그리고 모든 신실한 자들은 이 "아들의 왕국"에서 그리스도와 함께 다스릴 것이다. 이 일은 두 번째 부활과 최후의 심판 날에 앞서 일어난다.

영원한 시간은 심판이 끝난 후에 시작이 되면서, 아들이 자신의 왕국을 아버지께 넘겨드릴 때, 비로소 하나님은 모든 것 안에서 모든 것이 되실 것이다.17 왕국은 하늘의 본향을 위하여 육신을 준비시킨다. 이레니우스에게 문자적인 부활은 영혼의 구원을 중요하게 다루면서도 육체의 구원을 무시하는 영지주의의 이원론을 논박하는데 있어서 중요하다. 또한, 이레니우스의 총괄갱신에서 교회는 매우 중요한 역할을 한다:

> 아담이 인간의 머리이므로 아담 안에서 모든 사람이 죄를 지었듯이 그리스도가 교회의 머리가 되심으로 그리스도 안에서 모든 교회는 사탄을 정복한다. 그리스도께서 마귀를 정복하셨고, 인간에게 하나님의 형상을 충만케 이루기까지 성장시켜 줄 가능성을 회복시켜 주셨어도, 이 가능성은 그리스도가 머리되신 육체에게만 주어졌다. 교회는 그리스도의 몸이고, 교회 안에서 그리스도는

---

17 Wingren, *Man and the Incarnation: A Study in the Biblical Theology of Irenaeus*, 212.

세례와 성찬을 통해서 총괄갱신 사역을 진행시키시고, 세례와 성찬은 인간을 그리스도 자신에게 연합시켜 준다.18

세례는 기독교인들의 새로운 삶의 시작을 의미하며 영생을 보장하는 것이며 하나님을 향하여 다시 태어나는 것이다. 우리가 세례를 통하여 그리스도와 연합됨으로써 다시는 죄의 죽을 몸이 아니라 영원한 기업을 약속받은 영생의 자녀가 되는 것이다.19 때문에 세례를 받은 자는 부활의 영광에 동참할 수 있으며, 세례는 총괄갱신을 위한 출발점이다. 총괄갱신의 정점은 인간이 하나님과 동일하게 되는 것, 곧 신화(divinization)이다. 인간이 원래 하나님의 형상으로 지음 받았으므로 인간의 운명도 그와 같이 되는 것이다.20

교회는 하나님의 구속의 계획에서 매우 중요하다. 성만찬에서의 그리스도의 육체적 임재의 실체는 물질적인 요소를 평가 절하시키는 영지주의에 대항하여 이레니우스가 확신하던 것이다. 이브의 불순종을 역전시킨 마리아는 이레니우스의 총괄갱신 교리에서 한 위치를 차지하고 있음을 발견한다. 성찬은 그리스도인을 그리스도와 연합시키며 그리스도의 생명의 피에 동참하여 실제적으로 영양분을 공급받고 마지막에는 최종적인 부활을 보장받는 것이다. 이 모든 일은 교회를 통하여 이루어진다. 교회가 그리스도의 몸이기 때문에 그리스도와 인간을 연합시키는 사명을 부여받았으며 이것을 위해서는 올바른 진리를 전수하고 그리스도의 몸을 해치는 이단들로부터 주의 백성들을 보호하여야 한다.

교회는 무엇이 진정한 교회의 전통이고 아닌가를 구분시켜 줄 필요가 있다. 영지주의자들이 자신들의 비밀전통과 사도성을 주장하지만 그것은 왜곡된 것이며 그들은 총괄갱신의 구속사역에서 제외될 수밖에 없다. 이단들은 교회의 위협이며 그리스도의 구속사역의 장애물인데 무엇보다도

---

18 Gonzalez, *A History of Christian Thought*, 171.
19 Gonzalez, *A History of Christian Thought*, 3.
20 Wingren, *Man and the Incarnation Man and the Incarnation: A Study in the Biblical Theology of Irenaeus*, 38.

영지주의는 대표적이라고 할 수 있다.

4. 이레니우스와 전통

교회와 영지주의와의 논쟁은 누가 사도적인가 하는 문제로 옮겨갔다. 그들 모두는 자신들의 가르침이 사도들을 통하여 주께로부터 전수되어왔다고 주장하였다. 누구의 해석이 옳은가? 이레니우스는 사도들의 성서가 그들의 가르침을 보존한다는 입장을 취하였다. 그는 성경이 영감되었고 권위가 있다고 믿었다. 이레니우스는 사도적인 전통(가르침)은 성경에서 발견되며 교회에 보존되어 왔으며, 따라서 "진리를 보기 원하는 사람은 온 세계에 분명하게 된 사도들의 전통을 어느 교회에서나 분명하게 볼 수 있다"21고 보았다.

영지주의자들은 개인적인 사도들의 총애를 받는 제자들에 의하여 비밀 전통이 개인적으로 보존되어 왔다고 주장하지만 이레니우스가 볼 때 그것은 근거가 없다. 만일 사도들이 전달하여 줄 어떤 비밀을 갖고 있었다면 사도들은 교회의 지도력을 맡겨도 된다고 신뢰하는 똑같은 사람들에게도 그 비밀들을 전하여 주었을 것이기 때문이다. 사도들의 가르침은 교회의 한 스승으로부터 다음 스승에게 전수되었으며, 이것은 일반적으로 확신되었던 바이다. 이레니우스는 사도들의 가르침의 정확성은 그들의 가르침의 통일성에 의하여 확신된다고 믿었다. 한 곳에서 가르쳐진 것이 다른 곳들에서 가르쳐진 것과 대립된다면 쉽게 발견되었을 것이다. 그러나 이레니우스 당대까지 사도들의 가르침은 통일성이 있었으며, 상호 대립되는 것을 발견할 수 없었다. 이것은 사도들의 가르침이 교회에서 일반적으로 전수되어왔음을 말해준다.

이런 이레니우스의 주장은 사도적 계승이라는 말과 연관이 있다. 이레

---

21 Irenaeus, *Adv. haer.*, III. 3. 2. Cf. P. Galtier, " … Ab his qui sunt undique … Irénée," *Adv. haer.*, III, 3.2, *Revnue distoire ecclésisstique*, Vol. 44, 1949, 411-428.

니우스에게, 사도적 계승은 영지주의 교사들에 대항하는 효과적인 수단이었다. 그에게 사도적 계승이란 안수 주는 자로부터 안수 받는 자에게로의 계승이 아니라 한 스승으로부터 다음 스승으로의 전수를 의미한다.22 이레니우스는 사도들의 신앙의 계승이 반드시 감독들을 통하여서만 되는 것으로 보지 않고 교회의 장로들을 통하여서도 내려오는 것으로 보았다.23

후에 가톨릭에서 발전된 전통관은 그가 말한 것 이상으로 이레니우스의 사상을 확대하고 있다. 이레니우스는 자신의 사도적 계승으로부터의 논쟁에서 로마교회를 대표교회로 삼고, 사도적 신앙이 로마교회에서 전수되어 왔으며 결국 이 교회의 동의가 필요하다는 확신을 갖고 있었다.24 그러나 우리가 주목해야 할 사실은, 이레니우스가 로마교회를 가리켜 "저 가장 영광스러운 두 사도, 베드로와 바울에 의하여 시작되고 설립된 대단히 크고 가장 오래고 잘 알려져 있는 로마의 교회"라는 사실을 인식하고 있었음에도 불구하고, 사도들의 전통을 로마교회에만 국한시키지 않았으며 "세계 어느 교회에서나 다 그 전통을 볼 수 있다"는 확신을 갖고 있었다는 사실이다.25

이레니우스가 교회의 전통에 상당한 관심을 갖고 교회의 전통에 호소하는 이유는 사도들의 가르침을 정확히 결정하기 위해서다. 이레니우스의 작품에 자주 나타나는 "진리의 규칙"26 또는 "진리의 정경"이라는 말은 일반적으로 "신앙률"이라 부르는 것을 언급한다. 이것은 사도들의 가르침의 내용을 집약한 것으로 성경을 해석하고 사도들의 신앙을 결정하는 표준으로 사용되었다.27 사도들의 신앙을 요약한 대표적인 예는 사도

---

22 Everett Ferguson, "Irenaeus: Adversary of the Gnostics," in *Great Leaders of the Christian Church*, ed. John D. Woodbridge (Chicago: Moody Press, 1988), 46-47.
23 한철하, 고대 기독교사상, 48.
24 한철하, 고대 기독교사상, 47.
25 한철하, 고대 기독교사상, 48.
26 Irenaeus, *Adv. haer.*, III. 11.1.
27 한철하, 고대 기독교사상, 47.

요한이 세운 진리의 규칙이다. 그것은 "보이는 것이나 보이지 않는 것이나 모든 것을 말씀으로 만드신 전능하신 하나님이 계시다는 것과 또한 이 세계 질서를 만드신 그 같은 말씀을 통하여 하나님께서는 또한 이 질서에 속하는 사람들에 구원을 부여하시었다는 것"으로 요약할 수 있다.28 로고스를 통해 만물이 지음을 받았다는 사실과 그를 통해 인류가 구원을 받을 것이라는 사도 요한의 신앙률은 이레니우스의 사상의 핵심을 구성하고 있으며, 이레니우스의 사상을 대표하는 구속사나 총괄갱신 역시 이 두 가지 핵심 진리에서 출발한다.

교회의 전통에 대한 이레니우스의 호소는 정경 형성과 깊은 관련을 갖는다. 이레니우스는 정경 형성에 지대한 영향을 미친 인물로 평가되고 있는데 그 이유는 이레니우스가 교회 내 예식에서 읽을 수 있는 책과 정통성을 인정받은 책들 간에 명확한 구분을 제시하였기 때문이다. 채드윅이 지적한 것처럼, 이레니우스는 후에 전통적으로 확립된 정경, 즉 오늘날의 신약과 거의 다를 바 없는 정경을 소유했던 최초의 인물이었다.

이레니우스의 성경으로부터의 논증과 그의 성경 사용은 당대에 이미 신약 정경이 존재하였음을 전제한다. 정경의 명확한 윤곽은 정확히 결정할 수 없지만 이레니우스가 성경 구절들을 결합하거나 한 권의 성경을 다른 부분의 성경을 해석하는 데 사용하는 방식은 이미 형성되어 있거나 인정된 성경의 묶음을 다루고 있었다는 사실을 보여준다.

그러나 구약에 대한 그의 지식은 신약에 대한 지식만큼 익숙하지 않았다. 그에게 구약은 그리스도에 대한 증거이기 때문에 기독교 책이다. 그는 구약에 대하여 기독론적, 비 문자적 해석을 제시하면서 그리스도 이전과 그리스도 이후를 구분한다. 신약성경과 관련하여 이레니우스의 주장은 단지 4복음서에 국한되는데 이것은 어느 정도 당시에 전형적인 것이었다:

---

28 Irenaeus, *Adv. haer.*, III. 11.1.

그리하여 마태는 히브리 사람들 사이에서 그들의 말로써 복음에 관한 기록을 내었고, 한편 베드로와 바울은 로마에서 복음을 전파하며 교회를 세웠다. 저들이 세상을 떠난 후에 베드로의 제자요 통역자인 마가도 또한 베드로가 전파한 것을 기록으로써 우리에게 남기었다. 그리고 바울을 따라다녔던 누가는 바울이 전파한 대로 복음을 기록으로 남겼으며 주의 제자요 그의 품에 누웠던 요한도 아시아의 에베소에 있을 때에 몸소 복음서를 내었다. 이 모든 복음서들이 우리에게 이미 율법과 선지자들이 증거한 바와 같이 천지의 창조자이신 한 분 하나님이 계시며, 한 그리스도 하나님의 아들이 계신다는 것을 전하여 주었다.[29]

위 인용문에서 말해주듯이 이레니우스는 4복음서를 의심 없이 수용하고 있다. 이것은 4복음서가 이레니우스 시대에 교회에서 일반적으로 받아들여졌음을 보여준다.

마지막으로 이레니우스의 역사관을 언급해야 할 것 같다. 이레니우스가 구속사관을 제시한 최초의 역사 신학자로 평가받는[30] 이유는 그가 창조와 구속을 연장선상에 있는 것으로 이해함으로써 구속사라는 관점에서 구약과 신약을 통일시키고 있기 때문이다. 이런 그의 통시적인 역사 이해는 창조주와 그리스도의 아버지는 하나이며 같은 하나님임을 확신한 데서 출발한다. 이 점에서 그의 역사관은 어거스틴의 역사 이해에 중요한 원천이 되었다. 그의 통시적인 역사 이해는 영지주의와의 논쟁에서 잘 반영되었다. 영지주의자들의 신구약의 예리한 구분, 즉 구약의 하나님과 신약의 하나님의 구분에 맞서 이레니우스는 구약의 창조주와 구주가 동일하신

---

[29] Irenaeus, *Adv. haer.*, III. 11.1.
[30] 유세비우스는 이레니우스가 그리스도의 성육신의 역사성을 상당히 강조하였다는 흥미로운 사실을 전해준다. "하나님께서 인간이 되셨으며 주님은 친히 우리를 구원하시고 우리에게 동정녀 탄생의 이적을 나타내셨다. 그러나 현재 감히 성경을 번역하려 하는 사람들이 말하는 것과는 다르다. 유대인 개종자인 에베소의 데오도티안과 폰투스의 아킬라는 '보라 젊은 여인이 잉태하여 아들을 낳을 것이라'라고 번역하였다. 에비온파에서는 이들을 추종하여 예수는 요셉의 아들이라고 주장한다."

분임을 강조하였다. 이레니우스는 구원을 육체에서의 영혼의 해방으로 보는 영지주의에 반대해 구원이 역사 속에서 이루어지는 것이며 구속사는 창조와 더불어 시작된다는 사실을 강조했다. 창조와 구원을 동일 선상에서 이해한 것이 그의 역사 해서에 결정적인 영향을 미친 요인이다.

5. 요약 및 평가

이레니우스는 최초의 교부로서 사도시대와 속사도시대, 그리고 변증가들의 시대를 요약하고 3세기와 4세기 교부들로 잇는 교차로에 서 있다는 점에서 역사신학적 의의를 지니고 있다. 변증가들이 대외 사상을 상대로 기독교 변증에 관심을 둔 것에 비해 이레니우스는 실제적인 교회 목회자로서 노스틱주의가 교회의 신앙을 혼란케 할 무렵에 이에 대하여 사도들의 신앙을 계승, 확립하는 데 관심을 두었다.31

또한 이레니우스의 교회사적 중요성은 헬라교부이면서도 서방에서 활동하여 라틴 신학의 기초를 놓음으로 헬라 신학과 라틴 신학의 교량 역할을 하고 있다는 점과 소아시아 출신으로 폴리갑의 성경적 신학의 전통을 가지고 서방신학의 기초를 놓았다는데 있다.32 이레니우스는 로마의 장로 히폴리투스와 칼타고의 터툴리안에게 폭넓은 영향을 미쳤다.33 로마

---

31 한철하, 고대 기독교사상, 45.
32 한철하, 고대 기독교사상, 45.
33 이레니우스를 계승한 것은 히폴리투스(Hippolytus)이다. 교황 칼릭투스를 반대했다가 주후 235년경 박해기간 동안에 Sardina로 추방되어 사망한 히폴리투스는 행정적으로는 로마의 감독이었지만 사상적으로는 이레니우스를 계승한 인물로 알려졌다. 그는 매우 중요한 인물 임에도 불구하고 간과되고 있는 인물이다. 유세비우스는 히폴리투스에 대하여 다음과 같이 증언하고 있다. "같은 시기에 여러 가지 논문을 저술한 히폴리투스는 유월절에 관한 책을 저술했다. 그는 이 저서에서 시대를 거슬러 올라가면서 유월절에 관해서 16년이라는 기간을 포함하는 기준을 제시했는데, 시대의 계산을 알렉산더 황제의 통치 1년으로 제한했다. 그밖에 지금까지 전해지고 있는 그의 저서는 다음과 같다: **6일간의 천지창조에 관한 논문**(*On the Hexaemeron*), **6일간의 천지창조 이후의 사역에 관하여**(*On the Works after Hexaemeron*), 말시온에게(*To Marcion*), 아가서에 관하여(*On the Canticles*), 에스겔서에 관하여(*On Parts of Ezekiel*), 유월절에 관하여(*On the Passover*), 모든 이단을 반박함(*Against all the Heresies*)." Eusebius, *H.E.* VI. 22.

의 히폴리투스 작품에서 이레니우스 글이 직접 인용된 것을 발견할 수 있으며, 또 어떤 면에서 이레니우스는 라틴 신학의 원조 터툴리안의 직접적인 사상적 원조라고 할 수 있다.34

우리는 한 시대를 마무리하고 한 시대를 여는 역사적 교차로에 있었던 이레니우스가 이전 사상들과 연속성과 불연속성 둘 모두를 지니고 있는 인물임을 명심해야 할 것이다.35 바로 이 점이 이레니우스가 역사 속에서 끊임없이 매력을 주는 이유인지도 모른다.

---

34 한철하, 고대 기독교사상, 45.
35 실천적인 관심을 갖고 있었던 이레니우스는 철학에 대하여 부정적인 견해를 갖고 있었다. 기독교를 진정한 철학으로 보려는 저스틴의 견해를 반대하였다. "아들은 아버지로부터 어떻게 나셨는가?"라는 질문에 대하여 말시온(Marcion), 발렌티누스(Valentinus), 바실리데스(Basilides) 등 누구도 모르며 오직 아버지와 아들만이 이 관계를 알고 계시는 형언할 수 없는 출생이라고 답하면서 이성의 유추 자체를 거부하였다.

제 9장
라틴(서방) 신학

아테네와 예루살렘 사이에 무슨 관계가 있는가? 플라톤의 아카데미와 교회 사이에 무슨 관계가 있는가? 이단들과 기독교인들 사이에 무슨 관계가 있는가? '스토아적' 기독교 '플라톤주의적' 혹은 '변증론적' 기독교에 대한 모든 계획들을 치워버려라!

Tertullian

알렉산드리아 교부들이 헬라 출신이거나, 헬라 철학의 배경 속에서 훈련받은 사람들인 것에 반해 라틴 교부들은 법률, 정치 등 라틴의 정신 속에서 훈련받은 자들이었다. 자연히 알렉산드리아 신학 속에서는 헬라주의 사상이 강하게 나타난 반면, 라틴 신학에서는 법적인 색채가 강하게 부각되었다. 이런 이유 때문에 알렉산드리아 신학이 기독교의 형이상학적 진리를 규명하는데 공헌했다면 라틴 신학은 기독교의 역사성을 밝혀주는데 중요한 역할을 하였다.

처음에 라틴 신학은 로마에서보다는 칼타고를 중심으로 태동되기 시작했다. 3세기에 아프리카의 로마령에서 가장 크고 영향력 있는 도시 칼타고는 로마 역사보다도 더 긴 역사를 갖고 있었다. 칼타고는 주전 800년경 포에니시아인들(Phoenicians)에 의해 세워졌다. 점차로 규모와 부가 증가하면서 이들은 원주민 버버(Berber) 족들을 정복하고 칼타고의 주인이 되었다. 주전 27년까지 로마와 칼타고는 이권 문제로 여러 차례 충돌했는데 그 대표적인 것이 3차에 걸쳐 발생한 퓨닉 전쟁(Punic Wars)이었다. 주전 146년 3차 퓨닉 전쟁 말엽 칼타고는 완전히 파괴되었다. 시저 아우구스투스(Caesar Augustus, 27 B.C.-A.D. 14)의 통치 기간에 칼타고는 로마의 영으로 재편되었다. 그 후 칼타고는 다시 성장을 계속하여 주후 200년까지 인구와 부에 있어서 거의 로마와 버금갔다. 칼타고에 거주하는 민족들은 주로 농부와 노동자들로 구성된 버버족(Berbers), 중산층을 형성한 포에니시안 또는 퓨닉계, 그리고 토지의 소유주며 주로 상업의 소유주들인 로마인 등 크게 3종류로 구성되었다. 자연히 칼르타고에는 버버족어, 퓨닉어, 그리고 라틴어 등 3개 언어가 통용되었다.

칼타고와 북아프리카에 언제 어떻게 교회가 생겨났는지는 알려지지 않았다. 주후 180년에 그곳에 교회가 존재하고 있는 것이 알려졌다. 교회는 주로 로마인들이나 그들과 상업적인 거래를 했던 퓨닉계인들 가운데 존재했다. 따라서 기독교는 두드러지게 도회적이고, 도덕적이고 라틴적이었다. 북아프리카는 터툴리안(A.D. 212), 키프리안(A.D. 258년), 그리고 어거스틴(A.D. 430) 등 3명의 위대한 교회 지도자들을 배출했다. 어거스틴은 나중에 독립된 장으로 다루기로 하고, 본장에서는 라틴 학파의 초석이었던 터툴리안과 키프리안의 사상과 신학을 살펴볼 것이다.

1. 터툴리안과 서방신학

현대인들은 주저하지 않고 터툴리안(A.D. c.150-c.212)을 서방신학의 대변자 혹은 "라틴 신학의 아버지"로 평가한다. 퀸투스 셉티미우스 플로렌스 터툴리안이란 긴 이름을 가진 그가 서방신학에 미친 영향은 한마디로 지대하다. 일찍이 칼 홀(Karl Holl)이 말한 것처럼 "그에게 이르러 마침내 서방 정신이 입을 열었던 것이다."[1]

터툴리안 (Tertullian, A.D. c.155-c.240)

약 15년 동안(A.D. 196-212) 권당 1,500페이지가 넘는 약 30권이라는 방대한 양의 책을 저술한 터툴리안은 고대 다른 어떤 기독교 저자보

---

[1] Karl Holl, *Gesammelte Aufsatze*, III. 2.

다도 광범위한 관심사를 갖고 있었다. 그 때문에 그의 작품은 교회 생활뿐만 아니라 교리 및 신학논쟁에 관한 귀중한 정보를 제공해준다. 비록 그가 분리하여 공교회에서 이탈하기는 했지만, 그의 저술들은 위대한 서방교부들에 의하여 전수되고 연구되었으며 라틴 교회에서 무게 있게 취급되어 왔다.[2]

터툴리안의 생애 역시 잘 알려지지 않았다. 키프리안과 어거스틴 신학의 원형을 제공한 터툴리안은 약 A.D. 150년경에, 오늘날의 북아프리카 튜니스 근방, 칼타고에서 로마 주둔군이었던 백부장의 아들로 태어났다. 그는 아마도 중류층의 가정 출신인 듯하며, 훌륭한 헬라어 지식을 포함하여 언어, 문학, 법, 그리고 철학 교육을 받았다. 터툴리안은 한동안 로마에 살았으며 40세쯤에 기독교로 개종한 후 자신의 고향 칼타고로 돌아왔다. 그의 개종 시기는 약 A.D. 195년경으로 보이지만 정확한 개종시기에 대해서는 약간의 견해 차이가 있다. 그가 결혼하였었다는 사실 외에 그의 개인적인 생활과 직업에 관하여는 알려진 바가 전혀 없다. 몇몇 학자들은 그의 아내가 젊어서 죽었다고 믿는데 그 이유는 터툴리안의 후기 작품에는 전혀 그녀에 관한 언급이 없기 때문이다. 또한 흥미 있는 사실은 결혼에 대한 그의 태도가 시간이 흐르면서 점점 더 부정적으로 바뀌었다는 점이다.

1) 터툴리안과 몬타니즘

현대인들은 터툴리안과 몬타니즘의 관계, 방대한 저술, 실천적인 관심, 그리고 철학에 대한 그의 태도 등 여러 가지 면에서 여전히 터툴리안에게 매력을 느끼고 있는 것 같다. A.D. 약 200년경 칼타고 교회의 장로로 안수 받은 터툴리안은 점차 몬타니즘으로 기울다가 207년경에는 몬타니즘에 합류했고, 213년에는 아예 공교회에서 완전히 분리해나갔다. 왜 그

---

[2] 사실, 그 저술들은 496년까지 정죄되지 않았으며 심지어 그 후에도 그중의 얼마는 손상을 입지 않고 보존되었다.

가 몬타니즘에 합류하게 되었는가에 대해 터툴리안 자신이 직접적으로 언급한 것이 없기 때문에 정확한 답을 추론하기는 힘들다.3 그러나 일반적으로 세 가지 견해가 가능성으로 논의되어 왔다.

첫째는 제럴드 브레이(Gerald L. Bray) 같은 이들이 주장하는 것으로 터툴리안이 몬타니즘에 합류한 것은 이 집단이 터툴리안 자신의 가르침을 옹호하는 집단이라고 보았기 때문이라는 것이다.4

두 번째는 몬타니즘의 금욕주의적인 신앙이 터툴리안의 생활 태도와 일치했다고 보는 견해이다. 에버릿 퍼거슨 역시 그의 엄격한 극기 훈련과 자기 훈련 때문에 그가 몬타니즘에 매우 동정적일 수 있었다고 본다. 터툴리안이 몬타니즘에 매력을 느낀 것은 금욕주의적이고 탈세적인 특징 때문이라는 것이다.

세 번째 견해는 "부분적으로는 당시의 교회가 회개의 문제와 관련하여 느슨한 관습을 가지고 있는 데에 대한 반발의 표시로 해석된다"5는 것이다. 곤잘레스(Justo L. Gonzalez)도 비슷한 견해를 갖고 있는 것 같다:

> 3세기 초, 즉 A.D. 207년경에 아프리카 교회 공동체를 떠나서 몬타누스주의자가 되었다. 그가 왜 이러한 과정을 밟았는지는 분명치 않으나 그는 몬타니즘이 계층 질서적 교직 제도가 커가는 것을 막는 힘이 되며 회개한 죄인들을 다루는데 당시 교회들이 느슨한 데 대해서 항변하는 정신이라고 여겼기 때문일 것이다. 몬타니즘의 이러한 면은 그에게 호소력이 있었는데, 그는 항상 과도한 도덕적 엄정성을 주장했다.6

---

3 터툴리안과 몬타니즘의 관련성에 대해서는 다음 서적을 참고하라. H. von Campenhausen, "Urchristentun und Tradition bei Tertullian," *ThBl.* 8(1929): 193-200; M. S. Enslin, "Puritani of Carthare," *JRel*, 27 (1947): 197-212; Heinrich Karpp, *Schrift und Geist bei Tertullian* (Gütersloh: C. Bertelsmann, 1955); W. Bender, *Dei Lehre über den Heiligen Geist bei Tertullian* (Munich: M. Hueber, 1961): Jerome, *De viris illus.* 53.

4 Gerald L. Bray, "Tertullian and Western Theology," in *Great Leaders of the Christian Church* ed. John D. Woodbridge (Chicago: Moody Press, 1988), 50.

5 Bengt Hägglund, 신학사, 박희석 역 (서울: 성광문화사, 1989), 76.

6 Justo Gonzalez, *A History of Christian Thought* (Nashville: Abingdon Press,

이들 견해들은 터툴리안과 몬타니즘과의 관계를 이해하는데 어느 정도 도움이 되지만 그가 몬타니즘에 합류하게 된 정확한 원인이 무엇인가에 대한 답은 여전히 제공해주지 않는다.7 여하튼 터툴리안은 A.D. 212(?)년경 세상을 떠날 때까지 몬타니즘의 일원으로 보냈다. 대부분의 신학자들은 몬타니즘에 터툴리안이 합류했지만 그렇다고 그의 신학이 그것 때문에 변질되었다고 보지는 않는다. 그러나 적어도 몬타니즘적인 성향, 특별히 금욕주의적이고 도덕적인 성격이 전반보다 후반에 두드러지게 나타난다는 사실을 부인할 수 없을 것이다.

2) 터툴리안의 작품

터툴리안의 저술은 약 31편이 남아있으며 그중에 반 이상이 라틴어로 저술한 것이다. 그러나 헬라어에 대해서도 해박한 지식을 갖고 있던 터툴리안은 헬라어로도 글을 썼다. 터툴리안의 작품은 너무도 방대하기 때문에 어떤 면에서 어떻게 접근해야 할지 너무 막연하다.

혹자는 몬타니즘과의 관련성 때문에 "몬타누스와 그의 협력자들로부터의 인용, 파라클레투스(성령)와 사이키쿠스(psychicus: 육체적인 그리스도인)와 같은 독특한 몬타니스트 용어들의 사용, 그리고 주류교회의 지도자들을 공격하려는 점"을 기준으로, 터툴리안의 작품을 몬타니즘에 합류하기 전과 그 이후의 작품으로 대별하려고 시도했다.8

그러나 "몬타니즘 영향의 증거들을 반영하는 터툴리안의 후기 책들이 그 이전의 다른 책들보다 교리적인 면에서 뚜렷이 다르거나 혹은 엄격히 구별된다는 사실을 증명하려는 시도는 전혀 성공을 거두지 못하였다."9

1970-1975), 176.

7 터툴리안이 몬타니즘에 관하여 언급은 하고 있기는 하지만 왜 그가 그 집단의 일원이 되었는가는 여전히 침묵하고 있다. 그러나 몬타니즘의 여선지자에 대한 그의 서술은 그가 그 집단에 대해 긍정적이었다는 인상을 남겨준다: Tertullian, *De anima*, ix. c.210을 보라.

8 Bray, "Tertullian and Western Theology," 50.

9 Bray, "Tertullian and Western Theology," 50.

그것은 몬타니즘이 터툴리안의 신학에 그리 큰 영향을 미치지 않았다고 보기 때문이다. 따라서 몇몇 학자들은 터툴리안의 작품들을 오히려 작품의 성격상 구분하여 살펴보는 것이 합당할 것이라고 말한다. 이것은 어느 정도 타당성이 없는 것이 아니지만 사상적인 면에서 볼 때 터툴리안의 전기 작품들과 후기 작품들 사이에는 차이가 있다는 점을 간과할 수 없다. 오히려 터툴리안의 작품을 전기와 후기로 나누고 둘 사이에 차이가 있느냐 없느냐는 질문을 한다면 차이가 없다는 쪽보다는 차이가 있다는 쪽이 더 가까울 것이다. 따라서 사상적인 변천을 전제하면서 터툴리안의 작품을 주제별로 대별하는 것이 바람직할 것이다.

첫 번째의 중요한 작품의 범주는 변증론(Apology)이다. 기독교로 개종한 후 자신의 신앙을 변호할 필요성을 느끼고 있던 터툴리안은 신앙을 변호하는 작품을 저술하였다. 그의 변증서들은 그가 회심한 얼마 후인 주후 197년부터 약 200년 사이에 기술된 것으로 보인다.

A.D. 197년에 저술한 **변증서**라는 작품에서 터툴리안은 "기독교인들을 무죄한 자로 여겨 수색하지 말라고 하면서 죄인으로서 처벌하라고 명령"하는 트라얀 황제의 일관성 없는 박해 정책이 "얼마나 자가당착적인가!"를 지적한다. 이것은 "자비로우면서도 잔인한" 행위이며 "그냥 넘어가면서도 처벌하는" 원칙 없는 "스스로 도피하는 놀이"에 불과한 행정이라고 토로했다.10 같은 해에 터툴리안은 **여러 민족에게와 순교자에게**(*Ad Martyres*)라는 두 편의 작품도 썼다. **영혼의 간증**에서 터툴리안은 순교자 저스틴이 처음으로 해설한 주제를 택한다. 그 주제란 "인간의 영혼이 자연히 기독교를 향하고 있으며 죄가 그것을 비켜가게 만든다는 것이다."11 또 터툴리안은 영혼의 문제를 논하면서 플라톤 사상과 비교한다:

> 플라톤은 우리에게 다음과 같은 것을 믿을 것을 요구한다. 즉 어떤 불가견적 비물체적, 초세계적인 신적이고 영원한 실체가 있다

---

10 Tertullian, *Apol.* 2.
11 Bray, "Tertullian and Western Theology," 51.

는 것을 믿는 일이다. 그는 그것을 이데아라고 부르기도 했고, 혹은 형상 혹은 원형이라고도 불렀다. 그리고 이런 것들이 감각에 뿌리박고 있는 자연적 현상의 원인이 되며, 이 이데아들이 진리이며 현상들은 이데아들의 그림자에 불과하다는 것이다.12

비록 그가 후기에 철학에 대해 부정적인 견해를 갖고 있었던 것이 확실하지만 회심 초 터툴리안은 저스틴를 비롯한 변증가들이 갖고 있던 로고스 사상에 어느 정도 관심을 가지고 있었던 것으로 보인다. 그러다 곧 터툴리안은 헬라 철학에 대해 부정적인 견해를 갖기 시작했다. 그가 헬라 철학에 대해 부정적인 견해를 갖게 된 근본적인 동기는 헬라 철학과 영지주의나 발렌티누스주의 등 이단들과의 연계성 때문인 것으로 볼 수 있다.13

점차 터툴리안은 자신의 신학을 헬라 철학에다 그 뿌리를 두기보다 히브리 사상에 뿌리를 두려고 노력했다. 때문에 철학적인 사색에 자신의 정열을 소비하기보다는 기독교의 역사성과 라틴적이고 히브리적인 사고에 근거한 신앙 이해에 더 많은 관심을 기울이기 시작하였다. 바로 그런 작품들이 A.D. 200년경부터 기록된 논쟁적인 성격을 띤 작품들이다.

일련의 변증서를 저술한 터툴리안은 변증적인 차원을 넘어 이설과 이단들을 반박하는 작품들을 쓰기 시작한다. 이단을 논박하는 **취득시효, 프락세아스 논박, 말시온 논박**은 모두 일종의 변증적이고 논쟁적인 내용을 담고 있다. A.D. 200년경에 기술된 **취득시효**는 가장 최초로 등장한 논박서로서 라틴 기독교 전통의 입장에서 이단들에 대해 원리적인 논박을 가한다. 알렉산드리아 교부들이 직접 이단들의 교리문제를 거론하면서 그들을 반박하는 것에 비해 터툴리안은 법적인 용어를 동원하여 현재 교회가 갖고 있는 전통에 호소함으로써 영지주의를 비판하였다. 바로 이점에서 터툴리안이 서방신학의 전통을 정립한 장본인으로 평가받고 있는

---

12 Tertullian, *De Anima*, 18.
13 Tertullian, *De Anima*, 18.

것이다.

이단 비판은 그 이전에는 찾아볼 수 없었던 터툴리안만의 독창적인 산물은 아니었다. 이미 이레니우스도 전통에 호소하여 이단들을 논박한 적이 있다. 터툴리안은 처음부터 이단들이 성경을 소유할 권한이 없다고 주장한다. 터툴리안에 따르면 진정한 기독교만이 전통을 소유할 권한이 있으며 그런 면에서 이단들은 취득시효를 상실했으며 전통적 교회가 그 권한을 갖는다:

> 그러므로 저들은 그리스도인들이 아니므로 그리스도인의 성경을 소유할 권한도 없다. 그러므로 마땅히 저들은 다음과 같은 심문을 받아야 할 것이다. 너희들은 누구냐? 너희들은 언제 어디서 왔느냐? 너희들 중 하나도 내게 속한 자는 없으니 너희는 나의 소유지에서 무엇을 하고 있는가? 진실로 말시온이여, 무슨 권한으로 너는 나의 나무를 찍는가? 발렌티누스여, 너는 누구의 허락을 받아서 나의 시냇물을 다른 곳으로 돌리는가? 아펠레스여, 너는 무슨 권세로 나의 경계표를 옮기는가? 이 남은 자들, 너희들은 도대체 누구냐? 너희 마음대로 갈고 뿌리고 있느냐? 이것은 나의 소유다. 나는 이것을 오랫동안 소유하고 있었다. 나는 너희보다 먼저 그것을 소유하였다. 나는 이 재산의 본래의 소유자들로부터 받은 바 틀림없는 양도증을 가지고 있다. 나는 사도들의 상속자다. 저들이 그것을 저들의 자유의지로 처리하였고 법적 절차를 따라 위탁하였으므로 나는 이를 소유한다. 그러나 저들(사도들)은 너희들을 항상 상속자들로 보지도 않고 외인들이요 원수들로서 거절하여 온 것이 사실이다.14

터툴리안이 신앙률에 호소한 것도 이런 이유에서였다. 터툴리안이 볼 때, 예수 그리스도께서 가르치시고 사도들이 전해준 교회의 가르침은 우리가 소중히 다루어야 할 것이며, 그 중 어떠한 것도 문제 삼을 필요가

---

14 Tertullian, De Praescriptione Haereticorum, 37.

없지만 "이단자들이 가지고 온 것들이나 또는 이단자들이 만든 것들이 문제"15라는 것이다.

터툴리안은 사도들의 전통 속에서 정통성의 근거를 설정하려고 하였다. 사도들은 "먼저 유대에 두루 다니며 예수 그리스도를 증거하며, 교회들을 세우며, 또한 세계로 나가서는 같은 신앙의 가르침을 여러 민족들에게 선포하였다. 다시 저들은 각 도시에 교회들을 세우고 후에 다른 교회들이 교회들로부터 신앙과 교리를 전승 받았다. 그리하여 날마다 이것들을 받아서 교회들이 되었다. 이로써 이 교회들도 사도적 교회로 인정받게 되었으며 사도적 교회들의 후사가 되었다."16

따라서 세상에는 수많은 교회들이 있지만 만일 사도들의 가르침을 보존하고 사도들의 가르침에 충실한 교회라면 모두 사도들의 교회에서 나온 것으로 보아야 한다는 것이다. 때문에 공동의 단일 전통이 사도교회의 특징이며 이단들은 이것을 소유할 자격이 없고 다만 사도들의 전통을 유지하고 있는 세계에 흩어져 있는 보편적 교회들만이 그것을 간직할 권한이 있다는 것이다: "그러므로 이 교회들은 비록 수에 있어서 무수하나 모두가 하나의 초대 사도들의 교회와 동일하다. 모든 교회가 다 이 교회에서 나온 것이다. 그러므로 모두가 다 초대교회요 또한 사도적 교회이다. … 이 교회들의 공동의 일체성의 특권은 다만 하나의 근거를 가질 뿐인데 곧 하나의 공통된 신조 전통이다."17 그리스도로 말미암아 사도들로부터 전해오는 공통의 신조 전통이야말로 정통과 이단을 판단할 수 있는 기준이라면 의당 다음과 같은 자신의 주장이 설득력이 있다는 것이다:

그러므로 우리는 다음과 같이 우리의 취득시효를 규정한다. 만일 주 예수 그리스도께서 사도들을 보내시어 전도케 하셨다면 그리

---

15 Tertullian, *De Praescriptione Haereticorum*, 13.
16 Tertullian, *De Praescriptione Haereticorum*, 20.
17 Tertullian, *De Praescriptione Haereticorum*, 20.

스도의 제도에 따르지 않는 자들을 전도자들로서 용납할 수 없다. 대개 아들과 아들이 제시한 자 외에 아버지를 아는 자 없고, 또한 아들이 보내신 사도들 이외에 아들을 아는 자 없기 때문이다. 그리고 이때에 전도하는 것은 곧 아들이 제시하는 바를 전하는 것이다. 그러므로 이제 우리는 취득시효의 문제를 이렇게 규정할 수 있다. 저들이 전파하는 것은 사도들이 직접 저들의 산 음성으로 전하고 후에 편지들로서 전함으로써 세운 교회들을 통하여 증명되어야 할 것이다. 만일 그렇다면 사도적 교회 즉 신앙의 모태요 근원에 일치하는 모든 교리는 진리로 인정되어야 할 것인데, 이것은 교회들이 사도들로부터 그리고 사도들은 그리스도로부터 그리고 그리스도는 하나님께로부터 받은 것을 틀림없이 보존하기 때문이다.18

이와 같은 터툴리안의 취득시효 규정은 선대의 방법과 본질적으로 차이가 있었다. 터툴리안은 라틴의 법적인 방법을 통해 교회의 정통성을 규명하되 사도직이나 감독직 같은 직분에 의해 교회의 전통을 조명하려고 하기보다는 예수 그리스도의 진리를 전수한 사도들의 가르침, 즉 진리의 전승과 보존을 통해 교회의 전통을 조명하려고 하였다는 점이다. 교회가 왜곡 없이 사도들의 가르침을 보존하여 왔다면 우리는 의당 그런 교회를 인정해 주어야 할 것이며 그런 면에서 세상에 흩어진 모든 교회들은 똑같이 그리스도가 세우신 교회들이라는 것이다. 이런 관점 때문에 터툴리안은 사도들로부터 전해온 신앙률이나 성경이 이단에게 속한 것이 아니라 진리를 올바로 전수하고 수호해온 교회에만 취득시효가 있다고 보았던 것이다.

앞에서 잠깐 언급하였듯이 알렉산드리아 신학자들이 헬라주의적이고 철학적인 형이상학적 관심에서 출발했다면 터툴리안은 역사적이고 히브리적이며 성경적인 관점에서 신학적 출발을 삼았다. 또 이단을 논박하는

---

18 Tertullian, *De Praescriptione Haereticorum*, 21.

방법에 있어서도 저스틴과 같은 변증가들이 한 사변적이고 플라톤적인 철학적 변증을 떠나 라틴의 정신 속에서 그 방법을 찾았다. 바로 이런 점 때문에 터툴리안이 라틴 신학의 아버지라고 불리는 것이다.

취득시효 외에 터툴리안의 라틴적 기질을 발견할 수 있는 대표적인 변증서들로는 약 A.D. 206년부터 211년 사이에 기록된 것으로 보이는 **헤르게네스 논박**, **말시온 논박**, **그리스도의 성육신에 대하여**, **육신의 부활에 대하여**, **프락시아스 논박** 등 다섯 권의 작품이 있으며 이들은 모두 영지주의를 논박하는 글들이다. 우리는 그 다섯 권에서 그의 가르침에 관한 중요한 정보를 얻을 수 있다. 말시온의 이단적인 반 히브리사상(anti-Semitism)이 대부분의 성경의 이교적 부분에 조차 근거할 수 없음을 입증하기 위하여, 터툴리안은 참된 계시라고 생각하였던 신약의 여러 부분들을 사용하였다.

터툴리안은 영지주의 이단들인 헤르모게네스(Hermogenes)와 발렌티누스(Valentinus)에 반대하여 글을 썼는데, 이들 이단들에 대한 논박으로부터 그들의 가르침의 본질을 재구성할 수 있을 만큼 상세하게 기록하였다. 터툴리안은 거기서 성경이 단지 성경의 메시지에 영적으로 조율을 맞출 수 있는 이들에 의하여만 적절히 사용될 수 있다고 주장하면서 이단들은 그렇지 못하기 때문에 자신들의 사상을 가지고 하나님의 말씀을 곡해하였다고 보았다.[19]

단일신론을 논박한 **프락시아스 논박**은 삼위일체 정립에 대단한 공헌을 한 작품으로 약 A.D. 207년경 몬타니즘에 가담한 이후에 기록되었다. 이것은 당대 이단의 지도자 프락시아스에 대항하는 일종의 논박서이다. 삼위일체 논쟁과 관련하여 설명하겠지만 프락시아스는 성부고난설을 주창했던 당대의 이단의 지도자였다. 터툴리안은 프락시아스가 예언을 몰아내고 이단을 들여왔으며, 성령을 쫓아내고 아버지를 십자가에 못 박음으로써 로마에 있는 마귀에게 이중적인 공헌을 했다고 조소했다.

---

[19] Bray, "Tertullian and Western Theology," 51.

프락시아스의 양태론적 삼위일체 개념에 대항하여 터툴리안은 본질과 위격이라는 단어를 소개하고, 이들 개념에 근거하여 성부와 성자, 그리고 성령 삼위의 위격을 구별하면서 동시에 삼위의 통일성을 주장하였다. 터툴리안이 성부, 성자, 성령의 관계를 설명하기 위해 처음으로 만들어낸 위격이라는 용어는 마침내 삼위일체를 설명하는 공식용어가 되었다. 터툴리안은 성자가 성부와 동질이지만 독립적 위격이며, 본질(ούσια)이라는 말에 해당하는 상당어로서 서브스턴티아(substantia)를 사용했다. 터툴리안이 볼 때 세 위격은 신적 본체가 하나로 나눌 수 없는 본질을 소유하면서도 독립된 위격을 가진다.

삼위는 위격 상 구분되지만, 그러나 이 구분은 "지위에 있어서가 아니라 정도에서, 본질에서가 아니라 형식에서, 능력에서가 아니라 양상에서"의 구분이다. "삼위가 한 하나님으로서 성부, 성자, 그리고 성령이라는 이름 아래 각 위의 정도와 형식과 양상이 식별(識別)된다면 삼위 하나님은 본질, 지위, 그리고 권능에서 동등하다."20 프락시아스는 성부와 성자 성령의 위격의 구분을 무시하고 성부가 성자의 모습으로 이 땅에 오셔서 고난을 받고 십자가에 달렸다고 주장함으로써 십자가의 구속의 역사를 평가 절하시키고, 성부고난설의 오류에 빠지고 말았다.

기독론에서 터툴리안은 성육신이 하나님의 말씀, 성자의 인격에 의하여 인간의 본질을 전제한다고 강조하였다. 그 당시에 예수가 성부보다 열등하다고 널리 믿고 있었던 역동적 단일신론자들은 심지어 성자가 하나님께서 자신의 아들로 양자를 삼은, 단지 하나의 인간에 지나지 않는다고 말하였다. 터툴리안은 성장의 완전한 신성을 옹호하면서도 동시에 완전한 신성과 완전한 인성이 그리스도의 한 인격 안에 연합되었다고 믿었다. 후에 이 사상은 소위 리오 톰(Tome of Leo, A.D. 449)의 기독론의 본질을 구성하여 2년 후에 칼케돈 회의에서 정통주의 기독론으로 형성되었다.21 그 결과 이것은 어거스틴 시대까지 교리적인 논쟁의 중요한 자료

---

20 Tertullian, *Adv. Prax.* 2.
21 Bray, "Tertullian and Western Theology," 54.

로 사용되었다.

변증서나 반박 외에 터툴리안의 작품 가운데 또 하나의 작품 부류는 도덕적, 예전, 권징에 관한 것이다. 세례에 관하여(*De Baptismo*), 기도에 관하여(*De Oratione*), 인내에 관하여(*De Pationtia*), 회개에 관하여(*De Paenitentia*), 여자 옷에 관하여(*De Cultu Feminarum*), 아내에게(*Ad Uxorem*), 처녀의 머리수건에 관하여(*De Virginibus Velandis*), 철인의 까운에 관하여(*De Pallio*), 우상숭배에 관하여(*De Idololatria*), 월계관에 관하여(*De Corona*), 정절에의 권고(*De Exhortatione Castitatis*), 일부일처주의에 관하여(*De Monogamia*), 박해를 피하는 일에 관하여(*De Fuga in Persecutione*), 절제에 관하여(*De Pudicitia*), 금식에 관하여(*De Jejunio*) 등은 모두 이 부류에 속하는 작품들이다.

이들 작품들은 작품의 성격상 목회적 작품들,[22] 교회에서 여성의 위치와 역할에 관한 작품들,[23] 그리고 이교 철학을 논한 작품들[24]로 나눌 수 있다. 목회적 관심은 터툴리안의 작품 속에 지속적으로 흐르고 있는 주제 가운데 하나이다. 순교에 대한 그의 권고, 인간의 영성문제에 관한 그의 관심, 그의 금욕주의적인 경향, 고난, 기도, 그리고 회개에 관한 관심은 다 그의 실천적이고 목회적인 일면을 반영하는 것이다.

목회적인 관심을 반영하는 대표적인 작품 가운데 하나인 세례에 관하여라는 책에서 터툴리안은 "성례를 통해서 우리들의 과거의 눈먼 죄를 씻어 내고 자유롭게 되며 영생을 얻게 된다"고 말한다.[25] 그는 세례의 죄 사함과 중생에 대하여 극단적인 견해를 피력하고 있다. 세례의 능력에 대한 그의 강조는 너무나 강하다. 그는 순교(불의 세례)외에는 세례 후의 죄를 사함 받을 수 있는 길이 없다고 주장하였다. 터툴리안은 "일곱

---

[22] Bray, "Tertullian and Western Theology," 52.
[23] Bray, "Tertullian and Western Theology," 52.
[24] Bray, "Tertullian and Western Theology," 52.
[25] Tertulian, *De baptismo*. 1.

가지 치명적인 죄들"을 나열하고, 이들 일곱 가지 치명적인 죄들인 "우상숭배, 신성모독, 살인, 간음, 음행, 위증 및 교만"을 세례 후에 범해서는 안 되며 세례 후에 그런 죄를 범할 경우 꼭 한 번은 용서를 받을 수 있지만 두 번 이상은 용서를 받을 수 없다고 못 박았다. 또한 터툴리안은 유아세례를 반대하였는데 그 이유는 어린이가 세례 후에 무심결에 죄를 지어 무지 때문에 그의 구원을 상실할까봐 염려되었기 때문이다. 이 범주에 속하는 다른 중요한 작품은 **영혼에 관한 긴 고찰**과 육체에 관한 두 개의 논문이 있다. 하나는 그리스도의 성육신과 그리고 다른 하나는 죽은 자의 부활과 관련된 작품이다.

교회에서 여성의 위치와 역할에 관한 터툴리안 작품들 역시 그의 실천적인 관심에서 비롯되었다. 터툴리안은 자신의 아내에게 두 권의 책을 헌정했는데, 어떤 때는 여자의 옷차림 문제를 다루고, 어떤 경우에는 여인의 순결문제를 다루기도 했으며, 오늘날 기독교 여인들에게 "순결"이라고 부르는 행동도 규정하고 있다. 당대의 많은 사람들과 비교할 때 터툴리안은 여인에 대해 긍정적인 견해를 갖고 있었던 것 같다. 특히 그는 성을 상업화하는 어떤 형태의 것에도 강력하게 반대하였다. 그는 결혼을 반대하지 않았으며 오히려 결혼을 하나님의 선물로 보았다. 그러나 결혼한 부부는 섹스를 삼가고 금식과 기도에 전념하여야 한다고 믿었다. 그 이유는 세상의 종말이 가까웠고 순교의 가능성이 크기 때문에 자녀들을 갖는 것이 바람직하지 않다고 보았기 때문이다.

실천적이고 도덕적인 문제에 관심이 많았던 터툴리안은 기독교인들이 종종 관여했던 이교적인 관습을 공격하는 데까지 이르렀다. 예를 들면 고대에 종교적인 중요성을 갖고 있던 공공 스포츠, 군복무, 여러 종류의 우상숭배, 이교 철학과 관련되는 일종의 철인의 가운을 입는 문제와 같은 것들이다.

3) 터툴리안, 이성, 신앙, 철학

헬라와 로마 사상이 지배했던 당대에 터툴리안이 철학을 어떻게 평가했는가는 우리의 중요한 관심사이다. 전통적인 견해는 터툴리안이 철학에 대하여 부정적인 견해를 갖고 있었다는 것이다. 제랄드 브레이(Gerald Bray)에 따르면 터툴리안은 당대의 철학 학파, 특별히 당대에 서서히 부활하고 있던 플라톤주의를 거부하고 그것을 "반기독교적이라고 간주하였는데 그것은 플라톤주의가 육체는 구원받을 수 없고 단지 영혼만 구원받을 수 있다고 믿었던 반물질주의이기 때문이다."[26]

상당수의 학자들은 터툴리안이 비록 플라톤주의를 거부했지만 스토아 철학은 긍정적으로 수용하고 있었다고 주장한다. 예를 들면 제랄드 브레이는 "비록 터툴리안이 전통적으로 상당히 강한 반철학적 작가로 묘사되었지만 이것과 다른 논문들이 보여주는 증거들은 그가 깊이 이교 철학의 전통 가운데 많은 요소들에 동정적이었음을 보여 준다"[27]고 지적한다. 비록 터툴리안이 오늘날 너무나도 널리 만연되고 있는 일종의 부정적인 의미에서의 물질주의는 조심스럽게 피하고 있지만, 그의 작품 저변에는 영혼과 육체 모두가 물질적인 본질이라는 사상이 반영되었다고 보았다. "그가 스토아주의자로 기울었던 주된 동기는 기독교가 영혼과 육체의 모두의 부활을 전파하며 스토아주의가 플라톤이 가르치는 것처럼 악하다는 사실을 부정한다는 사실을 주장하기 위하여서였다. 터툴리안에게 하나님의 아들의 성육신의 진위성은 물질은 선하다는 신앙에 의존하며, 때문에 그는 기회 있을 때마다 그 신앙을 강조하였다."[28] 곤잘레스 역시 터툴리안은 영혼에 관한 저술, **영혼의 증언**에서 스스로 친스토아주의자이고 반플라톤주의자임을 보여준다고 말한다.[29]

---

[26] Bray, "Tertullian and Western Theology," 52.
[27] Bray, "Tertullian and Western Theology," 52.
[28] Bray, "Tertullian and Western Theology," 52.

터툴리안이 철학에 대해 부정적인 견해를 갖고 있었던 것만은 분명하다. 이러한 철학 거부 태도는 신앙과 이성에 관한 그의 태도에서도 발견할 수 있는데, 인간이 믿는 것은 그의 이성으로 이해될 수 없다는 식의 논리가 그것이다. 터툴리안에 따르면 믿음에 관한 지식은 이성에 관한 지식과는 다르다. 전자의 것은 그 나름대로의 지위를 가지는 것으로서 이성적 증거와는 아무런 상관이 없다. 그리스도의 부활에 관하여 터툴리안은 말하기를, "그 일은 불가능하기 때문에 확실한 사실이다"라고 말한다.30 이 말은 "나는 그것이 모순되기 때문에 믿는다"(Credo guia absurdum)라는 표현과 함께 그것이 일종의 비합리주의임을 의미한다:

> 하나님의 아들은 십자가에서 처형당했다. 나는 이 사실을 부끄럽게 생각지 않는다. 그리고 하나님의 아들은 죽었다. 이 사실은 모순되기 때문에 더욱더 믿어져야 한다. 그리고 그는 장사지내시고, 다시 부활하셨다. 이 사실은 모순되기 때문에 확실하다.31

그러나 이런 것을 들어 터툴리안의 신학이 스토아 철학에 가깝다고 주장하는 것은 한계가 있다고 본다. 라토렛(Kenneth S. Latourett)이 지적했듯이 터툴리안이 "스토아주의로부터 큰 영향을" 받았고 자신의 사상을 스토아적 술어로 표현한 것이 사실이지만 터툴리안은 "그의 신앙 기초를 정식으로 성서 위에다 두려고 애썼으며, 성서의 구절들과 본문들을 가지고 변론했다."32 터툴리안이 당대의 스토아 철학의 용어들을 빌려 기독교 진리를 표현하는 방법론으로 사용한 것은 사실이지만 그것이 곧 스

---

29 Gonzalez, *A History of Christian Thought*, 178. 그는 터툴리안이 스토아 철학의 영향을 받았다는 증거로 Shortt와 Seyr의 글을 들고 있다: C. de. Shortt, *The Influence of Philosophy on the Mind of Tertullian* (London: Elliot Stock, 1933); F. Seyr, "Die Seelen-und Erkenntnislehre Tertullians und die Stoa," *CommVind*, 3(1937), 51-74.
30 Tertullian, *De Carne*, 5. Cf. *De Baptismo*, 2.
31 Tertullian, *De Carne*, 5.
32 Kenneth S. Latourette, *A History of Christianity Vol. I: Beginnings to 1500* (New York: Harper & Row, 1975), 243.

토아 철학사상을 수용한 것을 의미하지는 않는다.

따라서 터툴리안의 신학과 스토아 철학과의 관계를 그가 플라톤주의를 거부했다거나 당대의 라틴 배경 속에서 성장했기 때문이라거나 이원론적인 사고를 거부했다거나 스토아적 술어들을 사용했다거나 하는 것에서 둘의 관계를 비약시키는 것은 바람직하지 않다고 사료된다. 오히려 터툴리안은 "스토아적 기독교, 플라톤주의적 기독교 혹은 변증론적 기독교에 대한 모든 계획들을 치워버려라"라는 표현을 통해 당대의 철학 사조 모두를 배격하였다.

그렇다면 왜 그가 철학에 대해 그렇게 부정적이었는가 하는 사실이다. 그것은 철학과 이단의 연계 의혹 때문이다. 우리가 고려해야 할 것은 "아테네가 예루살렘과 무슨 상관이 있느냐"는 표현이나, 다른 반철학적인 표현들은 터툴리안의 반영지주의적 관심에서 비롯된 것이라는 점이다. 바로 이런 관점 때문에 터툴리안은 기독교와 철학을 대립적인 구도로 본 것이다:

> 철학자와 크리스천 사이에 무슨 공통점이 있으며 헬라의 생도와 하늘의 생도 사이에, 명예를 위하여 일하는 자와 구원을 위하여 일하는 자 사이에, 말을 만들어 내는 자와 행위를 만들어 내는 자 사이에, 세우는 자와 파괴하는 자 사이에, 오류를 끌어넣는 자와 진리를 취급하는 자 사이에, 진리를 도둑질하는 자와 진리를 보존하는 자 사이에 무슨 공통점이 있는가?33

당대의 철학이 이단들과 연계성이 있음을 발견한 터툴리안은 철학에 대해 부정적인 견해를 가졌고, 그 때문에 터툴리안은 헬라어를 사용하는 세계에 살던 당대인들과는 달리 자신의 신학을 표현하는데 특별히 철학적인 용어에 빠져들지 않았다. 이것은 약 A.D. 200년경에 기록된 터툴리안의 다음과 같은 진술에서 구체적으로 발견할 수 있다:

---
33 Tertullian, *Apol.* 46.

신적 본질과 질서의 성급한 해석인 이 세상의 지혜의 주제(the subject matter)가 바로 철학이다. 사실 이단들은 스스로가 철학에 의하여 고무되었다. 그것은 '애온들'의 원천이다. 나는 발렌티누스의 체계 안에 있는 무한한 인간의 형상들과 삼위일체가 무엇인지 모른다. 발렌티누스는 플라톤 주의자이다. … 말시온은 스토아 철학에서 나왔다. 인간의 영혼이 소멸된다고 말할 때 그 견해는 에피큐리안주의에서 취한 것이다. 육체 회복의 부인은 철학자들의 보편적인 가르침으로부터 차용한 것이다. 물질과 하나님을 동등시하는 것은 제노의 교리이다. 불의 하나님에 관하여 라고 하는 어떤 주장들을 펼친다면 그것은 헤라클리투스에게서 온 것이다. 이단들과 철학자들은 동일한 주제를 다룬다. 모두 같은 주제들을 다룬다. 예를 들면, 악은 어디서 왔는가? 왜? 인간은 어디서 왔는가? 그리고 어떻게? 그리고 후에 발렌티누스에 의해서 제기된 질문-하나님은 어디서 왔는가? 답은 이것이다: 엔티메시스['enthymesis'-개념 혹은 정신활동으로 번역할 수 있는 것으로 발렌티누스의 이론에 나타남]와 엑트로마['ectroma'-체계화되기 이전에 혼란한 물질계에 적용할 수 있는 용어]로부터. 불쌍한 소크라테스여! 그들에게 너무도 다양하게, 너무도 억지적인 추측의, 끝없는 논쟁이이는, 너무도 논쟁을 산출하는, 자가당착적인 건축과 파괴예술이라고 할 수 있는 변증론을 그들에게 가르쳤다. 그것은 이제까지 논제로 다루어졌었지만 결코 어떤 것도 해결되지 않았던 것이다. … 아테네와 예루살렘 사이에 무슨 관계가 있는가? 플라톤의 아카데미와 교회 사이에 무슨 관계가 있는가? 이단들과 기독교인들 사이에 무슨 관계가 있는가? '스토아적' 기독교, '플라톤주의적' 혹은 '변증론적' 기독교에 대한 모든 계획들을 치워버려라! 그리스도 예수를 따라 우리는 어떤 미묘한 이론들도 복음을 따라 어떤 예리한 질문들(acute enquiries)도 열망하지 않는다.[34]

---

[34] Tertullian, *De praescrptione haereticorum*, vii.

그렇다고 터툴리안을 반지성적인 인물이라고 매도할 수는 없다. 적어도 그의 작품에 나타난 것들을 미루어 볼 때 이성의 역할이나 지성의 역할을 무조건 무시했다는 증거를 찾을 수 없다. 터툴리안은 철학을 혹독하게 비판했으면서도 가끔 철학적 관념들과 체계적 진술들을 저술에 이용하기도 하였다. 자신의 어휘의 대부분을 당대의 사조와 헬라어 자료에서 빌려왔으면서도 터툴리안은 로마의 법의 골격 속에서 개조하였다. 그의 작품에는 라틴의 특성이 신학적인 형태로 반영되어 나타나고 그것이 그의 신학을 특징 지웠다.35 바로 이 점이 다른 알렉산드리아나 소아시아 학파와는 성격상 구분되는 점이다.

종말론 문제에서 터툴리안은 삼위일체의 위격에 따라 역사가 세 시대로 구분될 수 있다고 믿었던 확고한 세대주의자였다. 따라서 구약은 성부의 시대, 성육신은 성자의 시대, 그리고 오순절 이후는 성령의 마지막 시대이다.36 이 마지막 시대에 이전 시대들의 약속들이 적어도 성취될 수 있다고 믿었다. 앞서 이레니우스에게서도 찾아볼 수 있듯이 역사의 시대구분은 당대 교부들에게 어느 정도 일반적이었던 것 같다. 임박한 재림에 대한 관심은 터툴리안으로 하여금 금욕주의를 선호하도록 만들었다. "그는 금욕주의가 세상의 종말 바로 전에 풀려날 사탄의 세력과 금생 모두에서 영적인 전투를 위해 해야 할 준비라고 보았다."37 당시 종말론에 대한 고대가 금욕주의적 모습으로 나타난 것은, 이 땅에 여행하는 나그네인 그리스도인이 육체의 고행을 하늘나라를 준비하는 기독교 신앙의 증거라고 믿었기 때문이다. 이런 경향은 후 콘스탄틴 시대(Post-Constantine Age)에 들어서면서 상당히 수정되었지만, 일부 금욕주의적 태도는 중세

---

35 "터툴리안은 구약 그 자체가 하나님의 율법이라고 칭한다는 것을 망각하지 않으면서 대부분의 지식인들에게 숙한 로마 법률의 일반적인 개념을 뛰어나게 사용하여 그것들을 성경에 적용시키고 있다. 터툴리안의 율법주의는 특별히 도덕적인 문제에 있어서는 엄격하며 이상적이지만 폭넓은 그의 사상은 오늘날 까지 가톨릭과 개신교 모두의 지성에 골격을 형성하고 있다. 법적인 용어에 대한 의존은 그에게 대부분의 철학자들이 결여된 철학의 정밀성과 실천적인 응용 모두를 제공하여 주었다." Bray, "Tertullian and Western Theology," 54.
36 Bray, "Tertullian and Western Theology," 54.
37 Bray, "Tertullian and Western Theology," 54.

교회의 수도원 전통을 형성하였으며 얼마는 오늘날까지도 강력한 영향을 미치고 있다.38

4) 터툴리안의 세계관

터툴리안의 철학에 대한 부정적인 태도, 그의 종말론적이고 금욕주의적인 태도는 그의 세계관에 적지 않은 영향을 미친 듯하다. 이레니우스처럼 터툴리안도 하나님의 나라와 세상 나라를 대립적인 구조로 이해하고 서로 간에는 조화될 수 없는 것으로 보았다. 예수 그리스도가 세상 나라를 거절하셨다는 것은 이 세상의 모든 권세들이 하나님과 상관이 없으며 오히려 원수 관계에 있다는 사실을 반영하는 것으로 믿었다. 따라서 하나님께 충성하겠다는 서약과 사람에게 충성하겠다는 서약과는 서로 부합되지 않는다고 결론 내린다.39 이것은 "그리스도의 기치와 마귀의 기치"가 서로 화합할 수 없으며 "빛의 진영과 어두움의 진영"이 서로 화합할 수 없는 것과 마찬가지다. "한 영혼이 하나님과 가이사 두 주인을 아울러 섬기는 일이 불가능하다."40 이와 같은 세상나라에 대한 부정적인 관점 때문에 터툴리안은 이렇게 이야기 했다. "나는 공회소나 공공 광장(the Campus Martius)이나 원로원에 대하여 아무 의무도 갖지 않는다, 나는 관원으로서 일하는 것이나 군인으로서 복무하는 일을 하지 않는다, 나는 세속 사회의 생활로부터 멀리 한다."41 터툴리안에 따르면 사회가 기뻐할 때 기독교인은 슬퍼하며, 이방인이 행복할 때 기독교인은 슬퍼하고, 저들

---

38 Bray, "Tertullian and Western Theology," 54.
39 Tertullian, *De idol*. 18, 19.
40 Tertullian, *De idol*. 18, 19.
41 Tertullian, *De pallio*, 5. "I owe nothing to the forum,' it says, 'nothing to the Campus Martius, nothing to the Senate-house. I do not watch for a magistrate's function, do not occupy any platform for speakers, do not attend to the governor's office; I do not smell the gutters, nor adore the bar in court, nor wear out benches, nor disturb proceedings, nor bark pleas; I do not act as a judge, a soldier, or a king: I have withdrawn from public life."

이 슬퍼하기 시작할 때 그리스도인은 기뻐하는 역설이 가능하다. 세상의 쾌락을 멸시하며 세상의 활동을 비웃는 일이 그리스도인들에게는 더 없는 쾌락이라는 논리다. 이와 같은 터툴리안의 부정적인 세계관은 시간이 흐르면서 더욱 강하게 나타나는데 그 이유는 어느 정도는 철학에 대한 그의 관점에서 비롯된 것으로 보이지만, 그보다는 터툴리안이 몬타니즘에 가담한 이후 몬타니즘의 부정적이며, 종말론적이고, 금욕주의적인 세계관이 반영되었기 때문이라고 볼 수 있다.

흥미 있는 사실은, 지금까지 살펴보았듯이 터툴리안의 사상 속에는 헬라 변증가들의 사상을 어느 정도 수용한 헬라 기독교, 라틴 특유의 교회 전통주의, 그리고 금욕주의 등 세 가지 사조가 그의 전 생애에 걸쳐서 나타난다는 것이다. 회심한 후 초기에는 헬라 변증가들을 따라 로고스 신학에 매력을 느끼고 있었으며, 전성기에는 영지주의를 비롯한 일련의 이단들을 논박하면서 라틴 특유의 법적인 라틴 신학을 정립하였고, 말년 몬타니즘에 가담한 후에는 금욕주의적인 경향을 강하게 띠기 시작했다는 점이다.

그러나 이 세 가지 사조는 그의 생애 속에서 시대 순으로 선을 긋듯이 통일성이나 일관성이 있게 나타난 것이 아니고, 분명하게 구분할 수 없는 경우도 많으며, 터툴리안의 어떤 작품에는 로고스 신학, 라틴정신, 금욕주의가 동시에 나타나기도 한다.

5) 터툴리안과 성서 이해

마지막으로 언급해야 할 것은 터툴리안의 성서 이해이다. 터툴리안은 고등성경관을 갖고 있는 것으로 널리 알려졌다. 그는 두 권을 제외한 신약의 거의 모든 성경으로부터 직접 인용하며 신약성경들을 구약과 같은 권위로 두고 있다. 그는 또한 신앙의 규범("regula fidei") 또는 신앙률이라 부르는 것을 많이 언급한 것으로 유명하다. 그가 말하는 신앙률이란 일종의 교리적인 진술을 의미하며, 그의 작품에서 인용된 신앙률은 오늘날 사도신경이라 부르는 것과 상당히 유사하다. 규범(regula)이라는 말은 로마법에서 나왔는데, 로마법에서 "레규라"는 실제적으로 당사자가 말한 것의 권위 있는 개요로 법정에서 인용될 수 있는 성문법의 요약을 언급한다. 터툴리안의 경우에 성문법은 성경이며 "레규라"는 단지 신앙의 활동적인 문제에 대한 가르침을 언급하는 손쉬운 방법이다.42 라틴의 법전을 신학적 용어로 집대성함으로써 터툴리안은 라틴 신학의 정초를 놓은 셈이며, 바로 이 점에서 그는 후에 자신의 제자가 된 키프리안과 어거스틴의 사상적 선구자가 되었다.

2. 키프리안과 북아프리카 교회

터툴리안 이후 두 번째로 중요한 서방교회의 지도자 캐실리우스 키프리안(Caecilius Cyprian, A.D. c.200-258)은 주후 248년에서 258년까지 칼타고의 감독으로 봉직했다. 그는 부자요 교양인이면서도 "독신생활과 청빈과 성경연구"로 특징지어지는 삶을 살았던 "엄격한 신앙"의 지도자였다. 당시의 모든 인물들이 그렇듯이 키프리안 역시 그의 일생에 대하여 단편적으로 알려져 있을 뿐이지만, 교회관을 놓고 벌어진 일련의 논쟁 때문에 비교적 다른 인물들에 비해 잘 알려진 편이다.

키프리안은 주후 200년경 이교도였던 부유한 농가에서 태어났다. 터툴리안과 같이 그는 최고의 교육을 받았으며 특별히 수사학과 법학을 통달하고 있었다. A.D. 246년경 장로 캐실리아누스(Caecillianus)의 영향으로 그리스도를 처음 만난 키프리안은 일생 동안 그 사건을 회고하면서 "제 2의 출생은 하늘로부터 임한 성령의 방편에 의해 나를 새 사람으로 만들었다"고 늘 고백하였다. 키프리안은 기독교인이 된지 얼마 되지 않아 장로로 안수를 받았고, 불과 2년 만인 A.D. 248년에 감독이 되었

---

42 Tertullian, *De pallio*, 5.

다. 노바투스가 주도하는 5명의 장로집단의 반대에도 불구하고 칼타고의 기독교인들이 그를 감독으로 추대한 것은 주로 대중의 강력한 요구 때문이었다. 키프리안 자신은 처음에 이 직위 수락을 주저했던 것 같다. 그러나 일단 선출된 후에는, 직무에 열성적으로 헌신하여 오랫동안의 평화로 다소 침체의 기미를 보였던 이 교회에 활력을 불어 넣었다.

1) 키프리안과 데시우스 박해

키프리안은 3차 박해로 역사에 알려진 데시우스의 전국적인 박해기간에 8년 동안 칼타고 감독을 지냈다. A.D. 250년 데시우스 황제는 로마의 옛 문화를 재생시키려는 의도로 기독교를 조직적으로 박해하기 시작하였다. 그것은 그가 감독이 된지 불과 2년 만에 생긴 일이었다. 모든 시민들에게는 로마의 신들에게 제사를 드린 후 이를 준행하였음을 입증하는 증명서를 소지하라는 명령이 하달되었다. 이것은 전국적으로 진행된 최초의 박해였다. 로마제국 내에 모든 국민들은 신에게 제사를 드려야 했다. 그렇게 한 자들에게는 리벨루스(libellus)라는 증명서가 발부되었다. 누구든지 이것을 보여주지 못하는 자들은 정부에 의해 체포되었다. 체포된 사람들에는 제사를 드릴 기회가 부여되지만, 만일 제사를 끝까지 거부한다면 체포되어 목숨을 잃었다. 박해가 시작되자 수많은 사람들이 주님을 부인했다.

키프리안 자신은 환난 기간 중에 지하로 숨어 편지로 목회하는 방식을 택하였다.43 지도자를 잃은 칼타고 교회는 혼란에 빠졌다. 이런 상황에서 몇몇의 기독교인들은 증명서를 발부하는 관료들을 매수하여 제사를 드리지 않고도 증명서를 얻어냈다. 다른 이들은 증명서를 얻기 위해 자진하여 제사를 드렸다. 어떤 이들은 압력에 굴복했다. 그러나 끝까지 굴복하지 않던 충실한 자들이 상당히 있었다. 위협과 투옥과 고문에도 불구하고

---

43 이 때문에 혹자들은 그를 비난하면서, 이 당시 순교 당한 로마의 감독 파비안(Fabian)과 그를 비교하기도 하였다.

키프리안 (Thaschus Cœcilius Cyprianus, A.D. 200-258)

제9장 라틴(서방) 신학

끝까지 제사를 거부하고 그리스도에 대한 사랑을 지켰던 이들은 고백주의자(confessors)들로 알려졌다. 이것은 일제하에 신사참배문제로 한국교회가 겪었던 상황과 너무도 유사했다. 신사참배 문제가 대두되자 한국교회는 신사참배를 한 사람, 마지못해 타협한 사람, 끝까지 거부한 사람 그리고 해외로 망명을 떠난 특권층 등 네 부류로 대별되었다. 신사참배는 누가 진정한 신앙인인가를 보여주는 하나의 시험대였지만, 한국교회의 일치에 지금까지 저해요인으로 작용해왔다. 신사참배 문제를 놓고 일치된 모습을 보여주지 못한 한국교회는 자연히 해방 후 이 문제로 진통을 겪을 수밖에 없었다. 20세기 한국에서 발생한 이런 역사적 상황이 이미 3세기 칼타고에서 발생한 것이다.

2) 키프리안과 교회의 일치

데시우스 황제가 고트족과의 전투에서 살해되고 A.D. 251년 박해가 종결되자 박해기간에 숨어 있던 키프리안이 칼타고의 교회를 재건하기 위해 나타났다. 그러나 예기치 않은 문제가 발생하였다. 박해기간 중에 그리스도를 부인했던 자들 가운데 많은 사람들이 나타나 교회에 재입교시켜 달라고 요청한 것이다. 신앙을 변절하고 황제 신상에 제사를 지냈던 이들은 무수한 교인들에게 용서의 편지를 발송하기 시작했다. 신앙을 지키지 않았던 또 다른 사람들도 죽은 순교자들의 이름으로 용서를 비는 서한을 발송하였다.

키프리안이 질서를 회복하는 데는 굉장한 진통이 따랐다. 키프리안은 순교자들과 핍박 중에도 절개를 지킨 고백주의자들을 크게 존경하였다. 그러나 고백주의자들이 자신의 신앙의 절개 때문에 감독들의 권한을 무시하고 감독들에게 불순종해서는 안 된다고 생각하였다. 신앙을 지킨 자들은 키프리안의 의사를 따르지 않고 자의로 희생제사를 드렸거나 박해 없이 희생제사를 드린 자들을 다시는 성찬에 참여하지 못하게 막았다. 만약 고백주의자가 추천할 경우에는 예외였다. 고백주의자들이 볼 때, 고문에 못 견뎌 제사를 드렸던 자들은 성찬에 참여하기 전 참회기간을 거쳐야 했다. 그러나 적지 않은 고백주의자들은 고문 때문에 제사를 드렸던 자들조차도 성찬에 참여해서는 안 된다고 느꼈다. 다른 고백주의자들은 진정으로 회개힌 자들은 성찬에 참여시켜야 한디고 느꼈다.

자연히 황제 숭배를 한 자들을 교회가 어떻게 할 것인가라는 문제를 놓고 교회 지도자들 간에는 상당한 이견이 생겼다. 대표적인 대립은 로마의 노바투스와 키프리안 사이에 발생한 충돌이었다. 로마교회의 장로였던 노바투스는 "배교했던 사람들을 대단히 오만하게 대하여 마치 그들이 순수하고 참된 신앙고백을 위해 온갖 일을 다 한다 해도 그들에게는 전혀 구원의 소망이 없는 듯이 행했다."[44] 반면 키프리안은 회개한 자들을 교회가 수용해야 함을 천명했다.

박해 후의 처리 문제로 교회가 분열의 위기로 치닫고 있자, 키프리안은 교회의 일치를 변호하기 위하여 **교회의 통일**(De Unitate Ecclesiae)이라는 책을 썼다. 키프리안은 교회의 통일성을 영적이고 내적인 통일성에만 찾지 않고 오히려 가견적인 교회의 일치 속에서 그 의미를 찾으려고 하였다. 가견적인 단일체로서의 교회 밖에는 영적 생명이나 구원이 없다는 것이다. 그래서 그는 이렇게 선언한다:

> 교회의 일치를 지키지 않는 자가 신앙을 지키고 있다고 생각할 수 있는가? 이 교회를 반대하고 거스르는 자가 교회 안에 있다고 장담할 수 있겠는가? 대개 축복받은 사도 바울은 동일한 사실을 가르치며 일치성의 예전을 증거하여 말하기를 "몸이 하나요, 성령도 한 분이시니 이와 같이 너희가 부르심의 한 소망 안에서 부르심을 받았느니라. 주도 한 분이시요, 믿음도 하나요, 세례도 하나요, 하나님도 한 분이시니라"(엡 4:4-6)고 하였다.[45]

---

[44] Eusebius, H.E. VI. 43.
[45] Cyprian, De unitate, 4.

교회의 통일성에 대한 키프리안의 변함없는 확신은 감독직의 통일성 이론으로 확대되기 시작했다. 때문에 키프리안은 교회의 일치를 감독의 일치와 직결시키고 교회가 하나이듯이 감독직도 하나가 되어야 한다고 보았다:

> 우리는 이 일치성을 굳게 지켜야 한다. 특히 감독들은 교회를 지도하면서 감독직 자체가 하나요 분열된 것이 아니란 것을 알아야 한다. 아무도 거짓으로 형제를 속이지 말자. 아무도 불신과 배반으로 진리 가운데 있는 우리의 신앙을 부패케 말자. 감독직은 하나이다. 그것은 하나의 전체로서 그 하나인 전체 안에서 감독들은 각각 그 전체의 소유를 즐기는 것이다. 마찬가지로 교회도 널리 퍼져있고 점점 더 창성하여 가고 있으나 하나이다. 그것은 마치 태양의 광선은 여럿이나 빛은 하나인 것 같으며, 나무 가지는 여럿이나 그 힘은 깊이 묻혀 있는 뿌리에 있어서 하나인 것과 같다. 또한 한 근원에서 풍족한 물이 넘쳐흘러 여러 줄기의 흐름을 만드나 그 근원에 있어서 통일을 이룸과 같다. 광선의 한 줄기를 태양으로부터 떼려고 할지라도 전체의 일치성 때문에 그것은 불가능할 것이다. 가지가 나무에서 떨어질 때 그 가지는 벌써 싹을 내지 못할 것이다. 한 냇물이 그 근원에서 떨어질 때 그 냇물은 말라 버리고 말 것이다. 마찬가지로 교회는 주의 빛으로 충만하여 온 세상에 그의 광채를 비추나 그 빛은 어디서나 하나의 빛으로서 일치성을 보존한다. 교회는 그 창성함으로 인하여 온 지면에 가지를 뻗치며 또한 그의 풍성함으로 인하여 사면으로 시냇물을 흘려보낸다. 그러나 머리는 하나이요, 한 근원이요, 한 어머니로서 그 열매에 있어서는 풍성하다. 우리는 모두 그의 태에서 났으며 그의 젖으로 자라났고 그의 호흡으로 살고 있다.[46]

---

[46] Cyprian, De unitate, 5.

키프리안은 교회의 일치를 강조하기 위해 예수 그리스도와 아버지의 하나 됨, 그리고 성부, 성자, 성령의 하나 됨에 호소하고 있다.47 그러므로 교회의 일치를 파괴하는 것은 곧 교회의 순결을 파괴하는 반기독교적인 행위로 간주했다. 키프리안에게 있어서 교회는 순결한 신부이나 그 교회를 떠난 자는 간부와 마찬가지였다. 교회를 떠나 간부와 짝하는 자는 교회의 약속에서 떠난 자들이며, 이 때문에 "그리스도의 교회를 떠나는 자는 그리스도의 상"을 얻을 수 없는 "외인이요 버림받은 자요 원수"인 것이다. 이런 이유에서 키프리안은 "교회를 어머니로 갖지 않는 자는 하나님을 아버지로 가지지도 못한다"고 한 것이다.48

3) 키프리안 대(對) 노바투스

교회의 일치를 강조하며 분열을 막으려는 키프리안의 정책이 북아프리카 감독들과 로마 감독의 지지를 받았다. 노바투스가 "허황된 사상에 빠져 스스로를 카타리(Cathari)파라고 부르는 특이한 이단자들의 지도자"49가 되자 이 문제로 대단히 큰 규모의 종교회의가 열렸다. 종교회의에서는 키프리안의 입장을 따라 이방신들에게 실제로 제사를 지낸 자들은 죽을 때에 공교회에 재입교시킨다는 데로 의견이 모아졌다. 실제로 제사는 지내지 않았으나 제사를 지냈다는 제사증명서(libellus)를 획득한 이들은 회개 후 재입교가 허용되었다. 그러나 배교에 대한 회개의 표시를 보이지 않는 자들에 대해서는 관용이 베풀어지지 않았다. 그리고 노바투스에 대해 다음과 같은 결정이 내려졌다:

우리는 노바투스, 노바투스와 연합한 오만한 사람들, 그리고 그의 무자비하고 지극히 비인간적인 견해를 채택하기로 작정한 사

---

47 Cyprian, *De unitate*, 6.
48 Cyprian, *De unitate*, 6.
49 Eusebius, *H.E.* VI. 43.

람들을 교회로부터 멀어진 사람들로 간주한다. 우리는 과거 재난을 초래했던 회개라는 치료책으로 그들을 치유하여 주어야 한다.50

이 무렵 키프리안은 로마의 신임 감독 코르넬리우스(Cornelius, A.D. 251년 사망)와 친분을 맺게 되었다. 로마에서는 감독 파비안(Fabian)이 A.D. 250년 1월 20일 순교해 감독이 공석이었다. 코르넬리우스가 로마의 감독이 되자 당시까지 명성을 날리던 로마의 장로 노바티안(Novatianus)은 몹시 실망하여 불만을 토로했다. 노바티안을 따르는 자들은 그를 감독으로 추대하고 노바투스파를 형성하였다. 이들은 배교자들을 종신토록 교회에서 출교하여야 하며 교회의 신성을 상실한 코르넬리우스교회는 교회가 아니며 자신들만이 참되고 거룩한 교회라고 주장하기에 이르렀다. 이처럼 로마의 감독 문제를 놓고 노바티안(Novatian)과 코르넬리우스가 논쟁을 벌일 때 키프리안은 사람을 보내 이 사건을 조사한 후 코르넬리우스를 지지하였다. 키프리안이 코넬리우스를 지지한 것은 그가 키프리안처럼 박해기간 중 절개를 지키지 못한 자들의 처리 문제와 관련하여 중도적 입장을 취하는 등 견해가 비슷했기 때문이다. 그러나 더 직접적인 이유는 노바투스와 노바티안의 연계성이었다.

키프리안의 옛 적 노바투스는 로마로 가서, 절개를 지키지 못한 자들의 재입교를 거부하며 엄격한 입장을 견지한 노바티안과 세력을 규합하였다. 이 노바티안 추종자들이 칼타고에 감독을 따로 세웠다. 이 때문에 코르넬리우스와 노바투스는 원수가 되었다. 로마교회의 감독 코르넬리우스는 안디옥 교회의 감독 파피우스에게 보낸 서신에서 노바투스가 과거에 감독이 되기를 갈망한 적이 있으면서도 야망을 감춘 채 처음부터 자신을 따르는 사람들을 자신의 우행을 감추는 방편으로 이용했다고 분개하면서 노바투스의 인간성을 신랄하게 비판하였다.51 그에 따르면 사람들

---

50 Eusebius, *H.E.* VI. 43.
51 Eusebius, *H.E.* VI. 43.

은 이미 노바투스의 "술책과 이중성," "그의 편벽과 거짓, 그리고 야만적인 성품"52을 잘 알고 있었다. 감독직을 원치 않는다고 하면서 어느 날 감독으로 등장한 노바투스에게 코르넬리우스가 반감을 가진 것은 당연하다. 그런 불쾌한 감정은 서신에서 여실히 표출되었다:

> 자신은 결코 감독직을 갈망하지 않는다고 맹세했던 사람이 갑자기 어느 도당이 우리에게 던져 넣은 감독으로 등장했습니다. 이 교리주의자 자칭 교회의 계율을 위해 싸우는 용사는 하나님께서 허락지도 않은 감독직을 강탈하기 위해 자기 동료 중 두 명의 지독한 인물들을 선택하여 이탈리아의 작은 지역으로 보내었습니다.53

그러나 더욱 코르넬리우스를 화나게 만든 것은 문제 해결에 접근하는 노바투스의 이중적인 태도였다. 박해 때에 타협한 사람들에게 전혀 용서의 가능성도 찾아볼 수 없다고 강조했던 노바투스가 실제로는 "박해 때에 비겁하게도 자신의 생명을 사랑하여 자신이 교회의 장로였음을 부인"54했던 인물이었기 때문이다. 뿐만 아니라 노바투스가 박해를 피해 은둔한 후 집사들이 "숨어있는 은신처에서 나아가 형제들을 위로하라"55고 그에게 권하자 그는 집사들의 권면을 전혀 따르지 않고 화를 내며 그들을 떠났던 것이다. 노바투스는 "자신은 다른 철학을 사모하는 사람이므로 더 이상 장로가 되기를 원치 않는다"56고 딱 잘라 말하면서 집사들을 따돌렸다. 그런데 하나님의 교회를 버린 바로 그 사람이 장로가 되었고 감독으로 안수 받아 감독에 임명되었던 것이다. 자연히 모든 성직자들과 많은 평신도들이 그의 감독 임명을 반대할 수밖에 없었다.57

---

52 Eusebius, *H.E.* VI. 43.
53 Eusebius, *H.E.* VI. 43.
54 Eusebius, *H.E.* VI. 43.
55 Eusebius, *H.E.* VI. 43.
56 Eusebius, *H.E.* VI. 43.
57 Eusebius, *H.E.* VI. 43.

노바투스의 극단적인 분리적 사고는 성찬예식에서 여실히 반영되었다. 그는 성찬을 만들어 각 사람에게 나누어 주면서 그 불쌍한 사람들에게 축복을 해주지는 않고 오히려 맹세하라[58]고 강요했다. 코르넬리우스가 전하는 바에 따르면 "노바투스는 성찬을 받는 사람의 두 손을 꼭 잡고 그가 다음과 같이 말할 때까지 놓아주지 않았다. 그는 이렇게 말했다. '우리 주 예수 그리스도의 몸과 피를 두고 나에게 맹세하시오. 당신이 결코 나를 버리지 않으며 코르넬리우스에게 돌아가지 않겠다고 맹세하시오.'"[59] 그리고 이들 노바투스파들은 "떡을 먹은 뒤 아멘이라고 말하는 대신 '나는 결코 코르넬리우스에게 돌아가지 않겠습니다'"라고 말해야 했다.[60] 비록 노바투스파에 대한 코르넬리우스의 견해가 주관적이었다는 사실을 감안한다 해도 노바투스가 취한 행동은 상식에 어긋나는 것임에는 틀림없다.

자신들을 가리켜 "카타리"(순전한 자들)라고 불렀던 노바투스파들은 신앙을 변절했던 변절자들에 대해 관대한 당시의 기성교회들을 신랄하게 비판하였다. 이들은 기성교인들이 자신들의 교회에 들어오기를 원했을 때에는 새로 세례를 받아야 한다고 주장하였다. 엄격한 계율적인 태도는 더욱 강화되어 나중에는 재혼자들과도 교제하는 것을 금하고 세례 후에 지은 어떤 중죄에 대해서도 참회의 기회가 허용되지 않는다고 가르쳤다. 이처럼 극단적인 경향 때문에 노바투스파는 이단으로 취급되었다. 이런 분파주의적이고 극단적인 성향이 당대의 교회에 부정적으로 반영된 것은 분명하다. 알렉산드리아의 디오니시우스는 다음과 같이 말했다:

> 우리가 노바투스를 꺼리는 것은 지극히 당연한 일이다. 그들로 인해 교회가 분열되었고, 형제들이 불경과 신성모독에 빠지게 되었으며, 하나님에 대해 지극히 사악한 교리가 소개되었으며, 지

---

[58] Eusebius, *H.E.* VI. 43.
[59] Eusebius, *H.E.* VI. 43.
[60] Eusebius, *H.E.* VI. 43.

극히 은혜로우신 구세주이신 그리스도가 동정심이 없으신 분이라는 비방을 받게 되셨다. 이들은 또한 거룩한 세례를 무시하며 세례에 선행하는 믿음과 신앙고백을 전복하고 성령을 자기들에게서 완전히 몰아내었다. 과연 성령께서 그들 안에 머무시거나 다시 그들에게로 돌아올 희망이 아직도 남아 있다면 얼마나 좋겠는가?[61]

교회의 일치와 정치적인 일치를 추구했던 콘스탄틴이 즉위하여 A.D. 326년에 칙령이 발표되면서 노바티안들에게도 신앙의 자유와 교회의 재산권이 인정되기 시작하였다. A.D. 325년 니케아 공의회에는 노바티안의 감독 아케시우스(Acesius)가 참석하였다. 니케아 회의 이후부터는 노바티안 성직자들이 "가톨릭교회"로 돌아오기만 하면 그들의 지위를 유지할 수 있었다. 공교회의 지도자들이 제약 없이 노바투스파 교회에 합류하는 것은 어려웠지만 노바티안 지도자들이 공교회에 합류하는 것은 별 어려움이 없었다. 노바티안에 합류했던 사람들 가운데 여러 사람이 경직된 신앙노선과 지나친 분파주의적 성향에 실망하고 돌아왔다. 심지어 노바티안 교회에서 세례 받은 많은 사람들이 공교회에 들어오기를 원했다. 이때 교회는 노바티안 교회 감독들이 시행한 세례의 가치를 인정할 것인지 여부에 대한 문제가 발생하였다.

4) 북아프리카 교회와 로마교회의 대립

이 문제를 두고 아프리카의 교회와 로마교회가 의견이 대립되었다. 로마에서는 감독이 그러한 사람에게 안수하는 절차를 밟은 후 그들을 교회로 입교시켰다. 반면 북아프리카의 꽤 많은 교회들 중에는, 그러한 사람들이 반드시 세례를 받아야 한다고 주장하는 이들도 있었다. 칼타고의 감독 키프리안과 로마의 감독 스데반의 주장은 서로 달랐다. 키프리안은

---

[61] Eusebius, *H.E.* VII. 8.

칼타고 교회의 입장을 그대로 반영하여 그런 자는 제 2의 세례를 받아야 할 것을 주장했지만 스데반은 그렇게 해서는 안 된다고 생각했다:

> 키프리안 및 그와 관련된 감독들은 이단적 오류로부터 돌아온 사람들은 다시 세례를 받아야 한다고 주장했다. 칼타고 교회의 감독이었던 키프리안은 한번 이단에 빠졌던 사람들이 세례를 받아 자신들의 오류로부터 정결케 되기 전에는 어떤 조건으로도 받아들여서는 안 된다는 의견을 가지고 있다. 그러나 스데반은 예부터 상용되어온 전승과 어긋나게 새로운 방법을 만들어서는 안 된다는 생각을 가지고 있었으므로 이 일로 인해 크게 분노했다.62

로마의 감독 스데반은 교회 밖에서 일지라도 물로 세례를 베풀고, 그리스도의 명을 따라 성삼위의 이름으로 세례를 시행했다면 유효한 세례로 인정하고 세례를 되풀이할 필요는 없고 다만 안수하는 것으로 대신해야 된다고 주장했다. 그러나 키프리안은 아프리카의 전통이 성경적이라는 것이다. 키프리안이 이렇게 주장하는 것은 세례가 공교회(Holy Catholic Church)에 속한 것이지 노바티안 교회에 속한 것이 아니라고 보았기 때문이다. 반면 로마교회가 노바티안의 세례를 인정한 것은 노바티안 교회가 범한 죄가 분열이지 사도적 신앙을 부인한 것은 아니라고 보았기 때문이다. 이 문제로 키프리안 감독과 스데반 감독은 논쟁에 휘말리고 말았다. 로마교회의 스데반 감독은 키프리안과 북아프리카 교회들을 향해, 정통 교회에 가입하기 원하는 이단자들에게 세례 주는 관습을 철폐하라고 요구하면서, 이에 응하지 않을 경우 그들과의 교제를 단절하겠다고 위협하였다. 이에 응수해 키프리안은 A.D. 255년과 256년에 북아프리카 감독들의 회의를 소집하여 만장일치로 이 북아프리카의 관례가 정당한 것임을 재천명하였다. A.D. 256년에는 71명의 감독들이 칼타고

---

62 Eusebius, *H.E.* VII. 3.

에 모여 회의 서한을 로마의 스데반에게 보냈다.

이단자들의 세례 문제를 두고 아프리카와 로마 사이에만 의견 대립이 있었던 것은 아니다. 이것은 초대교회 범 교회적 논쟁점으로, 일찍이 몬타누스주의자들과 말시온주의자들의 세례를 어떻게 할 것인기리는 문제를 놓고 각 지역마다 의견이 대립되었다. 로마나 팔레스타인, 그리고 알렉산드리아에서는 그 유효성을 인정한 것에 반해 라틴 아프리카, 안디옥, 갑바도기아, 길리기아에서는 그것을 인정하지 않고 다시 세례를 주어 왔었다. 아프리카 교회들은 노바티안으로 인해 세례 문제가 다시 대두되자 전통적인 아프리카 관례를 다시 확인한 것에 불과했다. 키프리안의 이러한 입장은 타 지역들로부터도 지지를 얻었다. 갑바도기아 지방, 가이사랴의 피르밀리안(Firmillian)은 한 통의 편지를 보내어 스데반을 크게 비판하고 불필요하게 교회 지도자들의 단합을 해친다며 그를 나무랐다.63

스데반과 키프리안의 논쟁은 A.D. 257년에 시작하여 아프리카와 이탈리아에 영향을 미쳤던 새로운 박해로 로마의 스데반이 죽자 교회의 결정이 연기되었다. 그 후 키프리안은 스데반의 후계자와 우호적 관계를 재개한 것 같다. 여러 해 후, 하나의 절충안이 타결되어, 삼위일체의 이름으로 받은 세례는 용납하고 영지주의와 같은 이단 종파에서 나온 자들은 다시 세례를 받도록 하였다. 키프리안과 스데반의 싸움은 승패 없이 무승부로 끝난 셈이다. 그러다 150년 후 세례 문제로 유사한 사건이 발생했을 때 히포의 감독 어거스틴이 로마교회의 입장을 지지함으로써 로마교회의 견해가 지배적인 견해가 되었다. 디오클레티안 박해 때에 신앙을 지켰던 도나투스파들은 성경을 경찰에 넘겨주었던 변절자가 칼타고의 감독으로 임명되자 변절자는 성직에 임명될 수 없으며 세례를 집례할 수 없을 뿐만 아니라 그들이 베푼 세례도 무효라고 주장하면서 성직 임명을 반대하였다. 그러나 어거스틴은 "세례와 성직 임명의 진실성은 그 집례자의 도덕성에 의존하는 것이 아니라 그리스도와 성령에 의존하는 것이라는 원리"를

---

63 Michael A. Smith, "Cyprian of Carthage," in *Great Leaders of the Christian Church*, 61.

제시하였다.64 어거스틴은 삼위의 이름으로 시행된 것이라면 심지어 이단자에 의하여 받은 세례까지도 교회가 인정해야 한다고 주장했다. 왜냐하면 세례 자체는 성스러운 행위이므로 세례를 베푸는 자의 거룩성에 상관없이 효력이 있기 때문이다.65 이런 어거스틴의 주장은 세례가 공교회에 속한 것이라고 본 키프리안과는 모순되는 것이며, 오히려 키프리안과 대립적인 관계에 있던 로마교회 스데반의 입장을 지지하는 것이었다.

외형적으로는 로마교회의 스데반이 승리한 것처럼 보이지만 그러나 "교회를 어머니로 갖지 않는 자는 하나님을 아버지로 가질 수 없으며 교회 밖에는 구원이 없다"는66 키프리안의 고등 교회관이 서방교회의 교회관을 지배했다. 키프리안이 유아세례를 주장했던 이유도 그의 고등교회관과 관련이 있었다. 키프리안은 서방교회에서 유아세례를 옹호하였던 최초의 인물이다.67 그는 또 성만찬시 포도주 대신 물을 사용하는 습관에 반대하는 글을 발표하면서 "모든 것은 그리스도께서 하신대로 시행되어야 한다"고 주장하였다. 이와 같은 교회에 대한 고등 관념 때문에 키프리안은, 공교회 밖에는 성례가 있을 수 없다고 주장하였다. 또한 여러 개의 분열된 정통 교회가 존재할 수 있다는 관념은 그에게 허용되지 않았다. 키프리안은 베드로에 대한 그리스도의 명령이 교회의 단일성을 보장한 것이라고 믿는 한편, 그는 이 단일성이 교회 지도자들 사이의 상호적 사랑과 용납을 통해 실현된다고 보았다.

---

64 Hägglund, 신학사, 172.

65 *De baptismo*, IV. 24.

66 "There is no salvation outside the church. He cannot have God for his father who has not the church for his mother."

67 Smith, "Cyprian of Cartharge and the North African Church," in *Great Leadersof the Christian Church*, 62. 그러나 키프리안은 세례가 할례에 상응한 것으로서 출생 후 8일 만에 실시되어야 한다는 견해는 단호히 배격하였다. 그 대신 키프리안은 터툴리안의 입장을 따라 유아들도 부모로부터 실제적 죄성을 상속받으며 따라서 출생 후 가능한 한 빨리 세례를 받을 필요가 있다고 생각했다.

3. 요약

　비록 키프리안이 교회의 영적 측면의 일치를 고려하지 않은 것은 아니지만, 제도적인 교회 속에서 교회의 일치와 통일을 찾으려고 했던 것은 분명하다. 따라서 지금까지의 키프리안의 교회관을 집약한다면, 교회는 일차적으로 외적 조직체 속에서 통일성을 찾아야 하며, 이 가견적이고 보편적인 교회는 하나의 근원을 가지기 때문에 통일성이 존재하며, 이 통일성은 감독들을 중심으로 유지되고 보존되며, 그리고 이 교회를 떠나서는 결코 구원이 없다는 것이다. 여기서 우리는 키프리안의 교회관이 선대 교부들의 교회관과 차이가 있음을 발견한다. 일련의 교회 분열의 위험에 처해 있던 키프리안은 선대 교부들이 갖고 있던 사도성의 전통에 근거한 교회의 전통과 통일성을 떠나 제도적인 교회 속에서 교회의 일치와 통일성을 찾으려 했다.

　터툴리안의 청교도적 금욕주의 신학이 그의 생애 경험 속에서 태동되고 발전되었듯이 키프리안의 신학 역시 그가 직면한 일련의 사건들과 고투하는 과정 속에서 태동되었던 것이다. 특히 제도적인 교회의 통일성을 강조하는 키프리안의 교회관은 그의 경험 속에서 나온 것이다. 이런 면에서 키프리안은 후대 제도적인 가톨릭 교회관을 정립하는데 중요한 기여를 하였다. 그 결과 본인이 의도하는 바는 아니었지만 키프리안은 감독의 권한을 대단히 강화시킴으로써 간접적으로 로마교회의 권한과 영향력을 강화시켜 준 셈이다. 데이빗 라이트(David Wright)가 지적한 것처럼, 키프리안은 일생 동안 "터툴리안의 성령 중심의 청교도적 엄격성과 감독들의 교회를 통합"하려고 노력한 인물이다.68

　키프리안은 순교로 일생을 마감했다. 또 다시 발레리아누스 황제 시

---

68 David Wright, "Cyprian and North Africa," *Eerdman's Handbook to the History of Christianity* (Grand Rapids: WM. B. Eerdmans Publishing Co, 1977), 83.

에 박해가 발생했을 때 키프리안은 박해를 피하기 위해 숨지 않았다. 그는 곧 체포되어 집에 감금되었다. 얼마 후에 키프리안은 교수형에 처해져 순교자의 대열에 올랐다. 키프리안의 견해들은 순교자 감독으로서의 그의 위광에 힘입어 후 세대에 큰 영향을 미쳤다. 히포의 어거스틴과 그의 도나투스파(Donatist) 대적들이 서로 키프리안을 자신들의 영적 아버지로 간주했을 정도이다.

제 10장
알렉산드리아 신학

> 율법이 히브리인들을 그리스도에게로 인도하는 '몽학선생'(school-master)이듯이 철학은 헬라인들을 그리스도에게로 인도하는 '몽학선생'이다. 따라서 철학은 그리스도 안에서 완전함을 향한 길을 열어주는 하나의 준비이다.
>
> Clement of Alexandria

칼타고가 제국의 서부에서 로마 다음의 제 2의 도시가 된 것처럼 알렉산드리아는 동방에서 로마 다음의 도시가 되었다. 알렉산드리아는 정치적, 경제적인 면에서 칼타고와 쌍벽을 이루었지만 여러 가지 면에서 서로 달랐다. 일반적으로 평가해서 칼타고는 로마적인 특성을 지녔고, 알렉산드리아는 헬라적인 특성을 지녔다.

알렉산드리아가 태동된 것은 알렉산더 대제 때이다. 주전 332년 알렉산더 대제는 포에니시아(phoenicia)의 유명한 항구인 타이레(Tyre)의 고대 도시를 완전히 파괴시켰다. 그 이유는 이 도시가 그의 원수 페르시아와 동맹을 맺었기 때문이다. 알렉산더는 파괴된 항구도시 타이레를 대신하여 다른 항구도시를 건설하고 그 도시를 알렉산드리아라 명명했다. 주전 200년부터 주후 300년까지 알렉산드리아는 헬라세계의 지적, 문화적 중심지였다. 약 50만의 인구를 가진 상업의 중심지 알렉산드리아에는 많은 유대인이 살고 있었으며 이집트 전체를 합친다면 유대인의 총수는 약 100만에 육박했다.

알렉산드리아는 헬라적인 특성이 강했지만 유대인의 중요한 중심지이기도 했으며, 이곳에 거주하는 유대인들은 헬라파 유대인들로 종교와 삶의 방식에서 헬라 사상과 관습에 의해 영향을 받았다. 이 때문에 알렉산드리아에 거주하는 유대인들은 전형적인 헬라파 유대인으로 역사에 알려졌으며 이들에 의해 이 곳에서 주전 250년경에 **70인경**(*the Septuagint*)이 번역되었다.

알렉산더 대제 이후 지리적, 문화적 여건 때문에 알렉산드리아는 "2세기 말엽에 이르러서는 절충적인 성격을 띤 각종 가르침들이 들끓는 가마솥"처럼 유대주의와 헬라주의가 융합된 혼합주의적 경향을 띠었다. 역사적으로 바실리데스와 발렌티누스의 영지주의, 암모니우스 삭카스와 플로티누스의 신플라톤주의, 필로의 헬라화된 유대주의가 알렉산드리아에서 태동되었다. 뿐만 아니라 알렉산드리아 교회는 플라톤주의적 경향을 반영하는 유명한 기독교 지도자들을 배출했는데 그 중에 클레멘트와 오리겐은 대표적 인물이다. 이들은 중기 및 신플라톤주의에서 많은 사상을 빌려왔다.

이단이 번성하는 시기에 살았던 이들은 이레니우스와 터툴리안과는 아주 다른 방법으로, "이단에 대한 논박이나 변증의 한계를 넘어서서 고도의 사색적인 날개를 자유자재로 펼쳤기 때문에, 가치가 있으면서도 위험한 새로운 유형의 신학활동을 시작하는 전기를 마련했다."[1] 터툴리안이 칼타고 기독교를 특징 지웠다면 클레멘트와 오리겐은 알렉산드리아 기독교를 특징 지웠다고 할 수 있다. 본장에서는 알렉산드리아 신학의 초석을 놓은 클레멘트와 오리겐의 사상을 집중적으로 탐구하려고 한다.

---

[1] Justo Gonzalez, *A History of Christian Thought* I (Nashville: Abingdon Press, 1970-1975), 194.

1. 클레멘트

알렉산드리아 클레멘트(A.D. 150-215)로 역사에 널리 알려진 티투스 플라비우스 클레멘트(Titus Flavius Clement)는 2세기 말엽부터 3세기 초엽까지 활동하면서 알렉산드리아 신학의 정초를 놓았다. 그는 주후 150년경 아테네의 이교도 부모 밑에서 태어났다.[2] 당시 안토니우스가 19년 동안 로마제국을 통치하고 코모수스가 그의 뒤를 이어 통치권을 갖게 되었다. 코모수스가 즉위하던 해에 아그리피누스가 12년의 임기를 마치고 줄리안이 대를 이어 알렉산드리아 교회의 감독이 되었다. 당시 알렉산드리아에는 훌륭한 학교들이 설립되어 유능한 사람들에 의하여 연구가 진행되어 오고 있었다.[3] 대표적인 사람은 판태누스(Pantaenus)라는 학자였다. 판태누스가 정확히 어떤 인물인지 알 수 없지만, 유세비우스의 기록으로 미루어 볼 때 당대에 영향력이 대단했던 인물인 것 같다:

> 전승에 의하면 이 철학자는 최초로 스토아 철학이라는 철학원리를 배운 사람이었으므로 당시 대단한 명성을 누렸다고 한다. 그러나 그는 거룩한 말씀에 대한 대단한 정열과 열성을 나타냈으므로 그리스도의 복음을 동방의 국가들에 전하는 사자로 임명되어 멀리 인도에까지 갔다고 한다. … 판태누스는 많은 훌륭한 일들을 한 뒤 알렉산드리아 학파의 우두머리가 되어 구두로 또는 저술을 통하여 거룩한 진리를 주석하였다.[4]

스토아 철학에서 회심한 판태누스(Pantaenus)는 저스틴이 로마에서 운영하고 있던 것과 유사한 최초의 기독교 학교를 알렉산드리아에 설립

---

[2] Cayré, *Mannual*, 177.
[3] Eusebius, *H.E.* V.10.
[4] Eusebius, *H.E.* V.10.

알렉산드리아 클레멘트 (Clement of Alexandria)

했다. 이 학교는 시간이 지나면서 세례입문학교(Catechetical School: 도덕 교육을 의미하는 헬라어에서 유래)로 알려졌고, 교회사가 유세비우스의 기록에 의하면, 클레멘트는 판태누스를 만나 제자가 되어 그와 함께 성경연구에 전념하였다. 그 시기는 대략 A.D. 180년경으로 추측된다.[5]

---

[5] Henry Chadwick, "General Introduction to Clement of Alexandria" in *L.C.C.* Vol. II. 15.

클레멘트는 자신의 **강요**(*Institutions*)에서 판태누스를 스승이라고 칭할 만큼 높이 평가하고 있다. 유세비우스의 증언에 의하면 어린 시절 오리겐도 판태누스에게서 배웠다고 한다. 판태누스가 죽자 클레멘트가 그를 계승했고, 그의 지도력 아래 그 학교는 유명한 학교가 되었다. 이 학교는 교육받은 헬라 지식층에 복음을 전파하여 그들을 기독교인으로 개종시키는 창구 역할을 했다. 뒤에 구체적으로 살펴보겠지만 알렉산드리아 학파의 사상적 계보는 판태누스, 클레멘트, 오리겐으로 이어진다.6

이들은 전형적인 알렉산드리아 학풍을 공유했다. 그러나 상호 간에는 약간의 차이가 있었는데, 그 차이란 본질적인 차이라기보다는 성격상의 차이였다. 클레멘트에게서는 후에 오리겐에서 찾아볼 수 있는 극단적인 금욕주의는 찾아볼 수 없었다. 그는 "지고한 하나님으로부터 물질계를 완전히 분리시킴으로써 피조세계를 격하시켜 극단적인 금욕주의나 무법주의적인 색욕주의의 윤리적 결과를 낳는 영지주의자들을 반대하였다."7 같은 이유로 성(sex), 음식, 그리고 경제개념에 있어서도 극단론을 취하지 않았다. 그는 독신이 존경할 만한 일이지만 결혼이 독신보다 저급한 수준이라고는 보지 않았고, 성을 터부시하지도 않았으며, 절대 금주나 절대 채식을 옹호하지도 않았다. 재산의 문제에 있어서도 그리스도인은 소유자체를 강조하기보다 "이를 어떻게 사용해야 하는가?"에 초점을 맞추어야 한다고 보았다.8 터툴리안의 호전적인 성격이나 오리겐의 극단적인 금욕적 성격과는 달리 과묵한 성품의 클레멘트는 저스틴 마터와 마찬가지로 평교인으로서 독립적인 길을 걸었던 것이다.9

---

6 Eusebius, *H.E.* VI. 6. "이 시기까지 클레멘트는 판태누스의 뒤를 이어 초보자 교육을 맡아 수행하고 있었다. 오리겐도 소년시절 그에게서 배웠다."

7 Henry Chadwick, *The Early Church* (Harmondsworth: Peguin, 1967), 97.

8 Chadwick, *The Early Church*, 117.

9 Chadwick, *The Early Church*, 99.

1) 클레멘트의 작품

클레멘트의 저서들은 다음과 같다: 그의 대표적인 저서는 **스트로마타**(*Stromateis, The Miscellanies*)라고 불리는 8권으로 된 책이다. 이 책에는 "진정한 철학적 지식에 관한 주석집; 티투스 플라비우스 클레멘트 저"라는 제목이 붙어있다.10 이 책을 통해 우리는 클레멘트의 사상을 살펴볼 수 있는데, 그는 이 책에서 "대단히 박학한 자료들을 제시했다. 수많은 철학자들의 작품들뿐만 아니라 다른 당대의 사료들을 혼합하고 있으며, 제목 **스트로마타**가 이런 의미에서 붙여진 이름일 가능성이 높다. 그는 **솔로몬의 지혜**(*Wisdom of Solomon*), **히브리서신**(*Epistle to the Hebrews*)및 바나바, 클레멘트, 유다의 책들을 인용하고 있다. 더 나아가서 타티안의 **헬라인들을 반박함**(*Against the Greeks*)이라는 책을 인용하기도 하였고, 유대인 철학자 필로, 요세푸스 등의 글도 인용하고 있다. 클레멘트는 이들 저술에서 자신이 사도들을 계승한 인물이라고 말하고 있다.

또 하나의 대표적인 클레멘트의 저서는 **교사**(*Paedagogus: Tutor*)라는 제목이 붙은 8권의 저서가 있다. 클레멘트는 이 책에서 판태누스가 자신의 스승임을 밝히고 그의 견해와 그에게서 받은 전승들을 전하고 있다. 그 외에 **헬라인에의 권고**(*Protrepticus: The Exhortation to the Greek*), **회심에의 권고**(*An Exhortation to Conversion*), **부자가 구원받는다면?**(*Quis Dives Salvetur: Which rich man may be saved?*), 그리고 **교회법**(*Ecclesiastical Canon*)등이 있다.

이들 클레멘트의 작품 가운데 두드러진 것은 특별히 성육신 하신 예수 그리스도의 사역에 초점을 맞춘 3개의 작품으로 클레멘트의 진리 인식론을 그대로 반영한다. 이것들은 **회심에의 권고**, **교사**, 그리고 미완성 작품

---

10 *Stromata of Commentaries*, by Titus Flavius Clement, *on the Knowledge of the True Philosophy*.

잡문집(*Miscellanies*)등이 있다. 그의 첫 작품인 회심에의 권고는 기독교 변증학의 전통을 잇는 것으로, 어떻게 로고스가 처음 우리를 회심시켰는가를 설명한다. 그는 이 책에서 로고스를 기능에 따라 교훈하시는 로고스, 인도하시는 로고스, 그리고 가르치는 로고스로 대별하여 설명하고 있다.

회심에의 권고는 문명사회 속에서 기독교인들이 지켜야 할 윤리 및 예의범절들을 가르치기 위한 일종의 안내서였다. 그는 이교도들의 종교와 전설의 미신, 그들의 육욕적인 면들을 비판하고 많은 위대한 철학자들이 이교의 부패상을 깨달아 알았음에도 불구하고 그곳에서 떠나지 못했음을 지적하였다. 그는 이교도들이 이교 신앙을 버리고 로고스가 제시하는 참된 구원의 길을 따를 것을 강조한다. 그러나 클레멘트는 이교 문화의 문제점과 오류를 공격하면서도 고대 철학자들과 헬라문화의 가치를 높이 인정하고 있다.

교사는 기독교 교리의 체계적인 강해를 담고 있으며, 어떻게 로고스가 우리를 교화시키는가를 다룬다. 클레멘트는 신자들에게 기독교적인 삶을 살도록 가르치는 것이 그 목적이며, 행동의 일정한 규칙과 정욕으로부터 자유함을 받을 수 있는 방법을 가르치고 있다. 그에 따르면 로고스는 인간을 창조하시고, 소생시키시며, 말씀으로 그를 연단시켜 양자 삼으시고 구원하시기 위해 거룩한 계명으로 인도하신다.11 모세를 통하여 율법을 주시고 예언자들을 통하여 말씀하신 영원한 진리와 지혜의 근원이 되시는 로고스는 우리의 영원한 교사이고 "하늘의 보호자"가 되시며 나라를 다스리시고 선의 근원이 되시며 또 하나님의 자녀들의 모범이시다.

세 번째의 작품 잡문집은 로고스가 어떻게 우리의 지식을 완전케 하여 참 지식(true gnosis)에 이르게 하는가를 설명한다. 로고스는 보다 높은 하나님에 대한 지식으로 인도하시되 다만 영적, 도덕적, 지적 수련에 정진하는 자만이 이에 이를 수 있다고 보았다. 그러나 클레멘트는 원래의 계획과는 달리 이것을 그의 잡문집에서 충실하게 다루는데 실패하고 만다.

---

11 Clement, *Instructor*, I.12.

2) 클레멘트, 철학, 이성

이들 작품 속에서도 반영되었지만, 클레멘트의 신학을 이해할 수 있는 가장 좋은 출발점은 그가 기독교 진리와 헬라 철학의 진리 사이에 연속성이 있다고 주장했다는 사실이다. 바로 이 점에서 클레멘트는 알렉산드리아의 신학적 기풍을 그대로 계승하고 있으며, 저스틴과 아테나고라스의 전통에 서 있다고 볼 수 있다. 그는 담대하게 기독교와 헬라 철학의 연합을 추구했다. 그것은 로고스가 진리의 원천으로 헬라인들의 철학과 기독교인의 진리, 둘 모두의 저자라고 이해했기 때문이다. 클레멘트는 "철학도 진리 탐구의 존재로서 진리를 이해하는데 기여한다"고 확신했던 것이다.[12] 진리의 원천이 로고스이기 때문에 "진리의 발견은 아들을 통해서 이루어진다."[13] 유대인들에게 율법과 계약을 주신 그 하나님께서 "헬라인에게 헬라 철학을 주신 그 분이시며, 이에 따라서 전능하신 자가 헬라인들 사이에서 영광을 받으셨던 것이다."[14] 성경의 진리와 철학적 진리가 근본적으로 한 근원에서 기원되었기 때문에 당연히 둘 사이에는 모종의 연속성이 존재하며 둘의 조화가 가능하다.

헬라 철학을 "준비적 복음," 복음의 준비(paraparatin evangelica), 혹은 "일종의 예언"이라고 본 클레멘트는 비록 철학이 진리 전체를 파악하지 못하고 주의 계명을 완성 할 수 있는 능력도 결여된 것이 사실이지만, 주의 가르침을 받을 수 있도록 길을 준비하게 한다고 믿었다.[15] 철학을 지배하신 로고스는 유대인들의 율법도 주관하신 거룩하신 분이시다. 유대인에게는 율법이 그들을 그리스도에게로 인도하는 몽학선생의 역할을 하였듯이 헬라인들에게는 철학이 그들을 그리스도에게로 인도하는 몽

---

[12] Clement, *Strom.* I. 20.
[13] Clement, *Strom.* I. 20.
[14] Clement, *Strom.* VI. 5.
[15] Clement, *Strom.* I. 80.

학선생(Paidagogos)인 것이다:

> 따라서 철학은 주님이 오실 때까지 헬라인들의 의를 위해서 필요했다. 그리고 이제 철학은 신앙에 도달하려는 이들을 위해 일종의 준비적인 훈련으로 참된 종교를 돕는다. 만일 당신이 헬라인들에게 속한 것이든지 혹은 우리에게 속한 것이든지 모든 선을 하나님의 섭리로 돌린다면 '당신은 요동이 없을 것이다' 왜냐하면 하나님은 모든 선한 것들의 원천이며, 또한 신구약 성경의 원천이며, 결국에는 철학의 원천이시기 때문이다. 그러나 사실 철학은 주님께서 헬라인들을 부르실 때까지 주로 그리고 임시적으로 헬라인들에게 주어졌다. 왜냐하면 율법이 히브리인들을 그리스도에게로 인도하는 몽학선생이듯이 철학은 헬라인들을 그리스도에게로 인도하는 '몽학선생'(schoolmaster)이기 때문이다. 따라서 철학은 그리스도 안의 완전함을 향한 길을 열어주는 하나의 준비이다.16

클레멘트가 볼 때 헬라 철학은 "영혼으로 하여금 예비적 정화작용" 역할을 하기 때문에 "신앙을 받아들이기에 필요한 훈련을 받게 하고, 이 신앙의 토대 위에 진리가 지식의 건축물을 세워 올릴 수 있도록 만든다."17 때문에 클레멘트는 기독교와 헬라 철학의 연합이 가능하다고 믿었으며, 이 연합 가능성은 그의 로고스 신학에 있었다. 성육신 이전에 선재하셔서 헬라인들에게 철학을, 유대인들에게는 율법을 주신 로고스(하나님의 말씀, 즉 하나님의 사상 또는 이성)가 예수 그리스도 안에서 성육신했다.

성육신 전에 로고스는 인간 전체 특히 유대인을 지도했고 동시에 헬라인들의 지혜의 원천이었다. 앞서 일찍이 필로와 저스틴이 주장했던 것처럼, 헬라인은 그들 스스로 지혜를 창출한 것이 아니라 구약성경에서 지혜를 습득했다고 보았다. 기독교와 철학이 본질적으로 상반되지 않는다고

---

16 Clement, *Strom.* IV. 28.
17 Clement, *Strom.* VII. 20.

본 클레멘트는 이렇게 외쳤다. "나는 하나님의 사역뿐 아니라 하나님 자신을 인식하고 싶다. 과연 누가 이러한 탐구를 도와 줄 것인가. 그렇다면 플라톤이여 우리는 어떻게 하나님에 관하여 탐구해야 하겠는가 가르쳐주시오."18

"하나님께서 진리의 씨앗을 그의 모든 이성적인 피조물들 가운데 심어주었기 때문에 클레멘트는 우리가 플라톤의 형이상학이나, 스토아학파의 윤리학이나 아리스토텔레스 학파의 논리학으로부터도 얼마든지 배울 점이 있다고 확신하였다."19 그 진리가 어디에서 발견되든지 막론하고 모든 진리의 저자는 로고스이다. 로고스를 신학의 중심으로 삼았다는 점에서, 그리고 로고스를 통해 헬라 철학과 기독교 진리를 연계시키려고 했다는 점에서 저스틴과 클레멘트는 공통성을 지니고 있다. 그러나 곤잘레스가 지적한 것처럼, 클레멘트는 저스틴을 한 단계 넘어서서, 그 이상으로 헬라 철학과 기독교 진리를 연계시키려 하였다. 저스틴은 이교 철학에서도 어느 정도 진리가 있다고 확신한 나머지, 철학자들의 차원 높은 이론이 성경과 일치한다는 사실을 보여주려고 노력했으며, 철학자들이 가진 진리도 하나님으로부터 기원했다고 주장하였다. 클레멘트는 더 나아가 철학을 헬라인에게 준 것은 유대인에게 율법을 수여한 것과 동일한 목적이라고 주장했다. 철학이 그리스도에게로 인도하는 시녀의 역할을 한다고 이해했다. 철학은 하나님께서 헬라인들과 세운 언약이므로 유대인들이 선지자를 가졌듯이 헬라인들도 이 언약을 통해 감동받은 사람들, 즉 호머, 피타고라스, 플라톤을 가지고 있다고 보았다.20

클레멘트는 헬라인들이 철학을 통해 습득한 지식은 기독교인의 신앙을 심오하게 만드는데 사용될 수 있으며, 그러한 지식을 소유한 이들이야말로 진정한 지식인이기 때문에 하나님을 완전히 알 수 있다고 믿었다. 진정한 지식인만이 완전한 기독교인이 될 수 있다고 확신한 클레멘트는

---

18 Clement, *Exhortation to the Pagans*.
19 Chadwick, *The Early Church*, 97.
20 Gonzalez, *A History of Christian Thought* I, 198.

신앙(πιστις)과 지성(γνωσις)을 구분하고, 지식과 신앙의 관계에 있어서 '지식이 신앙보다 우선한다'는 입장을 가지고 있었다:21

> 신앙은 본질적인 점들에 대한 간결회된 지식이다. 그러니 지식이란 영혼에 확실성, 명료성, 그리고 포괄적 이해를 전해주는 주의 가르침에 의해 믿음에 기초하여, 신앙으로 받아들인 것들에 대한 확실하고 흔들리지 않는 분명한 증거이다. 앞서 말한 바와 같이 이교에서 신앙에로 옮겨 가는 첫째 종류의 변화가 있고 다시 신앙에서 지식에로 옮겨 가는 둘째 종류의 변화가 있다. 그리고 이 지식은 사랑으로 직결되기 때문에 즉시로 아는 것과 알려지는 것과의 사이에 친교가 이루어지기 시작한다. 그리고 이와 같은 단계에 이른 자는 이미 천사들과 동등하게 된 것이다. 어떻든 그가 육신에 있어서 이 최종적 상승에 이른 후에 그는 계속 전진하여 거룩한 헤브도마드(Hebdomad: Demiurge의 거처를 말함)를 통하여 아버지의 집에 들어갈 것인데, 이는 진실로 주의 거처이며 여기서 그는 항상 꺼지지 않는 빛이요 영원히 거하여 모든 흥망성쇠로부터 떠나 있어 절대로 안전할 것이다.22

결국 클레멘트가 강조하려고 하는 바는 신앙이란 지식의 토대 위에서 세워져야 한다는 것이다. 사실 믿음, 지식, 사랑이라는 순위는 신약성경에 곧잘 등장하는 표현이다.23 클레멘트가 볼 때 신앙은 단순히 권위에 의존하는 기독교인들의 신념으로서 책벌에 대한 두려움과 상급에 대한 소망과 관련된 것이다. 반면 지성은 보다 고상한 형태의 지식으로서 권위에 기초하여 믿기보다는 오히려 그 자신의 내적 확신에 비추어서 믿음의 내용을 평가하고 수용하는 것이다. 지식은 자기 자신 위에서 믿음의 완성을 이루게 하는 보다 높은 단계에 속한다. 따라서 이 지식을 소유한 진정

---

21 Clement, *Strom.*, II. 2, V.1, VII. 10.
22 Clement, *Strom.* VII. 10.
23 엡 1:18, 19, 빌 1:9, 골 1:9, 10, 벧후 1:5-7.

한 지식인만이 완전한 기독교인이 될 수 있다는 것이다.[24]

클레멘트의 이런 사상은 라틴 신학의 관점에서 볼 때 논란의 여지가 있겠지만, 헬라세계 특히 식자층 이방인 전도에 적지 않은 기여를 하였다. 헬라 철학과 기독교의 진리와의 연계성을 강조한 이면에는, 기독교의 많은 부분이 플라톤 철학에 의해 증명될 수 있음을 보여줌으로써 기독교가 미신적인 무지한 종교가 아님을 입증하려는 클레멘트의 확신이 내재되어 있었다. 그리고 그가 그렇게 할 수 있었던 것은 세상에는 오직 한 가지 진리만이 존재한다고 확신했기 때문이다. 헬라인이나 유대인에게 지식의 근원이 로고스이기 때문에 헬라 철학자들이 말하는 지식을 신앙의 자료로 삼기를 주저하지 않았다. 지식과 신앙은 별개의 독립적 존재가 아니며 지식은 신앙에 의해 확정되고 신앙은 지식으로 말미암아 신적인 것과 상호교류 할 수 있다.

지식과 신앙의 관계는 이성과 신앙의 관계에도 그대로 적용된다. 클레멘트는 신앙과 이성이 떨어져 기능을 발휘할 수 없다고 보았다. 믿음의 시발자로서 이성은 믿음보다 우선된다. 신앙으로만 만족하고 이성을 사용하지 않는 자는 젖으로만 만족하는 어린 아이와 같다고 말한다. 이런 로고스 중심의 사상은 클레멘트의 성경해석, 신관, 그리고 역사관에 깊이 반영되어 있다.

3) 클레멘트의 성경해석과 신 이해

클레멘트의 성경해석은 문자적 해석과 우화적 해석으로 대별된다. 문자적 해석을 첫 번째 의미로 보고, 우화적 해석을 두 번째 즉, 진보된 의미로 이해했다. 문자적 해석이 반드시 초보적 의미라고 볼 수는 없지만 자신의 신앙을 깊이 이해하기를 원하는 사람은 첫 번째 의미에 머물거나 만족해서는 안 되며 진보된 의미를 파악해야 한다는 것이다. 역사적 예언

---

24 Bengt Hägglund, 신학사, 박희석 역 (서울: 성광문화사, 1989), 83.

적 본문에서는 문자적 의미를 찾아야 하지만 신인동형적인 표현 같은 것은 문자적 의미를 넘어서야 된다고 본다.

기독교라는 철학이 보다 높은 단계에 도달하기 위해서는 문자적 의미를 넘어서 우화적 혹은 영적인 의미를 끊임없이 추구해야 한다. 우화적 해석이라고 무분별하게 되는대로 해석해서는 안 된다. 우화적 해석에도 주석적 원칙이 존재한다. 우화적 해석은 성경의 본문의 일차적 의미를 무시하지 않고 성경 본문이 제시하는 역사적 진리를 보존하되 필요에 따라서는 유형론적으로 받아들여야 한다. 클레멘트는 이삭을 번제로 드린 사건이 곧 그리스도의 희생을 표상하는 사건이라고 해석하고 있다. 이삭이 아브라함의 아들이었듯이 그리스도가 하나님의 아들이고, 희생제물이었다는 것이다.25

이삭의 사건은 말씀(로고스)이 십자가에 고통당할 것을 예표한 사건이었다. 이삭이 죽지 않고 희생제물에서 풀려난 것처럼 예수께서도 묻히셨다가 아무 해도 당하지 않고 삼일 만에 죽음에서 부활하셨다.26 클레멘트에게서 발견할 수 있는 이런 해석은 필로와 저스틴에게서도 찾아볼 수 있는 성경해석 방법으로 우화적 해석이라기보다는 모형론적 해석에 가깝다. 이런 면에서, 우리가 간과할 수 없는 분명한 사실은 클레멘트의 성경해석이나 사상은 알렉산드리아의 학풍을 상당히 반영하고 있다는 점이다.

클레멘트의 신관 역시 알렉산드리아 전통을 반영한다. 그는 플라톤의 영향을 따라 신을 부정적인 개념으로 이해하여 "하나님은 속성이 없으시고 본질의 범주를 넘어서 계시며, 하나님은 정의내릴 수 없는 분이므로 무엇이라고 직접적으로 말할 수 없다"고 보았다.27 그러나 클레멘트는 단순히 플라톤의 신관을 답습하기보다는 성경의 삼위일체 신관과 조화시키려 하였다. 지식의 근원이며 전 창조의 원리가 되시는 하나님 다음의

---

25 *Paidagogos* 1.5.
26 *Paidagogos* 1.5.
27 Gonzalez, *A History of Christian Thought* I, 205.

존재가 계시는 데 그분이 곧 로고스이다. 그는 "죄를 속하는 자시요, 구주시요, 자비시요, 하나님의 말씀이시요, 참 신이요, 우주의 대주재와 동등된 분이시다. 왜냐하면 로고스가 그의 아들이시기 때문이다."28 이 로고스는 하나님 안에 계셨으며, 인간을 구원하시기 위해 사람이 되어 오신 참된 빛이며 피조물과 함께한 아들이다. 이 로고스는 하나님의 경륜 속에서 하나님을 우리에게 비추어주신 "언약의 선포자요, 화목자시요, 우리의 구주시요, 말씀이시오, 생명의 샘이시요, 화평을 주시는 자"이다.29 클레멘트는 로고스가 삼위일체의 제 2위의 존재라는 암시를 주고 있으며, 그의 신관은 삼위일체적인 형식을 가지고 있음이 나타난다:

> 이제는, 오 그대들 나의 자녀들이여, 우리의 교사는 그의 아버지 하나님과 같으시다. 그는 그의 아들로서 죄 없으시며, 흠이 없으시고, 파토스 없는 영혼을 가지셨다. 사람의 형상을 입으신 하나님이시요, 그의 아버지의 뜻의 봉사자시며, 하나님이신 말씀으로, 그는 아버지 안에 계시고, 아버지의 오른 편에 계시고, 하나님의 형상이신 하나님이시다.30

클레멘트가 성부, 성자, 성령을 후니케아적인 삼위일체 개념으로 이해했는지는 불확실하지만 "만물의 아버지는 하나이시요, 만물의 말씀도 또한 하나이시다. 그리고 성령도 하나이시니 어디에나 동일"하시다는 클레멘트의 표현으로 미루어 볼 때, 클레멘트가 니케아적 삼위일체 개념과 근접한 신관을 가지고 있는 것으로 보인다. 그러나 이 문제에 있어서 그가 항상 통일성이 있었던 것은 아니다.31

---

28 W. Wilson, tr. *Clement of Alexadria*, Vol. 1., 99.
29 W. Wilson, tr. *Clement of Alexadria*, Vol. 1., 99.
30 *Paidagogos*, 10.
31 *Exhort.* 12, *Paid.* 1.42., 3.12., *Strom.* 5.14.

4) 클레멘트와 역사 이해

클레멘트는 현대적 의미의 역사관을 제시하지 않았다. 그러나 역사의 구심점을 그리스도의 성육신에서 찾았다는 점에서 그의 역사 해석은 의의가 있다. 역사의 주체이며 모든 지식과 피조물의 근원인 로고스가 예수 그리스도 안에서 성육신하셨다는 것이다. 이 성육신은 하나의 역사적 정점이며, 헬라와 유대 역사를 한 점으로 모으는 전환점이다.

성육신 이전에 헬라인들에게와 유대인들에게 역사하신 그 로고스가 이제는 성육신하셔서 헬라인들과 유대인들 모두의 안내자가 되신 것이다. 구약의 역사와 헬라의 역사는 결국 성육신을 향한 발전과 진보의 역사이며 성육신을 통하여 헬라와 유대 역사가 중심점에 도달한다. 그리고 그 점에서 역사가 새로 시작하여 새로운 방향으로 진행하여 나간다. 그러나 새로운 역사는 성육신 이전의 역사처럼 수평적이고 직선적인 역사가 아니라 성육신이라는 축을 중심으로 나선형으로 돌면서 상승한다. 성육신을 역사의 전환점으로 삼는다는 점에서 클레멘트의 역사관은 이레니우스의 역사관이나 어거스틴의 역사관, 그리고 현대 역사가 크리스토퍼 도슨이나 라인홀드 니버의 역사관과 본질적으로 차이가 없다. 그러나 클레멘트는 성육신 이후 역사가 다시 그리스도의 재림을 향해 직선적으로 진행되는 것이 아니라 나선형으로 발전되어 간다고 보았다. 이 점에서 클레멘트의 역사관은 현대의 역사관이나 어거스틴의 역사관과는 차이가 있다. 클레멘트는 이레니우스의 구속사관과 헬라의 윤회사관을 조화시키려 했던 것 같다.

역사가 발전된다는 개념 자체는 비기독교적 역사관이 아니다. 그러나 기독교에서 말하는 발전이라는 측면은 낙관사관에서 말하는 발전과는 본질적으로 차이가 있다. 기독교 역사에서 발전이라는 것은 어디까지나 신앙을 전제한다. 신앙을 전제하지 않는 발전은 유물사관이나 헤겔의 변증법적 발전사관과 본질적으로 차이가 없다. 클레멘트의 사상에서 현대적인 의미의 역사관을 도출하는 것이 한계가 있겠지만, 클레멘트가 성육신을 역사의 전환점과 구심점으로 이해했다는 점에서 헬라의 윤회적인 사관을 일단 넘어섰다고 할 수 있다. 클레멘트의 나선형식 발전사관은 클레멘트의 인간관에도 표출된다. 클레멘트는 이레니우스를 따라 인간에게는 창조의 진정한 목적을 향해 성장을 할 수 있는 가능성이 있다고 본다.[32] 아담의 타락이 이런 성장의 방해 요인으로 작용했으나 신앙이 죄에 의해서 중단된 성장을 회복한다는 것이다.

이것이 이레니우스가 제시한 바 있는 신화(divinization)인데, 이 과정은 그리스도인의 구원의 삶과 무관하지 않으며, 그 구원의 삶의 과정에서 교회는 중요한 몫을 차지한다. 그리고 그 발전의 주체는 로고스가 머리로 계시는 지상의 교회이다. "교회는 신자들의 어머니이고, 이 교회를 통해서 참된 지식을 얻도록 기독교인의 삶을 인도해 주는 조명과 신화의 과정이 이루어진다."[33] 이를 위해서는 세례를 통해 교회에 입문해야 하고 성찬을 통해서 교회 안에서 영양분을 공급받아야 하는 것이다. 그에게 세례는 새로운 신앙의 출발이고 성찬은 성장을 위한 필수적인 단계이며, 성찬을 통해서 신앙이 성장하고 성찬에 참여함으로 말미암아 불멸을 소유하게 된다.

5) 클레멘트 사상 요약

지금까지 살펴본 것처럼, 클레멘트의 성경해석, 신론, 역사관의 구심점은 로고스이다. 결론적으로, 클레멘트의 신학의 핵심은 현대적인 용어를 빌린다면 기독론이라고 할 수 있고, 초대교회적인 의미로 표현한다면 로고스론이다. 이 로고스론은 헬라 철학과 성경을 연결하는 교량이며 역사를 전체적으로 통일시켜주는 원리이고 또한 신구약을 총체적으로 연결시켜주는 근본원리이다. 헬라적인 특징과 성경적인 특징이 분명한 구분

---

[32] Clement, *Strom*, VII. 10.
[33] Gonzalez, *A History of Christian Thought* I, 209.

없이 한데 어울려 마치 현대판 종교 다원주의를 제창하는 것처럼 보이지만, 그럼에도 불구하고 클레멘트의 사고 속에서는 헬라 철학의 중요성을 무시하지 않으면서 기독교의 유일성을 제창하려는 내면적인 노력이 엿보인다. 정확히 표현한다면 클레멘트는 기독교 진리를 축으로 하여 헬라 철학을 끌어들여 조화시키려고 했던 것이다. 이런 클레멘트의 기독교 사상의 방법론은 오리겐의 신학의 원형이 되었다.

2. 오리겐

3세기 초반 기독교계에서 혜성 같이 떠올라 정통과 이단 양측으로부터 끊임없는 비판과 찬사를 동시에 받았던 한 인물이 있었으니, 그가 바로 주후 185년경에 탄생하여 254년에 세상을 떠난 오리게네스 아다만티우스(Origenes Adamantius)였다. 터툴리안이 서방신학의 선구자였다면 오리겐은 명실 공히 동방신학의 전통을 세워놓은 인물이다. 육십 평생에 걸쳐 이단들과 로마 당국에 맞서 신앙을 변호하였으며, 기독교 교육가로 활약하였고, 유대인 사회에 대해 기독교를 증언하였으며 교회 내에서는 영적 지도자로 일하였다.

존경을 받았으나 논란의 대상이 되기도 하였다. 혹자들은 그를 싫어하였으며 어떤 이들은 그가 비정통 신조를 소유한 것은 아닌가하고 의심의 눈초리를 보내기도 하였다. 그러나 이런 와중에서도 오리겐은 지성을 통해 정력적이고 창조적이며 끈기 있고 인내심 있는 면모를 보여 주었다.[34] 그의 저술과 사상은 역사 속에서 수많은 기독교 지도자들에게 많은 영감을 주어왔다. 클레멘트의 사상이 알렉산드리아 신학의 초석이 되었다면 오리겐의 신학과 사상은 알렉산드리아 신학의 골격이 되었다.

---

[34] Robert V. Schnucker, "Origen," in *Great Leaders of the Christian Church*, ed. John D. Woodbridge (Chicago: Moody Press, 1988), 55.

1) 오리겐의 성장 배경

클레멘트와는 달리 오리겐의 생애는 비교적 상세히 알려져 있다. 오리겐을 상당히 존경했던 역사가 유세비우스는 자신의 교회사에서 오리겐의 생애를 매우 동정적으로 자세히 기술하고 있다. 클레멘트가 이교도 가정에서 성장한 것에 반하여 오리겐은 기독교 가정에서 신앙으로 교육받으며 성장하였다. 오리겐의 부모는 원래 이교도였으나 오리겐이 소년시절 기독교로 회심한 것 같다. 세베루스 황제가 교회를 심하게 박해할 때 오리겐의 아버지 레오니데스(Leonides)가 순교했다.

아버지가 체포되어 감옥에 갇혀 있다는 사실을 알게 되면서, 당시 아직 어린 소년에 불과했던 오리겐의 영혼은 "순교에 대한 열망에 강력하게 사로잡혀"있었다.[35] 순교의 열망이 그의 뇌리에서 떠나지 않았다. 이것을 안 오리겐의 어머니는 오리겐이 자진하여 순교할까봐 오리겐의 옷을 감추어 오리겐이 밖에 나가지 못하도록 막았다. 오리겐은 순교를 단념했으나 "우리 때문에 마음이 변하지 않도록 조심하십시오"라는 내용의 편지를 부친에게 보내 부친의 순교를 격려했다.

그는 부친으로부터 상당히 독실한 신앙교육을 받았던 것으로 보인다. 부친 레오니데스는 오리겐에게 성경을 가르쳤다. 오리겐이 헬라 문학을 배우기 전에 먼저 거룩한 성경을 연구하고 매일 성경을 암송한 것은 부친의 영향 때문이었다. 자연히 오리겐은 소년시절부터 교회의 규칙을 지켰으며 이단적인 가르침을 혐오했다. 또한 아버지로부터 헬라 문학을 배웠으며, 부친이 사망한 후에는 보다 열심히 학문에 전념하여 언어학에 대한 상당한 식견을 가지고 있었던 것으로 보인다.[36]

놀라운 지성적 역량과 비범한 경건에 힘입어 오리겐은 18세에 데메트리우스 감독의 지명을 받아 알렉산드리아의 세례 지원자(catechumens)

---

[35] Eusebius, *H.E.*, VI. 2.
[36] Eusebius, *H.E.*, VI. 2.

오리겐 (Origen, A.D. 184/185-253/254)

학교를 관장하게 되었다. 곧 오리겐은 "모든 신자들에게서 훌륭한 명성을 얻었다."37 그즈음 오리겐은 밤에는 대부분의 시간을 성경연구에 바쳤으며 대단히 엄격하고 규율적인 생활을 하였다. 오리겐은 때때로 금식하기도 했고, 밤에는 잠자는 시간도 제한했으며, 끓어오르는 열정 때문에 침대가 아닌 바닥에서 잠을 잤다. 무엇보다도 주님의 복음적 교훈들을 반드

---

37 Eusebius, *H.E.*, VI. 3

시 삶 속에서 지켜야 한다고 생각한 오리겐은 두벌 옷을 가지거나 신발을 신어서는 안 되며, 장래 일을 염려해서도 안 된다는 사실을 몸소 실천하면서 다른 사람들에게도 권했다. 오리겐의 엄격하고 금욕적이며 극도의 빈곤한 생활은 친구들마저 놀라게 했다.

유세비우스에 따르면 오리겐에게 재산 얼마를 나누어주기를 원하던 많은 사람들은 그가 진리와 신앙 때문에 겪고 있는 것으로 인해 마음이 아팠다. 그러나 오리겐은 자신의 청빈한 삶을 결코 늦추지 않았다. 실제로 여러 해 동안 맨발로 다녔고 생명을 유지하는데 꼭 필요치 않은 음식과 포도주를 삼갔기 때문에 건강을 크게 해쳤다. 오리겐은 만나는 사람들에게 자신의 금욕적인 생활의 표본들을 제시하면서 많은 방문자들도 그와 동일한 행로를 추구하도록 자연스럽게 유도하였다.[38]

이처럼 오리겐의 금욕주의적 성품은 그의 생활 전반을 지배했다. 그의 금욕주의는 당시뿐만 아니라 오늘날의 사람들에게도 강한 인상을 주고 있다. 오리겐이 일상생활에서의 신앙 훈련에 얼마나 엄격하고 철저했는가를 보여주는 한 사건이 있다. 그가 마태복음 19장 12절을 문자적으로 받아들여 자신의 고환을 거세하였다는 일화가 그것이다. 오리겐은 자신이 관할하는 학교에서 젊은 여인들을 가르치면서 이방 세계에 하등의 추문 거리도 제공하고 싶지 않았기 때문에 아예 젊음 그 욕정의 근원을 끊어버리기를 원했다. 이 문제와 관련하여 유세비우스는 다음과 같이 기술하고 있다:

> [오리겐은] 아직 익숙지 못하고 어린 생각에서 비롯된 것으로 여겨지는 하나의 행위를 실천에 옮겨 자신의 신앙과 금욕의 증거를 강력히 나타냈다. 그는 '천국을 위하여 스스로 된 고자도 있느니라'라는 말씀을 어린 아이처럼 문자 그대로 이해하여 주님의 말씀대로 행하겠다고 생각했다. 또 그는 불신자들이 더러운 비방을 할 수 있는 모든 요인들을 제거하기를 원했다. 비록 어렸지만 그

---

[38] Eusebius, *H.E.*, VI. 3.

는 거룩한 진리에 관하여 남성들뿐만 아니라 여성들과도 담화를 해야 할 필요가 있었으므로 주님의 말씀을 행위로 이루었다. … 이 일이 있은 후 오래지 않아 … 그 곳 교회 감독 데메트리우스는 … 전 세계의 감독들에게 그를 비방하는 편지를 보내어 과거 오리겐이 행한 일이 지극히 어리석은 행위라고 비방하였다.39

열성적인 금욕 생활과 더불어 신비주의는 오리겐의 신앙생활의 한 근본 요소였다. 헨리 채드윅이 지적한 것처럼, 많은 사람들이 생각하듯이 오리겐의 신비주의는 무분별한 것이 아니라 어느 정도는 성경에 뿌리를 둔 것이다.40 "신앙에 관한 완벽한 이성적 설명이 불가능하다고 생각"한 오리겐은 "그리스도인들에게 성경을 명상함으로써 영적 생명에 진보를 이룩하라고 촉구하였다. 그러한 영적 명상이 신자로 하여금 기독교적 삶을 살도록 어떤 시각을 영혼에 부여한다는 것이다. 또 반대로 기독교적 삶은 영혼을 순결하게 만드는 경향이 있고 이것이 한편으로 하나님에 관한 명상에 도움을 준다는 것이 그의 지론이었다."41 한 마디로 오리겐의 금욕주의적, 신비적 자세와 그리스도를 증언하는 그의 활동적 삶 사이에는 역동적인 변증법적 논리와 긴장이 존재하였다.42 인간이 자신의 육체를 통제할 수 있다는 사실은 인간 스스로가 죄를 거부할 수 있고 고상한 삶을 살 수 있다는 사실을 보여주는 것이라고 오리겐은 이해했다. 결국 금욕주의적 삶이 기독교인의 삶에 필수적이며 신비주의의 설정 근거를 제공한다는 것이다.

오리겐의 극단적인 금욕주의와 신비주의적인 삶은 그의 교육 활동, 설교, 논박, 특히 저술 작업에서 찾아볼 수 있다. 오리겐의 일관된 금욕주의적 삶과 신비주의적인 삶의 실천은 오리겐의 명성을 더해 주었고, 오리겐이 설립한 학교에는 끊임없이 추종자들이 몰려들었다. 오리겐의 사역은

---

39 Eusebius, *H.E.* VI. 8.
40 Chadwick, *The Early Church*, 108.
41 Chadwick, *The Early Church*, 108.
42 Chadwick, *The Early Church*, 108.

매우 활발하게 진행되었다. 초심자들이 밤낮으로 오리겐의 가르침을 받기 위해 몰려와 숨 쉴 틈도 주지 않았기 때문에 오리겐은 성경연구와 초심자들의 교육을 동시에 감당할 수 없음을 깨달았다. 오리겐은 자신의 제자 중에서 성경에 대한 해박한 지식을 가지고 있으면서도 철학을 비롯한 다른 학문에 대한 폭넓은 지식을 가지고 있는 헬라클라스를 세워 초보 교육을 맡기고, 자신은 좀 더 수준 있는 사람들을 가르치는 일을 전담하였다.43

2) 명성을 더해가는 오리겐

오리겐의 명성이 알렉산드리아를 넘어 외부 세계에 널리 알려지면서 개인적으로 오리겐의 가르침을 받으려는 사람들까지 생겨났다. 아라비아 총독은 알렉산드리아 감독 데메트리우스와 이집트 장관에게 편지를 보내 오리겐을 자신에게 속히 보내 오리겐의 교리를 배울 수 있도록 허락해달라고 부탁했다. 오리겐은 그곳에 가서 소기의 목적을 달성한 뒤 알렉산드리아로 돌아왔다. 그러나 얼마 후 알렉산드리아에 큰 전쟁이 발발하자 오리겐은 그 도시를 빠져나와 A.D. 216년경 팔레스타인의 가이사랴에 정착했다. 이집트로 갈 생각도 있었으나 팔레스타인이 더 안정될 것이라고 판단했던 것이다. 오리겐은 안수를 받아 정식으로 사제직을 얻지 못한 상태임에도 불구하고 그곳의 감독들은 오리겐에게 교회에서 공개적으로 성경을 해석할 수 있도록 기회를 제공하였다.

이 소식이 알려지자 알렉산드리아 감독 데메트리우스는 정식으로 안수를 받지 않은 데다, 알렉산드리아에서 지나친 금욕주의 신앙을 퍼뜨려 물의를 일으킨 오리겐을 팔레스타인 교회에서 성경을 강론할 수 있도록 허락한 것에 분개하여 예루살렘의 감독과 가이사랴 감독에게 이의를 제기했다. 그러자 예루살렘의 감독 알렉산더와 가이사랴의 감독 데옥티스

---

43 Eusebius, *H.E.* VI. 15.

투스는 오리겐을 옹호하는 편지를 알렉산드리아의 감독 데메트리우스에게 보내기까지 하였다. 그러나 데메트리우스는 예루살렘 감독과 가이사랴 감독에게 계속 오리겐의 소환을 요구했고 알렉산드리아 교회의 신자들과 집사들을 보내서 오리겐이 알렉산드리아로 돌아오라고 강권했다. 오리겐은 마지못해 알렉산드리아로 돌아와 전에 하던 일을 계속했다. 그러나 오리겐의 명성은 그의 학교와 가르침과 더불어 날마다 높아져만 갔다. 오리겐이 알렉산드리아로 돌아온 후 얼마 되지 않아 오리겐의 명성을 듣고 황제의 모친 마매아는 그를 직접 만나기 위해 알렉산드리아에 머무는 동안 자신의 호위병을 보내 오리겐을 불러왔다.44

오리겐이 긍정적인 평가만 받은 것은 아니었다. 유세비우스의 동시대 인물이며 오리겐의 비평가였던 포르피리(Porphyry)는 오리겐이 헬라 철학과 야만인(유대인)들의 말을 혼합시켜 놓았다고 불만을 털어 놓았다. 불만의 요지는 헬라인인 오리겐이 헬라 문학을 공부했으면서도 이 야만인들의 건방진 말에 현혹되어 자신의 학문의 업적들을 야만인에게 양도했다는 것이다. 즉 오리겐이 사물과 신에 관한 견해에 대해서는 헬라인으로 행하면서, 이방인들의 허구들과 헬라 문학을 뒤섞어 놓았다는 것이다.

오리겐은 항상 플라톤의 입장에 서 있었고, 또 누메니우스와 크라니우스, 아폴로파네스와 론기누스, 모데라투스와 니코마쿠스의 저서들 및 존경받는 여러 사람들의 저서를 소장하고 있었다. 또 스토아 철학자인 캐레몬의 저서들 및 코르누투스의 저서들도 읽었다. 그러므로 이들로부터 헬라인들이 흔히 사용하는 풍유적 해석방법을 끌어내어 유대인들의 성서해석에 적용하였다는 것이다.45 이런 오리겐에 대한 비평은 객관성을 상실한 듯하다. 유세비우스도 인정하듯이 오리겐이 헬라 사상과 기독교를 조화시키려고 한 것은 사실이지만,46 헬라 사상과 기독교를 무질서하게 혼

---

44 Eusebius, *H.E.* VI. 21.
45 Eusebius, *H.E.* VI. 19.
46 Eusebius, *H.E.* VI. 19.

합시킨 것은 아니었다. 일련의 비평을 받은 오리겐은 다음과 같이 자신을 변호하였다:

> 내가 전적으로 말씀에 전념하여 내 명성이 널리 퍼지게 되면서 나는 때로 이단들의 방문을 받았고 때로는 헬라학문에 능한 사람들, 특히 철학을 연구하는 사람들의 방문을 받았다. 따라서 나는 이단자들의 견해, 그리고 진리를 말한다고 주장하는 철학자들의 저서들을 조사해보기로 결심했고 판태누스를 모방하여 이 일을 해오고 있다. 우리 이전의 사람들은 판태누스로 말미암아 많은 유익을 얻었으며, 또 그는 이러한 학식을 충분히 구비한 인물이었다. 나는 이 일을 행하는데 있어서 헬라클라스의 본을 좇았다.47

위 인용문에서 발견할 수 있듯이 오리겐이 비록 기독교를 변론하기 위한 목적이라고는 하지만, 헬라 철학에 심취했었다는 사실을 인정하고 있다. 사실 오리겐은 일찍이 이방 철학에 관심을 가지고 있었다. 18세에 교육에 종사하면서부터 오리겐은 새 신자들에게 신앙을 교육하면서, 기독교 신앙의 외부로부터 즉 유대와 이방인 사회로부터 오는 공격은 물론 내부로부터 오는 이단들의 주장에도 맞서지 않으면 안 된다는 것을 깨닫게 되었다.

따라서 그는 신플라톤주의의 원조 암모니우스 사카스(Ammonius Saccas)를 연구하기 시작했다. "많은 이단자들과 유명한 철학자들도 부지런히 오리겐의 강연을 들으면서 그에게서 교리에 관한 것만 아니라 이방 철학에 속한 가르침"도 얻었고, "오리겐이 능력이 있다고 여겨지는 모든 사람들에게 기하학, 대수 등의 철학적 학문 및 여러 가지 기초학문들을 가르쳤고, 또 그들에게 철학자들 사이에서 유행하고 있는 견해들을 제시하고 그들의 저서들을 설명하면서 각 저서에 대해 깊이 생각하고 자신의 의견을"48 제시하였다. 유세비우스의 증언에 따르면 심지어 "헬라

---

47 Eusebius, *H.E.* VI. 19.

인들까지도 그를 위대한 철학자로 존경"할 정도로 오리겐은 이방 철학에 대해 상당한 식견을 가지고 있었다.49

이런 이방 철학에 대한 그의 관심과 관용 때문에 오리겐은 더욱 비판을 받은 것으로 보인다. 오리겐에 대한 비판이 계속되면서 비판으로 인해 그에 대한 시기와 질투도 나타나기 시작하였다. 알렉산드리아에서 더 이상 계속 사역할 수 없다고 판단한 오리겐은 알렉산드리아를 떠나기로 결심하고 기회를 찾았다. 정확한 원인은 밝혀지지는 않았지만 A.D. 230년 경 폰티아누스가 로마교회의 감독으로, 제비누스가 안디옥 교회의 감독으로 있을 때에 오리겐은 교회문제로 인해 어쩔 수 없이 팔레스타인을 경유하여 헬라(안디옥)로 가게 되었다.

헨리 채드윅은 오리겐이 발렌티누스주의의 이단인 칸디두스를 반론하는 것을 도와주기 위해 아테네로 가던 중이었다고 말한다.50 마치 칼빈이 스트라스부르그로 가던 중 제네바에 들려 여행일정을 완전히 변경한 것처럼, 오리겐은 여행 도중 팔레스타인의 가이사랴에서 자의반 타의반 그 지방 감독들에 의해 안수를 받고 사제로 임명되었다.51 이미 오리겐이야말로 최고의 영예를 받을 사람이라는 사실을 알고 있던 팔레스타인의 감독들과 가이사랴와 예루살렘의 감독들은 오리겐이 팔레스타인을 방문한다는 소식을 듣고 다시없는 절호의 기회를 놓칠 수 없었다. 그 곳의 감독들은 오리겐을 붙잡아 둘 속셈이었고 오리겐에게는 잃어버린 보금자리를 찾은 셈이다.

오리겐은 그곳에서 "큰 영예를 얻었고, 모든 사람들에게 존경을 받았으며, 또 그의 덕과 지혜는 더욱 널리 알려졌다."52 오리겐이 팔레스타인 감독들에게서 안수를 받았다는 소식을 들은 알렉산드리아 감독 데메트리우스는 자신의 성기를 스스로 거세하여 성직자 대열에 낄 수 없는 오리겐

---

48 Eusebius, *H.E.* V. 18.
49 Eusebius, *H.E.* V. 18.
50 Chadwick, *The Early Church*, 110.
51 Eusebius, *H.E.* VI. 23.
52 Eusebius, *H.E.* VI. 8.

이 자신의 충고와 권위를 무시하고 안수를 받았다고 분개하였다.

그는 알렉산드리아에 두 번에 걸쳐서 종교회의를 소집하고, 장기간의 논쟁을 거친 후 오리겐을 파문하고 오리겐의 직위를 박탈했다. "어린 소년시절에 행했던 그 행위 외에 달리 책잡을 것이 없었음에도 데메트리우스가 오리겐을 고발했다"[53]는 유세비우스의 증언은 어느 정도 근거가 있었다. 데메트리우스는 오리겐을 장로로 임명한 사람들도 후에 함께 고발했다. 얼마 후 알렉산드리아 교회의 감독 데메트리우스가 43년 동안의 감독직 수행을 마치고 세상을 떠났고 그의 뒤를 이어 오리겐의 제자였던 헬라클라스가 감독이 되었다.[54] 감독 헬라클라스는 한때 오리겐에게 대단한 호감을 가지고 있었으므로, 오리겐이 머물고 있는 곳이면 알렉산드리아나 유대 어디를 막론하고 따라다녔다. 오리겐도 그를 신임했다. 오리겐이 알렉산드리아를 떠나 팔레스타인을 경유하여 안디옥으로 가려고 했을 때 그에게 자신이 운영하는 학교를 맡기기도 했다.[55] 그러나 그가 알렉산드리아 감독직에 오르자 오리겐에 대한 태도를 바꿔 선임자 데메트리우스의 입장을 고수하지 않으면 안 되었다.

3) 팔레스타인에서의 작품 활동

이런저런 이유로 실망한 오리겐은 알렉산드리아로 돌아가는 것을 아예 포기하고 팔레스타인의 가이사랴에 거하면서 신학교육과 저술활동에 전념하였다. 그곳에 머무는 동안 60세의 나이에도 불구하고 "보기 드물게 엄격한 금욕주의적 삶을 영위하는 가운데 저술 활동과 가르침, 설교에 여생을 보내면서" 여전히 왕성한 활동을 했다. 그곳에 머무는 동안 오리겐은 A.D. 250년의 데시우스 황제 박해 시에 투옥을 당해 잔인한 고문을 받았다. 혹독한 고문에도 불구하고 "신앙을 저버리지 않았던" 오리겐

---

[53] Eusebius, *H.E.* VI. 8.
[54] Eusebius, *H.E.* VI. 26.
[55] Eusebius, *H.E.* VI. 26.

은 옥에서 풀려난 후 고문의 후유증으로 3년 동안 시달리다 A.D. 254년에 두로에서 죽음을 맞았다. 세상을 떠나기 전 마지막 20여 년 동안 오리겐은 알렉산드리아에서 자신이 설립했던 것과 유사한 학교를 그곳에서도 설립하여 교육과 집필로 대부분의 시간을 보냈다.

그동안에 오리겐이 이룩한 연구 분야, 특히 성서연구 분야는 한 마디로 경이적이었다. 후대인이 평가하는 것 이상으로 그의 성서 연구는 대단히 치밀하였다. 오리겐은 히브리어 원어를 공부하고 할 수 있는 한 유대인들의 수중에 있는 히브리어로 기록된 원본들을 모았다:

> 그는 또 70인역을 번역한 사람이 아닌 다른 사람들이 발행한 성서의 번역본, 잘 알려져 있는 아퀼라(Aquila), 심마쿠스(Symmachus), 데오도티온(Theodotion)의 역본들과 다른 역본들을 연구하였다. 그는 샅샅이 수색하여 아득한 옛날부터 숨겨져 있던 곳을 더듬어 추적하여 그 역본들을 찾아내어 빛을 보게 만들었다. 그는 이렇게 하면서 찾은 것 중에 역자를 알 수 없는 역본에는 자신이 그것을 악티움 근처에 있는 니코폴리스에서 발견했다는 표를 해두었다. 그는 헥사플라(Hexapla: 6개 국어 대역성경)의 시편에 관한 네 개의 훌륭한 역본들에 이어 다섯 번째, 여섯 번째, 일곱 번째 역본을 추가하였는데, 그 중 하나에는 세베루스의 아들 안토닌 시대에 여리고의 목욕탕에서 발견되었다고 표시되어 있었다. 그는 모든 역본들을 수집한 뒤, 그것들을 구두법에 따라 적절한 그룹으로 분류한 뒤, 하나의 컬럼에 서로 대칭되게 정리하고 거기에 히브리 원문을 추가했다. 그리하여 오늘날 우리가 소유하고 있는 헥사플라를 우리에게 남겨주었다. 그는 또 별도로 아퀼라와 심마쿠스, 데오도티온의 역본과 70인 역을 합하여 테트라플라(Tetrapla: 4개 국어 대역성경)라 불리는 작품을 만들었다.[56]

---

[56] Eusebius, *H.E.* VI 16 유세비우스의 증언에 따르면 번역자 중 심마쿠스는 에비온파였다.

오리겐은 신빙성 있는 본문을 찾아내기 위한 작업 외에도 많은 일을 하였다. 그는 요한복음, 마태복음, 아가서, 로마서, 창세기, 시편, 대소 선지서, 바울서신 등에 대한 주석을 집필하였다. 그 외에도 수백 편의 설교를 썼는데, 이 중 일부는 오리겐이 전달한 내용 그대로를 속기사들이 적은 것이다. 성경 구절들에 대한 그의 전문적 연구작인 **스콜리아**는 후에 제롬의 성경 번역 작업에서 유용하게 사용된다.57 오리겐의 연구열은 대단했다. 유세비우스의 증언에 의하면 오리겐은 그의 생애에 무려 6,000여 권이라는 상상을 초월하는 다량의 책을 저술했다.58 "도대체 누가 오리겐의 저술을 다 읽을 수가 있겠는가?"라고 제롬이 반문할 만도 했다.59 오리겐에게는 7명 이상의 필경사가 있어서 정해진 시간에 서로 교대해가며 그가 구술하는 것을 받아썼다. 또 그에게는 소녀들을 포함한 상당수의 필경사들이 있었는데, 모두 상당히 훈련된 이들이었다.60

알렉산드리아에 있는 동안에 오리겐은 요한복음과 창세기 주석의 상당 부분을 저술했고, **원리**(*Principles*)와 10권으로 된 **스트로마타**(*Stromata*)를 알렉산드리아에서 저술하였다. 오리겐은 팔레스타인으로 가서도 많은 저술을 남겼다. 그곳에서 30권의 이사야서 주석과 25권의 에스겔서 주석을 집필했다. 오리겐은 아테네에 갔을 때 에스겔서 주석을 끝마치고, 아가서에 대한 주석을 시작해 제 5권까지 저술하다 가이사랴에 돌아와서 10권을 더 저술하여 완성했다.61

4) 제1원리와 콘트라 셀수스

일련의 성경주석 외에 오리겐의 사상이 가장 함축적이고 체계적으로

---

57 Schnucker, "Origen," 58.
58 Epiphanius, *Haeres*, XI IV. 63. 그리고 Freerick, "Introductory note to the Works of Origen" in *The Antinicene Fathers*, ed. by Roberts and Donaldson, Vol. IV., 229.
59 Chadwick, *The Early Church*, 109.
60 Eusebius, *H.E.* VI. 23
61 Eusebius, *H.E.* VI. 32

담겨있는 것은 페르 아르콘(제1원리)이라는 작품이다. 제1원리에 관하여 (De Principiis)는 오리겐의 작품 중에서 가장 뛰어난 신학서이다. 알렉산드리아에서 신앙을 교육하는 동안 저술한 이 책은 보통 "고대가 낳은 최초의 조직신학 교과서"[62]로 간주되고 있다. 이것은 오리겐의 잘 훈련된 신학적 머리와 헬라풍의 사고방식을 엿볼 수 있는 작품이다. 이 작품 속에는 신론, 창조, 타락, 인간론, 윤리학, 성경의 역할과 성경 해석 원리, 자유 의지, 부활 등 기독교의 가장 기본적인 문제들을 다룬 제반 단락이 들어 있다. 제 1권에서는 삼위 하나님과 영적 존재들을, 제 2권에서는 물질적 세계와 인간 및 인간의 영혼을, 제 3권에서는 자유의지, 악마와의 투쟁, 선의 궁극적 승리를, 그리고 제 4권에서는 성경을 주제로 다루고 있다. 그러나 이 모든 단락들이 지금까지 다 잔존하고 있는 것은 아니며 많은 부분이 루피누스(Rufinus)의 라틴어 역에 의존하고 있다. 오리겐은 "하나의 연관성 있는 교리 체계를 구성하기를 원하는 자"가 기초적 원리로 삼을 원리들을 **제1원리**에서 이렇게 집약한다.[63] 하나님은 한 분이시며 만물을 창조하시고 질서를 주시고 아무것도 존재하지 않을 때 우주를 존재케 하셨다. 하나님이 선지자들을 통해 말씀하신 바와 같이 주 예수 그리스도를 세상에 보내셨다. 예수 그리스도는 "모든 피조물보다 앞서 아버지로부터 출생"하셨으며, 성령으로 말미암아 동정녀 마리아에게 잉태하사 참으로 인간이 되셨다. 그리고 참으로 고난당하셨고, 참으로 죽으셨다. 그는 죽은 자 가운데서 일어나시고 부활하신 후에 제자들과 함께하시다 하늘로 올리우셨다. 성령께서는 그 존영과 권세에 있어서 아버지와 아들과 연합되어 있으시다. 그리고 이 세상을 떠난 후에는 반드시 심판이 있으며 성도들은 영광스러운 몸으로 다시 부활할 것이다. 모든 인간의 영혼은 자유의지를 가지고 있으며, 악마와 그의 천사들과 적대하는 권세들과 싸우고 있다. 이들 악한 세력들은 죄악으로 영혼을 무겁게 하여 떨어뜨리려고 힘쓰기 때문에 믿는 영혼들은 그와 같은 세력으로부

---

[62] 한철하, 고대 기독교사상 (서울: 대한기독교서회, 1991), 17th ed. 77.
[63] Origen, De Principiis, pref. 4-10.

터 자유로워지기 위해 노력해야 한다. 영혼의 기원에 관하여는 오리겐이 분명히 밝히고 있지는 않지만 선재설을 주장하고 있는 것으로 보인다. "이 세상은 일정한 시점에 만들어졌으며 또한 존재하기 시작하였고, 그 가멸적 성질로 인하여 결국은 소멸을 면치 못할 것"으로 믿었다. 그러나 "이 세상이 있기 전에 무엇이 있었으며 또한 이 세상 후에는 무엇이 있을 것인지에 대해서는 아직도 많은 사람에게 잘 알려져 있지 않고, 또 이 점에 대해 교회의 가르침에도 분명히 말하는 바가 없다"는 표현을 통해 오리겐답지 않게 사색의 한계도 인정하고 있다. 오리겐은 위에서 말한 교리가 사도들이 전하는 가르침을 요약한 것이지만, 교리의 단일한 체계를 만들어 내기를 원하는 자들은 성경에서 발견한 설명과 가르침을 받아서 그리할 것과 자신이 깨달은 가르침도 성서의 검증을 거쳐야 한다고 보았다.

놀라운 사색을 동원하면서도 그 한계를 성경에서 말하는 범위에서 찾으려고 한 오리겐의 철학은 그의 성경에 대한 관심에서 비롯된 듯 보인다. **페르 아르콘**의 제 4권에는 오리겐의 해석 방법론이 상세히 기술되어 있어 오리겐의 성경해석 방법을 비교적 자세히 파악할 수 있다. 그의 해석 방법론은 교회에 대한 중요한 공헌 가운데 하나이다. 오리겐은 호머와 헤시오드의 우화적 성경 해석방법과 유대랍비들의 성경해석 방법에 이르기까지 정통하고 있었다. 쉬누커(Schnucker)는 오리겐의 성경해석을 다음과 같이 제시한다:

> 오리겐은 하나님이 그리스도의 육체 속에 거하듯 성경 속에도 거하신다고 믿었다. 그의 견해에 의하면 성경 속에 무가치한 말은 한 단어도 있을 수가 없다. 개개의 모든 단어에는 모종의 의미가 있었다. 그 의미를 찾기 위하여 오리겐은 원어, 숫자 의미론(numerology), 우화 등을 활용하면서 단어 연구에 힘썼다. 성경 속에서 불일치 점들이나 난해한 문제들이 발견될 경우 오리겐은 문자적, 문법적 의미를 떠나서 그리스도 중심적인, 보다 깊은

영적 의미를 (종종 우화적 의미) 추구하였다.64

오리겐에게 그리스도는 역사의 중심이자 구약성경 이해의 열쇠이며, 구약의 율법과 의식을 대신하는 존재였다. 때문에 구약에 대한 문자적 접근은 바람직하지 않다는 것이다. 오리겐이 볼 때 구약성경의 사건들, 인물들, 규범들은 사실상 그리스도를 예표하는 것이다. 성경의 진리를 밝히고 영적인 의미를 파악하기 위해서는 우화적 방법이 필요하였다. 또 성경의 이러한 영적 의미는 그리스도의 초림과 재림 사이에서 신자를 지배해야 할 원리와 규범이었다.65

오리겐의 사상을 찾아볼 수 있는 또 하나의 작품은 **콘트라 셀수스**(*Contra Celsus*)이다. 이것은 오리겐의 동시대에 살았던 이교도 비평가인 셀수스에 대항하여 기독교를 변호하는 글이다. 특별히 셀수스(Celsus)의 **진리의 말씀**(*Words of Truth*, A.D. 170–180)은 오리겐의 비판의 표적이었다. 에피큐리안이었던 셀수스는 다음과 같은 이유로 교회를 비평하였다. 1) 기독교인들은 교리를 헬라 철학에서 얻지 않고 야만인인 유대인들에게서 얻었다; 2) 이적은 참으로 기적이 아니라 단지 마술(magic, exorcism)일 뿐이다; 3) 기독교 교리는 비합리적(irrational)이다; 4) 마리아는 간음한 여인이며, 로마 병사와 불륜의 관계를 갖고 태어난 아이가 바로 예수이다. 이에 대하여 오리겐은 만일 예수께서 그런 가정환경 출신이라면 간음을 반대하는 가르침을 설파하지 않았을 것이라고 반박하였다.

5) 오리겐의 신관

오리겐의 신관은 클레멘트의 신관과 유사하지만, 좀 더 조직적이고 논리적인 체계를 담고 있어 후대에 적지 않은 영향을 미쳤다. 오리겐의 신

---

64 Schnucker, "Origen," 58.
65 Schnucker, "Origen," 58.

론, 특히 삼위일체에 대한 가장 두드러진 공헌 중의 하나는 성자와 성부의 관계에 대한 가르침이다. 오리겐은 성자를 성부와 같이 영원한 분으로 보았다. 성부는 영원 전에 성자를 낳으셨다. 성자의 영원 전 나심(eternal generation of the Son)의 개념은 오리겐이 처음으로 정립했다. 영원 전에 나심이라는 것이 무엇을 의미하는가에 대해 오리겐은 그가 존재하지 않았던 때는 결코 없었으며, 로고스가 시간 속에서 창조된 것이 아니라 영원 속에서 하나님으로부터 나셨기 때문에 성자 로고스는 아버지와 동질에 속한다는 것을 의미한다. 오리겐에 따르면, 로고스는 "참으로 아버지로부터 낳으셨고, 그로부터 그의 존재를 받았다. 그러나 시간의 구분대로 측정할 수 있는 그런 시작도 없으셨고, 우리의 마음이 홀로 그 자체적으로 명상할 수 있거나 바라볼 수 있는, 다시 말해서 우리의 순수한 인식력으로 상상할 수 있는 그런 시작도 없으셨다."66 오리겐의 영원 전 나심은 후에 삼위일체 정립에 중요한 기여를 하였다. 오리겐은 성자가 성부와 동질에서 낳으셨으며, 피조물이 아니시고, 양자에 의한 아들도 아니시며, 본성적으로 하나님 자신의 나신 자라고 이해했다. 그러나 오리겐은 아들이 아버지와 마찬가지로 영원(co-eternal)하시다고 보았지만, 주저하지 않고 아들을 제 2의 하나님(second God)67이라고 부름으로써 성자와 성부가 다르며, 성자가 아버지에게 종속된다고 보았다:

> 하나님이신 아버지께서는 우주를 지탱하시며 모든 존재자 위에 계신다. 왜냐하면 그는 그의 존재로부터 모든 존재에게 각각 그 존재를 분여하시기 때문이다. 아들은 아버지보다 못하시고 다만 모든 이성적 피조물보다 우월하실 뿐이다. 성령은 더 못하셔서 다만 성도들 안에 거하실 뿐이다. 이와 같이 하여 아버지의 권능은 아들의 권능보다 크시며, 성령의 권능보다도 크시다. 그리고 아들의 권능은 성령의 권능보다 크시다. 그리고 마찬가지로 성령

---

66 *De Princ.* 1.2.2.
67 Origen, *Contra Celsum*, V. 39.

의 권능은 모든 다른 거룩한 존재들의 권능을 초월하신다.68

위에서도 나타나듯이 오리겐의 삼위 이해는 삼위의 위격을 구분하지만 삼위가 서열상 동등하지 않고 능력에 있어서도 치등이 있다고 말힘으로써 성자의 성부 종속, 성령의 성부 및 성자 종속으로 이어지고 말았다.

6) 오리겐, 그 비판과 예찬

헬라 사상의 영향을 받아 성부가 직접 세상을 창조하기는 부적당한 것으로 본 오리겐은 알렉산드리아 전통을 따라 신플라톤주의적 로고스 신학을 발전시켰다. 요한복음 1장에서 "말씀"으로 번역된 로고스는 또한 "이성, 목적, 지혜"를 의미하였다. 이 용어는 스토아 철학과 중기 플라톤주의, 그리고 필로의 저작에서 사용되었다. 로고스는 더 나아가서 질서와 조화의 우주적 원리 혹은 신이 세계에 개입하시는 방식이나 능력을 의미하기도 하였다.

알렉산드리아 전통에 선 사람들은 로고스가 하나님의 마음이나 지혜로서 하나님과 영원히 함께 존재한다고 가르쳤다. 창조에 앞서서(터툴리안), 성육신에 앞서서(히폴리투스), 성부에게서 나신 로고스는 성부를 대신하여 창조사역을 수행할 중간자(an intermediary)이다. 하나님은 전능하시기 때문에 그의 전능하심을 나타낼 세상이 필요했던 것이다. 따라서 아버지가 그의 전능을 나타낼 세상을 아들을 통해 영원 전에 창조하셨다. 오리겐에 따르면 하나님이 처음부터 물질계를 창조하시지 않고 하나님의 영광을 위해 지음 받은 오직 이성과 자유의지를 지닌 영적존재들만을 창조하셨다. 그러나 오리겐은 필로를 따라 이 영적존재들이 하나님께 영광을 돌리는 일에 염증을 느껴 점차 열등한 것에 관심을 가지게 되었다고 말한다.

---

68 Origen, *De Principiis*, I. 3.5.

이 영적 존재들이 타락함으로 물질계가 존재하게 되었다.69 그렇지만 이 물질계는 우연히 창조된 것이 아니라 하나님의 본래의 목적에 따라 지어진 것이다. 오리겐에 따르면 모든 영들은 동등하게 창조되었으며 자유의지를 가진 존재로 지음을 받았다. 이 자유의지를 선하게 사용한 영들이 천사가 되었고 자유의지를 악용한 영들이 악한 자들이 되었는데 이것들이 오늘날 귀신(demons)들이다. 세 번째 그룹들이 있는데 이 영들은 천사처럼 순종하지도 귀신처럼 불순종하지도 않은 자들이며, 이 영들이 사람이 되었다. 모든 영들은 동등하게 창조되었으나 그들에게 주어진 자유의지의 사용에 따라 천사, 귀신, 또는 사람이 되었다는 것이다. 천사를 위해 하늘이 지어졌고 귀신들을 위해 지옥 그리고 사람들을 위해 지구가 지어졌다.

천부적인 상상력을 가진 오리겐은 성경의 가르침을 넘어 무한한 신비를 펼치고 있었다. 오리겐은 자신의 천재성을 통해 모호한 기독교 교리들을 예리하게 다듬었으나, 지나친 사색으로 말미암아 새로운 교리를 태동시키고 말았다. 때문에 오리겐이 일생 동안 여러 시기에 걸쳐 말시온주의자들, 발렌티누스주의자들, 양태론자들, 양자론자들, 가현론자들, 여러 종류의 천년 왕국론자들, 영지주의자들에 맞서 신앙을 변호할 기회를 가졌고, 그리고 이러한 논쟁에서 그가 자유의지, 하나님의 선하심, 구약성경의 가치 및 구약과 신약의 일치를 확고히 주장하였으며 또 로고스의 인격성과 로고스의 영원 전 발생, 구속의 필수 조건인 그리스도의 참된 인성, 하나님의 영성을 옹호하였다. 그럼에도 불구하고 후대인들은 오리겐의 종속설, 이 세계의 영원성, 영혼선재설과 재성육신설, 그리고 만인구원론이 역사적 기독교를 왜곡시켰다고 오리겐을 가혹하게 질타했다.

그중에서도 만인 구원론은 가장 큰 비판의 대상일 것이다. 오리겐은 대담하게도 악한 자들과 이단들을 포함한 모든 사람들이 궁극적으로 구원을 받을 것이라고 믿었다. 인간이 구원받기 위해서는 반드시 영의 세계

---

69 Chadwick, *The Early Church*, 104.

로 다시 돌아가야 하며 그곳에서 영들이 하나님과 재연합한다고 믿었다.[70] 인간이 사망한 이후에는 정화가 계속된다고 보았다. 이런 면에서 그는 연옥설의 길을 터주었다. 악한 자들은 정화의 단계를 거쳐 순수한 상태로 복귀할 것이다. "그대들은 신들이요 지존자의 아들이다"라고 말한다.

오리겐의 보편 구원론은 그의 세계관과 무관하지 않다. 플라톤적 기독교 세계관을 가지고 있는 오리겐은 알렉산드리아 전통에 따라 주저하지 않고 헬라 사상과 기독교 신학을 연결시켰다. "오리겐의 신학 체계를 살펴보면 전형적인 플라톤 사상이 기독교의 전통과 결합되어 있다."[71] 오리겐의 사상은 중기 플라톤주의와 신플라톤주의에 의해 심한 영향을 입었으며 존재를 여러 가지 다른 단계로 나누었다. 고전적인 플라톤주의에서는 이데아의 세계가 관념의 세계인 것에 반하여 중기 플라톤주의에서는 이데아의 세계가 영적 세계로 전환되었다. 오리겐의 유출설은 플라톤의 유출설과 상당히 흡사하다고 볼 수 있다. 첫 단계에서는 하나님으로부터 누스(nous)가 두 번째 단계에서 누스에서 영이 그리고 영에서 인간의 영혼이 유출되어 육체와 결합되어 인간이 되었다. 이것은 오리겐이 인간 영혼의 선재설을 주장하는 근본 이유다. 때문에 오리겐은 구원이 정화의 단계를 거쳐 하나님과 황홀한 재연합을 하는 것으로 이해했다. 그는 모든 영혼이 정화의 단계를 거쳐 하나님과 재연합하기 때문에 모든 영혼이 구원을 받는다는 만인 구원설을 주장하기에 이른다. 오리겐의 영혼선재설과 보편 구원론은 교회에 의하여 거부되었고 이로 인해 후에 정죄를 받았다.

자연히 오리겐은 오랫동안 이단 시비에 연루되었다.[72] 리기아 지방 감독 메소디우스(Methodius)는 오리겐이 부활을 단지 영적으로만 해석했다고 비난했으며, 에피파니우스, 후기의 제롬, 유스티니안 황제는 오리겐이 자신의 저술에서 이단적 이론과 정통교리들을 혼합해 놓은 것은 이단

---

[70] Hägglund, 신학사, 89.
[71] Hägglund, 신학사, 90.
[72] Chadwick, The Early Church, 112.

적인 동기를 갖고 있던 오리겐이 대중을 혼란시키기 위해서라고 말하기도 했다. 드디어 오리겐은 그의 사후 553년 제 5차 콘스탄티노플 세계 종교회의에서 이단으로 정죄를 당하고 말았다. 교권과 정치가 오리겐의 사상을 객관화시키지 못한 점도 있지만 그 자신이 성경을 넘어 고도의 사색을 동원하여 새로운 교리를 태동시켰다는 점에서 오리겐 자신에게 책임이 더 크다.

한 시대의 역사적 인물을 평가하는 데 있어서 현대인들도 똑같은 오류를 자주 범하고 있는 듯하다. 우리는 오리겐이 살았던 그 시대 속에서 오리겐을 평가해야 할 것이다. 그는 당대의 문화와 철학 속에서 기독교를 표현하고 그 틀을 가지고 기독교 진리를 이해하고 변호하려고 하였다.73 자연과 그 속에서 역사하시는 한 하나님을 보았고 예수 그리스도 안에 있는 하나님의 계시와 연관시키려고 시도했다. "오리겐의 폭넓으면서도 전체적으로 응집력이 있는 그의 신학 체계"74가 계속적으로 정죄를 받았고, 세속학문과 철학을 기독교와 연결시키려고 한 시도가 한계가 있다는

---

73 알렉산드리아 신학, 특별히 클레멘트와 오리겐의 신학으로부터 한 가지 근본적인 질문이 제기된다. 과연 철학과 신학은 조화될 수 있는가? 이성이 믿음의 시행자인가? 신학을 이해하는데 이성의 역할이 그렇게 중요한가? 일반 은총의 영역과 특별 은총의 영역이 상치되는가? 여기에 대한 칼빈의 이해는 우리에게 상당한 도움을 제공해준다. 칼빈은 고전에 대한 이해는 기독교의 이해의 폭과 깊이를 더하여 준다고 보았다. 때문에 그는 **기독교 강요** 제 1권에서 고전에 관하여 이렇게 말하고 있다: "디모스테네스나 Cicero의 작품을 읽으라. 플라톤이나 아리스토텔레스뿐만 아니라 다른 사람들의 작품도 읽으라. 그것들은 놀랍도록 당신들을 매혹시키고 즐겁게 할 것이며 또한 감동을 주어 당신들의 마음을 사로잡을 것을 나는 인정한다."(*Inst.* I.75) 칼빈은 법, 철학, 논술법, 의학, 수학이 하나님께로부터 온 것임을 분명히 인식했다. 때문에 그는 세속학문에 대해서도 학문의 자율성을 인정하였던 것이다. 그는 타 학문이 필요할 때는 서슴없이 빌리고 도움을 청하는 것이 아무 죄가 되지 않음을 말한다. "그러나 만약 주님께서 우리가 물리학이나 변증법, 수학 및 기타 학문을 배우는데 있어서 신앙이 없는 자들의 역사나 봉사를 통하여 도움이 필요한 경우는 서슴지 말고 그들의 도움을 외면치 말아야 한다. 왜냐하면 만약 우리가 이들 예술에 있어서 하나님께서 자유로이 주신 은사를 등한히 한다면 우리의 태만에 대한 벌을 의당 받지 않을 수 없기 때문이다."(*Inst.* II.2.6) 이처럼 칼빈은 고전과 세속 학문의 가치를 인정하였지만 그것을 성경의 가치보다 더 높이지는 않았다.

74 Schnucker, "Origen," 55. Schnucker가 지적하듯이, 오리겐의 교회사적 위치는 성경원어 이용과 해석 방법론을 비롯한 성경 신학적 공헌, 신학적인 핵심 개념들을 정립하여 이들을 최초의 조직신학으로 체계화한 일, 그리고 수도원 운동의 모판이 되었던 그의 금욕주의 등 광범위한 영역에서 찾아볼 수 있다.

평을 받고 있지만, 세상 학문과 철학이 기독교의 진리를 밝혀주는데 쓰임 받을 수 있다는 확신은 매우 가치가 있다. 오리겐은 로고스를 "이교 철학과 기독교 계시와의 접촉점으로, 신학의 결정적 요소"로 삼았다. 이것은 클레멘트와 유사하지만 성경의 가르침을 넘어 지나친 사색의 나래를 펼쳤던 점에서 오리겐은 클레멘트를 앞질렀다.75 기실 쉬누커(Robert V. Schnucker)의 다음과 같은 평은 참으로 적절하다:

> 오리겐은 헬라-로마 세계의 사상과 기독교 신앙 사이의 간극에, 다리를 놓으려고 시도한 최초의 인물 가운데 한 사람이었다. 아마도 오리겐의 사상 속에는 지성적, 개인적 측면에서 헬라-로마 사상이 깃들어 있을 것이다. 중요한 것은 오리겐이 마치 무인지경을 헤쳐 나아가듯, 영적, 학적으로 이정표를 세운 선구자였다는 사실이다. 그 뒤를 따른 자들은 보다 나은 이정표를 세울 수 있었다 하더라도 역시 그에게 빚을 진 것이 사실이다.76

오리겐의 활기찬 금욕적, 지성적 삶은 이단들을 제지하고 이방 세계로부터 개종자들을 획득하며 장차 일어날 위대한 범교회적 대연합 회의의 토대를 제공하고 아울러 수도원 운동이 태동할 수 있는 기반을 닦았다. 이런 점들에서 그의 생애는 중요하다. 그의 생도 가운데 하나였던 나지안주스의 그레고리가 오리겐에 대하여 한 말이 참으로 적절하다 하겠다: 오리겐은 "우리 모두를 날카롭게 만드는 돌이다."77 어쩌면 제롬이 오리겐을 그렇게 두둔하고 나선 것도 단순히 오리겐의 성경주석이나 수도원

---

75 Gonzalez, *A History of the Christian Thought* I, 234.
76 Schnucker, "Origen," 58.
77 Schnucker, "Origen," 58. 알렉산드리아 신학교에서 오리겐의 뒤를 잇는 테오그노스투스(Theognostus), 데메트리우스(Demetrius)를 이어 알렉산드리아의 감독이 된 헤라크레스(Heracles)가 오리겐의 제자이었고 카파도기아 신학의 원조인 그레고리 타우마투르거스(Gregory Thamaturgus), 니케아 회의 시대에 정통신앙의 지도자 아다나시우스, 또한 같은 시대의 대교회사가요 가이사랴의 감독이었고 신학의 지도자이었던 유세비우스, 밀란의 감독 암브로스, 오리겐의 제 일원리(De Principiis) 라틴역본자이며 오리겐의 변호자 루피누스(Rufinus)가 다 그를 중심으로 존경하고 따랐던 인물들이다. 힌철하, **고대 기독교사상**, 73을 참고하라.

적 금욕주의에 매력을 느꼈기 때문이라기보다 나타난 외면에 가리워진 드러나지 않은 이런 역사적 배경을 잘 알고 있었기 때문인지도 모른다.

3. 오리겐 이후 알렉산드리아 신학

알렉산드리아 신학은 그 성격상 아다나시우스를 중심으로 그 이전과 이후로 대별할 수 있다. 둘 사이의 연속성과 불연속성은 지난 1세기 동안 역사신학계에 큰 논란이 되어 왔다. 셀러스(R. V. Sellers)는 "아다나시우스와 그의 선배들 사이에는 중대한 차이"가 있다고 전제하면서 아다나시우스의 사상 특히 구원론이 본질적으로 히브리적인 관념에서 기원된 것인데 반해 클레멘트나 오리겐 같은 아다나시우스 이전의 신학자들의 사상은 헬라종교의 이념에 의해 상당히 영향을 받았다고 주장한다.[78] 한편 하르낙은 오리겐 이전과 이후를 구원론적 관심과 우주론적 형이상학적 관심이라는 측면에서 구분하였다. 오리겐의 경우 구원론적 관심이 우주론적 형이상학적 관심과 병행하여 있었으나 이후에는 구원론적 관심이 우주론적 형이상학적 관심을 흡수했다고 보았다.[79] 사실 둘 사이에는 어느 정도 구분이 된다. 예를 들면 초기 알렉산드리아 신학자들은 형이상학적 '그리스도의 의미'에 대한 탐구에 관심이 있었지만 후기 알렉산드리아 신학자들은 삼위신과 성육신에 그 관심이 집중하였고, 그 의미에 대하여는 저들의 선배들이 이미 탐구한 것 이상 나가지 못하였다.[80]

이런 차이가 있음에도 불구하고, 둘 사이에는 연속성이 존재하는데 바로 그것이 신화교리이다. 플라톤 사상의 영향을 받은 클레멘트는 인간의 신화를 믿었으며 이런 신화교리는 후기 알렉산드리아 학파의 대변자인 아다나시우스 사상에서도 찾아볼 수 있다. 아다나시우스는 성육신이 곧

---

[78] R. V. Sellers, *Two Ancient Christologies*, 93.
[79] Adolf Harnack, *Dogmengeschichte*, Vol. II., 14–17.
[80] 한철하, 고대기독교 사상, 81.

인간의 신화의 가능성을 현시한 것으로 이해했다. "육신이 되신 그가 아버지의 본성이 성육신하신 것이 아니라면, 즉 그의 참되고 특유한 로고스가 성육신하신 것이 아니라면 인간은 신화되지 못하였을 것"이며, 로고스의 성육신은 "인간의 구원과 신화를 확보하시기 위함"[81]이라고 보았다.

뿐만 아니라 앞서 살펴보았듯이 오리겐이나 클레멘트의 사상에서 두드러지게 나타나는 로고스 중심의 사상이 아다나시우스나 시릴 같은 후기 알렉산드리아 신학자들에게도 강하게 나타난다. 전통적으로 전기 알렉산드리아 신학자들은 이 세상의 인간을 거룩한 하늘의 존재로 변화시키는 것이 구원의 목표라고 이해했다. 이런 로고스 사상은 가시적인 인성이 로고스의 성육신 결과 불사적(不死的)인 존재로 된다는 아다나시우스와 시릴로 대표되는 후기 알렉산드리아 신학과 본질적으로 맥을 같이 하고 있다. "존재 그 자체인 로고스가 인성을 입음으로써 새로 존재가 인성에 새겨지고, 가멸적인 인간이 불사적인 몸을 입게 되는 것이다."[82]

이처럼 죽을 수밖에 없는 존재인 인성이 신성인 로고스와 연합함으로써 불사적인 존재가 된다는 것이 알렉산드리아 신학의 핵심이다. 이런 면에서 알렉산드리아 신학은 전기 후기를 막론하고 로고스 사상을 축으로 형성되었다고 볼 수 있다. 로고스가 성육신하심으로 불사적인 존재가 되었다는 사실은 로고스에 참여하는 모든 인간도 역시 그로 말미암아 불사적인 존재로 새로워질 수 있다는 사실을 보여주는 것이다. 이런 관점 때문에 "육신이 되신 그[로고스]가 아버지의 본성이 성육신하신 것이 아니라면, 즉 그[아버지]의 참되고 특유한 로고스가 성육신하신 것이 아니라면 인간은 신화되지 못하였을 것"[83]이라고 아다나시우스는 말한다. 무에서 지음 받은 인간이지만 로고스에 참여함으로 말미암아 불사적인 존재로 되었기 때문에 피조물이 로고스에 참여한 후 파멸되는 것은 있을 수 없으며, 또 이것은 창조의 목적과 그리스도의 성육신 목적과도 어긋난

---

[81] Athanacius, C. Ar., II, 70.
[82] 한철하, 고대 기독교사상, 82.
[83] Athanacius, C. Ar., II., 70.

다.[84] 원래 하나님의 형상대로 창조하신 인간을 구원하시기 위해 성육신은 필연적이며, 그 계획에 따라 "하나님의 로고스가 몸소 오셔서, 직접 아버지의 형상으로서 인간을 그 형상을 따라 새로 창조하실 수 있었던 것이다."[85] 아다나시우스와 같이 알렉산드리아 시릴의 기독론 역시 로고스를 통한 인간의 신성화 개념이 그 핵심이다. 시릴에 따르면 로고스는 "그가 만드신 만물 속에 계시어 그것들을 붙들고 또한 소생시키고 그의 말할 수 없는 능력을 그것들에게 부여하여 비존재로부터 존재로 옮기신 후 그것들을 계속 유지하신다."[86] 때문에 죽을 수밖에 없는 존재가 죽음을 피할 수 있는 길은 "영 가운데서 아들로 말미암아 만물을 존재 가운데 붙드시고 생명 안에 보존하시는 하나님 안에 다시 한 번 참여하는 길"[87] 뿐이다. 시릴에게 독생하신 로고스가 사람이 되셨다는 의미는 가멸적인 육신을 로고스에 연합시키심으로 육신이 하나님 아버지의 참여자가 되게 하셨다는 것이다. 그리고 이것은 곧 로고스에 참여하는 모든 인간이 하나님 아버지의 참여자가 된다는 것을 말해주는 것이기도 하다:

> 대개 땅의 형상을 지니고 있는 우리는 달리 썩어짐을 피할 길이 없다. 다만 우리가 아들로서 부르심을 받음으로써 하늘의 형상의 아름다움이 우리에게 새겨지는 길 뿐이다. 왜냐하면 영을 통하여 그의 참여자가 됨으로써 우리는 그의 모양으로 인침을 받고 성경이 말한바 우리가 만들어진 그 형상의 본래의 모습에까지 이르게 되는 것이다.[88]

우리는 아다나시우스가 강조한 로고스의 성육신에 근거한 인간의 신화교리를 시릴에게서도 그대로 발견할 수 있다는 것은 그리 놀라운 일이

---

[84] Athanacius, *De Incarnatione*, 4–6.
[85] Athanacius, *De Incarnatione*, 13.
[86] Cyril, *On John*, Vol. 1., 63.
[87] Cyril, *On John*, Vol. 1., 320.
[88] Cyril, *On John*, Vol. 1., 104.

아니다. 왜냐하면 이것은 알렉산드리아 신학 속에서 흐르고 있는 기독론 사상의 맥이기 때문이다. 이처럼 알렉산드리아 신학은 그 중심이 로고스 사상이며, 로고스 사상은 또 구원론의 핵심을 구성한다. 클레멘트가 주장하던 "땅에 난 인간의 거룩한 하늘 존재로의 변화" 즉, 인간의 신화교리가 오리겐에게, 아다나시우스에게 그리고 시릴에게서도 그대로 발견된다. 심지어 이런 로고스 성육신에 근거한 인간의 신화교리는 칼케돈 이후에도 어렵지 않게 찾아볼 수 있다. 451년 칼케돈 회의 이후 알렉산드리아 교회는 가톨릭교회에서 분리하여 단성론교회를 형성하였다. 이 단성론 교회에서도 인간의 신화교리를 찾아볼 수 있다.

따라서 아다나시우스를 중심으로 그 이전과 이후를 구분하는 것은 어느 정도 긍정할 수 있는 부분이 있지만, 본질적으로 오리겐 이전의 알렉산드리아 신학과 그 후의 알렉산드리아 신학은 연속성이 더 강하다. 로고스께서 사람이 되신 것은 우리에게서 죽음을 제거하시기 위해 불가시적인 존재가 가시적인 존재로 나타나신 생명이요, 빛이요, 아버지의 로고스요, 우주의 통치자요, 그리고 왕이시다.[89] 아다나시우스에게 이 로고스는 성부와 동질이시다. "만일 아들 자신이 아버지 되신 하나님 안에 출생하신 본성상의 로고스라면 그리고 그를 낳으신 그와 동질이라면, 아버지도 또한 로고스이며 로고스라고 불리어져서 로고스와 동질임을 금할 길이 없을 것이다."[90] 이런 이유 때문에 우리는 구유에 뉘인 예수를 단지 한 아기로만 보아서는 안 되는 것이다. 그가 인간의 한계에 있지만 그는 단순한 인간이 아니라 로고스가 사람이 되신 것이다.[91]

---

[89] Athanacius, *De Incarnatione*, 16.
[90] Cyril, *On John*, Vol. 1., 35.
[91] Cyril, Commentary on Luke, 16. 이런 알렉산드리아 전통은 단성론자들에게 이르러 더욱 강조되기 시작하였다. 그 단적인 예가 콥틱교회에서 예배 시에 고백되었던 다음과 같은 내용이 바로 그것이다. "그는 생출 자와 더불어 계시었을 때에도 천상에서 그의 아버지 곁에 머물러 계시었나이다. … 모든 육신의 창조자이시었나이다. 그는 육신의 딸 안에 거하시었으나 구름 위에 좌정하시는 자이시었나이다." Hiernymus Engberding, "Das chalkedonische Christusbild und die Liturgien der Monophysitischen Kirchengemeinschaften" in *Das Konzil von Chalkedon*, ed. Grillmeier und Bacht, Vol. II, 709-710.

마리아를 크리스토토코스라고 밖에 부를 수 없다는 네스토리우스에 반대하여 시릴이 마리아를 데오토코스라고 불러야 된다고 끝까지 주장했던 이유도 바로 여기 있다. 또 시릴이 예수 그리스도를 인성으로서의 예수와 신성으로서의 예수로 구분하고, 양성의 연합을 기계적인 관점에서 이해한 네스토리우스에 반대하여 양성의 연합을 유기적인 연합으로 이해하고 양성간의 속성교류(Communicatio Idiomatum)를 강조한 이유도 여기 있다. 자연히 알렉산드리아 전통에서는 양성보다는 연합이 강조되었다. 양성의 연합을 강조한 나머지 심지어 유티키스에 와서는 성육신 후 양성이 단성이 되었다는 단성론으로 흘러 451년 칼케돈 회의에서 정죄를 받기에 이르렀다. 양성의 연합에 대한 강조는 칼케돈 이후 단성론 교회에서 그대로 찾아볼 수 있다. 단성론 교회인 콥틱교회는 예수 그리스도를 "두 인격으로나 또는 양성에 있어서 그가 고백될 것이 아니라 다만 한 하나님, 한 주, 한 본질, 한 왕적인 권능, 하나의 주되신 능력, 한 역사, 한 본체(hypotasis), 한 의지, 성육신하신 하나님-로고스의 한 성(One Incarnate Nature of God-Logos)으로서 경배"하였다.92

---

92 Hiernymus Engberding, "Das chalkedonische Christuusbild und die Liturgien der Monophysitischen Kirchengemeinschaften" in Das Konzil von Chalkedon, ed. Grillmeier und Bacht, Vol. II, 715.

제 4 부
4-5세기와 정통의 확립

11장
삼위일체 논쟁

12장
기독론 논쟁

A.D. 325년 니케아 종교회의가 열린 곳, 현재 지명은 Iznik(이즈닉)

제 11장
삼위일체 논쟁

> 성부와 성자와 성령은 하나의 불가분리의 동등, 동일한 본질을 가진 신적 일체이며, 따라서 삼신들이 아니고 한 하나님이시다. 비록 성부는 아들을 낳으셨으나, 아버지이신 그는 아들이 아니며, 아들은 아버지에게서 나셨으므로, 아들이신 그는 아버지가 아니며, 성령은 아버지도 아니고 아들도 아니고 오직 성부와 성자의 영이시지만, 그 자신도 또한 성부 및 성자와 동질이므로 함께 삼위의 일체를 이룬다.
>
> Augustine

초대 기독교가 갖고 있는 최대의 주제는 "주 예수 그리스도"였다. 초대 기독교 배경 속에서도, 속사도들의 글에서도, 변증가들의 작품 속에서도, 이단의 사상 속에서도, 심지어 박해 속에서도 그리스도는 하나의 핵심 주제였다. 과연 그리스도는 어떤 존재인가? 그는 정말 하나님이신가? 만일 그리스도가 바로 하나님이라면 창조주 하나님과는 어떤 관계가 있는가? 성부와 성자는 어떤 관계가 있는가? 성자가 하나님이고 성부도 하나님이라면[1] 둘은 어떤 관계가 있는가? 라는 그리스도의 신성 문제와 관련

---

[1] 이런 문제를 사도들은 단편적으로 전해주고 있는데 그 중에 하나가 "태초에 말씀이 계시니라 이 말씀이 하나님과 함께 계셨으니 이 말씀은 곧 하나님이시니라. 그가 태초에 하나님과 함께 계셨고 만물이 그로 말미암아 지은 바 되었으니 지은 것이 하나도 그가 없이는 된 것이 없느니라"(요 1:1-2)이다.

된 문제는 초대교회 수 세기 동안 쟁점이 되어왔다. 이것을 삼위일체 논쟁(the Trinitarian Controversy)이라 부른다. 교회는 성부와 성자의 관계를 여러 가지 면에서 다루었으며, 이것이 아리우스와 아다나시우스 논쟁, 주후 325년 니케아 회의, 그리고 381년 콘스탄티노플 회의의 중심 논제였다.

1. 삼위일체 논쟁의 역사적 배경

주후 약 90년부터 140년 사이에 활동했던 속사도들은 비록 소위 신학적 의미의 삼위일체에 관한 분명한 교리는 제시하지 않았지만 그리스도의 신성에 대한 분명한 신앙을 고백하고 있었다. 속사도들은 그리스도의 완전한 신성을 인정할 뿐만 아니라 성부, 성자, 성령을 하나님으로 고백하는 분명한 신앙이 있었다.

안디옥의 감독 이그나티우스는 주후 107년경에 "육신적으로나 영적으로, 나신 분이면서도 나시지 않은, 인성 안에 계신 하나님이신, 죽음 안에서의 참 생명이신, 마리아와 하나님 모두에게서 나신, 감동적(感動的)이면서 다감하신 한 육체(사람), 곧 우리 주 그리스도께 계시다"[2]고 말했다. 이것은 그리스도의 신성과 성육신에 대한 훌륭한 고백이다. 그는 다른 서신에서 비슷한 표현을 하고 있다. "예수 그리스도는 만세 전에 아버지와 함께 계셨으며 때가 차매 나타나셨다."[3] 이런 표현은 로마의 클레멘트나 폴리갑의 글에서도 상당수 발견된다.

삼위일체 개념은 그리스도의 선재성이나 그리스도의 신성을 학문적으로 좀 더 체계화시킨 변증가들에게 오면서 더욱 분명해진다. 저스틴은 먼저 그리스도가 우리와 다르다는 사실을 강조하면서 당시 일부 사람들이 그는 150년 전 키레니우스(Cyrenius) 시대에 자연 출생하여 본디오

---

[2] Ignatius, *Ad. Eph.*, vii. 2.
[3] Ignatius, *Ad Magn.*, vi. I.

빌라도 시대에 가르쳤던 평범한 사람에 불과하다는 주장을 일축했다. 저스틴에게 성육신 이전에 선재하신 로고스는 "하나님의 첫 아들"4이며 "하나님에게서 나오신 하나님 다음 되시는 분"5이다. 로고스는 하나님 다음 존재이기 때문에 모든 면에서 즉 지혜와 권능과 영과 능력에서 아버지에 종속된다고 보았다. 그의 삼위일체는 종속설(subordinationism)과 비슷했다. 이것은 대부분의 변증가들의 견해이다.

저스틴에 따르면 세상이 창조되기 전 하나님이 홀로 계셨고 아들은 없었으나 그 안에 이성 혹은 로고스(Logos)가 있었다. 하나님은 세상을 창조하시기 위하여 다른 신적 존재(divine being)를 낳았는데 이것을 로고스 또는 하나님의 아들이라 부른다. 이 로고스는 나신 존재이기 때문에 아들이다. 그는 이성 또는 하나님의 마음에서 나왔기 때문에 로고스다. 저스틴과 다른 변증가들에게 이 아들은 신적 존재지만 피조물이다. 그러나 세계를 창조하기에 충분한 피조물이다. 이 로고스는 인간을 만드셨으며 인간의 고난에 참여하셨고 모든 인간 안에 존재한다. 때문에 인간 안에 거하시는 로고스이신 이성의 씨(the implanted seed of reason)를 통하여 희미하게나마 진리를 볼 수 있다. 저스틴은 인간의 능력에 따라 주어지는 사물의 씨는 하나이지만 은혜에 따라 주어지는 씨의 공유 정도에 따라 사물은 매우 다양하다고 말한다.6 이런 저스틴의 로고스 해석은 많은 사람들로부터 비평을 받고 있는 부분이기도 하다. 안디옥의 변증가 데오필루스는 삼위(Trias)라는 용어를 처음으로 사용했으며 저스틴, 타티안, 아테나고라스처럼 삼위의 제 2위를 로고스라고 불렀다.7

변증가들에 의하여 상당히 발전된 삼위일체 개념은 교부들에 와서 좀 더 체계화되기 시작하였다. 특별히 이레니우스는 변증가들보다 상당히 진보된 신관을 갖고 있었다. 이레니우스에 따르면 예수 그리스도는 만물

---

4 Justin, *The First Apology*, I. xlvi. 1-4.
5 Justin, *The Second Apology*, II. xiii. 1-6.
6 Justin, *The Second Apology*, xiiii. 1-6.
7 Athenagoras, *Ad. Autol.*, 15.

이전에 존재하셨으며, 만물이 그로 말미암아 지음을 받았다.8 아들은 아버지와 같이 영원하시다. 아버지를 계시하시는 이가 예수 그리스도이시다. 오직 한 하나님 창조주가 계시는 데 그 분은 예수 그리스도가 계시하시는 분이다. 그는 우리 주 예수 그리스도의 아버지이시다. 아버지는 곧 그의 아들이신 말씀을 통해 계시하셨다. 그러나 아버지와 같이 영원히 존재하신 아들은 옛적부터 아버지를 천사들과, 천사장, 권세자, 그리고 하나님께서 계시하시기로 뜻하신 모든 자들에게 항상 계시하셨다. 이레니우스는 창조주가 성자-아버지와 함께 존재하시며 영원하심-이심을 고백한다. 그리고 이 아들은 "곧 사람이며 곧 하나님이시다"9라고 믿었다. 변증가들이 아들을 제 2의 하나님으로 가르친 반면, 이레니우스는 아들이 아버지와 같이 영원하시다고 가르쳤다. 인류에 관련된 하나님의 모든 일이 그리스도 안에서 "요약"된다는 것이다:

> 로고스가 태초부터 하나님과 함께 계셨고, 그로 말미암아 만물이 지은 바 되었으며, 그는 또한 모든 역사 속에서 모든 인류에게 나타나셨으니, 아버지의 약속에 따라 이 마지막 시대에 말씀이 자신의 솜씨를 연합하여 감성 있는 인간이 되셨음은 이제 명백히 증명되었다. 그러므로 우리는 '만일 그리스도가 어느 때에 태어났다면 태어나기 이전에는 존재하지 아니하신 것이 아니냐'고 말하는 모든 반박을 일축할 수 있다. 왜냐하면 우리는 하나님의 아들이 아버지와 항상 존재하셨기 때문에 존재하기 시작한 어느 때가 있는 것이 아니라는 사실을 보았기 때문이다. 그가 성육신하셔서 사람이 되셨을 때 그는 스스로 인간의 오랜 족보 안에 총괄갱신(recapitulate)하신 것이며 따라서 우리에게 구원을 제공하신 것이다. 그러므로 우리는 아담 안에서 잃었던 하나님의 형상과 모양 안에 존재하는 것을 예수 그리스도 안에서 다시 얻은 것이다.10

---

8 Irenaeus, *Adv. haer*, II. 28:6.
9 Irenaeus, *Adv. haer*, IV. 6:7.

이레니우스의 기독론은 속사도들이나 변증가들에게서 찾아볼 수 없는 상당히 진보된 모습을 발견할 수 있다. 삼위일체를 지원할 수 있는 제2위이신 그리스도에 대한 고백은 더욱 그렇다. 그리스도는 결코 시작이 없으신 분이다. 하나님과 영원 전부터 함께 존재하셨기 때문에 시삭이 있을 수 없다. 이런 그의 기독론은 그리스도가 존재하지 않은 적이 있다는 후대에 전개된 아리우스의 기독론을 일축하는 것이다. 이런 이레니우스의 삼위일체에 대한 고백은 그의 총괄갱신 사상에서 두드러지게 표현되고 있다. 예수 그리스도는 본래의 인간으로 스스로 총괄갱신하신 것이다. 한 사람의 죄를 통해서 인간이 죽음에 이르듯이 한 사람의 승리를 통해서 우리가 생명에 이른다는 것이다.11 이레니우스에게 성육신은 구속사역에 필수적인 요소이다:

> 그가 자신을 통하여 모든 인류를 구원하시기 위해서 오셨다. 즉 모든 인류는 그를 통해서 하나님 안에서 잉태하여 갓난아이들, 어린 아이들, 소년들, 젊은이들, 그리고 노인이 된다. 그러므로 그는 모든 단계를 겪으셨으며, 그는 갓난아이를 거룩케 하시려고 갓난아이들을 위한 갓난아이가 되셨으며, 어린 아이들을 거룩케 하시려고 어린 아이들 중의 어린 아이가 되셨으며, 또한 그들에게 자식으로서의 애정, 의와 순종의 본보기가 되셨고 그리고 젊은이들을 거룩케 하고 그들에게 하나의 본보기가 되시려고 젊은이 중의 젊은이가 되셨다. 마찬가지로 그리스도는 진리의 계시에 관해서 뿐만 아니라 각 단계의 삶에 관해서 모든 사람의 완벽한 스승이 되시려고 노인들 중의 노인이 되셨던 것이다. 때문에 그리스도는 '죽은 자들 가운데서 먼저 나신 이시니 이는 친히 만물의 으뜸,'(골 1:18) 그리고 앞선 모든 사람들과 후의 모든 사람들 가운데 생명의 왕(the Prince of life)이 되시려고 자신이 친히 죽으셨다.12

---

10 Irenaeus, *Adv. haer*, III. xviii.
11 Irenaeus, *Adv. haer*, V. xxi.1.
12 Irenaeus, *Adv. haer*, II. xxii.4.

처음으로 속량설을 주창한 이레니우스는 성부와 성자가 고유한 대속의 사역을 수행하였음을 제시하고 있다. 로고스 혹은 하나님의 말씀이신 아들은 하나님께 인류의 죄 값을 지불하시고 죄인인 인간을 속량하신 것이다:

> ... 합리적인 방법으로 자신의 보혈을 통하여 우리를 구속(속량)하신 능력의 말씀이며 참 사람인 구주께서 자신에게 속한 이들을 위해 속량제물로 드리셨다. 저 배도자(배도적인 악한 영, 사탄)가 우리를 지배하고, 비록 우리가 본성상 전능하신 하나님께 속했지만, 우리로 하여금 본성에 거슬리도록 이간하기 때문에, 전능하시고 의가 결여되지 않으신 하나님의 말씀께서 배도자에 정면으로 정당하게 행하셨으며, 그 배도자로부터 그 자신에게 속한 것들을 속량하시되, 자신에게 속하지 않은 것을 탐욕스럽게 낚아채는, 태초에 우리를 지배했던 강제적인 방식이 아니라, 그가 소원하는 바를 하나님께서 받으시도록 설득함으로써, 정당한 원리들이 침해되지 않고 동시에 하나님의 본래의 창조가 소멸되지 않도록, 힘을 사용하여서가 아니라 설득에 의해 속량하셨다. 그의 보혈로 말미암아 주께서 우리를 구속하시고 우리의 생명을 위해 그의 생명을, 우리의 육체를 위해 자신의 육체를 주셨다. 하나님과 인간의 연합과 교통을 가져오시기 위해 아버지의 영을 부어주셔서 성령을 통하여 하나님을 인간에게 강림시키시고(bring down), 성육신을 통하여 인간을 하나님께 이르도록(raising)하셨으며 그의 강림으로(혹은 그의 출현으로) 말미암아 우리와 함께 하시는 하나님과의 연합을 통하여 진실로 우리를 순결(incorruption)하게 하신다.13

이레니우스는 성자를 성부와 영원히 공존하시는 분으로 이해했다. 이 로고스는 "참 사람이며 참 하나님"이시다.14 그러나 성자가 어떻게 성부

---

13 Irenaeus, *Adv. haer*, V.i. 1.

에게서 나셨는가는 이레니우스에게 해결할 수 없는 신비이다. "만일 어떤 사람이 우리에게 어떻게 성자가 성부로 말미암아 나셨는가를 묻는다면 어느 누구도 성자의 나심과 출생과 소명과 계시를 이해할 수 없으며 실제로 설명할 수 없는 것이라고 그에게 말할 것이다. 그의 출생에 대하여 그 누가 그 무엇이라고 하던 그것을 이해할 수는 없다."15 이레니우스는 성자와 성부의 영원한 공존에 대한 언급을 통하여 성자의 신성을 확증했지만 성자와 성부가 구체적으로 어떤 관계가 있는가를 설명하지 못했다. 이런 이레니우스의 숙제를 터툴리안이 좀 더 분명하게 정립하였다.

터툴리안은 서방교회에서 가장 훌륭한 삼위일체론을 제시한 인물이다. 그는 삼위의 한 본성(one substance), 본질(nature), 그리고 삼위(three persons)의 개념을 도입한 최초의 신학자이다. 사실 그의 가르침이 A.D. 325년 니케아 회의, 그리고 381년 콘스탄티노플 회의 때에 신조의 기초가 되었다. 터툴리안은 하나의 신적 본질(one divine nature)이 있다고 가르쳤다. 아버지와 아들은 이 신적 본질을 공유한다. 인격에 관한 한 성부와 성자는 분리되고 구분된다. 따라서 한 신적 본성에 두 신적 위격(two divine persons)이 존재한다. 이들은 각기 나름대로의 구체적인 역할을 하신다. 영원한 하나님이 아버지가 되시는 것은 그가 아들을 낳으셨기 때문이다. 후에 교회는 성부와 성자의 관계를 설명하기 위해 터툴리안의 한 본성 두 위격 사상과 오리겐의 아들의 영원한 나심(the eternal generation of the Son) 사상을 연합하였다.16 또한 터툴리안은 성령을 성부와 성자와 연관시켰다. 비록 터툴리안이 삼위일체라는 용어를 처음 사용한 사람은 아니지만 삼위일체 교리의 윤곽을 제공한 최초의 신학자라고 할 수 있다.

---

14 Irenaeus, *Adv. haer*, IV.vi.7.
15 Irenaeus, *Adv. haer*, II.xxviii. 6.
16 터툴리안은 그리스도의 신성을 성자와 성부의 동질(consubstantiality)에 의하여 설명하였다. 오리겐은 성자와 성부의 동일 본질(homoousios)이라고 불렀다. 터툴리안에 있어서 성부, 성자, 성령은 동일본체에 속한다. 노바투스는 성자는 성부와 동질이라는 사실을 강조하여 역동설을 반대하였고 그리스도의 인성 및 신성, 그리고 삼위간의 구별을 강조하여 양태론을 반대하였다.

성자가 성부와 마찬가지로 하나님이라는 사상이 성자의 신성 문제를 해결할 수 있겠지만 성부와 성자가 과연 어떤 관계가 있는가라는 문제는 해결하지 못했다. 그 결과 한 하나님이 아니라 여러 하나님이 존재하는 다신론이라는 오해를 불러 일으켰다. 때문에 노바티안은 이렇게 외쳤다:

> 만일 성부가 한 분이고 성자는 또 다른 분이라면 그리고 성부도 하나님이고 성자도 하나님이라면 한 하나님이 아니라 두 하나님이 계시는 것이다. 만일 하나님이 한 분이시라면 결과적으로 그리스도는 사람이어야만 한다. 그렇게 함으로써만이 성부께서 참으로 한 하나님이 될 수 있기 때문이다.17

이런 문제는 삼위일체 논쟁의 핵심이었다. 성부 하나님의 유일성을 보존하기 위하여 성자의 신성을 약화시키려는 잘못된 사상이 등장하였다. 니케아 회의 이전에 모든 신학자들은 한 면이나 또 다른 면에서 성자가 성부에 종속되어 있다고 보았다. 주후 250년경 로마의 디오니시우스와 알렉산드리아의 디오니시우스 사이의 논쟁은 서방과 동방교회의 접근 방법의 차이점을 보여준다. 서방교회는 하나님의 통일성에 대해서는 그 논리가 강했지만 삼위의 영구한 구별에 대해서는 약하였다. 동방교회의 경우에는 그 반대였다.

2. 단일신론

우리는 삼위일체 논쟁을 좀 더 이해하기 위해서 그리스도의 신성과 관련된 오류들과 그리스도의 완전한 인성과 관련된 오류들을 살펴볼 필요가 있다. 그리스도의 신성과 관련된 오류들의 전체적인 윤곽을 제시하면 다음과 같다.

---

17 Novatian, 삼위일체에 관하여, 30장

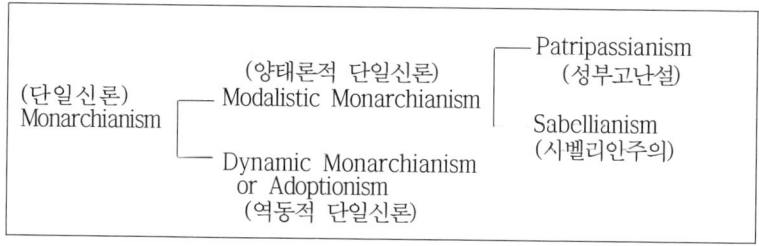

그리스도의 신성과 관련된 대표적인 오류는 단일신론(Monarchianism)이다. 단일신론은 다시 양태론적 단일신론과 역동적 단일신론으로 나뉜다. 양태론적 단일신론은 다시 성부고난설과 사벨리안주의로 나뉜다. 양태론적 단일신론에 속한 초기 지도자들은 서머나의 노에투스(Noetus of Smyrna, A.D. 210)와 프락시아스(Marimus Praxeas of Rome, A.D. 195)이다. 이들은 성부, 성자, 성령 삼위 하나님이 각기 다른 이름과 형태만을 가진 동일한 하나님이심을 의미한다고 보았다. 성부, 성자, 성령은 하나님인 동시에 동일 본질에 속하기 때문에 그 이름으로서만 구별된다는 것이다.18

이들이 삼위일체를 설명하기 위해 흔히 쓰는 비유가 태양과 열과 광선이다. 성부가 태양이시고 성자는 광선이시며 성령은 태양으로부터 나오는 열이라고 본다. 이들은 성자가 성육신하신 성부 자신이며, 따라서 성부 자신이 고난받고 죽으셨다고 주장한다. 성부 자신이 고난을 받았다고 주장함으로써 양태론적 단일신론자들은 성부고난설주의자(Patripassianist)라고 불리기도 한다.

대표적인 양태론적 단일신론은 사벨리안주의이다. 이 때문에 양태론적 단일신론을 사벨리안주의와 동일시하기도 한다. 소아시아에서 발생하여 로마로 발전했던 사벨리안주의는 초대교회 기독론에 위협적인 이단 중의 하나였다. 사벨리안주의는 주후 약 215년경 로마에서 활동했던 사벨리우스(Sabellius)라는 이름의 사람에게서 기원되었다. 디오니시우스

---

18 Bengt Hägglund, 신학사, 박희석 역 (서울: 성광문화사, 1989), 97.

는 그 무렵 새로이 일어나 확대되고 있었던 사벨리우스의 이단에 관해 다음과 같이 기록했다: "지금 펜타폴리스의 톨레마이스에서 문제가 되고 있는 견해는 불경한 것이며, 전능하신 하나님 아버지와 우리 주 예수 그리스도께 대한 모독으로 가득차 있고, 또 하나님의 독생자이시며 피조물의 첫 열매이시며 성육신하신 말씀에 관해 불신으로 가득하다. 그것은 또 성령도 불신하고 있다."19

양태론과 같이 사벨리안주의도 하나님의 단일성을 보호하려고 노력을 하지만 상당히 다른 방법을 사용한다. 하나님께서 세 가지 방법 또는 양식(modes)으로 자신을 계시하신다는 것이다. 하나님께서는 만물을 지으시고 온 백성들에게 율법을 주신 성부 하나님으로 자신을 계시하셨고, 하나님께서 구원사역의 과업을 맡으셨을 때는 성부 하나님이 친히 성자 하나님의 모습으로 나타나셨으며, 아들의 구속사역이 완성되자 하나님은 성령의 모습으로 나타나셨다는 것이다. 따라서 삼위가 존재하는 것이 아니고 한 하나님이 성부, 성자, 성령으로 계시하신 것이다.

터툴리안이 지적하는 것처럼, 사벨리우스는 성부가 동정녀에게 잉태되어, 고난을 받고 죽으셨다고 가르쳤다. 따라서 사벨리안주의는 성부 하나님이 친히 성자의 모습으로 오셔서 고난을 받으셨다는 성부고난설에 빠졌다. 뿐만 아니라 일체를 강조한 나머지 삼위의 구별을 무시하고 그리스도의 인성을 평가절하시키고 말았다. 사벨리우스는 알렉산드리아의 감독 디오니시우스(Dionysius)에 의해 A.D. 260년에 추방되었다.

반면 역동적 단일신론(Dynamic Monarchianism)은 그리스도의 인성을 강조하고 삼위를 구분하려고 했지만 그리스도의 신성을 약화시키고 말았다. 그들에게 예수 그리스도는 단지 신성이 충만한 인간일 뿐이다. 역동적 단일신론의 대표적인 일파인 에비온파(Ebionites)는 예수가 세례 시부터 신성이 충만한 사람이었다고 믿었다.20 주후 260년경 안디옥 감독이었던 사모사타 바울(Paul of Samosata)도 역동적 단일신론을 가르쳤다.

---

19 Eusebius, H.E. VII.7.
20 Tertullian, *Adverses Omnes Haereses*, 8.

그러나 역동적 단일신론의 대표적인 인물은 박해를 피해 비잔티움을 떠나 주후 195년경 로마로 온 데오도투스(Theodotus)이다. 원래 예수 그리스도는 평범한 인간이었는데 세례 시에 신(神)으로서 양자로 입양 (adoption)되었다는 것이다. 따라서 역동적 단일신론을 양자설(adoptionism)이라 부르기도 한다. 앞에서 암시한 것처럼, 역동적 단일신론의 특징은 세례 전과 세례 후의 예수를 구분한다. 예수가 기적적으로 동정녀 마리아에게서 났으며, 선하고 의로운 한 평범한 인간에 불과하지만 요단강에서 세례를 받을 때 그리스도가 그에게 권능으로 임하셨다는 것이다. 이처럼 세례 전의 인간 예수와 세례 시에 강림한 그리스도를 구분한다. 그러나 예수가 완전히 순종하셨기 때문에 우리의 구주가 될 수 있었다는 것이다. 데오도투스는 로마의 감독 빅토에 의하여 파문을 당하였다.

데오도투스 사상은 데메트리아누스(Demetrianus)를 이어 안디옥 감독 사모사타의 바울(Paul of Samosata)에게 계승되었다. 하나님의 로고스 또는 이성이 인간 예수에 강림하여 그 안에 존재하게 되었다고 가르쳤다. 이 로고스는 모세나 다른 선지자들 안에도 있었다. 예수가 십자가에 달리시고 부활하신 후에 하나님이 예수를 양자로 삼으시고 그에게 일종의 신성을 주셨다. 예수 안에 로고스가 임한 것이다. 그러나 이 로고스는 예수 안에서 하나의 위격을 이룬 인격적 로고스는 아니다.

이런 견해는 로고스를 위격(persona)으로 보는 터툴리안이나 로고스를 성부와 동질로 보는 오리겐의 견해를 동시에 거부한다.21 그 결과 유세비우스가 지적한 것처럼, "이 바울은 그리스도에 관해 교회의 교리와 어긋나는 저급한 개념들을 가지고 있었고, 주님은 본질상 평범한 인간에 불과하다고 가르쳤다."22 더구나 "이 사모사타 바울을 지지하는 사람들은 자신들의 이단을 덮고 감추려 했으며, 반면에 그를 반대하는 자들은 그 이단의 탈을 벗기고 그들이 그리스도께 대해 뱉은 모욕의 말들을 폭로하려고 온갖 노력을 기울였다."23 주후 261년 사벨리우스의 교훈이 정죄됨에 따라 양

---

21 Hägglund, 신학사, 96.
22 Eusebius, *H.E.*, VII. 27.

태론적 단일신론은 이단으로 정죄되었다. 세 번에 걸친 안디옥 회의에서 바울의 가르침이 토론되었고 A.D. 286년에 소집된 세 번째 안디옥 회의에서는 바울을 정죄하고 출교시켰다. 그러나 그리스도의 완전한 신성을 거부하는 이런 역동적 단일신론 또는 양자론은 아리우스에게 영향을 미쳤다. 단일신론은 소시니안주의(Socinianism), 합리주의(Neology), 유니테리아니즘(Unitarianism), 해방신학(Liberation theology)을 통하여 현대에도 계속 영향을 미치고 있다.

3. 아다나시우스 대(對) 아리우스 논쟁

삼위일체 논쟁은 서방 못지않게 동방에서도 활발하게 진행되었다. 동방에서 진행된 삼위일체 논쟁은 주후 약 318년경 알렉산드리아 교회 알렉산더 감독과 그 교회 장로 아리우스 사이에서 발생한 논쟁에서 발단(發端)되었다. 소크라테스가 전하는 사건의 발단은 다음과 같다.[24] 디오클레티안 박해 하에 순교한 알렉산드리아 감독 베드로를 승계하여 아킬라스(Achillas)가 알렉산드리아 감독이 되었고, 다시 아킬라스를 이어 알렉산더가 알렉산드리아의 감독이 되었다.

알렉산더는 용기 있는 행동으로 교회에 큰 영향력을 끼치고 있는 감독이었다. 한번은 알렉산드리아 감독인 그가 자신의 교구 장로들과 교직자들을 모아놓고 그들 앞에서 삼위일체의 통일성에 대한 형이상학적 설명을 하면서 야심적이고 확신에 찬 신학적 견해를 펴고 있었다. 바로 그때 그 자리에 있던 장로 가운데 한 사람인 아리우스가 일어나 감독은 사벨리우스의 교리를 말하고 있다고 하면서 정면으로 감독의 삼위일체 견해를 반박해 버렸다. 아리우스는 만일 성부가 성자를 낳았다면 난자는 존재의 시작을 가졌을 것이며 아들은 존재하지 않았던 때가 있었을 것이고, 따라

---
[23] Eusebius, *H.E.*, VII. 28.
[24] Socrates, *Ecclesiastical History*, I, 5.

서 아들의 존재는 성부와 같은 본질에서 나온 것이 아니라 다른 존재로부터 나왔을 것이라고 주장했다.

소크라테스가 장로라고 언급한 아리우스는 알렉산드리아의 12교구 중 하나인 바우칼리스를 담당한 수석 사제였다. 아리우스의 스승 루시안은 A.D. 260년부터 272년까지 안디옥 감독을 지낸 사모사타의 바울의 학생이었다.25 사모사타의 바울은 아리우스에게 큰 영향을 미쳤다. 아리우스는 성부가 유일무이한 신성을 가지고 있고 성자는 성부에게 영원히 종속한다는 오리겐의 이론을 강조하였다. 그러나 아들의 영원한 종속은 시간적 미래만을 향해 뻗어 있는 순전히 상대적인 것이라고 아리우스는 보았다. 아리우스의 주장에 의하면 과거에 아들이 존재하지 않았던 때가 있었다는 것이다:

> 만일 성부가 성자를 낳았다면 낳자는 존재의 시작을 가졌을 것이다. 그러므로 아들은 없었을 때가 있었을 것이다. 따라서 그의 존재는 비존재로부터 나왔을 것이라는 결론이다.26

아리우스는 이러한 자신의 주장이 일찍이 오리겐이 주장한 바라고 말하지만 성부와 성자가 기원상 차등이 있다는 아리우스 사상은 아들이 아버지로부터 영원 전부터 나셨다는 오리겐의 가르침에 어긋나는 것이었다. 물론 오리겐도 신플라톤주의의 영향을 받아 성자가 어떤 점에서는 두 신격 중 보다 열등한 존재라고 시인할 각오가 되어 있었다. 아리우스가 볼 때 오리겐은 성부와 성자 간의 명칭의 차이가 필연적으로 본질의 차이를 함축한다고 보았다. 이는, 성부는 하나님이라고 볼 수 있지만 아

---

25 당시의 시대적인 배경은 대략 다음과 같다: "그동안 디오니시우스가 사망했으니 그것은 갈리에누스 황제의 통치 12년이었고 그가 알렉산드리아의 감독이 된지 17년이 되던 해였다. 그의 뒤를 이어 막시미누스가 감독이 되었다. 갈리에누스 황제가 15년을 통치한 뒤 클라우디우스가 그의 뒤를 이어 황제가 되었으나 2년 후 클라우디우스는 제국의 통치권을 아룰레리안에게 넘겨주었다."(Eusebius, *H.E.* VII. 28)

26 Socrates, *Ecclesiastical History*, I, 5.

들은 다른 이름을 가졌기 때문에 하나님이 아닐 수도 있다는 의미였다. 그러나 오리겐은 성부와 성자를 기원상 차등을 두어 이해하지 않았다.

  오리겐의 성부와 성자의 본질상 차이를 극대화한 아리우스는 성자가 사실상 피조물로서 "모든 피조물의 장자"라고 믿었다. 하나의 존재로서, 아들은 천사들보다 높지만 성부 하나님보다는 낮다는 것이 그의 지론이었다. 나아가 아리우스는 아들이 인간이 되어 고난과 죽음 등의 인간적 슬픔을 맛보기 위해서는 하나님보다 열등해야 한다고 주장하였다. 하나님이 무감각한 존재라고 믿었던 고대인들의 사고를 따라 아리우스도 고난받으신 구주가 하나님일 수 없다고 추정한 것이다. 또한 하나님의 존재와 인간의 생존 사이에는 공통적 부분 혹은 접촉점이 없기 때문에 피조물이라야만 인간과 일체가 될 수 있다는 것이다. 이런 아리우스의 사상은 A.D. 321년에 그가 니코메디아 감독에게 보낸 자신의 입장을 알리는 서신에 잘 나타난다:

> 나의 가장 친애하는 주, 신실하고 정통적인 하나님의 사람 유세비우스에게, 당신이 수호하고 전적으로 승리하고 있는 그 진리로 인하여 감독 알렉산더에게 부당하게 박해를 받고 있는 아리우스는 주 안에서 문안드립니다.
> 나의 아버지 암모니우스가 니코메디아로 가심으로 그를 통하여 당신에게 문안을 드리는 동시에 그리스도를 위하여 당신이 품어 오시는 바 형제들을 향한 그 사랑과 애정 속에서 다음과 같은 사실을 전해 드리는 것이 적절한 줄로 생각하였습니다. 즉 감독은 우리를 심히 박해하여 해치며 우리를 해치기 위하여 할 수 있는 모든 수단을 다하고 있습니다. 그리하여 우리를 마치 사악한 사람들 같이 취급하여 도시 밖으로 추방하려고 하고 있습니다. 그 까닭은 그가 다음과 같이 공언하고 있는데 대하여 우리가 동조하기를 거절하기 때문입니다. 아버지와 아들은 항상 공존하십니다. 그리고 당신의 형제 가이사랴의 유세비우스, 데오도투스, 파울리누스, 아다나시우스, 그레고리우스, 그리고 동방의 모든 감독들

은 하나님께서 아들보다 앞서 시작이 없이 존재하신다고 말함으로써 정죄 받았습니다. 다만 필로고니우스와 헬라니쿠스와 마카리우스와 같은 이단들이며 신앙에서 무식한 자들은 정죄 받지 않았는데, 그들은 아들을 유출물(effluence), 발사물(projection), 혹은 동일 비출생자(co-unbegotten)라고도 합니다.

그러나 우리는 그러한 불경건한 언사는 비록 저 이단들이 우리를 천 번 죽음으로 위협할지라고 듣기조차 할 수 없습니다. 그러면 우리가 말하고 가르쳐왔고 현재도 가르치고 있는 것은 무엇입니까? 그것은 아들은 비출생자가 아니요, 어떤 경우에도 비출생자의 일부도 아니요, 그렇다고 비출생자의 어떤 본체로부터 나온 것도 아니요, 오히려 그는 하나님의 뜻과 경륜(counsel)에 의해 시간 이전에 그리고 모든 세대(times and ages) 이전에 완전한 하나님, 독생자(only-begotten), 불변적인 존재로 계신다는 것입니다.

그러므로 그가 출생하시기 이전 혹은 창조되시기 전, 혹은 작정되거나 세움을 받기 전에는 그가 존재하지 않았다는 것입니다. 왜냐하면 그는 비출생자가 아니시기 때문입니다. 그러므로 우리가 박해를 받는 것은 "아들은 시작을 가지시고 하나님은 시작이 없다"고 말하기 때문입니다. 이로 인하여 우리는 박해를 받고 있습니다. "그는 존재하지 않았던 것들로부터 만들어졌다"고 우리가 말하기 때문입니다. 그러나 우리가 그와 같이 말할 수밖에 없는 것은 그가 하나님의 일부분도 아니요 또는 어떤 그런 본체로부터 이루어진 것도 아니기 때문입니다. 이로 인하여 우리는 박해를 받고 있습니다. 그리고 나머지 일에 관해서는 당신이 다 알고 계십니다.

루시우스의 참된 동료-제자이신, 우리가 존경하는 유세비우스 당신께서 주 안에서 강건하실 것을 믿습니다.[27]

서신에서도 나타났듯이, 서방의 양자론자들과 같이 아리우스는 하나님의 단일성에 관심을 기울인 나머지 성부 혼자만 시작이 없으신 분이며

---

[27] The Letter of Arius to Eusebius, Bishop of Nicomedia, c.321; Bettenson, *Documents of the Christian Churches*, 39; Theodoret, Bishop of Cyrus, H.E. I.5.

성부만이 참으로 하나님이시라고 보았다. 성자는 본질적으로 성부와 구별된다. 아들(또는 로고스)은 시작이 있으시다. 하나님은 이 세상을 창조하시기 위해 로고스를 창조하셨다. 이 로고스는 만물 중에 첫째며 가장 높은 자이기 때문에 로고스는 하나님이지만, 그렇게 표현했을 뿐이지 로고스는 실상 피조물에 불과하다. 스스로 물질계를 창조하실 수 없는 하나님께서 로고스를 통해 세상을 창조하셨다는 의미에서 로고스는 창조주라고 부를 수 있다. 이 면에서 아리우스의 사상은 헬라의 중기 플라톤주의를 반영한다. 결국 이 로고스는 무에서(ex nihilo) 창조된 첫 피조물(first born of creature)이며, 이 세상을 창조한 창조주이지만, 성부와 같은 동질(homoousios)이 아니고 유사본질(homoiousios)이라는 것이다.28 이런 아리우스의 입장은 A.D. 320년에서 323년경에 이집트 종교회의 때 알렉산더에게 제출된 아리안 고백서에도 나타났다:

> 축복받은 교부요 감독인 알렉산더에게 장로들과 집사들은 주 안에서 문안드립니다.
> 우리가 선조들로부터 받았고, 또한 당신께 배운 바 우리의 신앙은 다음과 같습니다. 한 분 하나님이 계시사, 그는 홀로 비출생자시요, 홀로 영원하시고, 홀로 시작이 없으시고, 홀로 참되며, 그만이 불멸이시며, 그만이 지혜로우시며, 홀로 선하시며, 유일하신 전능자로서 모든 것의 심판자시며, 통치자시며 주관자요 불변하시며, 의로우시며, 선하신 분이십니다. 그는 율법과 선지자의 하나님으로서 또한 새 언약의 하나님이십니다.

---

28 아리우스주의를 도표로 요약하면 다음과 같다.

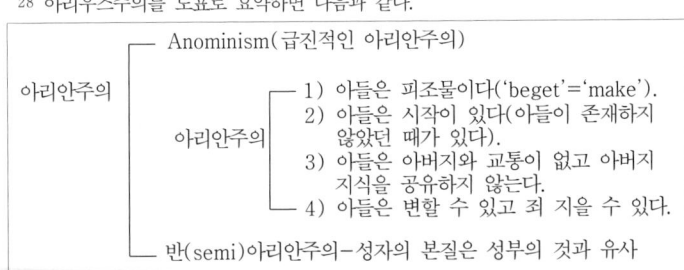

하나님은 영원한 세대 이전에 그의 독생자를 낳으시었고 그 독생자로 말미암아 세대들과 만물을 만드셨습니다. 하나님은 외양으로 아들을 낳으신 것이 아니라 진리 가운데서 변함없으신 자기 자신의 뜻으로 그를 조성하시고 하나님의 완전한 피조물로서 그러나 다른 여러 피조물 중의 하나와 같지 아니하며, 한 소생이나 출생한 것들 중의 하나와 같은 것으로서는 아닙니다. 또는 발렌티누스가 가르친 것과 같이 그는 아버지의 소생으로서 한 발사물(projection)이 아니셨고, 또는 마니키우스가 도입한 것과 같이 한 소생으로서 아버지의 동질도 아니시며 또는 사벨리우스가 말한 것과 같이 단일자를 분할하여 아들이 아버지가 되신 것도 아니며 또는 히에라카스가 가르친 것과 같이 등불의 불과 같이 혹은 햇불의 불과 같이 두 부분으로 나눌 것도 아니요 또는 그가 처음에 존재하셨다가 후에 아들로서 출생하시거나 재구성되시거나 한 것이 아닙니다. 이 모든 관념들을 도입하는 자들은 축복 받은 교부이신 당신께서도 교회나 회의 중에서 빈번히 논박하여 오신 바입니다. 오히려 우리가 말하여 온 바와 같이 그는 하나님의 뜻으로 말미암아 시간들 이전에 모든 세대들 이전에 창조되시었고 아버지로부터 생명과 존재와 영광을 받으셨습니다. 아버지께서 그를 그와 같이 구성하신 것입니다. 또한 아버지께서 그에게 만물의 상속권을 주심으로써 자기 자신이 비출생적으로 소유하시던 것을 하나도 잃어버리신 것이 아닙니다. 왜냐하면 그는 만물의 근원으로 계시기 때문입니다. 그리하여 세 품격이 있게 됩니다. 하나님께서는 만물의 원인으로서 시작이 없으시고 가장 특유하십니다. 그리고 아들은 아버지에 의하여 무시간적으로 출생하시고 모든 세대 이전에 창조되셨고 성립되셔서 그는 출생하시기 이전에는 존재하지 않으셨던 것입니다. 그러나 만물보다 앞서 무시간적으로 출생하셔서 그때에 그는 홀로 아버지로 말미암아 구성되셨던 것입니다. 그러므로 그는 영원하지도 않으시고, 아버지로 더불어 공동으로 영원하시거나 혹은 공동으로 비출생적이거나 하지도 않습니다. 또는 어떤 이들이 말하는 것과 같이 그는 아버지와 존재를 나누고 계신 것도 아닙니다. 만일 그와 같이 되면 두 개의 비출생적 근원의 개념을 도입하게 됩니다. 오히려 하나님께서는 단일자요 모든 것의 원인으로서 모든 것보다 먼저 계십니다. 이와 같이 하여 그는 아들보다도 또한 앞서 계십니다. 이것은 우리가 당신이 교회 중에서 설교하신 바로부터 배운 것입니다. 그러므로 그는 존재와 영광을 하나님께로부터 받았으며 생명과 만물이 그에게 주어진바 되었습니다. 따라서 하나님께서 바로 그의 근원이 되시는 것입니다. 왜냐하면 하나님은 그의 하나님으로서 그보다 앞서 계십니다. 그리하여 하나님은 그가 계시기 전에 계셨던 것입니다. 만일 '그로부터'라든가 '때로부터'라든가 "나는 아버지께로부터 나와서 왔노라" 등의 구절을 어떤 사람들처럼 동질의 일부라든가 발사라든가로 이해한다면 결국 아버지를 복합물로 만들고 가분적인 것이나 가변적인 한 실체로 만들어 버리게 되고 따라서 비물체적인 하나님을 어떤 물체에 예속하는 것으로 만들어 버리는 결과를 일으키게 됩니다.

축복받으신 교부이신 당신께서 주 안에서 안녕하시길 기도합니다. 장로들: 아리우스, 아이탈레스, 아킬레우스, 칼포네스, 살마타스, 그리고 또다른 아리우스 집사들: 유조이우스, 루시우스, 율리우스, 메나스, 헤라디우스, 가이우스, 감독들: 펜타폴리스의 세쿤두스, 이비아의 데오나스, 피스투스.29

아리우스의 기독론은 서방의 데오도투스(Theodotus)나 동방교회의 사모사타 바울의 기독론에도 못 미친다. 비록 사모사타 바울이 그리스도의 완전한 신성을 거부하기는 했지만 완전한 인성을 거부하지는 않았다. 그러나 아리우스가 가르친 로고스는 완전한 하나님도 완전한 사람도 아니었다. 로고스가 성부와 동질이 아니기 때문에 종속적인 존재일 뿐만 아니라 성부의 본질과 다른 무에서 창조된 피조물에 불과한 존재다. 또한 이 로고스가 지상의 예수 안에서 인간의 영혼을 대신 함으로 말미암아

---

29 Athanasius, *De Synodis*, 16. Opitz, Urkunden, No.6. *L.C.C.* III., 332-334.

예수는 로고스를 지니고 있는 존재에 불과하다.

따라서 영혼 없는 이 예수는 완전한 하나님도 완전한 사람도 아니다. 더구나 로고스가 성부로부터 창조된 피조물이기 때문에 예수 그리스도는 변할 수 있으며 죄도 지을 수 있다는 것이다. 아리우스의 주장은 그리스도의 완선한 신성을 고백하는 사람들로부터 일련의 비판을 받을 수밖에 없었다. 알렉산더 감독은 로고스를 피조물로 만들어 버리는 아리우스 주장을 받아들일 수 없었다. 다음은 소크라테스가 전하는 아리우스에 대한 알렉산더 감독의 반박 내용이다:

> 저들은 성경과는 전혀 모순된 주장을 하고 있다. 저들이 순전히 꾸며 낸 바는 다음과 같다. 하나님은 항상 아버지가 아니시며, 아버지가 아닌 때가 있었다. 하나님의 말씀은 영원부터 계신 것이 아니었고, 무로부터 만들어지셨다. 즉 항상 실재하시는 하나님께서 이전에는 실재하지 않으셨던 그를 무로부터 만드셨다. 그러므로 저들의 철학에 의하면 그는 계시지 않은 때가 있었고, 아들은 한 피조물이요 한 작품이었다. 그는 본질에 있어서 아버지와 같지 않으시었고, 그 천성이 아버지의 참 말씀도 아니시고 그의 참 지혜도 아니요, 다만 그의 손으로 만든 것들 중의 하나요, 피조물 중의 하나이다. 그러므로 그를 말씀과 지혜라고 부르는 것은 잘못이다. 왜냐하면 그가 바로 하나님 안에 있는 하나님 자신의 말씀과 지혜로부터 생겨났기 때문이다. 하나님께서는 그의 말씀과 지혜로써 만물을 만드셨고 아들도 또한 만드셨던 것이다. 그러므로 그는 모든 다른 이성적 사물들과 마찬가지로 가변적 성질을 가지며 변화를 받을 수 있다. 그러므로 말씀은 하나님의 본질에서 떠나 있으며 아무 상관이 없으며 배제된다. 아버지는 아들에게 보이지 아니하신다. 대개 아들은 아버지를 완전히 정확하게 알지 못하여 그를 완전히 보지도 못한다. 아들은 자기 자신의 본질도 알지를 못한다. 왜냐하면 그는 우리를 위하여 만들어졌고, 그를 통해 우리가 창조되기 위해 마치 한 도구로 말미암음 같이 만들어졌기 때문이다. 그리

고 만일 하나님께서 우리를 창조하시기를 원하지 않으셨다면 아들도 실재하지 않았을 것이다. 따라서 어떤 사람이 저들에게 묻기를 하나님의 말씀이 변할 수 있는가라고 하였을 때 저들은 감히 '그렇다'고 대답하기를 꺼리지 않았다. 왜냐하면 그는 출생한 자요 만들어진 자로서 그의 성질은 변화를 받을 수 있다고 저들은 말한다.[30]

아리우스 논쟁이 중반에 접어들었을 때 하나님이 보내신 한 교회 지도자가 출현했으니 그가 바로 A.D. 328년 알렉산드리아의 감독직을 계승한 아다나시우스(Athanasius)이다.[31] A.D. 300년경 알렉산드리아에서 태어나 373년에 세상을 떠난 아다나시우스는 니케아 신조의 기초를 세우는데 공헌했으며 그것을 보호하는데 일생을 바쳤다. 그의 이름은 니케아 정통신앙의 동의어가 되었다.[32] 아다나시우스는 아리우스가 오리겐을 오해했다며 아리우스주의를 전투적으로 공박하였다.[33] 사실 아리우스는 오리겐의 로고스 사상을 잘못 이해했다. 오리겐은 아들이 아버지와 똑같이 영원한 존재임을 항상 역설하였던 것이다. 아다나시우스가 볼 때 오리겐의 영원성은 곧 성부와의 동등성을 의미하였다. 이는, 아들이 아버지와

---

[30] Socrates, *H.E.* I. 6.
[31] 혹자는 아다나시우스는 오리겐과 어거스틴 사이에 지도력의 공백을 메워 줄 훌륭한 신학자였다고 평한다. 아다나시우스의 반 아리우스론 및 관련 작품들은 그의 저술의 대부분을 차지한다. 아다나시우스는 A.D. 319년 집사안수를 받고 325년에 감독의 서기로서 그를 수행해 니케아 공의회에 참석하였다. 328년에 그는 알렉산드리아의 감독에 피선되어 그로부터 46년 간 사망시까지 이 직위를 점유하게 된다. 그의 임기의 대부분은, 아리우스에 맞서 그리고 특별히 아리우스와 모종의 절충을 하고자 하였던 자들에 맞서, 니케아 공의회의 가결을 수호하려는 투쟁으로 흘러갔다.
[32] 373년 사망시까지 20년을 유배 생활을 하면서도 많은 저술을 남겼다. 이방인에 대한 반대(*Oratio conta Gentes*, 318), 성육신에 대하여(*Oratio de incarnatione verbi*, 318), 그리고 아리안에 대한 반대(*Orationes contra Arianos*, 335)는 대표적인 저술이다.
[33] 아다나시우스는 원래 신학자가 아니지만 그의 글들은 당대의 주요한 기독론 논쟁에 있어 알렉산드리아 학파의 입장을 대변하는 것으로 간주되어 왔다. 이러한 사실은 아다나시우스와 그의 논적 아리우스파가 모두, 고대 헬라 교회의 가장 위대하고 가장 독창적인 신학자 오리겐(A.D. 185년 경-254)에게 영향을 받았다는 점에 비추어 볼 때 쉽게 이해할 수 있다. 양 진영은 논쟁 시에 성경을 해석하면서 동일한 우화적 기교를 사용하였으며 양자 모두 오리겐을 이 방법의 특출난 대가로 간주하였다. 그렇다면 그들의 차이점은 어디에 있었는가? 아리우스가 강조한 오리겐의 특정 가르침이 아다나시우스와 지도적인 알렉산드리아 학자들의 눈에는 성경과 모순되는 것처럼 보이고 오리겐 본래의 참 뜻을 왜곡하는 것처럼 보였다는 사실이다.

동질(όμοούσιοσ)이라고 선언한 니케아 회의 신조와 정확히 일치하는 것이었다. 이 용어의 엄밀한 의미는 니케아 회의 이전에도 그랬지만 이후에도 더욱 열띤 논란거리가 되었다.

교회사가 가이사랴의 유세비우스 같은 반 아리우스(semi-Arian) 동조자들이, 니케아 회의의 '동질'이라는 표현은 아들이 아버지와 유사한 본질(όμοιούσιοσ)을 가졌다는 의미라고 주장하면서, 아들은 수적으로 아버지와 별개의 존재이며 하나님은 한 분이시기 때문에 아들이 아버지와 동일한 존재가 될 수는 없다고 말했다. 이러한 도전에 맞서 아다나시우스는 삼위의 각 신격이 하나님의 단일성(oneness)을 공유하며 세 신격이 본질상 별개의 존재로 간주될 수 없다고 응수하였다. 그리고 3위격의 차이점은 그들의 이름에 나타나며 이 이름들은 상호 교호적으로 사용될 수 없다고 말했다.34

알렉산드리아 감독 알렉산더는 A.D. 321년 알렉산드리아에 회의를 소집하고 아리우스 및 그의 동료들을 정죄하고 출교시켰다. 그럼에도 불구하고 아리우스를 따르는 세력이 적지 않았다. 그 이유는 1) 아리우스의 견해가 다신론을 거부하고 하나님의 유일성(unity)을 보호해 주는 것처럼 보였고, 2) 아리우스가 하나님이 물질계의 창조자가 될 수 없다는 헬라 사상을 주저함 없이 수용했으며, 그리고 3) 하나님의 아들 또는 로고스를 신적 존재라고 선언했기 때문이다. 니코메디아 감독 유세비우스는 전적으로 아리우스

---

34 아다나시우스는, 훗날 이 개념에 비중을 두게 되는 발전된 위격 교리를 결여하고 있었으나 각 위격 명칭의 성경적 개념에 대한 그의 직감은 건전하였으며 이것은 후대의 조직적 사색에로 흡수되었다. 기독론 전개에 있어 아다나시우스는, 오리겐과 아리우스가 주장한 내용의 많은 부분을 떠받치고 있던 철학적 토대를 거부하고 그 대신 성경적 구속의 개념을 진정한 기독론의 토대로 삼았다. 아다나시우스는 주장하기를, 오직 하나님만이 자신의 공의의 요구를 충족시키기에 충분한 의를 가지고 있기 때문에 구속은 하나님으로부터만 올 수 있는 일이라고 하였다. 바로 이 때문에 하나님이 친히 인간이 되셔서 불가능한 일을 (우리를 위해 고난받고 죽음으로써) 행해야만 비로소 우리의 구원이 보장될 수 있으며 따라서 우리 인간도 역시 불가능한 것을 행할 수 있다 (하나님처럼 될 수 있다)는 것이, 그의 논리였다. 이러한 목적을 위해 아다나시우스는 요한복음 1장 14절, "말씀이 육신이 되었다"는 구절의 확대 주석이라 할 수 있는 일종의 기독론을 발전시켰다. 그의 말씀-육 (헬라어로 Λογοσ-σαρξ) 기독론은 전형적인 알렉산드리아 신학이다. 이 교리의 커다란 강점은 로고스 (말씀)를 성육신의 주체로 본다는 데 있다: 예수 그리스도는 영화로운 혹은 영화롭게 된 피조물이 아니라 육체를 입은 하나님이며 따라서 그리스도는 신성의 모든 특권을 본유적 권리로서 발휘할 수 있다는 것이었다. 그러나 육에 대한 이해가 불충분하다는 것이 그의 기독론의 약점이다.

를 지지하고 나섰고 수리아에서는 가이사랴 감독 유세비우스도 아리우스 편으로 기울어졌다. 아리우스는 니코메디아의 유세비우스의 도움을 받아 은신처에서 있으면서 편지를 통해 자신의 입장을 계속 확산시켜 나갔다.

알렉산더 역시 동료 감독들에게 서신을 보내 자신의 입장이 정당함을 알려주었다. 알렉산더와 아리우스와의 논쟁 때문에 동방에서는 제국의 통일성이 상당히 위협을 받고 있었다. 이런 상황을 감지한 황제는 문제가 확대되기 전에 이 문제를 조용히 해결하기 위해 자신의 교회 고문, 코르도바의 호시우스(Hosius of Cordova) 감독을 시켜 알렉산더와 아리우스에게 편지를 보내 이견 조정을 시도하였다. 콘스탄틴 황제는 도나투스 논쟁과 같은 쓴 경험을 되풀이하고 싶지 않았던 것이다.

4. 니케아 회의와 신조

호시우스의 이견 조정 노력이 실패로 돌아가자 문제 해결을 더 이상 미룰 수 없다고 판단한 콘스탄틴 황제는 아리우스 논쟁을 해결하기 위해 A.D. 325년 5월 니케아에 회의를 소집하였다. 정치적으로 로마제국은 하나였지만 신학적으로는 동방과 서방, 두 개로 나뉜 종교적 상황을 더 이상 방치할 수 없다고 판단한 콘스탄틴 대제는 자체 교회 회의를 소집하여 신학적인 문제를 하나로 통일시키기로 했다. 따라서 회의를 소집하는 그의 목적은 정통주의 견해(성부와 성자와의 관계)를 정립하려는 데 있지 않고 그의 관심은 오히려 연합된 제국을 만드는 데 있었다.

회의가 소아시아의 니케아에서 A.D. 325년 5월 20일부터 7월 25일까지 열렸는데 300명의 감독들이 참석했다. 대부분이 동방교회의 감독들이었고 단지 소수만이 서방교회에서 왔다. 로마의 감독은 두 명의 대표를 파견했다. 서방에서는 로마의 주교 실베스터(Sylvester)를 포함하여 단지 6명만 참석했다. 감독들보다 신분이 낮은 수백 명의 성직자들 및 평신도들이 참석했다. 콘스탄틴의 연설과 더불어 공식적으로 회의

니케아 종교회의

가 개막되어 논쟁자들에게 그들의 견해들을 제시하라고 허락하자 곧 맹렬한 논쟁이 벌어졌다. 최초의 발언자는 안디옥 감독 유스타티우스였다.

니케아 회의는 의견을 달리하는 세 부류의 집단이 주도하고 있었다. 첫째가 니코메디아(Nicomedia) 감독 유세비우스가 이끄는 작은 그룹으로 아리우스를 전적으로 지지하고 있었고, 두 번째는 당대에 가장 학식 있는 사람으로 알려졌던 교회사가 가이사랴의 유세비우스가 이끄는 작은 그룹으로 내심으로는 아리우스의 견해를 동정하면서도 중도적인 입장을 취했으며,35 세 번째 그룹은 알렉산더를 중심으로 한 대부분의 대표자들

---

35 그러나 가이사랴의 유세비우스는 후에 니케아 신조에 서명하고 그 신조를 받아들인다. 그가 니케아 회의 이후 자기 교회에 보낸 편지를 분석해 보면 니케아 신조와 정확히 일치하는 것은 아니지만 대체로 "동일 본질"을 수용하고, "나시기 전에 존재하지 않았던 때가 있다"거나 무에서 지음 받았다는 아리우스 주장을 거부하고 아들은 나셨으나 만들어진 것이 아니라(begotten and not made)는 알렉산더 감독의 정통적인 입장을 그대로 수용하고 있다. 다음은 그가 보낸 편지에서 중요 부분만 발췌한 것이다: "내가 나보다 앞서 감독이 되었던 자들로부터 내가 처음으로 가르침을 받고 또한 세례를 받을 때에 내가 받은 바 나의 전통과 같이 또한 성경에서 내가 배운 바와 같이 또한 나의 장로직과 감독직에 있어서 내가 믿고 가르쳐 온 바와 같이 내가 믿는 바 나의 신조를 제출하나이다. 우리는 한 하나님, 아버지, 전능자, 보이는 것과 보이지 않는 모든 것을 만드신 자를 믿는다. 또한 한주 예수 그리스도를 믿시오니 이는 하나님의 말씀이시오, 하나님으로부터 하나님, 빛으로부

제11장 삼위일체 논쟁 355

로 반아리우스 입장을 갖고 있었다.

알렉산더 감독은 젊고 유능한 아다나시우스를 비서로 동반했다. 300년이 좀 지난 얼마 후 상류층의 가정에서 태어난 아다나시우스는 교회에 깊은 관심을 보였으며 알렉산더에게 발탁되어 회의에 참여하게 되었다. 후에 그가 알렉산더의 뒤를 이어 니케아 정통신앙을 변호한 알렉산드리아의 감독이었다.

니케아 회의에서 처음 작성된 니케아 신조는 아리우스의 견해를 닮고 있었다. 그러나 갑자기 콘스탄틴 황제의 황실감독 호시우스의 개입으로 니케아 신조에 동질(ὁμοούσιος)이 삽입되었다. 이것은 회의에 참석한 사람들 중 적지 않은 수가 아리우스를 지지하는 자들이었다는 것을 감안할 때 이례적인 일이었다. 이 때문에 많은 교회사가들은 하나님께서 인간 역사에 섭리하시고 개입하신다는 고백을 하는 것이다. 니케아 회의에서 작성된 니케아 신조는 다음과 같다:

> 우리는 보이는 것이나 보이지 않는 만물을 지으신, 전능하신 아버지, 한 하나님을 믿사오며, 하나님의 아들, 성부에게서 나신 독생자, 즉 성부의 본질(ousis)로부터 나신 한 주 예수 그리스도를 믿사오니, 이는 참 하나님의 참 하나님이요, 나셨으나 지음 받지 않았고 성부와 동질(ὁμοούσιος)이시며 그를 통하여 하늘과 땅에 있는 모든 것이 지음을 받았으며, 그는 우리 인간과 우리의 구원을 위하여 강림하사 육신이 되어 사람이 되셨고 고난을 받으시고 제 3일 만에 다시 살아 나시사 하늘에 오르셨으며, 산자들과 죽은 자들을 심판하시기 위해 오시리라."
> "또한 우리는 성령을 믿는다." …
> "그리고 '그는 존재하지 않았던 때가 있었다'거나 '태어나기 전에 그는 존재하지 않았다'거나 '그는 무로부터 존재하게 되었다'라고

터의 빛, 생명으로부터의 생명, 독생자로서 모든 피조물 중에 먼저 나신 자요 모든 세대 이전에 아버지로부터 나시어서 그로 말미암아 만물이 생겨나게 되었나이다. 이는 우리의 구원을 위하여 성육신 하시었고, 사람들 사이에 사셨고, 고난을 받으시고 삼일 만에 일어나시사 아버지에게로 올라가셨고 장차 산 자와 죽은 자를 심판하시기 위하여 영광 중에 다시 오실 것이니이다. 우리는 또한 한 분 성령을 믿나이다." the Letter of Eusebius of Caesarea, Socrates H.E. I.,8; Theodoret H.E. I. 11.

말하는 자들이나 혹은 하나님의 아들은 '다른 본체(hypostasis)나 본질(ousia)로부터 나신 것이라거나 혹은 '피조되었다거나 혹은 '변경'과 '변화'에 종속되었다고 주장하는 자들에 대해서 보편적(가톨릭)이며 사도적인 교회는 이를 정죄한다.36

"동질"(ὁμοούσιος)이란 성자가 성부보다 그 신성에 있어서 조금도 못하지 않다는 것을 의미한다. 니코메디아 유세비우스를 비롯한 단지 두 명의 감독을 제외한 모든 대표자들, 심지어 논쟁의 장본인 아리우스도 니케아 신조에 서명하였다. 파문장(the anathema)에 서명하기를 거부했던 니코메디아의 유세비우스는 유배를 당했다. 니케아 회의에서 중요 관심사는 아들이 아버지와 같은 본질(ὁμοούσιος; ὁμο는 same을 οὐσια는 nature, substance 또는 being을 의미한다)이냐 아니냐 하는 문제였다. 예수 그리스도가 참 하나님이요 참 사람이라고 선언한 니케아 신조는 결국 오랜 논쟁의 장본인인 아리우스의 다음과 같은 사상, 즉 ① 나시기 전에 존재하지 않았던 때가 있다, ② 그는 무에서 피조 되었다, 그리고 ③ 성자는 성부와 다른 본질이다는 것을 모두 거부한 셈이다.

니케아 회의에서 아리우스파는 정죄를 받았지만 그의 영향력은 시들지 않고 확산되었다. 심지어 아리우스 세력은 황실을 등에 업고 영향력을 확대하였다. 아리우스 세력을 지지한 대표적인 황실 실력자는 아리우스주의자였던 콘스탄티노플의 유독시우스였다. 니케아 회의 결정에 강한 불만을 품은 유독시우스는, "니케아주의자들은 대답하여 보라. 고난과 죽음을 당하신 그가 어떻게 이 모든 것을 초월하여 계신 하나님, 즉 고난과 죽음을 초월하여 계신 하나님과 동질일 수 있는가?"37라고 반문할 정도였다. 니케아 회의에 대한 유독시우스의 반발은 동질에 대한 불만에서 끝나지 않았다. 심지어 그리스도가 인간의 영혼을 취하지 않았다고 주장하기에 이르렀

---

36 니케아 회의는 다음과 같은 견해를 거부한 셈이다. 1) 그가 존재하지 않을 때가 있었다 2) 그가 나시기 전 그는 존재하지 않았다 3) 아들은 성부와 다른 본질에서 나셨다 4) 아들이 창조되거나 변한다거나 변화할 수 있다 5) 아들은 아버지와 다른 본질이다. 이런 견해를 믿는 자들은 교회에서 파문시켰다.
37 Halm, *Bibliothek der Symbole*, 261.

다: "우리는 하나이신 주님, 아들을 믿는다. 그가 육신이 되셨으나 완전한 사람이 되신 것은 아니다. 인간의 영혼은 취하지 아니하시고 육신이 되셨던 것이다. 그리하여 하나님께서 육신을 통하여 마치 우리 인간들 앞에 일어나는 한 사건을 통하여 보이시는 것 같이 계시되었던 것이다. 두 성이 아니다. 왜냐하면 그는 완전한 인간이 아니셨고 영혼 대신 하나님이 육신 안에 계셨기 때문이다. 그리하여 전체는 그 구성을 따라 일성이시다."[38] 니케아 회의 이후 수많은 지역이 니케아 신앙을 떠나 아리우스주의로 기울고 말았다. 특히 일리리아 지역은 아리우스주의의 요새가 되었다. 제롬이 아리우스주의자들이 널리 확산된 것을 보면서 "전 세계는 아리우스파를 발견하고 깜짝 놀라서 괴로워하였다"고 탄식한 것도 우연이 아니다.

5. 니케아 회의 이후의 아리우스 논쟁

니케아 신조가 니케아 회의의 대다수의 의견을 대표하는 것이 아니었다. 니케아 회의 이후 서방교회와 아다나시우스를 따르는 자들만이 니케아 신조의 동질(homoousios)에 만족했기 때문에 니케아 신조가 교회의 교리로 정착하기까지는 많은 우여곡절을 겪었다. 따라서 본격적인 아다나시우스 대 아리우스 논쟁은 니케아 회의 이후에 진행되었다. 니케아 종교회의 이후 전개된 아리우스 대 아다나시우스 논쟁은 3단계로 대별할 수 있다. 제 1기는 콘스탄틴 대제의 사망시기인 A.D. 337년 5월 22일까지이며, 제 2기는 콘스탄틴의 아들들이 황제의 직위에 오른 후부터 콘스탄티우스 1세가 죽던 361년까지, 그리고 제 3기는 줄리안이 즉위할 때부터 데오도시우스 1세의 통치 하에 아리우스주의가 완전히 제압될 때까지로 대별할 수 있다.

니케아 회의를 소집하였던 콘스탄틴 대제가 살아있는 동안에는 대체로 니케아 신조는 "진실한 신앙의 규범"으로 만인에 의해서 받아들여졌다. 그

---

[38] Halm, *Bibliothek der Symbole*, 261-262.

렇다고 아리우스의 추종자들이 완전히 진압되었다는 의미는 아니었다. 아리우스 추종자들은 A.D. 325년의 니케아 회의 당시 상실된 세력을 곧 회복할 수 있었으니 이는 아리우스주의의 지도자 니코메디아 유세비우스 덕분이었다. 콘스탄틴은 니케아 회의가 끝난 후 얼마 되지 않아 호시우스를 자신의 교회고문 자리에서 해임시키고 대신 니코메디아의 유세비우스를 임명했다. 열렬한 아리우스주의자였던 니코메디아 유세비우스는 니케아 회의가 끝난 후 두 달도 채 되지 않아 성급하게 아리우스를 성찬에 참여시킴으로 콘스탄틴 대제의 체면을 손상시키고 말았다. 화가 난 콘스탄틴은 니코메디아 유세비우스를 유배시켰다. 그러나 감정을 억누른 콘스탄틴이 그를 다시 불러들이면서 니코메디아의 유세비우스는 재기할 수 있었다.

유배에서 돌아온 유세비우스는 니케아 신조에서 동질(homoousios) 교리를 제거하기 위해 다른 아리우스주의자들과 연합하면서 아리우스 반대세력을 제거하는데 총력을 기울여 드디어는 콘스탄틴 대제의 후원을 받아내는 데 성공했다. 곧 황실 고문 유세비우스의 용의주도한 반대파 세력 제거 계획은 착수되었다. 첫 번째 희생자는 오리겐 신학을 격렬히 비판했던 안디옥 감독 유스타스(Eustace)였다. 유스타스는 콘스탄틴의 모친 헬레나가 A.D. 326년 순례길에 성지를 방문했을 때 그녀에게 모욕적인 언사를 썼는데, 이것이 유스타스의 혐의를 잡으려고 혈안이 돼 있던 니코메디아의 유세비우스에게 빌미를 제공해 주었다. 이 소식을 들은 콘스탄틴은 유스타스를 유배시켰다.

유스타스를 제거하는데 성공한 니코메디아의 유세비우스는 그 여세를 몰아 자신의 천적 아다나시우스를 제거할 기회를 노렸다. 감독직에 오른 지 얼마 안 된 아다나시우스는 콘스탄틴 대제로부터 이제는 아리우스가 니케아 신조에 서명도 하고 자성하고 있는 듯하니 다시 교회의 일원으로 받아주라는 부탁과 함께 명령조의 편지를 받았다. 그러나 아다나시우스는 굴하지 않고 오히려 황제를 찾아가 그것이 잘못된 것임을 설득시켰다. 니코메디아의 유세비우스는 절호의 기회라고 생각했던 이것이 무위로 끝나자 이내 섭섭했다. 그리고 기회는 일마 후에 찾아왔다. 이집트의 분파주의적인 멜리티우스주의자들이 교회 내에 말썽을 일으키자 아다나시우스는 이를 강경하게 다루었고, 그런 강경책에 반발한 그들은 불평을 털어놓게 되었다. 이것은 유세비우스에게 호기였다. 이집트에 있는 콥트 교도들이 아다나시우스를 고발하자 니코메디아 유세비우스는 이 절호의 기회를 놓치지 않았다. 드디어 유세비우스 일당은 A.D. 335년 8월 두로대회에서 아다나시우스가 감독직에 어긋나는 행동을 했다는 혐의를 들어 감독직을 박탈하고 파문시키는 데 성공하였다. 이것은 정통주의 신학자가 교회의 정치에 휘말려 부당하게 희생된 첫 케이스였다. 유세비우스는 콘스탄틴 대제를 선동해 아다나시우스가 황제에게 반기를 들었다는 혐의를 씌워 A.D. 335년 안디옥 회의에서 아다나시우스를 축출하고 고울의 트리에르로 유배시켰다. 아다나시우스를 유배시키는 데 성공한 니코메디아의 유세비우스는 자기와 신학적 입장이 다른 앙크라의 감독 마르셀루스도 제거할 계획을 세웠다. 아다나시우스와 마찬가지로 황제를 모욕했다는 이유를 들어 그를 파문시키고 이단으로 정죄하는 데 성공했다. A.D. 336년 콘스탄티노플 종교회의에서 파문당한 마르셀루스는 유배를 당하고 말았다. 이즈음에 두 명의 인물이 역사에서 사라졌다. 아리우스 논쟁의 장본인 아리우스가 세상을 떠나고 콘스탄틴 대제가 A.D. 337년 오순절에 니코메디아의 유세비우스로부터 세례를 받고 얼마 후 세상을 떠났다.

    콘스탄틴 대제가 세상을 떠나면서 아리우스 대 아다나시우스 논쟁은 새로운 국면으로 접어들었다. 콘스탄틴의 아들 콘스탄티우스 1세가 즉위한 동안(A.D. 337-361) 로마제국은 정치적으로나 교회적으로 극도의 혼란기를 맞았다. 세 아들과 조카가 전국을 4등분하여 다스릴 것을 제안했던 콘스탄틴 황제의 소원과는 달리 A.D. 337년 콘스탄틴이 죽고, 군부의 요청에 따라 두 명을 제외한 모든 친척들이 살해되고 그의 세 아들이 제국을 물려받았다.[39]

---

    [39] 아다나시우스는 아리우스파를 공교회로 받아들이라는 황제의 명령을 받고 이를 거절함으로써 감독직에서 해임된다. 그 직후 그는 트리엘로 추방당하였다. 그러나 A.D. 337년 콘스탄틴 황제가 죽자 아다나시우스는 그의 직위로 복귀할 수 있었다. 하지만 그는 거기에 오래 있지 못하였다.

콘스탄틴 2세가 영국, 고울, 그리고 스페인 등 서부지방을, 콘스탄티우스 1세는 마게도니아, 그리스, 트레이스(Thrace), 소아시아, 팔레스타인, 시리아, 그리고 일리리아(Illyricum) 등 동부지방을 유산으로 물려받았다. 가장 어린 콘스탄스는 이탈리아와 북부 아프리카를 차지했다. 콘스탄틴 2세와 콘스탄스는 서방의 입장을 따라 아다나시우스를 지지했다. A.D. 340년 콘스탄틴 2세가 콘스탄스 군대와의 싸움에서 전사하고 제국은 서방의 콘스탄스와 동방의 콘스탄티우스로 양분되었다. 이런 정치적 상황 속에서 재기를 노리는 아다나시우스, 마르셀루스와 다른 감독들은 유배지에서 귀환의 기회를 노렸고 니코메디아 유세비우스는 황제의 신임을 등에 업고 세력 구축에 나섰다. 니코메디아 유세비우스는 종교회의에서 이단으로 정죄된 자들을 복직시킬 수 없다는 것이고 아다나시우스와 마르셀루스는 자기들을 정죄한 자들이 이단들이었으므로 그 결정이 무효라는 것이다. 아다나시우스와 마르셀루스의 정죄를 지지했던 이들은 헬라측의 사람들이 대부분이었고 로마의 감독 쥴리우스(A.D. 337-352)는 아다나시우스와 마르셀루스를 유배지에서 후원했다.

아다나시우스파와 아리우스파 양측의 논쟁은 열기를 더해갔고 공방전이 끊이지 않고 이어졌다. 논쟁이 한창 진행되던 A.D. 341년에서 342년 겨울 열렬한 아리우스 지지자 니코메디아의 유세비우스가 세상을 떠났다. 그가 죽자 지도력 공백 상태가 나타났다. 후임자 선정을 놓고 계속 암투가 벌어졌다. 이즈음에 있었던 정치적 변화는 세력 판도를 다시 변화시켰다.

교회 내의 수많은 적들이 그로 하여금 다시 해임, 추방당하도록 만들었기 때문이다. A.D. 339년부터 346년까지 아다나시우스는 대부분의 시간을 로마에서 보냈다. 서방에서 체류한 그의 유형 기간은 정치적으로 커다란 중요성을 가지고 있었다. 그 기간을 이용해 그는 로마와 라틴 교회들을 자신의 대의로 모을 수 있었던 것이다. 애굽에서는, 그의 고난이 그를 대중적 영웅으로 만들어 놓았으며, 그로 인해 아리우스주의는 알렉산드리아에 결코 견고한 발판을 세우지 못하게 되었다. 마침내 아다나시우스는 자신의 교구로 되돌아오도록 허용을 받았으나 356년에 다시 추방당하였는데, 이번에는 황제 콘스탄티누스 2세의 선동에 의한 추방이었다. 이 황제 역시 자신의 부친처럼 아리우스주의자들과 그들의 동조자들을 수용하려고 꾀하고 있었던 것이다. 이에 아다나시우스는 젊은 시절 많은 세월을 보냈던 광야의 수도승들에게로 가서 집필에 전념하였다. 362년, 그는 알렉산드리아로 귀환하였으나 그 직후 또 다시 추방당하였다. 그러나 그 다음 해에 아다나시우스는 영구 귀환하여 죽을 때까지 그 자리를 지키게 된다.

A.D. 340년 서방의 전권을 장악한 콘스탄스는 동방의 콘스탄티우스황제에게 그곳의 헬라 측 감독들을 자제시켜주도록 압력을 넣었던 것이다.

얼마 후 헬라 측 감독들과 로마 측 감독들의 대결이 정치적으로 결코 도움이 되지 않는다고 느낀 콘스탄스와 콘스탄티우스 1세는 A.D. 342-343년 동·서방을 다 포함하는 대규모 종교회의를 현재의 불가리아의 소피아인 세르디카에서 개최했다. 동·서방 양측은 회의의 주도권을 쥐기 위해 불꽃 튀는 공방전을 계속하다 황제의 강한 압력에 못 이겨 양측 모두 고통과 희생을 분담하는 모종의 화해 안을 받아들이게 되었다. 동방 측에서는 아다나시우스를 다시 알렉산드리아 감독직에 복귀시키고 서방측은 마르셀루스에 대한 후원을 중단한다는 것이었다.

A.D. 346년 열광적인 지지 속에 알렉산드리아 감독에 복직한 아다나시우스는 그 후 10여 년 동안 자신의 위치를 충실히 지킬 수 있었다. 그러나 정치적인 변화는 또다시 아다나시우스의 운명을 바꾸어 놓았다. A.D. 350년 콘스탄스가 고울지방에서 마그넨티우스에게 살해당해 전권이 그에게 넘어갔던 것이다. 콘스탄티우스 1세는 마그넨티우스를 황제로 인정할 수 없었다. 마침내 둘 사이에는 피비린내 나는 전투가 계속되었고 드디어 콘스탄티우스가 무르사에서 결정적인 승리를 거두면서 전쟁은 종결되었다.

열렬한 아리우스 지지자인 무르사의 감독 발렌스가 니코메디아의 유세비우스를 이어 황제의 고문이 되면서 사태는 또 다시 급변했다. 아다나시우스는 다시 유배의 위협을 받게 되었고 콘스탄티우스 1세는 아르레스(Arles, 353)와 밀란(355)에서 일련의 종교회의를 열어 뚜렷한 명분 없이 아다나시우스를 정죄하고 서방 강국들이 아다나시우스를 포기하도록 압력을 넣었다. 그리고 콘스탄티우스 1세는 칼라리스의 루시퍼, 베르셀라이의 유세비우스, 밀란의 디오니시우스, 로마의 감독 리베리우스와 같이 자신의 계획을 반대하는 자들을 모두 귀양 보냈다. 콘스탄티우스와 서방교회는 356년 2월에 군대를 알렉산드리아로 파송하여 강압적으로 아다나시우스를 감독직에서 몰아내고 그 후임에 열렬한 아리우스 지지자인 조오지를 임명했다. 357년에는 안디옥도 극단적인 아리우스 지지자인 유독시우스

(Eudoxius)가 감독직에 오르는 등 중요한 교구들이 아리우스주의자들의 수중에 넘어가면서 헬라 동방교회는 더욱 위협을 느끼게 되었다.

357년부터 360년에 걸쳐 혼란이 계속되면서 아리우스주의는 완전한 승리를 거두는 것처럼 보였다. 심지어 357년 일리리아의 시르미움(Sirmium)에서 개최된 회의는 성부와 성자와의 관계를 설명하는데 본질(ousia)을 사용하는 것을 금지했다. 이것으로 니케아에서 결정한 동질(homoousios)은 사장된 신앙고백이 되는 듯했다. 이것은 외관상 아리우스주의의 완전한 승리처럼 보였다. 동질(homoousios) 대신 유사본질(homoiousios)을 주장하여 성부와 성자의 실질적 관계를 거부한 "콘스탄티우스는 누구든지 아리우스주의를 따르지 않는 신자들을 박해할 수밖에 없었다."40

이런 박해 속에서도 아다나시우스와 다른 니케아 신조 추종자들은 왜 아리우스주의가 잘못되었고 왜 정통주의가 옳은가를 진지하게 규명해야 할 필요성을 절실하게 느꼈다. 이런 공통된 관심사 때문에 아다나시우스는 바실 및 그의 친구들과 동맹했다. "아다나시우스와 앙크라의 바실파 사이의 제휴는 결국 아리우스주의를 타파하는데 크게 이바지 하였다."41

그즈음에 중요한 정치적 변화가 발생하면서 아리우스 논쟁도 또 다시 새로운 차원으로 전개되어 갔다. 줄리안이 즉위하고 데오도시우스 1세가 즉위하기까지 아리우스주의는 새로운 전기를 맞이했다. 아다나시우스 및 니케아 신조에 호의적이었던 줄리안이 콘스탄티우스를 계승하여 361년에 즉위하면서 아리우스주의는 영향력을 상실하기 시작하다 데오도시우스 황제 하에 끝내 배척을 당했다. 줄리안은 콘스탄틴 대제가 사망하고 발생한 권력투쟁의 여파로 콘스탄틴의 친아들 외에 거의 대부분이 살해될 때 살아남은 두 명의 친척 중에 하나였다. 줄리안의 아버지도 이때 살해되었으며, 줄리안은 당시 단지 6살 밖에 되지 않았기 때문에 살아남을 수 있었다. 그는 콘스탄티우스에 의해 양육을 받고 동방교회식을 따라 엄한 교육을 받았다. 그러나 누구도 그가 내심으로 기독교를 증오하고

---

40 Henry Chadwick, *The Early Church* (Harmondsworth: Peguin, 1967), 177.
41 Chadwick, *The Early Church*, 178.

있다는 사실을 눈치채지 못했다. 줄리안은 황제가 된 후 기독교내의 서로 다른 집단들이 자기들 간에 싸움으로 인해 모두 자멸하기 원했다. 그는 종교정책의 일환으로 니케아를 지지하는 자들을 박해하는 것을 중단시켰을 뿐만 아니라 제 3차 유배에서 아다나시우스를 소환했다. 아다나시우스가 소환되자 다시 논쟁이 활발히 진행되었고, 얼마동안 논쟁은 전혀 예기치 않은 방향으로 진행되었다. 심지어 니케아 신조 옹호자들 가운데서도 다양한 의견들이 대두되었다. 그중에 하나는 성부와 성자의 동질을 인정하면서도 성령의 동질은 부정하는 이들이다. 아다나시우스는 357년에서 358년에 **세라피온에게 보내는 편지들**(*Letters to Serapion*)을 통해 그런 주장은 잘못된 이설이라고 강력히 논박했다. 또한 성부와 성자의 구분을 분명하게 표현하기 위해 성부와 성자의 차이를 세 본체(hypostasis)로 하자고 주장하는 이들도 있었다. 이런 이론은 마치 사벨리안주의의 재판인 것처럼 보였다. 자연히 성부, 성자, 성령이 한 본체냐 세 본체냐 하는 논란이 발생하였고 니케아 신조를 따르는 이들 내에서도 의견이 달랐다. 아다나시우스는 이런 혼란을 정리하기 위해 362년에 알렉산드리아에 소회의를 회집하였다.

이런 일련의 논쟁의 와중에서 결정적인 역할을 한 것이 아다나시우스였다. 아다나시우스가 그런 역할을 할 수 있었던 것은 마지막 15년 동안 정통신학의 대부로 자리를 굳히게 되었고 그가 쓰는 용어와 그가 말하는 사상이 상당한 권위를 갖게 되었기 때문이다. 그의 다음 세대에서 나타나기 시작하던 유명한 이들이 그에게 와서 자문을 구했으며 비록 그가 쓰는 용어는 구세대에 속한 것이었으나 사람들은 그 답변을 결정적 권위를 가지는, 로마 교황이 수하 성직자들에게 보내는 공문만큼이나 중히 여겼다.[42]

아다나시우스는 기독교 교리를 발전시키는데 철학을 자료로 삼는 대신 성경을 유일한 원천으로 삼았다. 367년 부활절 서신에서 신약성경이 최고의 권위를 지니는 것을 확인한 인물도 아다나시우스였다. 정경 형성에 대

---

[42] Chadwick, *The Early Church*, 178.

한 업적 못지않게 아다나시우스의 지대한 공헌은 역시 아리우스의 오류를 지적하는데 쏟은 정열과 그 작업이었다. "그리스도는 하나님으로부터의 하나님이시고 로고스요, 지혜요 아들이시요, 하나님의 능력이시므로 성경에는 한 하나님이 선포된 것이다. 로고스는 한 하나님의 아들로서 결국 그가 나온 그에게 귀착된다. 그리하여 아버지와 아들은 둘이시나 그 신성의 단일성은 분열되거나 분리되거나 하지 않는다. 그리하여 신성의 원천은 하나라고 할 수 있고, 두 원천을 말할 수 없다. 그리하여 정확히 말하여 단일신이 계신다라고 할 수 있고 본질(ousia)과 위격(hypostasis)이 모두 하나이다."[43] "사람들의 출생의 경우와 아들이 아버지께로부터 나시었다고 하는 경우는 전혀 다르다. 이 경우에는 인간들의 경우와는 달리 비물체적인 분으로부터 어떤 유출 같은 것이 일어나는 것이 아니요, 또는 그에게 어떤 것이 유입되는 것도 아니다. 하나님의 본질은 단순하시며, 그는 하나이시요 유일하신 아들의 아버지이시다. … 그리고 이 아들은 아버지의 로고스로서 그에게 있어서 아버지로부터 기원한 것을 볼 수 있으며 거기에는 아무 변화도 없으며 분열도 없다."[44] 더 나아가 아다나시우스는 자신의 삼위일체론을 구원관과 관련시키고 있다. 만일 그리스도가 하나의 피조물에 지나지 않는다면, 하나님과 동일 본질이 아니라면 그리스도는 우리를 구원하실 수 없었을 것이며 아리우스의 로고스 피조사상은 피조물을 경배의 대상으로 하는 모순을 낳는다는 것이다.

아다나시우스의 사상이 정통으로 인정을 받은 것이 사실이지만 그에게도 약점이 없는 것은 아니었다. 창조와 구원을 동일선상에서 보면서 구원과 창조의 근원을 같은 것으로 보았다. 만물의 영장으로 지음 받은 인간은 하나님의 형상을 상실하고 영적으로나 도덕적으로 부패했다. 만물을 구원하기 위해 하나님이 인간이 되셨다. 그리스도 안에서 인간의 본질이 신적 본질과 연합되었다. 그리스도 안에서만 죽을 수밖에 없는 유한한 생명이 아름다운 생명으로 변화된다. 신앙을 통해 그리스도 안에

---

[43] Athanasius, Cont. Arianos, iv, 1. Seeberg, Hist. Doct., I., 208.
[44] Athanasius, De Cecree, 11. Seeberg, Hist. Doct., 209.

서 우리는 신적 본질의 참여자가 된다. 그에게 구원이란 "하나님의 형상대로 창조됨"을 회복하는 것이며, 구원은 "하나님의 형상"으로 오신 로고스(Logos)를 통해 이룩되었다고 본다.

아다나시우스에 따르면 구속으로 인하여 죄와 사망의 권세에서 자유하게 된 인간은 갱신될 수 있고 신화(divinization)될 수 있다. 인간이 하나님과 같이 되는 것이 구원의 궁극적인 목적이다. 아다나시우스는 이 신성화의 개념을 삼위일체 개념과 연관시킨다. 아다나시우스에 따르면 "만일 아들이 참으로 하나님이 아니었으면 인간은 결코 하나님처럼 될 수 없었으며 … 만약 육신이 되셨던 말씀이 하나님에게서 비롯된 것이 아니었다면 … 인간이 하나님처럼 되는 것은 불가능한 일이었다."[45] 이런 아다나시우스의 총괄갱신 사상은 후대에 논란이 일고 있는 부분이기도 하다.

우리가 언급해야 할 아다나시우스가 갖고 있는 또 하나의 논란은 그의 제자이자 지우 라오디게아의 아폴리나리우스와의 관계이다. 예수가 로고스 외에 따로 인간 혼을 가지고 있었는가? 아니면 로고스가 인간 예수의 혼을 대신했는가? 아폴리나리우스는 로고스가 인간 예수의 정상적인 마음(혹은 영)을 대신했기 때문에 그리스도의 인성은 다른 평범한 인간과 다르다고 주장했다. 만일 그렇다면, 영혼은 죄의 좌소이기 때문에 이 문제는 결코 사소한 것이 아니었다.

아폴리나리우스가 주장하는 것처럼, 만일 죄 없는 로고스가 인간 예수의 영혼을 대신하고 있었다면 예수는 죄를 지을 수는 없으나 그 예수는 완전한 인간이 아니기 때문에 우리를 위해 대속주가 될 수도 없었다는 결론이 도출된다. 아폴리나리우스의 주장은 예수 그리스도의 완전한 신성을 변호해주지만 그리스도의 완전한 인성을 약화시키는 결과를 초래하여 아다나시우스의 사후(373년)에 심각한 논란을 야기했다. 이런 아폴리나리우스 사상이 아다나시우스에게서 나왔는지는 불확실하다. 아다나시우스는 예수가 인간 영혼을 가졌는지의 여부에 대한 자신의 입장을 밝히지 않았지만 그가 영혼

---

[45] Irenaeus, *Orationes Contra Arianos* II, 70.

을 고려해 넣었을 개연성은 매우 높다. 물론 아다나시우스에게도 영혼이 로고스에 부속되어 있었으므로 자체의 독립적 생명은 가질 수 없었겠지만 말이다. 바로 이러한 절충안이 후에 불만족스런 요인으로 등장했으며 이것이 그의 죽음 직후 알렉산드리아 학파 기독론의 위기 요인이었다.

아다나시우스의 제자인 아폴리나리우스(Apollinarius)가 스승의 가르침에서 어떤 논리적 결론을 유도해 내어 예수 안의 인간 영혼 존재를 부인하였던 것이다. 그는 A.D. 337년과 338년 사이의 여러 종교회의에서 정죄를 받았으며 알렉산드리아의 기독론은 그때 이후 가현설이라는 낙인이 찍히게 되었다. 그리스도의 완전한 인성을 부인하는 것으로 생각되었기 때문이다. 아다나시우스의 신화교리와 아폴리나리우스 사상과의 연계성, 그리고 다른 몇 가지 사상은46 후대에 와서 오랫동안 논란이 되었지만, 그럼에도 불구하고 삼위일체 등 정통수립에 끼친 아다나시우스의 업적은 의심의 여지가 없었다.

아다나시우스의 니케아 정통주의가 발전되고 더욱 체계화 된 것은 3인의 갑바도기아인들(Cappadocians)때문이다. 이들은 대바실(Basil the Great, A.D. 330-379)-가이사랴 감독, 니사의 그레고리(Gregory of Nyssa, A.D. 335-394)-대바실의 동생, 나지안주스의 그레고리(Gregory of Nazianzus, A.D. 330-390) 등이다. 바실은 364년 그의 출생지인 소아시아의 가이사랴에서 사제로 안수 받았으며 370년에는 갑바도기아의 대주교의 교좌인 가이사랴 감독이 되었다. 바실은 아주 유능한 행정가가 되었다. 소아시아의 정통 감독들 가운데 지도자로 부상한 그는 발렌스의 압력에도 굴하지 않고, 자신의 뛰어난 행정적 수완을 동원하여 "교회의 갈기갈기 찢어진 외투"를 성공적으로 수선하기 시작하였다. 맥도날드(H. Dermot

---

46 아다나시우스 역시 그 시대의 아들이었다고 할 수 있다. 그는 이단 종파에서 세례 받은 자들은, 잘못된 의도와 잘못된 영으로 세례를 받았다는 근거 하에, 다시 세례를 받아야 한다고 주장하였다. 그의 성찬 이해 역시 후대에 지대한 영향을 미쳤다. 그는 또한 성만찬에 대해 고등 관념을 가지고 있었으며 기원(하나님을 부름, $\varepsilon\pi\iota\kappa\alpha\lambda\eta\sigma\iota\sigma$)을 올리는 순간 성령이 떡과 잔에 임재하신다고 믿었다. 이 가르침은 서방교회 특히 종교개혁자들에게 거부를 당하였으나 현대에 일부 교회에 다시 재생되어, 초대교회의 정신을 회복하고자 하는 현대 예배 의식적 개혁의 두드러진 특징이 되고 있다.

콘스탄티노플(오스만 터키)에 있는 보스포로스 해협

McDonald)가 지적한 것처럼 "공적 연설과 교회의 정치적 수완과 신학적 통찰력에 있어서 그의 많은 은사들이 발휘되었고 사회적 관심과 수도사적 삶의 방식에 있어서 뛰어난 인물"47이었던 바실은 삼위일체를 논하는 데 사용되는 용어들을 정확한 의미를 부여함으로써 콘스탄티노플 회의를 위한 길을 닦았다. 그는 삼위일체를 위한 인정된 문구, 즉 한 본질(substance, ousia)과 삼위(three persons, hypostasis)를 확정시킨 최초의 인물이었다.48 373년에 아다나시우스가 세상을 떠나자 바실은 동방에서 정통신앙의 수호자로서 독보적인 위치를 차지하였다.

한편 나지안주스의 그레고리는 발렌스가 죽은 후 콘스탄티노플에서 청빙 받아 그곳에서 2년 동안 니케아 정통신앙에 근거한 설교를 통해 정통신앙을 확산시켰다. 그의 노력으로 콘스탄티노플에서 니케아 신앙이 최종적인 승리를 거둘 수 있는 토대가 구축되었다. 그리고 발렌스에 의해

---

47 Tim Dowley, *Eerdmans' Handbook to the History of Christianity* (Grand Rapids: WM. B. Eerdmans Publishing Co, 1977).
48 Dowley, *Eerdmans' Handbook to the History of Christianity*.

추방당해 유랑생활을 하던 니사의 그레고리는 발렌스가 죽고 그라티안이 황제가 된 후 열광적인 환영을 받으며 니사로 돌아왔다. 니사는 콘스탄티노플 회의에서 신학적인 영향을 미쳤고, 데오도시우스에 의해 니사의 교좌로, 정통신앙의 표준교좌로 인정을 받기에 이른다.49

바실과 두 그레고리는 삼위일체를 설명하기 위한 용어 사용방법에 일치를 보았다. 그것은 곧 "한 본체 안에 세 위격"이라는 용어이다.50 갑바도기아 교부들은 라틴어 본질(substantia)과 동등한 의미의 헬라어로서 우시아(ousia)를 신학적인 용어로 정착시켰고, 삼위(tres persona, three persons)에 해당하는 가장 가까운 헬라어는 세 얼굴(three prosopa)이었지만 이 용어는 사벨리우스파에게 인기 있는 단어였기 때문에 더 강한 의미를 나타내는 용어인 "세 위격"(three hypostasis)을 사용하였다. 니케아 회의에서는 우시아와 위격을 나타내는 히포스타시스(hypostasis)와 차이가 없이 동의어로 사용되었다. 그러나 갑바도기아 인들은 이 둘 사이를 구분하여, 우시아는 일반 개념으로 신성 본질을 나타내는 말로 사용하고 히포스타시스는 삼위 하나님의 위격을 설명하는 표현으로 사용하였다. 따라서 한 우시아(ousia)의 세 히포스타시스(hypostasis)로서 삼위일체를 설명했던 것이다. 그 결과 그들은 삼위일체론의 각 위격의 사역을 구분하여 논하였다. 그들에게 아버지는 나시지 않은(not generated) 신성의 근원(source)이며, 아들은 아버지로부터 나신, 사역을 수행하시는 자이며, 성령은 아들을 통해 아버지로부터 나오신, 사역을 완성시키는 자이다. 이들의 삼위일체가 성서적 근거에서 출발한 것임을 발견한다. 삼위 하나님 즉 성부, 성자, 성령은 삼위 하나님으로 하나(일체)라는 것이다. 성령의 인격성을 강조하고 성령의 경우도 동질을 주장하였으며 아폴리나리우스에 반대하여 성자의 완전한 인격을 주장하였다.

---

49 Cf. 한철하, 고대 기독교사상, 201-202.
50 Chadwick, *The Early Church*, 184.

6. 콘스탄티노플 회의

갑바도기아 교부들의 신학은 데오도시우스 황제가 즉위할 때까지 뚜렷한 발전을 하지 못했다. 데오도시우스 황제는 379년 황제에 오른 다음 해 기독교를 로마제국의 공식적인 국교로 만들었다. 콘스탄틴 대제 이래 동로마에선 최초의 열렬한 서방신학 지지자였던 데오도시우스 황제는 381년 콘스탄티노플 회의를 소집하여 니케아 신조를 재확인하였다. 이 회의를 통하여 아리우스파는 완전히 정죄를 받은 셈이며 이것이 곧 아리우스파의 종말을 의미하기도 하였다. 이처럼 니케아 정통신앙이 승리하기 까지는 황제의 공헌이 지대했던 것이 사실이지만, 일련의 역사적 환경이 맞아 떨어졌기 때문이기도 하다. 정통의 주자 아다나시우스가 373년 세상을 떠난 후 바실이 새로운 정통 지도자로 부상하였고, 그레고리는 니사의 감독이 되었으며, 380년경에는 나지안주스가 콘스탄티노플에서 반아리우스 운동을 전개하면서 니케아 정통신앙을 콘스탄티노플에서 회복하고 있었다. 더구나 380년 데오도시우스 황제가 그곳에 들어오자 나지안주스는 열렬한 아리우스주의자였던 콘스탄티노플 주교 데오필루스(Deophilus)에게 니케아 신앙을 받아들일 것인지 아니면 콘스탄티노플을 떠날 것인지 양자택일 할 것을 요청했다.

사태의 심각성을 직시한 데오필루스는 그곳을 떠나지 않을 수 없었고, 황제는 지난 2년 동안 충실하게 니케아 정통신앙을 뿌리내리는 데 절대적인 공헌을 한 나지안주스를 콘스탄틴노플의 주교로 임명하였다. 다음 해인 381년에 황제는 니케아 신앙을 확인하고 만약 그 신앙을 따르지 않을 경우 이단으로 규정하고 벌을 가한다는 법령을 발표하여 로마−알렉산드리아 정통을 동방에도 수립하기에 이른다.51 이 법령으로 콘스탄

---

51 Seeberg, *Hist. Doct.*, Vol. I, 234.

티노플의 모든 아리우스 감독들은 그곳에서 추방되었다. 황제는 이어서 법령을 제정하던 381년에 콘스탄티노플에서 회의를 소집하여 니케아 신앙을 확인하고 아리우스주의 문제를 종결짓기에 이른다. 이 회의에서 결정된 신조는 다음과 같다:

> 우리는 한 분 하나님, 전능하신 아버지, 보이는 것이나 보이지 않는 천지 만물을 지으신 하나님을 믿나이다.
>
> 또한 한 주 예수 그리스도를 믿사오니, 이는 하나님의 독생자, 모든 세대 이전에 아버지로부터 나신 자, 빛으로부터의 빛, 참 하나님으로부터의 참 하나님, 나셨으나 지음 받은 것이 아니며, 아버지와 동일 본질이시라. 이를 통하여 만물이 생겨났으며, 그는 우리 인간들을 위하여, 우리의 구원을 위하여 하늘로부터 내려오셔서 성령과 동정녀 마리아에게서 성육신하셨고, 사람이 되어, 우리를 위하여 본디오 빌라도에게 십자가에 못 박히셨고, 고난받으시고 장사지낸 바 되었다가 성경대로 3일 만에 다시 살아나시어 하늘에 오르사 아버지 우편에 앉아 계시다, 산자와 죽은 자를 심판하기 위하여 영광으로 다시 오실 것이며 그의 나라는 무궁하리라.
>
> 또한 성령을 믿사오니, 이는 주 되시며 생명을 주시는 자이시니, 아버지로부터 나오시며, 곧 아버지와 아들과 더불어 함께 경배 받으시며, 함께 영광을 받으실 분이시니, 선지자들을 통하여 말씀하여 오신 분이시니라. 하나의 거룩한 보편적인 사도적 교회를 믿나이다. 우리는 죄의 사유를 위한 한 세례를 고백하나이다. 우리는 몸이 다시 사는 것과 내세의 영생을 믿나이다. 아멘.[52]

우리는 이 신조가 니케아 신조와 독립된 별개의 신조가 아니라 니케아 신조를 재확인한 것이라는 사실을 발견할 수 있을 것이다.[53]

---

[52] John H. Leith, *Creeds of of the Churches: A Reader in Christian Doctrine, from the Bible to the Present* (Atlanta: John Knox Press, 1982).

[53] 이 신조를 작성할 때 니케아 신조를 토대로 작성되었으며, 따라서 니케아 신조가 담고 있는 핵심적인 가르침을 그대로 포함하고 있다. 그러나 니케아 신조를 여과적으로 그대로 인용한 것은

이 신조는 성부, 성자, 성령 삼위의 구별을 명시하여 위격을 무시하고 각 위의 개체성을 제거해버린 사벨리우스의 단일신론을 거부하고, 성부와 성자의 본성을 구분하여 성부와 성자가 다른 본성을 가진다는 유노미니안주의자들(Eunominians), 아리우스주의자들(Arians), 성령 피조설자들(Pneumatomachians-세미아리안주의자들)과 같은 아리우스주의자들을 배격한다. 성자와 성부가 동질이라는 호모우시우스가 구체적으로 한 신성과 능력과 본체를 의미한다는 콘스탄티노플 신조의 결정은 콘스탄티노플 신앙을 밝히는 콘스탄티노플의 공한에도 분명히 나타나 있다.54 콘스탄티노플 회의에서의 니케아 신앙의 확인으로 A.D. 325년부터 381년 동안 무려 50년이 넘게 끌어온 성부와 성자의 동일 본질 문제는 일단락되었다. 그러나 삼위일체론이 현대적인 의미로 총체적으로 정립, 발전된 것은 어거스틴에 와서라고 보아야 할 것이다.55

아니며 니케아 신조에 기초하여 약간 확대한 것이다. 때문에 니케아 신조와 콘스탄티노플 신조를 둘로 구분하지 않고 니케아-콘스탄티노플 신조라고 불리는 이유가 바로 그것이다(Bethune -Baker, *An Introduction to the Early History of Christian Doctrine*, 193). 한때 우리가 알고 있는 콘스탄티노플 신조는 니케아 신조와 근본적으로 다르다고 보는 견해가 19세기 말에 대두되었었다. F. J. A. Hort가 1876년에 발간한 *Two Dissertations*에서 둘의 상관성을 부인하였고, Harnack과 Seeberg가 이를 받아들여 한때 이설로 정설이 되는 듯했다. 그러나 Eduard Schwartz가 1922년에 발간된 *Acta Conciliorum Ecumenicorum*에서 그 견해가 잘못되었다는 설득력 있는 주장을 피력하면서 그것은 영향을 잃기 시작하였다. Kelly는 슈바르츠의 견해를 수용하면서 콘스탄티노플 신조는 니케아 신조와 별개의 독립적인 신조가 아니고 니케아 신조에 근거하여 작성된 신조라고 본다. Cf. F. J. A. Hort, *Two Dissertations*, Cambridge and London, 1876, 73; Seeberg, *Hist. Doct.*, Vol. 1., 234; Eduard Schwartz, *Acta Conciliorum Ecumenicorum*, Berlin, 1922; Kelly, *Creeds*, 10장. Cf. 한철하, 고대기독교사상, 193-207.

54 Theodoret, *H.E.* IX. 10-13.

55 서방교회에서 삼위일체론이 상당히 정립된 것은 어거스틴에 와서이다. 어거스틴의 대표적 작품 삼위일체("De Trinitate")는 삼위일체 교리의 결정판이라고 할 수 있다. 그는 서방의 전통을 계승하면서 독특한 비유를 통하여 이를 설명하였다. 마음(기억)과 지식(이해)과 의지(사랑)의 삼위일체는 하나님의 형상을 반영하는 속사람이라고 했다. 알렉산드리아 전통의 학자들이 성령이 성부로부터 성자를 통하여 나오신다고 가르친 것에 반하여 어거스틴은 성령이 성부와 성자로부터 나오신다고 가르쳤다. 5세기경 고울 남부 지역에서 라틴어로 기록된 아다나시우스 신조는 성령의 이중 나오심을 포함하고 있다. 이 성령의 이중 나오심(Filioque)이 니케아 신경에 추가됨으로써 스페인 제 3차 톨레도 공의회(Council of Toledo)에서 발견된다. 어거스틴은 셋의 하나("oneness in three")와 하나 안에 셋("three in one") 개념을 신학적으로 성공적으로 정립하여 삼위일체 교리의 발전에 상당한 기여를 하였다. "어거스틴은 신적 실존의 단일성을 크게 강조하면서, 그 단일성 안에 셋의 개념이,

성부와 성자의 관계가 정립되자 이제는 신성과 인성 양성의 문제로 논쟁의 초점이 옮겨가기 시작하였다. 자연히 삼위일체 논쟁의 연속이라고 할 수 있는 기독론 논쟁이 역사에 등장하였다.

그리고 반대로 셋의 개념 속에 단일성이 함축되어 있음을 보여 주려고 했다"

제 12장
기독론 논쟁

한 분 동일하신 아들 우리 주 예수 그리스도께서는 신성과 인성에서 완전하시며, 참으로 하나님이시며 참으로 사람이시며 이성적인 영혼과 육신으로 이루어지시되, 신성에 있어서는 성부와 동질이시고, 동시에 육신으로는 모든 면에서 우리와 동질이시되 죄는 없으시며, 신성으로는 만세 전에 성부에서 나셨으나, 인성으로는 우리 인간을 구원하시기 위해 성모(데오토코스) 동정녀 마리아에게서 나시었으니, 한 그리스도, 성자, 주, 독생자는 두 성 신성과 인성이 [한 인격 안에] 혼동되지 않고, 변하지 않으며, 분할과 분리됨이 없이 연합되었다.

칼케돈 신조

니케아 회의와 콘스탄티노플 회의에서는 그리스도가 완전한 하나님이시며 완전한 인간이라는 결정을 내림으로써 그리스도의 신성과 인성 문제를 해결한 셈이다. 그러나 두 성 사이에 어떤 관계가 있는지 분명하게 규정하지 않았다. 또 완전한 인간과 완전한 하나님이라는 의미가 무엇인지도 규정하지 않았다. 이처럼 예수 그리스도의 신성 문제가 정립되자 곧 예수 그리스도의 인성과 신성이 어떤 관계가 있는가 하는 기독론의 문제로 발전하였다.

이처럼 신성과 인성의 관계를 논한 것이 기독론 논쟁이며, 이것이 콘스탄티노플 회의부터 칼케돈 회의까지 다루어진 주제였다. 기독론의 논쟁은 362년 아폴리나리우스주의(Apollinarianism)로 시작하여, 381년 콘스탄티노플 회의에서 아폴리나리우스의 견해가, 431년 에베소 회의에서는 네스토리우스의 견해가, 그리고 451년 칼케돈 회의에서는 유티키안의 견해가, 553년 콘스탄티노플 회의에서는 단성론이, 그리고 680년 콘스탄티노플 회의에서는 단의론(Monothelitism)이 정죄됨으로써 일단락되었다.

1. 아폴리나리우스주의(Apollinarianism)

아폴리나리우스는 4세기 초엽 시리아의 라오디게아에서 태어났다. 부친이 라오디게아 장로였던 아폴리나리우스(Apollinarius, 362-381)는 360년 안디옥에서 140마일 떨어진 시리안의 라오디게아(Laodicea) 감독이 되었다. 아다나시우스의 절친한 친구이기도 한 아폴리나리우스는 아리우스 논쟁에서 강력한 전통주의 옹호자로 활동했으며, 니케아 회의가 끝난 후엔 바실 등과 친분을 나누기도 했다.

아리우스주의를 논박하는 과정에서 아폴리나리우스는 불변적인 로고스가 어떻게 가변적인 인성과 연합되었는가를 규명할 필요성을 느꼈다. 그는 그리스도라는 한 존재 안에 완전하고 대조적인 두 가지 본질, 즉 신적이고 영원하고 불변하고 완전한 본질과 인간적이고 세속적이며 부패할 수밖에 없는 유한하고 불완전한 본질이 공존할 수 없다고 느꼈다.[1] 데살로니가전서 5장 23절에 근거해 인간의 본질을 육, 혼, 영(mind or reason)으로 구분한 아폴리나리우스는 예수가 태어날 때 그리스도 안에서 로고스가 영의 자리를 대신하여 인간적인 몸과 연결되었다고 믿었다. 바로 이 때문에 불변적인 로고스가 그리스도의 삶 속에서 능동적인 존재

---

[1] Kenneth S. Latourette, *A History of Christianity Vol. I: Beginnings to 1500* (New York: Harper & Row, 1975), 274.

로 역사한다는 것이며, 또 신성과 인성이 어떻게 연합되었는가도 자연스럽게 설명해 준다는 것이다.

아폴리나리우스가 볼 때 만일 그리스도 안에서 온전한 인격과 이성을 다 갖춘 인간이 하나님의 아들과 연합되어 있다면 결과적으로 두 개의 인격체가 있다는 뜻이고, 이것은 곧 성육신의 실제성을 파괴시키는 결과가 이루어지며, 결국 그리스도 안에서 하나님이 인간과 연합되어 있다고 말하는 결과가 되고 만다. 따라서 아폴리나리우스는 그리스도의 이성적 기관을 제거시켜 그의 인간적 본성을 회생시키고 그 빈자리에 말씀을 채워 넣을 수밖에 없었다.[2]

이 견해에 의하면, 그리스도께서 동정녀 마리아에게서 인간적 본성과 자신이 지니셨던 육신도 받지 않으셨으며 마리아는 단순히 하나의 도구로서 쓰임 받았을 뿐이다.[3] 결국 로고스가 인간 예수의 영(human soul)을 대신하였다고 이해함으로 신인(Divine-human)으로 그리스도를 이해하기보다는 인간의 육체를 입고 오신 하나님으로 이해했다.[4] 인간 예수가 로고스를 가졌다는 점에서는 완전한 하나님이시지만, 인간의 지성과 이성을 가지지 않았기 때문에 그는 완전한 인간은 아니라는 것이다. 결국, 로고스가 인간 예수의 마음(또는 영)을 대신했다고 봄으로써 예수가 완전한 하나님, 완전한 사람이 아니라 신적 지성을 가지고 활동하신 예수에 불과하다고 이해하였다.

이처럼 아폴리나리우스의 사상이 아리우스 사상의 수정판처럼 보였지만, 많은 사람들은 그가 정통주의자들과의 교류가 있고 니케아 신조의 철저한 옹호자였다는 사실 때문에 감히 논박할 수 없었다. 그러나 그의 사상이 그리스도의 인성을 불완전한 존재로 만듦으로 말미암아, 예수 그리스도는 참 하나님이요 참 사람이라는 니케아 신조의 결정을 거슬리는

---

[2] Justo Gonzalez, *A History of Christian Thought* I (Nashville: Abingdon Press, 1970-1975), 358.

[3] Kelly, *Early Christian Doctrine*, 294. Cf. Schoeps, *Vom himmlischen Fleisch Christi*, 1951, 9ff.

[4] Apollinarius, *Ep.*, 102, L.C.C. Vol. III, 215-229.

것이라고 간파한 사람들이 있었으니 안디옥 학파에 속한 사람들과 3명의 갑바도기아 교부들이 바로 그들이다. 안디옥 학파에 속한 대표적인 인물 디오도루스(Diodorus of Tarsus, d.394), 데오도레(Theodore of Mopsuestia, d.428), 데오도레투스(Theodoretus)는 아폴리나리우스와 날카로운 대립관계에 있었다.5 이들은 아폴리나리우스에 반대하여 예수 그리스도의 양성 즉, 완전한 인간적 본성과 완전한 신적 본성을 강조했다. 한편 갑바도기아 인들은 아폴리나리우스가 완전한 인간성을 희생시켜 구속의 의미를 희석시켰다고 보았다:

> 만일 어느 누구라도 그리스도가 인간적 마음이 없는 사람에 불과하다고 믿는다면, 그 사람은 참으로 정신 나간 얼간이일 뿐만 아니라 구원받을 자격도 전혀 없다. 왜냐하면 인간이 되시지도 않고 어떻게 인간을 구원할 수 있겠는가? 그러나 그 인성이 그리스도의 신성과 연합되어 있으면 구원받을 수 있다. 만일 아담이 절반 정도만 타락했다고 한다면 그리스도가 인간이 되셨다는 것도, 우리를 구원하시는 것도 절반에 불과할 것이다. 그러나 아담의 전 본성이 타락했다면 독생하신 그리스도의 본성에 전체적으로 연합되어야 하며, 따라서 전체적인 구원에 이르게 될 것이다.6

이처럼 완전한 인성을 소유한 인간 예수여야 구원이 가능하다고 믿는 갑바도기아 교부들은 아폴리나리우스의 "로고스-육신" 교리를 "로고스-인간" 교리로 수정했다.

아폴리나리우스의 기독론은 로고스-인간의 논리를 제시하기는 했지

---

5 Latourette, *A History of Christianity Vol. I : Beginnings to 1500*, 274-275. 또 황금의 입이라 알려진 안디옥의 설교자 요한 크리소스톰(d.407)과 후에 정죄된 네스토리우스도 안디옥 학파에 속한 인물이다. 풍유적 역사해석을 거부하고 문법적 해석을 강조했던 안디옥 학파는 동일 본질에 관하여 니케아 결정을 고수했다. 아폴리나리우스를 비롯 알렉산드리아 학파가 플라톤의 영향을 반영하는 것에 반해, 플라톤보다는 아리스토텔레스에 더 많은 영향을 받은 안디옥 학파는 신성과 인성을 이원론적으로 보기보다는 신성과 인성이 예수 그리스도 안에 존재한다고 믿었다.

6 *Oratio de inc.* 54.

만 신성을 강조한 나머지 인성이 마치 신적 본성에 흡수된 것과 마찬가지라는 인상을 풍겼다. 사실 그는 우리가 하나님을 지닌 사람을 경배할 것이 아니라 육신을 지닌 하나님을 경배하여야 한다고 주장하고 있었다. 그가 그렇게 주장하는 이유는 성육신으로 신성 자체가 손상되거나 침해를 받은 것이 아니라는 확신이 있었기 때문이다. 이런 이유로 아폴리나리우스는 신성이 인성을 취한 것이며 따라서 인간의 마음 혹은 이성을 하나님이신 말씀이 대신했다는 논리였다. 로고스-성육신이라는 구조 속에서 신성을 강조하는 이런 경향은 알렉산드리아 학파나 이레니우스의 기독론과 유사하다.[7] 아폴리나리우스는 신성을 강조한 나머지 인성을 약화시켜 신성이 인성을 흡수했다는 인상을 남겨주었다.

그리스도의 한 인격 안에 신성과 인성이 연합되었다. 신성을 강조하여 인성을 약화시키는 것도 인성을 강조하여 신성을 약화시키는 것도 문제이다. "인성을 지니신 신성" 또는 "신성을 지니신 인성"은 모두 양성의 원리에 어긋난다. 이런 문제는 초대교회에만 문제가 된 것은 아니다. 현대인들 가운데도 삼위일체를 특별히 그리스도의 신성과 인성의 관계를 아폴리나리우스적으로 해석하거나 이해하는 경우가 흔하다. "인간의 몸을 입고 오신 그리스도"라는 표현이나 하나님이 육신을 입었다는 표현 역시 인성을 지니신 신성의 의미로 사용되고 있는 것들이다.

우리가 즐겨 부르는 찬송가 126장 2절에 보면 "오늘 나신 예수는 하늘에서 내려와 처녀 몸에 나셔서 사람 몸을 입었네"라는 찬송가 가사가 나오는 데 이것도 아폴리나리우스적인 성육신 이해이다. 이것은 앞서 언급한 "인성을 지니신 신성"의 대표적인 본보기이다. 찬송가 126장의 위의 가사는 "오늘 나신 예수는 하늘에서 내려와 처녀 몸에 나셔서 참사람이 되셨네"라는 말로 바꾸어야 한다. 예수 그리스도가 사람 몸을 입은 것이 아니라 우리와 똑같은 사람이 되신 것이다. 찬송가 122장에 나오는

---

[7] *Oratio de inc.* 54. "로고스가 육신이 되신 것은 인간들에게 모범을 보이시기 위함이나 인간의 빚을 하나님께 갚아드리기 위함이기보다는 우리 인간을 감싸고 있는 악의 세력을 깨뜨려서 인간이 신화(神化)될 수 있는 길을 터주려는 데 있다."

"여호와의 말씀이 육신을 입어 날 구원할 구주가 되셨도다"는 구절도 "여호와의 말씀이 육신(사람)이 되어 날 구원할 구주가 되셨도다"라는 말로 바뀌어야 한다.

말씀이 육신의 몸을 입으신 것이 아니라 육신이 되신 것이다. 이런 의미에서 성자가 인간의 몸을 입고 오신 것이 아니라 참으로 인간이 되신 것이다. '여호와의 말씀이 육신을 입어'라는 구절을 로고스가 예수의 영을 대신함으로써 예수 그리스도를 육신을 입고 계신 신성이라고 이해했던 아폴리나리우스의 주장과 유사하다. 몸과 혼이 합하여 인성의 본질을 이루기 때문에 그리스도의 참 인성은 그가 인간의 몸뿐만 아니라 인간의 혼도 갖고 계시다. 인간의 이성이 없다면 더 이상 인간이라고 볼 수 없다.

갑바도기아인들이 지적한 것처럼, 만일 예수가 완전한 인간이 아니라면 구원 자체를 무효화시키는 것이다. 370년 갑바도기아 바실이 아폴리나리우스를 논박하기 시작하였고, 377년경에는 로마 감독 다마수스 지도 하에 한 회의가 열려 그를 정죄하였으며, 그 후 382년에 다시 확인하였다. 또한 379년에는 안디옥에서 한 회의가 열려 아폴리나리우스주의를 정죄하였고, 381년 콘스탄티노플 회의에서 다시 이단으로 정죄하였다. 아폴리나리우스는 388년 데오도시우스 법전(Codex Theodosianus) 이단 목록에도 포함되었다. 그 후 아폴리나리우스주의는 가현설과 함께 예수 그리스도가 우리와 같이 완전한 인성을 가진 사람이라는 사실을 거부하는 이단으로 간주되어왔다.

알렉산드리아 학파와 안디옥 학파로 대표되는 기독론 논쟁은 아폴리나리우스의 정죄로 끝나지 않았다. 그들의 논쟁은 두 가지 방향으로 진행되었는데 한 쪽은 양성을 강조하는 네스토리우스로 대표되는 네스토리우스파이고 다른 한쪽은 연합을 강조하는 소위 단성론자들(Monophysites)이다. 이 두 파는 교회에서 정죄를 받았음에도 불구하고 기독교 공동체 속에 수 세기 동안 존재해왔다.

2. 네스토리우스주의(Nestorianism)

처음 콘스탄티노플 감독으로 부임한 후 이단과 이교를 억눌러야 한다는 시릴의 견해에 동조하고 있던 네스토리우스는 아폴리나리우스가 그리스도의 신성과 인성의 관계를 육체라는 가죽을 걸친 하나님의 아들이라는 개념으로 이해하여, 그리스도의 신성을 강조한 나머지 그리스도의 인성을 약화시킴으로써 그리스도는 참 하나님이시지만 참 인간은 아니라는 오류를 낳았다는 사실을 잘 알고 있었다. 네스토리우스는 이런 아폴리나리우스의 주장에 반대하여 성자는 참으로 하나님의 아들이며 참으로 사람이라는 두 가지 사실을 강조하였다. 그에게 그리스도는 완전한 인성과 완전한 신성을 가지신 분이다. 신성과 인성이 뚜렷이 구별되며, 양성이 그리스도의 한 인격 안에 함께 존재한다고 보았다는 점에서 아폴리나리우스의 약점을 넘어섰다. 그러나 이 신성과 인성이 그리스도의 한 인격 안에 어떻게 연합되었는가 하는 문제에서 네스토리우스는 오류를 낳고 말았다.

1) 논쟁의 발단

사건의 발단은 다음과 같다. 공석 중인 콘스탄티노플의 감독직을 놓고 여러 파에서 지나친 경쟁을 하자 황실은 중도적인 입장을 지닌 설교자를 백방으로 찾고 있었다. 이런 정치적인 상황에서, 데오도시우스 2세는 428년 4월 설교에 능하면서도 중도적인 입장에 있던 안디옥 출신의 수도사 네스토리우스를 불러오게 되었다. 그가 콘스탄티노플의 감독으로 부임했을 때, 그곳에서는 이미 마리아 호칭문제를 놓고 두 파가 열띤 논쟁을 벌이고 있었다. 네스토리우스 자신이 전하는 바에 의하면, 이 두 파 가운데 한 파는 아폴리나리우스 파이고 다른 한 파는 포티누스 파로 한

쪽은 마리아를 데오토코스(Theotokos)라고 불러야 한다는 것이고 다른 한쪽은 마리아를 앤트로포토코스(Anthropotokos)라고 불러야한다는 것이다.

네스토리우스는 이 두 파를 불러 조사해본 결과 데오토코스파가 그리스도의 인성을 부인하지 않았고 앤트로포토코스파도 그리스도의 신성을 부인하지 않았음을 발견하였다. 네스토리우스는 이들의 화해를 위해 마리아의 명칭에 대해 문제가 된다면 차라리 크리스토토코스로 부르면 어떻겠느냐고 제의했고 이들은 모두 만족해서 돌아갔다.[8]

거의 같은 시기에 콘스탄티노플에서는 몇 사람이 알렉산드리아의 감독인 시릴을 걸어 황제에게 고소하는 사건이 발생했다. 데오도시우스 2세는 이들을 네스토리우스에게 보내 이 고소 문제를 판정해 줄 것을 요청하였다. 네스토리우스가 이 문제를 해결하기 위해 콘스탄티노플에 있는 시릴의 대표자들을 소환하여 어떻게 된 일인가를 캐묻자 이들은 시릴에 대한 중상이 사실무근이며 오히려 시릴을 중상하는 이들을 처벌해줄 것을 네스토리우스에게 요구했다. 시릴로서는 신학적인 문제이든 정치적인 문제이든 문제 여하를 떠나 같은 감독인 네스토리우스가 알렉산드리아 감독인 자신을 조사한다는 사실이 자존심 상하는 일이었다.

2) 논쟁의 핵심

시릴과 네스토리우스 논쟁의 원초적인 출발점은 과연 마리아를 데오토코스로 볼 수 있겠느냐는 것이었다.[9] 알렉산드리아 신학자들은 그리스도 안에서 하나님과 인간의 육체적 연합이 있었다면, 마리아에게서 태어난 그리스도는 하나님으로, 그리고 마리아는 '하나님을 나신 분'(데오토코스)이라 불러야 한다고 보았다.[10] 마리아를 데오토코스라고 불러야 한

---

[8] Nestorius, *The Bazaar of Heracleides*, 151-152.

[9] Latourette, *A History of Christianity Vol. I : Beginnings to 1500*, 276.

[10] Bengt Hägglund, 신학사, 박희석 역 (서울: 성광문화사, 1989), 130. 마리아를 데오토

다는 알렉산드리아 전통을 따라 시릴은 마리아를 데오토코스라고 주장한 반면 네스토리우스는 그녀를 데오토코스라고 부를 수 없다는 것이다. 이것은 네스토리우스가 로마의 감독 켈레스틴에게 보낸 편지에서 마리아를 데오토코스라고 부르는 이들이 신학적으로 잘못되었다는 사실을 밝히는 과정에서도 분명히 드러난다:

> 뿐만 아니라 저들은 그리스도를 낳으신 동정녀를 하나님 모양으로 취급합니다. 왜냐하면 저들은 감히 그녀를 데오토코스 즉 하나님을 낳은 자라고 부릅니다. 그런데 성경은 물론이요 가장 거룩한 니케아 교부들도 … 동정녀에 대하여 그리스도의 어머니로서 말하지 하나님이신 말씀(God the Word)의 어머니라고 말하지 않습니다.
> … 우리가 가르치는 바는 다음과 같습니다. 난 것은 그 부모와 동질이며 따라서 사람들 사이에 보여진 것은 주의 인간성의 피조물에 의탁되었습니다. 이 인간성은 성령으로 말미암아 동정녀에서 났으며 하나님과 연합되었습니다. … [따라서] 데오토코스란 말을 … 낳은 그녀에게 … 적용하는 것은 부적당하다고 생각합니다.[11]

콘스탄티노플의 감독 네스토리우스는 스승 데오도레를 따라 마리아를 데오토코스(theotokos), 즉 성모("Mother of God")라고 부르는 것을 거부하고 대신 크리스토토코스(christotokos; "그리스도의 어머니")라고 불러야 된다고 보았다. 네스토리우스가 마리아를 데오토코스로 부르는 것을 반대한 것은, 마리아는 다윗의 자손을 출산했고 로고스가 그 안에 머무른 것이기 때문에 그를 데오토코스라 부를 수 없고 다만 크리스토

코스라고 불러야 한다는 알렉산드리아의 신학적 경향은 다소의 주교 디오도레(Diodore, 378-390)와 몹수에스티아(Mopsuestia)의 주교 데오도레(Theodore, 392-428)에게서도 발견된다.
[11] L.C.C. Vol. III. 346-348.

토코스라 불러야 한다는 것이다.12

그러나 네스토리우스가 데오토코스라는 호칭을 무조건 거부한 것은 아니다. 켈레스틴에게 보낸 서신에서 데오토코스라는 말이 "동정녀에 관해서 사용하되 다만 그녀에게서 난 성전(예수 그리스도의 육신)이 하나님이신 말씀과 불가분적이라는 뜻에서 사용하는 것이고 그녀가 하나님이신 말씀의 어머니가 아니라는 뜻에서 사용된 경우"라면 용납될 수 있다는 의사를 밝히고 있다.13

우리는 여기서 네스토리우스의 입장이 무엇인가를 어렵지 않게 추론할 수 있다. 그는 마리아에서 난 것은 인성이지 신성은 아니며, 또 신성과 인성이 한 인격 안에 결합되었다는 의미에서 데오토코스라는 말을 마리아에게 붙일 수 있겠지만, 결합되었다고 해도 양성은 구분되기 때문에 신성의 원천이 아닌 마리아를 신성의 어머니라고 부를 수 없고 그 대신 그리스도의 어머니 즉, 크리스토토코스라고 부르는 것이 적합하다는 것이다. 이런 네스토리우스의 입장은 한쪽으로는 니케아 정통신앙을 무시하면서까지 그리스도의 인성을 강조하는 극단을 피하고 또 한쪽으로는 그리스도의 신성만을 강조하여 인성의 중요성을 약화시키는 극단을 피하려는 의도에서 비롯된 것이다. 네스토리우스(Nestorius)의 견해는 알렉산드리아의 시릴(Cyril)에 의해 혹독한 비판을 받았다.

뛰어나고 사려 깊은 신학자였던 시릴은 막상 논쟁에 연루되자 뛰어난 정치적인 수완을 동원하여 교권을 통한 신학적 입지를 구축하기를 주저하지 않았다. 이집트 내의 이단들 및 이교도들을 분쇄하기 위해 싸움을 벌이는 삼촌 아래서 자라난 탓인지 시릴은 성격이 직선적이었고 이교 및 분파들을 용납하지 못하는 성미였다. 사이렌의 사이네시우스를 가르친 바 있는 신플라톤주의자이며 덕 있고 영리한 여성 하이파티아(Hypatia)를 415년에 광신적으로 살해하는 일을 주도한 장본인도 시릴이었다.14

---

12 Hägglund, 신학사, 130.
13 *L.C.C.* Vol. III. 346-348.
14 Henry Chadwick, *The Early Church* (London: Cox & Wyman Ltd. 1967), 194.

412년 데오필루스를 계승하여 알렉산드리아 감독이 된 후 시릴은 네스토리우스의 세력을 견제하고 더 나가서 데오도시우스 황제의 후광을 단절시키려고 하였다. 네스토리우스가 그렇게 자신의 주장을 관철하려고 하는 이면에는 황제가 네스토리우스를 후원하고 있기 때문이라는 생각이 들었기 때문이다. 당시 줏대가 없었던 데오도시우스 황제는 두 명의 여자들에 의하여 끌려다녔다. 미모의 지성인이면서 독실한 기독교인이었던 누나 펄체리아(Pulcheria, 399-453)가 데오도시우스를 조정하고 있었다. 후에 그에게 유도키아라는 이름으로 개명한 아테나이스(Athenais)를 아내로 소개해 준 것도 누이였다. 그러나 결혼 후에 유도키아는 펄체리아를 따돌리고 혼자서 데오도시우스 황제를 조정하기 시작하면서 두 여인 사이에는 미묘한 전운이 감돌고 있었다. 더구나 아내 유도키아가 네스토리우스를 열렬히 지지하고 있었고 반대로 누이는, 언젠가 그로부터 면박을 받은 일이 있기 때문에 그를 몹시 싫어하였다. 이런 상황에서 데오토코스 입장을 지니고 있던 시릴이 콘스탄티노플의 데오토코스 파와 연합하여 네스토리우스파를 거부하고 황제, 황녀, 황후, 황태후 등 황실의 사람들에게 편지를 보내 네스토리우스를 비판하기 시작한 것이다.

이런 복잡한 상황 속에서, 스스로의 입장이 곤란해질 우려가 있다고 판단한 황제는 시릴의 반 네스토리우스 운동을 달갑지 않게 생각할 수밖에 없었다. 황제의 후원을 받는 것이 힘들다고 판단한 시릴은 방향을 돌려 로마교회의 원조를 받기로 하는 한편 네스토리우스에 대한 공격을 강화하였다. 시릴은 네스토리우스에게 429년, 430년, 그리고 알렉산드리아 회의 중 등 세 번의 편지를 보내 그의 신학을 비판했다. 429년에 보낸 처음 편지는 단순히 친구가 친구에게 보내는 편지로 신학적 문제보다는 자신의 입장을 전달하는 안부적인 성격의 서신이었다. 그러나 교리서한(epistola dogmatica)으로 알려진 두 번째 서신에는 네스토리우스를 공격하는 깊은 내용이 담겨져 있었다. 두 번째 편지에서 시릴은 "그리스도 안에서 신성과 인성의 구별이 연합으로 인하여 없어져 버린 것이 아님은 인정하였고 연합을 통하여 하나의 본체(hypostasis)를 구성하므로 신성에 속한 초자연적 기적들을 인성에 돌릴 수 있을 뿐만 아니라 마찬가지로 인성의 자연적 약점들을 신성에 돌릴 수 있다고 하였다. 이 연합이야 말로 하나의 본체를 구성하기 위한 것이므로 단순히 경건한 열정에서가 아니라 엄밀한 신학적 의미에서도 하나님이 베들레헴에서 탄생하였다거나 영원한 말씀이 고난을 받고 죽었다고 표현할 수 있다는 것이었다."[15] 이것은 인성과 신성 사이에 속성의 교류를 거부하는 네스토리우스의 사상에 대한 정면 도전이었다.

시릴은 네스토리우스에게뿐만 아니라 로마 감독에도 서신을 보내 로마교회의 후원을 요청하였다. 이 일은 자연스럽게 진행되었다. 그즈음 로마교회에서 이단으로 정죄 받은 펠라기우스주의자들을 콘스탄티노플교회에서 받아들임으로 말미암아 두 교회가 극도의 대립 상태에 놓여 있었기 때문이다. 시릴은 네스토리우스가 그리스도의 신성과 은혜의 필요성을 부인하는 새로운 형태의 펠라기우스주의자들이라는 인상을 로마교회에 퍼트렸다. 시릴은 네스토리우스에게 두 번째 서신을 보내 그의 신학을 반박하면서도 또 한편으로는 네스토리우스에 관한 모든 자료를 수집하여 로마 감독에게 보내 네스토리우스를 이단으로 규정할 수 있도록 치밀한 계획을 짜놓고 있었다.

네스토리우스 역시 로마의 감독 켈레스틴(Celestine)에게 서신을 보내 논쟁에서 자신들의 입지를 강화시키길 원했다. 429년 로마의 감독 켈레스틴에게 보낸 장문의 편지에서 감독에게 네스토리우스는 자신의 처지를 알리면서 협조를 요청하였다. 이 편지에서 네스토리우스는 아폴리나리우스나 아리우스 이단과 유사한 것을 가르치는 이들이 나타나 "아버지와 동질이신 하나님의 말씀을 공공연히 모독하고, 신성과 연합된 육신이 신화하고 말씀으로 말미암아 신성으로 변화되었다"고 주장함으로써 "정통신앙을 적지 않게 부패시키고"있다고 하소연 하였다.[16] 그러나 네스토리우스가 편지를 보내기 전에 이미 시릴은 로마 감독 켈레스틴에게 네스

---

[15] Latourette, *A History of Christianity Vol. I : Beginnings to 1500*, 243.
[16] *L.C.C. Vol. III.*, 346-348.

토리우스를 반박하는 서한을 보내 자신의 입지를 강화시켜 놓은 상태였
다.

이런 상황에서 로마 감독 켈레스틴은 네스토리우스를 반대하고 시릴
에 동조했다. 라토렛은 그 이유가 네스토리우스보다 시릴이 켈레스틴 감
독에게 공손했고, 또 네스토리우스가 일부 펠라기우스주의자들에게 환대
를 베풀었기 때문이라고 보았다.17 이것이 정확한 이유인지는 확인할 길
없지만 로마 감독의 지지를 얻은 시릴이 네스토리우스와의 논쟁에서 유
리한 입장을 차지한 것만은 분명하다. 켈레스틴은 430년 8월 로마에 한
회의를 소집하여 네스토리우스를 정죄하고, 존 카씨안을 시켜 새로운 형
태의 펠라기우스주의에 반대하는 글을 써 시릴을 통해 네스토리우스에게
전달했다. 그리고 안디옥의 요한과 시릴에게도 그 사실을 통보했다. 이
소식을 들은 시릴이 알렉산드리아에 회의를 소집하여 네스토리우스를 이
단으로 정죄하고 12개 정죄문을 만들어 셀레스틴의 공문과 함께 11월
30일에야 네스토리우스에게 전달했다.18 시릴이 작성한 12개의 파문조

---

17 Latourette, *A History of Christianity Vol. I : Beginnings to 1500*, 277.
18 이때 시릴은 네스토리우스에게 다음과 같은 세 번째 편지를 써서 함께 보냈다:
"하나님의 독생자이신 말씀은 아버지의 본질로부터 나시사 참 하나님으로부터의 참 하나님
이시요, 빛으로부터의 빛이시요, 만물을 지으신 그는 … 친히 우리의 구원을 위하여 내려오시어
… 육신이 되시고 사람으로 되시었다. 즉 거룩한 동정녀에게서 육신을 취하사 그 육신을 태로부터
당신의 것으로 만드셨고, 그는 우리와 마찬가지로 출생하시사, 여인의 아들로 나오셨다. 그러나
그가 계셨던 것을 버리지는 아니하셨다.
… 그러나 그는 살과 피를 취하심으로써 사람이 되셨다 할지라도 역시 그는 그가 계셨던
대로 머물러 계셨으니 진실로 그 본성과 진리에 있어서 하나님이시다. 육신이 신성의 본성으로 변하
였다는 것이 아니다. 또는 하나님의 말씀의 말할 수 없는 본성이 육신의 본성으로 변하였다는 것도
아니다. … 어린 아기로서 강보에 싸여 있는 동안에도 그는 낳은 동정녀의 품에 안기어 있으면서도
그는 하나님으로서 모든 창조를 세우며 그를 낳으신 그와 보좌에 앉으신다.
그리하여 우리는 육신과 연합하여 한 인격을 이룬 말씀을 고백하며 한 아들 주 예수 그리스도
를 경배한다. 그러므로 사람과 하나님을 떼어 놓는다든가 갈라 놓는다든가하지 아니하며, 이 양성이
마치 위엄이나 권위의 연합으로 연합되었다고 말하지 아니하며 따라서 하나님의 말씀에 대하여
따로 그리스도로서 말하고 그리고 나서 한 여인에게서 난 그를 따로 또 하나의 아버지로서 말하는
일을 하지 않는다. 우리는 다만 한 그리스도, 육신을 입으신 하나님 아버지의 말씀을 알 뿐이다.
또는 하나님의 말씀이 거룩한 동정녀에게서 난 그의 안에 장막치셨다고 말하여 마치 보통 인간에
있어서 하나님이 거하시는 것처럼 말하지 않는다. 이것은 그리스도를 마치 하나님을 지닌 사람(a
God-bearing man)으로 생각하는 것과 같다. 우리가 비록 말씀이 우리 안에 장막치신다고 말하는

항은 안디옥의 양성론, 무엇보다도 그리스도의 신성과 인성 간에 그의 말씀과 행동을 구분하는 이원론, 즉 그리스도의 신성이 아니라 인성이 울고, 죽었으며, 인격이 아닌 신성이 폭풍을 잠잠하게 하였다는 등의 주장을 혹심하게 정죄하였다. 그들은 네스토리우스로 하여금 '하나님의 말씀이 육신 속에서 고난을 받았다'는 것을 인정하도록 강요하였다.19 이런 상황에서 에베소 감독 던 멤논이 시릴을 적극적으로 지원하였다. 그러나 시릴을 가장 열렬히 지지한 것은 일반 민중들이었다. 이들은 "하나님은 한두 달 된 어린 아이가 아니다"는 네스토리우스의 언행이 그리스도의 구속뿐만 아리라 인성을 파괴하는 행위로 이해했다.

켈레스틴이 시릴을 옹호한 것은 단순히 정치적인 문제에서만 비롯된 것 같지는 않다. 여러 가지 역사적인 상황으로 미루어 보아 네스토리우스에 대한 시릴의 비판이 어느 정도 근거가 있다는 확신이 들었던 것이다. 네스토리우스는 비록 그리스도를 "두 아들," 즉 하나님의 아들과 마리아의 아들로 나누지는 않았지만 인간 예수의 인간적 행위와 고난을 신성에게 돌리는 것을 거절하였다. 그에게 "하나님은 두세 달된 아이가 아니었다." 네스토리우스가 생각할 때 마리아가 하나님의 어머니라고 주장하는 것은 신성이 여자에게서 태어날 수 있다거나 혹은 하나님이 3일 밖에 안 된 아기일 수 있다고 주장하는 것과 마찬가지였다. 이 때문에 그는 그리스도의 신성과 인성 두 성의 실재성을 인정하면서도 신성은 십자가의 고

것이 사실이나 그리스도 안에는 신성의 충만함이 육신으로 거하신다. … 그러므로 이 거하심을 성도들 안에 거하시는 것과 같은 모양의 내주를 말하는 것이 아니요 본성의 연합(union by nature)을 말한다. 이것은 마치 사람의 영혼이 그 육신에 있는 것과 마찬가지 모양의 내주이다. … 그러므로 우리는 결합이란 용어를 쓰는 것을 반대한다. 왜냐하면 이 말은 연합을 나타내기에 충분하지 못하다. … 한 그리스도 예수만이 생각되며 그는 그의 육신에 있어서 한 경배를 받으시는 독생자이시다. … 복음의 모든 말씀은 이 한 인격, 즉 성육신하신 말씀의 한 인격(the one incarnate hypostasis of the Word)에 관하여서이다. 성경에는 한 주 예수 그리스도가 있을 뿐이다. …
… 하나님 아버지로부터 아들로서 그리고 독생하신 하나님으로서 나신 그는 비록 그 자신의 본성으로는 고난당하실 수 없으나 성경대로 육신에 있어 우리를 위하여 고난 당하셨다. … 그리하여 하나님의 은총으로 그는 모든 사람을 위하여 죽음을 맛보셨고, 자기의 몸을 죽음에 내맡기셨다. 그러나 그는 본성상 생명이었고 자신이 부활이셨다(The Third Letter of Cyril to Nestorius, L.C.C. Vol. III, 349-354).

19 Chadwick, The Early Church, 197

콘스탄티노플에 있는 성모마리아와 아기 예수상

난에 참여할 수 없다고 주장하기에 이르렀다. 그러나 만일 십자가에서 인성만 고난을 받았다고 한다면 어떻게 구속의 사역을 완수하신 우리의 구주일 수 있겠느냐는 본질적인 질문이 제기된다. 결국 신성과 인성을 구분하려는 네스토리우스의 가르침은 예수를 인성으로서의 예수와 신성으로서 예수, 즉 두 인격으로 말한다는 인상을 남겼다.20

이 때문에 사람들은 그가 신적 그리스도와 인간적 그리스도, 두 그리스도(two Christs)를 주장함으로써 기독교 신앙을 무용지물로 만들었다는 생각을 해왔다.21 이렇게 해서 그에게는 이단이라는 표지가 붙게

---

20 이 때문에 네스토리우스 사상이 정당하게 평가되어 오지 못한 것이 사실이다. Seeberg는 "일찍이 교회사 가운데 위대했던 이단 사상가 중 네스토리우스라는 이름만큼 부당하게 취급되어 온 경우는 없었다"고 지적했다(*Lehrbuch der Dogmengeschichte*, II. 2d. ed. 204). 이런 이유 때문에 제베르그와 Loofs는 네스토리우스 재건에 힘을 기울여 온 것이 사실이다(Hägglund, 신학사, 129).

21 이런 네스토리우스 해석은 다음과 같은 그의 진술로 미루어 볼 때 그에 대한 정확한 평가는 아닌 듯하다: "우리 주 그리스도께서는 그러므로 그의 신성에 있어서 아버지와 동질이시며 따라서 복된 마리아의 창조자이시다. 왜냐하면 그는 모든 것을 만드신 자이기 때문이다. 그러나 그의 인성에 있어서 그는 복된 마리아의 아들이시다. 그러나 역시 그는 우리 주 그리스도시니 그는 그의

되었고, 아울러 신적 요소와 인간적 요소 사이의 그릇된 대조를 주장하는 견해의 원형으로 간주되어왔다.22 더 나아가 두 인격의 기계적 구분으로 신성은 마리아의 뱃속에서 9개월의 성장 과정도, 고난도 십자가에 달리시지도 않았다는 것이다: "하나님께서는 어머니를 가질 수 없으며 어떤 피조물도 신성을 잉태할 수 없다; 마리아는 한 사람을 잉태하였으며 하나님이 아니라 신성의 몸(vehicle)을 잉태한 것이다. 신성은 여인의 태에서 9개월 동안 있을 수 없으며 유아용 모포에 싸여 있을 수 없으며 고난을 받을 수도 없으며 죽으시고 장사될 수도 없다."23

후대인들이 평가하는 네스토리우스 사상의 문제점은 단순히 네스토리우스가 데오토코스라는 호칭을 반대하였기 때문이 아니라 네스토리우스가 크리스토토코스라는 명칭을 정당화시키기 위해 논리를 펴는 과정에서 양성의 관계를 유기적인 연합이 아닌 기계적인 결합으로 이해하는 듯한 인상을 남겨주었다는 사실에 있다. 그는 양성의 관계를 이해하는 과정에서 하나님의 말씀과 마리아에게서 난 인성이 한 인격 안에 혼합되었다는 사실을 피하기 위해 둘의 관계를 연합(union, ἕγωαις)이 아닌 양성의 구분이 뚜렷한 결합(conjunction, συναφεία)으로 이해했다.

네스토리우스가 볼 때 양성의 관계를 결합으로 말한다 해도 양성을 한 주로 고백하기 때문에 결합은 곧 연합의 의미였다. 그러나 기계적인 결합

신성과 인성에 있어서 이중적이시다.(Nestorius, *Frag.* 262)" "그러면 양성의 연합은 분리되지 아니한다. 그러나 연합된 이 양성의 본질들은 분리된다. 이와 같이 되는 것이 그 연합을 깨뜨리는 것으로 이루어지는 것이 아니고 육신의 신성을 깨달음으로 되는 것이다. … 그리스도는 그가 그리스도이시므로 분리되지 아니하신다. 그러나 그가 하나님이시요 사람이시므로 이중적이시다. 아들이심에 있어서 그는 단일하시다. 그러나 그가 입으신 것과 입으심을 받은 분에 있어서 이중적이다. 아들의 위격에 있어서 한 분이시다. 그러나 두 눈의 경우와 같이 신성과 인성에 있어서 같지 않으시다. 대개 우리는 두 그리스도나 두 아들이나 또는 본래의 독생자와 새 독생자, 첫째 그리스도와 둘째 그리스도를 알지 못한다. 다만 우리는 하나이시요 동일하신 분을 알 뿐이니 그는 피조물의 성품에 있어서 보이는 분이시나 또한 창조되지 아니 하신 분이다. (Nestorius, *Frag.* 262)"

22 Hägglund, 신학사, 128.

23 Nulla *deterior* (Loofs, 245f) "God cannot have a mother and no creature could have engendered the Godhead; Mary bore a man, the vehicle of divinity but not God. The Godhead cannot have been carried for nine months in a woman's womb, or have been wrapped in baby-clothes, or have suffered, died and been buried."

은 유기적인 연합과 달리 속성의 교류(communicatio idiomatum)를 약화시킬 수밖에 없었다. 따라서 네스토리우스는 그리스도의 한 인격을 두 인격으로 이해하는 듯한 인상을 풍겨 스스로 시릴과 후대인들에게 비판의 여지를 남겨주고 말았다. 바로 여기에 그의 기독론의 약점이 있다. 그렇다고 후대인들이 마리아를 데오토코스라고 불러야한다는 시릴의 견해에도 무조건 동의하는 것도 아니다. 현대 개신교도들은 데오토코스가 로마 가톨릭의 마리아 숭배사상의 설정 근거 가운데 하나를 제공한다고 보기 때문에 그 용어를 달갑지 않게 생각하고 있다.

하나님을 나신 분(God-bearer)으로 번역되는 헬라어 데오토코스(Theotokos)는 어머니의 특권을 강조하기보다는 아들의 신성(the Deity of the Son)을 강조하는데 포인트가 있다. 원래 이 말은 그리스도의 신성을 강조한 오리겐과 다른 알렉산드리아인들이 사용했던 말이다. 마리아가 잉태한 예수는 말씀이 육신이 되어 오신 성자 예수 그리스도이다. 따라서 성육신하신 예수 그리스도는 신성과 인성을 가지신, 즉 완전한 인간이시며 완전한 하나님이시다. 신성과 인성은 예수 안에서 연합되었기 때문에 양성이 구분되지만 분리될 수 없다. 성령으로 잉태하여 마리아가 뱃속에서 잉태된 예수는 단순한 인간 예수가 아니라 완전한 인성과 신성을 가지신 삼위 하나님의 제 2위이신 성자 하나님이신 것이다. 때문에 마리아는 육신과 연합된 하나님의 말씀("the Divine Word")을 잉태한 것이며 이런 면에서 마리아는 데오토코스("Theotokos"; God-bearer)라고 할 수 있다.

예수 안에서 신성과 인성이 연합되었기 때문에 신성과 인성을 구분하여 마리아가 잉태한 그 예수는 신성의 예수가 아닌 인간 예수라고 할 수 없다. 예수 안에서 인성과 신성이 연합되었기 때문에 양성의 구분은 가능하지만 양성의 분리는 불가능한 것이다. 말씀이 인간의 몸과 영과 연합(The union of God the Word with the body and human soul)되었다는 것은 신성과 인성이 예수 그리스도의 한 인격 안에 연합되었다는 의미이다. 따라서 예수는 한 인격 안에 양성이 연합된 신인(God-man who united both natures in His person)이다. 시간적으로 본다면 마리아가 성령으로 예수를 잉태한 순간부터 신성과 인성, 양성은 연합되어 하나의 존재가 되었다(in the union the two constituted a single concrete being). 칼케돈 신조에 명시된 것처럼 이 연합은 분할될 수 없으며, 혼돈, 혼합, 그리고 변화가 없는 연합(union is indissoluble, but involved no confusion or mixture or change)이며, 따라서 마리아가 잉태한 그 예수 그리스도의 인격 안에는 신성과 인성 양성이 연합되었다는 의미에서 마리아는 데오토코스라고 할 수 있다.

그러나 이 말은 마리아가 인격적으로 신성하다는 것을 의미하지 않는다. 원래부터 마리아는 그리스도의 탄생을 위하여 하나님께서 사용하신 거룩한 도구에 불과하기 때문이다. 따라서 성경은 성령으로 마리아에게 잉태하셨다고 하면서 성육신의 잉태의 행동 주체가 마리아가 아닌 성령임을 강조하고 있다. 마리아를 데오토코스라고 한다 해도 그 때문에 마리아에게 인간 그 이상의 의미를 부여할 수 없다고 본다. 마리아를 데오토코스라고 부를 수 있는 것은 신성과 인성이 한 인격 안에 연합된 예수 그리스도를 잉태했다는 의미에서 부를 수 있는 것이지 마리아가 신성의 원천이라거나 예수 그리스도의 신성이 마리아에서 기원되었다거나 마리아와 예수 그리스도가 동일한 신적 본질이라거나 하는 의미에서 붙여진 이름은 아니라는 사실이다. 마리아는 동정녀였고 마리아가 그리스도를 잉태한 것은 전적으로 하나님의 영이 하신 것이기 때문이다.

만일 데오토코스를 마리아가 신성의 원천이 될 수 있다는 의미에서 이해한다면 잘못이다. 마리아는 성육신의 주체도, 신성의 원천도 아니기 때문에 결코 신격화될 수 없다. 마리아는 피조물이며 예배의 대상이 될 수 없다. 로마 가톨릭은 이 사상에서 마리아에게 단순한 인간 이상의 의미를 부여하려고 하는데 그것은 성경의 가르침과 본질적으로 어긋난다. 여기서 마리아 숭배사상이 출발하였다.

3) 에베소 회의와 평화안

네스토리우스를 지지하는 데오도시우스 2세는 네스토리우스의 요청에 따라 431년에 에베소 회의를 개최하였다. 431년 6월 22일 성 마리아 교회당에서 개최된 에베소 회의는 지리적으로나 여러 가지 여건으로 미루어 시릴에게 유리했다. 앞서 말한 것처럼 로마 감독 켈레스틴은 1년 전인 430년에 회의를 열어 네스토리우스를 이단으로 정죄하고 10일 이내에 이단사상을 철회할 것을 요구한 상태였으며, 신이 난 시릴이 알렉산드리아에서 회의를 소집해 네스토리우스에게 12개의 파문조항을 만들어 정죄한 이후였기 때문이다. 이런 일련의 불리한 상황에서 네스토리우스가 취할 행동은 에큐메니칼 회의를 소집하여 자신의 입장을 정당화시키는 길 밖에 없었다. 마침 자신에게 우호적인 데오도시우스 2세가 있었기 때문에 회의를 소집하는 것은 그리 큰 문제가 없었다.

많은 수행원과 뇌물을 대동하고 알렉산드리아 해로를 통해 네스토리우스보다 먼저 회의장에 도착한 시릴과 그의 부감독들은 회의 개최 예정일보다 15일 가량 늦게 도착할 예정이니 기다려 달라는 안디옥 감독 요한의 전갈과 이미 와 있던 68명의 감독들의 항의에도 불구하고 그들이 도착하기 4일 전인 6월 22일 단독으로 에베소 회의를 개최하여 네스토리우스를 정죄하고 파문시켰다. 그리고 다음과 같이 결정했다:

우리는 거룩한 동정녀 마리아가 데오토코스임을 고백한다. 왜냐하면 로고스이신 하나님이 육신이 되셔서 인간 육체와 연합되셨기 때문이다. 이 육체(성전)는 마리아에게서 취한 것이다.[24]

---

[24] "By reason of this union, which yet is without confusion we also confess that the Holy Virgin is *theotokos* ⟨bearer of God, because God the Logos was made flesh and man, and united with Himself the temple ⟨humanity⟩ … which temple he took from the Virgin."

안디옥 감독 요한의 인솔 하에 나중에 도착한 네스토리우스 지지자들은 에베소의 주교 멤논(Memnon)의 직위를 박탈하고 시릴을 정죄하였다. 최종적으로 도착한 로마의 사절단들은 로마 감독 켈레스틴의 지시대로 시릴과 합류하여 그의 결정을 승인하였다.

상황이 이렇게 되자 원래 네스토리우스를 지지하던 황제는 처신하기가 곤란했다. 어느 한 쪽을 지지할 수 없었던 황제는 시릴, 네스토리우스, 멤논 모두의 해임을 비준하고 이들을 연금시켰다. 그러나 정치적인 수완이 뛰어난 시릴이 가지고 온 거액의 뇌물을 황실의 영향력 있는 사람들에게 보내면서 시릴의 지위는 급부상하였고 반면 네스토리우스는 지지 기반이 급격히 약화되고 말았다. 일련의 정치적인 상황에 환멸을 느낀 네스토리우스가 원래 콘스탄티노플 감독직은 자신이 원하는 바가 아니었음을 호소하면서 안디옥에 있는 자신의 수도원으로 돌아가고 싶다는 의사를 개진하자 그의 입지는 더욱 추락되었다. 네스토리우스의 청원은 받아들여졌다.

반면 시릴은 승승장구할 수 있었고 심지어 거대한 뇌물을 제공하여 감옥에서 탈출할 수 있었다. 후에 시릴은 알렉산드리아 성직자들을 승진시켜 주고받은 돈으로 이 거대한 금액을 충당하였다. 대세가 시릴 쪽으로 기우는 것을 감지한 데오도시우스 2세도 결국 시릴이 주도한 에베소 회의 결정을 받아들였다. 영향력을 상실한 네스토리우스는 정죄를 받아 안디옥으로 추방되어 435년 애굽 사막으로 유배되어 가진 고초를 겪다 450년경 이집트의 망명객이 되어 죽었다.25

에베소 회의 이후 반 시릴 세력들이 등장하면서 시릴도 교리적인 면에

---

25 Cf. Latourette, *A History of Christianity Vol. I : Beginnings to 1500*, 280. 그는 죽기 전에 기술한 비극적 회고집 '헤라클리데스의 책'을 저술하였다. 그리고 431년 네스토리우스 정죄 이후 네스토리우스파의 세력은 유프라테스 강 동쪽 에뎃사에 집중되었다. 그 후 단성론자들의 박해를 피해 페르시아로 이주하였다. 486년 페르시아 교회는 공식적으로 네스토리우스파가 되었다. 이들이 일찍이 중국에도 복음을 증거하여 중국에서 경교로 알려져 상당한 영향력을 끼치기도 하였다. 그러나 중국에 건너오면서 경교는 전통종교들과 혼합되어 기독교의 핵심을 상실할 만큼 토착화 되었다.

에베소 회의

서 상당 부분을 양보해야만 했다. 약점을 지니고 있던 시릴로서는 어쩔 수 없는 일이었다. 시릴은 신성이 인성을 흡수했다고 본 아폴리나리우스와 마찬가지라는 비난을 받았던 것이 사실이었고 그것은 어느 정도 근거가 있었다. 시릴은 알렉산드리아 전통을 따라 로고스의 신성과 선재성을 강조하고 예수 그리스도를 제 2위, 영원한 하나님의 아들로서 확신하고, 로고스는 성육신 이후에도 인간 예수이기 전에 먼저 구주 예수요, 영원하신 하나님의 독생자 삼위일체의 제 2위이시며, 따라서 성육신 이후에도 성부와 동질인 로고스의 신성은 전혀 변한 것이 아니라는 것을 강조했다.

네스토리우스가 볼 때 이것은 마치 신성이 인성을 흡수한 것으로 이해하여 완전한 인성을 거부한 아폴리나리우스의 주장과 유사했다. 성육신에 있어서 인성이 의지도 인격도 없이 신성에게 신체적인 한 기관을 제공한 것에 불과하다면 성육신은 아무 의미가 없었다. 분개한 네스토리우스가 시릴을 향해 "만일 그대가 인성이 시작되어 점차로 성장하여서 완전함에 이르렀다는 것을 아다나시우스나 그레고리처럼 고백하지 않는다면 그대는 정통 가운데 들 수 없고 마니교도들 중에 들 수밖에 없다"고 외쳤던 이유가 바로 거기 있다.26 네스토리우스에게 진정한 성육신의 의의는 로고스가 인간이 되셨다는 신분의 변화에 있는 것이지 로고스가 여전히 로고스라는 사실에 있는 것이 아니라는 생각이었다. 우리와 똑같은 성정을 가진 그분이 우리의 죄를 대속하시기 위해 십자가에 달려 돌아가셨다는 사실에 성육신에 의의를 두어야 한다는 논리였다. 때문에 네스토리우스는 신성을 강조한 나머지 인성의 중요성을 평가 절하시키는 시릴을 다음과 같이 비판한 것이다:

> 따라서 이 사람(시릴)은 성육신에 있어서 아무 것도 인간의 행위에 돌리지 않고 모든 것을 하나님이신 말씀에 돌릴 뿐이다. 그리하여 마치 하나님이신 말씀이 인간성을 이용하여 자기의 행위를 하는 것과 같다. 아리우스나 유노미우스나 아폴리나리우스도 그와 같은 것으로서 그리스도는 이름만 하나님이라고 말하면서 실제로는 하나님이심을 부인하고 있다.27

아폴리나리우스의 가르침과 유사한 시릴의 단성론적 기독론 이해는 그에 대한 반대세력이 등장할 것을 예견하기에 충분했다. 특별히 시릴의 12개 파문조항은 반발을 샀고 극단적인 시릴을 달갑지 않게 생각한 이들은 시릴이 12개 조항을 완전히 철회할 것을 요구했다. 또한 데오도시우스 황제도 알렉산드리아와 안디옥의 화해를 위해서는 안디옥의 요한이 네스토리우스를 포기해야 한다고 설득하는 한편, 시릴에게는 안디옥이 네스토리우스를 포기하는 대가로 알렉산드리아 전통과 안디옥 전통을 융합시킨 통합신조 곧 평화안을 받아들일 것을 요구했다. 결국 시릴은 사이

---

26 Nestorius, *The Bazaar*, 288.
27 Nestorius, *The Bazaar*, 131.

러스의 데오도렛 감독이 작성한 다음과 같은 평화안에 서명해야만 했다:

> 그러므로 우리는 우리 주 예수 그리스도, 하나님의 독생자를 고백하니, 이는 완전한 하나님이시며 완전한 사람이시며, 이성 있는 영혼과 몸으로 되신 분으로 그의 신성으로 말하면 만세 전에 아버지에게서 나셨고 마지막 날에 그 동일하신 분이 우리를 위하사, 우리의 구원을 위하여 그의 인성을 따라 동정녀 마리아에게서 났으며, 그 동일하신 분이 신성에 있어서는 아버지와 동질이시며 그의 인성에 있어서는 우리와 동질이시다. 대개 양성은 연합을 이룩하셨으니 그러므로 우리는 한 그리스도, 한 아들, 한 주를 고백한다. 이와 같이 혼합이 아닌 연합의 사상을 따라서는 거룩한 동정녀를 '데오토코스'라고 고백하는 까닭은 신적인 로고스가 성육신하시어 사람이 되셨고, 잉태되는 순간부터 동정녀에게서 취하신바 성전을 자기에게 연합하셨기 때문이다.[28]

이 평화안은 안디옥 측이 에베소에서 작성한 것으로 안디옥의 신학을 상당히 반영하는 것이지만, 시릴과 네스토리우스 사이에 긴 논쟁점이던 마리아 호칭을 데오토코스로 결정함으로써 시릴에게 상당한 명분을 가져다주었다. 결국 이 평화안은 한편으로는 시릴의 연합교리를 양성의 인정 하에 수용하면서 다른 한편으로는 네스토리우스의 양성론을 한 인격 안에서의 연합 하에 받아들여 한 인격(one person)의 두 성(two natures) 연합으로 결론을 내린 셈이다. 다시 말해 하나님을 독생자로 고백하는데서 출발한 네스토리우스의 기독론은 예수 그리스도가 신성에 있어서는 성부와 동질이고 인성으로는 우리와 동질이라는 측면에서 양성이 분명히 구분되지만 예수 그리스도의 한 인격 안에 분리됨이 없이 존재한다는 의미에서 한 인격의 두 성 교리를 수용할 수 있다는 것이다.

예수 그리스도를 로고스로 고백하는 데서 출발한 시릴의 기독론은 하

---

[28] L.C.C. 355.

나님의 말씀이 성육신하셔서 우리와 동일한 사람이 되심으로 신성에 있어서는 성부와 동질이시며 인성에 있어서는 우리와 동질로 양성이 분명히 구분된다. 그러나 양성이 예수의 인격 안에 독립적으로 존재하는 것이 아니라 불가분의 연합적인 관계(the ineffable union)로 계신다는 의미에서 별 문제 없이 한 인격(one person)의 양성(two natures)교리를 받아들일 수 있었던 것이다.29 따라서 시릴과 네스토리우스 모두는 통합안에 있는 대로 예수 그리스도가 "이성적인 영혼과 육체로서 구성된 완전한 하나님인 동시에 완전한 사람으로서 신성에 있어서는 성부와 동질이며, 인성에 있어서는 우리와 동질이므로 여기에 두 성(two natures)의 연합"이 이루어지며, 이러한 기반 위에 서서 "그리스도가 하나이시며 마리아가 하나님의 어머니(theotokos)"라고 고백한 셈이다.30

이처럼, 데오토코스 문제를 놓고 벌어진 429년 네스토리우스와 시릴 사이의 논쟁은 433년의 통합신조를 양측이 받아들임으로써 완전한 해결을 보는 듯했다. 그러나 날카로운 교리적인 논쟁이 하루아침에 해결될 수는 없었다. 양측은 통합안을 자신들에게 유리한 쪽으로 해석하려고 하였다. 이런 현상은 네스토리우스 쪽에서도 찾아볼 수 있지만 시릴 쪽에서 더 심했다. 얼마 후 시릴은 네스토리우스의 이원론에 반대하여 두 성(신성과 인성)의 연합을 받아들이면서 이 부분을 해석하기를 "비록 분석적인 사고를 통해서는 추상적으로 그리스도 안에서 연합된 두 성질을 구분할 수 있으나 마치 육체와 영혼이 연합하여 한 인간을 형성하듯 성육신하신 주님 안에서는 양성의 분리가 사라지므로 '연합 후의 한 성'(one

---

29 다음과 같은 시릴의 편지로 미루어 볼 때 시릴을 무조건 단성론자로 매도하는 것은 한계가 있다: "하나님이신 말씀은 위로부터 그리고 하늘로부터 내려오셔서 자기를 비어 종의 형상을 입으시고 아들로 되시었다. 그러나 그는 그가 계시던 대로 즉 하나님으로 남아 계셨으니 그는 본성상 변할 수도 없으시며 달라질 수가 없으심이라. 이제는 그는 그의 육신과 하나로 생각되는 고로 그는 하늘로서 내려 오셨다고 할 수 있고 또한 하늘로부터의 사람이라고 불리어질 수도 있다. 그리하여 그는 신성에 있어서 완전하시고 또한 동일하신 분이 인성에 있어서도 완전하시니 이것이 모두 한 인격 안에서 그와 같은 것으로 생각된다. 왜냐하면 한 주 예수 그리스도가 계실 뿐이다. 그러나 본성들의 차이가 무시되지 아니하며 이들로부터 불가형언의 연합이 이루어졌던 것이다." 한철하, **고대 기독교사상**, 228-229에서 재인용.

30 Chadwick, *The Early Church*, 199.

nature after the union) 밖에 없다"고 보았다.31 결국 연합을 지나치게 강조한 나머지 연합 이전의 양성과 연합 후의 "하나의 성"이란 표현을 사용함으로써 유티키아니즘에로의 길을 터놓고 말았다.

3. 유티키스주의(Eutychianism)와 단성론(Monophysite) 논쟁

알렉산드리아 감독 시릴은 444년에 생을 마감하고 그의 뒤를 이어 디오스코루스(Dioscorus)가 감독이 되었다. 콘스탄티노플에서는 네스토리우스가 감독직을 떠난 후 몇 사람의 감독이 교체되다 드디어 446년에 플라비안이 콘스탄티노플의 감독이 되었다. 디오스코루스는 시릴의 신학사상을 반영할 수밖에 없었고 마찬가지로 플라비안은 네스토리우스의 사상에 우호적일 수밖에 없었다. 통합안에 대한 이들의 견해 역시 통일성이 없었지만 대체로 부정적이었다. 이들이 볼 때 통합안은 일종의 타협안이었다. 따라서 적지 않은 안디옥 학파에 속한 사람들은 네스토리우스를 포기하고 평화안을 따르는 것을 반대했으며, 알렉산드리아의 많은 사람들도 시릴의 연합교리를 포기하기를 원치 않았다. 자연히 시릴을 지지하는 쪽과 네스토리우스를 지지하는 쪽이 대립하였다. 황실의 실권자 크리사피우스와 디오스코루스 역시 433년의 평화안을 타협안이라고 보고 시릴의 12개 파문조항을 정통의 기준으로 삼으려고 했다. 이를 알아차린 안디옥의 데오도레는 시릴의 신학을 논박하는 장문의 논문을 발표하였다.

콘스탄티노플의 수도원장 유티키스도 평화안을 달갑지 않게 생각했다. 그는 황실에 적지 않은 영향력을 행사하던 인물로 당대의 황실 실력자 크리사피우스(Chrysaphius)의 절대적인 신임을 얻었다. 네스토리우스가 양성의 구분을 강조하여 예수를 두 인격으로 구별하는 오류를 낳았음

---

31 Chadwick, The Early Church, 199.

을 잘 알고 있었던 유티키스는 에베소 회의 이후 네스토리우스주의자들을 적발하기 위해 혈안이 되었다. 그는 네스토리우스의 이원론을 극복하기 위해 신성과 인성의 연합을 강조하다가 예수의 신성과 인성의 두 본성이 연합 후에 하나가 되었다고 주장하기에 이르렀다. 유티키스와 시릴 사이에는 교리적으로 밀접한 점이 많았다.

유티키스는 그리스도가 성육신 이전에는 두 본성(two substances or natures)이었으나 성육신 이후에는 한 본성(one substance or nature)이라고 주장하였다(Christ was of two natures befere the incarnation, but one nature after it). 때문에 그는 그리스도가 몸을 소유하고 있지만 우리와 같은 몸이 아니며, 그리스도 안에 신성과 인성 양성이 하나의 성 즉, 신인(divine-human being)으로 연합되었다고 믿었다.

콘스탄티노플의 감독 플라비안은 이런 유티키스의 견해에 불만을 갖고 있으면서도 정치적인 논쟁에 휘말리기를 원치 않았다. 그러나 유티키스가 고소되어 오자 더 이상 방관만 할 수 없다는 확신이 들어 이 문제에 과감하게 뛰어들었다. 448년 11월 유티키스는 콘스탄티노플의 한 지방회의에 소환을 받고 이단성에 대해 심문을 받았다. 심문은 노련하고 용의주도한 콘스탄티노플의 감독 플라비안(Flavian)이 맡았는데 심문 과정에서 유티키스의 사상이 문제가 있음이 드러났다. 플라비안(Flavian)이 유티키스에게 물었다. "당신은 동정녀에게서 나신 우리 주님이 [우리와 동질(consubstantial)이시며] 성육신 후에도 두 개의 성을 가지셨음을 인정하십니까? 하시지 않습니까?" 그러자 "나는 우리 주님이 연합 전에는 두 개의 성을 연합 후에는 한 성을 갖고 계심을 인정합니다"고 유티키스(Eutyches)가 대답했다. 위의 진술에서 발견할 수 있듯이 유티키스의 가르침은 신성과 인성의 연합을 강조한 나머지 신성과 인성 두 성이 한 성이 되었다는 것이다. 플라비안의 유도심문에 유티키스가 말려들었고 그 결과 유티키스는 양성을 혼합시킨다는 혐의를 받았다.

유티키스는 회의의 결정에 불복하고 즉시 레오 1세와 알렉산드리아 감독 디오스코루스에게 호소하였다 신중하고 시려 깊은 레오 1세는 이

성 소피아 성당 내에 있는 데오토코스파의 성모마리아 상

문제에 끼어들기 전 좀 더 문제의 핵심을 파악하는 한편 사태의 진전을 주시하였다. 플라비안에게 일련의 문제에 대한 상세한 보고를 요청하는 한편, 얼마 후 플라비안이 보낸 회의록 사본을 검토하기에 이르렀다. 회의록 사본을 검토한 레오는 유티키스의 사상이 단성론이라는 결론을 내린 후 유티키스에 대한 플라비안의 판단이 근거 있다고 생각을 굳혔다. 그러나 사태의 심각성 때문에 즉각적인 반응은 유보하였다. 이와는 달리 유티키스를 옹호하고 있던 알렉산드리아의 디오스코루스는 즉시 플라비안이 주도한 회의를 거부하는 한편, 유티키스와 함께 황제에게 에큐메니칼 회의를 열어 이 문제를 논해줄 것을 정식으로 요청하였다.

이런 상황에서 황제는 449년 3월 30일 일련의 신학적인 문제를 해결하기 위해 449년 8월에 에베소에서 종교회의를 소집한다는 칙령을 발표하였다. 그즈음 갑자기 사태가 플라비안에게 불리한 방향으로 진전되고 있었다. 플라비안을 뒤에서 후원하고 레오와도 연대하여 반유티키스 운동을 전개하던 황녀 펄체리아가 황실의 실력자 크리사피우스에 의해 제거되어 한 수도원에서 은거하고 있었고, 플라비안 감독 역시 자신이 주도한 회의의 회의록에 부정이 있다는 혐의를 받은 후 입지가 약화된 상태였다. 이런 상황에서 알렉산드리아 감독 디오스코루스는 이번 기회에 네스토리우스를 지원하는 이들을 완전히 제거하여 알렉산드리아 시릴의 선통을 확고히 다지기를 숙원하고 있었다.

8월 8일에 열린 이 회의에는 약 130여 명의 감독들이 한 자리에 모였다. 로마의 레오교황은 참여하지 않고, 대신 대리로 보낸 기오의 감독 쥴리우스를 통해 콘스탄티노플의 플라비안 앞으로 일종의 교리 성명서인 톰(Tome)을 보내주었다. 레오 교황은 그리스도의 양성론을 희생시키고 연합 후 일성을 강조하는 유티키스 주장을 논박하면서 "가장 강렬한 용어들을 사용하여 성육신하신 주님의 몸에 영구히 두 개의 성질이 있다"는 것을 주장하였다.[32] 자연히 레오의 톰과 그 밖의 것에 진술된 레오의 기독론은 네스토리우스와 유티키스의 극단인 단성론(Monophysitism)을 피하면서 완전한 인간이며 완전한 하나님이신 예수 그리스도의 한 인격 안에 신성과 인성이 연합되어 있다고 가르쳤다.

마리아는 자신의 처녀성을 상실하지 않고 예수 그리스도를 잉태, 탄생하였고, "주님은 마리아의 죄성을 물려받지 않은 채 그녀의 본성을" 취하였으며,[33] "원래의 자기를 그대로 존속시킴과 동시 원래 자기가 아닌 것을 취함"으로써,[34] 그리스도는 지상 생애에서 미덕의 본을 보이셨으며 죽음과 부활을 통해 인류의 구속을 확보하셨다. 그리고 연합 후에도 "양성은 각기 고유의 성격을, 상실 없이 유지"[35]하고 "그리스도는 인간의 연약함에 참여하였지만 인간의 과실을 공유하지 않았다"[36]고 밝혔다. 이처럼 레오는 연합 후에도 그리스도는 완전한 인성과 완전한 신성을 갖고 있다는 점을 강하게 진술하여 그의 사상이 후에 칼케돈 회의에서 작성한 신조

---

[32] Chadwick, *The Early Church*, 202.
[33] *Tome* 28.4.
[34] *Sermon*. 21.2.
[35] *Tome* 28.3.
[36] *Tome*. 28.3.

의 중심 교리로 정착될 수 있었다.

그러나 레오 교황이 발송한 톰은 회의석상에서 낭독조차 되지 못했다. 회의 전권이 공평성을 상실한 알렉산드리아의 디오스코루스에 의하여 움직이고 있는 상황에서 로마의 사절단들은 간헐적인 불만을 토로할 뿐 일방적인 회의 진행에 속수무책이었다. 449년 8월에 열린 에베소 회의는 처음부터 플라비안이 유티키스를 정죄한 것이 정당했는가라는 문제를 제기해 의도적으로 전년도에 결정한 유티키스 정죄를 반박하는 방향으로 초점을 맞추고 있었다.

유티키스를 고소한 도래리움의 유세비우스와 함께 콘스탄티노플의 감독 플라비안은 정죄를 당한 후 유배의 길을 떠나고 말았고 그 후임으로 아나톨리우스(Anatolius)가 임명되었다. 뿐만 아니라 사이러스의 데오도레 감독, 에뎃사의 이바스 감독, 안디옥의 돔누스(Domnus) 감독 등 일련의 네스토리우스주의자를 파면시켰다. 이런 일련의 에베소 회의 결정은 사려 깊은 결정이라기보다는 감정적이고 반동적인 결정으로 반영될 수밖에 없었다. 특히 추방당한 플라비안이 옥중에서 4일 만에 세상을 떠나자 449년 에베소 회의에 대한 인상은 더욱 부정적이었다.

외형적으로 디오스코루스가 교권을 완전히 장악한 것처럼 보였으나 상황은 오히려 그에게 불리한 방향으로 진행되었다. 플라비안, 유세비우스, 데오도렛과 그들을 따르는 일련의 사람들은 레오에게 이 사태를 해결해 줄 것을 호소하는 공한을 보내지 않을 수 없었다. 서방교회에서 로마 교회의 우월성을 진전시키고, 마태복음 16장 19절을 교황 자신을 말하는 것으로 가르친 최초의 인물이기도 한 레오는 기독론 논쟁에서 탁월한 지도력을 발휘하였다. 이 서방의 실권자 레오 황제는 449년의 에베소 회의의 불법적인 진행을 들어 그 회의를 '강도들의 소굴'이라고 비판하면서 회의 자체를 인정하지 않았다. 레오는 즉각 황제 데오도시우스를 비롯 각 지도자들에게 에베소에서의 결정은 비정상적이며 상식을 초월한 처사라는 내용의 서한을 보내는 한편 황실의 실권자 펄체리아에게도 편지를 보내 에베소의 결정이 근본적으로 받아들일 수 없는 것임을 강조했다.

그러나 레오가 동방 황실 펄체리아에게 보낸 서신은 그녀에게 도달하기 전 친유티키스파에 의해 사전에 탈취 당했다. 소식을 기다리던 레오는 동방 황실로부터 회답이 없자 서방의 황실에 호소하여 황제 발렌티니안 3세, 황후 유독시아, 황태후 풀라키디아 등을 통해 동방 황실에 영향력을 행사하였다. 이런 상황에서 동방 황실의 실권자 펄체리아가 레오와 결탁하면서 알렉산드리아 디오스코루스에게 불리한 방향으로 사태가 진전되었다. 뿐만 아니라 자신의 심복 아나토리우스가 콘스탄티노플이야말로 서열 두 번째 가는 교구라고 선언하고 나선 것이다. 그러나 이보다도 더 결정적인 사건은 데오도시우스 2세의 갑작스런 죽음이었다. 데오도시우스 2세가 말에서 떨어져 그 상처로 인해 세상을 떠나자 그의 누이 펄체리아(Pulcheria)가 권력을 계승하고 노련한 무인 마르시안(Marcian)을 남편으로 삼아 함께 제국을 다스렸다.

정권을 장악한 즉시 펄체리아는 극단적인 시릴 옹호자인 유티키스를 귀양 보내고 그동안 자신을 밀쳐내고 세도를 부려온 크리사퍼우스를 처형하였다. 펄체리아와 마르시안은 콘스탄티노플이 로마 다음의 제 2서열에 있으면서도 늘 알렉산드리아 교구에 밀려온 것을 유감으로 느끼고 있었다. 그들은 이를 위해 플라비안의 유해를 콘스탄티노플에 안치하고 디오스코루스에 의해 추방당한 모든 감독들을 소환하여 자신의 입지를 강화시켰다.

이런 상황에서 마르시안과 펄체리아는 451년에 칼케돈 회의를 소집하였다. 회의 장소를 콘스탄티노플에 가까운 칼케돈으로 결정한 것은 펄체리아와 마르시안이 참석할 수 있도록 배려하기 위해서였다. 이 회의에서는 448년에 플라비안 지도 하에 열렸던 콘스탄티노플 지방회의와 449년에 디오스코루스 지도 하에 열렸던 소위 강도회의 회의록을 심사하였다. 회의의 전권을 쥐고 있던 펄체리아와 콘스탄티노플의 아나톨리우스 감독은 449년의 소위 강도회의의 모든 결정 사항을 번복하고 유티키스를 정죄한 후 플라비안과 유세비우스의 정통성을 확인했다. 네스토리우스는 정죄되었지만 데오도레와 이바스는 복직되었고 디오스코루스는 파면 후 유배지에서 454년에 생을 마감했다.

한편으로는 네스토리우스의 양성론을 배격하고 다른 한편으로는 유티키스의 단성론을 배격하는 방향에서 진행된 칼케돈 신조는 433년의 조문, 시릴의 네스토리우스에게 보낸 두 번째 서신, 레오의 톰에서 핵심적인 부분을 따와 종합적으로 재합성한 것이다. 그중에서 양성이 한 인격 안에서 결코 혼합, 변함, 나뉨, 분리됨이 없이 연합 되었다는 레오의 가르침은 칼케돈 신조에 결정적인 역할을 했다. 칼케돈 신조는 다음과 같다:

(1) 그러므로 거룩한 교부들을 따라 우리 모두가 일치하니, 한 분 동일하신 아들 우리 주 예수 그리스도께서는 신성과 인성에서 완전하시며, 참으로 하나님이시며 참으로 사람이시며 이성적인 영혼과 육신으로 이루어지시되, 신성에 있어서는 성부와 동질이시고, 동시에 육신으로는 모든 면에서 우리와 동질이시되 죄는 없으시며, 신성으로는 만세 전에 성부에서 나셨으나, 인성으로는 우리 인간을 구원하시기 위해 성모(데오토코스) 동정녀 마리아에게서 나시었으니,37 (2) 한 그리스도(one and the Same Christ), 성자(Son), 주(Lord), 독생자(Only-begotten)는 두 성 신성과 인성이 [한 인격 안에] 혼동되지 않고(without confusion), 변하지 않으며(without change), 분할(without division)과 분리됨이 없이(without separation) 연합되었다. (3) 두 성 사이의 차이는 어떤 의미에서도 연합에 의해 파괴되지 않으며,38 (4) 각 성의 속성들은 훼손되지 않고 그대로 보존되며, 두 성은 두 인격(two persons)으로 나뉘어지거나 분리되지 않고, 함께 한 인격과 위격을 형성하니,39 이는 곧 옛날의 선지자들과 예수 그리스도께서 친히 우리에게 가르치시고 우리 교부들의 신조가 전해준 한 아들, 독생자 로고스 주 예수 그리스도[시라].40

---

37 이 항은 433년 조문에서 온 것이다.
38 이 조항은 네스토리우스에게 보낸 시릴의 두 번째 서신에서 온 것이다.
39 이 조항은 레오의 톰에서 따온 것이다.

칼케돈 신조는 알렉산드리아 전통과 안디옥의 전통을 동시에 수용하는 모종의 타협안이었다. 시릴을 비롯한 알렉산드리아 신학전통이 강조해오던 로고스-성육신 단성론 사상을 조건부로 받아들이는 동시에 네스토리우스 등 안디옥 신학전통이 주장해오던 로고스-육신 양성론 신학도 조건부로 수용하여 둘의 전통을, 혼합이 아닌 양성의 연합, 연합 후의 양성이라는 하나의 신앙으로 조화시켜 기독론 정통으로 정착시킨 것이다. 한마디로 칼케돈 회의에서 핵심은 그리스도의 두 본성(신성과 인성)이 한 인격 안에 혼동되지 않고, 변하지 않으며, 분할 없이, 분리됨 없이 연합되었다는데 있었다.

이런 면에서 칼케돈 신조는 다음 몇 가지 면에서 교리사적 의의를 찾을 수 있을 것이다. 첫째, 칼케돈 신조는 지금까지 논란이 되어왔던 아폴리나리우스주의, 네스토리우스주의, 그리고 유티키스주의와 단성론 문제를 해결했고, 둘째, 예수 그리스도가 신성에 있어서는 성부와 동질이며 인성에 있어서는 우리와 똑같은 완전한 인간이라는 니케아 전통을 재확인했으며, 셋째, 시릴과 네스토리우스 이후 알렉산드리아 학파와 안디옥 학파 사이에 오랫동안 논란이 되어 온 동정녀 마리아를 "데오토코스"(God-bearer)로 확정함과 동시에 양성의 연합관계를 혼합이 아닌 연합으로 받아들여 네스토리우스와 시릴의 양 극단을 피함으로써 그동안의 기독론의 문제를 정착시켰다는 데 있다. 이외에도 칼케돈 회의에서는 콘스탄티노플이 "각 지방회의로부터의 항소를 취급할 수 있는 상급법원으로 결정"됨으로써 명실상부한 로마교회 다음의 서열을 굳힌 셈이다.

지금까지의 기독론 논쟁은 그리스도의 신성을 강조한 알렉산드리아 학파와 인성을 강조한 안디옥 학파가 논쟁의 축을 이루며 형성되었다. 신성과 인성의 관계에 있어서 기독론의 핵심을 어디에 두느냐 하는 문제에서 알렉산드리아의 신학과 안디옥의 신학은 서로 달랐던 것이다. 전통적으로 그리스도의 인성을 강조한 안디옥 신학은 기독론의 핵심을 하나

---

[40] Council of Chalcedon, *Actio* V. Mansi, vii. 116f. Henry Bettenson, *Documents of the Christian Church* (London: Oxford University Press, 1967), 51–52.

님의 뜻과 순종하는 인간과의 상관관계 속에서 조명하려고 한 반면 그리스도의 신성을 강조한 알렉산드리아 신학은 기독론의 핵심을 로고스-성육신이라는 틀 속에서 이해하려고 했었다. 안디옥 신학자들은 예수 그리스도가 진정한 사람이 되어 순종치 않으셨다면 십자가의 사건이 무슨 의미가 있겠느냐는 것이었고, 알렉산드리아 신학은 예수 그리스도가 하나님이 아니시라면 그리스도가 인간이 되셨다는 성육신 사건이 무슨 의미가 있겠느냐는 것이었다. 이처럼 두 신학적 전통은 처음부터 그리스도 이해를 위한 접근 방향이 상이한 것이 사실이었다. 그러나 결국 이 두 학파는 알렉산드리아의 연합교리와 안디옥의 양성교리라는 양측의 입장을 한 인격(one person) 안에 양성(two natures)의 연합이라는 가르침 속에 모두 수용하여 하나로 정착시킨 셈이다.

4. 칼케돈 이후 기독론 논쟁

칼케돈에서 정죄를 당한 네스토리우스주의자들과 유티키스를 따르는 단성론자들은 칼케돈 신조를 받아들일 수 없었다. 경교로 알려진 네스토리우스주의는 로마제국의 극동 메소포타미아 방면의 에뎃사(Edessa)를 중심으로 지지기반을 넓혀나갔다. 에뎃사 학파의 바르스마스(Barsumas)와 에뎃사의 이바스(Ibas, 435-457) 감독은 네스토리우스 사상에 상당히 동정적이었다. 이들의 영향력은 수리아 지방에 더욱 컸다. 그러나 그곳에서 네스토리우스주의자들이 단성론자들과 충돌할 때 제노(474-491) 황제가 단성론자들을 무마시키기 위해 489년 에뎃사의 네스토리우스주의자들의 학교를 폐쇄하자 네스토리우스주의자들은 오늘날의 이라크, 이란, 터키 동남부 등 동방으로 자신들의 활동 중심을 옮기기 시작하였다. 동방으로 이주한 네스토리우스주의자들은 페르시아에 거처를 정하고 페르시아 정부의 보호 아래 자신들의 신앙을 계속 보존할 수 있었다. 페르시아를 거점으로 이들은 인도와 중국에 선교사를 파송하는 등

적극적인 네스토리우스 기독교를 전파하면서 세력을 확산시켜 나갔다. 이 때문에 네스토리안 교회가 페르시안 교회로 역사에 알려졌다. 동양에서는 경교(景教)로 알려졌으며 한때 중국을 통해 한국에까지 그 영향력을 확대하였다. 이들은 역사의 그늘에 가리어져왔는데 그것은 이들이 공교회로부터 이단으로 정죄 받았을 뿐만 아니라 독립적인 선교활동과 종교 활동을 전개하면서 보편적인 교회와 교류가 단절되었었기 때문이다.

이와는 대조적으로 단성론자들은 칼케돈 이후 자신들의 세력을 규합하여 교회의 지도력을 장악하고, 알렉산드리아와 예루살렘을 중심으로 자신들의 세력을 확산시켜 나갔다. 이 두 교구는 시릴과 네스토리우스 논쟁에서 항상 보조를 같이 했다. 예루살렘 교구는 알렉산드리아와 안디옥 학파가 논쟁을 계속할 때 알렉산드리아 측에 합류하여 안디옥을 적대하여 왔다. 예루살렘 교회에서는 칼케돈 이후 칼케돈 정통주의자가 물러나고 단성론자가 감독으로 앉았고, 알렉산드리아에서도 감독이 살해되고 단성론자가 감독으로 임명되었다. 심지어 안디옥에서도 461년에는 단성론자가 감독이 되었다. 이처럼 칼케돈 이후 칼케돈 정통주의자들이 물러나고 단성론자들이 여러 교구에서 감독직을 차지하게 되었다. 이런 상황에서 동방 황제 제노는 단성론자들과 모종의 타협을 시도하지 않을 수 없었다. 더구나 단성론자들에 의해 2년간이나 추방당한 후 돌아온 제노 황제는 단성론자들과 칼케돈주의자들과의 분열을 피하기 위해 단성론자들과 칼케돈 신조를 통합시키려는 통합령(Edict of Reunion), 헤노티콘 (Henotikon)을 482년에 발표하기에 이르렀다.41 이 통합령은 네스토리우스와 유티키스를 각각 정죄한 후 거룩한 알렉산드리아 감독이었던 "존경하는 고 시릴의 12개 조문"을 받아들이고 다음과 같이 선언하였다:

친히 하나님이시면서 인간이 되신 하나님의 독생자 우리 주 예수 그리스도는 신성에 있어서 성부와 동질이시며, 인성에 있어서 우

---

41 Henry Bettenson, *Documents of the Christian Church* (London: Oxford University Press, 1967), 89-90; Zeno apud Evagrius, *H.E.* III, 14

리와 동질이심을 고백한다. 이 땅에 강림하사 성모 동정녀 마리아에게서 성령으로 성육신하신 그는 둘이 아니라 하나임을 고백한다. 그러므로 그의 기적과 자신의 뜻에 따라 육체 속에서 받으신 고난 모두는 한 인격(One Single Person)에 속한 것임을 주장한다.42

통합안은 "현재나 또는 다른 어떤 때나 칼케돈에서든지 어떤 다른 회의에서든지 누구든지 다른 어떤 의견을 품거나 주장하거나 하는 자를 저주하되, 특별히 앞서 언급한 네스토리우스나 유티키스, 그리고 그들의 가르침을 따르는 모든 사람들을 저주한다"고 결정함으로써 칼케돈 신조를 조건부로 받아들이고 있다.43 이것으로 칼케돈주의자들과 단성론자들 사이에 논쟁은 어느 정도 정착되었다.

제노 황제 이후 동방황제들은 단성론을 옹호하는 선왕의 정책을 그대로 답습했다. 그러다 저스틴(Justine, 527-565) 황제가 들어서면서 반칼케돈 쪽으로 방향이 선회되었다. 543년 저스틴은 단성론자인 데오도라(Theodora) 황후의 영향을 받아 지금까지 수용되어오던 소위 3장(The Three Chapters)을 정죄하는 칙령을 발표하였다. 소위 3장은 데오도레(Theodore), 사이러스의 데오도렛(Theodoret)과 에뎃사의 이바스(Ibas)의 작품들을 소위 3장(three chapters)으로 요약해 온 것인데 칼케돈 회의에서 정통으로 인정한 문서였다. 저스틴의 3장 거부는 곧 칼케돈 회의에 대한 정면 거부나 마찬가지였다. 이 문제로 논란이 일자 553년 콘스탄티노플에서 제 5차 에큐메니칼 회의가 열려 3장을 정죄하는 한편 단성론자들에게는 교리적으로 상당히 양보하여 둘의 분열을 막으려고 노력하였다. 그러나 제 5차 에큐메니칼 회의에서 칼케돈 회의를 그대로 인정함으로 말미암아 단성론자들의 반발을 사고 말았다.

단성론 논쟁은 단의론(monothelitism) 등장으로 새로운 단계로 접어

---

42 Bettenson, *Documents of the Christian Churches*, 90-91.

43 Bettenson, *Documents of the Christian Churches*, 91; Zeno apud Evagrius, *H.E.* III. 14

들었다. 극단적인 단성론자들은 그리스도가 한 의지만을 가지고 있다고 주장하기에 이르렀다. 638년 콘스탄티노플의 주교 셀기우스(Sergius)는 로마의 감독 호노리우스(Honorius)의 동의를 얻어 단의론에 근거한 신앙성명서를 발표하기에 이르렀다. 이런 상황에서 콘스탄틴 포고나투스 황제는 단의론 논쟁으로 인한 로마와 콘스탄티노플 사이의 적대관계를 해결할 목적으로 681년 콘스탄티노플에 제 6차 에큐메니칼 회의를 소집하였다.

이 회의에 앞서 로마의 교황 아가토(Agatho)는 680년에 로마에서 회의를 소집해 단의론을 정죄하고 그리스도는 두 개의 의지를 가지고 있음을 결정하였다. 그는 회의의 결정을 황제에게 보내 콘스탄티노플 회의가 두 개의 의지를 결정하는 방향으로 진행하도록 유도하였다. 6차 콘스탄티노플 회의에서는 로마 교황 아가토가 보낸 편지를 받아들이고 5차 에큐메니칼 회의를 재확인한 후 일의론 지도자인 셀기우스와 호노리우스를 정죄하였다.

5. 기독론 논쟁 요약

기독론과 관련된 모든 회의 핵심논제는 신성과 인성이 예수 그리스도의 한 인격 안에 과연 어떤 관계로 존재하는가 하는 것이었고 각 회의는 이 문제에 대한 신조를 결정하였던 것이다. 니케아 회의에서는 그를 완전한 하나님이며 완전한 인간으로 규정하였는데 이 말은 그리스도가 인간의 조건을 모두 갖고 계신 것을 의미한다. 좀 더 구체적으로 말한다면, 인간의 본성을 갖고 계시며 동시에 하나님의 본성을 갖고 계시다. 그러나 이 말은 그리스도의 인격 속에 인간(인성)으로서의 예수와 하나님의 아들(신성)로서의 예수가 따로 존재한다는 말은 아니고 그리스도의 한 인격 속에 신성과 인성이 연합되었다는 의미이다. 한 인격 속에 신성과 인성이 그리스도의 인격에 연합되었다 해도 신성과 인성이 구별 없이 하나로 되었다고는 할 수 없으며 칼케돈에서 규정한 것처럼 양성의 연합은 혼동, 분리, 분할, 변함이 없는 연합이다. 연합 후에도 신성과 인성은 구분되지만 분리될 수 없으며, 때문에 그리스도는 신성과 인성에 따른 두 개의 의지 즉, 신의(神意)와 인의(人意)를 갖고 계시는 것이다. 그리고 신성과 인성 사이에 속성의 교류가 존재하는 것처럼 두 의지 사이에도 마찬가지이다. 680-681년 콘스탄티노플 6차 회의에서는 단의론을 정죄하면서 "분열과 변화와 분리 혹은 혼동이 없이 두 개의 자연적 의지와 활동의 양식이 존재한다. … 그의 인간적 의지는 저항이나 주저함 없이 복종하는 가운데 그의 신적인 전능한 의지를 따른다"고 결정하였다.

지금까지의 기독론 논쟁과 교회회의 관계를 요약하면 다음과 같이 나눌 수 있다. (1) 아폴리나리우스주의는 "완전한 인성문제"와 관련하여 381년 콘스탄티노플 회의에서 (2) 네스토리우스는 431년 에베소 회의에서 그의 그리스도의 두 인격 교리("Christ as two persons")가 그리고 (3) 유티키스의 단성교리("one nature")가 451년 칼케돈 회의에서 거부되었다. (4) 단성론의 논쟁이 553년 제 5차 콘스탄티노플 회의에서 칼케돈 신조를 재확인함으로써 해결되었고, (5) 그리스도의 단의론이 제 6차 콘스탄티노플 회의(680)에서 거부되었다.

제 5 부
초대교회 위대한 인물들

13장
위대한 지도자들

14장
어거스틴의 신학과 사상

어거스틴과 도나투스 논쟁

제 13장
위대한 지도자들

… 거듭 되풀이 하거니와 신앙의 일에 있어서 감독들이 기독교 황제들을 판단하는 것이 관례였고, 황제들이 감독들을 판단한 것이 아니었음은 부인할 수 없는 사실이다.

Ambrosius

콘스탄틴 대제가 들어서면서 교회는 새로운 시대를 맞았다. 교회 생활에 미친 그의 영향력 때문에 역사가들은 그의 등장 이후를 후 콘스탄틴 시대(Post-Constantine Age)라고 부른다. 갑작스러운 교회의 변화는 지도자의 출현을 요구했고 일련의 훌륭한 교회 지도자들이 역사에 등장하여 변화 속에서 방황하는 교회를 이끌어 나갔다. 특히 A.D. 340년부터 350년 사이에 교회의 위대한 지도자들이 역사에 등장하여 교회의 신학적, 교권적, 교리적, 예전적 초석을 놓았다. 니케아 회의, 콘스탄티노플 회의, 에베소 회의, 칼케돈 회의 등 소위 교회회의 시대에 등장한 이들은 초대교회 삶에 적지 않은 영향을 미쳤다. 대표적인 인물로는 밀란의 암브로스 감독, 제롬, 존 크리소스톰을 꼽을 수 있을 것이다. 본장에서는 이들의 신학과 사상을 역사적 배경 속에서 고찰할 것이다. 이들의 사상과 삶은 4세기와 5세기 초대교회 역사를 이해하는 데 중요한 배경을 제공해 줄 것이라고 사료된다.

1. 탁월한 행정가 암브로스

암브로스(Ambrose, A.D. 340-397)는 고울의 수도 트레베에서 약 A.D. 340년에 출생했다. 고울, 브리튼, 그리고 스페인 전역의 통치자로서 로마에서 가장 세력이 큰 정치가 중의 하나였던 그의 부친은 암브로스가 13세 되던 해에 세상을 떠났다. 그 후 그는 법률가가 되기 위해 로마에서 교육 받았다. 뛰어난 지성과 교육적인 배경, 그리고 훌륭한 가문에 힘입어 암브로스는 약관 30세의 나이에 이탈리아 상부의 통치자가 되었고, 많은 사람들의 존경을 받을 만큼 훌륭히 다스렸다. 그러나 하나님께서는 이 지성적인 정치가의 일생을 바꾸어 그리스도의 종으로 삼았다.

본인도 예기치 못한 그런 갑작스런 변화는 374년 아리우스파였던 밀란의 감독 아욱센티우스(Auxentius)가 죽자 발생하였다. 당시 감독의 권위가 세력의 판도를 바꾸어 놓았기 때문에 어느 편에서 감독을 세우느냐 하는 문제는 승패와 사활이 걸린 문제였다. 자연히 새 감독의 선출을 놓고 아리우스파와 가톨릭 간에 경쟁이 붙었다. 암브로스는 정치가로서 질서유지를 위해 선거장에 참석하여 선거의 진행을 참관하고 있었다. 그런데 선거 중반쯤에 이르러 갑작스럽게 "암브로스를 감독으로!"("Ambrose Bishop!")라는 어린 아이의 음성이 울려 퍼졌다. 그러자 가톨릭과 아리우스파 할 것 없이 모인 무리들은 귀를 곤두세우고 그 외침에 귀를 기울였다. 갑작스러운 외침에 당황하였지만, 어느 한 사람도 어린 아이의 외침에 이의를 제기하지 않았다. 오히려 감독의 임명을 알리는 어린 아이의 외침을 하늘의 명령처럼 받아들이지 않을 수 없었다.

암브로스가 감독으로 선출되었고, 감독회의도 암브로스의 감독선출을

암브로스
(Ambrose)
(c.340-397)

인준했다. 아직은 자신을 세속 정치 지도자로 인식하고 있던 암브로스는 뜻밖의 갑작스러운 감독선출을 받아들일 수 없었다. 더구나 이때 암브로스의 나이가 겨우 34살이었고 아직 세례도 받지 않았다.1 그러나 처음부

---

1 이 말은 암브로스가 기독교인이 아니었다는 것을 의미하지는 않는다. 암브로스는 기독교 가정에서 자랐지만 당시의 관습에 따라 세례를 연기하여 왔다.

제13장 위대한 지도자들   415

터 이적적으로 진행된 감독 선출은 감히 거역할 수 없는 하늘의 뜻이라고 생각하고 있었기 때문에 암브로스의 거절은 받아들여질 수 없었다. 감독직을 받아들인 암브로스는 과감하고 충실하게 그 직을 감당하였다. 373년 11월 24일 세례를 받고 12월 1일 감독직에 오른 후 그는 감독으로는 상상할 수 없는 개혁을 추진하였다. 그 후 세상을 떠나던 397년까지 암브로스는 서구 사회에 교권을 강화시켜 놓는 데 탁월한 행정적 지도력을 발휘하였다. 당시 밀란이 서로마 제국의 수도였기 때문에 밀란의 감독으로서 암브로스는 그라티안 황제(375-383), 발렌티니안 2세 황제(375-392), 데오도시우스 황제(379-395)에게 엄청난 영향력을 행사하였다.

감독직에 오른 후 그가 제일 먼저 한 일은 부유했던 자기의 전 재산을 교회와 사회를 위해 바친 일이다. 탁월한 행정가였던 암브로스는 자신의 정치적인 경험을 살려 감독으로서 자신의 입지를 강화시켜 나갔다. 암브로스는 감독으로 군림하지 않고 직접 자기를 필요로 하는 이들과 삶을 공유하기 위해 그의 사무실을 가난한 자들, 억압받는 자들에게 항상 열어 놓았다.

그러면서도 성경과 신학연구, 그리고 설교에 온 정열을 기울였다. 그의 금욕적인 삶과 개방된 삶과 사역, 그리고 꾸준한 연구는 세속정치에서 차지한 그의 명성과는 비교할 수 없을 정도로 그를 위대한 인물로 만들어주었다. 금전에 깨끗하고 삶에 솔직하고 성경연구에 게으르지 않은 성직자의 모습은 후대인들에게 하나의 모델이 되었다. 신앙과 삶이 일치했던 암브로스의 설교가 힘이 있고 설득력이 있었다. 어거스틴이 암브로스의 설교를 듣고 기독교 신앙으로 돌아온 것은 우연이 아니다. 교수의 설득력 있는 강의 못지않게 한 목회자의 힘 있는 설교가 더 큰 역량을 발휘하는 경우를 역사를 통해 자주 발견한다.

전투적인 가톨릭 입장에 확고히 서 있었던 암브로스는 아리우스주의자에 대해서는 한 치의 양보도 없었다. 암브로스는 감독직에 오른 지 10년도 되지 않던 381년 일리리쿰의 두 아리우스주의 감독 팔라디우스(Palladius)와 세쿤디아누스(Secundianus)의 문제로 아킬레이아 회의에서 두 감독을 파면키로 결정하고 그 집행을 당시 그라티안 황제에게 청원했다. 청원의 내용은 "이 불경한 투사들이요, 진리를 부패케 하는 자들을 교회 밖으로 내어 쫓도록 관계 당국이 칙령을 내리라"2는 것이다. 이것은 당시 감독으로서는 대담한 행동이었다.

그 후 아리우스파를 퇴치하려는 암브로스의 노력은 발렌티우스 황제 때에도 계속되었다. 황제 발렌티니안(Valentinian) 2세가 14살의 어린 소년이었기 때문에 그의 어머니 유스티나(Justina)는 아들을 대신하여 정치했다. 그때 상당수의 아리우스주의자들이 궁중을 무대로 활동하고 있었다. 381년 콘스탄티노플 회의가 끝난 다음에도 아리우스주의자들은 여전히 궁중에서 중요한 세력을 차지하고 있었는데 그런 활동배경을 제공해준 장본인이 바로 유스티나였다. 그녀는 아리우스주의에 매우 동정적이었기 때문에 아리우스파도 밀란에서 똑같이 예배를 주관할 권리를 가져야 한다고 느끼고 있었다.

385년과 386년 사이에 수차례에 걸쳐 성당 하나를 아리우스파에게 양도할 것을 암브로스에게 명령했다. 그러나 암브로스는 단호하게 이를 거절했다. 암브로스가 그런 단호한 입장을 취한 것은 교회와 국가의 관계에 대한 그의 관점에서 비롯되었다. 그는 교회의 영역과 국가의 영역은 구분되어 있으며 국가가 교회의 일에 간섭해서는 안 된다고 보았다. 다시 말하면 궁전은 황제에게 속하고 교회는 감독에게 속한다는 것이다. 황제가 교회의 문제에 관여해서는 안 되며 그렇게 하는 것은 교회문제에 대한 불필요한 간섭이라는 생각이었다. 평신도인 황제는 한 사람의 기독교인으로서 감독 아래 있어야 된다는 것이다. 국가와 교회는 원칙상 분리되기 때문에 황제가 교회문제에 관여할 수 없고, 더구나 평신도인 황제가 감독을 가르칠 수 없으며, 황제도 한 사람의 기독교인으로 하나님의 뜻을 따라야 한다. 그런 의미에서 황제는 감독의 가르침과 지도에 따라야 할 의무가 있다. 이것은 사실상 국가와 교회의 분리가 아니라 교회의 권위를

---

2 Ambrosius, Ep., 10, 8.

국가 위에 놓는 것이었다:

> 폐하께서는 이제까지 신앙의 문제에 있어서 평신도가 감독을 심판하였다는 일을 들어 본 일이 있는가요? 우리는 감독의 특권을 다 잊어버리고 아첨하는 자리에까지 이르렀는가요? 하나님께서 나에게 의탁하신 것을 다른 사람에게 내어 줄 수 있겠습니까? 만일 감독이 평신도에게 가르침을 받기 시작하면 다음에는 어떤 일이 일어나겠습니까? 평신도가 앞에 나서고 감독은 듣고, 그리하여 감독이 평신도로부터 배우게 되면 성경 상으로 보든지 … 옛날의 전례를 보든지 신앙의 일에 있어서, 거듭 되풀이하거니와 신앙의 일에 있어서 감독들이 기독교 황제들을 판단하는 것이 관례였고, 황제들이 감독들을 판단한 것이 아니었음을 부인할 수 없는 것이니이다.3

발렌티니안 2세의 섭정자 유스티나(Justina)는 암브로스의 용기에 끝내 굴복하고 말았다. 표면적으로 암브로스와 유스티나와의 갈등이 해결된 것처럼 보였지만 둘 사이에 보이지 않는 간격은 여전히 존재하고 있었다. 그러던 중 메소포타미아 유프라테스 강변의 한 도시 칼리니쿰(Callinicum) 기독교인들이 감독의 충동을 받아 발렌티니안(Valen-tinian) 영지주의자들의 회합장소를 파괴하고 유대교 회당을 불태웠다. 데오도시우스(Theodosius) 황제는 그 지방 교회감독이 교회 비용을 들여 소실된 건물 모두를 재건하라는 조서를 내렸다. 아킬레이아에서 이 소식을 들은 암브로스 감독은 몹시 화가 났다. 더구나 암브로스는 그리스도인인 황제가 그런 명령을 내리는 것이 신앙 양심에 어긋나는 행위라는 생각이 들었다.

암브로스는 글과 대중설교를 통해 항의하고 황제가 그 명령을 취소할 것을 요구했다. 처음 데시우스 황제는 암브로스의 요청을 거절했다. 그러

---

3 Ambrosius, *Ep.*, 21, 4.

나 유대인 회당을 건립하라는 황제의 명령을 다시 취소할 때까지 성찬을 베풀 수 없다는 감독의 단호한 의지에는 황제 자신도 어쩔 수 없었다. 게다가 암브로스의 영향력이 너무 컸기 때문에 황제는 그의 명령을 취소하지 않을 수 없었다. 암브로스는 또 한 번의 대결을 승리로 이끈 셈이다.

아리우스파로 인한 문제는 아니지만 발렌티니안 황제와 직면한 또 하나의 사건은 384년에 있었던 승리의 제단 사건이었다. 384년에 로마 원로원에서는 수년 전 암브로스의 영향 아래 그라티안 황제가 이교들에 대항하면서 제거하였던 승리의 제단(the Altar of Victory)을 원상 복구시키려는 운동이 일어났다. 로마 원로원은 그라티안 황제가 죽은 후 발렌티니안 황제에게 승리의 제단을 복구시킬 것을 요구하였다. 그러나 이 문제는 단순한 문제가 아니라 국가가 종교문제에 간섭하는 문제며, 또 기독교 황제가 우상을 다시 복구한다는 것은 있을 수 없는 반 기독교적인 처사로 이는 분명히 종교적인 문제기 때문에 감독으로서 이 문제에 간섭하지 않을 수 없었다. 승리의 제단 사건이야말로 기독교와 이교의 실력대결이라고 본 암브로스는 발렌티니안 황제에게 강력히 항의하고 호소하여 승리의 제단 복구 움직임을 좌절시키는데 성공했다.

암브로스 감독과 황제가 직면한 또 하나의 사건은 데살로니가 학살 사건이었다. 390년 마케도니아의 데살로니가인들이 폭동을 일으켜 로마군인 장교 한 사람을 살해했다. 비록 그리스도인이지만, 분노를 참을 수 없었던 데오도시우스 황제는 문제의 데살로니가 백성들을 대량 학살하라는 명령을 내렸다. 3년 전에 안디옥 시민들이 반란을 일으켰을 때는 관용할 수 있었지만 더 이상의 재발을 방지하기 위해서라도 엄한 본을 보여주어야 한다고 생각했던 것이다. 그러나 명령을 시달한 후 황제의 심경에 변화가 일어났다. 황제가 자신의 행동을 후회하고 그 명령을 취소한 다음 또 다른 명령을 시달했다. 그러나 때는 이미 늦었다. 황제의 명령이 도착하기 전 이미 군인들이 백성들을 경기장에 모아놓고 문을 걸어 잠근 후 그 안에 있는 7,000여 명의 데살로니가인들을 무참하게 학살했던 것이다. 이 일이 있은 후 암브로스와 황제와의 대결은 더욱 가속화되었다.

암브로스는 황제에게 데살로니가 사건은 "역사에서 그 유례를 찾기 어려운" 지극히 잔악한 사건이라는 강경한 어조의 항의 편지를 보내 당장 회개할 것을 촉구했다. 황제는 감독의 회개 요청을 묵살해버렸다. 기독교인이었던 황제는 그 일이 있은 후 주일날 예배를 드리기 위해 대성당에 나타났다. 이를 본 암브로스는 성당 문 앞에서 황제의 출입을 막고 당장 회개할 것을 촉구하였다. 그 후 몇 달 동안 황제가 예배에 참석할 수 없었다. 공중 앞에서 자신의 죄를 회개하고 바닥에 엎드려 하나님과 사람 앞에서 황제의 참회가 있은 후에야 예배에 참석시켰다.

콘스탄틴 대제 이후 교회가 정부의 시녀로 전락해 가던 그 시대에 교회와 국가의 분리를 외치며 세속의 압력에서 교회를 보호하고 두려워하지 않고 정의와 복음을 동시에 외치면서도 궁핍한 자와 가난한 자, 눌린 자와 함께한 암브로스 감독은 오늘을 살고 있는 우리들에게 "불멸의 실례"를 남겨주었다.

2. 성경번역의 선구자 제롬

암브로스처럼 행정적인 능력도, 어거스틴처럼 신학적인 위대함도, 크리소스톰처럼 황금의 입도 갖고 있지 않았지만 제롬(Jerome, 331-420)은 성경번역과 함께 서방에 수도원 제도를 도입함으로써 서방교회 삶에 지대한 영향을 미쳤다. 제롬의 넓은 식견과 빼어난 언어적 은사는 그로 하여금 동서고금을 통해 가장 빼어난 성경 번역가 중 하나가 되기에 충분한 자질을 갖추도록 하였다. 라틴역 성경들은 2세기부터 존재해 왔으나 문체가 미려하지 못할 뿐만 아니라 회화체였으며 구약성경의 경우 히브리어가 아닌 헬라어 원문을 기초로 삼고 있었다.

수도원 운동은 4세기 초부터 애굽에서 시작하여 동방교회에 널리 확산되었지만 서방에는 소개조차 제대로 되지 않았다. 수도생활에 열렬한 옹호자였던 제롬의 영향력을 통해 수도원 운동은 서방에도 상당한 발전

제롬 (Jerome, 347-420)

을 이루게 되었다. 뛰어난 기억력과 정통지향적인 성품으로 제롬은 서방에서 독보적인 위치를 차지한 것이 사실이지만 예민하고 직선적인 언행과 성격 때문에 곧잘 논쟁에 휩싸이기도 했다. 제롬의 동정녀 탄생, 수도원 운동, 성인 숭배 등은 서방교회의 전통이 되었고 펠라기우스 반박 역시 당시 서방교회 정통의 이정표 가운데 하나였다. 제롬이 터툴리안과 키프리안 이후 탄생한 암브로스, 어거스틴, 그레고리 대제와 더불어 네 명의 위대한 라틴 가톨릭학자 가운데 하나로 인정을 받아온 것은 우연히 아니다.

제롬은 이탈리아 북부 스트리돈 성읍에서 A.D. 331년에 태어났다. 이것은 콘스탄틴 대제가 즉위하여 기독교 발흥정책을 쓰던 시대였다. 비교적 수준 높은 문화적 배경을 지니고 있던 제롬의 부모들은 아들을 로마로 보내 수사학과 문법을 공부시켰다. 제롬은 그곳에서 우수한 고전 작품들을 섭렵하였다. 로마에 있는 동안 세례를 받은 제롬이 독일 트리엘에서 잠시 머무는 동안 한 기독교 서적을 읽고 수도생활에 매력을 느끼기 시작하였다. 제롬은 자신의 신앙생활을 수도생활을 통해 다듬을 수 있다는 생각을 갖고 이탈리아 아퀼레이아의 한 수도원에 가입했다. 그러나 그의 직선적이고 비사교적인 성격, 게다가 타협하지 않는 고집 때문에 그곳에서의 수도생활은 그리 성공적이지 못했다. 그러던 제롬은 그 수도단체가 해체되자 자기의 모습을 반추해 볼 수 있는 잠깐의 여유를 가지게 되었다.

제롬은 372년 말 아퀼레이아를 떠나 팔레스타인으로 가서 그곳에서 머물면서 헬라어 지식을 더욱 발전시키는 계기를 가졌다. 그러나 여전히 그는 고전에 대한 매력을 버릴 수 없었고 당대의 일반적인 경향을 따라 기독교와 고전을 연결시키려는 내면의 이상을 품기도 했다. 그에게 이상적인 모델이란 키케로의 이상과 기독교 신앙을 합일시켜 당대의 지성인들에게 기독교를 학문적으로 변호하는 것이었다. "제롬 자신은 한 사람의 기독교적인 키케로, 즉 포괄적 기독교 문화의 교사와 모델이기를 소원하였으며 동시에 거룩한 수도자이기를 희망하였다. 이 두 가지 이상 사이에서 느끼는 갈등은 그의 존재 깊은 곳까지 미쳐 그를 혹독한 사역에로 마구 내몰았다."4

"지적 관심과 수도생활에 대한 열망" 사이에서 고민하던 제롬에게 꿈 속에서 주님이 나타나셔서 "너는 그리스도인이 아니라 키케로의 추종자이다"라고 말씀하셨다. 이것이 제롬에게 하나의 전환점이 되었다. 그가 이교학문을 다시는 추종하지 않겠다고 각오한 것은 자연스러운 일인지도 모른다. 그 후 칼키스 근처의 시리아 광야로 가서 은자가 되었다. 40대의 제롬에게 은둔의 생활과 금욕적인 생활은 참을 수 없는 고통이었다. 육욕의 유혹을 끝없이 받으면서 제롬은 거룩한 욕망과 세상적인 욕망 사이의 갈등을 순간마다 겪어야만 했다.

그런 가운데서도 그의 학구열은 시들지 않았다. 회심한 한 유대인의 도움으로 히브리어를 공부한지 얼마 되지 않아 완숙한 경지에 달하게 되었다. 제롬이 하나님의 어떤 거대한 계획을 감지했는지 모르지만 그의 히브리어 습득은 후에 서방교회 역사에 결정적인 영향을 미친 벌게이트 성경을 태동시키기 위한 준비였다. 그의 명성은 고행과 학문적 성숙에 정비례했다. 안디옥으로 돌아가 장로로 안수를 받은 후 제롬과 공교회와의 연결은 계속되었다.

콘스탄티노플에서 잠시 체류한 제롬은 382년부터 385년까지 로마에 머물렀다. 제롬이 로마의 감독 다마수스에게 발탁된 것이 바로 이때였다. 감독은 제롬에게 시편과 복음서의 라틴어 번역을 의뢰했고 제롬은 이것을 계기로 22년 동안 필생의 번역 사업을 완수하여 구약전체를 라틴어로 완역할 수 있었다. 로마에서의 그의 사역은 단순한 성경번역자 이상이었다. 로마에 있는 동안 제롬은 귀족층, 특별히 여성 집단 영적지도자와 성경교사로 활약하면서 로마기독교계에 상당히 많은 영향력을 미치기 시작하였다. 감독과의 마찰만 없었다면 로마에서의 제롬의 장래는 화려하게 전개되었을 것이다.

---

4 John D. Woodbridge, *Great Leaders of the Christian Church* (Chicago: Moody Press, 1988), 79.

직선적인 제롬이 세속적인 교회의 모순들과 문제점들을 비판한 것은 물론 당시 서방교회에서는 새로웠던 수도원 생활을 옹호하는 태도가 로마 감독의 미움을 사기에 충분했다. 결국 제롬은 로마 감독의 요청으로 로마를 떠나야만 했다. 그러나 그곳에서 제롬은 마르셀라, 파울라, 그리고 그의 딸 유스토키움과 교제를 나누었고 일생 동안 파울라는 제롬의 동역자가 되었다. 로마를 떠난 제롬은 팔레스타인의 성지를 방문하고 386년에 베들레헴에 정착하여 본격적으로 자신의 이상인 수도원 운동과 성경번역 사업을 추진하였다. 이때 파울라가 제롬과 함께 예루살렘에 정착하여 남자 수도원과 여자 수도원을 설립하였다.

제롬은 비로소 실천적인 면으로나 학문적인 면으로나 열매를 맺기 시작하였다. 베들레헴에서 사역하는 동안 제롬은 히브리어에 기초한 성경번역사업을 계속 추진하여 자신의 최대의 업적인 구약성경 완역을 405년경에 이룩할 수 있었다. 약간의 논란이 있기는 했지만 그의 성경은 처음부터 공교회로부터 권위 있는 라틴어 역본으로 인정받았다. 13세기 전에는 구 라틴어 역본들과 함께 사용되다 13세기부터 제롬의 성경역본이 공동역, 즉 벌게이트로 일컬어지게 되었다.

제롬이 남긴 방대한 서적 가운데 성경 외에 가장 큰 유산은 150개의 서신집이다. 이 서신집은 당대의 문화, 사회, 종교에 대한 유용하고 풍부한 지식을 제공하여 준다. 그의 서적은 두 가지 방향으로 성격이 제한되어 나타난다. 하나는 성경해석과 관련된 것이고 다른 하나는 수도생활의 이상을 변호하기 위한 일종의 변증서이다. **은자 바울의 생애, 말쿠스의 생애, 힐라이온의 생애**가 바로 후자에 속한 대표적인 제롬의 작품들이다. 그의 주석은 유대주의적 방법론과 오리겐의 방법론으로부터 적지 않은 빚을 지고 있는 듯하다.

에버렛 퍼거슨(Everett Ferguson)이 지적한 것처럼 "제롬의 주석들은 그의 작품들 가운데서 독창성이 적어 빈약한 축에" 들며 "전반적인 내용들을 선대의 헬라 주석가들 특히 오리겐으로부터 차용해왔다."[5] 그의 성경주석은 초기와 후기가 약간 다르게 나타난다. 제롬의 "초기 주석들은 우화적 해석이 주류를" 이루나 "후기의 주석들은 보다 역사적이고 철학적인 해석을 담고 있다."6

앞에서 지적했듯이 비평적이고 예리한 성격의 제롬은 여러 번 논쟁에 휩싸였다. 펠라기우스와의 논쟁, 헬비디우스와의 논쟁, 요비니안과의 논쟁이 바로 그것이다. 펠라기우스가 팔레스타인에 도착하자 제롬은 415년에 **펠라기우스주의자들에 대한 반론**(Dialogue Against the Pelagians)을 집필했다. 어거스틴의 영향을 받은 제롬은 펠라기우스의 제한된 은혜 개념을 비판하고 인간의 원죄를 강하게 피력하였다. 헬비니우스와의 논쟁에서 제롬은 마리아가 예수 그리스도의 탄생 이후에도 동정을 계속 지켰다고 주장하였다. 제롬의 이런 주장은 르네상스 시대까지 라틴교회와 서방교회에서 마리아 숭배사상의 근간이 되어왔다. 이런 마리아 경외사상은 아퀴나스에 이르러서는 마리아 승천설로까지 이어졌다. **요비니안 논박**은 수도승이면서 수도생활을 포기하고 수도생활 자체를 비판한 요비니안이라는 인물을 반박하고 자신의 수도원적 금욕주의적 생활을 변호한 저술이다.

오리겐과 제롬과의 관계는 제롬의 연구에서 빼놓을 수 없는 또 하나의 중요한 주제이다. 오리겐을 상당히 존경했던 제롬은 오리겐의 방법론을 상당히 차용했다. 이것은 특별히 오리겐에 대한 존경이 대단했던 초기에 더욱 두드러진다. 그러나 후기로 가면서 제롬은 오리겐에 대한 존경이 변함없었고 "오리겐의 정통주의적 생애를 언제나 선망하였으나 오리겐의 신학 사변에 대해서 학자적 염증을" 느끼고 있었다. 오리겐의 주석에 대한 존경은 여전했지만 그의 신학적 사명에 회의를 느낀 제롬은 오리겐에 대한 정죄에 재빨리 가담하였다."7

제롬의 재치 있는 풍자와 격렬한 논박은 결국 인격적인 약점들을 남겨 놓았다. 편파성, 편협한 마음, 불공정, 허영심, 그리고 그의 박학다식에

---

5 Woodbridge, *Great Leaders of the Christian Church*, 80.
6 Woodbridge, *Great Leaders of the Christian Church*, 80.
7 Woodbridge, *Great Leaders of the Christian Church*, 80.

흠을 낸 부주의성 등이 그것이다. 제롬의 학적 감식력이 존경을 받다 보니 결국 그의 통렬했던 개성은 간과되어 왔다. 그러나 상당한 인격적 결함에도 불구하고 그가 성경 번역, 주석, 기타 학적 저술을 통해 서방 기독교계에 헤아릴 수 없는 공헌을 한 것은 사실이다.[8]

3. 황금의 입 요한 크리소스톰

황금의 입이라 알려진, 기독교사에서 가장 위대한 설교자 요한 크리소스톰(John Chrysostom, c.349-407)은 349년 경 안디옥에서 태어났다. 386년부터 397년까지 안디옥 교회의 강단을 맡았던 그는 초대교회가 낳은 가장 명설교가이자 성경 강해자였다. 그의 설교는 매우 직설적이고 강렬하며 단순한 것이 그 특징이며, 교리적이기보다는 도덕적이고 영적이었다. 안디옥의 전통을 따라 우화적인 해석보다는 문법적이고 문자적인 해석을 추구하였다. 그는 단순한 복음만 전하는 설교자는 아니었다. 진정한 설교자의 모습이 무엇인가를 말과 행동으로 균형 있게 보여주었다. 불의와 타협하지 않는 곧은 성품을 가진 크리소스톰의 설교는 당대의 많은 사람들을 감동시키기에 충분했다. 비록 자신의 곧은 성품과 직설적인 외침 때문에 황실의 미움을 사 오늘날의 터키의 북동쪽에서 고독한 유배생활을 하다 외로이 세상을 떠났지만 요한의 메시지는 그의 삶과 함께 역사 속에서 길이 기억되어왔다.

일찍 아버지를 여읜 요한은 경건한 어머니 안두사(Anthusa)에 의하여 양육되었다. 20살에 과부가 된 요한의 모친은 "영적 성장과 일반교육"에 온 정성을 쏟았다. 모니카와 함께 당대에 가장 훌륭한 여인으로 알려진 안두사는 기독교 역사에서 찾아보기 힘든 여성이었다. 안두사를 누구보다도 잘 알고 있었던 요한의 스승이자 이교도 웅변가 리바니우스

---

[8] Woodbridge, *Great Leaders of the Christian Church*, 80.

존 크리소스톰 (John Chrysostom, c. 349-407)

(Libanius)는 안두사의 삶과 성품에 감동받아 "어이구, 그리스도인들은 참으로 훌륭한 여인들을 갖고 있구나"라고 예찬하였다. 기도와 신앙과 정직으로 특징되는 안두사의 가정교육을 받으면서 요한은 성숙한 신앙인으로 성장한다. 안두사는 그를 법률가로 만들려고 했지만 크리소스톰은 당대에 세계적인 수사학자 리바니우스(Libanius)의 영향을 받아 공중연설가가 되었다. 천부적인 설교가 요한의 메시지는 훌륭한 가정교육, 안디옥의 학풍, 수사학적 배경이 있었기 때문에 가능했다. 몹수에티아의 감독이 된 데오도레(Theodore)와 함께 요한은 문법적 역사적 해석에 대한 깊은 연구를 했으며 자신의 사상과 생각을 언어로 표현하는 수사학적 훈련을 쌓았다.

모친이 세상을 떠난 후 370년대에 안디옥 교회의 산지에서 은자로 외로운 고행을 계속하던 크리소스톰은 안디옥으로 돌아와 멜레티우스에게서 381년 집사로 안수 받았다. 이때부터 그의 목회사역은 시작되었다. 멜레티우스 감독을 계승한 플라비안(381-404)은 요한을 사제로 삼았고 사제로 있는 동안 요한은 널리 알려진 **사제직**이라는 저서를 기술하였다. 386년경에 저술한 **사제직**은 "목회 사역에 대해 지극히 높은 표준을 제시한 책"이다. 천부적인 말재주를 타고난 요한이 36살부터 안디옥에서 제일가는 교회에서 설교를 시작하였다. 그때부터 그의 설교가 곧 빛을 보기 시작하였다. 안디옥에서 12년 동안 성경을 강해하면서 그의 명성은 더해갔고 요한은 성경 강해설교를 계속할 수 있었다. 그동안에 요한이 한 설교는 창세기에 관한 설교가 67번, 마태복음은 90번, 요한복음은 88번, 로마서는 32번, 고린도후서는 74번이나 되었다. 크리소스톰에 대한 안디옥인들의 지지는 가히 대단했다.

안디옥에서 성공적인 목회를 하던 요한은 황제의 요청에 의해 398년 제2의 로마 콘스탄티노플의 주교로 임명되었다. 안디옥에서 안정된 사역을 하던 것과는 달리 콘스탄티노플에서의 사역은 처음부터 순탄하지 않았다. 안디옥과 비교할 때 이 수도는 매우 다른 세계였다. 요한은 성직자와 수도승, 수녀, 유력한 평신도들 사이에서 공히 개혁이 절실히 필요하다는 것을 발견하였다. 요한이 왕실 감독의 생활 스타일을 거부하고 교회의 개혁을 추진하면서 콘스탄티노플에서의 요한의 사역은 처음부터 순탄하지 않았다. 기독교의 일반 민중으로부터 인기를 얻었으나 그의 열을 올렸던 고위층의 사치 및 악덕에 대한 탄핵 때문에 유독시아 황후를 포함하여 수많은 적을 만들고 말았다.9

요한의 목회사역에 또 하나의 장벽은 아리우스주의였다. "성 내에 고트 사람들이 점차 늘어나면서, 요한은 그들의 아리우스주의를 용납하지 않고 선봉에 서서 그들을 향해 강력한 선교 정책을 펴 나갔다."10 에베소에 새 감독이 401년 초에 부임하자 그 교회의 질서를 회복하기 위해 요한은 그곳에 가 있었다. 그동안에 아리우스주의자들은 세력을 확보하였다. 여기에 지도적인 역할을 한 사람들은 가발라의 세베리안(Severian of Gabala), 프톨레마이스 안티오쿠스(Antiochus of Ptolemais), 베레아의 아카키우스(Acacius of Berea)였다. 이들의 부상은 앞으로 요한의 사역이 험난할 것이라는 것을 예고해준다. 게다가 요한과 "오랜 라이벌" 관계에 있던 알렉산드리아의 데오필루스 감독(385-412)이 아리우스주의의 세력에 합세하였다. "398년 요한이 콘스탄티노플의 감독에 취임하자 그는 어느 정도 당혹감을 느꼈다."11 둘 사이의 관계가 점점 더 멀어져 갔다.

403년 데오필루스와 그를 지지하는 애굽의 감독들은 보스포루스 건너편 칼케돈 근처의 오우크(Oak)에서 자기들끼리 종교회의를 열어 크리소스톰을 해임하고 민중의 항의에도 불구하고 요한을 보스포루스의 건너편 프래내툼으로 추방하였다. 그러나 얼마 못되어 상황이 완전히 반전되었다. 민중 폭동에 대한 두려움과 지진에 의해 야기된 놀람 때문에 유독시아까지도 크리소스톰의 재소환을 청원하기 이르렀던 것이다. 요한은 개선가를 부르며 돌아왔고 데오필루스는 겁에 질려 달아났으며 오우크의

---

9 "John Chrysostom," in *Great Leaders of the Church*, 83.
10 "John Chrysostom," in *Great Leaders of the Church*, 83.
11 "John Chrysostom," in *Great Leaders of the Church*, 83.

회의는 무효화되었다.¹²

그러나 얼마 후 크리소스톰에 대한 반발이 다시 재개되었다. 요한이 자신을, 세례요한의 머리를 요구했던 헤로디아에 비유했다는 소문이 들리자 더 이상 참을 수 없었던 유독시아는 요한에게 감독직 퇴임을 명령했다. 그러나 요한은 굴하지 않고 황제의 퇴임 명령에 불복하였다. 그럴수록 황제는 분개했다. 404년 부활절의 세례 의식 중에 황제의 군대들이 들이닥쳐 닥치는 대로 무참하게 살해했다. 소위 요한 크리소스톰을 따르는 "요한파"는 엄청난 희생을 당했고 요한 자신마저도 아르메니아 타우르스 산에 있는 쿠크수스라는 정착촌으로 유배를 당했다.

유배지의 크리소스톰을 방문하기 위해 사람들이 발길이 끊이지 않으면서 "그의 유형지가 진정한 순례지"로 바뀌었다. 특별히 크리소스톰에 대한 안디옥교회 교인들의 존경은 대단했다. 이것은 황실의 노여움을 사기에 충분했다. 황제가 요한을 교인들과 분리시키기 위해 "흑해 먼 북동쪽 연안에 있는 피티우스"로 유배지를 변경하자 새로운 유배로 가던 요한은 407년 9월 14일 폰투스의 코마나에서 외로이 세상을 떠났다.

그러나 역사는 침묵하지 않았다. 그의 사후 오래지 않아 그에 대한 재평가가 시작되었고 로마의 교황 이노센트 1세(402-417)가 요한을 강력하게 지지하고 나섰다. 드디어 "438년 그의 유해가 코마나로부터 운송되어 콘스탄티노플의 사도 교회(Church of the Apostles)에 재 매장되었다. 아르카디우스와 유독시아 사이에서 태어난 아들 데오도시우스 2세는 죽은 요한에게 존경의 예를 갖추면서 범죄한 자기 부모를 위해 자비를 간구하였다."¹³

요한의 신학적 공헌은 그의 설교와 사역에 비해 그리 대단하지 않았다. 그의 신학은 전형적인 안디옥의 전통을 반영하고 있다. 아리우스에 맞서 싸웠던 요한은 니케아 전통에 확고히 서 있었고 성육신에 있어서도 완벽한 신성과 인성이 성육신 그리스도 안에 존재한다는 안디옥의 전통을 그

---

12 "John Chrysostom," in *Great Leaders of the Church*, 83.
13 "John Chrysostom," in *Great Leaders of the Church*, 84.

대로 따르고 있었다. 또한 마리아를 데오토코스(Theotokos: 하나님을 낳은 자)라 부르는 것에도 동의할 수 없었다. 후에 토마스 아퀴나스는 마리아에 대한 크리소스톰의 견해가 무례한 것이라고 여겼다. 요한의 원죄 개념 역시 안디옥의 전통을 반영한다.

요한의 명성은 설교에 있었고 그 설교의 근간은 성경에 기초하였다. 요한의 설교는 끊임없이 매력을 주고 있으며 현재 남아 있는 600편 이상의 설교와 강론은 어느 헬라 교부의 것보다 더 많은 것이다. 그러한 설교들의 다수가 오늘날도 여전히 설교로 읽힐 만하다. 인간의 평등, 빈부 격차, 사회적 모순에 결코 둔감하지 않은 그 시대의 양심 요한은 여전히 현대 설교가들의 모델이다. 온갖 은사와 인기에도 불구하고 크리소스톰은 자신의 설교 사역에 대해 자만하지 않았다. '나의 사역은, 흙탕물이 끊임없이 흐르고 있는 땅의 한 구획을 깨끗이 청소하려고 하는 사람의 일과 같다.'[14]

---

[14] "John Chrysostom," in *Great Leaders of the Church*, 84.

제 14장
어거스틴의 신학과 사상

> 두 나라가 서로 섞여 있는 동안은 우리는 또한 바벨론의 평화를 위하여서
> 도 봉사하여야 한다. 진실로 하나님의 백성은 믿음으로 바벨론에서의 자
> 유해방을 이미 받는다. 그러나 아직도 잠시 바벨론과 함께 순례하여야 한
> 다.
>
> Augustinus

역사, 신학, 철학, 문화 등에서 교회사적으로 중요한 위치를 차지하고 있는 어거스틴은 "고대철학과 기독교의 종합"을 만들어 낸 인물이었다. 철학, 역사, 신학에 대한 그의 공헌 때문에 사가들은 그를 역사 철학자, 기독교 신학자, 기독교 철학자라고 보는데 주저하지 않고 있다. 그의 가장 큰 공헌은 동방교회의 전통을 거부하지 않고 그들의 기독교 전통을 정통주의화 하면서 서방교회의 신학을 집대성함으로써 중세의 스콜라 철학, 교황의 정치 및 교회제도 정립의 초석을 이룬 것이다. 그래서 현대 신학자 폴 틸리히는 어거스틴을 가리켜 "서방신학의 대변자, 서방신학이 이야기 하고자하는 모든 것의 기초"[1]가 되는 사람이라고 평했다.
어거스틴의 영향은 1,000년의 기간뿐만 아니라 모든 세대에 미쳤다.

---

[1] Paul Tillich, *A History of Christian Thought* (New York: Simon & Schuster, 1978), 104.

심지어 어거스틴을 싫어했던 도미니칸도 어거스틴에 상당히 의존할 정도였다. 모든 종교개혁자들은 어거스틴을 통해서 로마 가톨릭과 투쟁했으며, 데카르트와 스피노자마저도 어거스틴에 많은 빚을 졌다. 현대신학에 미친 어거스틴의 영향은 아무리 강조하여도 지나치지 않는다. 중세의 프란시스칸늘, 종교개혁자들, 17세기와 18세기의 철학자들, 헤겔을 포함한 독일의 전통적 철학자들, 작금의 종교철학에 이르기까지의 이들의 사상적인 맥은 어거스틴에게로 거슬러 올라간다.2

정통주의 신학은 어거스틴이 이룩한 신학이라고 표현하는 것은 과장되었지만 어거스틴이 이룩한 신학이 정통주의를 형성하는 중요한 원동력이 되었다고 평하는 것은 결코 과장이 아닐 것이다. 삼위일체, 교회관, 죄와 은총, 그리고 기독교 역사철학이 그것이다. 이런 어거스틴의 신학은 이단과의 논쟁을 통하여 집대성되었다. 어거스틴은 마니교와의 논쟁을 통하여 기독교 신관을, 신플라톤 사상을 통해 인식론을, 도나티스트와의 논쟁을 통하여 교회론을, 펠라기우스와의 논쟁을 통하여 죄와 은총론을, **신국론**을 통해 역사철학을 발전시켰다.

1. 어거스틴의 성장 배경

어거스틴(Augustine of Hippo, 354-430)은 354년 11월 13일 북아프리카의 누미디아지방 타가스테에서 아버지 패트릭(Patrick)과 어머니 모니카 사이에서 태어났다. 죽기 얼마 전인 370년에 회심한 것으로 알려진 패트릭은 이교도였으나 버버(Berber)족이었던 모니카는 독실한 그리스도인이면서 뛰어난 수재였다. 어거스틴은 17살 되던 해에 카르타고에서 유학생활을 하다 "당시의 일반적인 관습에 따라"3 한 여인과 깊은

---

2 Tillich, *A History of Christian Thought*, 104. 심지어 폴 틸리히조차도 "나는 매우 분명하게 나 자신과 나의 전 신학이 토마스 아퀴나스의 전통에 서 있기보다는 훨씬 더 어거스틴의 노선에 서있다고 말할 수 있다"고 말한다.

육체적 사랑에 빠지고 만다. 이때부터 그의 방탕한 생활은 시작되었고, 얼마 후 아들 아데오다투스(하나님의 선물)를 낳았다.

그러나 방탕한 생활 이면에 진리에 대한 열망이 끊이지 않았다. 그의 철학적 사유를 일깨운 것은 버질과 키케로의 작품이었다. 특별히 현재 남아 있지 않지만 당시 교과서로 사용될 만큼 널리 알려진 키케로의 호르텐시우스는 그의 철학 및 진리에 대한 사랑과 열정을 한없이 고취시켰다. 373년 19살 되던 해에 경험한 진리에 대한 이 체험은 어거스틴에게 두 번째 도약이었다. "오 진리여, 진리여, 그 시간 이후로 내가 얼마나 불타는 마음으로 그대를 사모했던가?"라고 어거스틴 자신이 고백하듯이 부와 명성에 대한 욕구가 이 책으로 말미암아 진리에 대한 열정으로 바뀌었다.

키케로에게 중요한 것은 다양한 철학 가운데 한 가지를 선택하는 것이었다. 그에게 진리의 문제란 존재하는 진리의 길, 즉 다른 철학체계 사이에 적절한 것을 선택하는 것을 의미한다. 또 하나 키케로의 두드러진 특징은 그가 사변적인 관점에서 진리에 관심을 둔 것이 아니라 실천적인 관점에서 진리에 관심을 두고 있었다는 점이다. 그가 로마제국의 훌륭한 시민의식을 고양하는 것이 철학적인 가치가 있다고 보았던 것도 실천적인 이유 때문이었다. 어거스틴도 키케로처럼 실천적인 관심에서 철학을 발전시켰다.

2. 어거스틴의 사상적 배경

1) 마니교

고백록에서 어거스틴은 마니교, 플라톤주의, 그리고 기독교로 세 단계의 개인 확신을 회고하고 있는데 이것들은 어거스틴의 성숙한 사고에 두드러진 요소들로 부각되었다. 373년 육체적인 방황과 지적인 방황을 하

---

3 Henry Chadwick, *The Early Church* (Harmondsworth: Peguin, 1967), 217.

히포의 어거스틴 (Augustine of Hippo, 354-430)

던 19살의 어거스틴은 동방에서 기원된 마니교에 심취하게 된다. 어거스 틴이 젊은 시절 자기 정체를 인식하던 철학체계가 바로 마니교였다. 3세기경 페르시아의 마니(A.D. 215-273)로부터 유래된 마니교는 헬라화된 페르시아 종교로 "조로아스터 예언, 페르시안 종교의 예언자, 고대후반 세계의 영지주의 사상의 형태로 플라톤주의를 혼합한 것이다."4 유세비우스에 따르면 마니는 "그의 이름이 나타내듯이 자기의 악마적인 이단을 위해 왜곡된 이성으로 무장하였으며 사단의 선동을 받아 많은 사람들을" 미혹했다:5

> 평생 동안 그[마니]의 말과 행동은 야만적이었고 그의 본성은 마귀에 사로잡혀 비정상적인 것이었다. 따라서 그는 스스로 그리스도가 되려 했고, 또 자신이 성령과 보혜사라고 선언했으며, 이런 것들로 더불어 미친 듯이 크게 자만하고 있었다. 그는 마치 자신이 그리스도인 양 자기의 새로운 종교의 동역자로서 12제자를 뽑았다. 그리고 아울러 오래전에 소멸된 수많은 이단들로부터 수집한 거짓되고 불경한 교리들을 꾸며 맞춘 뒤, 마치 치명적인 독과 같은 그것을 가지고 페르시아로부터 이 지방까지 휩쓸어 버렸다.6

오랫동안 기독교의 중요한 라이벌 종교 중의 하나로서 당대의 진실된 과학적 신학 체계를 대표하였던 이 철학체계는 특별히 이념적인 면에서 젊은 지성인들에게 호소력이 있었다. 4세기 초 가이사랴 유세비우스는 "마니교(Manichee)라는 불경한 이름이 오늘날까지 수많은 사람들 사이에 퍼져있다"7고 증언했다. 이것은 마니교의 영향력이 얼마나 컸는가를 단적으로 말해준다. 이들은 세상이 빛과 선, 그리고 어두움과 악의 영역

---

4 Eusebius, *H.E.* VII. 31.
5 Eusebius, *H.E.* VII. 31.
6 Eusebius, *H.E.* VII. 31.
7 Eusebius, *H.E.* VII. 31.

으로 나뉘었으며, 이 둘이 실재며 본질적이라고 가르쳤다.

어거스틴이 마니교에 몰입한 원인은 악의 기원 문제 때문이었다. 어거스틴은 마니교가 악의 기원 문제를 시원하게 해결하여 주는 것처럼 느꼈다. 만일 하나님이 선하시다면 왜 이 세상에는 악이 존재하는가? 이것은 어기스틴이 갖고 있던 악에 대한 질문이었다. 어거스틴은 악의 기원과 관련된 마니교의 이원론적인 사고에 상당한 매력을 느꼈다. 마니교에 따르면 특별한 신이 각기 한 영역을 지배한다. 구약의 하나님은 진노의 하나님으로 어두움과 악의 세계를, 신약의 하나님은 사랑의 하나님으로 빛과 선의 세계를 지배한다. 인간의 영혼은 빛의 영역의 일원이지만 본질적으로 악한 육체와 물리적 세계에 속박되었다. 악은 기독교에서 가르치는 것처럼 단지 사건적인 존재가 아니라 독립적인 본체이자 실존적이며 실재적인 어두움의 신(the god of darkness)이다. 때문에 마니교도들은 하나님과 세상뿐만 아니라 하나님과 악을 이원론적으로 구분했다. 악은 하나님과의 병존하는 본래적인 원리로서 하나님의 지배를 제한하는 독립적인 권능이기 때문에 하나님은 이에 맞서서 싸우신다는 것이다. 따라서 선한 하나님과 악한 하나님의 끊임없는 대립과 투쟁이라는 관점에서 악의 문제를 해결하려고 했다. 그리고 인간들은 둘의 투쟁 속에 존재하는 두 가지 원칙, 즉 빛과 암흑에 따라 움직인다. 자연히 하나님의 왕국(Kingdom of God)대 어둠의 왕국(Kingdom of Darkness)이라는 대립적인 구도 속에서 세계사를 이해했다. 어거스틴은 이와 같은 마니교의 사상체계가 인류사의 난제들을 해결하는 역사해석의 가능성을 제공한다고 믿었다. 왜 인류의 역사가 전쟁의 역사로 점철되어 왔는가? 왜 선이 악을 지배하지 못하는가?

그들의 구원관 역시 영지주의 이원론과 비슷한데, 구원이란 인간 안에 있는 빛이라 부르는 영적인 것과 암흑이라 부르는 물질의 두 가지 요소를 다시 분리시켜 영혼이 순수한 빛, 혹은 광명의 영역으로 다시 귀환하도록 준비하는 것이다. 영혼은 빛의 세계로 복귀하기 위하여 생 전체를 통해 투쟁해야 한다. 원래의 처소로의 귀환은 이미 이 세상의 삶에서 시작된다. 특별히 완전자의 집단인 참으로 선택 받은 자들은 진지한 자기부정 즉, 금욕적인 방식, 음식, 협동, 성으로부터의 초극을 통해 빛의 세계로 환원될 수 있다.

어거스틴이 19살부터 29살까지 10년 동안 마니교에 몰입한 데는 몇 가지 이유가 있었다. 첫째, 마니교가 갖고 있는 진리 체계가 이론적이고 논리적일 뿐만 아니라 실천적이면서도 실존적이었고, 둘째, 구원이란 악한 원리에 의하여 사로잡힌 선의 요소들을 악한 원리에서 구하는 것이라는 마니교의 구원체계야말로 참된 구속의 진리라고 믿었으며, 셋째, 진리란 선과 악 사이에 벌어지는 투쟁 속에 존재한다는 마니교의 가르침이야말로 가장 설득력 있는 세계관이라고 믿었기 때문이다.

폴 틸리히는 어거스틴이 일생 동안 마니교의 영향 속에 있었다고 주장한다. 그는 마니교가 어거스틴에게 미친 영향을 지나치게 극대화시켜 마니교를 떠나 온 후에도 마니교의 영향이 어거스틴의 작품에 강하게 녹아 있다고 주장한다. 예를 들어 비록 어거스틴이 마니교를 이탈하여 마니교에 대항하여 투쟁하였지만 그의 사상, 심지어 그의 감정은 실체에 대한 깊은 염세주의에 의해 채색되었다는 것이다. 특별히 그의 죄론은 마니교 시절과 분리하여 이해될 수 없다고 말한다. 우리가 틸리히의 분석에 동의하지 않더라도 마니교가 젊은 날의 어거스틴의 지성을 예리하게 다듬어 주었다는 사실만큼은 부정할 수 없을 것이다.

어거스틴이 마니교를 떠나오는데 결정적 역할을 한 것은 천문학과 플라톤 사상이다. 천문학은 별의 완벽한 움직임, 즉 우주의 구조에 대한 근본적인 요소를 보여주었다. 이것은 어떤 이원론적인 원리가 불가능하다는 것을 말해준다. 만일 우주가 측정될 수 있으며 조화될 수 있을 만큼 규칙적인 수학적 형태의 구조를 갖고 있다면, 창조된 이 세계는 근본적인 구조에 있어서 선하다는 것이다. 이것은 피타고리안 우주 사상과 수학에서 표현된 조화의 원리다. 어거스틴이 아시아적 마니교 이원론과 부정을 극복하는데 이 유럽풍의 천문학적 헬라원리는 결정적인 역할을 하였다.

따라서 마니교 철학에서의 어거스틴의 이탈은 실체에 대한 아시아의 이원론적 염세주의와 부정론으로부터 현대 자연과학, 수학, 그리고 기술의 해방을 의미하는 상징적인 사건이다. 이것이 유럽의 장래에 상당히 중요하였다. 중세 후기 어거스틴파 철학자들과 신학자들은 어떤 다른 것보다 천문학과 수학을 항상 강조하는 사람들이었다. 플라톤주의와 어거스틴주의처럼 현대 자연과학은 수학적 법칙에 의해 결정되는 조화로운 우주에 대한 신앙에 기초하여 태동되었다. 이것은 또한 르네상스의 세계관이었다.

2) 신플라톤주의

어거스틴이 마니교를 청산한 것은 그의 나이 29살 때였다. 악의 기원 문제를 완전하게 해결해 줄 것으로 알았던 마니교의 가르침이 자신의 지적 공허를 충족시켜주지 못하자 어거스틴은 마침내 마니교 선생 파우스투스와 대면했다.8 파우스투스에게서도 만족할 만한 답을 얻지 못한 어거스틴은 9년 동안의 오랜 방황을 끝내고 383년, 듣는 자였던 자신에게 완전자의 지위를 주겠다는 마니교의 제의에도 불구하고 마니교를 떠났다.

어거스틴은 29살 되던 383년 칼타고를 떠나 로마로 진출하였다. 로마에서 잠시 수사학 교사로 활동한 후 다시 제국의 수도 밀란으로 와 수사학 선생이 되었다. 마니교를 떠나온 후 어거스틴은 아카데미의 회의주의에 잠시 매력을 느끼고 있었다. 진리의 모든 가능성을 의심하는 아카데미의 회의주의가 당시 널리 확산되었다. 심지어 후기 플라톤학파에서도 진리에 대한 회의주의는 개연성이라는 이름으로 존재하였다. 회의주의자들에게는 오직 개연성의 진술만 가능하고 확실성은 불가능하였다.

잠시 회의주의에 빠졌던 어거스틴은 당시 널리 읽히던 신플라톤주의의 원조 플로티누스의 작품을 닥치는 대로 섭렵하기 시작했다. 그가 신플라톤주의의 황홀경을 체험한 것은 얼마 후의 일이었다.9 이 신플라톤주

---

8 Augustine, *Confessions*, V. 3.
9 Augustine, *Confessions*, VII ix.13.

의는 어거스틴이 마니교의 이원론과 아카데미 회의주의를 동시에 극복하고 영적실재를 발견하는데 결정적인 역할을 하였다. 신플라톤주의자들은 하나님의 영적 완전성을 밝혔고 내적 명상을 통한 통찰력을 추구하였다. 어거스틴은 항상 그의 마음을 빼앗았던 악의 원인이 마니교도들이 믿는 것처럼 그러한 세력이 있는 것이 아니라 선의 부재에 있다고 믿게 되었다.

신플라톤주의 신관은 마니교의 신관과 본질적으로 달랐다. 신플라톤주의는 하나님을 절대적이시고 불변의 선으로 모든 변화를 초월하며, 존재하는 모든 것의 근원으로 인식하였다. 악은 결코 독자적인 원리는 아니며 악이 선과 더불어 싸우는 것이 아니었다. 악이란 근본적으로 다른 근원으로부터 생겨난 것이 아니라 단지 궁극적 존재로부터 멀리 벗어남으로써 성립하는 것이었다. 신플라톤주의에서 악은 하나의 부정적인 성질이며 실제적으로 존재할 수 없는 선의 결핍을 의미했다. 마침내 어거스틴이 진리에 귀를 기울이게 된 것은 신플라톤주의를 통해서였다:

> 그러나 내가 플라톤주의자들에 관한 책들을 읽게 되고, 그로부터 보이지 않는 진리를 찾으라는 가르침을 받고 난 연후에야, 비로소 나는 당신의 보이지 않는 것들을 보았고, 이미 만들어진 것들을 통하여 이들을 이해하게 되었습니다. 그때에 나는 당신이 존재하시고, 무한하심을 확신하였으며, 당신은 진실로 살아계시고, 언제나 동일하셔서, 당신의 어떤 부분이나 움직이심에도 변화가 없으시므로, 나는 이와 같은 가장 확실한 근거만으로도, 만물이 당신으로부터 나왔음을 믿을 수 있습니다.[10]

어거스틴 자신이 고백하듯이 신플라톤주의가 어거스틴에게 미친 영향은 대단했다. 어거스틴을 신플라톤주의자로 보려고 하는 자들은 어거스틴과 플라톤을 직접적으로 비교하려고 했다. 다음은 오즈멘트가 그의 종교개혁 시대(*The Age of Reform*)라는 책에서 어거스틴과 플라톤을 비

---

[10] Augustine, *Confessions*, H.E. VII. 20.

교한 것이다.

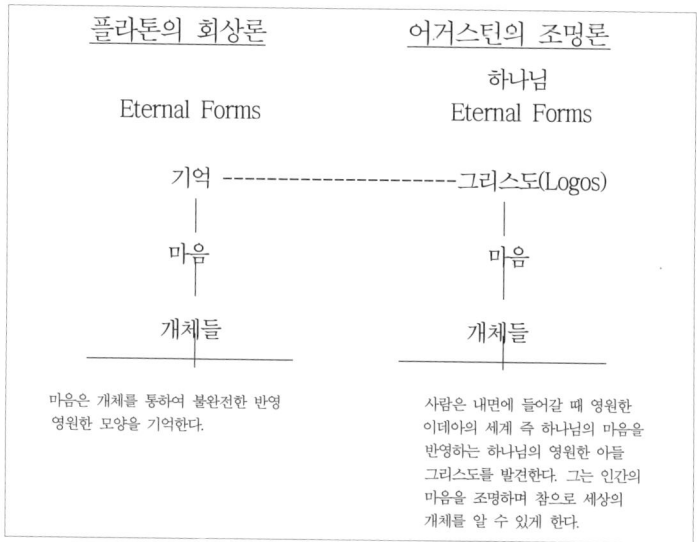

어거스틴은 플라톤의 입장을 따라 감각으로 얻을 수 없는 어떤 것을 마음으로 얻는다고 믿었으며 그런 면에서 어거스틴은 합리주의자로 평가 받았다. 어거스틴에게 있어서 감각으로 아는 물리적인 세계는 단지 우리의 마음을 통해서 아는 이상 세계의 불완전한 복사였다. 완벽한 형태의 세계에는 영원하며 불변한 본질이 존재했다. 그러나 플라톤과 달리 어거스틴은 형태(the form)가 하나님과 독립하여 존재한다는 사실을 거부하고 영원한 형태가 하나님의 영원한 사상으로 하나님의 마음에 의존한다고 보았다.

3) 어거스틴의 회심

어거스틴이 신플라톤주의를 통해 보이는 실체의 세계만이 유일한 세계가 아니라는 사실을 발견하는 등 진리에로의 새로운 도약이 있었던 것이 사실이지만 영원한 진리에 대한 어거스틴의 확신은 종교적 회심을 통해서 이루어졌다. 어거스틴이 기독교에 대해 좀 더 진지하게 생각하기 시작한 것은 밀란으로 이주하면서였다.

384년 밀란으로 이주한 어거스틴은 암브로우스의 설교에서 기독교가 웅변적일 수 있고 지적일 수 있다는 사실을 발견했다.11 또한 아다나시우스의 **성 안토니의 전기**는 어거스틴에게 상당한 도전을 주어 세상과 육신에서 벗어날 수 있었다. 그러나 그를 완전히 기독교로 전향하도록 한 것은 밀라노의 한 정원에서 읽었던 로마서 13장 13-14절이었다. 그의 **고백록** 8권 12에는 다음과 같이 서술하고 있다:

> 나는 내가 여전히 죄의 노예라고 생각했기 때문에 나의 비참함 가운데 계속 부르짖었다. … 왜 이 순간에 나의 추한 죄들을 끝나게 하지 않습니까? 나는 이러한 물음들을 자문하였고 나의 마음속에 가장 쓰라린 슬픔을 품고 줄곧 울고 있었다. 그때 갑자기 나는 가까운 집에서 어린 아이가 노래 부르는 목소리를 들었다. 그것이 소년의 목소리였는지 혹은 소녀의 목소리였는지 나는 말 할 수 없다. 그러나 거듭 그것은 합창을 반복하였다. 들고 읽으라. 나는 이 소리를 듣고 찾아보면서 어린 아이들이 이러한 노래를 부르곤 하는 놀이가 있는지를 열심히 생각하였으나 나는 이전에 그것을 들은 경험을 기억해 낼 수 없었다. 나는 홍수처럼 흐르는 눈물을 억제하며 서 있었고, 이것이 나의 성경책을 펴서 나의 눈이 닿는 첫 구절을 읽으라는 하나님의 명령이라고 스스로에게 말하였다. … 그래서 나는 알리피우스(Alypius)가 앉아 있던 자리로 급히 돌아갔다. 왜냐하면 내가 자리를 옮기려고 일어섰을 때 나는 바울서신이 포함된 책을 내려놓았기 때문이다. 나는 그것을 잡고서 조용히 열었다. 나는 조용히 나의 시선이 닿는 첫 구절을 읽었다. "낮에와 같이 단정히 행하고 방탕하거나 술 취하지 말며 음란하거나 호색하지 말며 다투거나 시기하지 말고 오직 주 예수 그리스도로 옷

---

11 Augustine, *Confessions*, V.12.

입고 정욕을 위하여 육신의 일을 도모하지 말라." 나는 더 읽고 싶지 않았고 그렇게 할 필요도 없었다. 왜냐하면 눈 깜짝할 사이에 내가 그 문장의 끝에 이르자 그것은 나의 마음 안에 넘쳐 들어오는 신앙의 빛 같았으며 의심의 모든 어두움은 걷혔다.12

어거스틴에게 회심은 도대체 무슨 의미가 있는가? 그것은 이전과의 사상적 단절을 의미하는가? 그렇다면 과연 회심 이후에 어거스틴은 신플라톤주의적 경향을 완전히 극복하였는가? 하르낙을 포함한 수천 명의 연구가들은 회심 이후에도 어거스틴이 신플라톤주의자였다고 주장한다. 알화릭은 어거스틴이 복음에로 회심한 것이 아니라 플라톤주의로 회심했다고까지 말했다.13 이들은 어거스틴이 회심 이후에도 여전히 신플라톤주의라는 사실을 증명할 수 있는 자료로 회심한 후에 어거스틴이 저술한 **독백록**(*Solioguies*)을 인용했다.14 심지어 정통주의자들도 "철학적 관점에서 보면 어거스틴은 신플라톤주의자이다"라고 평했다.15

벵크 헤그룬트는 어거스틴이 "기독교를 당시의 사상들과 연관시켜 놓았는데 이 사상들의 대부분은 신플라톤주의적인 색채를 띠고 있었다. 어거스틴의 신학은 신플라톤주의와 기독교 사상 형식을 종합한 것이었으므로 그의 신학의 특징을 이루고 있는 기본 개념들 속에는 이 종합의 흔적이 역력히 담겨져 있다"16고 말했다. 그러나 현대 실존주의 철학자 사르트르가 어거스틴의 신학이 계시신학이며 그 계시신학은 기독교 회심을 통해서 발현되었다고 지적하듯이 어거스틴의 회심은 그의 인생에 있어서 결정적인 사건이었다.

노리가르드(Norregaard)와 칼 홀(Karl Holl) 같은 정통주의자들 역

---

12 Augustine, *Confessions*, VIII. 12.
13 Cf. Prosper Alfaric, *L'Evolution intellectuelle de Saint Augustine*, Vol. I, Paris, 1918.
14 Bengt Hägglund, 신학사, 박희석 역 (서울: 성광문화사, 1989), 154.
15 Hägglund, 신학사, 154.
16 Hägglund, 신학사, 153-154.

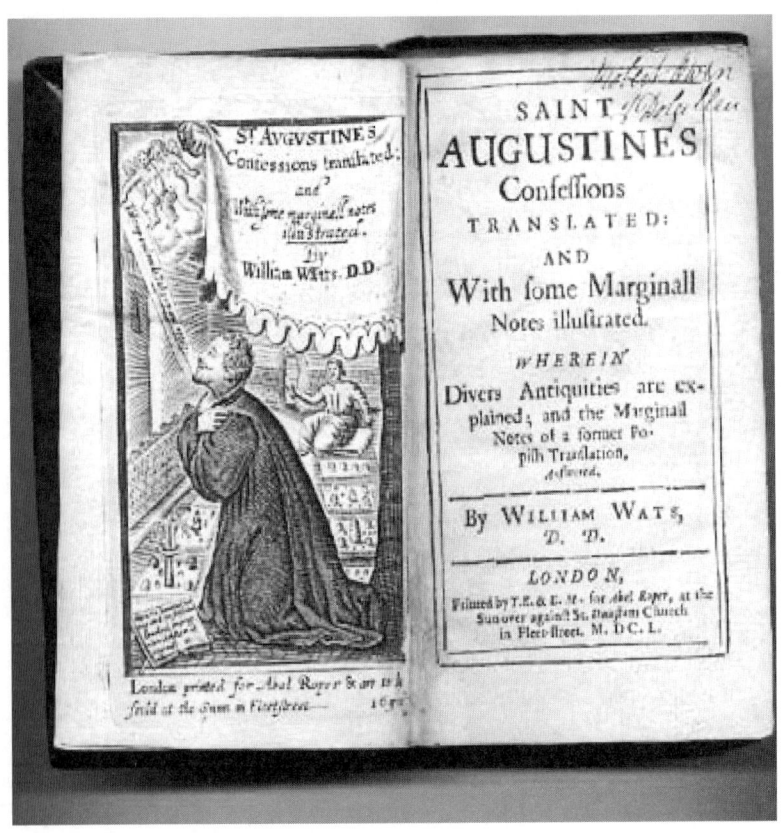

어거스틴의 고백록

시 여기에 동의한다.17 비록 어거스틴의 사상에는 플라톤적인 구조가 나타나는 것을 부인할 수 없지만, 어거스틴의 회심은 진정한 의미에서의 인생, 사상, 신앙의 변화를 의미한다고 보아야 할 것이다. 어거스틴이 회심 이전에는 신플라톤주의를 일차적 원리로 삼은 것이 사실이나, 회심 이후에는 기독교 신앙을 일차적 원리로, 신플라톤주의를 이차적 원리로 삼았다. 후에 어거스틴은 진정한 진리 탐구와 종교적 삶은 성경을 통해 그리스도 앞에 헌신한 후에 생겨났다고 고백하고 있다:

---

17 Hägglund, 신학사, 161-162.

그 후로 성경을 통하여 내 영혼이 당신 앞에 부복하였을 때에야 나는 교만과 참회를 구별할 수 있었으며, 또한 자신들이 풀과 같이 시들어져 가는 것을 보면서도, 그들이 마땅히 가야할 길을 바라보지 못하는 자들과, 축복받은 나라를 직시할 뿐만 아니라, 그 안에서 살도록 인도해 주는 길을 바라보는 자들을 구별할 수 있게 되었다.18

때문에 어거스틴이 회심했다는 것은 세상적인 자신의 야망 곧 유명한 수사학자가 되는 것을 포기하는 것을 의미했다. 그는 384년 밀란으로 이주한 후에 밀란의 감독 암브로스의 설교에 감명을 받고 386년에 기독교로 귀의하고 387년 부활절에 세례를 받았다. 수년 후 어거스틴은 히포 교회의 장로로 선출되었고 그 뒤 395년에 같은 도시의 감독으로 선출되었다. 430년 반달족의 말 발굽소리를 들으며 임종하였다.

3. 어거스틴의 사상

1) 어거스틴의 인식론

앞서 언급한 것처럼, 일반적으로 어거스틴은 플라톤과 기독교 사상 전통을 함께 수용했으며 이 둘을 완벽하게 연합시킨 주인공으로 평가받는다. 토마스주의(Thomism)가 아리스토텔레스 철학과 기독교를 종합한 실례로 간주되듯이 어거스틴은 플라톤 특별히 신플라톤주의 사상과 기독교를 종합한 실례로 평가되고 있다. 폴 틸리히(Paul Tillich)에 의하면 어거스틴은 교회사에서 어느 누구보다도 예루살렘과 아테네를 연결시키려고 한 인물이다. 그는 "구약의 야웨 사상과 파르메니데스(Paemenidean)의

---

18 Augustine, *Confessions*, VII. 20. 어거스틴은 성경의 권위를 대단히 존중하였다. Wayne R. Spear, "Augustine's Doctrine of Biblical Infallibility," in *Inerrancy and the Church*, ed John D. Hannah (Chicago: Moody Press, 1984), 37-65.

존재사상을 성공적으로 종합시킨 사상가"라고 할 수 있다.[19] 회심 초 어거스틴은 기독교 진리와 신플라톤주의가 모순되지 않는다고 보았다.[20]

"나는 이해하기 위하여 믿는다"(Credo ut intelligam)는 어거스틴의 사상은 "나는 모순되기 때문에 믿는다"(Credo quia absurdum)는 터툴리안의 견해와 상당한 차이가 있다. 이성과 신앙을 조화시키려는 어거스틴의 노력은 세례 직후에 저술한 **독백**(*Soliloquia*), 394년의 **참 종교에 관하여**(*De Vera Religione*), 395년 6월에 완성한 **자유 의지론**(*De Libero Arbitrio*), 그리고 416년에 완성한 거작 **삼위일체론**(*De Trinitate*)에서도 찾아볼 수 있다. 신플라톤적인 구조 속에서 이성의 역할을 강조하는 경향은 후기보다는 초기에 두드러진다.

예를 들면 어거스틴의 **독백** 서두에는 다음과 같은 내용이 있다: " … 오! 아버지여, 그러나 어떻게 당신에게 이르러야 할지 나는 알지 못하나이다. 나에게 말하소서. 나에게 보이소서. 나의 여행에 필요한 것을 주소서. 당신께 피하려는 자가 신앙으로 당신을 발견한다면 나에게 신앙을 주소서. 만일 덕으로라면 덕을 주소서. 만일 지식이라면 지식을 주소서. 나에게 있어서 신앙과 소망과 사랑을 더 하옵소서. 오 당신, 놀랍고도 무비한 선이시여 … "

우리는 이성을 통해 신앙을 발견한다는 사실, 즉 신앙을 찾고 지성을 발견한다(Fides quaerit, intellectus invenit)는 어거스틴의 인식론 원리를 여러 군데서 쉽게 발견한다:

> 나는 깨달았다. 나는 믿는다. 나의 힘이 미치는 한 나는 순종하리라. 나는 그에게 나의 능력을 크게 하여 주실 것을 열심히 구할 것이다.[21] 이성: 용기를 내어라. 하나님께서는 우리에게 그의 임재를 허락하실 것이며 이로서 우리가 지금 추구하고 있는 것을 경

---

[19] Tillich, *A History of Christian Thought*, 106.
[20] Augustine, *Contra Acadom*, III. xix. 43.
[21] Augustine, *Soliloquia*, 30.

험케 하시리라. 이 육체의 생명 뒤에 올 가장 복된 내세를 그는 우리에게 약속하신다. 아무 거짓된 것도 없는 진리로 가득 찬 내세를!22

마니교를 논박하기 위해 저술한 **자유의지론**(*De Libero Arbitrio*, 388-396)에도 예외 없이 이성의 역할에 대한 어거스틴의 강조가 중요하게 등장한다. 그러나 우리가 주목해야 할 사실은 어거스틴이 단순히 이성의 유추를 인정하는 차원이 아니라 그것을 플라톤적인 틀 속에서 이해하고 있다는 점이다. 앞서 언급한 **독백** 서두에서 어거스틴은 플라톤의 틀을 따라 기독교 하나님을 "오 당신, 놀랍고도 무비한 선이시여"라고 부르고 있다.

우리가 잘 아는 대로 플라톤 사상에서 절대자는 지고선으로 통칭된다. 이와 같은 플라톤적인 색채는 신에 대한 명칭뿐만 아니라 악의 개념을 표현하는데도 나타난다. 어거스틴은 플라톤 사상의 틀을 따라 악행(doing evil)을 "마음이 자각하고 즐거워하며 사랑하며 잃어버려서는 아니 될 영원한 사물들을 등한히 하고 인간성에 있어서 가장 비천한 부분인 육체에 의하여서 지각되는 따라서 완전히 확실하게는 소유할 수 없는 시간적 사물들을 마치 위대하고 놀라운 것인 것처럼 추구하는 것"이라고 정의한다. 모든 종류의 악행이나 죄란 결국 "신적이요 참으로 영속적인 사물들에서 떠나서 가변적인 불확실한 사물에로 향하는 일"이라는 것이다. 이런 어거스틴의 죄관은 플라톤에서 말하는 죄관, 즉 죄란 지고선에서 점점 멀어지는 것으로 그 멀어지는 정도에 따라 죄의 정도가 결정된다는 논리와 대동소이하다.

그러므로 우리에게 제기되는 근본적인 문제는 어거스틴이 이성의 역할을 인정했느냐 하는 것이 아니라 그가 어느 정도까지 인정하고 있느냐 하는 것과 기독교 진리를 밝히면서 왜 구태여 플라톤의 사상을 사용하고 있느냐 하는 것이다. 이 문제에 대해 우리가 어거스틴의 작품을 통해 도

---

22 Augustine, *Soliloquia*, 36.

출할 수 있는 답은 어거스틴이 이성을 강조한 것은 이성이 진리를 밝히는데 있어서 중요한 역할을 하고 있다는 확신 때문이다. 그럼에도 불구하고 이성이 믿음보다 선행되지 않는다. 오히려 믿음이 이성보다 선행된다. "너희가 믿지 않으면 너희는 정녕 깨닫지 못하리라"는 논리에 기초하여 먼저 믿은 후 그 믿음의 내용을 구체적으로 이해하는데 이성이 필요하다는 것이다. 그런 관점 때문에 어거스틴은 플라톤 사상을 따라 어떤 감각 없이 이성 그 자체만으로도 영원한 것을 직관할 수 있다고 보았다. 그러나 이성이 영원한 것을 직관하는데 필수적일 만큼 중요하지만 영원한 것과는 본질적으로 비교될 수 없다.[23]

그렇다면 이성(νους)보다 탁월하고 영원한 존재가 무엇인가? 그것은 궁극적인 인식 대상인 진리 자체이며 그 진리란 다름 아닌 하나님이다: "네가 잊지 않았다면 나는 네게 인간이 마음과 이성보다 더 탁월한 것을 보이겠다고 약속하였다. 그것은 진리 그 자체이다. 할 수 있으면 이것을 붙들어라. 이것을 즐거워하라. 주안에서 기뻐하라. 그러면 그가 네 마음의 간구를 허락하시리라."[24] 어거스틴이 여기서 일컫는 진리 자체란 플라톤이 말하는 지고선이며 알렉산드리아 학파에서 말하는 로고스이며 성경이 말하는 "하나님"[25]이다.

어거스틴은 이 진리가 바로 자신이 믿는 하나님, 곧 자신의 구주 예수 그리스도라고 인식하였다. 그렇다면 그분을 이해하는 것은 그가 존재한다는 신앙에서 출발해야 하며 따라서 "우리는 하나님이 계시다는 것을 믿어야 할 것이다." 하나님이 계시다는 것은 하나님의 아들과 함께 산 저 위대한 사도들의 증언 곧 성경이 가르치고 있기 때문이다. 신앙과 계시를 떠난 무조건적 유추를 거부하면서도 진리를 밝히는데 있어서 이성

---

[23] Augustine, *Libero Arbitrio*, II. 14. "만일 어떤 육체적 감각기관(感覺器官)의 도움 없이도, 즉 촉각이든, 미각이든, 냄새든, 귀나 눈의 도움 없이 이성이 그 자체만으로 홀로 영원한 것을 직관하지만 이성은 자기 자신의 열등성을 고백하지 않을 수 없을 것이며 그 영원 불변자를 자기의 하나님으로 고백할 것이다."

[24] Augustine, *Libero Arbitrio*, II. 35.

[25] Augustine, *Libero Arbitrio*, II. 37.

의 역할이 얼마나 중요한가를 암시해 주고 있다.

신앙과 이성을 조화시키려는 노력은 삼위일체론에서도 나타난다. 삼위일체 하나님을 이해하기 위해서는 먼저 믿어야 하며 그 후 그 믿음을 밝히는 데 우리의 이성이 중요한 도구로 쓰임 받는다:

> 우리는 이제는 마음을 다하여 하나님께 간구하여 그가 우리의 이해를 여사 우리의 마음이 진리를 명상할 수 있게 하시며 모든 물질적인 것들에 대한 생각에서 피할 수 있게 하시기를 기도하여야 할 것이다. 우리가 목적하는 바는 창조주 곧, 자비하신 이가 우리를 도우시는 한 이제까지 취급하여 온 같은 문제를 이번에는 더 내적인 방법으로 생각하여 보자는 것이다. 여기에 있어서도 이전과 같은 법칙, 즉 우리의 이해에 아직 밝아지지 않은 진리도 신앙으로 확고히 붙들어야 한다는 규칙을 우리가 명심하여야 할 것이다.26

삼위일체의 영원성, 동등성, 통일성을 깨닫기 위해 우리는 먼저 믿어야 한다. 진리에 대한 탐구라는 것이 깨달았을 때에야 계속 탐구할 수 있는 것이기 때문에 진리를 이해케 하는 이성은 필수적이다. "신앙은 찾고, 지성은 발견한다"는 어거스틴의 원리가 여기서 나온 것이다. 그가 삼위일체론을 끝맺음하면서 "나는 내가 믿은 것을 나의 지성으로 보기 위하여 많이 희구하여 왔다"27고 고백한 것도 그의 인식론 원리를 반영한 것이다.

바로 이것이, 어거스틴의 신학이 카르타고의 서방 전통을 계승하면서도 알렉산드리아의 동방의 색깔을 반영하고 있는 점이다. 철학적 사색이 종교의 최종적인 목적도 아니고, 이성 자체만으로 완전한 신지식에 이를 수 있는 것도 아니지만, 일단 믿음과 계시된 진리를 받아들인 후에는 이성을 통해 하나님을 더 밝히 알게 된다. 믿음에 관한 진리도 역시 어느 정도 이해의 대상이다. 이 때문에 어거스틴은 계시의 진리와 기독교적

---

26 Augustine, *Trinitate*, VIII. 1.
27 Augustine, *Trinitate*, XV. 51.

전통이 이성 및 철학과 본질적으로 대립되지 않는다고 보고, 자신이 받아들인 철학체계 속에 기독교를 표현하는 데 주저하지 않았다. 그러나 권위라는 면에서 영원한 것을 이성보다, 계시를 철학보다 한 단계 높은 곳에 위치시켰다.

성경적 진리를 발견한 어거스틴은 한때 자신이 몰입한 적이 있던 회의주의가 스스로 모순된다는 사실도 발견한다. 회의주의자들은 어느 누구도 어떤 것을 알 수 없다고 주장하지만, 만일 어떤 사람이 누구도 어떤 것을 알 수 없다고 주장한다면 그는 누구도 어떤 것을 알 수 없음을 알고 있다고 스스로 주장하는 것이다. 따라서 회의주의는 스스로 모순된다. 어거스틴이 볼 때, 의심한다는 사실 자체는 의심의 주체인 자신이 존재한다는 사실을 내포하고 있다.

그러므로 만일 어떤 사람이 의심한다면 의심의 주체인 그는 존재하는 것이다. 만일 그가 존재하지 않는다면 의심할 수 없다. 그리고 만일 내가 존재한다는 것을 안다면 누구도 어떤 것을 알 수 없다는 회의주의 견해는 거짓임에 틀림없다. 이런 원리는 하나님에 대한 사랑에도 적용된다. 만일 내가 진정으로 하나님을 사랑한다고 주장한다면 나는 내가 하나님을 사랑한다는 사실을 알고 있다고 주장하는 것이며, 내가 하나님을 사랑한다는 사실을 알고 있다고 주장한다면 나는 두 가지, 즉 내가 존재한다는 사실과 내가 참으로 그리스도인이라는 사실을 알고 있다고 주장하는 것이다.

우리가 간과해서 안 될 것은 어거스틴이 인식론적이고 철학적인 것에만 관심이 있었던 것이 아니라는 사실이다. 오히려 어거스틴의 일차적인 관심은 실천적인데 있었다. 따지고 보면 인식론적이고 철학적인 관심은 실천적인 이유에서 비롯된 것이다. 그것은 어거스틴의 사랑이해에서 쉽게 발견할 수 있다. 어거스틴은 인간의 자기 사랑을 근본적으로 부정하지 않았다. "네 이웃을 네 몸과 같이 사랑하라"는 말은 자기 자신도 사랑해야 함을 함의하는 것으로 해석하였다. 사랑의 개념에는 자아를 포함시켜야 하지만, 진정한 행복이란 개인 의지의 완성을 통하여 실현되는 것이 아니다. 개인 의지의 완성을 통하여 이룩하려는 사랑은 큐피디타스

(cupiditas)이며, 세속적인 선을 추구하는 세상에 대한 사랑이며, 회심 이전에 인간의 삶을 특징짓는 행복론이다.

기독교에서 말하는 사랑은 카리타스(Caritas)에 기초한 행복론이다. 이것은 초월적인 존재와의 결합을 통하여 이루되는 사랑을 말하며 회심 이후의 그리스도인의 삶을 특징 짓는다. 인간의 타락에 의하여 큐피디타스가 지배하는 인간이 회심 이후에 카리타스가 지배하는 인간의 모습으로 변모하여 간다. 즉 의지 중심이 세상적인 것에서 하나님 중심으로 옮겨가는 것에서 진정한 행복을 발견할 수 있다. 이것을 어거스틴은 사랑의 두 개념-자기 사랑(amor sui), 하나님 사랑(amor Dei)-을 통하여 구체적으로 설명하였다.

2) 어거스틴의 교회관

어거스틴의 교회관은 도나티스트와의 논쟁을 통하여 정립되었다. 기독교적 신플라톤주의자의 자신만만한 인본주의로부터 인간의 본성과 사회와 역사에 대한 보다 성경적인 견해로 어거스틴을 돌아서게 만든 것은 도나투스파와의 논쟁이다. 도나투스(Donatus Magnus, d.355)에서 시작된 도나투스파는 디오클레티안(Diocletian, 244-312) 황제 박해기간 동안에 활동했다.

일찍이 북아프리카에는 박해와 관련하여 현실적인 문제가 등장하였다. 그것은 성경의 사본들을 이교도에 넘겨준 자들을 배교행위로 볼 것인가 하는 문제였다. 감독에 임명된 자들 가운데 절반 이상이 이런 행위를 한 이들이었으며, 카르타고의 감독도 이런 자들 중에서 임명되자 도나티스트들은 배교자는 물론 그들에 의해 임명된 성직이 무효라고 주장하였다.

이런 상황 속에서 A.D. 312년 당시 칼타고 감독에 선출된 캐킬리아누스(Caecilianus)의 합법성 문제가 제기되었다. 즉 그를 대주교로 안수하여 세운 감독이 디오클레티안 박해 때 배교한 자로 이미 감독의 자격을 상실해 버린 자이기 때문에 배교한 감독이 인수한 안수는 효력이 없다는 것이다. 따라서 70인의 누미디아 지방의 감독들이 모여 마요리누스(Marjorinus)를 대신 감독으로 세웠다. 이 모든 일은 도나투스(Donatus of Casae Nigrae)의 지도 하에 진행되었고 그가 마요리누스를 이어 감독이 되었다. 그 후 이 파는 도나투스파로 역사에 알려졌다.

도나투스파와의 분열이 종교적인 문제지만 제국의 통일을 위협한다고 판단한 콘스탄틴 황제는 이 문제를 해결하기 위해 적극적으로 개입하고 나섰다. 조정노력이 실패로 끝나자 콘스탄틴 황제는 주후 342년 이후 도나투스파와의 화해 노력을 아예 포기했다. 황제의 일방적인 화해시도가 도나투스파에 대한 반감을 야기했고, 또 이들의 반감이 반국가적 경향으로 흐르자 정부는 이들에 대해 박해를 가하기 시작했다.

하나의 도전은 응전을 낳고 응전은 반전을 유발할 수밖에 없는 것이 역사적 현실이었다. 황제의 박해가 자연히 도나투스파의 반감을 샀고 그 결과 이들은 "황제와 교회가 무슨 관계가 있느냐?"면서 교회문제에 황제가 간섭하지 말 것을 요구하고 나섰다. 도나투스파의 이런 반국가적인 경향 때문에 콘스탄틴 대제 이후 콘스탄티우스 1세가 즉위하는 동안 도나투스파는 제국의 지원을 받기보다는 제국으로부터 핍박을 받아왔다. 그러나 쥴리우스 황제가 즉위하면서 도나투스파에 대한 관용이 베풀어져 도나투스파는 상당한 발전을 이룩하였다. 그렇지만 반국가적인 경향이 하루아침에 해소될 수는 없었다. 계속적인 그들의 반국가 정책은 국가와 지도자의 반감을 야기했고 그 때문에 정부로부터 늘 박해를 받았다.

도나투스파를 박해한 것은 정부만이 아니었다. 그들은 당대의 기독교로부터도 끊임없는 비판을 받았다. 그것은 카타리(순결한자)라고 불렸던 이들이 자신들만이 참다운 교회라고 주장하면서 자신들이 베푼 세례만 인정하고, 합당치 못한 이들 감독들에 의하여 베풀어진 세례는 무효이며, 다시 세례를 받아야 된다고 주장하였기 때문이다. 도나티스트들은 배교행위를 한 감독들에 의해 행해진 세례를 인정할 수 없다는 것이다. 따라서 기성교회 성도들이 자신들의 집단에 합류할 경우 다시 세례를 주었다.

교회의 순결을 성례와 연결시킨다는 점에서 도나티스트들의 교회관은 노바티안들의 관점과 상당히 유사하였다. 종교개혁시대에 재세례파들이 갖고 있는 입장과도 상통한다. 교회의 순결을 성례와 연계시켜 재세례를 주장하는 이런 신학을 가리켜 후대는 갱생신학(Theologia Regennitorum) 이라고 부른다. 사실 갱생신학은 아프리카의 전통이었다. 키프리안과 로마의 감독 스테반이 내립할 때 키프리안은 분열자들에 의해 베풀어진 세례가 무효이기 때문에 재세례를 받아야 된다고 주장하였고, 이 때 아프리카 교회가 일치단결하여 키프리안의 입장을 지지하였었다. 그러다 A.D. 314년 이 문제를 해결하기 위해 열린 아르레스 회의(the Council of Arles)에서는 캐실리아누스(Caecilianus)의 합법성을 인정하는 한편 키프리안에게도 어느 정도 명분을 주었다. 삼위일체 하나님의 이름으로 받은 적법한 세례는 인정하되 불분명한 세례는 다시 세례를 시행한다는 것이다:

> 만일 어떤 자가 이단파로부터 교회로 돌아오는 경우에 먼저 그가 수 세기에 사용한바 신조를 물을 지니라. 그리하여 만일 그가 성부와 성자와 성신의 이름으로 세례를 받았음이 확실하게 될 때에 그는 다만 안수만 받아서, 그로 하여금 성령을 받게 할지니라. 그러나 만일 그의 삼위일체에 대한 대답이 분명치 않은 경우에는 세례를 받아야만 할지니라.[28]

도나티스트 문제는 어거스틴 시대에도 계속되었다. 어거스틴 시대에 도나투스파가 어거스틴 교구였던 누미디아를 거점으로 지지 기반을 확산했다. 도나투스파와의 갈등을 해결하기 위해 어거스틴은 히포의 도나투스파 감독 프로클레이아누스(Procleianus)를 비롯하여 여러 도나투스 감독과 대화를 추진하였지만 극단적 도나투스파의 난동으로 결실을 거두지 못했다. 400년, 어거스틴은 이들을 조직적으로 연구하다 이들의 문제가 교회론과 성례론의 문제에서 비롯되었다는 사실을 발견하고 도나투스파를 논

---

[28] Council of Arles, 헌장 제 8조.

박하기 위한 저술에 착수하였다. 단순한 신학적 논박으로는 이 문제를 해결할 수 없다는 확신이 들면서 이 문제를 해결할 수 있는 유일한 길은 국가의 힘을 빌리는 것이라고 생각했다. 404년, 어거스틴이 주도하여 열린 칼타고 회의에서 호노리우스 황제에게 이 문제에 적극적으로 개입해 줄 것을 공식적으로 요청하기에 이르렀다. 국가는 이 요청을 받아들여 도나투스파의 난폭한 행위에 대해 벌금을 부과하는 한편 이들의 교회당을 접수하기 시작했다. 국가의 적극적인 개입에도 불구하고 도나투스파 문제가 여전히 미결로 남아 제국의 종교적 통일을 위협하기 시작했다. 더 이상 이 문제를 방치할 수 없다고 판단한 황제는 411년 양측의 합의 하에 이 문제를 종결 짓기 위해 칼타고에 회의를 소집하였다. 이 회의는 처음부터 도나투스파를 불법화하는 방향에서 진행되었다.

411년, 칼타고 회의 이후 어거스틴과 도나투스파와의 대립은 더욱 심화되기 시작했다. 모든 상황이 어거스틴에게 유리하게만 전개된 것은 아니었다. 재세례 입장에 선 키프리안의 전통에서 보면, 오히려 어거스틴이 아프리카 전통에서 떠난 변질된 성례관이고 도나티누스파야말로 키프리안의 전통을 계승한 전통적인 입장이었다. 둘의 논쟁에서 난처한 입장에 처한 것은 어거스틴이었다. 그는 키프리안의 성례관이 잘못되었다는 입장을 취하지 않을 수 없었고 로마의 전통에 합류할 수밖에 없었다.

진실로 거룩한 자들만이 정당하고 효력 있는 세례를 베풀 수 있으며 따라서 그들에 의한 세례가 무효라는 도나투스파에 반대하여 어거스틴은 심지어 이단자들에 의해 베풀어진 세례도 교회가 인정하여 주어야 한다고 보았다. 왜냐하면 베푸는 자의 거룩성에 상관없이 세례는 효력이 있다고 보았기 때문이다. "사도와 술주정꾼 사이에는 분명 큰 차이가 있으나 그것이 기독교의 세례인 이상 사도에 의한 세례와 술주정꾼에 의해서 베풀어진 세례 사이에는 아무런 차이가 있을 수 없으며 사도와 이단자들에 의해서 각각 집례된 세례들 사이에도 전혀 차이가 있을 수 없다."[29] 왜냐하면 세례

---

[29] Augustine, *Epistle* 93. 48; *De Baptismo*, IV. 24.

는 하나님께로부터 온 것이기 때문이다. 그리스도가 성례의 최고 집례자이며 따라서 만일 합당치 않은 사람이 집례하는 경우라도 그것은 여전히 참된 성례라고 주장함으로써 도나투스파의 재세례를 철저히 반박하였다:

> 그러므로 그리스도의 성례는 마귀 편에 선 자들 사이에서도 거룩하므로 … 비록 저들이 성례를 받을 때에 그 마음이 성례에 합당하지 않은 상태에 있었을지라도 … 성례는 다시 시행되어서는 안 된다. 그 이유는 나의 생각으로는 아주 분명하다. 세례의 경우, 우리는 그 세례를 베푸는 자가 누구인지 생각할 필요가 없고 다만 그가 베푸는 것이 무엇인지만 생각하여야 할 것이다. 또한 그 세례를 받는 자가 누구인지를 생각할 필요가 없으며 그가 받는 것이 무엇인지를 생각하여야 할 것이다.30
> 그러므로 마귀의 편에 선 자들도 성례를 더럽히지 못한다. 성례는 그리스도에 속하기 때문이다. … 가령 복음의 말씀들로서 세례를 베푸는 경우에 베푸는 자나 받는 자가 아무리 악할지라도 성례 그 자체는 그것이 누구의 성례인가 하는 점으로 인하여 거룩하다. 지금 오류에 빠져 있는 자에게서 세례를 받는 경우를 생각하여 보자. 만일 그 받는 사람이 그 베푸는 자의 편벽됨을 받지 않고 그 신비의 거룩함만을 받는다면 그는 선한 신앙과 소망과 사랑 가운데 교회와 연합되어 있어 그의 죄의 사유함을 얻을 것이다. 그러나 만일 받는 자 자신이 오류에 빠져 있다면 그 오류에 머물러있는 한 시행되는 것이 그의 구원에는 아무 소용이 없을 것이다. 한편 그가 받는 것은 그 받는 자에 있어서 그대로 거룩하게 남아 있으므로 그가 바른 길로 돌이킬 때에 그것을 되풀이하여서는 안 된다.31

다행히 어거스틴 당대에는 아프리카에서도 로마의 전통을 수용한 Arles 회의의 결정을 받아들이고 있었기 때문에 어거스틴의 재세례 금

---

30 Augustine, *De Bapstismo*, IV. 16.
31 Augustine, *De Bapstismo*, IV. 8.

지는 그리 큰 문제가 아니었다. A.D. 314년 콘스탄틴 대제가 아프리카 교회를 위해 소집한 아르레스(Arles) 회의에서 로마의 견해가 아프리카 견해로 통일되었고, 이것이 A.D. 325년 니케아 회의에서 확인되었으며, 어거스틴이 재확인한 것이다.

그러나 어거스틴이 밝혀야 하는 문제가 있었다. 그것은 도나투스파의 세례를 가톨릭교회의 세례와 완전히 동등시할 수 있느냐 하는 문제였다. 교회관은 키프리안의 전통을 따르면서도 성례관은 로마의 전통을 따르고 있던 어거스틴으로서는 이 둘의 전통이 대립적인 것이 아니라 조화를 이룰 수 있는 것으로 보았다. 따라서 교회의 순수성을 보존하기 위해 교회의 통일성을, 교회의 통일성을 보존하기 위해 교회의 순수성을 내세웠던 키프리안의 전통을 선별적으로 수용하였다. 한편으로 교회 밖에는 구원이 없다는 키프리안의 전통을 받아들이면서도 다른 한편으로는 교회의 순수성이 보편적인 교회에만 속했다는 키프리안의 전통을 부분적으로 거부했던 것이다. 어거스틴이 볼 때 교회의 순수성은 보편적인 사도적 교회에만 있는 것이 아니라 노바티안, 그리고 어거스틴 당대의 도나투스파에도 있었다. 따라서 도나투스파의 일차적인 문제는 교회의 순수성이 아니라 사랑의 결여였다. 기독교 신앙은 사랑으로 역사할 때만이 가치가 있으며 사랑으로 역사하지 않는 기독교 신앙은 의미가 없다:

> 그러므로 그를 죽음에까지 이르게 한 것은 사랑이었다. 그리하여 사랑을 가지지 않은 자는 그리스도께서 육신으로 오심을 부인하는 결과로 된다. 그러므로 이제 이단자들에게 묻자. "그리스도께서는 육신으로 오시었는가." 저들은 대답할 것이다. "그러하시었다. 그러므로 나는 믿고 고백한다." 그러나 우리는 다음과 같이 말할 수밖에 없다. "아니다. 너는 그것을 부인한다." "어떻게 그런가? 내가 그것을 주장하는 것을 듣지 않는가?" "아니다. 너는 그것을 부인하고 있다. 네 목소리로는 그것을 주장하고 있으나 네 마음으로는 부인한다." "왜냐하면 그리스도께서는 우리를 위

하여 죽으시기 위하여 육신이 되셨다. 사람이 친구를 위하여 자기 목숨을 버리면 이에서 더 큰 사랑이 없느니라"고 하심과 같이 그는 죽으심으로서 사랑의 극치를 가르치시었다. 그러나 너희는 사랑을 가지지 않는다. 너희는 너희 자신에게 영광을 돌리기 위하여 교회의 일체성을 깨뜨리기 때문이다.32

교회의 하나 됨도 사랑을 전제한다. 도나투스파의 교회의 분열은 교회의 일치를 파괴하는 것이며 사랑의 실천에 반립되는 반기독교적 행위다. 달리 말한다면 사랑의 결여야말로 교회의 일치를 깨뜨리는 행위다. 이 때문에 어거스틴은 도나투스파를 "적그리스도"라는 원색적인 표현을 쓰면서까지 비판했던 것이다:

저들이 우리들에게서 나간 것이라면 저들은 적그리스도들이다. 저들이 적그리스도라면 저들은 속이는 자들이다. 속이는 자들이라면 결국 예수께서 그리스도이심을 부인하는 죄를 범하는 것이다. … 성경에서 우리가 확실히 알 수 있는 대로 혀로 뿐만 아니라 행동으로도 그리스도를 부인할 수 있는 것이 사실이라면 많은 적그리스도들이 입으로는 그리스도를 고백하면서도 행동에 있어서 그리스도에게서 떠나는 것을 우리는 지적할 수 있다. 사도 바울이 '그들이 하나님을 시인하나 행위로는 부인한다'(딛 1:16)고 말한 것은 그런 자들을 가리켜 한 말이다. 그러므로 이 적그리스도는 행위로서 그리스도를 부인하는 자들이다. … 그는 속이는 자이다. 왜냐하면 말로는 이렇게 말하면서 행위는 달리하기 때문이다.33

어거스틴에게 사랑은 교회 통일성의 기초이며 이 둘은 불가분의 관계를 지니고 있다. 신앙의 일치를 외치면서 사랑이 결여되었다면 그것은 곧 복음의 본질을 떠난 것이며 따라서 그런 교회는 교회의 생명력을 상실

---

32 Augustine, *Homilies on John* VI. 13.
33 Augustine, *Homilies on John* III. 8.

할 수밖에 없다. 그러므로 도나투스의 성례가 보편적인 교회의 성례와 같은 것이지만 그렇다고 동등한 효력(效力)을 지니는 것은 아니다. 성례의 타당성(validity)과 유효성(efficacy)은 구분되어져야 한다. 도나투스 성례가 삼위일체 하나님의 이름으로 시행되었다는 면에서 타당성이 있지만, 사랑의 결여로 교회의 일치를 파괴시키는 도나투스 교회야말로 교회의 본질에서 떠났기 때문에 그들이 시행한 성례는 유효성을 상실할 수밖에 없다. 이와 같이 어거스틴은 성례의 정당성을 단순히 성례에 국한시켜 고찰하기보다는 교회관과 관련시켜 고찰하였다. 이것은 로마의 전통과 키프리안의 전통을 조화시켜 종합하려는 시도였다. 즉 로마교회 성례관을 수용하면서 그것을 키프리안의 교회관 속에서 재해석함으로써 로마교회가 말하는 성례의 객관성과 키프리안이 주장하는 성례의 주관성을 하나로 종합한 것이다.

3) 어거스틴의 인간 이해

동방이 그리스도의 신성과 인성관계로 논쟁을 벌이고 있던 시기에 서방에서는 주로 인간의 의지와 하나님의 은총 문제로 논쟁을 벌이고 있었다. 은총에 대한 이해는 서방과 동방이 약간 달랐다. 일반적으로 말해 동방은 비록 하나님의 은총을 부인하지는 않았지만 하나님의 은총과 인간의 의지를 조화시키는 데 더 많은 관심을 기울였다. 예를 들면 콘스탄티노플의 대주교 크리소스톰은 인간이 선을 택할 수 있으며 그렇게 할 때 하나님의 은총이 임해 하나님께서 명령하시는 것들을 이행할 수 있다고 주장했다. 반면 서방은 주권적인 하나님의 은총을 강조했다. 때문에 터툴리안, 키프리안, 암브로스 같은 서방의 거장들은 인간의 원죄를 인정하고 아담의 원죄가 모든 인류에게 직접적으로 전가되었다고 믿었다.[34] 아담이 죄로 말미암아 멸망했고 그 안에서 모든 인류가 함께 멸망했다. 서방

---

[34] Latourette, *A History of Christianity Vol. I: Beginnings to 1500*, 291.

펠라기우스
(Pelagius,
360-420)

신학의 대표자 중의 한 사람인 암브로스에 따르면 하나님의 은총이 구원의 작업을 시작하는 것이며, 은혜로 그 일이 시작됐을 때, 인간은 자기의 지를 통해 협력한다.35 이것은 인간이 그의 자유의지로 하나님을 향할 수 있으며, 그렇게 할 때 하나님께서 인간의 의지를 도와주신다고 주장한 크리소스톰의 견해와는 상당히 대조적이었다.

전형적인 서방의 인간 이해가 좀 더 체계적으로 발전되기 시작한 것은 어거스틴에 와서이다. 어거스틴은 적수 펠라기우스와의 논쟁을 통해 그의 은총론을 체계화하기 시작했다. 영국 아일랜드 수도승 출신이었던 펠라기우스는 400년에 로마로 와서 7, 8년간 머물면서 활동하였다. 평신도지만 어느 정도 학식이 있고 엄격하면서 금욕적이었던 펠라기우스는

---

35 Latourette, *A History of Christianity Vol. I : Beginnings to 1500*, 202.

당시 영적으로 침체되어 있는 로마교회와 로마사람들의 부도덕하고 방종한 생활에 의분을 느끼고 있었다. 하나님의 계명을 멀리하고 율법폐기주의로 흐르는 당시의 로마교회를 보면서 계명 준수의 필요성을 절감하고 있었다. 그즈음 펠라기우스는 두 가지 사건을 만난다. 첫 번째 사건은 펠라기우스가 인간의 책임을 약화시키면서까지 하나님의 은총을 역설한 어거스틴의 **고백록**을 읽고 충격을 받은 사건이고, 두 번째 사건은 자신과 입장을 같이하는 코엘레스티우스를 만난 사건이다. 이때부터 펠라기우스는 공개적으로 어거스틴의 사상과 대립되는 교리를 만들어 가르치기 시작하였다. 펠라기우스 사상의 출발점은 하나님이 공의로우신 분이라는 사실과 인간은 자신의 행위에 대해 전적인 책임을 져야한다는 것이다. 펠라기우스는 그리스도인들이 계명을 지키지 않으면서 모든 죄를 인간의 본성에 돌리는 데 분개하고 있었다. 하나님의 계명을 준수하는 것은 은총을 파괴하는 것이 아니라 오히려 은총의 선행조건이다. 그리고 인간이 행할 수 없는 것을 하나님께서는 요구하시지 않으며 모든 계명은 인간이 행할 수 있기 때문에 존재하는 것이다. 따라서 하나님은 인간의 행위에 따라 보응하시며 인간의 공로에 따라 심판하신다. 신앙인이라고 하면서 삶이 없고 도덕이 부재된 당대의 기독교를 바라보면서 펠라기우스는 이렇게 탄식하였다:

> 우리의 저명한 왕의 명령을 특권으로 생각지 아니하고 오히려 우리 마음속에 하나님을 향하여 조소에 찬 퇴폐적인 소리로 "이것은 너무 어렵다. 곤란하다. 우리는 그것을 할 수 없다. 우리는 다만 인간에 지나지 않는다. 그리고 육신의 연약함으로 인하여 방해를 받고 있다"고 한다. 이 얼마나 터무니없는 어리석음이며, 오만 무례한 참람된 말인가! 우리는 이중의 무지의 죄를 지식의 하나님께 돌리고 있다. 즉 자신의 창조에 대한 무지와 또한 자신의 명령에 대한 무지이다. 마치 하나님께서 자기 자신이 창조물인 인간의 연약함을 잊고서 인간이 감당할 수 없는 명령을 하신 것 같이 말한다. 그리하여 동시에(하나님께서는 용서하옵소서) 우

리는 의로우신 분께 불의를 돌리고 거룩하신 분께 잔인성을 돌리고 있다. 첫째, 그가 불가능한 것을 우리에게 명하셨다고 불평함으로써, 둘째, 사람들이 할 수가 없어서 못한 일 때문에 정죄 받는다고 생각한다. 그리하여(이 얼마나 참람한 일인가!) 하나님은 우리의 구원을 구하기보다 우리의 벌을 구하고 있다고 생각하고 있다. … 그러나 아무도 우리에게 힘을 주신 그 분보다 더 잘 우리 힘의 한계를 알 자가 없다. … 그는 불가능한 일을 우리게 명하시기를 원치 않으신다. 대개 그는 의로우시기 때문이다. 그는 사람들이 할 수 없어서 하지 못한 일로 인하여 정죄하지 아니하신다. 왜냐하면 그는 거룩하시기 때문이다.36

계명은 인간의 명령이 아니라 하나님의 명령이다. 인간에게 맡겨진 책임은 의지를 가지고 그 계명을 실천하는 것이다. 바꾸어 말한다면 만일 하나님께서 인간에게 그 가능성을 주시지 않았다면 인간은 그것을 실천할 수 없다는 것이다. 따라서 인간이 그 계명을 실천한다고 해도 결국 그것을 행할 수 있는 그 가능성을 주신 분은 하나님이시기 때문에 영광을 받을 이는 인간 자신이 아니라 하나님이다. 펠라기우스는 이것을 가능성(posse), 의지(velle), 실천(esse)이라는 구조 속에서 집약시켜 이렇게 설명한다:

> 우리는 세 가지를 구별하여 순서를 나눌 수 있다. 먼저 '가능성'(posse, ability, possibility)을 첫 번째로 놓아야 한다. 둘째로 '의지'(velle, violition)를 놓아야 한다. 셋째로 실행(esse, existence, actuality)을 놓아야 할 것이다. 가능성을 우리는 자연에 돌리고, 의지는 뜻을 가지는 일에, 실행은 "실제적 실천'에 돌린다. 이와 같이 볼 때 제일 먼저 가능성은 그것을 그의 피조물에게 부여하신 하나님께 돌리고, 한편 다른 두 가지 즉 의지와 실행은 인간행위에 돌려져야 할 것이다. 왜냐하면 그것들은 저들의

---

36 Pelagius, *Ep. ad Demetriadem*, 16.

근원을 그의 의지에 가지고 있기 때문이다. 그러므로 인간의 칭찬은 선행을 할 의지를 가지고 또한 행하는데 있다. 오히려 인간과 하나님이 다 칭찬을 받아야 한다. 하나님은 의지(willing)와 행위(working)의 가능성(possibility)을 주실 뿐만 아니라 그의 은총의 도움으로 부단히 이 가능성을 도와주신다. 인간이 선행의 뜻을 품고 또 결과를 낼 가능성을 가진 것은 오로지 하나님의 덕분이다. … 그러므로 우리가 죄 없을 수가 있다고 할 때에도 우리는 동시에 우리가 받은 바 가능성의 선물을 인식함으로써 하나님을 찬양할 것이다. 우리에게 이 가능성을 부여하신 것은 바로 그분이시다. 그러므로 우리가 하나님을 대할 때 인간 행위자를 칭찬할 필요가 없다. 왜냐하면 문제는 의지(velle)나 실행(esse)에 있는 것이 아니라 가능성(posse)에 있기 때문이다.37

자연히 펠라기우스는 원죄를 부인하고, 선과 악이 선천적인 것이 아니라 후천적이라고 보았으며, 우리의 행위에 따라 선악이 결정된다고 믿었다. 펠라기우스에 따르면 아담의 죄는 아담에게만 국한되며 전 인류에게 전가될 수 없다. 인간은 스스로 구원에 이를 수 있다. 인간은 적어도 구원에 영향을 미칠 수 있을 만큼 하나님과 협력할 수 있다. 그런 의미에서 인류의 구원은 전적인 하나님의 선물이나 하나님의 행위가 아니라 인간의 작품이다. 그리고 인간은 완전히 성숙한 상태에서 태어나는 것이 아니라 선악을 행할 능력을 선천적으로 갖고 태어난다. 인간은 악 없이 태어나는 것과 마찬가지로 덕 없이 태어난다. 유아는 죄 없이 무죄한 상태에서 태어나기 때문에 타락 이전의 아담의 상태와 같다. 인간은 태어날 때 원죄를 타고나는 것이 아니며 다만 선행과 악행 가능성을 가지고 태어나는 것이므로 인간의 선행과 악행에 대한 책임은 전적으로 인간 자신이 져야 한다:

---

37 Pelagius, *Pro libero arbitrio*, ap. Augustine, *De gratia Christi*(418); Bettenson, *Documents*, 52-53.

선이든 악이든, 이에 관련하여 우리가 칭찬도 받고 비난도 받는 것인데, 우리가 행하는 것이요 우리가 타고 나는 것은 아니다. 우리는 충분히 발전된 상태로 출생하는 것은 아니고, 선악에 대한 능력을 가지고 태어난다. 우리가 날 때에는 덕도 가지지 않으며 악도 가지지 않는다. 그리하여 우리의 개인적인 의지의 활동이 일어나기 전에는 하나님께서 인간에게 부여하신 것 밖에는 아무것도 없다.38

410년 고트족에 의하여 로마가 멸망을 당한 후에 펠라기우스는 411년에 북아프리카 카르타고로 가서 자신의 가르침을 전파하면서 그곳에서 어거스틴과 논쟁을 벌이게 되었다. 다음 해인 412년 칼타고에서 회의가 열려 펠라기우스의 제자 코엘레스티우스를 정죄했다. 그가 정죄당한 이유는 다음과 같다: 1) 아담은 죽을 수밖에 없는 존재로 창조되었다. 그가 죄를 짓든지 짓지 않든지 죽었을 것이다. 2) 아담의 죄는 자신에게만 영향을 미치지 인간 전체에 미치지 않는다. 3) 복음과 마찬가지로 율법도 하늘나라로 인도한다. 4) 그리스도가 오시기 이전에 죄 없는 인간이 있었다. 5) 새로 태어난 유아는 타락 이전의 아담과 같은 상태에 있다. 6) 아담의 타락으로 모든 인간이 죽는 것도 그리스도의 부활로 말미암아 모든 인간이 다시 살아나는 것도 아니다. 세례를 받지 않은 유아들도 영생을 소유한다. 세례 받은 부자라도 자기의 전 재산을 포기하지 않는다면, 어떤 선행에 의해서도 공로를 얻지 못하며 따라서 천국에 들어갈 수 없다.39 이와 같은 선행을 통한 공로 사상은 어거스틴의 믿음을 통한 은총론과 본질적으로 대립된다. 어거스틴은 하나님의 모든 자비가 신앙에서 비롯되었다고 확신했다.40 때문에 하나님의 자비 외에는 참 소망이 없었다.41 어

---

38 Pelagius, *Pro lib., ap.* Augustine, *De peccato originali*, 14; Bettenson, *Documents of the Christian Church*. 53.

39 Augustine, *De gestis Pelagii*, 23.

40 Augustine, *De gestis Pelagii*, Second Question 9.

41 Augustine, *Conf.* X. 40. "나는 당신의 크신 자비 이외에 아무 소망도 없나이다. 당신이 명하시는 것을 허락하옵소서. 그리고 당신이 원하시는 것을 명하옵소서. 당신은 우리에게 절제

거스틴이 주권적인 하나님의 은총을 확신한 것은 펠라기우스와의 논쟁이 있기 전이다. 그러나 어거스틴의 은총론이 한층 체계화된 것은 펠라기우스와의 논쟁을 통해서다. 어거스틴은 마니교와의 논쟁을 통해 신론을, 도나투스파와의 논쟁을 통해 교회론과 성례론을, 그리고 펠라기우스와의 논쟁을 통해 은총론을 발전시켰다. 어거스틴은 411년 칼타고 회의 이후 그 회의를 정당화시키고 펠라기우스를 논박하기 위해 "유아세례에 대하여"(De Baptismo Parvulorum)와 "영과 문자"(De Spiritu et Littera)를 저술했다.

펠라기우스의 인간론이 자유의지론에서 출발했다면 어거스틴의 인간론은 인간의 전적부패와 불가항력적 은총론에서 출발하였다. 어거스틴은 인간론을 죄를 안 지을 수 있는 상태(posse non peccare), 죄를 안 지을 수 없는 상태(non posse non peccare), 그리고 죄를 지을 수 없는 상태(non posse peccare) 세 단계로 나눈다. 어거스틴이 말하는 Posse non peccare[42]는 죄를 안 지을 수 있었던 타락 전의 아담의 상태를 말한다. 펠라기우스가 아담은 죄를 짓든 짓지 않든 죽을 수밖에 없는 존재라고 주장한 것에 반해 어거스틴은 아담이 죽지 않을 수 있는 상태(posse non mori)였다고 말한다. 어거스틴이 두 번째로 말하는 Non posse non peccare[43]는 타락 후의 모든 인간의 상태를 말하며 죄를 안 지을 능력이 없다. 아담의 죄가 모든 인류에게 전가되었으며 아담의 죄를 전가 받은 인간은 죄의 노예일 수밖에 없다. 따라서 자신의 능력에 의해 구원은 불가능하다. 범죄한 인간의 구원은 하나님의 은총을 통해서만 가능하

(continence)를 명하시나이다. 그리고 하나님께서 이것을 주시지 않는다면 아무도 절제할 수 없다는 것을 알 때에, 절제가 누구의 은사인지 아는 것도 하나의 지혜임을 깨달았나이다. 절제로서 우리는 붙들려 매임을 받고, 이로써 전에 여럿으로 흩어져 나갔던 우리가 함께 얽혀 한 분에게로 돌아가나이다. 당신과 함께 다른 것을 겸하여 사랑하는 자는 당신을 너무나 적게 사랑하나이다. 오, 사랑이시여, 당신은 사랑으로 영원히 불타며 결코 꺼짐이 없나이다. 오, 사랑이시여, 오 나의 하나님, 나에게 불을 일으키소서. 당신은 절제를 명하시나이다. 당신이 명하시는 것을 주옵소서, 그리고 당신이 원하시는 것을 명하시옵소서."

[42] He was able not to sin.
[43] They are not able not to sin.

다. 마지막 Non posse peccare[44]는 하늘에서 구원 받은 성도의 상태를 말하며 죄를 지을 수 없다. 이것은 구원의 완성 상태를 가리킨다.

어거스틴의 자유 이해 역시 그의 은총론에 기초한다. 인간의 자유는 오직 하나님의 은총에 의해서만 주어진다:

> 은총으로 인하여 선택의 자유 즉 자유의지를 폐하여 버리는가? 결코 그렇지 않다. 우리는 선택의 자유를 오히려 세운다. 율법이 신앙으로 폐지되지 않음 같이 선택의 자유는 은총으로 말미암아 폐하여지지 않을뿐더러 오히려 세워진다. … 그러나 신앙으로 은총을 얻게 되며, 은총으로 말미암아 영혼의 죄의 병으로부터의 고침이 오며, 영혼의 고침으로부터 선택의 자유가 오며, 선택의 자유로부터 의에 대한 사랑이 오며, 의에 대한 사랑으로부터 율법을 행함이 온다. 이와 같이 하여 율법이 신앙으로 말미암아 무로 되지 않고 오히려 서게 됨 같이 … 선택의 자유는 은총으로 말미암아 무로 되지 않고 오히려 서게 된다. 은총은 의지를 고치고 이로써 의를 자유롭게 사랑하게 된다.[45]

이처럼 인간의 자유를 구속과 연계시킨 어거스틴은 인간의 자유를 타락 전의 자유와 구속 후의 자유로 구분한다. 우리가 "진리에 복종할 때" 비로소 참 자유를 누릴 수 있다. 진리 자체이신 주님의 말씀에 거할 때 우리는 비로소 그의 "제자가 되고 진리를 알 것이요" 진리가 곧 우리를 자유케 할 것이다.[46] 다시 말해 최초의 선택의 자유 즉 아담에게 주어진 자유는 죄를 짓지 않을 능력 또는 죄를 지을 능력이 있는 가운데 주어진 자유이다. 그러나 새 자유는 죄를 지을 수 없는 자유이기 때문에 아담이 부여받은 자유보다 더 강하다. 이것은 인간의 산물이 아니라 하나님의 선물이다. 하나님에 참여하는 자(partakers)들은 죄를 지을 수 없는 능

---

[44] They will not be able to sin.
[45] Augustine, *De Spiritu et Littera*, 52.
[46] Augustine, *Lib. Arbit.*, II. 37.

력을 부여 받는다. 아담이 죄로 말미암아 상실해버린 첫 번째 사실은 죽지 않을 능력(posse non mori)이지만 새로 부여받은 것은 죽을 수 없는 능력(the inability to die[non posse mori])이다. 때문에 최초의 자유가 죄를 짓지 않을 능력(posse non peccare)이라면 새 자유는 죄를 지을 수 없는 능력(non posse peccare)이다.

아담의 원죄를 전가 받은 인간이 그리스도의 은총 없이 율법으로 구원 받는 것은 불가능하다. 인간의 완악함으로 주어진 율법은 하나님의 은총을 전제할 때만이 가치 있다. 어거스틴에게 은총 없는 율법은 의미가 없으며, 은총 없는 율법은 성취될 수도 없다. 은총으로 말미암아 율법을 행할 수 있는 능력을 부여 받지 않고는 율법을 지킬 수 없다. 이런 관점에서 은혜는 율법보다 선행되며 율법이 은총 아래 있는 사람을 주장하지 못한다. 율법은 모세로 말미암아 주신 것이며 은혜와 진리는 예수 그리스도로 말미암은 것이라는 사도 요한의 고백과[47] 율법이 예수 그리스도로 말미암아 은혜와 진리가 되었고 따라서 예수 그리스도를 통해 율법이 성취되었다는 바울의 증언이 어거스틴의 은총론을 지배하고 있었다.[48] 인간의 선행이 은총의 결과이지 결코 선행이 은총의 수단이 될 수 없다. 때문에 은총과 선행의 관계에서 먼저 선행되는 것은 당연히 은총이다. 선행이 은총의 수단이 아니라 은총이 선행의 선결 전제다. 이런 어거스틴의 가르침은 한마디로 종교개혁자들이 외쳤던 솔라 그라티아(sola gratia)로 집약할 수 있다:

> 이것은 아무 사람도 공적을 자랑하지 못하게 하기 위함이다. … 유대인들은 복음적 은총이 그 본성상 선행에 대한 마땅한 상급으로 주어지는 것이 아니란 것을 깨닫지 못했다. 만일 그렇다면 은혜는 은혜가 아니다. 여러 구절에 있어서 사도 바울은 신앙의 은총을 행함 앞에 놓음으로써 자주 이것을 가르치고자 하였다. 이

---

[47] Augustine, *Questione of Simplicianus*, 15.
[48] Augustine, *Questione of Simplicianus*, 17.

것은 선행을 금하려는 것이 아니었다. 다만 믿음을 통하여 은혜를 받지 않고서는 선행을 할 수가 없었기 때문이었다.49
은총은 부르시는 자로 말미암고, 그 결과 일어나는 선행은 그 은총을 받는 이로 말미암은 것이다. 선행이 은총을 산출하는 것이 아니고 은총이 오히려 선행을 산출한다. 불은 태우기 위하여 뜨거워지는 것이 아니고, 타고 있으니까 뜨거운 것이다. 바퀴는 둥글게 되기 위하여 구르는 것이 아니다. 오히려 그것이 둥글므로 구르는 것이다. 이와 같이 아무도 은혜를 받기 위하여 선행을 하는 것이 아니다. 오히려 은혜를 받음으로써 그는 선행을 행할 수가 있는 것이다.50

그러므로 단순히 인간 자신의 노력에 의해 의를 이루는 것이 불가능하며 중생한 자만이 성령의 인도로 선을 행할 수 있다. 성령의 도움 없이 인간의 자유의지만으로는 선행이 불가능하다. 왜냐하면 중생 전의 인간은 선을 행할 능력을 상실했기 때문이다. 이것은 펠라기우스의 posse 사상을 전적으로 부인하는 것이다:

우리로서는 인간의 의지가 의를 행하는데 다음과 같이 하나님의 도움을 받는다는 것을 주장한다. 즉 인간이 의지의 자유로운 선택의 능력을 가지고 창조되었을 뿐만 아니라 또한 그가 어떻게 살아야 하는가에 대하여 가르침을 받으며 또한 성령을 받는다. 이 성령으로 그의 마음속에는 최고 불변의 선인 하나님을 기뻐하는 기쁨과 그에 대한 사랑이 일어나게 된다. 이 기쁨과 사랑은 그가 아직도 보지는 못하나 믿음으로 살고 있는 지금에도 일어난다. 이 보증, 말하자면 자유의 은사의 보증으로 인하여 그가 뜨거운 애정으로 그를 만드신 자에게 집착할 것이며, 참 빛에 참여코자 전진하는 추진력을 얻을 것이다. 그리하여 그는 그의 존재를 얻은 그로부터 또한 그의 축복도 얻게 될 것이다. 인간의 자유 선

---

49 Augustine, *Questione of Simplicianus*, Second Question, 2.
50 Augustine, *Questione of Simplicianus*, Second Question, 3.

택은 진리의 길이 그에게 가리어 있는 동안에는 다만 그를 죄에로 인도할 뿐이다. 또한 그가 무엇을 행하여야 할지 무엇을 지향하여야 할지 잘 알고 있다 할지라도, 그가 그것에 대하여 기쁨을 느끼며 그것을 사랑하지 않는 한 그는 그의 의무를 행하지도 않을 것이며, 그것을 하려고도 하지 않을 것이며, 따라서 선한 생활을 하지 못할 것이다. 그러나 그와 같은 애착심을 느끼기 위해서는 하나님의 사랑이 우리 마음속에 부은 바 되어야 한다. 이것은 우리 자신들 속에서 일어나는 자유선택을 통하여서가 아니요 우리에게 주신 바 성령을 통하여 된다.51

참 선은 중생 후 성령을 통해서만 가능하다. 선행(善行)을 위해서는 부르심과 믿음이 선행(先行)되어야 한다. 그리고 부르심은 믿음보다 선행한다. 하나님의 부르시는 자비가 앞서지 않고서는 아무도 믿지 못하며, 부르심을 받을 때만이 인간은 믿고 의롭다하심을 받으며 선을 행할 힘도 부여받는 것이다.52 그러므로 우리는 성령의 은사를 받고 사랑으로 선행을 할 수 있는 능력을 받기 위하여 먼저 믿도록 명령을 받는다.53 이 하나님의 부르심은 전적으로 하나님의 주권적인 사역이며 따라서 그것은 펠라기우스가 주장하듯이 자신의 자유의지를 통해 스스로가 거부하거나 수용할 수 있는 영역이 아닌 불가항력적 은혜다:

그러므로 도움은 인간의 의지의 연약함에 대하여 주신다. 인간의 의지는 하나님의 은총으로 말미암아 불변하게 되고 불가항력적으로 영향을 받는다. 그리하여 인간의 의지는 비록 연약하나 실패하지도 않고 또한 어떤 역경에도 굴하지 않게 된다. 그러므로 인간의 의지는 연약하고 무력할 때에 그리고 아직도 미천한 자리에 있을 때에 하나님의 힘으로 말미암아 선한 상태에 견인하게

---

51 Augustine, *De Spiritu et Littera*, 5.
52 Augustine, *Question of Simple*, II. 7.
53 Augustine, *Question of Simple*, I. 21.

된다. 한편 첫 의지는 강하고 건실하였고, 자유로운 선택의 능력까지 가졌으나, 그 훌륭한 처지에서도 견인하지 못하였다. 그 이유는 다음과 같다. 아담에게 있어서 하나님의 도움이 없었던 것은 아니다. 그러나 그 도움은 그것 없이는 의지가 비록 원할지라도 견인할 수 없는(sine quo non fit) 그런 종류의 것이었고, 하나님께서 인간에게 의지를 가지도록 역사하시는 그런 종류의 것이 아니었다. 분명히 가장 강한 자(아담)에게는 저가 원하는 것을 할 수 있도록 하시었다. 그러나 약한 저들(성도들)에게는 그는 은사를 주시어 이로써 저들이 선한 것은 불가항력적으로 원하게 하시었고, 또한 선을 버리는 일도 불가항력적으로 거절하게 하시었다.54

하나님의 절대주권을 강조하는 어거스틴의 은총론은 자연히 예정론의 입장을 취한다. 어거스틴은 예정 받은 자들이 아직 주님을 영접하지 않았다고 해도 이미 하나님의 자녀들이라고 말한다. "그러므로 누구든지 하나님의 가장 합당하신 섭리의 질서 속에서 미리 아신 바대로 예정되고, 부르심을 받고, 의롭다 하심을 받고 영화롭게 하심을 받은 사람은 누구나, 아직도 중생하지 못하였다고까지는 할 수 없으나, 아직도 출생하지 않았을 지라도 이미 하나님의 자녀들이요, 따라서 결코 멸망하지 아니한다."55 예정 자체가 신적인 기원을 갖는다면 그것은 불변적이다. 하나님의 은총이 거역할 수 없는 불가항력적 선물이듯이 예정 역시 불가항력적인 하나님의 주권적 영역이다. 따라서 어거스틴은 이중예정론과 성도의 견인을 의심 없이 받아들인다:

누구에게 신앙을 허락할 것인지 하나님께서 미리 알지 못하시었다고 누가 감히 말하겠는가? 그가 누구에게 신앙을 허락하실지 예지하시었다면, 우리를 구원하실 그의 자비도 또한 분명히 예지

---

54 Augustine, *De Correstione et gratia*(427), 38.
55 Augustine, *Corre. et gratia.*, 3.23.

하시었을 것이다. 이것이 바로 성도들의 예정인 것이다. 즉 하나
님의 자비에 대한 예지와 작정이다. 이로써 성도들은 확실히 구
원받는다. 나머지 사람들은 하나님의 의로우신 심판을 따라 옛날
에 두로와 시돈 사람들이 유기되었던 것과 같이 버림받는 것으로
밖에 달리 어떻게 생각할 수 있는가? 저들은 그리스도의 놀라운
이적들을 보기만 하였으면 다 믿었을 것이다. 그러나 저들에게는
믿는 일이 허락되지 않았으므로, 신앙의 수단도 허락되지 않았
다. 한편 유대인들도 동일한 무리 속에 유기되었다. 왜냐하면 저
들의 경우는 그 능하신 일들을 눈으로 보면서도 믿을 수가 없었
기 때문이다. 곧 "저희 눈을 멀게 하시고 저희 마음을 완고하게
하셨으니 이는 저희로 하여금 눈으로 보고 마음으로 깨닫고 돌이
켜 내게 고침을 받지 못하게 하려 함이니라"고 하심과 같다. 두로
와 시돈 사람들의 눈은 그리 가리우지 않았고, 저들의 마음은 그
리 굳어지지 않았었다. 왜냐하면 저들이 만일 유대인들이 본 것
과 같은 능한 역사를 보았더라면 저들은 믿었을 것이기 때문이
다. 그러나 저들의 믿을 수 있는 능력이 아무 소용이 없었다. 왜
냐하면 저들은 그와 같이 예정되지를 않았기 때문이다. 참으로
그의 판단은 헤아릴 수 없으며 그의 길은 찾을 수가 없다.[56]

어거스틴의 이중예정론은 그의 회심 경험 속에서 더욱 강화되었다. 죄
인 되었던 자신을 부르신 그 부르심은 하나님의 전적인 은혜이지 결코
자신의 공로에서 비롯된 것이 아니다. 죄인을 부르시는 그 부르심이 하나
님의 주권적인 사역이라면 혹자를 구원으로 예정하시고 혹자를 영원한
벌로 예정하신 것 역시 하나님의 주권적인 사역일 뿐이다. 그것을 들어
얼마나 불공평한 처사인가라고 하나님께 불평해서는 안 된다. 왜냐하면
그 모든 것이 하나님의 의로움에서 기원되었기 때문이다. 이 예정이 하나
님의 주권적인 사역이지만 구원받은 성도는 신앙 속에서 자신의 예정을
확인할 수 있다. 이런 면에서 하나님의 예정은 하나님의 주권적인 사역이

---

[56] Augustine, *De dono perseverantiae*, 35.

면서도 인간의 경험 속에서 확인될 수 있는 구원론적인 은총의 영역이다. 때문에 구원받은 성도는 하나님의 예정하심에 대해 불평하기보다 오히려 자신 같은 죄인을 구원하신 하나님의 은총에 감사해야 하는 것이다. 하나님의 이중예정을 불평하는 자들에게 어거스틴은 이렇게 답한다:

> 진실로 하나님이 원하시는 자를 벌하시고 또한 원하시는 자의 벌을 면하시는 하나님께서 아무 불의함도 없으시다. 그는 벌하여서는 안 될 것을 벌하시는 일이 없으시며 또한 벌하지 않을 일을 용서하시는 일도 없으시다. "그러면 하나님께서는 불의하시뇨? 결코 그럴 수 없느니라" 그러면 왜 그는 이 사람은 이렇게 대하시고 저 사람은 그렇게 대하시는가? "오 사람아 너는 누구인가?" "네가 빚졌음에도 불구하고 갚지 않아도 된다면 너는 감사할 뿐이며 만일 네가 그것을 갚아야 한다고 하여도 불평할 것은 아무 것도 없다. 만일 우리가 알지 못한다면 다만 믿을 뿐이다. 그는 영적인 것이나 물질적인 모든 것을 만드시었고, 각기 모양을 주시고 만물을 수와 무게와 비중으로 처리하신다. 그러나 그의 판단은 측량치 못할 것이며 그의 길은 찾지 못할 것이다. 우리는 할렐루야를 말하고 노래로서 함께 그를 찬양하자. 우리는 이것이 무엇이냐? 저것이 왜 저러냐?를 말할 것이 아니다. 모든 것은 다 각기 자기의 때에 창조된 것뿐이다."57

어거스틴의 예정론은 펠라기우스, 코엘레스티우스, 에클라눔의 감독 줄리안과의 논쟁을 통해 예리하게 다듬어졌다. 논쟁에서 승리한 것은 물론 어거스틴이다. 412년 코엘레스티우스가 카르타고 종교회의에서 정죄되었으나 펠라기우스는 412년 종교회의, 415년 예루살렘회의, 그리고 디오스폴리스 회의에서도 정죄를 모면했다. 어거스틴을 중심으로 다시 416년에 북아프리카에서 두 번의 지방종교회의(two synods)가 열려 펠라기우스를 정죄하고 어거스틴의 입장을 재확인했다. 이런 상황에서

---

57 Augustine, *Questione of Simplicianus, Second Question*, 22.

교황 이노센트 1세도 반 펠라기우스 운동에 합류하여 이 결정을 인준하지 않을 수 없었다.

그러나 416년 교황 이노센트 사망 후 그를 계승한 새 교황 조지뮤스(Zosimus)가 코엘레스티우스를 접견하고 펠라기우스의 신앙고백을 정통으로 받아들인 후 펠라기우스와 코엘레스티우스를 지지하면서 상황은 갑자기 반전되는 듯했다. 뿐만 아니라 새 교황은 펠라기우스를 정죄한 이노센트 교서를 전복하고 어거스틴을 견책하였다. 상황이 이렇게 흐르자 417년에 아프리카 칼타고에서 다시 회의가 열려 펠라기우스를 정죄하고 416년의 지방회의 결정과 교황 이노센트의 펠라기우스 정죄교서가 유효하다는 사실을 재확인하는 한편 황제를 통해 펠라기우스 이단에 대한 황제교서를 공포하기에 이르렀다.58 어거스틴은 새 교황에게 펠라기우스 사상의 위험을 설명하고 펠라기우스와 코엘레스티우스 및 그들을 추종하는 자들을 처벌할 것을 종용했다. 더 이상 펠라기우스주의를 옹호할 수 없다고 판단한 교황 조시뮤스도 아프리카의 견해를 수용하지 않을 수 없었다. 새 교황은 펠라기우스 저서에서 문제의 부분을 발췌하여 정죄하고 여기에 서명하지 않는 감독들을 감독직에서 추방하였다. 200명의 감독들이 참석한 417년 칼타고 회의에서는 펠라기우스주의를 이단으로 정죄하고 어거스틴의 은총론에 기초한 다음과 같은 "죄와 은총에 대한 헌장"(canons on sin and grace)을 채택하였다:

1. 누구든지, 첫 사람 아담은 가사적으로 창조되었다고 하며, 그가 죄를 범하였든지 아니하였든지 자연히 원인으로 죽었을 것이고 죄 값으로 죽은 것이 아니란 자를 정죄한다.
2. 누구든지 갓난아이는 세례 받을 필요가 없으며, 따라서 저들이 죄 사함을 위한 세례를 받는 경우에는 아담으로부터 내려오는 원죄를 씻을 필요는 없고, '죄 사함을 위한'이란 구절은 가상적인 뜻이며, 참된 뜻으로서가 아니라는 자를 정죄한다.

---

58 Bettenson, *Documents of the Christian Church*,. 59.

3. 천국이나 또는 어떤 다른 곳에 중간 지대가 있어 현세에서 세례 받지 아니한 어린이들이 축복 가운데 살고 있다는 자를 정죄한다.
4. 예수 그리스도 우리 주를 통하여 의롭다 하시는 하나님의 은총은 이미 범한 죄를 사하기에만 효력이 있는 것으로서 앞으로 죄를 범하는 것을 막는 데는 아무 도움도 되지 않는다고 하는 자 ….
5. 이 은총이 우리가 죄를 피하는데 도움을 주는 길은 계시로 말미암아 하나님의 계명에 대한 깨달음을 이 은총으로 얻게 되는 것이요, 그리하여 우리가 추구하여야 할 것과 피하여야 할 것을 알게 되는 일이며, 그것이 우리가 선을 알게 된 것을 행할 기쁨을 준다든가 또는 행할 힘을 준다든가 하는 것이 아니라고 하는 자 ….
6. 의롭다하시는 은총이 우리에게 주신바 된 것은 우리가 우리의 자유 선택의 방법으로 행하도록 명령을 받은 것을 이 은총의 도움으로 더 쉽게 행할 수 있도록 하는 것으로서 마치 은총의 은사 없이도 저 명령들을 우리가(쉬운 것은 아니나) 이를 수 있는 것처럼 말하는 자 ….
7. 만일 우리가 죄가 없다고 말하면 스스로 속이고 또 진리가 우리 속에 있지 아니할 것이요(요일 1:8)라고 한 사도 요한의 말은 겸손하게 되기 위하여 그와 같이 죄 없다고 말할 것으로 해석할 것이요, 사실 죄가 있어서 그와 같이 말하는 것으로 해석할 것이 아니라는 자 ….
8. 주기도문에 있어서 성도들이 "우리의 죄를 사하여 주옵시고"라고 하는 것은 성도들 자신을 위하여 기도하는 것이 아니고(왜냐하면 저들 자신을 위하여서는 그런 기도가 필요 없기 때문에), 저들의 민족들 사이의 죄인들인 다른 사람들을 위한 것이라고 말하는 자 ….
9. 또는 성도들이 그와 같이 말하는 것이 겸손에서이고 저들이 사실 죄인이기 때문이 아니라는 자 ….59

---

59 Mansi, iii. 811. The Council of Crathage, 417, canons on Sin and Grace.

펠라기우스와 코엘레스티우스가 417년 칼타고 회의에서 이단으로 정죄 당한 후 그 영향력이 급격히 줄어들었다. 물론 여기에는 어거스틴의 공헌이 크다. 어거스틴은 유아세례에 대하여(*De Baptismo Parvulorum*)와 영과 문자(*De Spiritu et Littera*)에 이어 펠라기우스 본성에 관하여(*De Natura*)를 반박하는 본성과 은총에 관하여(*De Natura et Gratia*)를, 그리고 417년에는 펠라기우스 기만에 대하여(*De Gestis Pelagii*)를 기술하여 반 펠라기우스 운동을 주도하였다.60 그리고 대부분의 감독들이 어거스틴을 지지했다. 그러나 이탈리아 지역만은 예외였다. 18명의 이탈리아 감독들이 어거스틴에 반기를 들고 펠라기우스를 지지하고 나섰으며, 특별히 417년 칼타고 회의 이후 에크라눔의 줄리안(Julian of Eclanum)은 이들 18명의 감독들을 대표하여 반 어거스틴 운동을 전개하고 있었다. 그러자 펠라기우스와 코엘레스티우스 뿐만 아니라 에클라눔의 줄리안도 어거스틴의 표적이 되었다. 그 후 10여 년 동안 어거스틴이 남긴 저술들 가운데 419년의 결혼과 육욕에 대하여(*De Nuptiis et Concupiscentia*), 421년의 줄리안 논박(*Contra Julianum*), 428년에 착수한 미완성 논박서(*Contra Secundam Juliani Responsionem*)는 모두 줄리안 반박에 대한 일종의 논박서였다. 어거스틴이 심혈을 기울였던 또 하나의 변증서 신의 도성(413-426)을 고려한다면 어거스틴은 마지막 20년을 역사와 은총을 통해 하나님의 섭리를 변호하는데 투자한 셈이다.

  어거스틴의 노력에 힘입어 펠라기우스와 그의 제자 켈레스티우스는 칼타고에서 정죄를 받아 그곳에서 사역을 계속할 수 없었다. 더 이상 아프리카에서 활동하는 것이 불가능하다고 판단한 켈레스티우스는 스승 펠라기우스를 따라 동방(에베소)으로 가 당시 콘스탄티노플의 감독이었던 네스토리우스의 지지를 받는데 성공했다. 펠라기우스와 네스토리우스의 연계는 오히려 그들의 정죄를 촉진시키는 촉매 역할을 하고 말았다. 얼마 후 431년 에베소 회의에서는 네스토리우스, 펠라기우스, 켈레스티우스

---

  60 반펠라기우스 운동은 아프리카에만 국한된 현상은 아니었다. 팔레스타인에서 제롬이 반펠라기우스 운동을 전개하고 있었다.

및 줄리안 모두가 정죄 받았다. 이것으로 일단 외형적으로나마 펠라기우스 논쟁이 해결되었지만 그 논쟁은 한 세기 이상, 좀 더 정확히 말해 중세 전 기간을 지배했다. 그러다 종교개혁자들에 와서 어거스틴의 은총론이 재확인되었다. 또한 어거스틴의 역사관 역시 중세와 종교개혁을 거치면서 정통적인 기독교 사관으로 정착되었다. 결국 어거스틴이 고민했던 역사와 은총의 문제는 적어도 종교개혁시대까지 모두 검증을 받은 셈이다.

4. 어거스틴의 역사 이해

395년에 제국은 데오도시우스의 젊은 두 아들 아르카디우스와 호노리우스 사이에서 나누어졌다. 410년 8월 24일 밤 서고트족의 새 왕 알라릭이 로마의 성을 기습 공격하였다. 이 사건이 제국에 영구적인 영향을 끼치지는 못했지만, 이것은 800년의 로마의 역사 중에 처음으로 로마제국의 수도 로마가 외적에 의하여 탈취를 당하는 수치스러운 사건이었다. 로마제국은 방향을 상실한 기선처럼 우왕좌왕하였다. 다행히도 황제와 황실은 라벤나의 해안 도시에 있는 습지 뒤에서 안전하게 보호를 받았기 때문에 로마제국 자체는 지속할 수 있었다. 이 사건은 이교도들은 물론 그리스도인들에게도 충격적인 사건이었다. 제롬은 베들레헴의 자신의 수도원에서 "전 세계를 탈취했던 도시가 탈취를 당하도다!"라고 탄식하며 눈물을 흘렸다.

서고트족인 알라릭이 죽은 후 게르만 민족인 반달족이 대부분의 지중해 연안을 정복하고 세력을 확장하여 갔다. 455년 로마를 공격하자 준비 없던 로마는 힘 없이 무너졌다. 이후 20년간 로마제국은 황제가 존재하였지만 반달족의 허수아비가 되었다. 이런 상황에서 이탈리아의 야만족 로마군이 반란을 일으켜 황실 친위대의 야만인 관리 Odoacer를 왕으로 세웠다. 476년 오도아케르는 서로마 제국의 마지막 황제 소 로물루스 아우구스툴루스(little Romulus Augustulus)를 폐위시키고 동방 황제 제노에게 왕권의 표장을 보내어 콘스탄티노플 정부와 동맹을 확인하고 서방의 통치자로 인정을 받기를 원하였다. 오랫동안 로마인들은 주권을 상실한 충격에서 깨어나지 못하고 있었다. 이 절박한 상황 속에서 역사 속에 개입하시는 하나님의 섭리라는 거대한 질문이 던져졌던 것이다. 왜 하나님께서는 베드로와 바울의 도시를 구하지 못했는가? 이제까지 누렸던 로마의 영광이 이방신의 은덕 때문인가? 로마의 함락이 기독교로의 전환 때문인가?

이교도들은 콘스탄틴 대제까지 로마가 국가적으로 평화와 안녕을 찾았으나 그 이후 로마가 자연 신들을 버렸기 때문에 그 결과 몰락의 길을 걸었다고 주장했다. 412년 기독교 로마 지도자인 히포의 집정관 마르셀리누스(Marcelinus)의 요청으로 위 문제에 답하기 위해 어거스틴은 13년을 소비하면서 기독교 공동체와 기독교 역사 철학에 대한 변증서인 **신의 도성**(*De Civitate Dei*)을 집필한 것이다.61 어거스틴은 **신국론**에서 저술의 목적을 이렇게 밝히고 있다:

> 영광스러운 하나님의 도성, 이것이 이 책에서 있어서의 나의 주제이다. 나의 가장 사랑하는 아들 마르셀리누스여 그대의 제안에 따라 약속하였던 주제가 바로 이것이다. 이 도성의 창설자보다 저들 자신의 잡신들을 더 섬기는 자들에 대항하여 이 도성을 방어하려는 것이 나의 목적이다. 이 지극히 영광스러운 도성, 지금 시간의 흐름 속에 믿음으로 살면서 경건치 않은 자들 사이에 의인으로 우거하고 있으나, 장차는 이 도성의 영원한 좌소에 안정되게 살게 될 것이다. 지금은 인내로서 기다리며 "심판을 위하여 의가 다시 오기를" 고대하고 있으나 그때는 이 도성의 탁월성으로 인하여 최후의 승리와 완전한 평화를 얻게 될 것이다. 이 영광

---

61 신학적인 역사해석과 구분되는 현대적 의미에서 이 개념을 처음으로 사용한 사람은 볼테르이다. 볼테르에게 역사의 주도적인 원리는 하나님의 의지나 섭리가 아닌 인간의 의지와 이성이었다. 그러나 어거스틴에게 역사철학 특히 성취와 구원의 역사, 즉 역사의 신학적 개념에 관해서는 전적으로 역사신학에 의존한다. 이런 의미에서 어거스틴은 역사철학의 시조일 뿐만 아니라 역사신학의 원조로 보기도 한다.

스러운 도성의 방어, 거창하고 어려운 일이나, 하나님께서 나의 도우시는 자이시다.62

라토렛이 "역사철학의 경계표"라고 불렀던 이 **신의 도성**은 일종의 역사 해석서였다.63 로마가 고트족에게 넘어간 책임이 기독교에게 있다고 비난하는 사람들에 대해 기독교를 변호하기 위해 어거스틴은 인간의 도성과 하나님의 도성이라는 모티프를 발전시킨다. 하나님의 도성은 "하나님의 법에 따라 사는 진정한 그리스도인의 공동체"이고 인간의 도성은 "자신의 욕망을 따르고 물질적 소득을 추구하는 이교적 사회"이다. 따라서 인간의 도성은 큐피디타스가 지배하는 세상이고 하나님의 도성은 카리타스가 지배하는 세상이다:

> 두 도성은 두 사랑에 의하여 형성되어 왔다. 이 세상 나라는 하나님을 멸시하기까지 하는 자애(amor sui)에 의하여, 하늘의 도성은 자신을 멸시하기까지 하나님에 대한 사랑(amor dei)에 의해서였다. 전자는 자기 자신을 자랑하며, 후자는 주를 자랑한다. 전자는 영광을 사람들에게서 구한다. 그러나 후자의 영광은 하나님이시요, 양심의 증거이다. 전자는 자기 자신의 영광을 높이며, 후자는 그 하나님께 말하기를 "당신은 나의 영광이요, 나의 머리를 드시는 자시니이다"고 한다. 전자에 있어서는 군주들이나 민족들이 통치애에 의하여 통치된다. 그러나 후자에 있어서는 군주들이나 신하들이 서로 사랑 가운데 섬긴다. 신하들은 순종하고 군주들은 모든 사람을 돌본다. 전자는 그 통치자에 있어서 보이는 바 그 통치력을 기뻐한다. 후자는 그 하나님께 말하기를 "나는 당신을 사랑하나이다, 오 주여, 나의 힘이시여"라고 한다.64

---

62 Augustine, "*Pref.*" *in De Civitate Dei*.
63 Latourette, *A History of Christianity Vol. I : Beginnings to 1500*, 175.
64 Augustine, *Civitate Dei*, XIV. 28.

로마의 멸망

이 두 성은 자기 사랑(amor sui)과 하나님 사랑(amor dei)이 지배하는 세상이며 달리 표현하다면 탐욕(avaritia)과 거룩한 사랑(caritas)이 지배하는 세상이다. 그러므로 이 두 도성은 모든 면에서 서로 대조적이다. 전자는 탐욕, 이기심, 하나님에 대한 불순종, 파당, 질투가 지배하는 세상이나 후자는 하나님에 대한 사랑이 인간사회 속에서 구체적으로 구현되는 사랑이 지배하는 세상이다. 어거스틴은 두 도성을 이렇게 대조한다:

이 욕망들은 그러므로 탐욕과 사랑이라고 부를 수 있다. 하나는 거룩하나 또 하나는 어리석다. 하나는 사회적이나 또 하나는 이기적이다. 하나는 보다 고차원적인 연합을 위하여 공동의 유익을 구하나 다른 것은 그 이기적인 동기에서 공동의 소유물까지도 제 것을 만들고자 한다. 하나는 하나님께 순종하나 다른 것은 하나님을 대적한다. 하나는 평화로우나 다른 하나는 격동한다. 하나는 화목을 도모하나 하나는 파당을 만든다. 하나는 어리석은 자의 칭찬보다 진리를 택하나, 하나는 무조건 명예를 탐한다. 하나는 우애적이나 하나는 질투한다. 하나는 자기가 원하는 것을 이웃을 위해서도 원하나 하나는 이웃을 자기에게 복종시키기를 원한다. 하나는 이웃을 다스리게 되되 이웃의 이익을 위하여 다스리나, 하니는 자기의 이익을 위하여 다스린다.65

결국 신의 도성과 인간의 도성의 근본적인 차이는 자기의 유익을 추구하느냐 혹은 이웃의 이익을 추구하느냐 하는 것에 있을 수밖에 없다. 인간의 도성에서는 자신의 유익을 위하여서는 기꺼이 연합하지만, 자기의 유익이 붕괴되면 그 연합 역시 붕괴될 수밖에 없는 것이다:

죽은 인생들은 땅위에 도처에 흩어져 있으며 또한 각기의 처지에 따라서 극단적인 다양성을 이루고 살고 있으나, 저들 각기의 유익과 이해를 추구하는 데 있어서 어떤 공동의 유대로서 연합하지 않을 수 없다. 그러나 욕망의 대상이 일부 사람들에게든지 혹은 모든 사람에게 다 불충분할 경우에 자연히 그런 연합은 깨어지고 강자들은 약자들을 압박하게 된다. 패배자는 정복자에게 굴복한다. 왜냐하면 그는 자유를 희생하고 굴욕을 감수하면서도 평화와 안일을 택하기 때문이다. 그리하여 노예가 되기보다는 죽음을 택하는 결과가 생길 때에는 큰 경탄의 대상이 되어 왔다.66

한 마디로 인간의 도성은 약육강식(弱肉强食)의 생존원리가 지배하는 도성이다. 때문에 인간의 도성인 이 세상 나라에는 자연히 전쟁과 난리와 피 흘림의 역사가 끊임없이 계속될 수밖에 없다. 가정도 완전한 안정을 제공할 수 없는데 하물며 "이 국가는 얼마나 더하겠는가!"67 국가에는 심지어 "평화로운 때에도 무수한 소송건과 범죄건이 도처에서 일어나고 있

---

65 Augustine, *De Gen. ad Litt.*, XI. 15.20.
66 Augustine, *Civitate Dei*, XVIII. 2.
67 Augustine, *Civitate Dei*, XIX. 5.

다. 난동과 피 흘림과 격변과 시민전쟁은 언제나 일어나는 것이요 적어도 그런 염려가 없어졌다하는 경우는 결코 없다."[68] 이와 같은 전쟁과 범죄가 끊이지 않는 것은 인간의 도성이 육체를 따라 사는 자들로 구성된 이기적인 집단이기 때문이다. 인간의 도성은 하나님을 사랑하지 않으며 영원히 마귀와 형벌을 받을 것이다. 이와는 달리 하나님의 도성은 영을 따라 살기를 원하는 자들과 하나님께 예정 받은 자(영을 따라 육체의 소욕을 버린 자들)들로 구성된다.

두 도성과의 관계에서 어거스틴은 인간의 도성이 하나님의 도성을 섬기는 위치에 있어야 한다고 보았다. 결국 하나님의 도성과 인간의 도성은 영원히 분리되어 인간의 도성이 심판을 받고 하나님의 도성이 인간의 도성을 지배하는 시대가 올 것이지만 종말이 오기까지는 두 도성이 함께 공존할 수밖에 없다. 어거스틴은 **신의 도성** 제 18권에서 다음과 같이 기술하면서 글을 맺는다:

> 이제는 마침내 이 책을 마치려고 한다. 우리는 하늘의 도성과 땅의 도성의, 처음부터 종말까지 서로 얽혀서 발전하는 지상에서의 경로가 어떤 것인지를 충분히 보여준 것으로 생각한다. 이 두 도성 중 지상의 도성은 그가 원하는 대로 무엇이든지, 사람들까지도 자기가 제물을 드려 섬길 거짓 신들로 만들었다. 그러나 하늘의 도성은 이 땅에서 순례하면서 거짓 신들을 만들어 내지는 아니하며 오히려 참 하나님에 의하여 자기가 만들어지며 스스로 참 하나님의 참된 제물이 된다. 그러나 지금은 양자가 다 일시적인 선들을 즐기며 또는 일시적인 악으로 고난을 받는다. 그러나 양자 간에는 신앙이 각각 다르며 소망이 각각 다르며 사랑이 각각 다르다. 마침내는 저들은 최후의 심판을 통하여 분리될 것이며 각각 자기의 영원한 종국을 받게 될 것이다.[69]

---

[68] Augustine, *Civitate Dei*, XIX. 5.
[69] Augustine, *Civitate Dei*, XVIII. 54.

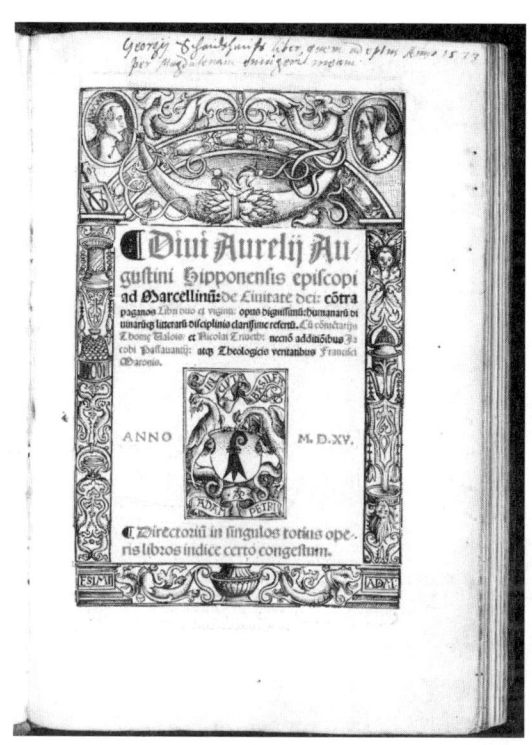

신의 도성
(De Civitate Dei)

　종국에 가서 이 두 도성이 영원히 분리될 수밖에 없지만, 그때까지 두 도성이 공존할 수밖에 없음으로 모든 그리스도인들은 지상의 평화를 위해 의무를 다해야 한다. 그리스도인들은 군복무의 의무를 피하거나 거부해야 된다는 터툴리안의 반문화적 태도와는 달리 어거스틴은 그리스도인의 적극적인 문화 참여를 강조했다. 그리스도인들은 이 지상의 평화와 안녕에 무관심해서는 안 되며 바벨론의 평화를 위해 기도해야 한다. "두 나라가 서로 섞여 있는 동안은 우리는 또한 바벨론의 평화를 위하여서도 봉사하여야 한다. 진실로 하나님의 백성은 믿음으로 바벨론에서의 자유 해방을 이미 받는다. 그러나 아직도 잠시 바벨론과 함께 순례하여야 한다. 그러므로 교회의 사도도 바벨론의 왕들과 높은 지위에 있는 자들을 위하여 기도할 것을 명하였고, 이것은 '우리가 모든 경건과 단정함으로

고요하고 평안한 생활을 하려 함이라'(딤전 2:2)고 말하고 있다. 또한 선지자 예레미야도 옛날에 하나님의 백성이 포로 잡혀갈 때 그들에게 하나님의 뜻을 전하여 말하기를 순종하는 가운데 바벨론으로 가되 포로 생활 중에는 바벨론의 평화를 위하여 기도할 것을 명하고 있다. 이것은 '그 성읍이 평안함으로 너희도 평안할 것이기 때문이다'고 말하고 있다(렘 29:5-7)."

어거스틴은 터툴리안의 반문화적 경향을 넘어서 그리스도인의 적극적인 문화 책임을 강조한다. 바로 여기서 어거스틴의 문화관이 터툴리안의 부정적인 문화관과 차이가 있다.

로마의 쇠퇴 역시 그리스도인이 문화적인 책임을 다하지 못한 데 중요한 원인이 있다. 로마 멸망의 직접적인 원인이 물론 야만족의 침입이지만 이것은 결과론적인 관점에서 본 직선적이고 단순한 답이다. 이것은 좀 더 근본적인 원인, 즉 기독교 시대 이전부터 제국을 괴롭혀 온 야만족들이 왜 5세기에 갑자기 치명적인 존재로 나타났는지 그 이유를 설명하지 못한다. 수많은 만족스럽지 못한 설명들이 있어 왔다. 즉 기후의 변화, 토지의 피폐, 인종의 혼합 등이 그 예이다. 그러나 그보다 좀 더 설득력 있는 설명은 기독교인이 문화적인 책임을 다하지 못한 데서 야기된 로마제국의 도덕 부패이다. 로마제국의 말기 부도덕이 절정에 달한 것을 보면서 어거스틴은 자신의 **신의 도성** 제 2권에서 다음과 같이 당시의 부도덕을 개탄한다:

> 국가는 강력하기만 하면 좋다. 넘치는 부와 빛나는 승리로 번영하기만 하면 좋다. … 우리들에게 제일 중요한 것은 사람이 매일 사치하게 지내도록 재산이 증가하는 일이요, 또한 그와 같은 부로서 가난한 사람을 압박할 수 있게 되는 일이다. 빈자는 부자에게 복종하고 이로써 언제나 만족하고, 그 보호 밑에 안일에 빠져 있으면 그것으로 족한 것이다. 그리고 부자는 빈자를 자기의 봉사자로서 혹사하고 저들의 교만에 시종 들게 하여야 한다. 특히

공창은 많아야 한다. 화려한 저택은 세워지고, 성대한 주연은 끊임없이 베풀어지고, 마음대로 낮과 밤을 헤아릴 것 없이 놀고, 즐기고, 술 취하고, 토하고, 육욕에 빠져 있어야 한다.70

자연히 생산직의 인구가 점점 줄어들고 관료의 수는 점점 증가했다. 생산직에 종사하는 이들이 너무 많은 비생산직 사회 구성원들을 먹여 살렸다. 군대의 규모는 3세기보다 5세기에 2배로 증가하였다. 또한 당시 대지주는 국가 경제권을 주도하면서 세금을 포탈하였고 농업 근로자들을 군대로 징집하는 것을 방해하였다. 심지어 이들은 로마의 멸망 소식을 듣고도 제국의 미래를 염려하기보다는 큐피디타스의 구현에 정신이 없던 것이다. 어거스틴이 볼 때 이것은 정상적인 사람들로는 도저히 상상할 수 없는 짓이었다. 로마의 패망 소식을 들은 로마 밖의 사람들도 슬픔을 가눌 수 없었는데 정작 로마인들은 자신들의 쾌락을 즐기기에 여념이 없었다. 이것이 인간의 도성의 모습이겠지만 이런 반문화적이고 반도덕적인 로마인들을 보면서 어거스틴은 개탄하지 않을 수 없었다:

> 정신 나간 사람들아 이것은 다만 미로에 들었을 뿐이 아니고 이제는 미쳤다. 동양 사람들까지 너희들의 멸망 즉 로마의 함락을 듣고 슬퍼하며, 가장 먼 나라 사람들까지 크게 애통하고 있는데, 너희 자신들은 극장으로 떼 지어 모여 말석까지 가득히 채우고 이전보다 더욱 미친 짓을 하고 있다. 이것은 영혼의 타락과 영혼의 페스트가 아니고 무엇이며 덕과 의와 명예의 붕괴가 아니고 무엇이냐?71

이와 같은 역사적 상황 속에서 동방은 점점 부강해지고 서방은 정치적, 경제적 위기를 맞았던 것이다. 콘스탄틴 대제에 의하여 기독교가 제국의 종교로 공인을 받은 지 2세기도 지나지 않아 침체의 늪에서 허덕이던 제

---

70 Augustine, *Civitate Dei*, II.20.
71 Augustine, *Civitate Dei*, I. 33.

국은 타락의 가도를 달렸고 교회는 생명을 상실해가고 있었다. 어거스틴이 볼 때 로마의 멸망은 상당부분이 문화적인 책임을 다하지 못한 로마 기독교에 있었다. 기독교가 국교인 로마제국이 왜 이렇게 도덕적으로 부패했으며 기독교인은 문화적인 책임을 다하지 못했는가? 그리고 왜 "하늘의 도성" 교회가 "인간의 도성"을 주도하지 못하고 오히려 그 반대의 현상이 나타났는가? 가장 창조적인 지성인들이 모여 있던 기독교 공동체, 아다나시우스와 암브로우스와 어거스틴, 그리고 그레고리 대제 등은 제국에서 가장 탁월한 지성인들이었다. 교회의 위대한 지도자들 가운데는 당시의 로마의 사회, 경제, 정치, 문화를 누구보다도 잘 알고 있는 자들이었다. 암브로우스와 그레고리, 그리고 시도니우스, 아폴리나리스 모두가 교회의 지도자로 부름을 받기 전에 로마제국의 행정관리였다. 사회를 이끌어 가야 하는 교회가 사회 속에 한 공동체로서 세속화되어 가고 말았다. 진실된 그리스도인들은 사회와의 단절을 선언하고 수도원에서 개인의 경건에만 몰두하고 있었다.

여기에서 하나의 역사해석 원리를 도출해낼 수 있을 것이다. 하나님께서는 교회가 생명을 상실할 때 교회가 속해 있는 공동체를 흩으시고 개혁하셨다. 한편으로 로마의 멸망은 문화적인 책임을 다하지 못한 로마 기독교에 대한 하나님의 심판이었다. 따라서 인간 편에서 볼 때 로마 멸망의 일차적인 책임은 문화적인 책임을 다하지 못한 로마인들에게 있다. 그러나 다른 한편으로 역사 속에 계시면서 역사를 초월해 계신 하나님 편에서 이해할 때, 그것은 또한 로마제국의 주변의 수많은 이방 민족들에게 계속 복음을 증거하시기 위한 하나님의 섭리였다. 로마의 교회는 제국의 멸망 후에 새로운 방향을 정립하였다. 야만인의 정치적 통치에 복종하면서 그들을 정통 기독교로 개종시켜 복음을 확산하여 나갔던 것이다. 로마제국의 멸망은 서부 유럽의 야만인들의 기독교로의 개종에 의하여 결국은 보상을 받은 셈이다. 심지어 고울 지역의 프랑크족의 이교도 왕 크로비스(Clovis)가 가톨릭 그리스도인이었던 불군디 왕의 공주와 결혼하여 496년 12월 25일에 정통 기독교로 개종하였다.[72] 이것은 서방 기독교의 역사에 중요한 의의를 지니는 사건으로 남아있다.

결론적으로 말해, 하나님의 도성과 인간의 도성이라는 모티프를 통해 결국 어거스틴이 제시하고자 하는 역사 이해는 창조 이후 인간의 역사가 하나의 종말을 향해 진행하여 간다는 것이다. 어거스틴이 제시한 역사 이해 즉, 목적론적이고 직선적인 역사관은 당대까지 지배해온 헬라의 순환론적 역사 이해를 넘어 성서적 견해를 따라 역사에는 처음과 절정이 있으며 시작과 끝이 있고 시간 속에서 한 목적을 향해 달리고 있다는 것이다. 때문에 역사는 단순히 Historie적인 세상사의 외면적인 면뿐만 아니라 Historie를 넘어 존재하는 Geschichte적인 실존적인 의미를 역사에서 도출해야 할 필요성이 있다. 어거스틴은 따라서 역사란 한편으로 개인의 실존 속에서 존재하면서도 다른 한편으로 개인의 실존을 넘어서 존재하는 것이라고 보았다. 어거스틴은, 개인의 실존 속에서 또 그 실존을 넘어서 역사하시는 하나님이 역사의 주인임을 인식하면서도 각 개인이 역사를 구성하고 역사를 형성하여 가는 역사의 주체자들이라는 인식을 동시에 제공함으로써, 하나님의 문화변혁의 동참자인 인간이 문화 명령을 수동적으로 수행하는 무기력한 존재가 아니라 사회와 역사 속에서 적극적인 문화적 사명을 부여받은 존재임을 일깨워주었다. 하나님의 주권적인 섭리와 인간의 자율성을 동시에 긍정하는 어거스틴의 독특한 역사해석은 마치 이성과 신앙의 조화가 얼마든지 가능하다는 논리처럼 하나님의 주권과 인간의 책임이 함께 어울리는 새로운 역사지평을 열어주었다. 이런 이유에서 역사가들은 어거스틴이야말로 최초의 역사철학자 혹은 역사신학자라고 부르는 것이다. 그러나 어거스틴은 하나님의 도성이 성장함에 따라 인간의 도성이 쇠잔해간다는 개념을 제시함으로써 기독교 신앙과 독립적인 역사철학의 한계를 설정하여 기독교 역사철학이란 결국 역사신학에 의존할 수밖에 없다는 인상을 남겨주었다.

---

72 Latourette, *A History of Christianity Vol. I : Beginnings to 1500*, 181.

5. 요약 및 평가

이레니우스 소아시아 신학, 알렉산드리아 신학, 라틴 신학이라는 거대한 사상의 물줄기가 어거스틴에 와서 하나로 종합되어 서양의 중세와 근대의 사상적 맥을 형성하였다. 고대를 종합하여 중세를 향한 포문을 힘차게 연 셈이다. 중세 사상, 종교개혁도 어거스틴이 없었다면 역사에 등장할 수 없었을 것이다. 실존주의, 역사신학, 역사철학, 개인주의, 역사관, 문화관, 그리고 그 외 수많은 현대사조도 사상적인 기원을 거슬러 올라가면 어거스틴에게 귀착된다. 그렇게 그의 사상이 설득력 있고 영향력 있었던 것은, 알렉산드리아 전통과 라틴의 전통을 대립적인 구조 속에서 이해하지 않고 하나로 종합시켜 두 개의 상이한 전통을 하나의 전통으로 조화시켰기 때문이다. 그는 신앙과 지성을 대립적인 관계로 이해한 터툴리안의 전통과 지성을 기독교화한 알렉산드리아 전통을 "신앙은 찾고 지성은 발견한다"(fides uaerit, intellectus invenit)는 원리 속에 융합시켰다. 전통적인 신앙을 수호하면서도 지성을 통해 신앙을 더 깊이 이해할 수 있다고 확신한 어거스틴은 두 가지 진리의 길 즉, 신앙에 의한 진리의 길과 이성에 의한 진리의 길이 병존할 수 있다고 보았다. 한편으로 알렉산드리아 전통을 라틴의 전통 속에 흡수하여 서방신학의 폭을 넓히면서, 다른 한편으로 라틴 신학을 알렉산드리아 전통에 비추어 재해석함으로써 양쪽의 극단을 피하고 둘을 융합시켜 알렉산드리아-라틴 전통을 형성하였던 것이다. 때문에 어거스틴의 사상에는 전통적인 터툴리안풍 라틴 신학의 맥이 강하게 흐르면서도 신플라톤주의와 같은 알렉산드리아 전통이 짙게 드리워져 있다. 라틴의 역사적 신앙(fides historica)과 알렉산드리아의 이성에 의한 지식(visio dei-'하나님을 봄')이 하나로 종합되어 나타난다. 신플라톤주의 상기설에서 방법론을 도입하여 형성한 기독교 조명론이 나타나는가 하면 키프리안과 암브로스의 교회론이 어거스틴에게서 쉽게 발견된다. 가시적인 교회와 불가시적인 교회라는 이중적인 신플라톤주의적 교회론이 어거스틴의 사상을 지배하는가 하면 제도적인 교회를 강조하는 키프리안의 교회관이 강하게 나타난다. 이처럼 어거스틴에 와서 알렉산드리아 전통과 라틴의 전통이 하나로 종합된 셈이다.

제 6 부
중세로의 준비

15장
수도원 제도의 발달

16장
교황제도의 발달

17장
세계선교의 초석들

Glendalough Monastic City-Ireland

제 15장
수도원 제도의 발달

> 네가 온전하고자 할진대 가서 네 소유를 팔아 가난한 자들에게 주라. 그리하면 하늘에서 보화가 네게 있으리라. 그리고 와서 나를 따르라.
>
> 마태복음 19장 21절

콘스탄틴 대제가 A.D. 313년 밀란의 칙령을 통해 기독교를 공인한 후 교회의 영적 생명력은 급격히 저하되기 시작하였다. 기독교는 박해받는 종교에서 군림하는 종교로 탈바꿈했으며, 자연히 종교의 중심도 변천하기 시작하였다. 5세기가 끝나기 전 로마제국의 압도적 다수가 스스로 그리스도인들이라고 고백하게 되었으며 세례를 받았고 수많은 기독교 단체들이 등장하였다. 집단적 개종이 촉진되면서 교회의 기강이 해이해져 갔고 일반적인 그리스도인들의 이상과 실천 사이에 간격이 점점 더 벌어졌다. 영적인 측면이 간과되고 예전적이고 외형적인 측면이 종교의 중심으로 자리 잡기 시작하였다. "이런 상황에서 일부 그리스도인들은 교회가 너무 해이해졌음을 느끼고, 세속을 탈피하여 고립된 가운데 보다 순결한 형태의 기독교 신앙을 추구해야 된다는 생각을 가지게 되었다."[1] 광의적

---

[1] John D. Woodbridge ed., *Great Leaders of the Christian Church* (Chicago, IL: Houghton Mifflin, 1993), 73.

인 의미에서 수도원 운동은 콘스탄틴 대제 이후 나타난 영적 쇠퇴에 대한 반동으로 등장한 일종의 갱생운동이었다.2 본장에서는 초대교회 금욕주의 운동과 관련된 수도원 제도의 발전을 역사적으로 고찰하려고 한다.

1. 최초의 수도승들

수도원 제도가 정확히 언제 역사에 등장했는지는 불확실하지만 지금까지 알려진 최초의 수도승은 애굽과 시리아의 광야에서 출현했다. 이집트의 지형과 기후는 독자적 생활이든 공동체 생활이든 간에 수도사에게 적합했다. 나일강의 비옥한 계곡은 양편이 사막에 접해 있는 리본과 같았으며 비가 오는 일이 드물었다. 고행자들은 별로 은신처가 없더라도 약간의 양식만 있다면 혼자 생활할 수 있었다. 제 3세기가 지나기 전 기독교 은둔자들이 이집트에서 눈에 띄기 시작했다.3 초기 수도사 가운데 가장 널리 알려진 인물은 애굽 출신의 콥트인 성 안토니(A.D. c.256-356)였다. 아다나시우스가 전기를 집필하여 유명해진 안토니는 주후 약 250년경에 이집트의 부유한 그리스도인 가정에 태어나 일찍부터 신앙으로 교육을 받았다. 안토니는 20세가 되기 전 양친이 세상을 떠난 후 그의 누이 손에 맡겨졌다. 그러던 안토니가 교회에서 "네가 온전하고자 할진대 가서 네 소유를 팔아 가난한 자들에게 주라. 그리하면 하늘에서 보화가 네게 있으리라. 그리고 와서 나를 따르라"(마태복음 19:21)고 하시는 말씀을 듣고 즉시 자신의 유산을 마을 사람들에게 나눠주고 동산을 팔아 자신의 누이를 돌볼 만큼만 남겨두고 모든 재산을 가난한 사람들에게 나눠 주었다. 그 후 안토니는 인간사회로부터 점점 멀리 떨어져 사회와 완전히 동떨어진 사막에서

---

2 Kenneth S. Latourette, *A History of Christianity Vol. I : Beginnings to 1500* (New York: Harper & Row, 1975), 350. 그는 수도원 운동을 "방종에 대한 반동"이라고 규정하였다.

3 Latourette, *A History of Christianity Vol. I : Beginnings to 1500*, 355.

마귀와 투쟁하며 금욕주의 삶을 시작했다. 그의 명성이 알려지면서 성 안토니와 같은 은자들이 잇달아 광야로 들어가 수도승이 되었다.

이들 초기의 수도승은 후기에 찾아볼 수 있는 공동체적 성격보다는 은자적인 성격이 강해 독립적으로 혹은 소수의 사람들이 모여 집단을 형성하면서 수도했다.[4] 이들은 멀리 떨어진 광야에 은거하면서 기도와 명상을 하고, 때로는 며칠씩 금식하면서 고립된 삶을 살고 있었다. 수도사들은 암자, 동굴, 초막 또는 오두막을 짓고 수도생활을 했다. 이처럼 바실 이전의 수도생활은 금욕적이고 은둔적이며 지극히 개인주의적인 형태를 띠고 있었다. 애굽의 니트리아, 스키티스 같은 곳에서는 여러 집단들로 형성된 은자들이 있었으나 상호간의 교류는 극히 제한적이었고 고작 일주일에 단 한번 만나는 정도였다. 초기 수도자들은 독신 생활을 하였으며, 일부 극단적인 수도승들 중에는 기둥들의 꼭대기나 벽에 갇혀 사는 등 극단적인 삶의 양태를 보이는 이들도 있었다.[5] 기둥의 성자들(pillar saints)이라 알려진 이들 가운데 가장 유명한 사람은 459년에 죽은 시몬 스틸라이트(Simeon Stylites)였다. 그는 안디옥 동쪽에서 36년간 기둥 꼭대기에 살면서 극단적인 금욕생활을 했다. 자기 학대에 가까울 정도의 금욕적인 수도생활은 시리아의 은자들 가운데 많았다.

2. 파코미우스 수도원

파코미우스 수도원은 지극히 개인주의적 수도생활에 대한 반동으로 태동된 것이다. 파코미우스 수도원은 수도원에 입주하여 수도원장과 일정한 규칙들에 의해 다스림을 받는, 최초의 수도원 공동체로서 그 역사는 주후 320년경으로 거슬러 올라간다. 이 수도원은 나일강변의 타벤니시

---

[4] Latourette, *A History of Christianity Vol. I : Beginnings to 1500*, 356. 운둔자들은 개인적인 거처들을 일정한 거리를 두고 군집할 수도 있었으며 이것을 "a laura"로 알려졌다.

[5] Latourette, *A History of Christianity Vol. I : Beginnings to 1500*, 356.

(Tabennisi)에 안토니와 동시대 사람 파코미우스(A.D. c.285-346)에 의해 설립되었다. 이집트에서 이교도 양친 하에 태어난 파코미우스는 20살 때 황제의 군대에 잠시 복무했다. 그는 복무 중에 병사들에게 먹을 것과 마실 것을 가져다주는 그리스도인들의 친절과 사랑에 감동을 받았다. 군대를 떠난 후 세례를 받은 파코미우스는 당시의 관례처럼 은둔자가 되었으며 얼마 후 자신의 수도원을 설립했다. 파코미우스와 이 공동체의 특징은 극단적인 금욕주의에 반대하였다. 파코미우스 수도원은 인원이 수백 수천에 이르렀고 다른 몇 개의 수도원을 가진 매우 거대한 집단들로 발전했다. 각 수도원마다 약 200명에서 300명의 수도사들이 있었으며 파코미우스가 세상을 떠날 즈음에는 수도사의 수가 무려 3,000명이나 되었다. 파코미우스는 중앙 수도원에서 여러 수도원을 다스렸다. 시간이 지나면서 이 수도원 공동체는 일종의 운영규칙들이 발전되었고, 4세기 말에 이르러서는 파코미우스 제도가 체계를 잡아가기 시작했다. 약 22명 내지 40명이 한 집에서 공동으로 생활했으며, 집집마다 모임을 위한 공동실이 있었다. 각 집에서는 가능한 같은 작업을 할 수 있는 사람들이 배치되었고, 일정한 제복이 주어졌다. 매일 규칙적으로 단체 기도회를 가졌고, 성찬식이 일주일에 두 번 집례되었다. 파코미우스 수도승은 자신들의 공동체가 필요로 하는 물품들을 공급하고 경제적인 자립을 위해 멍석, 바구니, 종려 돗자리를 만들어 팔았다. "수도생활을 위해서는 규율을 정하고 윗사람에게 절대 복종하는 단체 생활을 하는 것이 필수적"이라고 믿었던,[6] 파코미우스를 따라 파코미우스 수도원은 수도승들이 군대식으로 완전히 복종할 것을 요구했다. 상급자들에 대한 엄격한 복종, 질서 문란자들에 대한 징계, 순결과 청빈한 삶이 수도사들에게 요구되었지만 극단적인 금욕주의는 피했다. 파코미우스 공동체는 규칙적으로 식사했고 정기적으로 예배를 드렸으며 생계를 위해 일정시간 일을 했다. 이들의 식사는 간소했고, 육식과 술은 금지되었으며, 하루 두 끼를 먹었고, 수면

---

[6] Henry Chadwick, *The Early Church* (Harmondsworth: Peguin, 1967), 178.

파코미우스 수도원

은 누운 자세가 아니라 앉은 자세로 취했으며 시간도 최소한으로 감축했다. 자신들의 사유 재산이 인정되지 않은 이 공동체의 일원들은 파코미우스가 만든 규칙에 따라 자신들의 재산을 공공기금에 헌납해야 했다. 파코미우스는 남자들의 수도원을 먼저 세우고 나중에 여자들의 수도원을 설립하였다. "수도승들과 은자들, 양편이 모두 정상적인 교회 생활과는 전적으로 분리되어 있었으며 종종 교회 생활에 적대적인 태도를 보이기도 했다."7 개인주의적이고 금욕주의적인 경향은 초기 수도원 운동에서 흔히 찾아볼 수 있는 일반적인 현상이었다. 4세기 중반 메소포타미아 지방에서 발생하여 소아시아 지역으로 퍼져나간 경건주의적 탁발 수도승 집단인 메쌀리안파는 사탄을 금욕주의적 명상과 기도로만 쫓아 낼 수 있다고 믿었다. 이런 상황에서 수도승들이 문화 및 사회적인 책임과 의무는 말할 것도 없고 정상적인 교회생활마저도 등한시하는 것은 당연했다:

---

7 Michael Smith, "Basil the Great," in *Great Leaders of the Christian Church*, ed. John D. Woodbridge (Chicago, IL: Houghton Mifflin, 1993), 70.

수도원 운동이 2, 3세대로 내려가는 동안, 금욕주의적 생활은 자체 내에 특수한 문제를 내포하고 있다는 것이 점차 명백해졌다. 즉 일반 사회의 세속적 의무를 기피하고자 하는 자들이나, 과중한 세금으로 파산한 자들, 피신 중에 있는 범죄자들, 동성연애자들에게 머물 장소를 마련해 주는 결과가 되었으며, 또는 이들보다도 자주 자기를 괴롭히는 고행을 통해 자기 자신을 과시하고 시위하고 싶은 욕망을 억제할 수 없는 자들이 찾아들게 되었다. 또한 최선의 경우에도 뛰어난 지도자와 개인들에게 의지하는 운동이기 십상이었다.8

4, 5세기에 접어들면서 수도원 제도는 보편화되었고 이집트, 메소포타미아, 팔레스타인 및 시리아에 두드러지게 많았다. 아마도 그것은 수도원 제도 이전에 금욕주의 성격이 강했던 지역이었기 때문인 듯하다. 세 종류의 수도사들을 찾아볼 수 있었으니 곧 독립적으로 수도하는 은자들, 수도사들의 암자들이 군집을 이루어 형성된 자유로운 수도원 공동체(a laura), 그리고 파코미우스 수도원같이 고도의 조직화된 집단들이 바로 그것이었다.

3. 대바실과 동방 수도원

바실은 고립적인 고행 생활보다는 공동체적 수도생활을 강력히 선호하였다. 수도사들이 단순히 개인의 구원만을 추구하고 사회적인 목적을 등한시한다면 기독교의 삶에서 벗어나는 것이다. 독립적이고 개인주의적이며 반문화주의적인 당대의 수도원 운동을 보면서 바실은 금욕주의 운동이 개인주의적이고 분리주의적인 경향을 벗어나 사회적 목적을 지녀야 한다고 생각했다.9 바실 이전의 수도사들은 개인주의적인 성격이 강했기

---

8 Chadwick, *The Early Church*, 179-180.

바실
Basil the Great

때문에 복종보다는 빈곤과 순결이 수도생활에서 일차적이었으나 바실에 와서 수도생활의 일차적인 것은 빈곤과 순결이 아니라 복종이었다. 왜냐하면 복음서에서 말하는 그리스도인의 삶이란 그 목적이 개인의 행복만을 극대화하는데 있는 것이 아니라 이웃에 대한 사랑과 봉사에 있다고 보았기 때문이다. 그리고 금식과 다른 금욕적인 삶은 하나님과의 관계속에서 자신을 죽이며 그에게 절대적으로 복종하는 데서 찾아야 한다. 때문에 남이 알도록 금식하는 이들에게 엄한 중벌이 가해졌는데 이것은 베네딕트 수도원의 규칙의 사상적 원형이 되었다.

이런 이유 때문에 역사가들은 대바실이 동방 수도원 운동의 선구자라는 데 의견을 같이한다. 사실 바실은 동방 수도원 운동에서 가장 중요한

---

9 Chadwick, *The Early Church*, 220.

인물이었다. 폭 넓은 견해를 갖고 있던 바실은 여러 수도 공동체를 두루 돌아 본 후 나지안주스의 그레고리에게 도움을 받아 직접 수도원을 설립하였다. 358년에 바실이 30세 가까이 되었을 때 이집트를 방문하여 거기서 파코미우스 수도원을 보고 깊은 감명을 받았다.10 바실과 나지안주스의 그레고리는 아테네에서 학생으로 있을 때 장차 수도사의 삶을 살기로 약속한 바가 있었다. 바실의 오랜 지우였던 크리소스톰 역시 바실의 수도원 이상에 원칙적으로 동의하고 있었다. 이들 중에 바실은 늘 영적인 선구자였다. 특별히 크리소스톰은 영적인 면에서 바실이 늘 자신을 앞서 간다고 하소연을 늘어놓기도 했다. 바실의 수도원 이상은 이전의 이집트의 수도승들이 추구하던 것과는 달랐다. 바실은 수도원 공동체와 기성의 교회와를 자연스럽게 연결하려고 했다. 때문에 그는 "수도승들을 교회와 보다 가깝게 묶어 놓았으며 지교회 감독이 그들에 대한 감독권을 가져야 한다고 강조하였다."11 바실은 지나친 개인적인 경건을 반대하였다. 그는 그리스도의 명령들 가운데 다수가 남과 함께 살 때 비로소 실현될 수 있다는 점을 지적하며 고립된 금욕 생활보다는 공동체 생활을 강력히 지지하였다. 그는 또한 수도승들이 "거룩함"을 경쟁하기보다 서로 도와야 한다고 가르쳤다. 그리고 처음부터 바실은 자신의 공동체들이 지교회 감독의 통제를 받아야 한다고 역설하였다. 그는 수도승의 숫자도 관리하기 쉬운 약 30명 범위로 제한하였으며 내핍 생활 이외의 무절제를 엄격히 억제하였다. 하루에 7회 기도하는 수도원의 규칙은 바실이 처음 제시한 것이다. 이런 "바실의 수도 생활 이상들은 제반 규범으로 규정되어 오늘날까지 명맥을 유지하면서 동방 수도원 운동의 토대가 되고 있다."12 우리가 현재 통상적인 수도승 생활로 생각하는 내용 중 다수가 사실상 대바실에 의해 시작되었다.

바실은 진정한 그리스도인의 삶은 나눔의 실천을 통해서 구현되고 구

---

10 Latourette, *A History of Christianity Vol. I : Beginnings to 1500*, 360.
11 Smith, "Basil the Great," 69.
12 Smith, "Basil the Great," 69.

바실 수도원

체화될 수 있다고 생각하였다. 가난한 자를 구제하고 병든 자를 돌아보며 슬픔에 처한 자를 위로하는 것은 그리스도인의 중요한 임무라고 보았다. 때문에 지극히 적은 자에게도 소홀이 할 수 없으며 그것은 그리스도에게 욕을 돌리는 행위라고 생각했다. 따라서 바실은 수도원 공동체 안에 "나그네들의 숙박소, 병원, 나병 환자들을 위한 특별 치료소, 학교, 그리고 사회적 구제 기관"도 포함시켰던 것이다. 비록 바실이 베네딕트 수도원과 같은 엄격한 규율을 만들지 않았지만 바실의 공동체적 수도원 이상은 수도원 운동의 발전에 지대한 영향을 주었다.

　바실의 수도원 이상은 그의 가정 배경, 교육 배경, 그리고 훌륭한 동료들과 교제를 통하여 성숙되었다. 그의 가정은 오랫동안 기독교 가정으로 신앙의 맥을 이어온 모범적 가정이었으며 조모, 모친, 누이, 두 명의 동생 등 그 가문의 많은 사람들이 훌륭한 신앙인으로 존경을 받아왔다. 그의 교육적 배경 또한 바실의 중요한 사상적 원천이 되었다. 바실은 콘스탄티

제15장 수도원 제도의 말날

노플과 아테네에서 수학하며 수사학과 문학을 배웠다. 아테네에 있는 동안 바실은 후에 로마 황제가 된 줄리안을 만났고, 또한 나지안주스의 그레고리(A.D. 330-389)를 만나 그와 일생 동안 친구로 사귀게 된다. 바실, 나지안주스의 그레고리, 바실의 동생 니사의 그레고리는 종종 갑바도기아의 교부들로 일괄 지칭되기도 하는데 이들은 아리우스주의와의 제2기 논쟁에서 대단한 영향력을 발휘하게 된다. 바실은 또한 요한 크리소스톰과도 절친한 사이였다. 크리소스톰과 바실은 "변함없는" 친구 사이였고 "동기동창"이며 "똑같은 열심과 열정을 가지고 공부했으며, 공통의 관심사를 가지고서 똑같이 높은 이상을 갖고 있었다."13

바실이 수도원 이상을 꿈꾸게 된 직접적인 동기는 그의 누이의 영향 때문이었다. "뛰어난 재능과 높은 자부심을 가지고 있던 젊은 바실은 공직 생활에 뜻을 둔 채 고향으로 되돌아왔으나, 그의 누이 마크리나(Macrina)는 세상적 성공보다 하나님과 바른 관계를 맺는 것이 훨씬 더 중요하다는 것을 그에게 일깨워 주었다. 이를 계기로 바실 자신은 살아있는 신앙에 이르게 되었다."14 이것은 생의 계획을 수정하는 결정적인 사건이었다. 바실은 세례를 받고 금욕적 생활을 위해 고위 공직에 대한 미련을 버리기로 결심하였다. 그 후 바실은 진리의 순례자가 되어 널리 여행하면서 애굽, 시리아, 메소포타미아 등지의 광야에서 여러 은자들과 성인들을 만나게 된다. 바실은 여기에서 이들로부터 큰 감명을 받고 그들의 본을 따라 그리스도께 헌신하기로 서원한다. 바실은 358년경 형제 니사의 그레고리 및 친구 나지안주스의 그레고리와 함께 대부분의 재산을 팔고 멀리 떨어진 본도(북동부 소아시아 지역)에 은거하여 자신의 수도원 이상을 실현한다. 그는 주의를 흩뜨리지 않고 기도와 명상에 전념할 수 있는 작은 수도 공동체를 창설하였다. 바로 여기에서 그들은, 훗날 모든 동방 수도원 운동의 규범이 된 기본적인 수도원 규칙을 만든다.

---

13 John Chrysostom, *On The Priesthood* 성직론, 채이석 역 (서울: 엠마오, 1992), 27.

14 Smith, "Basil the Great," 70.

주변 상황은 바실이 공공 생활을 영구히 떠나 은거하도록 허용하지 않았다. 가이사랴의 감독에게 설득을 당한 바실은 이 도시로 돌아와 목회 사역에 종사하게 된다. 바실은 364년에 안수를 받고 드디어 370년 갑바도기아 가이사랴의 감독에 취임하였다. 감독 취임 후에도 수도원 공동체에 대한 자신의 이상을 포기하지 않은 바실은 "실제적 사회사업을 위해 가이사랴에 수도원 공동체를 만들고 빈민 구제 기관은 물론 병원과 학교 등을 세웠던 것이다. 이러한 일은 수도승들에게 있어 급진적인 행보였다. 공동체는 조직을 잘 갖추고 여러 건물들을 주의 깊게 설계하였다."[15] 바실의 수도원 공동체의 이상은 동방 수도원 운동의 모체가 되었고 그것은 수도원 운동의 역사 속에서 소중히 간직되어 왔다. 영적인 생명력이 상실되어가는 격변의 시대 속에 교회들에게 영적 각성을 촉진시키고 영적인 생명력을 회복하는데 지대한 영향을 미친 것이 사실이다. "온갖 빼어난 학식과 능력이 있었음에도 바실은 하나님 앞에 겸손한 사람"이었다. "바실은 하나님을 완전히 아는 것은 불가능하며 하나님이 우리와 함께하심으로써 그에 대한 현실적 지식만을 가지게 될 뿐이라고 가르쳤다. 하나님의 본질적 존재는 우리의 이해를 크게 초월한다는 것이다. 당대의 많은 사람들과는 달리 바실은 사변적 신학보다 실천적인 기독교적 삶에 주된 관심이 있었다. 이 점에서 그는 나지안주스의 그레고리 및 니사의 그레고리와도 크게 달랐다."[16] 바실은 이 세상을 전적으로 터부시하지 않았다. 심지어 후에 어거스틴과 칼빈처럼 당대의 이교문학의 유용성을 인정하고 그것이 표현상의 기교와 아름다움을 제공해 준다고 확신했던 것이다.

그러나 그에게도 약점이 없었던 것은 아니다. 바실의 수도원 성격이 파코미우스 수도원 공동체와 달라 교회와 수도원 공동체의 이상을 연결하려고 하기는 하였지만 그에게도 이원론적인 측면이 있었다. 바실은 영혼에 비해 육체를 낮은 차원으로 이해했고 당대의 조류에 따라 "육체를 영혼의 감옥"으로 생각하는 경향도 있었다. 게다가 바실은 인간의 노력

---

[15] Smith, "Basil the Great," 71.
[16] Smith, "Basil the Great," 72.

을 통해 그리스도의 법을 완전히 따르는 것이 가능하다고 믿었다. 한 시대를 살았던 바실 역시 그 시대의 산물이며 우리는 일차적으로 그를 그 시대의 역사적 정황 속에서 평가해야 할 것이다. "갑바도기아 교부들의 수장"으로서 동방 아리우스주의의 최후 붕괴에 크나큰 공헌을 하고 동방 수도원 운동이 전성기로 가는 길을 닦아 놓았던 그 업적에 비하면 바실의 약점은 그리 큰 문제가 되지 않는다.

4. 서방 수도원의 발흥

서방에서 수도원 운동이 발흥한 것은 투어스의 마르틴(Martin of Tours), 제롬, 그리고 요한 카씨안(John Cassian)에 의해서이다. 이들에 의해 시작된 서방 수도원 운동이 베네딕트 수도원과 켈트 수도원에 와서 더욱 체계화되었다. 마르틴의 고립된 은둔 생활에 이끌린 사람들이 그와 합류함에 따라 드디어 그는 말무타이엘(Marmoutier)에 수도원을 창설하여 이를 프랑스 복음화의 센터로 삼게 된다. 마르틴의 생애는 그 외에도 수많은 사람들을 수도 생활로 이끄는 견인차 역할을 하였다. 마르틴은 이교도 부모 밑에서 태어나 당시의 직업 세습에 따라 군대 장교였던 부친의 뒤를 이어 십대에 군에 입대했다. 그가 북부 고울에 복무하고 있는 동안 한 사건을 만나게 된다. 어느 추운 겨울 아침 마르틴은 거리에서 추위에 떠는 한 거지에게 자기의 외투 반 조각을 찢어 주었는데 그날 밤 꿈에 그리스도께서 외투 반 조각을 입고 나타나 길에서 떨고 있을 때 외투 반쪽을 얻어 입은 사람이 바로 주님 자신이었다고 말씀하시는 것을 들었다. 그 후 군대를 떠나 세례를 받고 당시 니케아 정통신학의 수호자였던 힐라리 집단에 가담했다가 양친을 기독교 신앙으로 이끌기 위해 고울로 돌아와 운둔 생활을 하였다. 그 주변에는 수많은 사람들이 모여들었고 자연히 마르틴을 중심으로 수도원 공동체가 태동되었다. 투어스의 사람들은 마르틴이 자신들의 감독이 되어주기를 간청하자 마르틴은 마지못해 승낙했다. 그러나 마르틴은 감독의 자리에 앉는 것을 거부하고 여전히 나무 걸상에 앉아 운둔자로 살았다. 그의 겸손한 삶과 청빈한 기독교 정신은 주변 사람들을 감동시켰고 비기독교인들을 기독교로 이끄는 데 중추적인 역할을 하였다. 후대인들은 마르틴을 가리켜 "그는 아무도 판단하지 않았고 정죄하지도 않았으며 결코 악으로 악을 갚지"[17] 않았고, "그리스도라는 말 외에는 아무 말도 그 입에 올리지 않았으며, 그의 마음속에는 경건, 평화 및 자비 외에 아무것도 없었다"[18]고 예찬했다.

서방 수도원 운동의 개척자 중에 또 한 사람은 유세비우스 히에로니무스 소프로니우스(Eusebius Hieronimus Sophronius)이다. 그는 제롬이라는 이름으로 우리에게 더 잘 알려진 인물이다. 투어스의 마르틴, 밀란의 암브로스, 히포의 어거스틴, 요한 크리소스톰 및 위대한 세 명의 갑바도기안들과 동 시대 인물이었던 제롬은 아드리아해 상류에서 별로 멀지않은 아킬레이아 근방에서 경건한 기독교인 부모 밑에서 A.D. 342년 경에 출생했다. 그는 아다나시우스가 기록한 동방 수도사의 전기에 감명을 받고 고행적이고 금욕적인 수도생활에 매력을 느끼게 되었다. 그는 아킬레이아 동부로 여행을 하기도 하고 안디옥 동남쪽에 있는 칼시스(chalcis) 접경에서 적막한 수도사로 3년간 수도생활을 하면서 학문에 몰두하였다. 로마에 있는 동안 은둔자의 이상을 계속 실천하고 있었으며 수도원의 이상을 가진 일련의 부유한 여인들을 지도하기도 했다. 그러나 제롬의 수도원 이상은 베들레헴에서 구체적으로 실현되었다. 제롬에 와서 서방의 수도원 제도는 결코 낯선 제도가 아니었으며 하나의 기독교 이상으로 정착되기 시작했다.

밀란의 암브로스는 수도원 제도를 더욱 확대시켰고, 이탈리아 베르셀리의 감독 유세비우스는 자신의 사원에 속한 성직자들이 규칙에 따라 살도록 요구했고, 어거스틴은 성직자 가족단을 하나의 공동체로 묶어 수도원 이상을 실천했다. 5세기 말에 이르러 수도원 제도는 동방 및 서방교회

---

[17] Latourette, *A History of Christianity Vol. I : Beginnings to 1500*, 364.
[18] Latourette, *A History of Christianity Vol. I : Beginnings to 1500*, 364.

에서 확고한 자리를 잡기 시작했으며 수 세기 동안 그 특징이 수도원 운동의 틀로 정착을 하였다. 5세기 초에 이르러 요한 카씨안이 고울 남쪽에 있던 마르세이유 및 르랭에서 수도원들을 시작했는데 얼마 안가서 수천 명이 여기에 모여들었다.

카씨안은 스키티아 지방 출신 수도사로서 팔레스타인과 이집트 지방에서 장기간 금욕주의적 훈련을 쌓았다. 그는 이전의 금욕주의자 에바그리우스와 오리겐주의를 신봉했던 자들과 절친한 사이였다. 알렉산드리아의 데오필루스로 인해 이집트에 더 이상 머물 수 없었던 카씨안은 콘스탄티노플로 옮겨왔다. 이 곳에서 수도원 운동에 호의적이었던 크리소스톰에 의해 집사로 임명을 받았다. 그러다 404년 크리소스톰이 몰락하자 로마를 거쳐 415년에 마르세이유에 도착하여 그곳에서 남, 여로 구성되는 수도원을 설립하여 일생을 수도원 운동에 몸담았다. 마치 바실이 동방 수도원에서 극단적이고 개인주의적 금욕주의를 떠나 교회와 연결되는 공동체적 수도원을 이룩하려고 하였듯이, 카씨안은 서방에서 "자제심과 신중성을 행사하여" 수도생활이 극단적으로 흐르는 것을 막았다. 이런 절도 있는 수도생활은 6세기경에 나타난 성 베네딕트 규율 속에 융해되었다. 베네딕트 수도원의 최종 기도 시간 이전에 **카씨안의 집회서**가 낭독될 만큼 카씨안은 베네딕트 수도원에서 소중히 간직되어 왔다.

서방에서 가장 널리 알려진 수도원 공동체는 역시 540년경에 출현한 베네딕트 수도원이었다. 그 수도원의 정신은 **베네딕트 규범**(*Rule of Benedict*)에 잘 나타나 있다. 베네딕트 수도원 운동의 창시자 베네딕트는 480년경에 북 이탈리아의 누르시아에서 태어나 여러 개의 수도원을 설립하고 마침내 몬테카시노로 이주하여 거기에서 547년경에 죽었다. 그가 쓴 수도 생활 규범은 그의 수도 생활 초년기에 만들어진 것으로서 후에 그레고리 대제에 의해 널리 보급되었다. **베네딕트 규범**은 두 개의 활동 즉 기도와 노동을 강조하며, 수도승이 수도원에 거주하면서 수도원장에게 복종할 것을 가르치고 있다. 그러나 후대인들이 생각하는 것처럼 베네딕트 자신은 수도원 이상을 엄격하고 절제 있는 내핍생활과 학문적 삶에 제한시키려고 하지 않았다. 이것들은 베네딕트가 원래 바라는 이상과도 맞지 않았다. 그가 바라는 수도원 공동체의 이상은 교회나 사회에 특별한 봉사를 하기 위한 수도원을 시작하려는 거창한 것이 아니었다. 그가 바라는 궁극적인 목적은 "오로지 수도사들이 하나님의 면전에서 바르게 생활을 하다가 천국에 갈 수 있도록 하기 위한 것이었다."19

또 하나의 수도원은 5세기 말엽에 시작된 켈트의 수도원 운동이다. 이 운동은 형태에 있어 애굽의 수도원 형태와 유사했던 것 같으며, 아마도 스코틀랜드의 위돈에 수도원을 설립한 니니안(Ninian)에 의해 397년경 아일랜드에 이식되었던 것 같다. 극단적인 금욕주의와 학문을 강조한 아일랜드의 수도원들은 아일랜드 민족의 교회 생활에 지대한 공헌을 하였다. 심지어 수도원장은 그들 사회에서 감독보다 더 우월한 지위를 누렸다. 아일랜드의 방랑 수도사들, 특히 콜럼바와 콜럼바너스는 나중 유럽에 러슈일(Luxeuil), 세인트 골(St. Gall), 보비오(Bobbio) 등을 포함해 수많은 대수도원들을 설립하는데 기여하였다.

5. 요약

지금까지 살펴본 것처럼, 영적 갱생의 필요성에 따라 발흥한 수도원 운동은 각 시대에 따라 삶의 모습이 약간씩 달랐음을 보여준다. 최초의 이집트에서 발생한 수도생활은 지나치게 금욕적이고, 개인주의적이었다. 여기에 대한 반동으로 파코미우스가 집단적인 공동체 성격을 띤 수도원을 설립하였다. 그러나 이들은 동료들끼리는 집단적인 생활을 하면서도 외부와는 완전히 단절된 수도생활을 했다. 이것은 완전히 영적인 세계와 육적인 세계를 이원론적으로 이해하는 헬라의 사상이 반영된 것이라고 사료된다. 이들은 정상적인 교회 생활과 분리되었고 심지어 교회 생활에

---

19 Chadwick, *The Early Church*, 183.

적대적인 태도를 지닌 경우도 생겨났다. 동방 수도원 운동의 개척자 바실은 수도원의 공동체와 교회를 연합시킬 수 있는 이상적인 수도원 공동체를 희망했던 것이다. 그는 수도원 공동체가 본질적으로 감독의 지도를 받아야 된다고 생각했으며, 실제로 기성교회와 연합시킬 수 있는 그런 수도원 공동체를 설립하여 수도원 운동에 새로운 역사를 이룩하였다. 이것은 동방의 수도원 운동뿐만 아니라 서방의 수도원 운동에도 적지 않은 영향을 미쳤다.

  수도원 운동이 영적 쇠퇴에 대한 반동이었고, 그 결과 교회에 긍정적인 영향을 미쳤으나 다른 한편 수도원 운동은 교회에 적지 않은 부정적 영향을 미쳤다. 수도원 운동으로 교회 안에 율법주의가 침투해 들어왔으며, 세상에 대한 그리스도인의 책임을 간과하는 결과를 낳고 말았다. 수도사들은 세상을 구원하려고 하지 않고 오히려 그것을 피하는 결과를 가져왔는데 그것은 수도사의 첫째 목적이 그 자신의 구원에 있었지 다른 사람들의 구원에 있지 않았기 때문이다. 그 결과 수도원 공동체는 자신을 철저하게 헌신하려는 무리들과 안주하려는 무리, 두 종류로 처음부터 대별되었다.

제 16장
교황제도의 발달

로마의 감독은 모든 감독들 가운데 최고이다.

Leo the Great

여러 교구 중에서 로마 감독의 우월성이 주장된 것이 3세기에 들어와서이지만 로마교회의 우월성에 대한 기록은 훨씬 이전부터 발견할 수 있다. 로마교회의 우월성이 처음 알려진 것은 A.D. 95년에 기록된 로마의 클레멘트(Clement)의 편지에서이다. 로마교회는 고린도교회의 문제를 해결하기 위해 서신을 보냈는데 이 서신에서 로마교회의 우월성을 주장하는 직접적인 언급은 나타나지 않지만, 로마교회가 고린도교회 문제 해결에 대해 일종의 책임을 느끼고 있음을 발견할 수 있다. 로마교회 우월성에 대한 주장은 20년 후 이그나티우스(Ignatius)의 편지, 그리고 A.D. 114년경에 기록된 헐마스의 목자에도 나타난다. 그 후 2세기 말엽에 이르러서는 이레니우스가 로마교회를 가리켜 "가장 위대한 우주적으로 알려진 교회"라고 칭할 만큼 로마교회가 부상하였다. 로마교회가 이처럼 부상한 이유는 가장 오랜 역사를 지닌 교회 중의 하나이며,[1] 베드로

---

[1] 언제 기독교가 로마에 소개되었는지는 정확히 알려지지 않았다. 초대교회 기록에 의하면 이미 A.D. 49년에 로마에 기독교인이 있었고, 바울은 로마에 주후 58년 또는 59년에 편지를 썼다.

와 바울이 순교하고 그들의 무덤이 있는 곳이고,2 로마제국의 중심지이며, 교리의 다이아몬드라고 할 수 있는 로마서의 수신자이고, 정통주의를 변호하는 일에 있어서 뛰어난 역할을 했기 때문이다. 그러나 무엇보다도 가장 두드러진 이유는 "영광스런 사도 베드로와 바울에 의해 로마에 세워지고 조직된" 교회로서 베드로의 사도직을 계승한 정통성 있는 교회라는 것이다. 로마교회가 자신들의 권위를 주장하기 위해 근거로 삼는 것은 마태복음 16장 17-19절의 말씀이다.3

1. 로마교회의 부상

이런 여러 가지 이유로 인하여 로마교구는 초대교회의 여러 교구 가운데 두드러지게 영향력을 행사하는 교구로 등장하였다. 바울은 예루살렘 교회의 권위에 대해서는 놀라울 정도로 독립성을 주장하면서도 로마교회가 이방인의 중심지로서 갖는 특성과 위치에 대해서는 상당한 관심을 기울였다.4 로마교회에는 일찍이 신경이 발달하였고, 이단들과 투쟁에서 상당히 중요한 역할을 차지했다. 사도들이 남긴 전통의 수호자라는 자신들의 자각은 대단했으니 주후 약 160년경에 베드로와 바울을 기념하여 기념비를 그곳에 세운 것도 그 때문이다. 이런 영향력 확대를 단적으로

그리고 주후 64년과 68년 사이에 네로(Nero) 황제가 기독교를 박해했으며 이 박해 동안에 베드로와 바울이 순교했다고 문헌들은 말하고 있다.

2 Henry Bettenson, *Documents of the Christian Church* (London: Oxford University Press, 1967), 23.

3 감독의 권한과 관련하여 본문은 오랫동안 논쟁이 되어온 구절이다. 특별히 "반석 위에 내 교회를 세우리나"에서 "반석"에 대한 해석은 다양하다. 이 반석에 대한 해석은 다음과 같이 대별할 수 있을 것이다: 1) 반석은 베드로 위에 예수께서 그의 교회를 세우셨다; 2) 반석은 베드로의 신앙이다; 3) 반석은 베드로의 신앙고백이다; 4) 반석은 베드로 자신을 가리킨다; 5) 모든 사도들이 반석이다. TEDS의 D. A. Carson은 반석은 베드로를 가리킨다고 보았다. 그것은 다음과 같은 이유에서이다. 첫째, 베드로는 교회의 초기에 중요한 역할을 하였다. 둘째, Petros와 Petra는 구별할 수 없다. 그러나 여기서 로마교회에서 말하는 감독제도의 근원이나 감독직의 계승에 대한 사상이나 교리를 찾을 수는 없다고 보았다.

4 Henry Chadwick, *The Early Church* (Harmondsworth: Peguin, 1967), 237.

찾아볼 수 있는 것이 부활절 논쟁에서의 로마교회의 위치이다. 이런 영향력의 부상을 등에 업고 로마교회는 "동방, 헬라를 포함한 모든 교회들이 로마교회가 제정한 것과 동일한 날짜에 부활절을 지켜야만 한다"고 주장할 수 있었던 것이다.5 그러나 로마교회의 부상이 제도적으로 뒷받침된 것은 3세기 이후의 현상이었다. 3세기 이전까지만 해도 "모든 교회가 서로 형제였으나, 그 후 로마교회가 동등한 가운데서 으뜸으로 받아들여지고 있었다. 3세기 중엽 칼타고의 키프리안 감독과 로마의 스데반 감독 사이에 세례에 관한 열띤 의견의 불일치가 발생한 끝에 스데반이 키프리안에 대항하는 수단으로 사용하기 이전에는 '너는 베드로라 내가 이 반석 위에 내 교회를 세우리니'라는 마태복음 16장 18절은 로마의 지도력과 권위를 설명하는 데 아무런 역할을 하지 못했다.6

로마교회의 권위의 우월성에 대한 주장은 로마의 감독 줄리우스(Julius)가 A.D. 341년에 있었던 안디옥 회의에서 아다나시우스와 마르셀루스(Marcellus)의 복권을 촉구하는 서신에서도 나타난다. 그는 이들의 회복을 촉구하면서 "나는 그대에게 축복된 사도 베드로로부터 전해 내려온 전통을 알리고 있노라"는 말로 자신의 권위의 우월성을 피력하고 있다.7 A.D. 343년에 있었던 세르디카(Serdica) 회의는 "사도 베드로"에 근거하여 로마교회의 우월권을 주장하는 "로마의 감독 줄리우스"의 주장에 동의했다. 자연스럽게 로마교회의 감독은 가장 축복된 감독(the most blessed bishop)이라 불리게 되었다.8 마태복음 16장에 근거한 로마교회의 우월성이 신학적 성경적으로 정립된 것은 그 후 382년 다마수스 때부터이다. 이때부터 로마교회는 상당히 권위적인 교구임을 주장하게 되었고, 이것이 어느 정도 인정을 받기 시작하였다. 제롬이 다마수스 감독에게 편지를 보내 "베드로의 보좌[the chair of Peter: 로마의

---

5 Chadwick, *The Early Church*, 237.
6 Chadwick, *The Early Church*, 237-238.
7 Ap. Ath. Apol. c. Ar. 35. Bettenson, *Documents of the Christian Church*, 79.
8 Text(of the Canons on Roman Authority) in Denzinger, Enchiridion, 30004 sqq. Bettenson, *Documents of the Christian Church*, 80.

감독을 가리킴]에게 자문을 구하는 것은 나의 의무"9라고 했던 것도 로마교회의 우월권이 당시에 보편적으로 인정되었음을 말해준다. 더 나아가서 제롬은 로마교회의 우월성을 마태복음 16장과 연계시켜 교회가 세워질 반석이 곧 베드로라고 믿고 있었다.10 로마 교구를 "가장 축복된 베드로의 교구"(the see of the most blessed Peter)11라 부르는 것은 이미 3세기부터 일반화되었던 것이다.

2. 세르디카 서방회의

이런 상황에서 일련의 삼위일체 논쟁이 발생하자 교회는 정통성 확립을 위해 일관된 창구가 필요했고, "보다 엄격한 치리와 중앙집권화한 통솔의 필요성을 실감하기 시작하였다."12 자연히 교회 내의 질서를 확립하기 위해 교회 법령(cannons)을 제정하기 위한 지방회의가 개최되었다. 대표적인 것이 니케아 회의이다. 가이사랴의 바실은 지금까지 있었던 법들을 한데 모아 일관된 교회법을 제정하는 데 대단한 관심을 가지고 있었다. 로마교회의 문서 기록부에서도 지금까지의 기록을 수집, 정리하기 시작하였다. 이런 상황에서 세르디카(Serdica) 서방회의에서는 로마 교구를 다른 교구의 상급 법원으로 지정하여 로마교구의 우월성을 합법화시켜 주었다. 세르디카 회의 법령에서는 밝히지 않고, 자신들의 법령의 출처를 니케아 회의에서 제정된 법령들과 합치시킴으로 말미암아 5세기에 이르러서는 세르디카 법령들이 니케아 회의의 결과인양 인용하는 경우도 생기게 되었다. 세르디카 법령들을 니케아 회의 법령들과 동등하게 다루게 된 이면에는 로마교회의 위치가 니케아 회의의 위치와 버금간다는 입

---

9 Ep. xv(to Pope Damasus, 376), I, 2.
10 Ep. xv(to Pope Damasus, 376), I, 2.
11 Prosper, *Contra Collatorem*, v.3(P.L. li. 227). Bettenson, *Documents of the Christian Church*, 81.
12 Chadwick, *The Early Church*, 238.

장이 내포되어 있었다. 이것은 어느 정도 사실인 듯하다. 서방교회에서는 동방교회에서처럼 소위 에큐메니칼 종교회의가 그리 중요하지 않았다. 그런 이면에는 "서방에서 유일한 사도가 세운 교회라는 면에서 로마교구는 헬라세계의 어느 감독교구에도 비길 수 없는 월등한 위치를 차지하고 있다는 확신 때문이었다."[13] 물론 로마 못지않게 당대 예루살렘도 후광을 입고 있었지만 예루살렘 감독들은 정치에 있어서는 처음부터 그리 영향력이 없었기 때문에 예루살렘 교구가 로마 교구보다 우월한 지위를 차지하지 못했던 것이다. 고울이나 스페인 지방의 감독들이 문제가 있을 경우 자신들의 대감독들에게 문제의 자문을 구하기보다는 직접 로마 감독에게 자문을 구하는 것이 상례였다.[14] 다마수스 감독은 다른 교구의 감독들이 자문을 구하기 위해 보내오는 편지들을 마치 황제가 지방장관들의 서신들을 다루듯이 가볍게 다루었다. 특별히 다마수스는 자신 만이 베드로의 역사를 계승한 유일한 감독이라는 주장을 하게 되었고, 그 근거로 마태복음 16장을 붙들었던 것이다. 문제 해결의 열쇠를 쥐고 있다는 로마 감독에게는 사법적인 권한이 동시에 부여되었다. 시간이 흐르면서 로마 감독의 편지는 교령(decretals)의 성격을 지녔다. 로마교회는 모든 교구의 대표적인 성격을 띠게 되었고, 로마교회에서 시행되는 예배 모범은 다른 교구에서 자연스럽게 수용되었다. 그 대표적인 것이 성지순례였다. 콘스탄틴 대제와 그의 모친 헬레나가 예루살렘과 베들레헴에 거대한 성전을 짓고 성지순례를 행하자 많은 사람들이 그 전례를 따르게 되었다. A.D. 348년 경 에게리아(Egeria)라는 스페인 귀족 부인이 남긴 기록에 의하면 팔레스타인의 성지의 명소들이 "유려한 구어체 라틴어"로 기술되었다. 이것은 로마의 라틴예식이 당대에 얼마나 영향력을 행사하고 있었는가를 짐작케 해준다. 심지어 감독 이노센트 1세는 416년에 "오직 로마교회에 의하여 다른 서방 지역의 교회에까지 복음이 전파되었으므로 모든 라틴계 교회들이 로마교회의 예배의식을 좇아야만

---

[13] Chadwick, *The Early Church*, 239.
[14] Chadwick, *The Early Church*, 239.

한다고 주장하였다.15

　다마수스 외에 로마의 우월권을 확립하는 데 지대한 영향을 미친 인물은 밀란의 감독 암브로스이다. "다마수스 당시 로마 관습과 보조를 맞추고자 하는 정책은 일정 한도까지 밀란의 암브로스에 의해 촉진되었다."16 암브로스나 어거스틴과 같은 당대의 감독들은 아프리카에서 로마의 예식이 그대로 행해지고 관습화되고 있는 것에 대해 달갑지 않게 생각했지만 그것은 하나의 관례처럼 일반화되어 있었다. 그럼에도 불구하고 로마의 영향력이 우주적으로 모든 지역에까지 균형 있게 미친 것은 아니었다. 이탈리아 지역에서 로마의 영향력은 절대적이었지만 헬라어 통용지역에서 로마의 영향력은 제한적이었다. 대표적인 지역이 그리스와 마케도니아 지역이었다. 이 지역은 379년까지 서로마 제국에 속해 있었지만 379년에 이들 행정 관할권을 동로마에 인계하였다. 이런 상황에서 2년 후 381년에 헬라측이 주축이 되어 모인 콘스탄티노플 종교회의에서는 "종교적 지역 구분은 단순히 세속 정부가 구분한 경계를 따르도록 결의"하였던 것이다.17 뿐만 아니라 콘스탄티노플 회의에서는 하나의 운명적인 종교법(fateful cannon)을 작성했는데 그것이 바로 콘스탄티노플이 새로운 로마이므로 이곳의 감독은 로마 감독에 버금가는 권위를 지닌다는 규정이었다. "콘스탄티노플의 감독은 콘스탄티노플이 새 로마이기 때문에 로마의 감독 다음의 영예를 갖는다"고 명문화했다.18 이런 결정은 제국에서 제 2의 도시라고 자처해왔던 알렉산드리아로부터 강한 반발을 받게 되었다. 그러나 이 회의의 결정을 필사적으로 반대한 것은 로마교회였다. 로마교회의 감독 다마수스는 콘스탄티노플 회의의 결정을 인정할 수 없었고 그 결정에 대해 강력한 이의를 제기하였던 것이다. 451년에 개최된 칼케돈 회의에서는 이전에 로마교회에만 부여했던 호칭인 "가장 거룩

---

　15 Chadwick, *The Early Church*, 240.
　16 Chadwick, *The Early Church*, 240.
　17 Chadwick, *The Early Church*, 240.
　18 Bright, *Cannons of the First Four General Councils*, xxii, 82. Bettenson, *Documents of the Christian Churches*, 82.

한 도시"를 콘스탄티노플에도 부여해 그 도시를 "가장 거룩한 도시 새 로마 콘스탄티노플"이라고 명문화했다.19 이런 와중에서 로마의 영향력을 헬라지역에 확대하기 위해 다마수스는 데살로니가 감독들을 그들의 사도적 권위의 대리인들(vicars apostolic)로 임명하여 이것을 후대에 세도화시켰다. 이것은 한동안 계속되었다. 로마는 이 제도를 통해 동로마권에 자신의 영향력을 유지하려고 노력하였다.

3. 교황제도의 확립

로마의 영향력은 레오 1세(Leo I, 440-461)가 로마교회 감독으로 재임하는 동안에 더욱 강화되었다. 그는 "5세기 교황들 가운데 가장 뛰어난"20 인물이었다. 5세기 중엽에 발생한 두 가지 중요한 사건, 즉 그리스도의 신성과 인성관계에 대한 기독론적 논쟁과 로마제국에 대한 야만인들의 침공에 대한 교회의 대응에서 레오 1세는 중추적 역할을 담당하였다. 성직 임명과 관련된 사계 제일기간, 즉 사순절, 오순절 이후 9월, 강림절에 매년 4번의 단식을 준행하게 한 것도 레오였다. 레오의 정치적인 수완은 로마의 역대 감독들과 비교할 때 상당히 수준급이었다. 그는 다마수스 아래 제정된 일련의 법령들을 지속했으며 교회의 순결을 보호하기 위해 마니교의 성찬 동참이나 태양신과 기독교를 혼합시키려는 행위에 대해서 한 치의 양보도 하지 않았다. 452년에는 로마를 괴롭히는 훈족인 아틸라에게 찾아가 담판을 벌이기도 했고, 455년 반달족이 로마를 침입했을 때는 중재에 나서기도 했다. 뿐만 아니라 당시 교회의 삶에서 핵심적인 문제였던 교리적 문제에 대한 레오의 공헌은 지대했다. 그는 서방신

---

[19] Bright, *Cannons*, xli, xlvii. Bettenson, *Documents of the Christian Churches*, 83.

[20] Everett Ferguson, "Leo the Great: Pioneer Pope," in *Great Leaders of the Christian Church*, ed. John D. Woodbridge (Chicago, IL: Houghton Mifflin, 1993), 91.

레오 대제
Leo the Great

학의 전통을 그대로 계승하여 그리스도의 한 인격 안에 신성과 인성이 연합되어있다고 일관되게 주장했으며 이것은 서방교회에 기독론의 표준이 되었다. "로마의 감독 지위가 교회에서, 베드로가 사도들 중에서 지녔던 지위와 동일한 지위라는 그의 진술은 교황 제도의 교리적 토대를 확립시키는 역할을 하였다. 지위에 대한 그의 주장에 있어서나 그가 발휘한 영향력에 있어서 레오는 초대 교황이라고 불릴 만하다. 그 이후로 이 용어가 가지게 되는 의미처럼, 즉 진짜 교황으로서, 그는 살았다고 할 수 있다."21 낙관적인 기질의 소유자인 레오의 위상은 한마디로 대단했다. 레오가 성베드로 성당에 묻힌 최초의 교황이 된 것은 우연이 아니다. 레

---

21 Ferguson, "Leo the Great: Pioneer Pope," 91.

오 교황은 베드로와 바울이 로물루스와 레무스 대신 로마 수호신의 자리를 차지한 것이라고 보았다. 그의 편지와 칙서에 나타난 문체를 보면 마치 황제가 내리는 조서의 문체와 흡사할 정도로 직선적이고 투명했다. 선구적 감독 레오는 그레고리 1세와 니콜라스 1세와 함께 교회의 역사에서 소위 "대제"(Great)라 불리는 세 명의 교황 가운데 한 사람이다. "그의 확고 부동성, 원리에 대한 고수, 정치적 교회적 혼란시의 능한 외교적 솜씨 등"은 레오에게 이러한 칭호를 부여해주기에 충분했다. "미래 교황청의 권력과 특권이 그의 방법론, 정책, 이상에 개괄적으로 나타나 있다."22

두 감독 셀레스틴과 식스투스 3세 아래에서 420년과 430년대에 로마교회 수석 집사 역할을 하면서 레오는 탁월한 역량을 발휘하기 시작했다. 그는 지도력과 정통성을 인정받아 로마의 감독이 되었고, 감독으로 있는 440년부터 461까지 21년 동안 서방교회에서 "로마의 교황권을 확립하고 동방교회들과의 관계에서 교회법(Canon Law)을 지지하며, 동방에서 발생한 기독론 논쟁에서 로마교회의 정통적 기독론을 방어하는 데 힘을 쏟았으며, 야만인들의 침략 앞에서 로마교회를 다스리는 데 진력하였다."23 이런 일련의 업적은 레오의 입지를 강화시켜 주었고, 교황제도의 확립에 절대적인 역할을 하였다. 레오가 감독으로 재위하고 있는 동안 로마교회의 우월성은 서방에서 일반적으로 인정을 받았다. 레오는 서방교회들에 보낸 자신의 편지에서 보여주는 것처럼 "마니교, 브리스길라주의(Priscillianism), 펠라기우스주의(Pelagianism) 같은 이단들과, 감독의 자질, 재세례 같은 치리적 실제적 문제들 및 야만인들의 침공에 의해 야기된 문제들을"24 다루는 데 뛰어난 역량을 발휘하였다.

레오가 로마 감독의 지위를 강화시킨 중요한 사건 가운데 하나는 칼케돈 회의이다. 여기서 레오는 결정적인 역할을 하였다. 알렉산드리아의 감독으로서 시릴의 후계자였던 디오스코루스는 알렉산드리아 교회의 권위

---

22 Ferguson, "Leo the Great: Pioneer Pope," 91.
23 Ferguson, "Leo the Great: Pioneer Pope," 92.
24 Ferguson, "Leo the Great: Pioneer Pope," 92.

를 동방교회들 위에 높이 진작시키고자 하였다. 그는 콘스탄티노플의 지도자인 유티케스(Eutyches)를 동맹자로 두고 있었다. 유티케스는 시릴의 교리를 극단으로 끌고 가 그리스도의 인성에 적절한 자리를 부여하지 않았다. 449년에 기독론의 문제를 해결하기 위해 회의가 열렸으며 사회를 주도한 디오스코루스는 이 회의에서 레오의 서신의 낭독을 불허했다. 자연히 레오의 입장이 이 회의에서 반영되지 않았다. 이런 상황에서 동방 황제 데오도시우스 2세가 450년에 죽고, 그의 누이 펄체리아(Pulcheria) 및 그녀와 결혼한 마르시안 장군이 왕위를 계승하였다. 펄체리아는 오래 전부터 레오와 그의 양성 기독론에 동조해 왔던 인물이었다. 정치적 변화는 교회의 논쟁에도 변화가 찾아 올 것을 예견했다. 451년, 520명의 감독들이 모인 가운데 칼케돈에서 회의가 개최되었다. 이 숫자는 이전의 역대 회의에 비추어 볼 때 대단한 것이었다. 레오는 로마 감독들이 이전의 동방 회의에 참석하지 않았던 전례에 의거하여 참석하지 않았다. 그러나 그는 교황 사절단을 대리로 파견하여 자신의 입지를 강화시켰다. 450년에 칼케돈에서 열린 이 회의에서 그리스도의 한 인격 안에 신성과 인성이 혼합, 변함, 나뉨, 그리고 분리됨이 없이 연합되었다는 내용의 레오의 서신이 낭독되자 그곳에 모인 회원들은 갈채를 보내며 탄성을 보냈다: "그것은 교부들의 신앙, 사도들의 신앙이다. 우리는 모두 그렇게 믿는다. 정통은 그렇게 믿을지어다! 달리 믿는 자에게 저주(Anathema)가 있을지어다! 레오를 통해 베드로가 이렇게 말했다! 사도들이 그렇게 가르쳤다!"25 레오의 서신이 받아들여져 칼케돈 회의에서는 그리스도가 "한 인격과 한 본체에 두 본성이 혼합 없이 변화 없이 분열 없이 분리 없이" 존재한다고 선언했다. 레오의 교리가 정통으로 확정됨으로 말미암아 로마는 교리적으로 승리를 거둔 셈이다. 그러나 칼케돈 회의에서는 제 28조항에 "새 로마" 콘스탄티노플이 교회 문제에 있어서 로마와 동등한 권한을 가져야 하며 로마 다음 가는 두 번째 지위를 가져

---

25 Ferguson, "Leo the Great: Pioneer Pope," 93.

야 된다고 명문화하였다: "모든 점에 있어서 거룩한 교부들의 판단을 따라 또한 우리가 읽은 바 가장 경건한 150감독들의 법규[콘스탄티노플 회의, 381]를 따라 우리는 새 로마인 가장 거룩한 도성 콘스탄티노플의 특권에 대하여 같은 것을 작정하고 반포한다. 대개 옛 로마의 왕위에 대히여 교부들이 특권을 허락하였던 것은 마땅하였다. 왜냐하면 그곳은 제국의 수도였기 때문이다. 그러나 그 150감독들은 이 새 로마에 대하여 똑같은 특권을 부여하였다. 그러므로 이 새 로마는 교회의 문제들에 있어서도 옛 로마와 똑같은 특권을 누려야 할 것이다. 다만 그 순위에 있어서 옛 로마의 다음이 될 뿐이다."[26] 칼케돈 회의의 결정은 381년 콘스탄티노플이 로마와 동등하다는 콘스탄티노플 결정을 재확인 한 것이다. 콘스탄티노플 회의에서는 "콘스탄티노플은 새 로마이기 때문에 콘스탄티노플 감독은 로마 감독 다음의 영예를 가진다"[27]고 결정한 바가 있다. 항상 로마의 우월권을 주창한 레오 감독은 "28조항의 법규가 325년 니케아에서 가결된 법규와 모순되며 안디옥과 알렉산드리아의 위상을 손상시킨다고 주장했다."[28]

칼케돈의 결정에도 불구하고 레오는 로마교회의 우월성을 양보하지 않았다. 그는 "단순한 역사적 이상의 의미로서 자기가 베드로의 후계자라고 믿고 있었다. 그가 설교하거나 편지를 쓸 때에 이는 바로 베드로 자신이 말하고 글 쓰는 것으로 믿었으며, 최소한 그의 말과 그를 듣고 읽는 이들은 이러한 태도를 마땅히 가져야 한다고 생각하였다. 교황은 성 베드로가 소유했던 모든 것의 합법적 계승자이므로 그가 가진(천국에의) 열쇠의 권한의 정도도 전혀 약화되지 않았다고 믿었다."[29] 레오는 선대 감독들로부터 물려받은 자료들을 이용하여 "로마교회의 베드로적 권위를 구체화하고, 일관성 있고 권위 있는 로마교회의 최고성 교리를 만들

---

[26] Bettenson, *Documents of the Christian Churches*, 83. The Council of Chalcedon, Canons 9, 28. Bright, *Canons*, 41, 47.

[27] Bettenson, *Documents of the Christian Churches*, 82. Bright, *Canons*, 22.

[28] Ferguson, "Leo the Great: Pioneer Pope," 94.

[29] Chadwick, *The Early Church*, 244.

었다. 그의 임직 기념일에 있었던 그의 설교는, 본문으로 마태복음 16장 16-19절, 누가복음 22장 31절 이하, 요한복음 21장 15-17절을 사용해, 베드로가 감독들을 다스릴 권한을 가지고 있었다고 주장한다. 베드로는 로마의 감독이 되었으며 그의 권위를 로마의 후임 감독들에게 전이하였으므로 로마교회에는 영구적인 베드로의 권위가 존재한다는 것이다. 사도들의 왕인 복된 베드로를 통하여 지극히 거룩한 로마교회가 전 세계의 모든 교회에 대한 통치권을 소유한다고 그는 말한다.30 레오는 자신을 베드로와 거의 동일시하였다: "그는 우리가 그의 대리자라고 말하고 있다. 그러므로 로마의 감독은 모든 감독들 가운데 최고이다."31

3세기의 감독직에 대한 교리는 모든 감독을 본질적으로 동등한 존재로 다루었으나 레오는 감독들의 권위가 어떤 의미에서 자기에게 종속될 수 있다고 생각했다. 모든 감독들이 교회의 목양에 동참하지만 로마 감독의 "충만한 권위"에는 동참하지 못한다고 못 박았다.32 Pope(헬라어 papas, 아버지로부터 유래됨)라는 단어는 3세기 이래 주요 교회들의 감독을 지칭하는 말로 사용되었으며 4세기 이후부터 로마의 감독에 대한 칭호로 쓰였다. 레오에게서 이 단어는 특별한 의미를 가지기 시작했다.33 로마교회의 우월성을 정당화하는 과정에서 레오는 비약적인 방법을 사용하기도 했다. 레오는 그리스도의 두 본성과 로마제국의 두 부분(교회와 정부) 사이에 어떤 유비가 있다고 보았다. 심지어 그는 자신의 설교 82에서 로마와 교회를 비교한다. 로마교회의 창설자인 베드로와 바울은 로마의 쌍둥이 창설자 로물루스와 레무스 같다는 논리도 폈다. 그러나 다른 곳에서는 레오가 바울을 소홀히 다루고 있는데 그 이유는 베드로 관련 본문이 로마의 최고권에 대해 보다 많은 지지 기반을 제공해 주고 있기 때문이다.34 레오의 탁월한 지도력으로 로마는 다른 교구보다 우월한 지

---

30 Leo, *Ep.* 65.2.
31 Leo, *Serm.* 3.4.
32 Leo, *Ep.* 14.2.
33 Ferguson, "Leo the Great: Pioneer Pope," 94.
34 Ferguson, "Leo the Great: Pioneer Pope," 94.

위를 확보하게 되었고, 교황 제도가 표면적으로 역사에 등장하였다. 이후 로마의 교구의 우월성이 보편적으로 인정을 받았다.

레오 이후 영향력 있는 교황은 겔라시우스 1세(492-496)였다. 겔라시우스 1세는 세속의 최고의 권한자는 황제이고, 교회의 최고 권한자는 교황이라고 주장했다. 따라서 세속적인 문제가 발생했을 경우 황제가 해결의 열쇠를 가지듯이 교회 안에 문제가 발생했을 때는 해결의 열쇠가 당연히 로마의 교황에게 있다는 것이다. "축복받은 베드로의 교구는 다른 어떤 감독들의 결정에 의해 매어진 것이라도 다시 풀 수 있는 권한을 가지고 있다"고 천명했던 것도 그였다. 이런 확신 하에 그는 교회 문제에 깊숙이 관여했고 그것은 어느 정도 인정을 받았다.

이 시기까지 로마교회는 거룩한 교구(the Holy See)로서 자리를 완전히 굳히게 되었고 다른 교구들도 자의든 타의든 이 사실을 인정하게 되었다. 이것으로 교황제도는 역사에서 정착되었다.

이런 과정을 거쳐 그레고리 1세(Gregorius Magnus, 540-604)가 중세의 첫 교황으로 역사에 자리 잡게 되었다. 그는 교황제도 정립과 교회 성가와 예전을 비롯하여 중세교회 발전에 지대한 공헌을 이룩했다.

제 17장
세계선교의 초석들

> 나는 오랫동안 글을 쓸 생각을 가지고 있었으나 지금까지 주저해 왔다. 나의 글이 다른 사람의 글만 못하기 때문에 인간들의 혀의 판단 아래 떨어질까 나는 두려웠다.
>
> Patrick

　4세기에 접어들면서 복음은 로마 주변의 야만족에게까지 확산되기 시작하였다. 고트족의 한 사람이자 고트족을 복음화 하는 데 중추적인 역할을 한 울피라스(Ulfilas, A.D. 311-380)는 성서의 일부 혹은 전부를 고트어로 번역하여 고트족의 복음화를 체계적으로 추진하였다. 철저한 아리우스주의자였던 울피라스는 자신이 믿는 아리우스주의를 동족에게 이식시켰으며, 그의 선교 노력은 다뉴브 강 북쪽에까지 확대되었다. 아리우스주의 기독교는 계속해서 고트족 사이에 퍼져 마침내 고트족 대부분이 아리우스주의자가 되었다.

　아리우스주의 기독교는 동고트족(the Ostrogoths), 게피디족(the Gepides), 그리고 반달족(the Vandals)에게까지 전달되었다. 5세기 초 라인강 남쪽으로 이동한 불군디족(the Burgundians)은 가톨릭 신앙을 받아들였다. 거의 동시대 5세기에 고울의 북방과 라인계곡 하류에 많이 살고 있던 프랑크족(the Franks)의 개종은 중세 선교로의 중요한 준비였다. 프랑크족의 지도자였던 클로비스(Clovis)가 회심하여 가톨릭 신자였던 불군디 왕의 공주를 자신의 아내로 맞아 결국 자녀와 함께 496년 크리스마스에 영세를 받았다. 이들 외에도 초대교회 선교에 지대한 영향을 미친 인물로는 아일랜드의 선교사 패트릭과 스코틀랜드 선교사 콜럼바가 있다. 이들의 노력에 의해 선교는 하나의 운동으로 태동되었다.

1. 아일랜드 선교사 패트릭

한때 아일랜드 선교사 패트릭의 역사성에 대해 의문을 제기하는 이들도 있었으나 그가 실존인물이라는 사실이 역사적으로 검증되고 있다. 패트릭의 삶과 선교 사역은 아일랜드의 큰 수도원에서 나온 중세의 기록인 **아일랜드의 연보**(Annals)에도 기록되어 있다. 이 연보에 의하면 패트릭은 팔라디우스가 아일랜드에서 선교하던 다음 해인 432년에 아일랜드에 도착했다. 이 기록은 그의 탄생, 가문, 노예 생활, 그리고 선교 사역에 대해 상세한 내용을 담고 있다. 따라서 그가 실존했던 역사적 인물임에는 틀림이 없는 것 같다.

역사적으로 패트릭의 기독교는 고대 영국 교회에 속한다. 영국 교회의 기원은 로마가 영국을 점령하고 있던 2세기부터이다. 최근의 고고학적 증거는 브리튼(영국) 사람들 사이에 신앙이 널리 퍼져 있었다는 것과, 브리튼의 감독들이 처음 교회 회의에 출현하였던 4세기 이전에도 세련된 로마-브리튼 문화가 존재하였다는 것을 보여주고 있다. 더 이상, 로마화된 영국의 상류 계급이 누렸던 법과 질서를 제공할 수 없었다고 확신한 브리튼 사람들은 5세기에 있었던 유럽에 대한 야만인들의 침공을 틈타 로마로부터 탈퇴할 수 있었다. 그리고 로마의 권위가 물러감으로써 켈트 문화가 부흥을 보게 되었다. 그들은 대대적인 이민족(게르만)에 의한 점령에서도 모면할 수 있었다. 그 후 브리튼에는 경화의 주조가 그치고 경제가 붕괴되었으며 라틴 교육이 사양길에 접어들고 서로 전쟁을 일삼던 부족 추장들의 옛 제도가 재생되었다. 패트릭은 분열을 겪고 있었으나 원기 왕성하였던 사회에서 태어났다.

패트릭은 서부 영국의 기독교 가정에서 태어났다. 그의 고향은 로마-브리튼 성읍, 보나벰 타버니애(Bonavem Taberniae)였다. 16세 때 패트릭은 해적들에 의해 포로가 되어 아일랜드에 노예로 팔려갔다가 6년 후 주인으로부터 도망쳐 고향으로 돌아왔다. 그는 포로 생활에 의해 중단되었던 자신의 교육을 브리튼과 유럽에서 다시 시작하였다. 꿈속에서 패트릭은 아일랜드 사람들이 "거룩한 소년이여, 우리는 그대가 집에 와서 우리들 가운데서 다시 걷기를 간청하노라." 자기들에게로 되돌아와 달라고 간청하는 소리를 듣게 되었다. 패트릭은 "마음에 충격을 받고" 즉시 지긋지긋하던 포로 생활의 땅으로 다시 갈 계획을 세웠다. 노예 생활의 고통을 통해 패트릭은 명목상의 모태 신앙으로부터 벗어나 심오한 신앙에 이르게 되었으며 아일랜드 사람들을 회심시키는 것이 자기 필생의 사명이라는 신념을 굳혔다.

패트릭은 아일랜드의 감독과 사도로 임명되었다. 그 전에 팔라디우스가 교황 셀레스틴 I세에 의하여 임명된 바 있으나 그의 행적은 찾아볼 수 없을 뿐만 아니라 이름마저도 사라졌다. 아일랜드의 기록들은 이 신비한 인물 팔라디우스가 도착한지 1년 후인 432년에 패트릭이 아일랜드에 도착했다고 한결같이 말하고 있다. 아일랜드의 많은 지역들이 이 선교사와 밀접한 관계를 가졌지만 패트릭의 가장 큰 노력은 아일랜드의 서부와 북부에서 이루어졌던 것으로 추측된다. 전통에 의하면 그의 감독직 본부는 아르마(Armagh)였다고 한다. 그가 복음을 전했던 사람들은 로마 문화와 접촉하지 않은 켈트인이었다. 로마 문화는 패트릭이 태어났던 브리튼 사회의 형성에 일익을 담당했었다.[1]

---

[1] 아일랜드 사람들은 성읍을 가지고 있지 않았다. 그들의 주요한 사회 구조는 부족 혹은 확장된 가족이었다. 그들은 가축을 기르며 잔 가지와 떼로 만든 집에서 살았고, 습격을 받거나 전쟁을 할 때에는 주로 나무로 만든 요새에 몸을 숨겼다. 그들의 삶은 드루이드(Druid)교 제사장들이 관장하

패트릭
Patrick

　패트릭은 아일랜드인들의 삶의 정황을 고려하여 지방 분권적 교회를 세웠다. 이 교회의 핵심은 대 수도원장들이 권력을 쥔, 반 은둔적 수도원 제도였다. 감독들은 수도원 성직단에 의해 선출되었으며 수도원 성직단에 종속되었다. 이러한 종교적 제도는 두 세기 후에 로마의 감독 제도가 승리할 때까지 아일랜드와 대 브리튼에서 주류를 이루었다. 패트릭은 아

던 미신과 마술로 가득 차 있었다. 드루이드교 제사장들은 아일랜드에서 기독교의 주된 적들이었다.

일랜드에 광범위하게 여행하며 복음을 전하였다. 그는 지방의 왕들과 속왕들(sub-kings)에게 의탁하여 보호를 받았다. 아일랜드 귀족의 자제들이 그를 수행한 경우도 빈번하였다. 그는 사회의 모든 계급으로부터 많은 개종자를 얻었던 것이다.

패트릭의 인격은 그의 저술에서 특이하고도 감동적인 모습으로 나타난다. 패트릭은 아일랜드에서의 포로 기간 중에 자신의 교육이 중단되었다는 것을 자주 언급하고 있다. 그로 인해 그의 수사학적 실력은 더 발전하지 못했다. 패트릭은 표현의 투박성으로 인해 슬퍼하곤 했다. 큰 배움의 부재와 그가 쓴 단순한 라틴어가 패트릭을 늘 괴롭혔다. "나는 오랫동안 글을 쓸 생각을 가지고 있었으나 지금까지 주저해 왔다. 나의 글이 다른 사람의 글만 못하기 때문에 인간들의 혀의 판단 아래 떨어질까 나는 두려웠다."[2] 브리튼의 추장 코로티커스(Coroticus)를 파문하면서 쓴 길고도 극적인 편지에서조차 패트릭은 겸손하게 "천하 무식한 죄인 나 패트릭"이라고 자신을 소개한다.[3]

패트릭은 자신이 그토록 후회하던 세련된 수사학의 부재 자체가 그의 글을 정직하고 직설적으로 만들었다는 것을 깨닫지 못하였다. 그의 언어는 단순하고 매우 감동적이었기 때문에 독자에게 주는 충격은 지대하였다. 패트릭은 근본적으로 선교사였다. 그는 자신이 왜 선택되었는지 이해하지 못하였으나 자신을 통해 행하시는 하나님께서 모든 결점을 보완하실 것으로 믿고 있었다. 그의 개성은 복음 전도적이었고 그의 글은 감사와 믿음으로 충만하다.[4]

---

[2] *Confession of St. Patrick.* http://www.catholicplanet.com/ebooks/Confession-of-St-Patrick.pdf

[3] *Coroticus*: 1.

[4] 패트릭에 대해서는 몇 개의 중세 전기들이 있다. 아르마의 책(*Book of Armagh*)에서 발견되는 것 중 두 가지는 신빙성이 있는 것으로 사료된다. 아르마의 책은 9세기 초에 나온 것이다. 하나의 이야기는 미르쿠(Muirchu)라는 인물이 쓴 것으로서 패트릭의 생애와 사역에 관해 자세한 내용을 담고 있다. 아르마는 패트릭의 관할구로 확인되고 있다. 또 하나의 훌륭한 책 **패트릭의 생애**에서 타이세칸(Tisechan)이라는 지은이는 많은 시간을 할애하여 패트릭을 로마교회와 연관시키고 있다. 서신과 **신앙 고백**을 제외하고, 패트릭의 저술에 관해서는 커다란 논쟁이 있다. 단순히 패트릭의 글로 지칭되는 세 개의 짧은 작품 가운데 단 하나만이 확실히 그에게서 나온 것이다. 아일랜드

2. 스코틀랜드 선교사 콜럼바

일찍이 패트릭과 콜럼바가 없었다면 유럽 선교는 방향이 달라졌을 것이다. 그들이 유럽 선교 특별히 스코틀랜드 선교에 미친 영향은 지대했다. 그들의 선교는 초대교회 선교사에 하나의 전환점이자 세계 선교로 향하는 출발점이었다. 아일랜드를 넘어 스코틀랜드에 복음을 전해준 선교사 콜럼바(521-597)는 "분쟁과 싸움이 얼룩진 사회" 속에서 자라났다. 그 사회는 거친 전형적인 공동체적 사회를 이루고 있었지만 개인주의가 지배하는 사회였다. 이런 사회 속에서 콜럼바는 42세까지 아일랜드에서 주로 교회를 섬기며 지냈다. 콜럼바는 사제와 수도승이 되었으며, 그리고 후에 아일랜드 전역에 걸친 새 수도원들의 창건자가 되었다. 536년에 콜럼바는 자진하여 수도 생활에 들어갔는데 그것은 그가 은밀한 수단으로 획득했던 한 책을 둘러싸고 2년간의 씨름을 한 후였다.

스코틀랜드 서부 해역에 있는 아이오나(Iona)라는 작은 섬에 정착한 콜럼바는 동료들과 함께 이교도적 스코트인들과 픽트인들에게 복음을 전할 수 있는 선교 전진 기지를 세웠다. 그 후 아이오나는 오랫동안 선교 활동의 기지가 되었다. 이곳에서 콜럼바의 지도 아래 선교 수도사들이 훈련을 받고 거기에서 동부와 북부로 파송되어 복음을 전하였다. 527년 그의 사망 시까지 콜럼바는 존경받는 기독교 지도자로서 스코틀랜드와 전 켈트족 기독교계에 헤아릴 수 없는 영향을 미쳤다.

콜럼바는 521년 12월에 아일랜드의 도네갈 주의 로우 가탄(Lough Gartan)이라는 곳에서 태어났다. 켈트족이었던 콜럼바의 조부는 패트릭

종교회의 기록에 패트릭을 언급한 대목은 두 군데 있다. 하나는 사실일 가능성이 있다. 그러나 많은 학자들은 패트릭이 아일랜드에서 어떤 감독의 지위를 가지고 있었는지에 대해 의심하고 있다. 이것이 옳다면 감독 회의의 필요성은 없었을 것이다. 패트릭에게서 나왔다고 하는 여러 편의 시들과 찬송시들 가운데 어느 것도 진품이라고 생각되지는 않는다. 애호 받는 찬송시 "성 패트릭의 흉패" 조차도 신앙 고백(Confessions)의 언어보다 훨씬 더 후기 연대의 아일랜드어로 기록되었다.

에게 세례를 받은 독실한 그리스도인이었다. 조부의 신앙은 오네일 왕가의 일원이었던 콜럼바의 부친 펠림 맥 퍼거스(Phelim Mac Fergus)와 아일랜드 네인스터 지방의 한 왕의 후손이었던 모친 에드네(Ethne)를 통해 콜럼바에게 계승되었다.

뛰어난 두뇌를 소유한 콜럼바는 어린 시절부터 두각을 나타냈던 명석한 아이였다. 그리고 성격이 활달하고 매사에 열정적이었다. 그의 뛰어난 유머감각은 그의 원만한 가정환경에서 형성된 것 같다. 그의 어린 시절에 대해서는 비교적 잘 알려져 있는 편이다. 콜럼바가 살던 당대의 아일랜드 귀족층에서는 수양 자녀 삼기가 일반적 관습이었다. 콜럼바에게도 크뤼드네칸(Cruithnechan)이라는 양아버지가 있었는데 그는 젊은이들에게 세례를 주고 그들을 신앙으로 양육하는 훌륭한 사제였다. 콜럼바는 양아버지로부터 결정적인 영향을 받았다. 콜럼바는 왕족의 한 사람이었기 때문에 통치자로 선택될 수 있는 가능성이 있었지만 그의 종교적인 성향을 일찍이 간파한 그의 양부모가 콜럼바를 모빌(Moville)의 피니안(Finnian) 아래서 공부하도록 배려해 주었다. 당대의 지도적 학자이자 수도원장이었던 피니안은 콜럼바에게 그리스도께 대한 깊은 헌신과 성경에 대한 조직적 연구, 수도원 생활 등을 가르쳐 주었다. 콜럼바는 좀 더 훌륭한 교수 문하에서 학문적 훈련을 쌓기를 희망했다. 30대 중반의 콜럼바는 556년경 모빌의 피니안을 떠나 당대의 저명한 학자 클로나드의 피니안에게로 갔다. 클로나드의 피니안에게 인정을 받은 콜럼바는 사제로 임명을 받았다. 그는 선교에 많은 관심을 가지게 되었고 클로나드(Clonard) 출신의 몇몇 젊은 수도승들은 아일랜드 전역에 수도원을 설립하여 그 지역의 영적 생활을 진작시키기 시작했다. 이 기간 중에 콜럼바가 설립한 수도원은 데리(Derry)에, 오팔리(Offaly)의 데로우(Durrow), 미트(Meath)의 켈즈(Kells)를 비롯 100여 개가 넘었다. "수도원을 설립하면서 경건하고 학문적인 그리스도인으로서 그의 명성도 점차 높아갔다."

이즈음에 콜럼바는 자신의 생의 진로를 완전히 바꾸는 결정적인 사건

콜럼바
(Columba, 521-597)

을 맞게 되었다. 성경연구와 성경역본들에 대단한 관심이 많던 콜럼바가 피니안이 로마에서 가져온 제롬의 시편과 복음서 라틴어 역본의 한 사본을 허락 없이 복사하였다. 피니안은 분노하여 그 진기한 역본을 달라고 콜럼바에게 요구했다. 콜럼바가 이를 거부하자 피니안은 타라의 고왕에게 콜럼바에 대한 재판을 요구했고, 콜럼바에게 유죄 판결이 내려졌다. 자신의 친척인 고왕이 자신에 대해 그런 판결을 내린 것에 대해 분개한 콜럼바는 재판의 판결에도 불구하고 사본을 내어주지 않았다. 얼마 후 피니안과 콜럼바는 서로 화해를 하게 되었다. 그러나 콜럼바와 그의 사촌사이에 깊어진 골은 더욱 깊어져만 갔다. 마침내 내란이 벌어져 고왕의 군대와 북부지방의 종족들과 싸움이 벌어졌다. 콜럼바는 북부지방 종족들에 가담해 고왕의 군대와 슬리고 근처 컬드레브니에서 피비린내 나는 전투를 벌였다. 콜럼바는 고왕의 군대를 격퇴시키고 결정적인 승리를 거두었으며 이

전투에서 3,000명 이상의 사상자를 냈다. 콜럼바는 양심의 가책을 느끼기 시작했고, 자기의 고국 아일랜드를 떠나 "그리스도를 위한 포로"가 되어 자신의 생을 선교사로 보내기로 결심했다. 그는 스코틀랜드인의 사도가 되어 나머지 생을 스코틀랜드 선교를 위해 바쳤다. 콜럼바는 클로나드의 피니안 문하에서 공부하던 그 시절 뜻이 맞았던 12명의 동료들을 택해 스코틀랜드 선교를 시작했다. 콜럼바와 그의 동료들은 스코틀랜드 선교를 위한 발판지로 적합한 아이오나(Iona) 섬을 발견하고, 그곳을 자신들의 선교의 거점으로 삼았다. 아름다운 경관과 2,000에이커 넓이의 이 섬은 픽트인들과 스코틀랜드인 사이의 접경 지역인데 스코틀랜드로부터는 반 마일 밖에 떨어져 있지 않기 때문에 스코틀랜드 선교를 위해서는 이상적인 장소였다. 콜럼바와 그의 일행은 이곳에 선교의 거점을 마련하고 간단한 구조의 건물들을 건축하였다. 이들 일행은 선교를 하기 전에 먼저 노동, 기도, 연구 등 공동체 훈련을 통해 스코틀랜드 선교를 위한 준비단계를 가졌다. 수도원 원장은 콜럼바였으며, 그는 수도생활의 모범을 통해 강력한 지도력을 발휘하였고, 그러면서도 그 아이오나 수도원 공동체를 사랑으로 다스리려고 노력하였다.

콜럼바의 영향력 아래 563년부터 597년까지 35여 년 동안 아이오나는 스코틀랜드와 북부 잉글랜드에 대한 복음 전파의 핵심지가 되었다. "그 시대의 기타 선교사들처럼 콜럼바와 그의 동료들은 국민들의 회심에 도움을 줄 수 있는 정치적인 명사들과의 접촉을 이용해 선교하였다. 왕족의 혈통과 탁월한 개인적 은사를 소유하고 있었던 콜럼바는 정치적으로 훌륭한 자질을 갖추고 있었다. 게다가 그의 기독교적 경건심은 타인들을 화해시키는 영향력에 일조를 해주었다. 그는 호전적인 픽트인들과 스코트인들에게 이러한 영향력을 발휘한 것으로 추정된다."5 콜럼바의 선교는 단순한 기독교인에로의 회심에만 초점이 맞추어지지 않았다. 당시 종족문제가 선교에 걸림돌이 된다는 사실을 간파한 콜럼바는 575년에 아

---

5 Robert D. Linder, "Columba: Missionary to the Scots," in *Great Leaders of the Christian Church*, ed. John D. Woodbridge (Chicago, IL: Houghton Mifflin, 1993), 102.

일랜드를 방문하여 데리 근처의 드럼시애트에서 열린 아일랜드 종족들의 국민 의회에 참석하여 고질적인 문제였던 고왕과 음영시인들과의 분쟁을 중재하고 나섰다. 이러한 요인들에 힘입어 콜럼바와 그의 수도승들은 스코틀랜드에 복음을 심고 그와 함께 보다 큰 질서와 평화를 가져다주었다.

절노 있는 수도원적 삶, 문제 해결에 대한 탁월함, 그리고 경건하고 실천적인 삶은 콜럼바의 영향력을 더욱 확산시켜 주었다. 비록 젊은 날의 패기는 찾아볼 수 없었지만 콜럼바는 75세의 나이에도 불구하고 여전히 새벽에 일어나 예배를 드리고 시편을 필사하면서 하루의 생활을 보냈다. 이런 규칙적이고 절도 있는 경건생활은 당시의 많은 수도원 동료들에게 하나의 이상적인 모델로 반영되었다. 그는 단순히 복음을 던져주는 것이 선교사의 임무라고 생각지 않았다. 그의 선교는 실천적이고 헌신적 삶에서 출발했다. 이것이 왜 그의 선교가 그렇게 많은 사람들에게 호소력이 있었고 영향력이 있었는가에 대한 답이다. 그의 위대함은 선교에 대한 열정에 있었고 선교의 열정은 그리스도에 대한 사랑에 있었다. 이 실천적이고 자비로운 마음의 소유자, 지극히 헌신적인 그리스도인이며 비상한 정력을 선교에 바친 콜럼바는 "선교를 전하였고 선교를 위해 살았으며 선교를 실천했다."6 때문에 그의 삶은 당대인들 만 아니라 후대 기독교인들에게도 하나의 이상적인 모델이 되었다. "노동, 기도, 독서"로 이루어진 콜럼바가 생각한 이상적인 그리스도인의 삶은 영국 기독교에 소중한 전통이 되었다. 콜럼바의 생애는 다음 세대의 기독교 신자들 특히 아일랜드 사람들과 스코틀랜드 사람들에게 경건의 모델이 되었고, 그의 개인적 경건은 헤아릴 수 없는 수많은 그리스도인들에게 보다 경건한 삶을 살도록 도전했다. 콜럼바는 자신의 모범적 생애를 통해 아일랜드와 스코틀랜드의 기독교계에 지울 수 없는 영향력을 남겼다. "아이오나는 수 세기 동안 복음 전파의 활동적 핵심 기지이자 아일랜드 교회의 전초 기지로 남아 있었다. 아일랜드와 스코틀랜드의 켈트족 및 북부 잉글랜드의 앵글

---

6 Linder, "Columba: Missionary to the Scots," in *Great Leaders of the Christian Church*, ed. John D. Woodbridge, 104.

족과 색슨족 사이에서 콜럼바의 영향으로 광범위하게 수도원 공동체들이 발생하였는데, 이들 중 아이오나는 가장 유력한 일원이었다."7

직설적이고 단순한 성경적인 메시지를 전하며 선교 현장에서 "그리스도의 종"이 되어 헌신적인 삶을 통해 실천했던 콜럼바는 사랑하는 동료 수도승들에게 작별의 축복을 한 후 597년 6월 9일, 주일 날 이른 시각에 평화로이 잠들었다.

---

7 Linder, "Columba: Missionary to the Scots," in *Great Leaders of the Christian Church*, ed. John D. Woodbridge, 104.

결 론

　지금까지 우리는 1세기에서 5, 6세기에 걸친 초대교회 역사를 고찰하였다. 하나님의 섭리에 의해 완벽히 준비된 내적, 외적 토양에서 그리스도의 오심으로 시작된 기독교회는 1, 2, 3차에 걸친 박해와 같은 외적 도전에 대응하여 그 신앙의 정화를 이루었고, 이단과 같은 내적 도전에 맞서 정통신학을 확립하여 나갔다. 외부적 도전들에 대한 응전으로 속사도, 변증가, 교부들이 역사에 등장했으며, 내부적 자기 확립을 위해 라틴, 알렉산드리아, 소아시아 신학들이 태동했고, 삼위일체, 기독론 논쟁들이 초대교회사의 중요한 맥을 이루고 있다. 또한 교회의 세속화에 대한 응전으로 수도원 운동과 선교운동이 나타났고, 하나님께서는 이러한 도전과 응전 속에서 교회를 이끌어 갈 여러 위대한 지도자들을 세우셔서 그의 교회를 이끌어 가셨다.

　결론에서는 지금까지 초대교회사 연구를 통해 발견한 몇 가지 두드러진 특징들을 지적하고 초대교회가 우리에게 주는 역사적인 의미들을 살펴보려고 한다.

　첫째, 모든 시대의 역사가 그렇듯이 초대교회 역사 역시, 이전 시대와의 단절 속에서 진행된 것이 아니라 연속성 속에서 진행되었다는 사실이다. 이 말은 어떤 한 시대의 역사적 운동이 전 시대의 반동으로 태동되었다는 인과율의 역사해석을 의미하는 것은 아니다. 문화 속에 존재하는 인간은 그 문화 속에서 사고하고 행동할 수밖에 없으며 그 문화의 범주 내에서 신 존재를 인식할 수밖에 없다는 것이다. 마찬가지로 복음을 이해하기 위해 초대교회 사람들은 당시의 언어와 사상을 기독교 진리를 밝히는데 과감하게 사용했던 것을 발견할 수 있다. 알렉산드리아 전통의 변증가들이나 교부들이 플라톤 사상을, 라틴의 전통의 속사도들이나 교부들이 스토아 정신과 라틴의 정신 속에서 기독교를 이해한 것은 대표적인 예이다. 당시의 많은 사람들은 이방인의 철학이나 사상이 기독교 진리를 밝히는 도구로 얼마든지 사용될 수 있다는 강한 확신을 가지고 있었다. 따라서 기독교 진리를 밝히는 방법론이라는 측면에서 플라톤의 철학을 혹은 라틴의 법적인 정신을 사용하는 데 주저하지 않았던 것이다. 현대 기독교의 최대 과제인 상황화가 이미 초대교회의 최대 주제였음을 발견할 수 있다. 알렉산드리아 전통의 교회 지도자들 속에서는 기독교를 헬라화하려고 하는 노력을, 라틴의 전통 속에 있는 지도자들 속에서는 기독교를 라틴화하려는 노력을 어렵지 않게 발견할 수 있다. 다시 말해 알렉산드리아 전통을 계승한 인물들 속에서는 헬라정신과 기독교를 친화시키려는 모습이, 라틴 전통에 있는 사람들 속에서는 라틴정신과 기독교를 친화시키려는 모습이 상당히 나타난다는 것이다. 그 과정에서 헬라정신을 기독교화하려는 극단적인 모습과, 라틴 정신을 기독교화시키려는 또 다른 극단적인 모습을 발견하기도 한다. 기독교를 통해 당대의 문화를 조명하려고 하기보다는 당대 문화를 통해 기독교를 조명하고 해석하려는 경향을, 심지어 문화와 기독교를 융합시키려는 현대판 종교 다원주의를 이들 사상 속에서 찾아볼 수 있다는 것이다. 이런 극단적인 모습을 영지주의자들에게서, 좀 약화된 토착화 신학의 원형을 저스틴, 클레멘트, 오리겐에게서 어렵지 않게 발견한다. 다행히 복음을 발전하고 계승하려는 후배들이나 상대편이 전 시대의 극단과 오류들을 개혁하려고 노력하였고, 그 결과 한 시대의 극단적인 운동과 성향은 본능적으로 정도를 지키려는 사람들에 의해 비판을 받게 되어 방향이 수정되는 경우를 종종 발견할 수 있는 것이다.

둘째, 초대교회의 역사에 나타나는 두드러진 특징 가운데 또 하나가 도전과 응전의 대결구도 속에서 신학이 발전되어 왔다는 사실이다. 속사도, 변증가, 교부들은 끊임없이 외부로부터 오는 박해에 맞서야 했고, 내적으로는 잘못된 교리를 숭상하는 이단들을 대적해야 했다. 초대교회 성도들은 박해에 대해서는 목숨을 건 신앙의 수호와 치밀한 변증을 통해서, 이단에 대해서는 가차 없는 단호한 태도와 정통신앙의 변호를 통해서 교회의 신앙을 발전시켜 나갔다. 또한 A.D. 313년 콘스탄틴 대제가 기독교를 공인한 후 나타난 교회의 세속화에 대한 응전으로 수도원운동과 선교운동이 발흥하였다. 이러한 도전과 응전의 구도는 기독교 역사의 전 영역에서 자주 나타나는 현상들이다. 이러한 현상은 전통신앙을 떠나 기독교를 변질시키려는 이단들에 대항하여 전통신앙을 수호하려는 하나님의 사람들이 존재하는 한 역사 속에서 계속될 것이다. 하나님께서는 신앙의 순결을 보존하려는 일련의 사람들을 세우셔서 교회를 이끌어 오셨다. 하나님께서는 당신의 교회를 온실의 화초와 같이 기르시지 아니하시고 교회를 반대하는 세력과 또 교회 내의 어두운 모습들과 맞서 싸우게 하심으로 내적 외적 성숙을 이루게 하셨다.

셋째, 초대교회사를 총제적으로 재구성할 수 있는 사상적 주제는 그리스도 또는 다른 신학적 용어를 빌린다면 로고스라고 할 수 있다. 서론에서도 밝혔듯이, 로고스는 초대교회 배경, 속사도, 변증가, 이단들, 그리고 심지어 교부들의 사상 속에서도 최대의 주제였다. 3세기부터 진행된 일련의 삼위일체 논쟁, 4세기부터 진행된 기독론 논쟁은 바로 로고스가 과연 누구시며, 만일 그가 하나님이시라면 성부와는 어떤 관계가 있는가 하는 문제에서 출발한 것이다. 그리스도와 성부와의 관계, 그리스도의 신성과 인성의 관계를 규명하기 위해 초대교회는 수백 년 동안 논쟁을 거듭해야만 했다. 초대교회는 궁극적으로 예수가 구약에 예언된 그리스도임을 고백하는 공동체였고, 그 공동체의 신앙의 주제는 바로 로고스였던 것이다. 초대교회가 계속되는 박해를 받은 가장 중요한 원인도 로마 황제를 주와 신이라 부르지 않고, 오직 로고스를 주와 하나님이라고 고백했기 때문이다. 내부적 정통신앙을 위협했던 이단 사상 속에서도 최대의 주제는 로고스였다. 수많은 이단들이 로고스를 어떻게 이해할 것인가 하는 문제와 결부되어 발흥했던 것이다. 라틴, 알렉산드리아, 소아시아 신학과 그 신학을 주도했던 사람들의 가장 큰 관심사 역시 로고스에 관한 것이었다. 심지어 어거스틴 사상에서도 최대의 주제는 로고스였다.

넷째, 하나님께서는 교회의 정통신앙을 정립시켜 교회의 틀을 형성할 수 있는 기초를 만드셨다는 사실이다. 속사도들의 사상, 변증가들의 신앙, 교부들의 신앙을 통해 교회가 지켜야 할 정통신앙이 무엇인지를 정립하게 하시고 그것을 신앙의 표준으로 정립케 하셨던 것이다. 속사도들의 사상에서 사도들의 전통에서 떠나 잘못된 신앙이 상당히 나타나지만, 이런 잘못된 전통들이 사도들의 신앙 속에서 여과되면서 한층 성숙된 교리로 발전되어 나갔다는 사실이다. 속사도들보다는 변증가들이, 변증가들보다는 교부들이, 초기 교부들보다는 후기 교부들이 점점 더 사도들의 전통에 굳게 서는 것을 발견할 수 있다. 그것의 구체적인 예가 삼위일체 교리와 기독론의 정립이다. 초대교회에서 정립된 삼위일체론과 기독론은 상당히 성숙된 면을 지니고 있고 후대 교리 발전의 원형이 되었다. 공교회의 결정을 통해 정통과 이단이 구체적으로 어떻게 차이가 있는지를 규명하게 되었던 것이다.

다섯째, 알렉산드리아 전통, 라틴 전통, 그리고 소아시아 전통이 어거스틴에게 와서 종합되는 것을 발견할 수 있다. 플라톤의 정신과 헬라의 정신을 기독교에 끌어들여 용해시키려 한 알렉산드리아 전통과 법적인 틀 속에서 기독교 진리를 규명하려는 라틴의 사상, 그리고 구속사적인 틀 속에서 신구약을 통시적으로 이해하려고 한 이레니우스 전통이 어거스틴에 와서 하나로 종합된 것이다. 이런 의미에서 어거스틴은 고대 정신의 집약이자 초대교회 사상의 종합이며 중세로의 준비였다. 역사가들이 어거스틴을 주저하지 않고 초대와 중세를 잇는 가교라고 말하는 것도 이런 이유에서다.

여섯째, 종말론의 변천을 지적하지 않을 수 없다. 임박한 그리스도의 재림을 고대하던 초대교회 성도들에게 그들이 믿는 주 예수 그리스도가 다시 오신다는 사실은 절대 절망을 초극할 수 있게 만드는 절대 희망이었다. 오리겐과 유세비우스가 천년왕국 사상을 비판할 때까지 대부분의 초대교회 성도들과 지도자들은 계시록에 나타난 천년왕국의 종말 사상을 의심 없이 받아들였다. 천년왕국 사상에 기초한 이런 임박한 재림 사상이 변천되기 시작한 것은 콘스탄틴 대제가 역사에 등장하면서부터이다. 그 이전에 갖고 있던 철저한 정교분리 사상이 이제는 정교일치로 바뀌면서 교회를 통해 국가를, 국가를 통해 교회를 이해하는 길이 가능해졌다. 더 이상 국가는 기독교를 박해하는 집단이 아니라 교회를 후원하고 하늘의 뜻을 이 땅에 이루는 하나님의 거룩한 도구였다. 따라서 천년왕국을 미래적인 사건으로 이해하기보다는 콘스탄틴 대제를 통해 전개되는 현세적인 사건으로 받아들이는 경향이 강하게 나타났으며, 이런 종말론적 변천을 신학적으로 가속화시킨 인물이 오리겐에 상당히 우호적이었던 교회사가 유세비우스였다.

마지막으로 지적하고 싶은 것은 하나님께서 교회의 역사에 주권적으로 개입하여 오셨다는 사실이다. 교회가 초창기부터 박해와 이단들의 위협에도 불구하고 꾸준히 그들의 복음사역을 감당하고 정통신앙을 확립해 나가는 과정, 인간들의 불순한 동기에서 회의가 시작되었으나 결국에는 정통신학을 교회의 신앙으로 정립할 수 있었던 삼위일체와 기독론 논쟁, 잘못된 신학이 결정되었을 때에 다시 그 결정을 번복하게 하심으로 정통신학을 회복시키신 이 모든 일 역시 인간사를 초월하여 계시면서도 인간사에 구체적으로 개입하시는 인격적인 하나님의 역사였음을 고백하지 않을 수 없다. 기독교회가 세속화의 길을 걷고 있을 때 수도원 운동을 일으키셔서 그들의 안일함을 일깨우시고, 교회에 많은 뛰어난 지도자들을 세우셔서 출발 단계의 기독교회를 튼튼히 조성하셨던 것도 하나님의 역사였다. 이렇듯 언뜻 보기에 교회의 존립을 위협할 정도의 어려움을 당하면서도 교회가 이런 위험들을 역사의 도약으로 삼을 수 있었던 것은 하나님의 섭리였다. 참혹한 박해 속에서도 초대교회가 신앙을 지킬 수 있었던 것도 하나님께서 역사 속에 개입하셨기 때문이다. 이처럼, 성경의 역사 속에서, 초대교회의 역사 속에서 개입하신 그 주권적인 하나님께서 여전히 우리의 역사 속에서도 개입하실 것을 믿는다.

초대교회사 주요사건 연표

Part I : 63 B.C.-A.D. 192
Part II : A.D. 193-337
Part III: A.D. 337-451
Part IV : A.D. 451-604

Part I : 63B. C. - A. D. 192

일반역사	유대인과 기독교 역사	문학과 철학
63 B.C. Augustus 출생	63 B.C. Pompey에 의해 예루살렘 함락	63-43 B.C. Cicer 활동
58-50 B.C. Julius Caesar 의 고을 출정	53 B.C. Crassus가, Carrhae에서 Parthian족에 패배	c. 59 B.C. Livy 출생
55 B.C. Caesar, 브리튼 침입		
49 B.C. Pompey와 Caesar간의 내전		
48 B.C. Pompey 살해됨		
44 B.C. Caesar 시해됨 (3월 15일)		
42 B.C. Caesar, 로마의 신으로 추앙됨	40 B.C. Parthian족의 시리아 침입	40 B.C. Virgil, *Fourth Eclogue* 저술함
	37 B.C. Harod이 예루살렘을 획득 : 유다의 분봉왕으로 임명됨	
	31 B.C. Qumran 주거지의 지진으로 인한 최초의 유기	
31 B.C. Actium 전투		
30 B.C. Octavian 에게 종신 호민관의 권력이 주어짐		
27 B.C. Octavian이 Augustus 칭호를 획득	20 B.C. Herod 두 번째 성전 공사 시작	
20 B.C. Parthian족이 로마의 도량형을 채택하고 로마 포로를 귀환시킴	c.10 B.C. Agrippa 출생	
		19 B.C. Virgil 사망
		10 B.C.-A.D. 40 Philo 활동,

일반역사	유대인과 기독교 역사	문학과 철학
	c.6.B.C 예수 그리스도 출생	
	4 B.C. Herod사망	
	4 B.C-A.D.6 Archelaus, 그 지역의 지배자가 됨 Qumran의 재 점령	
	4.B.C-A.D. 34Philip, Iturea의 분봉왕 즉위	
	4 B.C-A.D. 39 Herod Antipas, Galileed의 분봉왕이 됨.	
A.D. 9 Varu군단의 패배 14 Augustus의 사망:국가의 신으로 추앙됨 14-37 Tiberius황제 시기	A.D.6 Judea가 로마의 속주가 됨 : 인구조사 : 고올인 Judas의 반란 열심당의 부상	
	18-37 Caiaphas 대제사장 19 로마에서의 유대인 추방 26 본디오 빌라도, 유대 총독으로 임명됨 26(?) 세례 요한의 사역 27-30(?) 예수의 사역 30(?) 예수의 십자가형	A.D 17 Livy 사망
37-41 Caligula 황제시기: 반유대인 정책으로 팔레스틴에서의 소요를 촉발	35(?) 스데반의 순교, 바울의 개종 36 빌라도, 악정으로 소환됨 37 Caiaphas 퇴위	c.37 요세푸스 출생
	38 알렉산드리아에서의 반유대인 폭동	c.40-45 Simon Magus가 사마리아에서 활동

일반역사	유대인과 기독교 역사	문학과 철학
41 Claudius 황제시기	41 Claudius 에의 유대인 사절단 Agrippa I, Judea와 Samaria의 왕이 됨	40-65 Seneca 활약
	42(?) 야고보의 순교	
43 로마의 브리튼 침입	44 Agrippa 사망 : Judea, 다시 속주가 됨	
	46-48 바울과 바나바의 전도여행	
	48 예루살렘 공회	
	49 로마에서의 유대인 추방	
	49-58 바울의 전도여행	c.50(?) 에녹서의 편찬
51-52 Galio, Achaia 총독시기		50-62 바울이 교회들에 서신을 보냄
54-68 Nero 황제 시기	53-56 에베소서에서의 바울	
	60-62 로마에서의 바울	c.60 영지주의자 Menander
	62 예루살렘의 야고보 살해됨	
	63(?) 로마에서의 베드로(?)	
64 로마의 대화재	64 네로의 박해	
	66-74 1차 유대인전쟁	c. 65-70(?) 목회서신 기술됨
68 Nero의 대학살	68 Qumran 주거지 파괴	
68-79 4황제 시대		
69-79 Vespasian 황제시기 각 주의 로마화, 도시화 정책	70 Titus에 의해 예루살렘 함락	
	74 Masada 함락	

일반역사	유대인과 기독교 역사	문학과 철학
79 Vesuvius화산 분출Pompeii 와 Herculaneum 파괴 79-81 Titus 황제 시기 80 Colosseum 건축 81-96 Domitian 황제시기	c.75 'Fiscus Judaicus'가 부여 됨(Domitian 황제에 의해 무자비하게 강제로 시행됨) 89 철학자와 점성가들 로마에서 추방	C.75 요세푸스, 유대전쟁사 기록 75-80 공관복음서, 현재의 형태로 완성됨 80-90 히브리서 기록 80-120 Epictetus 활약 85-95 가톨릭 서신서 (Catholic epistles) 기록 c.90 요한복음 기록 c.93 요세푸스, 유대고대사 저술 95(?) 요한계시록 기록됨
96-98 Nerva 황제시기 98-117 Trajan 황제시기 101-102 Dacian족과의 전쟁 105-106 Dacian족과의 전쟁 112-113 Pliny, Bithynia에 부임	95 Domitian 황제의 박해. Flavius Clemens와 Acilian Glabrio, 처형 Flavia Domitilla 유배 112-113 Pliny-Trajan간의 서신 교환	 c.100 요세푸스 사망: 제1클레멘트서 기록 c.100(?) 디다케 기록(혹은 더 일렀을수도 있음) c.107 이그나티우스 서신 기록 c108 Philippians에 대한 폴리갑 서신 기록

일반역사	유대인과 기독교 역사	문학과 철학
114-117 로마, Parthia족과의 전쟁, 로마제국의 최고 판도에 이름	115-117 Cyprus, Egypt, Cyrenaica 그리고 Mesopotamia에서의 유대인 반란	115 Tacitus, 네로박해에 대하여 기술(연대기 XV.44)
117-138 Hadrian 황제시기	124 기독교인에 대한 아시아 총독 Minucius Fundanus에의 황제 칙서	125 최초의 변증가, Quadratus
c.129 Hadrian의 장벽 완성	c.130 Justin Martyr 개종	130 Barnabas 기술됨. 영지주의자 Basilides활약최초의 복음서 일부분 Egypt에서 발견 Papias(일부분)
	130-180 Alexandria의 영지주의 학교	
138-161 Antonius Pius 황제시기	132-135 제2차 유대전쟁: Bar Kochba 반란. Aelia Capitolina설립	
	140-160 기독교인에 대한 Tessalocnica, Larissa, Athens 그리고 Achaia의 주의회에 황제 칙서	c.140 Juvenal 사망 140-160 Marcion 활약
142 Autonine 장벽 건설됨	c.140-160 Valentinus활약	

일반역사	유대인과 기독교 역사	문학과 철학
		143 Marcion, *The Contradiction* 저술
	144 Marcion이 로마사회에서 추방 : 전도활동을 시작함	
		c.145 변증가 Aristides 활약
		c.150 'The letter to Diognetus' 기록
	154-155 로마에서의 Polycarp : 부활절. 교황 Anicetus와의 토론	c.155 Justin Martyr 제1변증 저술
		C.160 Justin martyr 제2변증 저술
		160-180 Sardis의 Melito 활약
		160-200 Garen 활약
161 Commondus 출생		
161-180 Marcus Aurelius 황제 시기		
165 Mesopotamia로부터 제국의 동부로 전염병확산. 마침내 로마와 Rhineland로까지 확산됨	165 Justin 순교 Polycarp 순교	c.165 Ptolemy, 'Letter to Flora'기록(구약의 영지주의적 관점)
		165-166 Lucian, 'Peregrinus의 사망에 관하여' 저술
	165-170 아시아 주에서의 간헐적인 박해	
167-180 Danube 국경선에서의 게르만 족의 압박	c.166 로마의 성베드로 사원 'The Red Wall'	
		c.170 영지주의자 Heracleon활약 Apuleiu, 'Goden Ass'저술

일반역사	유대인과 기독교 역사	문학과 철학
		c.170 Marcus Aurelius 명상록 저술
	172 Phrygia에서의 몬타누스 운동	
		175 Hegesippus 활약
c.175 Danube 국경지역에서 Quadi와의 전쟁 : '천둥 군단'의 에피소드		
		175-180 Tatian 활약
	177 Lyons의 Pogrom: Blandina와 그의 동료들의 순교	177-180 Athenagoras 기독교인을 위한 기원 저술
	178 Irenaeus, Lyons의 감독	178 Celsuss, 기독교인을 공격하는 "진정한 말씀" 저술
	180 Scillitan, 칼라고에서 순교	180 안디옥의 Theophilus 활약, Autolycus에게 저술
	c.180 Alexandria에 세례 입문 학교(Pantaenus)	c.180 Apollinaris와 반 몬타누스저술가 Miltiades 활약
180-192 Commodus 황제시기(시해됨)		180-200 Alexandria의 Clement 활약
c.185 Commodus 황제의 기독교인 황후, Marcia	185 Origen 출생	c.185 Irenaeus 이단에 대항하여 저술함
	189-199(?) 최초의 라틴어 사용 교황 Victor	
	c.195 부활절 논쟁: Irenaeus의 중재	

Part II : 193 - 337

일반역사	로마, 북아프리카, 서방	알렉산드리아, 안디옥, 동방
		189-232 Demetrius, 알렉산드리아의 감독
		190-209 Serapion, 안디옥의 감독
193 Septimius Severus, 황제로 선포됨(7월)		
193-197 Severus, 동방과 서방에서 정적들을 물리침		
193-196 Byzantium의 포위		
197 Lyons의 약탈		
199 Severus의 Parthia출정	199(?)-217 Zephyrinus, 로마의 감독, 카타콤 미술의 시작	
		c.200 Aberius 비문
		200-220 Bardesanes 활약
	202-220 칼타고에서의 논쟁 Tetullian, 이교도, 영지주의, 마르시몬주의에 대항하는 저술 작성	
203-204 Severus 아프리카 출정		203 Origen, 알렉산드리아 세례입문자 학교장이 됨
208-211 Severus 스코틀랜드 출정	c.207 Tertullian, 몬타누스에 합류함, 마르시온에 대항하여 완성함	
211 Severus York에서 사망(2월)		

종교회의, 교회의 분열, 이단, 박해	문학과 철학
190-220 로마에서의 Monachian논쟁들 (Noetus, the Theodot, Praxeas)	c.190 알렉산드리아의 클레멘트, 新文集 (*Miscellanies*) 저술함 190-220 Tertulliun 활동
c.197 칼타고에서의 간헐적인 박해	c.195 Tertullian, 기독교 개종 197 Tertullian, 변증 저술
202 Severus, 유대교와 기독교로의 개종을 막는 칙령(?) 발표 202-206 북아프리카 (Perpefua와 Felicitas), 로마, 알렉산드리아, 안디옥, 고린도 등에서의 박해 Chement, 알렉산드리아를 떠남(202) 203 Lenides 순교	205 Plotinus 출생 207-220 Tertullian의 몬타누스주의 저술들: "On Flight in Persecution; Concerning The Crown; On Single Marriage; On Modes; ete" 210-236 로마의 Hipplytus 활약기

일반역사	로마, 북아프리카, 서방	알렉산드리아, 안디옥, 동방
211-217 Caracalla 황제시기 212 Geta, 살해됨(2월): Caracalla 단독 황제됨 212(214?) "안토닌 헌법"제정 (Consititutio Antoniniaua) c.214 Origen, 아라비아의 통치자를 방문함.		215 Caracalla, 애굽인들에게 알렉산드리아를 떠날 것을 명령 215-219 Origen, 알렉산드리아를 떠남
217 Caracalla 살해 217-218 Macrinus 황제시기 218-222 Elagabalus 시리아인들의 로마에서 태양 경배	218-222 Callistus, 로마의 감독이 됨 c.219 Tertullian, Hippolytus와 함께 Callistus 교황의 포고령을 공격함.	c.218(?) Origen의 로마 방문
222-235 Alexander Severus 224 페르시아의 혁명	220-230 Urban 교황 시기	c.225 Origen, 제1원리에 대하여 저술; *Hexapla* 착수 c.228 Origen, 요한복음주석 착수함

초대교회사 주요사건 연표 547

종교회의, 교회의 분열, 이단, 박해	문학과 철학
211-213 칼타고에서의 간헐적인 박해 (Scapula)	212 Tertullian, Scapula에게 저술
	213 Tertullian 단일신론을 부정하는 글, Praxeas에 대항하여 저술
	c.215 Philostratus Tyana의 Apollonius의 삶 저술
216 Mani, Basra 근교에서 출생	
c.220 Agrippinus 칼타고의 종교회의 소집함(재세례 문제) Sabellius, Pentapolis에서 활약	220-228(?) 법학자 Ulpian의 활약기
	220-230 Sextus Julius Africanus 활약기
	c.220-230 Minucius Felix 활약기
	Dio Cassius 활약기; 로마의 역사 저술

일반역사	로마, 북아프리카, 서방	알렉산드리아, 안디옥, 동방
c.230 1차 페르시아 전쟁	230-235 Pontian 교황시기	229-230 Origen, 알렉산드리아를 떠나 Caesarea로 감
		232(?) Origen, 안디옥의 Julia Mamaea 방문함
		c.232 Dura Europos에 기독교 교회 개설됨
		232-247 Heraclas, 알렉산드리아의 감독
235 게르만족에 의해 라인국경의 압력이 증대됨. 알렉산더 황제, Mainz에서 살해됨(3월 22일)	235-236 Antherus 교황시기	
235-238 Thrace의 Maximin	236-250 Fabian 교황시기: 로마의 집사제와 카타콤의 개발	236 Origen, 순교에의 권고 저술
237-238 페르시아, 로마제국의 동부를 침입		237-242 Origen과 Gregory Thaumaturgus가 Gaesarea에서 친교를 맺음
	238 북아프리카에서의 내란	
238 고트족과 카프리의 침입북아프리카에서의 혁명으로 Gordiani가 왕좌에 오름		
238-244 Gordianus 3세		
241 Sapor 1세, 페르시아의 왕		
243-244 페르시아와의 전쟁		
244-249 아라비아인 필립		243 Gregory, 갑바도기아로 귀환

종교회의, 교회의 분열, 이단, 박해	문학과 철학
c.230 Artemon 활약기	230-240 역사가 Herodian 활약기 232 Porphyry 출생 233-244 알렉산드리아의 Plotinus
235-236 기독교 지도자들, 박해받음 236 Pontian과 Hyppolytus사망 갑바도기아에서의 기독교인 박해	
240 페르시아에서의 Mani의 선교시작	240-245 Origen, 모나키안에 대항하여 저술과 논쟁함.

일반역사	로마, 북아프리카, 서방	알렉산드리아, 안디옥, 동방
	247 로마제국건설 1,000주년 경축행사	247-264 Dionysius, 알렉산드리아에서 삼녹
248 고트족이 로마침입Decius 황제, Moesia와 Pannonia를 제국에 복속시킴.		248 Origen, Celsus에 대항하여 저술, 알렉산드리아에 반기독교적 학살
249-251 Decius 황제시기 250 코트전쟁 콘스탄티우스 출생	250-251 Cyprian, 칼타고에서 도피함.	250 알렉산드리아의 Dionysius, 도피함.
251 Decius, 고트족에 의해 살해됨(6월)	251 Cyprian, 종교회의(4월)에서 복권을 주장; 변절한 기독교인의 문제 251-253 Cornelius 교황시기	c. 250 Antony 출생
252-253 Gallos 황제 잠깐 박해가 재개됨		
253-260 Valerian 황제시기 254 페르시아 전쟁 재개됨	254-257 Stephen 교황시기 (254년 5월-257년 8월)	254 Origen, Tyre에서 사망
254-255 고트족의 유럽지역 침입; Heruli와 다른 종족들이 흑해와 그리스지역에 침입	254 Merida에서의 스페인 교회 Leon이 Cyprian에게 호소함(봄)	
256 Dura지역이 사산조에 함락됨	255-257 재세례 논쟁	255-272 갑바도기아의 Firmilian 활약기
259-260 Gallic 황제시기 260 Valerian, Edessa 근교에서 포로됨(6월) 은화폐제의 붕괴	257-258 Sixtus 2세 교황시기	257 Dionysius가 Kufrah로 탈출함

종교회의, 교회의 분열, 이단, 박해	문학과 철학
250 기독교 지도자들이 체포됨. 　　Fabian 교황 처형됨(1월 22일). 　　모든 사람에게 제사참여 명령발행 　　이집트에서의 Libell(6월-7월) 251 노비티안의 분열 256 칼타고에서 86명의 감독에 의한 종교회의 　　(9월 1일) 257-260 Valerian의 박해 1. 교회의 성직자와 공동생활을 공격 2. Sixtus, Cyprian, Laurence 외에 많은 사람 　들이 처형됨. 260 신교의 자유허용	251 Cyprian, Crnelius의 지원 하에 교회의 일 　　치에 대하여 저술

일반역사	로마, 북아프리카, 서방	알렉산드리아, 안디옥, 동방
260-262 안디옥과 동부 여러 주가 페르시아에 함락됨	260-268 Dionysius 교황시기	260-262 이집트에서의 시민 전쟁
260-268 Gallienus 황제시기		260-263(알렉산느리아와 로마의) 2명의 Dionysii가 Sabellianism에 대해 논쟁함
262-272 Palmyrene, 제국의 동부에서 지배권 확보		261-272 Samosata 바울, 안디옥의 감독
		c. 263 로마에서의 Porphyry
268-270 Claudius 2세 황제시기		
269 고트족, Nish에서 Claudius에게 패배		
270 Claudius, 역병으로 사망	270 전염병	
270-275 Aurelian 황제시기; 라인, 다뉴브, 유브라데지역을 제국에 복속함; Palmyrenes 패배함	270-275 Felix 1세 교황시기	c. 270 Antony, 사막에서의 생활 시작함
272 Sapor 1세 사망		
274 Aurelian, 로마주위에 새로운 장벽을 건설; 태양신 사원 헌물함		272 안디옥교회, 바울에 관해 Aurelian에게 호소함
276-282 Probus 황제시기	275 Eutychian 교황시기	
276-293 Bahram 2세, 페르시아의 왕으로 즉위		
	283-296 Gaius 교황시기	

종교회의, 교회의 분열, 이단, 박해	문학과 철학
261 이집트 감독에의 Gallienus의 칙령	
	c.265 역사가 Dexippus 활약기
264 안디옥 종교회의, 바울에 반대함	
265 안디옥 종교회의, 바울에 반대함	
268 안디옥 종교회의, 바울을 이단으로 정죄함	
	270 Plotinas 사망함
275 Aurelian, 박해위협	c.275 Porphyry 기독교에 대항하여 저술

일반역사	로마, 북아프리카, 서방	알렉산드리아, 안디옥, 동방
		277 Mani; Bahram 2세의 명령으로 처형됨
		c.280 알렉산드리아의 Pierius
		280-300 이집트와 시리아에서의 마니교의 활발한 활동
282-283 Carinus 황제시기		282-300 Theonas, 알렉산드리아의 감독
283-284 Carinus 황제시기	283-296 Gaius 교황시기	
284-305 Diocletian, Carinus를 축출하고 황제즉위(11월)		
286 Maximian, Augustus가 됨		
288 Carausius, 브리튼에서 반란		
293-303 Diocletian 법률개혁		c.293 Athanasius 출생
1. 4두체제 실시 (Diocletian과 Maximian은 Augustus로, Constantius와 Galerius를 Caesar가 됨)		
2. 각 주의 분권화		
3. 군대의 개혁		
4. 화폐의 개혁		
5. Prices의 포고(301)		
6. 세제의 개혁		
296 Constantius, 브리튼을 제국에 복속		
	296-304 Marcellinus 교황시기	
		298 페르시아 전쟁; Galerius의 승리

종교회의, 교회의 분열, 이단, 박해	문학과 철학
	c.280 Commodian 활약
	Anatolius 활약
	290-305 Sicca의 Arnobius 활약기
297 Diocletian, 반-마니교 대책을 강조; 아프리카 총독, Julianus에 칙령	
298-302 군대의 기독교인들에게 사직이 종용됨	

일반역사	중요 종교적 사건	교황 및 황제
		c.300 계몽가 Gregory; Armenia 주가의 개종 300-311 Peter, 알렉산드리아의 감독에 임명
303 Diocletian, 로마에서 vicennalia를 경축함; 병에 걸림(11월)		
304 Galerius, 권력을 취함	304(?) Marcellinus의 배교 304 Abitina의 순교자들	
305 Diocletian과 Maximian, 퇴위함(5월) Constantius와 Galerius가 Augustus로, Severus와 Maximinus가 Caesar가 됨		
306 Constantius, York에서 사망. Constantine이 Augustus로 맞이됨(7월 25일) Maxentius, 로마에서의 쿠데타 성공(10월 26일)	306-312 로마와 아프리카에서의 기독교 신자의 사유 허용	306 동부에서의 다섯 번째 박해 포고령 발령
307 Severus 사망 Licinius, Augustas에 오름		
308 Carnuntum에서의 Conference(11월)	308-311 로마교회의 혼란시기 북아프리카에서의 반란	308 동부제국에서의 여섯 번째 박해 포고령 발령. 팔레스틸에서의 이집트인 순교자 발생

종교회의, 교회의 분열, 이단, 박해	문학과 철학
	c.300 Lycopolis의 Alexander 활약 Olympus의 Methodius 활약 300-318 Lactantius 활약기
303 대박해 시작됨(2월 23일) 첫 번째 포고령: 책의 포기; 건물의 파괴; 기독교인에 대한 차별 두 번째 포고령: 성직자의 투옥 세 번째 포고령: 성직자에게 제사를 강요, 이에 따를 경우 석방함 네 번째 포고령: 모든 사람들에게 제사참여를 명령(304년 봄)	303-305 Hierocles와 그 동료들의 기독교 공교 Caesarea의 Eusebius의 초기작업(연대기)
305-306 박해가 잠시 멈춤	305 Porphyry 사망
306-310 Maximin, 동부제국에서의 박해를 재개; 이교의 부흥을 시도	
c. 308 Meletian 분파 시작	308 Ephraem Syrus 출생

일반역사	로마, 북아프리카, 서방	알렉산드리아, 안디옥, 동방
		309-379 Sapor 2세의 통치 시기
310 Maximian 사망		310 Pamphilus, Caesarea에서 순교
안디옥의 Meletias 출생		
311 Galerius 사망(5월 5일)	311-312 칼타고의 Mensurius 사망; Caecilian 선출됨	
		311-312 Maximin, Armenia와의 전투에서 패배
	311-314 Miltiades 교황시기	
312 Constantine, 로마 근교 밀비난 다리에서 Maxentius에 승리함 (10월 28일)		312-328 Alexander, 알렉산드리아 감독에 임명
312-325 Constantine에의 Ossius의 영향력 행사		
313 Constantine과 Licinius의 Milan회합; Milan의 칙령으로 전제국에서의 신교의 자유허용(2월)		
314(혹은 316) Constantine과 Licinius의 전쟁	314-335 Sylrester 교황시기	
315 Constantine, "de cennabis"	316 Constantine, Caecilian의 모든 혐의로부터 무죄 방면함(11월)	

종교회의, 교회의 분열, 이단, 박해	문학과 철학
309(?) Elrira 종교회의	
311 Galerius 신교의 자유에 대한 포고령 발령 (4월 30일)	311 Ulphilas 출생
311-312 Maximin, 통치지역 특히 이집트에서의 박해를 계속함.	Eusebius, 교회사(1차 편집분) 저술
도나투스주의자의 분열	
알렉산드리아의 Peter(311년 11월 25일)와 안디옥의 Lucian(312년 1월) 순교	
312 칼타고에서의 반-Caecillian 종교회의	
313 반-Caecilian주의자들이 Constantine에 호소함	313(?) Lactantius, 신학강요 *Divine institutes* 저술
314 Arles의 종교회의(8월 1일) Ancyra의 종교회의	c. 314 Lactantius, 박해자들의 죽음에 관하여 (*On the Deaths of the Persecutors*) 저술
	315 Salamis의 Epiphanius 출생

일반역사	로마, 북아프리카, 서방	알렉산드리아, 안디옥, 동방
317 Crispus와 Constantine 2세, Caesar에 오름		
		c.318 아리우스논쟁의 시작
324 Licinius, Chrysopolis에서 패배; Constantine, 단독황제에 오름(9월)		
326 Crispus와 Fausta가 살해됨		325-326(?) Eustathius, 안디옥의 감독에 임명
		328 알렉산드리아의 Alexander 사망(4월)
		Athanasius, 선출됨(6월)
		328-373 Athanasius, 알렉산드리아의 감독으로 임명됨
330 Constantinople 건설됨(5월)		
332, 고트족, Constantine에 패배함		
335 로마제국의 부활 (Constanmtine의 아들들과 조카들에 의해서)	c. 336 Donatus, 재세례 문제에 관한 종교회의 개최	
Hanaibalianus, Armenia의 왕이 됨		
Constantine, 예루살렘에서 Tricennalia 경축함		
337 Constantine, 세례받음; 사망(5월 22일)		

종교회의, 교회의 분열, 이단, 박해	문학과 철학
321 도나투스주의자들에게 경멸적인 신교의 자유 허용됨 321-324 Licinius 통치지역 내에서의 박해 324 안디옥 감독 Philogonius 사망함(12월) 325 안디옥 종교회의(1월) 　　니케아 종교회의(5월-7월) 327 니케아 종교회의, 2차 회의(10월?) 330-332 Athanasius, Meletian에 대해 강력히 반대함 330-337 이교도에 대한 압력이 Constantine의 명령에 따라 제국의 동부에 집중됨 331 신-플라톤주의자 Sopator 처형됨 333 Porehyry의 작품들, 배척되다 334 Caesarea 종교회의 335 Tyre의 종교회의, Athanasius를 정죄(7월) 　　Athanasius, Tyre로 유배됨(11월 7일)	324(말년) Eusebius, 교회사(2차 편집분) 저술함 336 Eusebius, Constantine을 찬양하며 *Tricennial Oration* 저술

Part III : 337 - 451

일반역사	로마, 북아프리카, 서방	알렉산드리아, 이집트, 안디옥, 동방
		330 이집트에서의 수도생활, 활발해짐
		333-342 Flacillus, 안디옥의 감독에 임명됨
337 Constantine, 세례받음; 사망(5월 22일)	337-352 Julius 1세 교황시기	337 Athanasius, 첫 번째 유배지에서 알렉산드리아로 귀환함(11월)
337-343 Persia와의 전쟁		
339 Milan의 Ambrose 출생		339-345 Gregory, Alexandria의 감독으로 영입됨
		339-346 Athanasius, 두 번째 유배됨
		339-366 Acacius, Caesarea의 감독으로 임명됨
340 Constantine 2세와 Constans 간의 전쟁; Constantine 2세가 Aquileia 근교에서 살해됨	340 아프리카에서의 Circumcellions에 대한 최초의 언급	
		341 로마의 Athanasius
		342-345 Stephen, 안디옥의 감독에 임명됨(도덕적 결함으로 물러남)

초대교회사 주요사건 연표 563

콘스탄티노플	종교회의, 교회의 분열, 이단, 박해	저술가와 지도자들
336-338(?) Paul, 감독에 임명됨		
338-341 Nicomedia의 Eusebius, 감독에 임명됨(Nicomedia에서 전임됨)	337-340 페르시아에서의 기독교인 박해	c. 338 Eusebius, Constantine의 생애 저술
	339 로마의 종교회의; Athanasius와 Ancyra의 Marcellus가 복권됨	339 Eusebius 사망함
	340(?) Gangra의 종교회의	
341-342 Paul, 복권됨	341 안디옥의 헌당종교회의; 안디옥의 둘째와 넷째 신경	340-370 Ephraem Syrus의 활약기
	342 이교도의 제사행위 금지됨 (11월 1일)	
342-346 Macedonius, 감독에 임명됨	342(혹은 343) Sardica 종교회의	
	344 Macrostichos 신경	

일반역사	로마, 북아프리카, 서방	알렉산드리아, 이집트, 안디옥, 동방
347 Theodosius 출생	347 Paul과 Macarius의 북아프리카 전도활동 Donatus, Gaul로 유배됨.	345-357 Leontius, 안디옥감독 346 Athanasius, Alexandria로 승리의 귀환(10월 21일) c.347 John Chrysostom, 안디옥에서 출생
349 페르시아, Nisibis 포위 350 Constans, 왕위찬탈자 Magnentius에 의해 살해됨 (1월) 351 내란: Mursa 전투(9월); Magnentius 패배함	348-361 북아프리카지역에서 보편 교회의 지배권 확립	350 Cyril, 예루살렘의 감독으로 임명됨
353 Magnentius 사망 354 Gallus Caesar 처형됨	352-366 Liberius 교황시기 354 Augustine, Thagaste에서 출생(11월)	
354-356 게르만족의 Gaul 침입 355 Julian, Calsar에 오름(11월) c.355 Donstus, 유배중 사망 Nola의 Paulinus 출생 355-358 Julian의 Gaul 출정	c. 355 Victorius, 로마에서 개종 355-358 Liberius 유배됨.	
	356-365 Felix 대립교황	356 Antony 사망함(나이 105세) 356-361 갑바도기아의 George, 감독으로 영입됨 (폭행당함, 361년 12월)

초대교회사 주요사건 연표 565

콘스탄티노플	종교회의, 교회의 분열, 이단, 박해	저술가와 지도자들
		345 Firmicus Maternus의 활약기
346-351 Paul, 재복권됨		
	347 Milan과 Sirmium 종교회의 Photinus의 첫 파면	
	348(?) 칼타고 종교회의	
		350-390 Libanius 활약기
351-360 Macedonius 복권됨	351 Sirmium 2차 종교회의 Photinus 파면됨	
	353 Arles 종교회의	
		354 Philocalus의 달력
	355 Milan 종교회의	
	356 이교행위 금지됨; 위반시 사형	356-360 '무신론적 집사' Aetius, 활약
		356-360 Poitiers의 Hilary, Phrygia로 유배됨.

일반역사	로마, 북아프리카, 서방	알렉산드리아, 이집트, 안디옥, 동방
		356-362 Athanasius의 3번째 유배
357 Constantius, 로마방문		357-360 안디옥의 감독 Eudoxius; Constantinople의 감독으로 임명됨(360년 1월)
	c.358 Cordoba의 Ossius 사망	
359 페르시아 전쟁 재개됨; Amida지역 상실됨(10월 5일) Gratian 출생		
360 Julian, Augustus에 오름(2월)		360 Eudoxius, Constantinople로 전임됨
361 Constantius 2세 사망 (11월 3일); 내란을 피하다		361 Meletius, 안디옥의 감독; 후에 유배됨
361-363 배교자 Julian; 이교를 포함하여 모든 기독교 분파의 신교의 자유허용		
	362 도나투스주의자들, 유배로부터 귀환	362 Athanacius 귀환함(2월 21일)
		안디옥에서의 혼란; Paulinus "Old Nicene"감독으로 임명되다 Meletius 유배지로부터 귀환
363 페르시아와의 전쟁, 재개됨;	362-391/392 Parmenian, 칼타고의 도나투스파 감독	362-363 Athanacius의 4번째 유배

초대교회사 주요사건 연표 567

콘스탄티노플	종교회의, 교회의 분열, 이단, 박해	저술가와 지도자들
		345 Firmicus Maternus의 활약기
357 성 안드레와 성 누가의 유품이 Constantinople로 이관됨(3월)	357 3차 Sirmium 종교회의 ("하나님에의 불경"사건)	
	358 Ancyra 종교회의	358 Ancyra의 Basil 활약
	359 The "dated" creed (5월 22일) Ariminum 종교회의 (9월 27일)	
360 Hagia Sophia 건축됨 360-370 Eudoxius, 감독	360 Constantinople 종교회의 (1월)	360-390 Laodicea의 Apollinaris 활약
	362 Alexandria 종교회의 Julian 이교주의를 허용 기독교 교사들의 활동이 제한됨	
	363 안디옥의 Synod(10월)	

일반역사	로마, 북아프리카, 서방	알렉산드리아, 이집트, 안디옥, 동방
Julian 초기의 혁혁한 승리 후에 살해됨(6월 26일) Jovian 황제시대; Nisibis와 Armenia에서의 로마제국의 영향권을 페르시아에 양도함.		
364-375 Valentinian 1세, 서방 황제시기		364 Athanasius, Alexandria 귀환함(2월)
364-378 Valens, 동방황제시기		
	365 Stilicho 출생	365-366 Athanasius, Valens의 친-아리우스주의 정책으로 5차 유배가 강제됨.
366-367 Procopius, 왕위찬탈함		c. 365-378 Meletius, 다시 유배됨
367 Grantian, 서방의 공동 황제	366-367 Ursinus, 대립교황	
	366-384 Damasus 교황시기 로마에서의 내란	
371 Valentinian 2세 출생		370 Hypatia, Alexandria에서 출생
	371 Damasus, 살인자로 고소됨 황제에 의해 파면됨	
	373 Ambrose, Milan의 감독에 임명됨(12월 7일)	373 Athanasius 사망 (5월 4일)
		373-381 Peter, Alexandria의 감독
		374-377 Jerome, Chalcis의 사막생활

콘스탄티노플	종교회의, 교회의 분열, 이단, 박해	저술가와 지도자들
		345 Firmicus Maternus의 활약기
	364 Lampsacus 종교회의	
		365-385 Mileris의 Optatus 활약
	368 로마의 종교회의; Milan의 Auxentius 정죄됨	
370-380 Demophilus, 감독 (반-니케아주의로 파면됨)		370-379 Caesarea의 Basil 활약
		370-390 Ausonius 활약
		c.373 Ephraem Syrus 사망
		373-390 Nazianzus Gregoru, Sasima의 감독
		374-395 Gregory, Nussa의 감독

일반역사	로마, 북아프리카, 서방	알렉산드리아, 이집트, 안디옥, 동방
375-378 Valens, Grantian, Valentinian 2세 황제시기		c.375 Cyril, Alexandria에서 출생
377 Arcadius 출생		
378 Valens, Adrianople 전투에서 Visigoths에게 패배하고 사망함(8월 9일)		
379 Theodosius 1세 황제시기 (1월)		
	c.380-385 Tour의 Martin의 북Gaul 지방에의 선교여행	381-385 Timothy, Alexandria의 감독
		381-404 Flavian, 안디옥의 감독
383 Magnus Maximus 반란 Gratian 사망(8월)	383 Jerome, 성경번역 착수함	
384 Honorius 출생	384 Jerome, 로마를 떠나 팔레스틴으로 이주	
384-385 Ambrose와 Valentinian 2세간의 갈등	384-387 Milan에서의 Augustine	
	384-399 Siricius 교황시기	
		385-412 Theophilus, Alexandria의 감독
	386 Augustine, 교회로 돌아옴 (8월)	
		386-419 John, Jerusalem의 감독
387 Maximus의 Italy 침입		387 안디옥의 강회사건

콘스탄티노플	종교회의, 교회의 분열, 이단, 박해	저술가와 지도자들
	c. 375 스페인에서 Priscillianism 발흥	375-390 Symmachus 활약
		375-390 Tarsus의 Diodore 활약
	378 Gratian, "Pontifex Maximus" 칭호, 거부	
381 Nazianzus의 Gregory 감독에 지명됨; 사임함 안디옥의 Meletius 사망 381-397 Nectarius, 감독	380 Heresy, 배척됨(2월 28일) 381 Constantinople 종교회의 Aquileia 종교회의	380-385 Tyconius 활약 380-390 Ammianus Marcellinus 활약
	382 Rome 종교회의 382-384 승리의 제단 논쟁	
		383 Ulphilas 사망
	385 Priscillian과 추종자들이 정죄되어 처형됨	385-407 John Chrysostom 활약
		385-420 Bethlehem에서의 Jerome

일반역사	로마, 북아프리카, 서방	알렉산드리아, 이집트, 안디옥, 동방
388 Maximus, Aquileia에서 패배(7월 28일)		388 Paulinus 사망; 철저한 니케아주의자요, 친-서방적 안디옥 감독
	390 Thessalonica에서의 학살 Ambrose, Theodosius에게 참회를 요구	
	391-427 Aurelius, 칼타고의 감독	391 Serapeum, Theophilus에 의해 파괴됨
392 Valentinian 2세 사망(5월)		392-428 Theodore, Mopsuestia의 감독
392-394 Engenius 반란		
394 Theodosius의 Frigidus 강 전투승리(9월 6일)		
395 Theodosius 사망(1월 17일) Theodosius 아들들에 의한 제국의 분열; Arcadius는 동부, Honorius는 서부를 취함	395 Augustine, Hippo의 감독에 임명됨 Meropius Paulinus, Nola에 도착함	395-407 맹인 Didymus, Alexandria에서 활약
395-408 Stilicho, Honorius를 대신하여 서부를 통치		
397-398 북아프리카에서 Gildo의 반란이 실패로 끝남	397 Milan의 Ambrode 사망 c.397 Hadrian장벽 이북으로의 Ninian의 선교여행	
398 Gildo와 Thamugadi의 감독 Optatus, 처형됨		

콘스탄티노플	종교회의, 교회의 분열, 이단, 박해	저술가와 지도자들
		375-390 Symmachus 활약
		375-390 Tarsus의 Diodore 활약
	391 희생제사, 규제됨	
	392 북아프리카에서의 막시미안주의 분열 보다 강한 반-이교, 반-이단 법령들 Capua 종교회의	
	393 Hippo 종교회의	
	394 Bagai에서 도나투스주의 종교회의(4월 24일)	
c.395 Home Synods의 시작		395-400 Rufinus 활약
		395-404 시인 Claudian 활약
		395-411 Sulpicius Severus 활약
		396-397 Augustine 고백록 저술
	397 3차 칼타고 종교회의	
	397-401 Origen의 주의 논쟁	
398-404 John Chrysostom, 감독		

일반역사	로마, 북아프리카, 서방	알렉산드리아, 이집트, 안디옥, 동방
	399-401 Anastasius 교황시기	
	399-412 Augustine의 반- 도나투스 논쟁	
	401-417 Innocent 1세 교황시기	
402 Visigoths, Pollentia에서의 패배		
406 Vandal족과 여타종족들의 Gaul 침입	405 도나투스주의에 대항한 교회일치 칙령(Edict of Unity)	
407 Constantine 3세, 황제위 찬탈		
408 Arcadius 사망; Theodosius 2세, 동부 황제; Stilicho 살해됨		
409-410 로마인들, 브리튼에서 철수		409-415 Synesius Ptolemais의 감독
410 Alaric의 로마점령(8월 24일)	411 칼타고 대회(5월-6월)	
	412 도나투스주의, 정죄되어 추방됨(1월)	412-444 Cyril, Alexandria의 감독
413 북아프리카에서 Heraclian 반란	413 Augustine, On the Spirit and the Letter 저술	413-420 Alexander, 안디옥의 감독
415-421 Constantius 3세의 Gaul 출정		415 Hypatia, 살해됨

콘스탄티노플	종교회의, 교회의 분열, 이단, 박해	저술가와 지도자들
399-401 Gainas의 반란		399-407 시인 Prudentius 활약
	400 Toledo 1세	
	403 Synod of the Oak	403 Salamis Epiphanius 사망
406-425 Atticus, 감독		
407 John Chrysostom, 유배지에서 사망		
	410 Seleucia-Gesiphon Synod	410-420 Paulus Orosius 활약
	411 Caelestius, 칼타고에서 정죄됨	411-426 Augustine, 신의 도성 저술
		413-416 시인 Rutilius Namatianus 활약
	415 이교도들, 군대입대와 공무원 임용 금지됨	415-430 Augustine, 반-펠라기안 논문 저술

일반역사	로마, 북아프리카, 서방	알렉산드리아, 이집트, 안디옥, 동방
388 Maximus, Aquileia에서 패배(7월 28일)		
	417 Innocent 1세, 펠라기우스주의 정죄함	
	417-418 Zosimus 교황시기	
	417-426 Apiarius 사건	
418 로마에서의 폭동(3월) Honorius, 펠라기우스주의자 추방(4월 30일) Visigoth족, Gaul에 정착함	418 Zosimus, 펠라기우스주의에 대항하여 *Tractoria* 저술 418-422 Boniface 1세 교황시기	
	422-432 Celestine 교황시기	420-451 Atripe의 Shenoute 활약
423 Honorius 사망 423-425 John, 황제위 찬탈		422-458 Juvenal, 예루살렘 감독
425-455 Valentinian 3세	425-430 Lerins의 Honoratus 활약 Count Boniface 대제	
	c.427 북아프리카에서의 반란 427-430 Honoratus, Arles의 감독	
429 Vandal족, 북아프리카 침입	430 Augustine 사망(8월) Diospoliso, Synod, 펠라기우스를 면죄함	428-441 John, 안디옥 감독 Eclanum의 Julian 활약

콘스탄티노플	종교회의, 교회의 분열, 이단, 박해	저술가와 지도자들
	416 칼타고와 Milevis에서의 반-펠라기안 종교회의	
		417-434 John Cassian 활약
	418 Thelepte 종교회의	
	419 칼타고 종교회의	
	424 페르시아의 Dadiso Synod	
425-435 Memnon, (Ephesus의 감독) 활약		
426 Sisinnius, 감독		
428-431 Nestorius 감독		
	429-431 Nestorius 대 Cyril(기독론 논쟁)	430-440 역사가 Socrates 활약 역사가 Sozomen 활약

일반역사	로마, 북아프리카, 서방	알렉산드리아, 이집트, 안디옥, 동방
	430-435 Lerins의 Vincent 활약	
431 Vandal족에게 Hippo 함락됨	431 Nola의 Paulinus 사망	
	432 Patric, Ireland로의 선교 여행	
	432-440 Sixtus 3세 교황시기	
	435-440 Gaul의 Bagoude	435 Rabbula, Edessa의 감독, 사망
437 Valentinian 3세, Eudoxia와 결혼		
438 Theodosian 법회 (Codex Theodosianus) 제정		
439 Vandal족에 칼타고 함락됨(10월)		
	440-461 Leo, 교황시기	
		441-449 Domnus, 안디옥의 대주교(파면됨)
442 로마제국과 Vandal족간의 평화협정		
		444 Cyril 사망
		444-451 Dioscorus, Alexandria의 주교(Patriarch)
	445 Papacy, 서부 제국내에서의 권력유지	
		446-449 Dioscorus, Flavian과 Domnus 공격함
447 Hun족, 동부제국을 위협		

콘스탄티노플	종교회의, 교회의 분열, 이단, 박해	저술가와 지도자들
431-434 Maximian, 감독	431 1차 Ephesus 종교회의; Nestorius 정죄됨	
434-446 Proclus, 감독	433 Formula of Reunion	435-458 Cyrrhus의 Theodore 활약 437 Proclus, *Tome to the Armenians* 저술 440 Marseilles의 Salvian 활약
446 Flavian, 감독	446-451 기독론논쟁, 2차 국면	

일반역사	로마, 북아프리카, 서방	알렉산드리아, 이집트, 안디옥, 동방
	449 Lee, Flavian에게 "Tome" 발송	449 2차 에베소회의에서 Dioscorus에 의해 인정된 Patriarchate를 예루살렘이 요구함
		449-455 Maximus, 안디옥의 대주교(파면됨)
450 Marcian과 Pulcheria의 통치시작		
451 Attila제국, Catalaunian 평야에서 Aetius에게 패배함	451-454 Dioscorus, Gangra로 유배되어 사망	451 예루살렘 "Patriarchate"로 확정됨

콘스탄티노플	종교회의, 교회의 분열, 이단, 박해	저술가와 지도자들
449 Flavian, 유배되어 사망 449-458 Anatolius, 감독	448 Eutyches, Home Synod에서 정죄됨(11월) 449 2차 에베소회의(="강도회의"); Eutyches를 면죄하고 Flavian과 Domnus를 정죄함	
452 Nestorius 유배중 사망	451 Chalcedon 종교회의(10월-11월); Chalcedon Definition	

Part Ⅳ : 451 - 604

일반역사	로마, 북아프리카, 서방	알렉산드리아, 이집트, 안디옥, 예루살렘
450 Maruan 황제시기: Pulcheria Augusta와 결혼		
		451-452 알렉산드리아와 예루살렘에서 反-칼케돈 폭동
		451-457 Proterius, Alexandria의 Patriarch(살해됨)
	452 Leo, Attila에의 사절에 참여함	452 Juvenal 예루살렘을 떠나도록 강요됨
	Leo, 칼케돈의 28번째 정경을 거부함	
453 Pulcheria 사망함		453-458 Juvenal 복위됨: 사망함
	454 Theodoric 출생	
455 Gaiseric의 로마 점령		
455-456 Avitus, 서방황제시기: Gallo-Visigoth 동맹		
456-472 Ricimer, 사실상의 서방제국의 통치자		
457 Marcian 사망함		
457-451 Majorian 서방황제(461년 8월 처형)		457-460 Alexandria의 Timothy Aelurus(파면됨)
457-474 Leo 1세, 동방화제시기		458-478 Anastasius 예루살렘의 주교
		459 수도자(Stylites) Simeon 사망
		460 Eudoxia황후, 예루살렘에서 사망
		460-482 알렉산드리아의 "Wobble Cap" Timothy, Chalcegonian.

콘스탄티노플	종교회의, 교회의 분열, 이단, 박해	저술가와 지도자들
458-471 Gennadius, 주교	457-458 Leo의 Timothy Aelurus에 관해 "투표"	460 Sidonius Apollinaris 활약; 471년부터 Clermint의 감독

일반역사	로마, 북아프리카, 서방	알렉산드리아, 이집트, 안디옥, 예루살렘
	561 교황 Leo 1세 사망 Patrick 사망	
	461-468 Hilarus 교황시기	
	466 Clovis 출생	
	466-484 Visigoth족의 王, Euric, Gaul에서 아리우스주의 승인	
468 Leo 1세, Vandal족에 패배	468-483 Simplicius 교황시기	
		469 안디옥에서의 혼란 The Fuller, Peter, 안디옥에서의 反-칼케돈 지도자로 부상
474 Leo 2세, 황제시기		
474-491 Zeno, 황제시기		
475-476 Basiliscus 황제위 찬탈		475-477 Timothy Aelurus 복위됨
476 Romulus Augustulus 퇴위됨: 서부지역에서의 제국의 사실상 멸망		
476-493 Odoacer, Italy王 시기		
477 Gaiseric 사망		
477-484 Huneric, 반달족 王 시기		
		478-486 Martyrius, 예루살렘 주교
		479 안디옥의 주교, Stephen 살해됨
	c.480 Celtic Britain의 수도원 운동시작	

콘스탄티노플	종교회의, 교회의 분열, 이단, 박해	저술가와 지도자들
471 Aspar 살해됨		
471-489 Acacius, 주교		
	475 3차 에베소회의, 반-칼케돈적 결론	
476 Basiliscus의 반-칼케돈 정책들, Acacius와 수도자 Daniel에 의해 무산됨		
		480-488 이베리아인 Peter 활약

일반역사	로마, 북아프리카, 서방	알렉산드리아, 이집트, 안디옥, 예루살렘
	Boethius 출생	
	Benedict 출생	
		481-484 Calendio 안디옥주교
		482 John Talaia, 알렉산드리아의 주교, 칼케돈주의자
		482-90 Peter Mongo, 알렉산드리아 주교, 反 칼케돈주의자
	483-492 Felix 3세, 교황시기	
	484 Acacius 로마종교회의에서 파문됨(7월)	484 John Talaia 사망
		484-488 The Fuller, Peter, 안디옥 주교
		485-521 Philoxenus, Mabbuy(Hierapolis) 감독
		486-494 Sallust 예루살렘 주교
		488 Severus 수도생활에 대해 결정함
		488-498 Palladius, 안디옥 주교
		490-498 Alexandria의 Athanasius 2세, 反칼케돈주의자
492-518 Anastasius 황제 시기	492-496 Gelasius, 교황시기	
493-526 Ostrogoth人, Theodoric, Italy王시기		494-516 Elias, 예루살렘 주교 (파면됨)
	495 "Tablettes Albertini" (북아프리카)	

콘스탄티노플	종교회의, 교회의 분열, 이단, 박해	저술가와 지도자들
482 Zeno *Henotikon* 저술 (7월 28일)		
	483-484 Huneric, 아프리카 교회를 박해함 484-519 Acacius주의 분열	
489-490 Fravitta, 주교 490-496 Euphemius, 주교 (파면됨)		

일반역사	로마, 북아프리카, 서방	알렉산드리아, 이집트, 안디옥, 예루살렘
496-523 Thrasamund, Vandal족의 王	496-498 Anastasius 2세, 교황시기: Acacian의 분열을 종료코져 함	
498 Isaurian족 Constantinople에서 쫓겨남	498-506 Laurentian 분열 498-514 Symmachus 교황 시기	498-505 John Hemula 알렉산드리아의 주교 498-512 Flavian 2세 안디옥 주교(파면됨)
499(?) Clovis 세례받음		
		500-512 Mabbug의 Philoxenus, 反-칼케돈 싸움 수행함
		500-532 성Sabas, 팔레스틴에서 親칼케돈 활동 수행함
		502 Ethiopia에서 9명의 성인들, 선교사역
		505-516 Nikiov의 John 알렉산드리아 주교
507 Franks, Vouille에서 Visigoth족 패퇴시킴		
	511 Orleans 종교회의, 全Gaul 지역에서 가톨릭 신앙의 공적위치를 회복시킴 Clovis사망(11월)	512-518 Severus 안디옥 감독 (파면됨)
513 Vitalian 폭동		
514-523 Harmisdas교황 시기		

초대교회사 주요사건 연표 589

콘스탄티노플	종교회의, 교회의 분열, 이단, 박해	저술가와 지도자들
496-511 Macedonius, 주교(파면됨)		
c.500 Theodora 출생		500-527 Ruspe의 Fulgentius 활약
507 Constantinople에서의 Philoxenus	506 Agde 종교회의	507-538 Severus 활약
508-511 Constantinople 에서의 Severus		
510 Anastasius, *Typos* 저술함		510-520(?) 수사학자 Zacharias 활약
511-518 Timothy, 주교	511 Sidon 종교회의	510-523 Boethius 활약
512 Trisagi에서 폭동		
	513 Tyre의 Syno스	514-584 Statesman이며 저술가인 Cassiodorus 활약

일반역사	로마, 북아프리카, 서방	알렉산드리아, 이집트, 안디옥, 예루살렘
		516-518 Dioscorus 2세, 알렉산드리아의 수교
		516-524 John 예루살렘의 주교
518 Justin 1세, 황제시기: Anastasius의 종교정책을 반전시킴		518-520 Paul 안디옥 주교(사임함)
		518-535 Timothy 4세, 알렉산드리아의 주교
		518-538 Severus 알렉산드리아에 유배
		519-530 단성론자들, 안디옥 지역에서 그리고 이집트를 제외한 전 동부제국 내에서 박해됨
519 Justin 1세, Acacian의 분열을 종료시킴(3월)	519-521 로마에 Scythia人 승려	
		520-526 Euphrasius 안디옥 주교(지진으로 사망)
523-530 Vandal족의 王, Huneric, 親s-가톨릭, 親-비잔틴 정책	523 Boethius 처형됨	
	523-526 John 1세 교황시기	
		524-544 Pteter 예루살렘주교
526-534 Athalalic, Ostrogoth족의 왕: Amalasuntha섭정	526 Theodoric, 콘스탄티노플에 사절파견	526-544 Ephraim 안디옥의 주교
	Theodoric 사망(8월 30일)	
527-565 Justinian 황제시기	526-530 Felix 4세 교황시기	

초내교회사 주요사건 연표 591

콘스탄티노플	종교회의, 교회의 분열, 이단, 박해	저술가와 지도자들
	517 Epaul 종교회의; Burgundy에서의 가톨릭적 신앙의 승리	
518-520 John, 주교; "Ecumenical Patriarch"란 용어 처음 사용		
520-535 Epiphanius, 주교		
		521 시인이며 단성론자인 Sarug의 James 사망
	c.524 Julianist의 분열 시작됨	
	525 칼타고 종교회의; 가톨릭 신앙의 일부회복	
	527-530 단성론 체계의 부상 반 이단 법률이 Justinian에 의해 공표됨	

일반역사	로마, 북아프리카, 서방	알렉산드리아, 이집트, 안디옥, 예루살렘
530-532 페르시아 전쟁	529 Benedict, Monte Cassino 설립 530 Dioscorus 교황 530-532 Boniface 2세 교황시기	
533-534 Belisarius의 북아프리카 원정으로 Vandal 왕족 멸망	533-535 John 2세 교황시기	
535 Amalasuntha 살해됨, 고트전쟁 시작됨	535 북아프리카에 가톨릭 신앙이 회복됨 535-536 Agapetus 교황시기	535 Gaiannus, 알렉산드리아의 주교, Julian주의자(파면됨) 535-566 Theodosius 알렉산드리아의 주교
536 Belisarius, Italy 침공, 로마, Belisarius에 함락됨	536-537 Silverius 교황시기 537-554 Vigilius 교황시기	537 Theodosius, Constantinople로 추방됨 칼케돈계, 알렉산드리아에서 복구됨 537-540 Paul, 알렉산드리아의 주교(파면됨)
540 Ravenna, Belisarius에 함락 542-550 Totila의 영도하에 고트족이 복구됨		542 Theodora, Nubia에 로 Julian의 성공적인 전도대를 발대시킴

초대교회사 주요사건 연표 593

콘스탄티노플	종교회의, 교회의 분열, 이단, 박해	저술가와 지도자들
	529 아테네 아카데미 폐쇄, Orange 종교회의	
		530-540 예루살렘의 Leontius 활약
		530-560 역사가 Procopius 활약
532 Nika의 폭동		
532-533 단성론 지도자들과의 회담		
534 Justinian 법률(Codex Justinianus)공포됨		
535-536 Anthimas, 주교, 단성론자(파면됨)		c.535 Byzantium의 Leontius 활약
536 Agapetus의 방문		
Severus, Home Synod에 의해 정죄됨		
536-553 Menas, 주교		
537 Hagia Sophia 건축되어 헌정됨		
	540-543 Origen주의 논쟁	540 Gildas 활약
	542 Jame Baradaeus, 전도 여행시작	

일반역사	로마, 북아프리카, 서방	알렉산드리아, 이집트, 안디옥, 예루살렘
		542-551 Zoilus 알렉산드리아의 주교, 칼케돈주의자
		544-574 Macarius 예루살렘 주교
546 Theodore Ascidas, "Edict of 3 Chapters"의 공포를 시도함		
547 Totila, Belisarius에 다시 로마를 빼앗김(4월)		
	c.547 성 Benedict 사망	
	548 Vigilius, Three Chapter를 정죄하는 'Judicatum' 발간	
		551-570 Apollinaris 알렉산드리아 주교, 칼케돈주의자
552 Totila, Busta Gallorum에서 패배	552 Reparatus, 칼타고의 대주교(파면됨)	
553 Justinian, Andalusia 거의 全지역으로 획득		
554 Narses, 고트의 저항을 잠재움: "Progmatic Sanction"으로 비잔틴 이태리를 건설	554 Vigilius의 'Constitutum' 5次 대 종교회의의 결정을 수락함	
	554-590 서부제국내에서의 분열, 특히 북이태리지역에서 5次 대 종교회의에 대항함	
	555-561 Pelagius 1세 교황 시기	
		557-561 단성론 계열이 안디옥에서 Sergius의 주교 임명으로 회복됨

콘스탄티노플	종교회의, 교회의 분열, 이단, 박해	저술가와 지도자들
	542-560 단성론 교회가 전 비잔티움 제국내에 설치됨	
547 Vigilius, Constantinople 방문		
548 Theodora 사망		
	550-570 단성론 교회내에 Tritheist 이설 거론	550-560 역사가 Agathias 활약
		550-585 단성론 역사가인, Ephesus의 John 활약
552-565 Eutychius, 주교 (파면됨)	553 5차 대 종교회의: Three Chapters 정죄됨	

일반역사	로마, 북아프리카, 서방	알렉산드리아, 이집트, 안디옥, 예루살렘
		559-570 Anastasius안디옥의 주교(파면됨)
	561-574 John 3세 교황시기 563 Columba, Iona에 도착	
565-578 Justin 2세 황제시기 567 Italy지역에 전염병 발병 568 Lombard침입이 시작됨		c.566 칼케돈주의 전도대가 Makurrah에 이름 568 Callinicum에서의 담화 569 Longinus의 Alwah에의 전도여행 570-591 Gregory안디옥의 주교 칼케돈주의자
572-573 Lombard, Spoleto 와 Benevento를 취함		
 577 Balkan족의 Slov침공이 시작됨	574-579 Benedict 1세 교황시기	574-594 John 예루살렘 주교 576-577 Peter 알렉산드리아의 주교, 단성론자 콥트 계열이 알렉산드리아에 설치됨

콘스탄티노플	종교회의, 교회의 분열, 이단, 박해	저술가와 지도자들
565-577 John Scholasticus, 주교 566-567 John Scholasticus, 단성론자들과 논쟁 571 "Second Henotikon", 분열을 막는데 실패함 577-582 Eutychis 주교, 복직됨		560-570 시인 Corippus 활약기 570-650 동쪽으로의 네스토리우스 전도대 활동; 635년, 중국에 이름

일반역사	로마, 북아프리카, 서방	알렉산드리아, 이집트, 안디옥, 예루살렘
578-582 Tiberius 2세 황제시기		578-604 Damian 알렉산드리아의 주교, 단성론자
		알렉산드리아와 안디옥의 단성론자간의 분열
579 페르시아 전쟁 재개됨	579-590 Pelagius 2세 교황 시기	
581 Al-Mundhir사건		581-591 Callinicum의 Peter 안디옥의 주교, 단성론자
565-578 Justin 2세 황제시기		581-608 Eulogius, 알렉산드리아의 주교 칼케돈주의자
582-602 Maurice 황제시기		
	587 Visigoth족의 王, Recared 가톨릭신앙으로 개종	
	590-604 Gregory 1세 교황 시기	
591 로마와 페르시아 간의 동맹	590-615 Columbanus의 전도여행	
		593-598 Anastasius, 안디옥에서 복위됨
		594-600 Amos, 예루살렘 주교
		595-631 "낙타몰이꾼" Athanasius 안디옥 주교, 단성론자
	597 Anglo Saxon 지방에 Gregory 1세의 전도 여행	

콘스탄티노플	종교회의, 교회의 분열, 이단, 박해	저술가와 지도자들
582-595, John the Faster, 주교 595 "Ecumenical Patriarch"란 직위에 대한 논쟁 595-603 Cyriacus, 주교		560-570 시인 Corippus 활약기 590-615 Columbanus 활약기

일반역사	로마, 북아프리카, 서방	알렉산드리아, 이집트, 안디옥, 예루살렘
		600-609 Hesychius 예루살렘의 주교
601 비잔티움과 Avars간의 전쟁 602 Maurice와 그 가족이 살해됨(11월) 602-610 Phocas황제시기 페르시아, 로마제국을 무력 침공 614 예루살렘이 페르시아에 함락	603 Lambard 후계자 세례교인이 됨	

참고문헌

영문 단행본

Ackroyd, P. R. and Evans, C.F. ed. *The Cambridge History of the Bible. Vol. 1: From The Beginnings to Jerome.* Cambridge, 1970.

Allison, W. H. ed. *Guide to Historical Literature.* New York, 1931. Supplement with the American Historical Association's *Guide to Historical Literature,* 1961–.

Altaner, B. *Partology.* New York, 1961.

Anderson, Charles S. *Augsburg Historical Atlas of Christianity in the Middle Ages and Reformation.* Minneapolis, 1967.

Ayer, J. C. *A Source Book for Ancient Church History.* Charles Scribner's Sons, New York, 1933.

Bardenhewer, O. *Geschichte der Altkirchlichen Literatur.* 5 Vols. J. C. Herder, Freiburg, 1913–1932.

Bardemjewer. O. Schermann, Th., and Weyman, C. *Bibliothek der Dirchenvater.* ed.,Jos Kosel, Kempten, 1911–1930; Second Series, 1932–1939.

Barnard, L.W. *Studied in the Apostolic Fathers and Their Background.* New York, 1966.

Bauer, W. *Rechtglaubigkeit und Ketzerei im Altesten Christentum* (fundamental study of relation of orthodoxy to heresy, somewhat radical). J. C. B. Mohr, Tubingen, 1934.

Berkhof, Louis. *The History of Christian Doctrines.* Grand Rapids, 1937.

Berlin Corpus. *Die Griechischen Christlichen Schriftsteller der Ersten Drei Fahrhunderte.* Berlin, 1897 ff.

Bethune–Baker, J. F. *An Introduction to the Early History of Christian Doctrine to the Time of the Council of Chalcedon.* New York, 1962.

_____. *Introduction to the Early History of Christian Doctrine* (standard work). 5th ed. Cambridge University Press, London, 1933.

Bettenson, Henry. *Documents of the Christian Church.* London: Oxford University Press, 1967.

Bleeker, C. Jouco and Widengren, George. eds. *Historia Religionum: Handbook for the History of Religions.* Leiden, 1969–1971.

Blunt, John Henry. *Dictionary of Doctrinal and Historical Theology*. London, 1891.

Bodensieck, Julius. *The Encyclopedia of the Lutheran Church*. Minneapolis, 1965.

Brandon, S. G. F. ed., *A Dictionary of Comparative Religion*. New York, 1951.

Bromiley, Geoffrey W. *Historical Theology: An Introduction*. Grand Rapids, 1978.

Brown, Harold O.J. *Heresies: The Image of Christ in the Mirror of Heresy and Orthodoxy from the Apostles to the Present*. Garden City, NY, 1984.

Brown, Peter. *Augustine of Hippo*. Berkeley, 1967.

Bruce, F. F. *The Spreading Flame*. Grand Rapids, 1958.

Burkill, T. A. *The Evolution of Christian Thought*. Ithaca, 1971.

Cadoux, C. J. *The Early Church and the World*. Edinburgh, 1925.

Carrington, Philip. *The Early Christian Church*. Cambridge, 1957. 2 vols.

Carter, Charles Sydney and Weeks. G. E. Alison. *The Protestant Dictionary: Containing Articles of the History, Doctrines, and Practices of the Christian Church*. London, 1933.

Cayre, F. *Manual of Patrology and History of Theology*. Paris, 1936. 2 vols.

Case, Shirley Jackson. *A Bibliographical Guide to the History of Christianity*. New York, 1951

Catholic Encyclopedia. New York, 1907-1912. 15 vols.

Chadwick, Henry. *The Early Church*. Harmondsworth, England, 1967.

Chevaller, Cyr Wysse Joseph. *Repertoire des Sources Historiques du Moyen Age*. New York, 1959. 2 vols.

Cochrane, Charles N. *Christian Fathers*. London, 1960.

Congar, Yves M. J. *History of theology*. New York, 1968.

Couliffe-Jones, Hubert. ed. *A History of Christian Doctrine*. Philadelphia, 1978.

Cross, F.L. *The Early Christian Fathers*. London, 1960.

Cunningham, William. *Historical Theoloty*. London, 1960. 2 vols.

Danielou, Jean. *The Development of Christian Doctrine up to the Council of Nicea. Vol.1: The Theology of Jewish Christianity*. Chicago, 1964.

De Lubac, H. and Danielou, J. *Sources Chretiennes*. Edition du Cerf, Paris, 1941 ff.

De Labriolle, Pierre Champagne. *History and Literature of Christianity from Terullian to Boethius*. New York, 1968.

Denzinger, H. *The Sources of Catholic Dogma*. St. Louis, 1957.

Deretz, J. and Nocent A. *Dictionary of the Council*. Washington, 1968

Dictionnaire D'Archeologie Chretienne et de Liturgie. Paris, 1907 ff.

Dictionnaire de la Theologie Catholoque. Paris, 1903 ff.

Dictionary of the Apostolic Church. Edinburgh, 1915−1918.

Dictionary of Christian Biography. London, 1877−1888.

Dix, G. *The Shape of the Liturgy.* (standard work on liturgy, deals largely with early period). The Dacre Press, London, 1944.

Dodd, C. H. *The Apostolic Preaching and Its Developments.* Grand Rapids: Baker House, 1980.

Douglas, J. D. ed. *The New International Dictionary of the Christian Church.* Grand Rapids, 1974.

Dowley, Tim. *Handbook to the History of Christianity.* Grand Rapids: Wm. B. Eerdmans Publishing Co, 1977.

Duchesne, L. *Early History of the Christian Church.* 3 Vols. London, 1909−1924.

Dudley, Donald R. *The Civilization of Rome.* New York, 1960.

Duschesne, L. *Early History of the Christian Church.* London, 1909−1924. 3 vols.

Elliott−Binns, L. E. *The Beginnings of Western Christendom.* Lutterworth Press, London, 1948.

Encyclopedia of World History. Ed. William L. Langer. Boston, 1968.

Eusebius. *Ecclesiastical History.* Greek text by Schwartz, E., in DIE *Griechischen Christlichen Schriftsteller der Ersten Drei Jahrhunderte.* Leipzig, 1903. English translations with copious notes by McGiffert, A.C., in Select Library of Nicene and Post−Nicene Fathers, Series 1, Vol.1, New York, 1890; and by Lawlor,H.J., and Oulton, J.E.L.,London, 1928.

Evans, Gillian R.; McGrath, Alister E.; Galloway, Allan D. *The History of Christian Theology: The Science of Theology.* Grand Rapids, 1986.

Farugl, Isamll, ed. *Historical Atlas of the Religions of the World.* New York, 1974.

Ferguson, Everett. *Backgrounds of Early Christianity.* Grand Rapids, MI: Eerdmans Publishing Co. 1987.

Ferrero, Gugliemo and Barbagallo, Corrado. *A Short History of Rome: The Empire.* New York, 1964.

Fisher, George Park. *History of Christian Doctrine.* Edinburgh, 1896.

Fliche, A. and Martin, V. eds., *Hostorie de L'Egise.* Paris, 1934−. 20 vols.Frend, W. H. C. *Martyrdom and Persecution in the Early Church.* New York, 1965.

_____. *The Rise of Christianity.* Philadelphia, 1984.

Gonzalez, Justo. *A History of Christian Thought.* Nashville, 1970−1975. 3 vols.

Goodspeed, Edgar J. *A History of Early Christian Literature.* Chicago, 1966.

_____.*Index Patristicus* (Greek index of the Apostolic Fathers).

Leipzig, 1907.

_____.*Index Apologeticus* (Greek index of the Greek Apologists). Leipzig, 1912.

Grant, Michael. *The World of Rome*. New York, 1960.

Grant, Robert M. *The Apostolic Fathers: An Introduction*. New York, 1964.

_____. *Second Century Christianity* (a small volume of some important fragments). S.P.C.K., London, 1946.

_____. *Augustus to Constantine*. New York, 1970.

Hagenbach, Karl R. *A History of Christian Doctrines*. Edinburgh, 1880–1881. 3 vols.

Harnack, Adolph. *History of Dogma*. New York, 1961. 4 vols.

_____. *Geschichte der Altchristlichen Literatur bis Eusebius*. 5 vols. Leipzig, 1893–1904.

_____. *The Expansion of Christianity*. English translation by J. Moffatt, 2 vols. New York, 1904–1905.

_____. *A History of Dogma*. English translation by N. Buchanan, 7 vols. London, 1939.

Hasting's Encyclopedia Religion and Ethics. Ed. J. Hastings. New York, 1928. 7 vols.

Heick, Otto W. *A History of Christian Thought*. Philadelphia, 1965–1966. 2 vols.

Heussi, K. and Mulert, H. *Atlas zur Kirchen Geschichte*. Tubingen, 1919.

Historical Abstracts: 1775–1945; Bibliography of the World's Periodical Literature. Ed. Erich H. Boehm. Santa Barbara, 1955–.

International Bibliography of Historical Sciences. Paris, 1930.

James, M. R. *The Apocryphal New Testament*. Oxford, 1924.

Kelly, J. N. D. *The Athanatian Creed*. New York, 1964.

_____. *Early Christian Creeds*. New York, 1972.

_____. *Early Christian Doctrines*. London, 1968.

Kidd, B. J. *A History of the Christian Church to A.D. 461*. 3 vols. Oxford, 1922. Knox, Ronald. *Enthusiasm*. New York, 1950.

Labriolle, P. de *Histoire de la littérature latine chrétienne*. Paris, 1924.

Ladner, Gerhart B. *The Idea of Reform: Its Impact of Christian Thought and Action in the Age of the Fathers*. Cambridge, MA, 1959.

Lampe, G. W. H. *A Patristic Greek Lexicon*. New York, 1968.

Latley, E. *Church and State*. London, 1936.

Latourette, Kenneth Scott. *A History of the Expansion of Christianity*. Grand Rapids, 1970. 7 vols.

_____.*The First Five Centuries* (Vol.1 of *A History of the Expansion of Christianity*). Harper & Brothers, New York, 1937.

Lebreton, J. *Histoire de la Dogme de la Trinite*, 2 vols. Paris, 1927−1928. English translation of Vol.I by A. Thorold. Burns, London, 1939.

Lebreton, J. and Zeiller, J. *The History of the Primitive Church*. 2 vols., English translation by E. C. Messenger, Macmillan Publishing Co. Inc. New York, 1949.

Leith, John H. *Creeds of the Churches: A Reader in Christian Doctrine, from the Bible to the Present*. Atlanta: John Knox Press, 1982.

Lietzmann, Hans. *A History of the Early Church*. Cleveland, 1967. 2 vols.

_____. *The Beginnings of the Christian Church*. English translation by B. L. Woolf. Charles Scribner's Sons, New York, 1937.

_____. *The Founding of the Church Universal*. English translation by B. L. Woolf. Charles Scribner's Sons, New York, 1938.

Livingstone, elizabeth A. ed. *Studdia Patristica*. Oxford, 1982. vol. XVII in three parts.

_____. ed. *Studia Patristica*. Berlin, 1976. Vol. XIV, part three.

Lohse, Bernard. *A Short History of Christian Doctrine*. Philadelphia, 1966.

Lot, Ferdinand. *The End of the Ancient World and the Beginning of the Middle Ages*. New York, 1961.

Lutheran Cyclopedia. Ed. Edwin Lueker. St. Louis, 1975.

Machen, J. Gresham. *Christianity and Liberalism*. Grand Rapids: Eerdmans, 1990.

Mandesert, Claude. ed. *Le Monde Grec Ancien et la Bible*. Paris, 1984.

Marsden, George and Roberts, Frank. eds. *A Christian View of History*. Grand Rapids, 1975.

McCabe, James Patrick. *Critical Guide to Catholic Reference Books*. Littleton, Colorado, 1980.

McGiffert, Arthur C. *A History of Christian Thought*. New York, 1932−33. 2 vols.

McNeill, John T. *Makers of Christianity: From Alfred the Great to Schleiermacher*. New York, 1935.

Meer, Frederic van der and Mohrmann, Christine. *Atlas of the Early Christian World*. London, 1966.

Mennonite Cyclopedia. Scottsdale, 1955−1559. 4 vols.

Metzger, B. *Index of Articles on the New Testament and the Early Church Published in Festschriften*. Philadelphia, 1951.

Migne, J.P. *Patrologia Cursus Completus: Series Graeca*. Paris, 1857−1866; Series Latina, Paris, 1844−1855.

Monceaux, P. *Histoire de la littérature latine chrétienne*. Paris, 1924.

Moffatt, J. *The First Five Centuries*(brief sketch with rich bibliography, including novels with early Christian background). University of London Press: Hodder, London, 1938.

Moyer, Elgin S. *Who Was Who in Church History*. Chicago, 1968.

Muller, Richard A. *Dictionary of Latin and Greek Theological Terms*. Grand Rapids. 1985.

Nash, Ronald. *Christianity and the Hellenistic World*. Grand Rapids: Zondervan, 1984.

Neill, S.C. *A History of Christian Missions*. Baltimore, 1964.

New Catholic Encyclopedia. Washington, 1967−1979. 17 vols.

Nygren, Anders. *Agape and Eros*. Philadelphia, 1953.

Orr, James. *The Progress of Dogma*. Grnad Rapids. 1952.

Oxford Classical Dictionary. Ed. M. Cary et al. Oxford, 1949.

Oxford Dictionary of the Christian Church. Ed. Frank L. Cross. London, 1974.

Parker, T.M. *Christianity and State in the light of History*. New York, 1955.

Pauly, August Friedrich von. *Pauly's Real−Encyclopedie der Classischen Altertumswissenschaft*. Stuttgart, 1894.

Peck, Harry Thurston. ed. *Harper's Dictionary of Classical Literature and Antiquities*. New York, 1962.

Pelican, Jaroslav. *The Christian Tradition. Vol.1 The Emergence of the Catholic tradition (100−600)*. Chicago, 1971.

Poulton, Helen. *The Historian's Handbook: A Descriptive Guide to Reference Works*. Norman, 1972.

Puech, A. *Histoire de la Litterature Grecque Chretienne Jusqu'a la Fin du IV Siecla*. 3 Vols. Soceite d'edition "Les Belles Lettres, Paris, 1929−1930.

Quasten, Johannes. *Patrology*. Westminster, 1962.

Quasten, J. and Plumpe, J. C. *Ancient Christian Writers*. ed., Newman Press, Westminster, Maryland, 1946 ff.

Raemers, S.A. *A Handbook of Patrology* (Based on J. Tixeront, Melanges de patrologie). J. C, Herder, St. louis, 1934.

Realencyclopadie fur Protestantische Theologie und Kirche. 3rd ed. Leipzig, 1896−1913.

Reallexikon fur Antike und Christentum. Hiersemann Verlag, Leipzig, 1941 ff.

Richardson, E. C. *Bibliographical Synopsis* in the Ante−Nicene Library, vol. 10, New York, 1899.

Roberts, A. and Donaldson, J. (revised by Coxe, A.C.), *The Ante−Nicene Fathers*. Buffalo, 1884−1886.

Rounds, Dorothy. ed. *Articles on Antiquity in Festschriften: an Index*. Cambridge, 1962.

Schaff, Philip. *History of the Christian Church.* New York, 1884-1894. 8 vols.

Schopp, L. *The Fathers of the Church.* ed. Cima Publishing Company, New York, 1947 ff.

Seeberg, Reinhold. *Textbook of the History of Doctrines.* Grand Rapids, 1961.

Shepherd, William Robert. *Historical Atlas.* 9th ed. New York, 1964.

Sherwin-White, A. N. *Roman Society and Roman Law in the New Testament.* London, 1963.

Smith, William and Chectham, Samuel. *A Dictionary of Historical Antiquities.* New York, 1973-1974. 5 vols.

Sparrow-Simpson. and Lowther Clarke, W. K. *Translations of Christian Literature.* Four series: Greek Texus, Latin Texts, Liturgical Texts, and Oriental Texts. London, 1917 ff.

Srawley, J. H. *The Early History of the Liturgy.* Cambridge University Press, Cambridge, 1947.

_____. *The New Testament in the Apostolic Fathers.* Oxford, 1905.

Stahlin, O. *Die Altchristliche Griechische Literatur* (in W. von Christ, *Geschiche der Griechischen Literatur*, 2.2). 6th ed., Munich, 1924.

Starr, Chester G. *Civilization and the Caesars: The Intellectual Revolution in the Roman Empire.* New York, 1965.

Swete, Henry Barclay. *Patristic Study.* London, 1902.

The New Schaff-Hertzog Encyclopedia of Religious Knowledge. Ed. Samuel Macauley Jackson. Grand Rapids, 1949-1950. 13 vols.

Tillich, Paul. *A History of Christian Thought.* New York: Simon & Schuster, 1978.

Tixeront, J. *History of Dogmas.* English translation by J. L. B., 3 vols. St. Louis, 1923 ff.

Vienna Corpus: *Corpus Scriptorum Ecclesiasticorum Latinorum.* Vienna, 1866 ff.

_____. *Corpus Scriptorum Christianorum Orientalium.* Paris, 1903ff. There are four series, Syriac, Coptic, Arabic and Ethiopic.

_____. *Patrologia Orientalis.* ed. Graffin, R., and Nau, F. Paris, 1907 ff.

_____. *Patrologia Syriaca.* ed. Graffin, Rl Paris, 1894-1926.

Von Campenhausen, Hans. *Fathers of the Greek Church.* London, 1963.

_____. *Fathers of the Latin Church.* Stanford, 1969.

_____. *Men Who Shaped the Western Church.* New York, 1964.

Walker, Williston. *A History of the Christian Church.* New York, 1985.

Wiles, Maurice. *The Christian Fathers.* New York, 1966.

_____. *The Making of Christian Fathers.* New York, 1968.

Wingren, Gustaf. *Man and the Incarnation: A Study in the Biblical Theology of Irenaeus.* Philadelphia: Muhlenberg press, 1959. (org. 1947).

Wright, G. E. and Filson, F. V. *The Westminster Historical Atlas to the Bible*. The Westminster Press, Philadelphia, 1945.

Wolfson, H. A. *The Philosophy of the Church Fathers. Vol.1: Faith, Trinity, Incarnation*. Cambridge, 1956.

번역본

Aland, Kurt. 인물로 본 초대교회사. 김성주 역. 서울: 엠마오, 1992.
Augustine, Aurelius. 신국론. 성염 역. 왜관: 분도출판사, 2004.
_____. 자유의지론. 성염 역. 왜관: 분도출판사, 1998.
_____. 참된종교. 성염 역. 왜관: 분도출판사, 2011.
Barclay, William. 초대교회연구. 서울: 기독교문사, 1975.
Bettenson, Henry. 초기 기독교교부. 박경수 역. 서울: 크리스챤다이제스트, 1997.
_____. 후기 기독교교부. 김종희 역. 서울: 크리스챤다이제스트, 1997.
Boer, Harry R. 초대교회사. 백성호 역. 서울: 개혁주의, 2012.
Brock, Sebastian. (시리아 교부들의) 기도와 영성. 이형호 역. 서울: 은성, 1993.
Bruce, F. F. 초대교회 역사. 서영일 역. 서울: 기독교문서선교회, 2009.
Bultmann, Rudolf. 기독교 초대교회 형성사: 서양고대종교사상사. 허혁 역. 서울: 이화여자대학교 출판부, 1993.
Burns, J. Patout. 교부들의 신학적 인간학. 송인설·송은설 공역. 서울: 솔로몬, 1995.
Campenhausen, Hans. 희랍 교부 연구: 동방교부들의 생애와 사상. 김광식 역. 서울: 대한기독교 출판사, 1977.
Chadwick, Henry. 초대교회사. 박종숙 역. 고양: 크리스챤다이제스트, 1999.
Conzelmann, Hans. 초대기독교역사. 박창건 역. 서울: 성광문화사, 1994.
Cyprianus, Caecillus. 도나뚜스에게. 이형우 역. 칠곡: 분도출판사, 1987.
Cyril C. Richardson. 초기 기독교 교부들. 김선영 역. 서울: 두란노아카데미, 2011.
Dargan, Edwin Chrales. 설교의 역사: 속사도 교부들로부터 위대한 종교개혁자들까지(A.D. 70-1360. 김남준 역. 서울: 솔로몬, 1995.
Didache. (디다케) 열두사도들의 가르침. 정양모 역. 왜관: 분도출판사, 2002.
Drane, John William. 초대교회의 생활. 이중수 역. 서울: 두란노서원, 1989.
Edwards, O. C. 교부들의 설교. 김석환·윤익세 공역. 서울: 은혜, 2010.
Eims, LeRoy. 열두제자의 행적: 초대교회의 성령운동(선교). 김규·이광호 공역. 서울: 성광사, 1983.
Evans. G.R. 초대교회의 신학자들. 박영실 역. 서울: 그리심, 2008.
Ferguson, Evertt. 초대교회 배경사. 박경범·엄성옥 공역. 서울: 은성, 2005.

Foster, John. (새롭게 조명한) 초대교회 역사. 심창섭·최은수 공역. 서울: 웨스트민스터출판부, 1998.
Geerlings, Wihelm. 교부 어거스틴. 권진호 역. 서울: 기독교문서선교회, 2013.
Gibbons, James. 교부들의 신앙. 장면 역. 서울: 경향잡지사, 1954.
Gonzalez, Justo L. 후스토 곤잘레스. 초대교회사. 엄성옥 역. 서울: 은성, 2012.
Green, Michael. 초대교회의 전도. 김경진 역. 서울: 생명의말씀사, 1998.
Guy, Jean-Claude. 사막교부들의 금언집. 남성현 역. 서울: 두란노아카데미, 2011.
Hamman, Adalbert Gautier. 교부들의 길: 감동적인 단편과 함께 읽는 교부학 입문서. 이연학·서원호 공역. 서울: 성바오로, 2010.
Hardy, Edward Rochie. 후기 교부들의 기독론. 염창선·원성현·임승안 역. 서울: 두란노아카데미, 2011.
Hengel, Martin. 초대교회의 사회경제사상. 이정희 역. 서울: 대한기독교서회, 1981.
Hippolytus. 사도전승. 이형우 역. 왜관: 분도출판사, 2010.
Houston, Tom. (최초의 교회를 세운 사람들) 그들은 평신도였다. 오수현 역. 서울: 교회성장연구소, 2003.
Ignatius. 일곱편지. 박미경 역. 칠곡: 분도출판사, 2000.
Lightfood, Joseph Barber외 원문공역. 속사도 교부들. 이은선 역. 서울: 기독교문서선교회, 1994.
Martin, Francis 엮음. 사도행전. 이혜정 역. 칠곡: 분도출판사, 2011.
Polycarp. 폴리카르푸스의 편지. 하성수 역. 왜관:분도출판사, 2000.
Possidius. 아우구스티누스의 생애. 이연학·최원오 역. 왜관: 분도출판사, 2008.
Richardson, Cyril Charles. 초기 기독교 교부들. 김선영 역. 서울: 두란노아카데미, 2011.
Russell, Norman. 사막교부들의 삶. 이후정·엄성옥 공역. 서울: 은성, 1994.
Schmid, P. Bernhard. 교부학개론. 정기환 역. 서울: 컨콜디아사, 1987.
Sneller, Alvin. 초대교회 100년 성장사. 고영희 역. 서울: 한국개혁주의신행협회, 1982.
Stewart, Columba. 사막교부들의 세계. 이후정 역. 서울: 은성, 1995.
Swindoll, Charles R. 박해받는 초대교회: 행4-9장 연구. 이종록 역. 서울: 두란노, 1989.
_____. 부흥하는 초대교회: 행1-4장 연구. 이종록 역. 서울: 두란노, 1988.
Tertullianus. 그리스도의 육신론. 이형우 역. 왜관: 분도출판사, 1994.
Volz, Carl. A. 초대교회와 목회. 박일영 역. 서울: 컨콜디아사, 1997.
Wand, John William Charles. 교회사: 초대편1-500 A.D. 이장식 역. 서울: 대한기독교서회, 1959.

한글 단행본

김광채. 교부열전: 니케아 이전교부. 서울: 정은문화사, 2002.
김명혁. 초대교회의 형성. 서울: 성광문화사, 1995.

김민영. 한국초대교회사. 서울: 쿰란출판사, 1998.
김석환. 교부들의 삼위일체론. 서울: 기독교문서선교회, 2001.
김성광. 초기교부들의 신앙과 신학: 1,2세기 그리스도인들의 신앙 생활. 서울: 강남, 1997.
김영희. 나는 그리스도인입니다: 초대교회 순교록. 서울: 익투스, 2010.
김정. 초대교회 예배사. 서울: CLC, 2014.
김철손. 해설, 사도행적: 초대교회 성찰. 대한기독교출판사, 1986.
김학중. 어거스틴: 신학을 집대성한 교부 철학의 성자. 서울: 넥서스 Cross, 2011.
라은성. (위대한) 여인들의 발자취. 서울: 그리심, 2005.
박영선. 초대교회 사람들. 서울: 엠마오, 1989.
배승록. 교부와 교회. 대전: 대전가톨릭대학교출판부, 2005.
서요한. 초대교회사. 서울: 그리심, 2003.
손석구. 그리운 초대교회. 서울: 쿰란출판사, 2004.
송태근. (쾌도난마) 사도행전. 서울: 지혜의 샘, 2013.
오창윤. 초대교회 예배. 서울: 은성, 1989.
이장식. 교부 오리게네스. 서울: 대한기독교출판사, 1977.
이형의. 초대교회의 신앙문서: 속사도 교부들. 서울: 기독교문사, 1988.
이호진. 한국교회 초기사. 서울: 대한기독교서회, 1970.
임도건. 초대 중세 교회의 역사와 신학. 서울: 기독교문서선교회, 1995.
임영천. 세계 초대교회사. 서울: 쿰란출판사, 1998.
_____. 예루살렘 초대교회사: 초기 기독교 형성사 150가지 이야기. 서울: 쿰란출판사, 1999.
임은택. (사도행전 강해) 모범이 된 초대교회. 서울: 쿰란출판사, 1995.
정수영. (신약교회 사관에 의한) 교부시대사. 서울: 쿰란출판사, 2014.
_____. (신약교회 사관에 의한) 초대교회사. 서울: 쿰란출판사, 2012.
정준기. (현대인들을 위한) 사막 교부들의 영성. 서울: 은성출판사, 2004.
조병하. 교부들의 신학사상. 서울: 그리심, 2005.
조영숙. 사막교부들의 지혜. 서울: 은성, 1994.
주승민. 초대교회 집중탐구. 서울: 이레서원, 2000.
최형걸. 초대교회사. 서울: 기독교문서선교회, 1999.
한국교부학연구회. 내가 사랑한 교부들. 서울: 분도출판사, 2005.
한국크리스챤문학가협회 편. 초대교회와 사도들. 서울: 금성출판사, 1971.
한규삼. 세상을 바꾼 부흥공동체: 초대교회의 로마 정복이야기. 서울: 아가페, 1990.
_____. 초대교회 이야기. 서울: 쿰란, 2010.
허대전. 초대교회와 동방선교. 홍치모 역. 서울: 바른신앙, 1991.
황명길. (초대교회의 기둥) 로마의 클레멘트. 파주: 한국학술정보, 2010.

색인

(1)
10월 28일 종말론　178
12개의 파문조항　387, 392
12계명　145

(3)
3장(The Three Chapters)　408

(6)
6일간의 천지창조　145

(7)
70인경　124, 290

(ㄱ)
가난한 자　195
가능성(posse)　461
가이우스 옥타비아누스(Gaius Octavianus)　31
가이우스 칼리굴라(Gaius Caligula)　76
가인과 영지주의　185
가톨릭 교회관　287
가톨릭교회　283, 456
가현론자　136, 138
가현설(Docetism)　137, 217
갈레리우스　105
갈릴리인　182
감독(episcopacy)　227
감독제도　14, 216, 227
갑바도기아 교부들　369, 370, 377, 502
갑바도기아 바실　379
갑바도기아인들(Cappadocians)　367

갑바도기안　16
강도회의　403
갱생신학(Theologia Regennitorum)　453
게르마니쿠스　91
게바파　123
게쉬히테(Geschichte)　7, 28
결혼과 육욕에 대하여　474
경건주의적 탁발 수도승 집단　495
경교　393, 406
고난받는 메시아　161
고대 교회　124
고대교부집　122
고등교회관　286
고등성경관　126, 272
고레스(Cyrus)　57
고르테우스파　181
고린도교회에 보내는 서신　123
고백록　433, 442, 460
고백주의자(confessors)　274
고울　98, 109, 110, 229, 235, 360, 361, 414, 484, 502
고해성사　146
곤살레스　255, 266, 298
공개적인 편지　151
공관복음　143, 164
공교회(Holy Catholic Church)　284
공동체적 수도원　499
공화국(Republic)　157
관용론　48
관용의 칙령(the Edict of Toleration)　108
교리서한(epistola dogmatica)　384
교리적인 표준(a Standard of Faith)　219
교부들의 작품들　122
교부시대　14
교회　14, 242, 244, 245, 281
교회법(Ecclesiastical Canon)　294
교회의 전통　230
교회의 통일(De Unitate Ecclesiae)　277
교회직분의 기원　135
구속사　234, 237, 239, 242, 247, 248, 249
구약과 신약의 연속성　162
구원의 목표　241
그라티안 황제　416
그레고리 1세　515
그레고리 타우마투르거스(Gregory Thamaturgus)　325
그레고리(Gregory of Nazianzus)　367, 500
그레고리(Gregory of Nyssa)　367
그레코-로만(Greco-Roman) 문화　29
그리스도 이전의 기독교인들　162
그리스도(Chrestus)　77
그리스도-구세주에 관한 문제　183
그리스도의 선재성　160, 196, 334
그리스도의 성육신에 대하여　262
그리스도의 승리　241
그리스도의 양성　164, 377
그리스도인의 적극적인 문화 책임　482
그리스도파　123

색인　613

글라우디오(Claudius)   77, 78
금식   153, 159, 265
금욕주의   185, 270, 272, 308, 309, 310, 494
기도에 관하여(De Oratione)   264
기독교 박해   17
기독교 사상의 확립기   14
기독교 역사철학   16, 433
기독교 정통사상   15
기독교 조명론   18
기독교와 자유주의   181
기독교와 타문화와의 관련   29
기독교인을 위한 청원   169
기독론   196, 206, 207, 213, 220, 263, 304, 337, 341, 350, 367, 373, 374, 390, 396, 401, 409
기독론 논쟁   15, 16, 410, 515, 531, 533, 535
기둥의 성자들(pillar saints)   493

(ㄴ)
나그 하마디(Nag Hammadi)   186
나는 모순되기 때문에 믿는다   446
나는 이해하기 위하여 믿는다   446
나사렛 예수   65, 66, 68, 139
나시지 않은 분(the Unbegotten)   201
낙관사관   303
네로 황제   14, 48, 73, 75, 77
네르바(Nerva)   84
네스토리우스   329, 379, 380, 381, 382, 383, 384, 387, 389, 392, 393, 394, 395, 397, 474
네아폴리스   155
노리가르드(Norregaard)   444
노바투스   273, 277, 279, 280
노에투스(Noetus of Smyrna)   341
논박서   474
논쟁(The Disputation)   197
누스(Nous)   190, 323

느부갓네살   57
니니안(Ninian)   505
니케아 신조   352, 355, 356, 357, 358
니케아 회의(니케아 공의회)   13, 17, 24, 118, 213, 283, 352, 358, 359, 369
니케아—콘스탄티노플 신조   372
니코메디아(Nico-media)   105
니트리아   493

(ㄷ)
다마수스   509
단성론 교회   329, 330, 596
단성론 논쟁   409
단성론(Monophysite)   398, 401
단성론자들(Monophysites)   379
단성론적 기독론   395
단의론(Monothelitism) 375, 409
단일 감독제(monarchical monoepiscopacy)   135
단일성(oneness)   353
단일신론   262, 340, 341, 344, 372
단일자   349
대바실(Basil the Great)   367
대조복음서(Diatessaron)   167
던 멜논   387
데메트리우스(Demetrius)   325
데미우르게(Demiurge)   125, 201, 202
데살로니가 학살 사건   419
테사우스 황제   84, 99, 101, 102, 109, 274, 276, 418
테오도라(Theodora)   408
데오도래(Theodore of Mopsuestia)   377
데오도렛 감독   396
데오도시우스 2세   380, 381, 392, 393, 403, 430
데오도시우스 법전(Codex Theodosians)   379
데오도시우스 황제   363, 384, 395, 416, 419
데오도투스(Theodotus)   343

데오도티온(Theodotion)   315
데오토코스(Theotokos)   381, 382, 390, 430
데오필루스(Theophilus of Antioch)   20, 151
데이빗 라이트(David Wright)   208, 287
데이빗 코레쉬(David Koresh) 179
도나투스파(Donatist)   288, 451, 452
도덕법(the moral law)   46
도마복음(The Gospel according to Thomas)   186
도미티안 황제   82, 83, 124
도미틸라(Domitilla)   83
도시테우스파   181
독백록(Soliloquies)   444
돔누스(Domnus)   402
동방 수도원 운동   497, 498
동일 비출생자(co-unbegotten)   347
동자(the Mover)   153
동정녀 탄생   160, 196, 422
동질(Homoousios)   348, 353, 356
두 그리스도(Two Christs)   388
두로대회   360
두시아스테리온   136
드루수스(Drusus)   76
디다케(The Didache)   122, 146, 225
디모스테네스   324
디아스포라(Diaspora)   53
디아테사론(Diatessaron)   162
디오그네투스에게 보내는 서신   122, 169, 172, 175, 177
디오니시우스   198, 282, 340, 341, 342, 345
디오도루스(Diodorus of Tarsus)   377
디오스코루스(Dioscorus)   398
디오클레티안(Diocletian)   104, 105, 451
때가 차매   17, 27

(ㄹ)

라오디게아   366
라인홀드 니버   303
라토렛(Kenneth S. Latourett)   267
라틴 신학   15, 234, 249, 251, 252, 272, 300, 486
라헬   160
락탄티우스(Lactantius)   105
러슈일(Luxeuil)   505
레기노스 서(書)(The Letter of Rheginos)   186
레아   160
레오 1세   399
레오 대제   16
레오니데스(Leonides)   307
로고스   320, 321, 322, 324, 326, 328, 329, 330, 335, 336, 338, 343, 348, 350, 352, 353, 365, 366, 375
로렌소 발라(Lorenzo Valla)   221
로마 시대(the Roman Age)   30
로마신경   222
로마의 대화재 사건   78
로마제국의 내란(Civil war)   31
로물루스 아우구스투스(Romulus Augustus)황제   13
루도비코 무라토리(Ludovico Muratori)   225
루시우스 베라우스(Lucius verius)   157
루피누스(Rufinus)   222, 317, 325
루피누스(Rufinus) 신앙고백   223
르네상스의 세계관   439
리누스(Linus)   123
리바니우스(Libanius)   426
리벨루스(Libellus)   101, 274
리비아   76
리스토퍼 도슨(Christopher Dawson)   33
리오 톰(Tome of Leo)   263
리용(Lyons)   229
리차드슨(C. C. Richardson)   124, 229

리키니우스   75, 110

(ㅁ)

마그네시아   130, 131, 135
마그넨티우스   362
마니교(Manichee)   436
마르무스   192
마르셀라   424
마르셀루스 신경   223
마르셀루스(Avircius Marcelus)   150, 222, 509
마르셀리누스(Marcelinus)   476
마르시안(Marcian)   403
마르쿠스 아우렐리우스(Marcus Aurelius)   48, 90
마르틴(Martin of Tours)   502
마리아 숭배사상   390
마술사 시몬   184
마술사 시몬(Simon Magus)   188
마스보테우스파   181
마요리누스(Marjorinus)   452
마음(Mind/Nous)   43
마카리우스   347
마카비(the Maccabees)   58
마크리나(Macrina)   500
마크리아누스(Macrianus)   103
막센티우스(Maxentius)   110
막시무스(Maximus of Tyre)   41
막시민 다이아(Maximin Daia)   110
만물은 흐른다(all things flow)   34
만인 구원론   322
말무타이엘(Marmoutier)   502
말시온(Marcion)   150, 182, 250
말씀   46
말씀과 지혜   351
말쿠스   103, 424
맥도날드(H. Dermot McDonald)   368
메난더   184, 188
메난드리안파   181
메소디우스(Methodius)   323
메시아   156

메쌀리안파   495
멜리토(Melito of Sardis)   152
멜리티우스주의자들   360
멤논(Memnon)   393
모내스테리움   56
모니카   433
모든 이단을 반박함(Against all the Heresics)   249
모든 피조물의 장자   346
모세   158
모형   39
모형론   144, 160
몬타니즘   14, 21, 180, 181, 182, 183, 208, 211, 254
몽학선생(Paidagogos)   20, 297
무라토리안 단편(the Muratorian fragment)   225
무르사에서 결정적인 승리   362
무식한 종교   164
무신론   169
무신론자   74, 162, 169, 170
무에서(Ex nihilo)   348
문자적 해석   300
문화 명령   485
미누시우스 푼다누스(Caius Minnucius Fundanus)   89
미트라이즘(Mithraism)   63
미틸렌(Mytilene)   39
밀란   362, 413
밀란의 칙령(the Edict of Milan)   16, 111, 491
밀래투스 시(the City of Miletus)   34
밀비안 다리   110

(ㅂ)

바 코흐바 전쟁(Bar Kochba War)   158
바나드(L. W. Barnard)   162
바나바   122
바나바 서신   143, 144, 225
바르스마스(Barsumas)   406
바르카바스(Barcabbas)   192
바르코프(Barcoph)   192

색인   615

바리새인   57, 60
바벨론의 평화   432, 481
바빌라스   101
바실리데스(Basilides)   137, 184, 189
바실리디안파   181
바실파   363
바우칼리스   345
바울의 행전(The Acts of Paul)   225
바울파   123
바이렌이오스(Byrennnios)   122
바키우스   155
박해를 피하는 일에 관하여   264
반 히브리사상(anti-Semitism)   262
반달족   445
발레리아누스   103
발렌스   362
발렌타인   140
발렌티누스(Valentinus)   150, 184, 192, 202, 203, 250, 262
발렌티니안 2세 황제   416
발렌티니안 3세   403
발렌티아파   181
발 리 젤 파피루스(Der Balyzeth Papyrus)   218
발사물(projection)   347
밧모섬   83
버버족(Berbers)   252
벌게이트   423, 424
범신론   49, 52, 175
베네딕트 수도원   497, 502, 504
베스파시안 황제   82
벵크 헤그룬트   126, 444
변증(Apologia)   157
보비오(Bobbio)   505
보편 구원론   323
보편교회(Catholic Church)   131
보혜사(Paraclete)   209
복음의 준비(paraparatin evangelica)   296
복합물   350

본디오 빌라도   59, 67, 68, 76, 79, 133, 138, 194, 217, 222, 223, 371
본성과 은총에 관하여(De Natura et Gratia)   474
본성에 관하여(De Natura)   474
본질(Nature/Ousia/Substantia)   263, 339, 356, 357, 363, 365, 368, 369
부자가 구원받는다면?   294
부활절 서신   364
분리   167
불롱(Boulogne)   109
브리기아(Phyrigia)   208
비물질적인 실체(non-material reality)   45
비밀 구전(a secret oral tradition)   185
비출생적 근원의 개념   350
비트니아   85
빅토   343
빌립복음   186

(ㅅ)

사도 교회(Church of the Apostles)   430
사도성   244, 287
사도신경   218
사도의 서신(Epistula Apostolorum)   217
사도행전   51, 57, 59, 77, 78, 188, 225
사두개인   60
사르디니아(Sardinia)   31
사르트르   444
사모사타의 바울(Paul of Samosata)   343
사벨리안주의   341
사복음서   70, 126, 167
사복음서의 대조   162
사이네시우스   383
사이키쿠스(psychicus)   256
사탄의 교리   180
사투르누스   168
사투르실리아파   181

사회개혁   333, 374, 413, 432, 491, 507, 520, 530
산헤드린   59
삼위(three personae)   369
삼위(Trias)   335
삼위일체   372, 378, 394, 433, 449, 453, 458, 510, 531, 535
삼중 사역   135
상기설   18, 486
새 세대   173
새투르니누스(Saturninus)   184, 189, 193
생명의 길   146
생명의 불꽃(a spark)   193
생명의 왕(the Prince of life)   337
서머나   92, 95, 130, 341
서방신학   234, 249
선의 이데아   38
선재사상   148
성경 번역가   420
성경교사   423
성경낭독자   59
성경의 통일성   236
성령 피조설자들(Pneumato-machians)   372
성령(Paraclete)   210
성령사역의 목표   241
성만찬   136, 158, 244, 286, 367
성모(Mother of God)   382
성부고난설   262, 263, 341
성서적 칭의론   143
성육신   145, 162, 175, 177, 180, 193, 200, 208, 214, 217, 219, 233, 237, 240, 242, 297, 303, 327
성인 숭배   422
성찬   135, 136, 137, 244, 513
세 위격(three hypostasis)   369
세계 혼(the World Soul)   43
세계-생명(world-life)   201
세계의 영원성   322
세네카(Lucius Annaeus Seneca)   48

세대주의 239, 270
세라피온에게 보내는 편지들 364
세례 62, 277, 282, 283, 284, 285, 286, 304, 343, 360, 422, 452, 454, 463, 494
세례 입문학교 292, 544
세례 후의 죄 117
세례에 관하여 264
세르도(Cerdo) 150
세르돈(Cerdon) 204
세르디카 362
세베리안(Severian of Gabala) 429
세인트 골(St. Gall) 505
세자누스(Sejanus) 76
세쿤디아누스(Secundianus) 416
셀기우스(Sergius) 409
셀러스(R. V. Sellers) 326
셀류시드(Seleucids) 58
샘내움 56
셉티미우스 세베루스 황제 98, 307
셋의 하나(Oneness in three) 372
소시니안주의(Socinianism) 344
소아시아 신학 486, 531, 533
소요학파(Peripatetic) 39
소크라테스 45, 150, 157, 158, 162, 344, 345
소플루니 77
속사도시대 13
속성교류(Communicatio Idiomatum) 330
손은 손으로 이는 이로 갚으라 206
솔로몬 57
솔로몬의 지혜 225, 226, 294
수도원 공동체(A laura) 496
수도원 운동 325, 420, 496, 499, 535
수도원 제도 492, 496
수에토니우스(Suetonius) 80
순결한자 452
순교자에게(Ad Martyres) 257

순교자의 피는 교회의 씨 117
순교전(De mortibus persecutorum) 105
순수 철학자 39
순수이성(theoretical reason) 46
쉬누커(Robert V. Schnucker) 318, 325
쉰타그마(Syntagma) 164
스데반 283
스콜라 철학 432
스콜리아 316
스키티스 493
스테기루스(Stagirus) 39
스토아주의(Stoicism) 33, 45, 46, 49
스토아 철학 213
스트로마타(Stromateis, The Miscellanies) 294, 316
스트리돈 성읍 422
스티브 오즈멘트(Steve Ozment) 16
스피노자 43
승리의 제단(the Altar of Victory) 419
시르미움(Sirmium) 363
시리아 광야 423
시릴 24, 327, 328, 329, 381, 382, 515, 516
시몬 스틸라이트(Simeon Stylites) 493
시몬파 181
시벨레(Cybele) 105
시실리(Sicily) 31
신, 구약의 연속성 151
신경(creed) 216
신비종교 62
신앙고백 127, 216
신앙률(Rules of Faith) 219, 220, 246, 261
신앙은 찾고, 지성은 발견한다 449, 486
신앙의 규범 272
신의 도성 474, 476, 479
신인(Divine-human) 376, 399
신적 이성(The divine reason) 50

신플라톤주의 171, 290, 312, 321, 439
신피타고리안주의(Neo-Pythagoreanism) 33
신학의 통일성 176
신화(Divinization) 244, 304, 366
실베스터(Sylvester) 354
실재(entity) 43
실천 철학자 39
실천(esse) 461
심마쿠스(Symmachus) 315
심연(the Abyss) 201

(ㅇ)
아가서에 관하여 249
아가토(Agatho) 409
아그라파 164
아그리파나 77
아그리피누스 291
아나니아 150
아나톨리우스(Anatolius) 402
아낙시맨더(Anaximander) 34
아내에게(Ad, Uxorem) 264
아넨클레투스(Anencletus) 123
아눌리누스(Anulinus) 114
아니세투스(Anicetus) 192
아다나시우스(Athanasius) 226, 325, 326, 327, 328, 329, 344, 346, 352, 353
아담계시록 186
아담의 실수 242
아담의 죄 462
아데오다투스(하나님의 선물) 434
아돌프 하르낙(Adolf Harnack) 33, 203
아들의 영원한 나심(the eternal generation of the Son) 339
아르레스(Arles) 362
아르레스 회의 453, 455
연대기(Annals) 79
연합 38, 375, 378, 381, 384, 389, 405
열등한 하나님 205

색인 617

염세주의자　46
영과 문자　464
영원 전 나심(eternal generation of the Son)　320
영적인 씨　242
영지주의　243, 244, 245, 246, 249, 258
영혼선재설　322, 323
영혼의 증언　266
예루살렘의 2차 함락　183
예식법　239
예정론　469, 471
오도아케르　475
오리겐　14, 15, 20, 22, 23, 43, 56, 143, 186, 213, 532, 534, 535
오우크(Oak)　429
오이코노미아(Oikonomia)　173
옥타비아　78
외래 미신(foreign superstition)　77
요비니안파의 논쟁　425
요한 카씨안(John Cassian)　502
요한 크리소스톰　426
요한묵시　186
우르비쿠스　161
우르수스　114
우주의 기원과 발달에 관한 문제　183
우화적 해석방법(Allegorical Method)　54
원동자(Unmoved Mover)　43
원리(Principles)　316
원형 경기장　134
월계관에 관하여　264
위격　270, 321
윈그랜(Wingren)　238
유노미니안주의자들(Eunomi- nians)　372
유노미우스　395
유니테리아니즘(Uniterianism)　344
유다　57, 58, 181
유다의 책　294

유대주의　19, 20, 29, 54
유독시아 황후　429, 430
유독시우스(Eudoxius)　363
유리피데스　157
유물론　49
유사본질(Homoiousios)　348, 363
유세비우스 히에로니무스 소프로니우스　503
유세비우스, 가이사랴　27, 56, 66, 346, 353
유세비우스, 니코메디아　353, 355, 357, 359
유세비우스, 도래리움　402
유세비우스, 이탈리아 베르셀리의 감독　503
유스타스(Eustace)　359
유스타티우스　355
유스티나(Justina)　417
유아세례　265, 286
유월절 제도　176
유출(Emanations)　43, 44, 323
유카리스트　136
유티키스주의(Eutychianism)　398, 405
유형론적 해석　301
육신의 부활에 대하여　262
윤회사관　303
율법폐기주의　459
은자 바울의 생애　424
은총과 선행의 관계　466
은총론　16, 433, 459, 463
의지(Velle)　461
이 표지로 정복하라(In hoc signo vinces)　110
이교 제사장(a pagan Phrygian Priest)　209
이그나티우스　19, 216, 217, 228, 229, 507
이노센트 1세　430, 472
이노센트 교서　472
이단　508, 531, 532, 534
이단반박(이레니우스)　23, 140, 142, 168, 198
이단반박(히폴리투스)　209

이데아　37, 258, 323
이레니우스　83, 134, 140, 142, 147, 164, 180, 290, 304, 335
이바스(Ibas) 감독, 에뎃사　406, 408
이성(Logos)　34
이성과 계시　40
이성에 의한 지식　486
이성의 씨(The implanted seed of reason)　335
이원론　21, 48, 387
이원론적 염세주의　439
이중예정론　469
인간-교회(man-church)　201
인간과 성육신　238
인간의 신화　326
인간의 운명　62
인내에 관하여　264
인성을 지니신 신성　378
인세투스　142
일리리아　358, 361, 363
일리리쿰　416
일리우스 하드리안 황제　89
일부일처주의에 관하여　264
일원론자(monist)　50
일자(A First Principle)　38, 43
일종의 예언　296

(ㅈ)

자기 사랑(Amor sui)　451
자기 존중　52
자립　289
자연과 은총　16, 40
자연법(The law of nature)　46
자연종교　62
자유방임주의　185
자유의지론　447, 464
자전　289
잡문집(Miscellanies)　295
장 꼬땔리에르　122
장로(Presbyter)　227
재성육신설　322

저스틴(Justine Martyr) 151, 154, 155
저스틴(Justine, 527-565) 황제 408
전쟁의 신(Mars Conservator) 114
절제에 관하여 264
정경의 형성 207, 216, 225, 226
정복할 수 없는 태양(Sol Invictus) 114
정절에의 권고 264
제 2의 하나님 55, 320, 336
제1변증서 151
제1원리에 관하여 316
제2변증서 161
제노 황제 408
제노(Zeno of Citium) 46, 406
제랄드 브레이 255, 266
제롬 316, 323, 358, 420, 423
제베르그(Seeberg) 147
제사 의식 159
제사증명서(Libellus) 279
조명론 441
조지뮤스(Zosimus) 472
조화의 원리 438
존재 그 자체 35
종교개혁 시대(The Age of Reform) 440
종교적 잡록집(Potpourri) 203
종말론 145, 243, 270, 534
종속설(subordinationism) 322, 335
죄를 안 지을 수 없는 상태(non posse non peccare) 464
죄를 안 지을 수 있는 상태(posse non peccare) 464
죄와 은총에 대한 헌장 472
주권자(The Principality) 199
주와 신(Dominus et Deus) 82
죽은 자의 부활에 대하여 169
죽을 수 없는 능력 466
죽지 않을 능력 466
준비적 복음 296

줄리안 363, 471, 474, 475, 500
중간자(An intermediary) 185, 321
중기 플라톤사상 18
중재자(Mediator) 54
지성 40, 43, 50, 299
지존자(Supreme Mind) 42
진리의 규칙 246
진리의 말씀 319
진리의 문제 434
진리의 복음(The Gospel of Truth) 186
진리의 정경 246
진실한 신앙의 규범 359
진정한 그리스도인 477, 498

(ㅊ)

참 사람이며 참 하나님 338
참 종교에 관하여 446
참독자 146
참회제도 149
창조 173
창조의 본질 236
처녀의 머리수건에 관하여 264
천년 왕국 145, 226
천문학 438
철인의 까움에 관하여 264
첫 마음(First-begotten Mind) 191
총괄갱신 사상 238
총체적인 구원 139
출애굽 176
취득시효 258
침례 146
침묵(Silence) 201
칭의론 126, 149

(ㅋ)

카르포크라테스 192
카르포크라티아파 181
카리타스(Caritas) 451
카이로스(Kairos) 29
카이실리안(Caecilian) 114
카이우스 197

카타리(Cathari) 279, 452
카포크라테스(Carpocrates) 185
칸디두스 313
칼 홀(Karl Holl) 444
칼리니쿰(Callinicum) 418
칼시딕(Chalcidic) 39
칼시스(Chalcis) 503
칼케돈 신조 374, 391
칼케돈 회의 15, 23, 263, 329, 375, 403, 405
칼타고 공의회 226
칼타고 회의 454
캐실리아누스(Caecilianus) 273, 453
케린투스(Cerinthus) 137, 184, 189, 197
켈레스티우스 474
켈레스틴(Celestine) 385
켈리(J. N. D. Kelly) 184
켈트 수도원 502
켈트족 235, 525, 530
코르넬리우스(Cornelius) 101, 280, 281
코르시카(Corsica) 31
코마나 430
코모수스 291
코엘레스티우스 459, 463, 471
콕세이우스 22
콘스탄스 361
콘스탄티노플 116, 368, 370
콘스탄티노플 신조 372
콘스탄티노플 종교회의 360, 512
콘스탄티노플 주교 370
콘스탄티우스 117
콘스탄티우스 1세 452
콘스탄틴 2세 361
콘스탄틴(Constantine) 황제 107, 109, 110, 113, 114, 115, 116, 118, 354, 452
콘트라 셀수스 316
콜럼바 505
콥트 교도 360
콥틱교회 330
콰드라투스(Quadratus) 90, 152

색인 619

쿠크수스　430
쿰란　160
퀸투스　91
큐피디타스(Cupiditas)　451, 477
크리사피우스(Chrysaphius)　398, 400, 403
크리소스톰　413, 420, 430, 498
크리스토토코스(Christotokos)　382, 383
크리시푸스(Chrysippus)　47
크린테스(Cleanthes)　46
크세노폰　157
클레멘트(of Alexander)　54, 83, 290
클레멘트(of Rome)　122
클레오비우스파　181
클로비스(Clovis)　521
키레니우스(Cyrenius)　334
키케로(Cicero)　35, 422, 434
키프리안(Caecilius Cyprian)　103, 233, 252, 273

(ㅌ)

타가스테　433
타벤니시(Tabennisi)　494
타이레(Tyre)　289
타키투스　79
타티안(Tatian)　151, 162, 165
탈레스　33
탈무드　159
터툴리안　164, 180, 186, 187, 205, 208, 213, 219, 224, 233
테스티모니아(Testimonia)　160
테오그노스투스(Theognostus)　325
테트라플라(Tetrapla)　315
토라　57, 161
토마스 아퀴나스　40, 431
토마스주의(Thomism)　445
톨레도 공의회　372
톨레마이스　342
통합령(Edict of Reunion)　407
통합신조　395

트라얀(Trajan) 황제　85, 88, 89, 130, 133, 217
트랄레스(Tralles)　130, 131
트랄리아인들에게 보내는 서신　228
트레베　414
트리에르　360
트리엘　360, 422
트리포와의 대화　158, 164
티마유스(Timaeus)　157
티미옴　209
티베르강　31
티베리우스(Tiberius) 황제　76
티에스티안 잔치　169
티투스　82

(ㅍ)

파나에티우스(Panaetius)　47
파르마콘 아다나시아스　136
파르메니데스　446
파문장(The Anathema)　357
파비아누스　101
파비안(Fabian) 감독　274, 280
파우스타　110
파우스투스　439
파울라　424
파코미우스 수도원　493
파코미우스 제도　494
파피아스　122, 145
팍스 로마나(Pax Romana)　32
판태누스(Pantaenus)　291
팔라디우스(Palladius)　416
패트릭(Patrick)　433
펄체리아(Pulcheria)　384, 516
페르 아르콘　316
페이옴　101
페푸자(Pepuza)　210
펜타폴리스　342
펠라기우스　433, 459, 461, 462
포르피리(Porphyry)　311
포시도니우스(Posidonius)　47
포에니시아　289
포에니시아인들(Phoenicians)　251

포티누스 감독　235
포파이아　78
폰투스　92
폰티아누스　313
폴 틸리히　28, 432, 438
폴리갑　19, 92, 93, 98, 122, 134, 139, 140, 142, 147, 234, 249
표준교리에서 벗어나는 자　180
푸블리우스 감독　152
풀카키디아　403
풍유적 해석방법　311
퓨닉 전쟁(Punic Wars)　252
프락시아스 논박　262
프락시아스(Marimus Praxeas of Rome)　341
프래내톰　429
프레스뷔테로스　124
프렌드(W. H. C. Frend)　67, 68
프로렌스 공의회　224
프로클레이아누스(Procleianus)　453
프로톡테투스(Protoctetus)　99
프리미니우스(Priminius)　224
프리스카　105
프리스쿠스　103, 155
프리스킬라(Priscilla)　209
프톨레마이스 안티오쿠스　429
프톨레매우스(Ptolemaeus)　236
프톨레미(Ptolelmy)　58, 161
프톨레미(영지주의자)　192
플라비안(Flavian)　399, 428
플라비우스 클레멘스(Flavius Clemens)　83
플라톤　298
플라톤 사상　323
플라톤 철학　50
플라톤(Plato)　36, 157
플로티누스　43, 290
플루타크　41, 42
플리니 2세(Pliny the Younger)　85, 87, 130
피르밀리안(Firmillian)　285
피스티스 소피아　186

피우스 황제   192
피타고라스   298
피타고리안 철학   156
피티우스   430
푼나   104
필로   290, 294, 297, 301
필로고니우스   347
필로데오스 바이레니오스   146
필립   39, 59

(ㅎ)
하나 안에 셋(Three in One)   372
하나님 사랑(Amor Dei)   451
하나님을 나신 분(God-bearer)   381, 390
하나님의 약속(Abode)   197
하나님의 왕국(Kingdom of God)   437
하나님의 형상   238, 241, 327, 365
하나의 신적 본질(One Divine Nature)   339
하늘의 보호자   295
하드리안 황제   90, 152
하이파티아(Hypatia)   383
한 본성(One Substance)   399
한 본체 안에 세 위격   369
합리주의(Neology)   344
합일   39
해방신학(Liberation theology)   344
헐마스   122, 146
헐마스의 목자   148, 225, 226, 507
헤게시푸스(Hegesippus)   150, 181
헤노시스   135
헤노티콘(Henotikon)   407
헤라크레스(Heracles)   325
헤라클레온   192
헤라클리데스의 책   393
헤라클리투스   34, 35
헤르모게네스   262
헤르미아스   168

헤메로밥티스트   182
헤브도마드(Hebdomad)   299
헥사플라(Hexapla)   315
헨리 채드윅(Henry Chadwick)   28, 53
헬라 사상   54, 60
헬라니쿠스   347
헬라인들에게 고함   165, 167
헬라인들을 반박함(Against the Greeks)   294
헬라풍 기독교(Hellenized Christianity)   184
헬레나   359
헬비디우스와의 논쟁   425
호노리우스 황제   454
호노리우스(Honorius)   409, 475
호르텐시우스   434
호머   166
호시우스(Hosius of Cordova)   354, 356, 359
혼합 종교사상   184
황제 숭배   87, 277
회개에 관하여   264
회귀설   44
회당(Synagogue)   59
회상론   441
회심에의 권고   294
회의주의(Skepticism)   33
회중기도자   59
후 콘스탄틴 시대(Post-Constantine Age)   270, 413
후대 전설집의 기사(Martyrium Colbertinum, Antiochenum)   134
히기누스(Higinus)   204
히브리복음   225
히브리서신   294
히스토리에(Historie)   28
히포 공의회   226
히포 교회   445
히포 레가우스(Hippo Regius)   226
히폴리투스   190, 222
히폴리투스 신경   222
히폴리투스(Hippolytus)   186

힐라이온의 생애   424

한국기독교사연구소 출간도서

한국교회와 민족을 깨운 평양산정현교회
편하설, 강규찬, 조만식, 주기철 같은 걸출한 인물을 배출했던 평양산정현교회는 광복 전 40년간 부흥운동, 기독교민족운동, 신사참배반대운동, 공산정권에 대한 저항운동의 보루로서 겨레와 함께한 교회였다. 본서는 한국교회와 민족과 시회에 지대한 영향을 끼쳤던 평양산정현교회를 조명하여 민족부흥의 기치를 올리고자 했다.

박용규 지음
2006
신국판 양장
423쪽
17,000원

강규찬과 평양산정현교회
본서는 한학자, 기독교민족운동가, 목회자로 한국교회의 중요한 족적을 남긴 강규찬 목사를 조명한다. 그의 영향으로 산정현교회가 조만식 선생과 같은 많은 민족지도자들을 배출할 수 있었다. 본서를 통하여 교회가 민족과 사회에 대한 책임을 어떻게 감당해나가야 할지를 통찰을 얻게 될 것이며, 강규찬 목사와 그 시대 중요한 인물들을 만날 수 있을 것이다.

박용규 지음
2011
신국판
368쪽
12,000원

평양대부흥이야기
본서는 지난 100년 동안 한국교회가 놀라운 영적 생명력을 유지할 수 있었던 원동력인 한국의 오순절, 1907년 평양대부흥운동에 대하여 잘 소개해 주고 있다. 1907년 1월 평양 장대현교회에서 시작된 강력한 성령의 역사인 평양대부흥운동에 대한 관련 자료, 선교사들의 생생한 보고서와 서신과 중요한 문헌들을 담고 있는 이 책을 통해 다시금 한국교회에 부흥운동의 역사를 소망해 볼 수 있을 것이다.

박용규 지음
2013
신국판
182쪽
10,000원

평양노회 지경 각 교회 사기
평양노회는 한국장로교의 중심축이다. 평양대부흥운동이 일어난 곳이고, 평양장로회신학교가 위치한 곳이며, 신사참배를 결정한 곳이다. 영광과 치욕의 역사를 그대로 간직하고 있다. 그 같은 평양노회에 속한 교회의 소중한 역사가 이 책 한권에 그대로 녹아 있다. 당시 평양교회의 산 증인 강규찬, 김선두, 변인서는 평양노회의 교회들의 역사를 생생하게 그려냈다.

강규찬, 김인두, 변인서 편집
2013
신국판
260쪽
10,000원

총회 100년, 한국장로교회 회고와 전망
본서는 2012년 총회 설립 100주년을 맞아 한국장로교를 대표하는 여러 장로교신학교의 역사신학교수들이 지난 100년의 총회 역사, 신학, 논의를 심도 있게 논의하고 발표한 논고들이다. 성경관, 통일문제, 사회참여, 연합운동, 교회분열과 연합 등 다양한 주제들이 다루어졌다. 본서에서 기고자들은 지난 100년의 장로교 역사를 회고·진단하고 앞으로의 방향을 제시할 것이나.

박용규, 이은선 편집
2014
신국판
442쪽
15,000원

조선예수교장로회사기 (상)
한국장로교 역사를 독노회 이전부터 총회가 설립되기 전까지 노회록에 근거하여 객관적이고 체계적으로 정리한 책이다. 조선예수교장로회 사기 上은 총회가 엄선한 위원들이 중심이 되어 기술된 이 분야의 가장 권위 있는 저술로서 한문으로 되어 있어 있다. 초판의 편집상의 문제점을 보완하고 현대 독자들이 쉽게 접할 수 있도록 한문에다 한글로 토를 달고 세로쓰기를 가로쓰기로 바꾸고 색인도 첨부하였다.

차재명 편저
2014
신국판
448쪽
20,000원

조선예수교장로회사기 (하)
1912년, 제 1회 총회부터 1923년, 제 12회 총회까지의 장로교 역사를 총회록을 중심으로 기술하였다. 함태영을 비롯한 위원들이 기술하였고 1930년에 교정이 완료되었지만 일제하에 출판을 하지 못하다가 백낙준 박사가 오윤태 목사로부터 원고를 입수하여 1968년에 출간하였다. 초판의 편집상의 문제점을 보완하고 세로쓰기로 된 것을 가로쓰기로 하고, 선교사의 영어 이름을 삽입하고, 색인을 만들어 가독성을 높였다.

양전백, 함태영, 김영훈 편저
2017
신국판
767쪽
30,000원

세계부흥운동사 개정판
본서는 신구약성경과 지난 2천년간의 세계기독교회사에 나타난 놀라운 부흥운동, 영적각성운동 역사를 심도 있게 조명한 책으로서, 세계 각국의 개인, 교회, 민족 가운데 일어난 놀라운 성령의 역사를 생생하게 접할 것이다.

박용규 지음
2016
신국판 양장
1153쪽
55,000원

교회사총서 4 근대교회사
1648년 웨스트팔리아 평화조약부터 1879년 불란서 혁명과 1861년 남북전쟁에 이르는 이성과 자율의 시대 세계근대교회사를 통시적인 안목을 가지고 재구성한 책으로서, 종교개혁 이후 급속한 변천을 맞은 이 시대 세계 기독교의 역사, 중요사건, 인물을 흥미있게 만날 것이다.

박용규 지음
2016
신국판
394쪽
23,000원

교회사총서 1 초대교회사
세계초대교회 배경부터 5세기에 이르는 세계초대교회사를 원자료에 근거하여 재구성한 책으로 초대교회 박해, 속사도, 기독교 변증가, 이단의 발흥, 삼위일체논쟁, 기독론논쟁, 어거스틴을 비롯한 초대교회 사상가들, 수도원제도, 교황제도와 세계선교 사건을 생생하게 만날 것이다.

박용규 지음
2016
신국판
621쪽
32,000원

자연과학으로부터의 반기독교적 유추
한국이 낳은 가장 위대한 신학자 중 한 명인 죽산 박형룡 박사의 박사학위 논문을 번역한 책이다. 자연과학으로부터의 반기독교적 유추를 논박하기 위해종교, 성경, 하나님의 존재, 하나님의 사역, 인간의 본성에 관한 고등개념, 죄와 구원이라는 여섯 가지 중심 주제를 제시하며 내용을 전개한다. 학위 논문의 각주와 참고문헌을 현대적으로 다듬었고, 내용 전개 과정에서 생략된 순서를 재조정하였으며, 독자들을 위해 색인을 추가하였다.

박형룡 지음
2016
신국판
300쪽
12,000원

한국기독교회사 1: 1784-1910
저자는 한국과 외국에 흩어진 방대한 자료를 수집하여 1784년부터 1910년까지 한국교회의 모습을 생생하게 담아냈다. 본서에는 한국에 파송된 선교사들의 신학과 신앙, 그들이 남겨준 신앙의 발자취와 결실들이 생동감 있게 그려져 있다. 한국에 파송된 선교사들이 어떻게 복음의 순수성 계승, 복음전파, 복음의 대 사회적 책임을 선교현장에서 구현했는지를 생생하게 만날 것이다.

박용규 지음
2017
신국판 양장
1091쪽
55,000원

한국기독교회사 2: 1910-1960
저자는 1910년부터 1960년까지 반세기 동안 한국교회의 모습을 신학적으로, 역사적으로, 사회문화적으로 균형 있게 고찰하였다. 독자들은 한국교회의 조직부터 해외선교운동, 105인 사건과 3.1독립운동 같은 기독교민족운동, 사회계몽운동, 신사참배반대운동, 해방 후 남북한 교회의 재건과 갈등에 이르기까지 한국교회의 진 모습을 만날 것이다.

박용규 지음
2017
신국판 양장
1151쪽
55,000원

한국기독교회사 3: 1960-2010
한국교회는 한국근대화의 주역이었다. 1960년 4.19혁명과 5.16군사정변이후 급속하게 전개되는 한국사회의 변화 속에서 한국은 민주발전, 경제발전, 세계화를 이룩했다. 본서는 혁명과 정체성파악, 대중전도운동과 교회성장, 전환기의 교회, 복음주의운동과 해외선교, 도전받는 교회, 새로운 밀레니엄 시대의 한국교회를 심도 있게 다루었다.

박용규 지음
2018
신국판 양장
1284쪽
58,000원

제주기독교회사
제주선교는 평양대부흥의 결실이다. 평양대부흥의 주역 이기풍이 제주도에 파송 받아 복음의 불모지 제주에 복음의 씨앗을 뿌리고 오늘의 기적을 가능케 했다. 비운의 땅 제주의 역사는 수난의 역사였다. 그러나 복음이 들어간 후 제주는 희망의 섬, 영광의 땅, 태평양으로 나아가는 세계화의 길목으로 바뀌었다. 본서는 한국 최초의 고난과 영광의 제주기독교통사이다.

박용규 지음
2017
신국판
710쪽
32,000원

개혁주의 신학: 현대 개혁주의 역사

프린스톤신학, 웨스트민스터신학, 화란개혁주의, 남부개혁주의전통과 신정통주의신학 등 미국의 근대개혁주의신학과 역사를 각 분야의 최고의 권위자들이 정확하면서도 심도 있게 그려낸 본서는 개혁주의의 의미를 둘러싸고 발생하는 많은 혼란들을 해결해 줄 것이며, 오늘날 개혁주의가 어떤 의미를 지니는가를 정확히 제시해줄 것이다.

데이빗 F. 웰스 편집
2017
신국판
526쪽
24,000원

기독교역사와 역사의식

기독교 세계관의 근간은 바른 기독교 역사의식이다. 기독교와 역사는 불가분리의 관계를 지닌다. 본서는 이 세상을 살아가는 목회자, 신학생, 그리스도인들에게 기독교 역사에 대한 깊은 안목과 바른 역사의식을 심어줄 것이다.

박용규 지음
2018
신국판
264쪽
12,000원

한국장로교회와 민족운동

한국장로교회는 한국교회의 성장과 발전만 아니라 한국의 근대화에 지대한 공헌을 이룩하였다. 특별히 한국의 민족운동에 끼친 영향은 한 마디로 지대하다. 그럼에도 불구하고 그동안 이 분야에 대한 연구가 매우 부족했던 것이 사실이다. 본서는 풍부한 자료와 균형잡힌 역사해석과 함께 한국장로교회와 민족운동의 관계에 대한 통시적인 안목을 제시해 준다.

이영식 지음
2019
신국판
446쪽
22,000원

성령의 복음

본서는 의사 누가가 기록한 사도행전이 처음부터 마지막까지 성령이 중심 주제가 되어 진행된 성령의 복음이라는 사실을 설득력 있게 제시하였다. 본서는 사도행전이 기록된 당시의 역사와 시대적 환경은 물론 요세푸스, 유세비우스, 크리소스톰을 비롯한 고대 교부들, 존 칼빈, 램지와 브루스에 이르기까지 18-20세기의 고전적인 사도행전 연구서들을 통해 성령의 복음의 진수를 이 시대의 메시지로 재현했다.

박용규 지음
2020
신국판 양장
1212쪽
55,000원

성령의 복음 입문

본서는 성령의 복음의 중심 주제와 핵심 메시지를 알기 쉽게 이야기 형식으로 정리하였다. 본서는 사도행전에 대한 안목과 시각과 적용을 새롭게 만들어 줄 것이다. 독자들은 본서를 읽으면 사도행전에 대한 새로운 안목이 열릴 것이고, 사도행전을 더 깊이 알고 싶은 마음이 생길 것이다.

박용규 지음
2020
신국판
268쪽
12,000원

교회사총서 2 **중세교회사 (근간)**

590년 그레고리 1세부터 1517년 루터의 종교개혁이 일어나기 전까지 900여 년의 중세교회 역사를 교황과 대립의 시대라는 시각으로 중세를 한눈에 이해할 수 있도록 정리하였다. 중세를 특징짓는 교황제도, 이슬람과 기독교의 대립, 동서방교회의 분리, 스콜라주의, 수도원 운동과 중세신비주의부흥운동, 종교개혁 이전의 개혁자들, 그리고 르네상스 휴머니즘에 이르는 장구한 기독교 역사를 한 권에 담았다.

박용규 지음
신국판
400쪽
25,000원

교회사총서 3 **종교개혁사 (근간)**

1517년 10월 31일 마르틴 루터가 종교개혁의 포문을 연 이후부터 1648년 베스트팔렌 평화조약이 체결되기까지 종교개혁운동이 어떻게 발흥하고 전개되고 영향을 미쳤는가를 통시적으로 고찰하였다. 루터, 츠빙글리, 칼빈으로 대변되는 대륙의 종교개혁, 영국의 종교개혁, 급진종교개혁, 프랑스 위그노종교개혁과 네덜란드 종교개혁, 그리고 로마 카톨릭의 반종교개혁으로 이어지는 종교개혁의 흐름을 한눈에 이해하도록 정리하였다.

박용규 지음
신국판
490쪽
28,000원

박용규 교수의 저서와 역서 소개

◆ 저서

- 한국장로교사상사. 총신대학교 출판부, 1992.
- 초대교회사. 총신대학교 출판부, 1994, 한국기독교사연구소, 2016.
- 근대교회사. 총신대학교 출판부, 1995, 한국기독교사연구소, 2016.
- 죽산 박형룡 박사의 생애와 사상. 총신대학교 출판부, 1996.
- 한국교회를 깨운 복음주의 운동. 두란노, 1998.
- 한국교회를 깨운다. 생명의 말씀사, 1998.
- 평양대부흥운동. 생명의 말씀사, 2000.
- 한국기독교회사 1권 1784-1910, 2권. 1910-1960, 한국기독교사연구소, 2016.
- 평양대부흥이야기. 생명의 말씀사, 2005, 한국기독교사연구소, 2014.
- 평양산정현교회. 생명의 말씀사, 2006.
- 제주기독교회사. 생명의 말씀사, 2008, 한국기독교사연구소, 2017.
- 부흥의 현장을 가다. 생명의 말씀사, 2008.
- 안산동산교회이야기. 큰숲, 2009.
- 강규찬과 평양산정현교회. 한국기독교사연구소, 2012.
- 사랑의교회 이야기. 생명의 말씀사, 2012.
- 세계부흥운동사. 생명의 말씀사, 2014(수정판, 한국기독교사연구소, 2016).
- 한국기독교회사 3권. 1960-2010, 한국기독교사연구소, 2018.
- 기독교역사와 역사의식. 한국기독교사연구소, 2018.
- 성령의 복음. 한국기독교사연구소, 2020.
- 성령의 복음 입문. 한국기독교사연구소, 2020.

◆ 공저

- 이 땅 부흥케 하소서. 생명의 말씀사, 2004.
- 총신대학교 100년사. 총신대학교, 2002.
- 장로교 총회 100년사. 예장총회, 2006.
- 선교책무. 생명의 말씀사, 2011.
- Accountability in Missions. Eugene: Wipf&Stock, 2011.
- 총회 100년, 한국장로교회 회고와 전망, 한국기독교사연구소, 2014.

◆ 번역서

- Noll, Hatch. Woodbridge. 기독교와 미국. 총신대학교 출판부, 1992.
- John D. Woodbridge. 인물로 본 기독교회사 상 하. 도서출판 햇불, 1993.
- David Wells, ed. 개혁주의신학. 엠마오, 1993, 한국기독교사연구소, 2017.
- Charles Allen Clark. 한국교회와 네비우스 선교정책. 기독교서회, 1994.
- Peter Toon. 가톨릭, 개신교와 무엇이 다른가. 도서출판 솔로몬, 1995.
- George M. Marsden. 근본주의와 미국문화. 생명의 말씀사, 1997.
- John D. Woodbridge. ed. 세속에 물들지 않는 영성. 생명의 말씀사, 2004.

　한국기독교사연구소(The Korea Institute of Church History)는 비영리단체로서 복음주의적이고 개혁주의적인 신앙에 입각하여 한국교회사 전반에 대한 역사, 문화, 출판 사업을 통해 역사의식을 고취하고, 이 시대 복음의 대사회적 문화적 민족적 책임을 충실하게 감당하여 한국교회와 사회 전 영역에 그리스도의 주관을 확립하는 것을 그 목적으로 1997년 7월 14일 창립하였다.

　2004년부터 정기학술세미나를 개최하고 있으며, 2013년 4월까지 57차 정기학술세미나 및 심포지엄을 가졌다. 평양대부흥운동과 한국기독교회사 1, 2, 3을 비롯해 많은 저술을 발행했으며, 홈페이지 www.1907revival.com(www.kich.org)을 통해 평양대부흥운동, 세계부흥운동, 한국교회의 정체성과 이슈를 포함하여 기독교회사에 대한 심도 있고 균형 잡힌 정보를 제공하고 있다. 2021년 좀더 효과적인 사역을 위해 유튜브 '박용규 TV'를 개설하였다.

주　　소 : 04083 서울시 마포구 성지길 54 (합정동376-32)
전　　화 : (02) 3141-1964 (Fax 겸용)
이 메 일 : kich-seoul@hanmail.net
홈페이지: www.kich.org(www.1907revival.com)
후원계좌: 국민은행 165-21-0030-176 (예금주:한국교회사연구소)
　　　　　우체국 104984-01-000223 (예금주:한국교회사연구소)